W0056905

Herbert Graf. Erinnerungen

Herbert Graf

Mein Leben.
Mein Chef Ulbricht.
Meine Sicht der Dinge

Erinnerungen

edition ost

Bei der Vorbereitung dieser Schrift haben mir sachkundige gute Freunde manchen wichtigen Rat gegeben. Die Archive meiner Heimatstadt Egeln, der Hochschule für Wirtschaft und Technik in Berlin-Karlshorst, der Stadt Falkenberg, insbesondere aber das Bundesarchiv, Außenstelle Berlin, und die dortige Stiftung Archiv der Parteien und Massenorganisationen der DDR, haben mich vorzüglich unterstützt. Sylvia Gräfe und anderen Mitarbeitern des Bundesarchivs sei dafür Dank gesagt. Im besonderen Maße hat mir stets Elisabeth Ittershagen mit ihrer archivarischen Sachkenntnis bei der Vorbereitung und Redaktion des Manuskriptes zur Seite gestanden. Ihrer solidarischen Hilfe gilt meine Achtung und Anerkennung.

Ohne die Geduld, die Ermunterung und die tätige Mitwirkung meiner Frau Helga wäre diese Arbeit weder begonnen noch abgeschlossen worden. Deshalb gilt ihr mein ganz besonderer Dank.

Herbert Graf

Scheiterhaufen erleuchten nicht die Finsternis

Als ich gegen Ende der 80er Jahre über mein recht wechselvolles Leben und darüber nachdachte, womit ich mich später als Rentner beschäftigen werde, ging meine Vorstellung dahin, eventuell ein Büchlein über Geschichten, Lieder und Märchen der Völker Afrikas vorzubereiten. Ein gutes Jahrzehnt hatte ich Gelegenheit, Afrikanern verschiedener Völker und Sprachen zu begegnen, ihnen zuzuhören. Nützliche Lehren waren daraus zu gewinnen. Dieses reizvolle und wohl auch nützliche Thema harrt noch immer der Bearbeitung. Der Anschluß der Deutschen Demokratischen Republik an die Bundesrepublik hat in meinem letzten Lebensabschnitt jedoch zu grundlegenden Veränderungen der Prioritäten geführt.

»Scheiterhaufen erleuchten nicht die Finsternis.« Dieser Gedanke bewegte mich, als ich an einem trüben Februartag des Jahres 1990 nach Leipzig fuhr. Wo und wann war ich ihm erstmals begegnet? Wer hatte diesen Satz über die Scheiterhaufen kenntnisreich oder auch als bloße literarische Floskel in die Welt gesetzt? Für den Nachmittag war ich mit Professor Walter Markov verabredet. Fast 40 Jahre waren vergangen, als ich – damals neunzehnjährig – den Historiker Markov an der Martin-Luther-Universität in Halle-Wittenberg in einigen Gastvorlesungen erlebte. Seine Alma mater war die Universität in Leipzig. Dort stand er dem renommierten Institut für Kultur- und Universalgeschichte vor. Ausgehend von seinem Spezialgebiet, der französischen Revolution, befaßte er sich mit vergleichender Revolutionsforschung. Zu Beginn der 60er Jahre hob er das Lehr- und Forschungszentrum für die Afrika- und Asienwissenschaften mit aus der Taufe. Lehraufträge führten den international bekannten Gelehrten in verschiedene Staaten Afrikas und Asiens und, in der Regierungszeit Salvador Allendes, nach Chile. Als 1975 meine »Afrikanische Zeit« begann, konnte ich mich auf das von Markov und seinen Leipziger Kollegen und Schülern geschaffene wissenschaftliche Fundament stützen.

Den jungen Markov hatte das Studium nach Deutschland geführt. Kindheit und Jugend erlebte er im multikulturellen Jugoslawien. Er promovierte in Bonn. Früh kämpfte der junge Wissenschaftler gegen das Naziregime, hatte er sich der illegalen Kommunistischen Partei Deutschlands angeschlossen. 1935 verhaftet, wurde er »wegen Vorbereitung eines hochverräterischen Unternehmens« zu zwölf Jahren Zuchthaus verurteilt. 1945 gehörte er in Bonn zu den Aktivisten der ersten Stunde. Ein Jahr danach übersiedelte er nach Leipzig. Bald gehörte er dort zu den prägenden Persönlichkeiten der Universität. Dann 1951 der Schock. Im Ergebnis einer Parteiüberprüfung wurde er wegen »Titoismus« zum Parteifeind erklärt und aus der SED ausgeschlossen. Die dazu veröffentlichten Begründungen waren, wie sich später herausstellte, absurd.

Erst im Februar 1990 wurde diese unvertretbare Entscheidung durch die Schiedskommission der PDS aufgehoben. Der Vorsitzende dieser Kommission, Günther Wieland, hatte es mir – ich war damals sein persönlicher Mitarbeiter – übertragen, die damit verbundene Rehabilitationsentscheidung dem inzwischen 81jährigen Wissenschaftler zu überbringen. Wie, so fragte ich mich, wird er diese späte, zu späte, Entscheidung aufnehmen? Wie soll ich ihm in dieser Situation angemessen gegenübertreten?

Walter Markov ließ, als ich ihm in seinem Anwesen in Leipzig-Holzhausen gegenüber saß, keine Spannung aufkommen. Freundlich nahm er das Dokument über seine Rehabilitierung entgegen. Er hatte dieser Entscheidung offensichtlich nicht – wie so manch anderer – im Zorn, sondern mit erstaunlicher Gelassenheit entgegengesehen. Für mich völlig unerwartet, offenbarte er sein »Verständnis« für die Umstände der Entscheidung vom Mai 1951 über seinen Parteiausschluß. Entsprang diese Haltung, so fragte ich mich, der Größe eines Weisen, der Nachsicht des Alters, oder wollte Markov in dieser von Vorwürfen überhitzten Zeit die Bürde meiner Mission erleichtern? Er hatte diese seine Haltung, wie ich später nachlesen konnte, schon Jahre zuvor dokumentiert.

In seiner »Zwiesprache mit dem Jahrhundert« hinterließ Walter Markov: »Der Ausschluß ereignete sich im Rahmen der ersten generellen Parteiüberprüfung, die Anfang 1951 vor sich ging. Sie war zweifellos nötig, da in den Nachkriegsjahren Gott und alle Welt in die Partei gerutscht waren […] Ich würde einräumen, daß jede politische Kampforganisation letzten Endes wissen muß, wen sie haben will und wen nicht, begründet oder weniger begründet. Daß sie sich ›zur eigenen Sicherheit‹ organisatorisch von einzelnen trennt, dafür hätte ich sogar Verständnis aufbringen können, zumal sich mein Vorleben, auch mein politisches, im wesentlichen außerhalb des späteren territorialen Bereiches der DDR abgespielt hatte und schwer bis ins Detail nachprüfbar war […] Damals war ich durchaus irritiert, heute sehe ich das gelassener.«[1] Trotz dieser »Einsicht« blieb auch bei Walter Markov unübersehbar Verbitterung.

Als Historiker habe er, so vermittelte er mir, Illusionen selten Raum gelassen. Seine Erwartungen zum Umgang von Revolutionären miteinander, seine Hoffnungen auf innerparteiliche Demokratie hätten sich allerdings als Illusion erwiesen. Wie beiläufig erkundigte er sich nach dem Ablauf der Verfahren der Schiedskommission der PDS zum Parteiausschluß früherer Mitglieder des Politbüros der SED.

In einer siebzehn Stunden währenden Sitzung wurde am 20. Januar 1990 über vierzehn frühere Genossen entschieden, dreizehn wurden ausgeschlossen. Nach einer Pause fragte Markov: »Ging es dabei sehr emotional zu?« Je länger die Veranstaltung dauerte, desto hitziger ging es zu, war meine Antwort. Der öffentliche und parteiinterne Druck war groß. Verantwortliche der unübersehbaren tiefen Krise sollten benannt, sollten bestraft werden. Für Tatsachenrecherchen blieb da kaum Zeit. Das zeigte sich in vielen der Fragen und Vorhaltungen an die Auszuschließenden, in deren Antworten und den unwiderruflichen Entscheidungen. Einspruchs- oder Revisionsmöglichkeiten waren in diesen Verfahren nicht vorgesehen. Die Vergangenheit, die zur Bewältigung anstand, blieb – wie konnte es anders sein – noch gegenwärtig.

In der Stille, die sich meinen Auskünften anschloß, bewegte mich erneut der Gedanke über die Scheiterhaufen. Sie können weder Ursachen erhellen noch den Weg zur besseren Einsicht beleuchten.

»Laß uns das Thema wechseln«, meinte Markov schließlich. Ihn bewegte der unaufhaltsame Zerfall der DDR. Verkümmerten vierzig Jahre Anstrengungen für den Aufbau einer neuen Gesellschaftsordnung zu einem Irrtum, günstigstenfalls zu einer Fußnote der Geschichte? Die Krise der DDR war zwar nicht ohne Vorankündigung ausgebrochen. Wer aber hätte die Implosion des gesellschaftlichen Systems und der Machtstrukturen im Herbst 1989 voraussehen können?

Als sich die Ereignisse im Herbst 1989 zuspitzten, hatte ich Verpflichtungen in Kuba zu erfüllen. Ich berichtete Prof. Markov davon, wie besorgt die kubanischen Partner die Entwicklung der Ereignisse in der DDR hinterfragten und wie schwierig für mich die Antworten wurden.

Markov hielt sich bei seiner Betrachtung der Situation nicht an den turbulenten, oft gegenläufigen Tageserscheinungen oder an den Worten oder dem Wortbruch einzelner Politiker auf. Ihm ging es um das Wesen der historischen Vorgänge. Es sei, so meinte er, wenig produktiv, wahrscheinlich auch gefährlich, wenn Politiker nur auf die heftigen, kurzen Wellen gesellschaftlicher Bewegungen schauten und nur daraus Schlüsse zögen. Geschichte aber vollziehe sich in der Pendelbewegung langer kräftiger Wellen. Die Sklavenaufstände unter Spartakus wurden blutig niedergeschlagen. Sie aber wurden der Beginn der über Jahrhunderte laufenden Prozesse der Überwindung der Sklaverei auf allen Kontinenten. Im 16. Jahrhundert wurden die deutschen Bauern von den Heeren der Feudalen besiegt. Drei Jahrhunderte danach war in Europa die feudale Ordnung weitgehend überwunden. Der französischen Revolution von 1789 – seinem Spezialthema – widmete er in dieser Betrachtung besondere Aufmerksamkeit und natürlich der Pariser Kommune von 1871, dem »Wetterleuchten der Weltgeschichte«. Er beendete diese historische *tour d'horizon* mit der Bemerkung: Wie alle großen gesellschaftlichen Bewegungen bedürfe auch die des Sozialismus zu ihrer Vollendung nicht Jahrzehnte, sondern Jahrhunderte. Historische Abläufe bedürfen langer Pendel. Auf Dauer aber lasse sich Geschichte nie anhalten. »Was passieren kann«, war später von ihm zu lesen, »wenn menschliches Geschick in unrechte Hände fällt und Ignoranz triumphiert, ist, daß auf begrenzte Zeit der ›Lauf‹ der Geschichte gestaut wird, wonach zu befürchten steht, daß der Dammbruch um so heftiger ausfällt.«[2]

Es war dunkel, als wir uns verabschiedeten, einander alles Gute wünschten. Auf dem Rückweg kam mir wie ein Hoffnungsschimmer die Zeile in den Sinn: »Die Enkel fechten's besser aus.«

Wäre es für die Enkel nicht von Nutzen, wenn sie zum Verständnis der Vergangenheit und – wenn es ihnen ratsam erscheint – als Lehre für die Zukunft gut Bescheid wüßten über des Wollen und das Können, über Ursachen von Erfolgen und Niederlagen des Sozialismus in Deutschland? Sollten sie nicht mehr und anderes über einen komplizierten und zugleich bewegenden Abschnitt deutscher Geschichte erfahren, als ihnen das derzeit der enge Blickwinkel und die Fokusverkrümmung der bürgerlichen Zeitgeschichtsdarstellung ermöglichen? Das Mittelalter mit seinen Pauschalverurteilungen, mit der Verteufelung Andersdenkender und dem öffentlichen Pranger sollte hinter uns liegen. Scheiterhaufen erleuchten nicht die Finsternis!

Es gehört zu den erstaunlichen Phänomenen unserer Zeit, daß seit dem Untergang der DDR die Zahl und der Umfang der Veröffentlichungen über diesen Staat gegenüber denen während der vierzig Jahre seiner Existenz um ein Vielfaches übersteigen. Der erhebliche politische, wissenschaftliche und mediale Aufwand, der zur Delegitimierung der DDR getrieben wurde, hat nicht den erwarteten Erfolg gebracht. Nun, annähernd zwei Jahrzehnte nach dem Mauerfall, verdichten sich die Stimmen, die die betriebene »Aufarbeitung der DDR« als gescheitert ansehen.[3] Ohne eine erkennbare Analyse dieses Scheiterns werden nunmehr neue Anti-DDR-Kampagnen gestartet. Vorrangig mit Abschreckendem soll guten Erinnerungen begegnet werden. Nicht Aufklärung, sondern Verdammnis bleibt das Motto der Protagonisten derartiger Bestrebungen. Wäre es, so frage ich mich, für die Initiatoren derartiger Versuche nicht besser, der Erkenntnis von Franz Josef Strauß zu folgen, der bekanntlich hinterließ: »Geschichtsbetrachtung […] darf nicht zurechtgebogene Einseitigkeiten schaffen und zu Knüppeln politischer Propaganda degradieren.«[4] Die Einseitigkeit und die unübersehbar diskriminierende Tendenz dessen, was als DDR-Aufarbeitung ausgegeben wird, fordern heraus.

Als ich mir vornahm, diese Lebenserinnerungen zu Papier zu bringen, waren mir die ersten grauen Haare gewachsen. Jede Planung ist unter solchen Umständen zwangsläufig mit Risiken behaftet. Die Tücken des Alters und die Mühen der Recherchen sprachen eher dagegen. Der Versuchung, besser die Hände in den Schoß zu legen, habe ich widerstanden. Die umstrittene Vergangenheit der DDR so stehen zu lassen, wo sie von ihren Kontrahenten gern hindirigiert wird, dem soll – soweit das möglich ist – mit meinen Erinnerungen und Beweisen entgegengetreten werden.

Das Leben, das Schicksal, oder wie man es sonst auch nennen mag, hat es gut mit mir gemeint. Im Laufe meiner fünfundfünfzig Arbeitsjahre wurde ich vor sehr unterschiedliche, aber durchweg reizvolle Aufgaben gestellt. Das schuf Möglichkeiten zur Erkenntnis, bot mir Chancen, auch hinter die Kulissen der Politik zu schauen, die eigene Meinung unter wechselnden Bedingungen zu prüfen und zu festigen. Das hier vorgelegte Zeitzeugnis ist meine Sicht der Dinge, es sind meine Erlebnisse und Erfahrungen.

Es gibt Gründe, daß sich Teile dieser Schrift mit dem Wirken Walter Ulbrichts befassen. Erstens bin ich einer der letzten lebenden Mitarbeiter dieses Staatsmannes. Zweitens haben zwanzig Jahre Tätigkeit in seiner Nähe mein Leben unverkennbar beeinflußt. Drittens fordern verbreitete Unkenntnis und gravierende Fehlinterpretationen des Handelns dieses Politikers einen Beitrag zur Klarstellung heraus. Nicht allein Erinnerungen – auch Archivalien und weitgehend gesicherte Erkenntnisse aus der zeitgenössischen Literatur liegen dem hier Dargestellten zugrunde.

Bei meiner Suche nach dem Wesen der Erscheinungen, mit denen ich mich beschäftige, war es mein Anliegen, vorrangig die Frage nach dem »Warum?«, also nach den tatsächlichen Handlungsmotiven der Akteure zu stellen. Gängigen Darstellungsmustern über die Versuche sozialistischer Entwicklung im 20. Jahrhundert wird dabei in vielerlei Hinsicht widersprochen. Manche verbreitete Legende über die DDR kann dadurch Schaden erleiden.

Herbert Graf,
Eichwalde, im Sommer 2008

Anmerkungen

1 Walter Markov, Zwiesprache mit dem Jahrhundert. Dokumentiert von Thomas Grimm, Volksblatt Verlag, Köln 1990, S. 198.
2 Walter Markov, Zwiesprache …, a. a. O., S. 268
3 Vgl. u. a. »Zwickmühle der Vergangenheit«. In: *Der Spiegel*, 21/2008, S. 166f.
4 Franz-Josef Strauß, Die Erinnerungen, Siedler Verlag, Berlin 1998, S. 265

Fünf Vorbemerkungen

Zum Anliegen

Im Goethe-Jahr 1949 erlebte ich mit Freunden aus der Vorstudien-anstalt der Martin-Luther-Universität Halle-Wittenberg die legen-däre Faust-Aufführung in Weimar mit Lothar Müthel als Mephi-sto. Leider verpaßten wir den Tag, an dem Thomas Mann die Gedenkstätten besuchte und im Nationaltheater seine Ansprache zum Goethe-Jahr hielt. Der Text dieser Rede war ohne Schwierig-keiten zu erwerben. Gern und voller Überzeugung stelle ich mei-nen Erinnerungen den Satz des kundigen Literaten aus dessen Goetheansprache voran: »Zum Bußprediger fehlt mir alles und alles zum Propheten, der sich im Besitz der Wahrheit weiß, die Zukunft kennt, dem Leben predigend den Weg vorschreibt.«[5]

Auch ich gehöre zu jenen, die vom Aufbau-Enthusiasmus der DDR erfaßt waren. Ich bin und bleibe froh, daß ich meinen Weg gegangen bin und bei dem Versuch mitgewirkt habe, auf neuen Grundlagen ein humanes Gesellschaftssystem zu schaffen. In der DDR und mit der DDR hatte auch ich so manches Problem. Die Lösung daraus resultierender Konflikte habe ich allerdings nie in einer Abkehr von den angestrebten Werten und Zielen gesehen, eher als eine Aufforderung, nach besseren Lösungen zu suchen. Im Rückblick ist es zweifellos einfacher zu erkennen, was man im Han-deln oder im Unterlassen hätte anders machen können. Wenn ich darüber nachdenke, erinnere ich mich an die oft zitierten Worte meines Großvaters Hermann: »Sieger schwelgen im Sieg, Unterle-gene denken über die Ursachen der Niederlage nach.«

Wer Neues sucht oder erprobt, muß oft die sichere Seite verlas-sen. Wohl jeder Neubeginn ist mit Risiken verbunden. Konzeption, Organisation, Kraft und Bereitschaft, die meist auftretenden An-fangsprobleme zu bewältigen, waren und bleiben gefordert. Nicht zu voreilig sollte man deshalb noch Unvollkommenes schmähen.

Der Weg, den ich beschritten habe, die Felder, die ich bearbei-tete, das Glück, die Genugtuung, die Freude, den Ärger, den Kummer, die Sorge, die ich empfand, widerspiegeln nicht allein die Ergebnisse eigenen Könnens und Wollens, eigener Erfolge oder Mißerfolge. Wie bei anderen auch ist die eigene Entwicklung mit den gesellschaftlichen Bedingungen meiner Zeit verbunden. Treffend stellte schon Marx fest: »Die Menschen machen ihre eigene Geschichte, aber sie machen sie nicht aus freien Stücken, nicht unter selbst gewählten, sondern unter unmittelbar vorgefundenen, gegebenen und überlieferten Umständen.«[6]

Geboren in der Weimarer Republik, erlebte ich meine Kindheit in der Zeit des Faschismus. Das Ende des Zweiten Weltkrieges förderte die Suche nach Alternativen. Der Text des Liedes »Das neue Leben muß anders werden, als dieses Leben, als diese Zeit, es darf kein Hunger, kein Elend geben« reflektierte auch meine Empfindungen. Es gab auch mir Hoffnung und Zuversicht. Die Jugend- und Mannesjahre in der Deutschen Demokratischen Republik prägten – mit der Hoffnung auf eine bessere Welt und dem Streben danach – mein Leben, meine Art zu denken und zu handeln. Ich hielt und halte es für sinnvoll, für demokratisch, in wichtigen Angelegenheiten Gemeinschaftsinteressen den Vorrang vor Eigeninteressen einzuräumen. Dem anderen zugewandt sein, gehörte in der DDR zum Alltagsethos. Die wesentlichen Änderungen in den politischen, ökonomischen und sozialen Strukturen vermittelten vielen Menschen Impulse mitzuwirken, bislang weitgehend Beispielloses zu versuchen. Das war zweifellos anstrengend, führte über Jahrzehnte aber auch zu Erfolgen, die international Beachtung gefunden haben.

Soweit man das selbst vermag, soll mit dem Folgenden über Wesentliches aus meinem Leben berichtet werden. Dabei räume ich ein, daß sich Erinnerungen auch als trügerisches Konstrukt erweisen können. Manches wurde vergessen oder existiert nur noch diffus im Gedächtnis, verschließt sich damit einer Verwertung. Auch angesichts dieser Einschränkung sollen Überlegungen darüber einbezogen werden, warum in den verschiedenen Lebensabschnitten manches erreicht wurde und anderes danebengegangen ist. Dabei ist mir bewußt, daß die kreative Rezeption von Erfahrungen, Gewohnheiten und Tugenden anderer sich auch bei mir nicht allein während der Kindheit und Jugend vollzog. Sie reicht bis in diese Tage.

Ich will nicht versuchen, alle zu benennen, deren Persönlichkeit mir Wichtiges vermittelt hat. Der gradlinige, wissenschaftlich herausragende, kunstsinnige, stets verläßliche und in der Art sich anderen zu vermitteln so karge Karl Neelsen gehört auf alle Fälle dazu. Besonderen Einfluß auf meine Entwicklung nahmen auch mein Lehrmeister, Karl Hellwig, die Gründungsrektorin der Hochschule für Ökonomie, Prof. Dr. Eva Altmann, sowie Veteranen des antifaschistischen Kampfes wie Robert Siewert, Otto Gotsche, Gustel Zörner und Kurt Seibt. Wichtig waren Gefährten aus der Zeit der Berufstätigkeit wie Dr. Wolfgang Berger, Karl Gutjahr, Prof. Dr. Gerhard Riege, Prof. Dr. Gerhard Brehme, Prof. Dr. Ernst Michelsen und viele, viele andere, die es wert wären, genannt zu werden.

Auch die Begegnung mit befreundeten Architekten, Musikern, Malern und Theaterschaffenden hat beigetragen, meinen Horizont zu weiten und mein Leben zu bereichern.

Auf vier Kontinenten bin ich Trägern sehr unterschiedlicher Ideen, Erfahrungen, Fähigkeiten und Gewohnheiten begegnet. Samora Machel, Jorge Rebelo, Sérgio Vieira, Oskar Monteiro aus Mocambik, Dinko und Tekle Marian aus Äthiopien, Melanchton M'Pandzou aus dem Kongo, Achmed al Salami aus dem Jemen, Valdes Vivo aus Kuba und die Russen Wladimir Iwanowitsch Wassiljew, Prof. Dr. Wenjamin Ewgenewitsch Schirkin, der Georgier Wenjamin Schachbanowitsch Aggomoglanow, die Polen Stanislaus Skrechewski und Karl Holder und so manch Ungenannter haben meine Kenntnisse bereichert und mir neue Gefühlswelten offenbart. Den Weg zur »Seele« ihrer Völker haben mir besonders Künstler geöffnet. In Afrika vor allem Malangatana Valente Ngweya, Valente Makumana Mankeu und Naphtal Langa. Wachsendes Verständnis für andere Geisteshaltungen, größere Einsicht in andere Kulturkreise, letztlich wachsende Toleranz waren ein wesentliches Ergebnis dieser Rezeption von Erfahrungen, Kenntnissen, Ansichten und Gefühlen anderer.

Wandlungserscheinungen

Im 70. Lebensjahr habe ich mich aus dem Arbeitsleben zurückgezogen. Die Idylle dieses Dichterwortes von Christian Morgenstern

Ich schaue zu, wie sich die alte Welt
in mir erhebt und immer wieder streitet,
und wie die neue sanft darüber gleitet
so wechselweis verdüstert und erhellt.[7]

habe ich nicht genießen können. Bei den gesellschaftlichen Wandlungen, die ich erlebte, kam das Neue nie sanft über das Alte. Immer ging es um abrupte Wechsel der Lebensverhältnisse und Wertesysteme, verbunden mit weitreichenden, auch einschneidenden persönlichen Konsequenzen. Gesellschaftliche Umwälzungen haben, das sei hier angemerkt, auch wenn sehr unterschiedliche Kräfte daran beteiligt sind, oft ähnliche Begleiterscheinungen. Dabei vollziehen sich Wechsel der Werte, der Paradigmen, der gesellschaftlichen Eliten, nicht zuletzt Eingriffe der Sieger in das produktive Eigentum der Besiegten. Neue Personen betreten die politische Bühne, Heroen des Geistes, Verfechter humaner Werte. In deren Gefolge aber treten nicht selten Phantasten, Hasardeure, Opportunisten, Glücksritter und andere zweifelhafte Gestalten in das Licht der Öffentlichkeit. Gerade die Grauzonen zusammenbrechender und neu entstehender öffentlicher Ordnung erweisen sich als ein Tummelplatz zwielichtiger Gestalten. Dort können sich Wendehälse austoben, Konvertiten ihrem Übereifer freien Raum lassen und die, die es schon immer besser wußten, sich – und sei es nur für kurze Zeit – im Recht wähnen. So manche alte persönliche Rechnung wird als politischer Konflikt stilisiert und entsprechend rabiat beglichen. Im Labyrinth des 20. Jahrhunderts erlebte ich Phasen, in denen manche stecken blieben. In denen nicht wenige – leider zu oft mit Erfolg – ihren Mantel nach dem Wind hängten.

Den Untergang der DDR 1990 konnten deren Gegner mit Genugtuung feiern. Sie hatten ihr Ziel erreicht. Groß war damals die Zahl derer, die 1989 für einen besseren Sozialismus in Versammlungen aufgestanden waren oder auf die Straße gegangen sind. Durch die Dynamik der Ereignisse wurden sie – entgegen ursprünglicher Absicht – zu Zuarbeitern des Anschlusses der DDR an die BRD. Die gesellschaftlichen Verhältnisse, die sie in der DDR verändern, verbessern wollten, wurden stattdessen in kurzer Zeit und rigoros beseitigt. Anpassung hatte nun Konjunktur. Mit dem Adel eines Bürgerrechtlers schmückte sich nicht nur die kleine Schar derer, die das verdiente. Auch mancher, der die Vorzüge des Sozialismus über lange Zeit wohl zu nutzen wußte und in der Wendezeit – manchmal auch erst im letzten Moment – den stärkeren Bataillonen zu Hilfe eilte, zählte sich nunmehr dazu. Daß dabei im Nachhinein mancher Jungenstreich, die Schlitzohrigkeit Älterer oder schlicht ein Streit mit einem Vorgesetzten in Berichten derartiger

»Zeitzeugen« zu Widerstandsaktionen umgedeutet wurden, spricht wohl vorrangig für Opportunismus und die verbreitete Wirkung des Anpassungssyndroms. Der heutige Menschenrechtsbeauftragte der Bundesregierung, Günter Nooke, beispielsweise rühmt sie dessen, er habe in der letzten Phase der SED-Diktatur mit der Veröffentlichung der Erklärung der Menschenrechte in einem Kirchenblatt Widerstand geleistet. Damit hätte er – so wird Nooke zitiert – einem Vakuum ein Loch zugefügt, daß nur mit Gewalt zu schließen gewesen sei.[8] Die Nachricht selbst ist nicht mehr als heiße Luft: Diese Menschenrechtserklärung war schon lange Zeit vorher, unter anderem im Jahr 1982 in einem Buch des Akademie-Verlages der DDR[9], veröffentlicht worden. Mehr noch: Diese Publikation enthielt überdies mehr als sechzig Menschenrechtskataloge aus Vergangenheit und Gegenwart. Sie war von jedermann zu erwerben.

In welches »Vakuum« stieß also unerschrocken Herr Nooke?

Sowohl im individuellen Handeln als auch bei den strategischen Entscheidungen der Politik erleiden in Perioden großer Veränderungen Moral und Aufrichtigkeit nicht selten Schaden.

Das Jahr 1990 erwies sich in meiner Erinnerung als ein Jahr fundamentaler Wandlungen, großer Erwartungen, euphorischer Hoffnungen, pauschaler Verurteilungen und großer Versprechungen. Wie kaum ein anderer Satz hatte sich das Kanzlerwort von den blühenden Landschaften, die im Osten Deutschlands entstehen sollten, im öffentlichen Bewußtsein manifestiert. Was vollmundig als Verheißung in die Welt gesetzt wurde, schrumpfte unter dem Druck der tatsächlichen Abläufe zur rhetorischen Floskel. In seinem 2007 erschienenen dritten Memoirenband sah sich auch Kohl veranlaßt, sein Versprechen von den blühenden Landschaften zu relativieren. Auf die ihm eigene Weise stellt er siebzehn Jahre danach fest, daß er dabei »im Zeitmaß irrte«.[10]

Kohls Memoiren offenbaren an anderer Stelle, daß ihm zum Zeitpunkt seiner »Prognose« sehr wohl bewußt war, daß statt Blühendem rauhe Zeiten kämen, daß Ernüchterung beim Wahlvolk einkehren würde. Er fürchtete Verluste seiner Partei bei den ursprünglich für den 13. Januar 1991 festgelegten Bundestagswahlen. Kohl bekennt: »Ein frühes Datum für die ersten gesamtdeutschen Wahlen strebte ich auch deshalb an, weil ich mir zunehmend Sorgen um das innenpolitische Klima machte.«[11] Die Wahlen fanden auf Kohls Drängen schon am 2. Dezember 1990 statt – also etwa sechs Wochen früher. Sie brachten seiner Partei den angestrebten Erfolg.

Um seinen Irrtum im Zeitmaß plausibel zu vermitteln, läßt Kohl kaum ein Kapitel seiner »Erinnerungen« aus, um die vermeintliche Unkenntnis der Bundesregierung über Wirtschaft und Staatsfinanzen der DDR zu schildern.[12] Damit suggeriert er, die Regierung der Bundesrepublik Deutschland habe sich bei ihrer Politik zur Gestaltung der Einheit Deutschlands gleichsam im Blindflug bewegt. Hat niemand in Bonn die Jahresanalysen der Bundesbank zur Kenntnis genommen? Wozu hatte die Bundesregierung ein *Ministerium für gesamtdeutsche Fragen* mit nachgeordneten gut ausgestatteten Instituten? Als Frau Dr. Dorothee Wilms – sie gehörte Kohls Kabinett an – sich bei einer Anhörung durch die Eppelmann-Kommission des Deutschen Bundestages wie ihr Kanzler in Hinblick auf die DDR »uninformiert« gab, entgegnete der leitende Mitarbeiter des ihr unterstellten »Gesamtdeutschen Instituts«, Dr. Hansjörg Buck, erstaunlich offen:»Jetzt zum Abschluß noch etwas zur Frage, die Frau Dr. Wilms angeschnitten hat: Wieviel haben wir denn eigentlich gewußt? Ich kann für die DDR-Forschung der letzten zehn, zwanzig und dreißig Jahre sagen, daß wir unglaublich viel gewußt haben, daß aber unglaublich wenig in den Medien und von einem Teil der politisch Verantwortlichen übernommen wurde.«[13]

Die Vermutung liegt nahe, daß dieser Rückzug der Bundesregierung auf »Nichtwissen« erfolgte, um das Desaster des wirtschaftlichen Kahlschlags der DDR-Wirtschaft durch die Treuhandanstalt und dessen katastrophale sozialen Folgen zu bemänteln.

Bis zur ersten gesamtdeutschen Bundestagswahl hielt sich die dem Bundesfinanzministerium unterstehende Treuhandanstalt mit der Liquidierung des Volkseigentums in der früheren DDR zurück. Kaum lag das Wahlergebnis vom Dezember 1990 vor, wurden bisherige Skrupel fallengelassen und zum Sturm geblasen. Der Publizist Michael Jürgs schrieb dazu in einer kenntnisreichen Analyse: »Die Wahlen sind erfolgreich verlaufen, nun bricht das Tageslicht herein und die angeblich Schönen der Nacht sehen verdammt alt aus. Bei einem Treffen des Treuhandpräsidialausschusses am 21. Januar 1991 im Kölner Hotel Excelsior Ernst verlangt Köhler, es müsse in der ehemaligen DDR-Industrie ›auch mal gestorben‹ werden, weil man ja nicht alle durchschleppen könne, Blut müsse fließen, natürlich nur im übertragenen Sinne, nicht wahr.«[14]

Aus dem Munde des derzeitigen Bundespräsidenten war dies eine zweifellos entlarvende Interpretation der fünf Monate vorher verkündeten Erklärung des Bundeskanzlers Kohl über blühenden Landschaften im Osten.

Die Kälte dieses Zitats blieb mir lange in Erinnerung. Schließlich erlebte ich in der täglichen Arbeit die Wunden dieses Kahlschlags, den Existenzverlust tausender fleißiger Menschen in der traditionsreichen Berliner Kabelindustrie. Mit der ab 1. Juli 1990 in Kraft gesetzten Währungs-, Wirtschafts- und Sozialunion wurde die DDR-Wirtschaft wie von einer Dampfwalze überrollt, von bundesdeutschen Waren, Banken, Rechtsnormen, Anwälten, Beamten, Wirtschaftsprüfern und Wirtschaftskapitänen (von denen sich nicht wenige später als dritte Offiziere oder gar als Leichtmatrosen erwiesen). Der Zusammenbruch traditioneller Absatzmärkte, die nunmehr geltenden Finanzierungsregelungen und das Tarifsystem führten in kurzer Zeit zu Liquiditätsengpässen in den meisten Betrieben. Lohnzahlungen hatten Vorrang, die Bezahlung von Lieferungen und Leistungen wurde eher zurückgestellt. In einem Dominoeffekt stießen unter diesen Umständen ansonsten leistungsfähige Betriebe einander nicht selten über die Grenzen der Zahlungsfähigkeit.

Nach 1990 hatte ich etwa zehn Jahre mit der Treuhandanstalt und deren Nachfolgerin, der Bundesanstalt für vereinigungsbedingte Sonderaufgaben (BvS), zu tun. Einige Male hatte ich Gelegenheit, an Beratungen des Abwicklungsdirektorates der Treuhandanstalt teilzunehmen. Nicht selten priesen dort vor laufenden Kameras zu Staatsekretären beförderte Ex-Bürgerrechtler aus der DDR und Beamte aus dem Bundesfinanzministerium die Beseitigung des Volkseigentums als Sieg der Freiheit und der Demokratie. In den Beratungspausen prosteten sich danach die Liquidatoren ob des dabei gemachten unerwarteten Reibachs fröhlich zu. Nicht wenige von ihnen konnten schon nach 36 Monaten Liquidatorendasein zweistellige Millionenbeträge als Vergütung für ihren »Fronteinsatz« verbuchen.[16] Im Übermut bezeichneten sich einige selbst als Kriegsgewinnler des kalten Krieges. Manche der herumstehenden Herren schlugen sich ob dieses Bonmots lachend auf die Schenkel, andere wandten sich distinguiert ab. Sie folgten offensichtlich dem Prinzip, nicht über alles, was man tut, sollte man auch öffentlich reden. Kriegsgewinnler im Kampf der Systeme, das waren sie wohl auch. Und nicht nur sie allein. Bekannt wurden auch Nachweise dafür, daß Liquidatoren über ihr vertragliches Honorar hinaus sich gewissenlos aus Kassen der ihnen anvertrauten Unternehmen bedienten. Über einen gerichtsbekannten Fall wurde informiert, daß ein Liquidator »sich bei der Abwicklung von DDR-Betrieben zwischen 1994 und 1998 in insgesamt 47 Fällen illegal zusätzlich Honorare auf seine Privatkonten überwiesen« hatte.[17] Es ging dabei um nicht weniger als etwa 31 Millionen D-Mark.

Mir blieb diese Angelegenheit in lebendiger Erinnerung. Schließlich waren auch Berliner Kabelwerke davon betroffen.

Die Treuhandanstalt hat der Bundesrepublik Deutschland etwa 270 Milliarden DM Schulden hinterlassen. Deren Tilgung kostet Jahr für Jahr weitere Milliarden Euro. Bis heute wird versucht glaubhaft zu machen, diese Schuldsumme sei der Wirtschaft der DDR anzulasten. Treuhandschulden und DDR-Vermögen sind jedoch zwei sehr unterschiedliche Positionen.

Gemäß dem Treuhandgesetz vom 17. Juni 1990 war der Treuhandanstalt bekanntermaßen nur ein Teil des DDR-Vermögens zur Privatisierung übertragen worden. Der Absatz 5 des ersten Paragraphen dieses Gesetzes schloß den Zugriff der Treuhandanstalt auf die Vermögenswerte der staatlichen Organe, der Post, der Reichsbahn, der Wasserstraßen und anderer infrastruktureller Einrichtungen definitiv aus. Diese beträchtlichen Vermögenswerte – die der Nationalen Volksarmee und anderer bewaffneter Organe, die Auslandsimmobilien und Auslandsguthaben und vieles andere – gingen jedoch gleichfalls in das Vermögen der Bundesrepublik über.

Der Wert des insgesamt übernommenen DDR-Vermögens wurde offenbar nie ermittelt.

Ohne jeden Zweifel befand sich die DDR 1989 in einer sehr angespannten wirtschaftlichen Situation. Wachsende Schwierigkeiten bestanden besonders auf Grund ihrer Verbindlichkeiten gegenüber internationalen Banken. Auch in der heutigen Debatte darüber wird immer wieder auf das Zahlenmaterial einer Vorlage für das Politbüro des ZK der SED zurückgegriffen, in der von Verbindlichkeiten in Höhe von 49 Milliarden Valutamark (zum damaligen Umrechnungskurs von 26 Milliarden Dollar) die Rede ist.[19]

Diese Zahl macht Eindruck. Sie hat jedoch einen Makel: Sie ist nachgewiesenermaßen falsch.

Seit langem ist bekannt, daß bei der zitierten Politbürovorlage wesentliche Guthaben der DDR nicht berücksichtigt worden waren. Der Bericht der Bundesbank vom August 1999 bezifferte die Auslandsverschuldung der DDR in freien Valuta mit 19 Milliarden, was einem Dollarwert von zwölf Milliarden zum damaligen Kurs entspricht.[20]

Das ist ein Bruchteil der derzeitigen Schulden allein der Bundeshauptstadt Berlin.

Daß die wirtschaftliche Situation der DDR nicht nur verzerrt, sondern zu deren Nachteil fehlerhaft dargestellt wird, wurde in mehreren inzwischen veröffentlichten Analysen[21] nachgewiesen. Das tatsächliche Industrievermögen (ohne Grund und Boden) wurde jedoch vom früheren Vorsitzenden der Plankommission der DDR mit 1,25 Billionen DDR-Mark und vom westdeutschen Vorsitzenden der Treuhandanstalt Rohwedder nach der Währungsumstellung mit 600 Milliarden D-Mark weitgehend deckungsgleich bewertet. Die Inlandsverschuldung der DDR betrug 1989, wie Siegfried Wenzel errechnete, pro Kopf der Bevölkerung etwa die Hälfte der Pro-Kopf-Verschuldung in der Bundesrepublik.[22]

Ist es Zufall, so fragt man sich, daß das Urteil des angesehenen Finanzwissenschaftlers und Herausgebers der Wirtschaftswoche, Prof. Wolfram Engels, aus dem Jahr 1995 in die Sphäre der Vergessenheit verbannt wurde? Engels stellte damals fest: »Die alte DDR war zumindest in einer Beziehung ein grundsolider Staat: Das Staatsvermögen machte ein Mehrfaches der Staatsschulden aus. Dieses ganze Vermögen hat die Bundesrepublik mit dem Beitritt geerbt – fast die ganze Industrie, beträchtliche Teile des Wohnungsvermögens, der land- und forstwirtschaftlichen Flächen. Die Verwertung dieses Vermögens hat allerdings keinen Überschuß erbracht, sondern eine Viertelbillion Zuschuß erfordert. Da sei eben alles Schrott gewesen, wird heute behauptet.«[23]

Industrievermögen wurde verschleudert, Produktionsstätten verkamen zu Industriebrachen. Bis Ende 1995 waren drei Millionen Arbeitsplätze in Treuhandbetrieben vernichtet.[24] Denke ich an den Dezember 1995 zurück, bin ich noch immer entsetzt. In den riesigen Produktionshallen des Kabelwerkes Köpenick waren alle Maschinen, alle Geräte vom zeitweiligen Pächter der Treuhandanstalt, einem britischen Konzern, mit Schneidbrennern irreparabel durchtrennt worden.[25] Aus Hochleistungsanlagen wurde tatsächlich Schrott. War dieser Betrieb etwa marode? Wohl kaum. Der britische Konzern hatte Monate zuvor noch publizieren lassen: »Ob der engen Verbindung von Forschung, Entwicklung und Produktion entstehen auch in dieser Firma (*Cable Works Köpenick Ltd. – H. G.*) international konkurrenzfähige Spitzenerzeugnisse.«[26] Ihres Erfolges sicher, war es den Managern des Konzerns sogar gelungen, im Oktober 1992 Königin Elisabeth II. an einem verregneten Dienstagnachmittag zu einem Besuch in einem Berliner Kabelwerk zu bewegen. Nichts blieb von den Erklärungen jener Tage.

Die Ruinen des einst modernsten Berliner Kabelwerkes erinnern noch mehr als ein Jahrzehnt danach an diesen – für den Verursacher folgenlos gebliebenen – Akt industrieller Barbarei.

Es gibt sehr unterschiedliche Antworten auf die Frage nach den Ursachen der Negativbilanz der Treuhandanstalt. Die Maschinenvernichtung in Köpenick und an so manch anderem Ort ist einer der vielen Posten des Negativsaldos. Ein anderer, in der Literatur durch Einzelanalysen zwar bezeugter[27], in der Gesamtheit aber nicht mehr nachprüfbarer Posten, ist die Bilanzmanipulation zu Ungunsten der Vermögenswerte der volkseigenen Unternehmen. Die erhebliche Differenz zwischen dem übernommenen DDR-Vermögen und der verbuchten Schuldensumme der Treuhandanstalt erklärte der Wissenschaftler und Publizist Wolfram Engels in einem seiner letzten Aufsätze mit einfachen Worten. »Die große Verschwendung rührt aus dem politischen Mißmanagement des Vereinigungsprozesses«, stellte er im Februar 1995 fest, »und dieses Mißmanagement dauert immer noch an«.[28] Das hatte Methode.

Die Bundesrepublik Deutschland wies nach, daß sie weder die ökonomisch Substanz noch die meisten kulturellen und sozialen Einrichtungen der DDR brauchte. Schon gar nicht bedurfte sie der politischen, wissenschaftlichen und künstlerischen Eliten der DDR. Wenn auch nicht aus gesamtdeutscher Verantwortung, so doch aus altbundesdeutscher bürgerlicher Sichtweise hatte die Abwrackung der DDR-Wirtschaft, die Schließung von Theatern, die Auflösung von Orchestern und die Entlassung von Hochschullehrern und andere »Strukturanpassungsmaßnahmen« eine erkennbare Logik. Diesem Geist entsprang der rigorose Umgang mit Verantwortungsträgern der DDR im politisch-staatlichen Bereich. Dabei war jedes Mittel recht. Bundeskanzler Kohl bekannte sehr viel später, daß selbst die 1990 vollzogene Neubildung der Länder nicht nur ökonomische Dimensionen hatte, sondern den Wechsel der Verantwortungsträger beschleunigen sollte.[29]

Die Liquidierung des Volkseigentums der DDR war der größte Eigentumwechsel in der deutschen Geschichte. Vielerorts wurden dabei die produktiven Grundlagen des Wertschöpfungsprozesses in den neuen Bundesländern eliminiert. Zu den Grausamkeiten der Nachwendezeit gehören die menschlichen Tragödien, der Verlust des Arbeitsplatzes, der sozialen Sicherheit, der gesellschaftlichen Fürsorge und Geborgenheit, die Entvölkerung ganzer Landstriche. Die Gewinner und die Verlierer dieser Vereinnahmung haben Namen und Gesicht.

Üble Nachrede

Die DDR trug bekanntlich die größten Nachkriegslasten. Sie zahlte unter schwierigsten Bedingungen 97 bis 98 Prozent der Reparationslast Gesamtdeutschlands.[30] Seit seiner Gründung hatte es dieser andere deutsche Staat auch in der öffentlichen Wahrnehmung in der Bundesrepublik schwer. Sprachlich abwertend wurde die DDR anfangs als »Pankow«, als »Zone«, dann als »sogenannte DDR« (»Springers Gänsefüßchen-Land«, wie der »Oktoberklub« einst sang) bezeichnet. Ihre Bürger wurden als »Zonendödel« diffamiert. Selbst als die An- und Abführungszeichen beim Kürzel fielen, blieben Hochmut und Arroganz in der Politik und in den Medien. 1990 wurde die DDR zum »Beitrittsgebiet«, die einstigen »Brüder und Schwestern«, wie man die Ostdeutschen in der Zeit der Zweistaatlichkeit nannte, um den »Zusammenhalt der Nation« zu bekunden, wurden zu »Ossis«, aus dem dann Sprachderivate wie »Quotenossi«, »Jammerossi« und andere karikierende Benennungen abgeleitet wurden.

Die unterschiedlichen Bedingungen, Wertvorstellungen und Entwicklungswege in beiden deutschen Staaten haben das Leben, die Vorstellungen, auch die Art des Umgangs miteinander gravierend beeinflußt. In den Jahren der Existenz dieser Zweistaatlichkeit gab es ideologische Feindschaft und ökonomische Zusammenarbeit, Wettbewerb der Systeme und gegenseitige Abgrenzung, politische Zuspitzungen und Perioden der Entspannung, ein stetes Gegen- und ein Nebeneinander. Annähernd zwanzig Jahre saßen beide deutsche Staaten gleichberechtigt in der UNO und in vielen anderen internationalen Gremien.

Die DDR war den konservativen bundesdeutschen Politikern immer ein Dorn im Auge. Schließlich hatte sie eine Todsünde begangen: Sie hatte die Macht des Kapitals gebrochen und einen demokratischen Neubeginn versucht. Mit dem nunmehr vereinnahmten Staat und seinen Bürgern ging und geht die Bundesrepublik wahrhaft nicht würdevoll um. Jeder geläufige Schmähbegriff wird der DDR angehängt, Begriffe wie »Unrechtsstaat« und »Diktatur« geistern durch Medien und öffentliche Reden und verhindern eine objektive Meinungsbildung. Die DDR ist für Politik und Medien ein großes Materiallager, aus dem sich jeder nach Belieben und ohne Rücksicht auf Realität und Wahrheit bedient. Die tote DDR kann sich nicht wehren, ihr wurde die Stimme genommen.

Die Frage nach den Gründen solchen Vorgehens drängt sich auf. Ist es mangelnde Größe der Sieger? Heiligt der Erfolg alle Mittel?

Nahe dem ägyptischen Luxor ist im Tempel der Hatschepsut zu besichtigen, wie die Nachfolger der Königin, die vor mehr als 3.000 Jahren herrschte, mit der Vergangenheit umgingen: Sie ließen aus den wunderbaren Reliefdarstellungen die Gesichter herausschlagen, die ihnen nicht genehm waren. Weder die Personen noch deren Leistungen sollten der Nachwelt erhalten bleiben.

Der Gründer des großchinesischen Reiches, Kaiser Qin, ließ vor mehr als 2.000 Jahren alle vor seiner Zeit entstandenen Schriften bis auf ein verschlossenes Exemplar vernichten und die Berufung auf Traditionen mit der Todesstrafe verfolgen.[31]

Die Christianisierung in Europa ging bekanntlich nicht nur mit der Zerstörung heidnischer Kultstätten, sondern auch frühhistorischer Observatorien einher. Über Inquisition und Hexenverbrennung im Mittelalter ist derart viel bekannt, daß sie keiner besonderen Erwähnung bedürfen. Das gilt auch für die Bücherverbrennungen und andere Verbrechen der Faschisten.

Es ist eine Illusion zu meinen, daß derart kulturelle und zivilisatorische Barbarei für immer hinter uns läge und nicht wiederholbar sei. Natürlich haben sich mit den Zeiten die Methoden geändert, doch Denkmale werden noch immer beseitigt und die kollektive Erinnerung geschleift. Jeder hat die Lizenz zum Tönen, kann bedenkenlos das Blaue vom Himmel über die vergangene DDR reden oder schreiben. Die Kommunismusphobie des deutschen Bürgertums bleibt ungebrochen. Das Klima der Debatte über die DDR bleibt unversöhnlich.

Wer als früherer Funktionsträger in der DDR den geistigen Dialog über das Wesen der DDR anregt, hat nach Bekundung des Staatssekretärs a. D. Klaus Bölling »endlich das Maul zu halten«.[32] Autoren, deren Bücher andere als die offiziell verbreiteten Seiten der DDR-Realität offenbaren, werden unter öffentlichen Druck gesetzt oder totgeschwiegen. In einer Gesprächsrunde in der Berlin-Brandenburgischen Geschichtswerkstatt im Dezember 2006 erklärte eine Teilnehmerin, daß es 1946 in der KPD und in der SPD Gegner und Befürworter der Vereinigung beider Parteien gegeben habe. Schon das wertete der Fraktionschef der FDP im Berliner Abgeordnetenhaus Martin Lindner »als schamlose Geschichtsklitterung einer stalinistischen Agitprop-Extremistin«.[33]

Ausfälle dieser Art sind repräsentativ, sie verhindern jedwede sachliche Verständigung. Der Gelehrte Hermann Klenner hat wohl recht in seiner Annahme, daß jeder DDR-Autor »durch möglichst lebenslange Selbstkritik erst die Vergangenheit bewältigt haben muß […], um dann erst über die Gegenwart urteilen zu dürfen«.[34]

Die Bundesrepublik zeichnet sich in vielerlei Hinsicht durch Diskussionsfreiheit und Debattenkultur in der Mehrheit öffentlicher Angelegenheiten aus. Es gibt offensichtlich gewichtige Gründe, warum diese Tugenden bei Themen aufgegeben werden, die den Sozialismus und die DDR-Geschichte berühren. Zur öffentlichen Erörterung der ostdeutschen Vergangenheit – sei es beim Bundespräsidenten, in den Gremien des Bundestages oder in den Medien – haben nur Personen Zugang, die sich als Opfer oder Opponenten der DDR ausweisen. Andersdenkende, die die DDR mitgestaltet haben und sich gemäß eigener Erfahrung erinnern, bleiben in der Öffentlichkeit der Bundesrepublik persona non grata. Sie werden als Unbelehrbare, als Betonköpfe, als Ewiggestrige und Engstirnige diffamiert.

Wie gering das Gewicht öffentlicher Aussagen anzusetzen ist, offenbarte *Die Welt*, eine Tageszeitung aus dem Hause Springer. Wahr ist das, »was am nächsten Tag nicht dementiert wird«.[35] Das heißt: Eine Lüge wird Wahrheit, wenn ihr niemand widerspricht.

In der Politik gehe es, so erklärte der Politologe Franz Walter im *Spiegel*, »um Macht, nicht um Sinnstiftung, nicht um Identitätswahrung, nicht einmal um Glaubwürdigkeit«[36]. Unter solchen Umständen schwimmt jeder, der dem verordneten Dogma der Diktaturaufarbeitung nicht folgt, gegen den mächtigen Strom der monopolisierten öffentlichen Meinung, die nichts anderes ist als die veröffentlichte Meinung.

Auch in der Debatte über Leben in der DDR und das Wesen der Politik dieses Staates zeigt sich die Bundesrepublik Deutschland keineswegs als offene, wohl aber geschlossene Gesellschaft mit festen Regeln. Seit der französischen bürgerlichen Revolution von 1789 gilt bekanntermaßen der Grundsatz, daß Opfer nie in eigener Sache Richter sein sollen. Für tatsächliche oder selbsternannte Opfer der DDR findet dieses Prinzip keine Anwendung. »Die Suche nach Gerechtigkeit«, stellte Peter Sloterdijk fest, »treibt seit jeher ein zweites wildes Gerichtswesen hervor, in dem die Gekränkten Richter und Vollzugsbeamte in einer Person zu sein versuchen«.[37] Die Perspektive einer Minderheit in der DDR soll zur Perspektive aller gemacht werden.

Die in Deutschland während eines Jahrhunderts aufgebauten antikommunistischen Ressentiments wurden mit der Niederlage des Sozialismus in Europa weiter auf eine permanente Betriebstemperatur gehalten. Droht sie zu sinken, wirft eine damit beauftragte Bundesbehörde neu entdeckte Akten ins Feuer. Die von Marianne Birthler geleitete Behörde verfügt mit ihren etwa 3.000 Beschäftigten über das Vierfache der Mitarbeiterzahl des Umweltschutzamtes der Vereinten Nationen. Das Jahresbudget beträgt etwa 100 Millionen Euro. Ausgestattet mit Material aus dieser Behörde agieren Journalisten, assistiert von handverlesenen Ex-Bürgerrechtlern, gleichzeitig als Ermittler, Ankläger, Richter und Kommentatoren.

Nach dem Beitritt der DDR zur Bundesrepublik Deutschland am 3. Oktober 1990 wurde die strafrechtliche Verfolgung von mutmaßlichen DDR-Tätern mit enormem Aufwand betrieben. Etwa 100.000 Bürger wurden beschuldigt, vernommen, mit persönlichen und finanziellen Einschränkungen belastet und in ihrem guten Ruf oft beschädigt. In 1,2 Prozent der Fälle von Beschuldigungen erhob die Staatsanwaltschaft Anklage. Drei Viertel dieser Anklagen erwiesen sich als unbegründet. Es kam zu 289 Verurteilungen, das waren 0,29 Prozent der rund 100.000 Beschuldigten. Über die rechtliche Begründung dieser Urteile und des Strafmaßes sind die Meinungen unverändert geteilt.[40]

Da es an tatsächlichen »Tätern« offensichtlich mangelt, werden nunmehr fiktive Handlungen in Spielfilmen mit der Authentizität von James-Bond-Thrillern als Tatsachenersatz genutzt. Inszenierungen mutieren immer öfter zu Beweismitteln. Im Streben, den in der DDR vorgenommenen sozialistischen Versuch aus dem beharrlichen Gedächtnis vieler Menschen zu löschen, kennt man hinsichtlich der Wahl der Mittel offensichtlich keine Grenzen. DDR-Darstellung wird heute vorrangig als Abschreckung vermittelt. Vor kaum etwas schreckt man dabei zurück. Schulklassen werden in Gefängniszellen geführt, um den Kindern unter dem Schock, den Eindrücke aus Haftanstalten in der Regel erzeugen, Abscheu vor dem anderen deutschen Staat zu erzeugen. Welchen Schaden erleidet dabei die Wahrheit, welchen Schaden die Psyche der Kinder? Die aus alten Vorbehalten gespeiste antisozialistische öffentliche Meinung ersetzt nunmehr den mittelalterlichen Pranger.

Trotz dieses Vorgehens bleibt in breiten Teilen der Bevölkerung der DDR eine gute Erinnerung an ihren Staat. Hilflos wird nun in Medien und politischen Kreisen von einer Verklärung der DDR gesprochen, der man entgegenwirken müsse. Womit? Der Fraktionsvorsitzende der CDU im Deutschen Bundestag, Volker Kauder, meint allen Ernstes: »Es wäre schon viel erreicht, wenn in jeder Klasse der Film ›Das Leben der Anderen‹ gezeigt würde. Das würde Interesse wecken an dem, was wirklich los war in der DDR, an permanenter Stasiüberwachung, aber auch an Mauer und Stacheldraht.«[41] Anders vermag Herr Kauder sich die DDR offensichtlich nicht vorzustellen.

Früh, noch ehe überhaupt eine gesamtdeutsche Verständigung möglich gewesen wäre, wurde im Artikel 17 des Einigungsvertrages die DDR mit dem Etikett des »Unrechtsstaates« versehen. In der wissenschaftlichen Literatur der Bundesrepublik wurde schon bald klargestellt, daß der Begriff »Unrechtsstaat« ausschließlich der politischen Rhetorik zuzurechnen ist.

1994 widersprach der Rechtssoziologe Prof. Dr. Hubert Rottleuthner der Unrechtsstaat-These. »Für wissenschaftliche Zwecke verbaut man sich durch eine derartige Klassifikation die genaueren Unterscheidungen, Abstufungen und Vergleichsmöglichkeiten.«[42] In einer Veröffentlichung des Max-Planck-Institutes für europäische Rechtsgeschichte wurde 2003 darauf verwiesen, daß der Begriff »Unrechtsstaat« kein Rechtsbegriff sei, der »mit unbestrittenen wissenschaftlichen Kriterien definitionsfähig ist«.[43]

Fachkritik dieser Art bleibt in der Bundesrepublik im engen Zirkel kleiner Auflagen wissenschaftlicher Literatur.

Trotz permanenter DDR-Verdammung erhält sich auch im zweiten Nachwendejahrzehnt bei vielen Bürgern dieses untergegangenen Staates ein stabiles Gerüst guter Erinnerungen. Die Sicherheit des Arbeitsplatzes, das Sozial- und Bildungssystem, die Solidarität, auch gute Erfahrungen im politischen Miteinander sind vielen Ostdeutschen im Gedächtnis geblieben. Neuerdings werden Umfragen zu dem absurden Thema »Wollen Sie die DDR zurück?« veranstaltet. Wir leben im 21. Jahrhundert. Kein vernünftiger Mensch will das geeinte Deutschland teilen. Es gibt keinen ostdeutschen Separatismus.

Die Kernfrage unserer Zeit bleibt, ob das derzeit herrschende kapitalistische System in der Lage ist, mit den berechtigten Interessen der Menschheit nach Frieden, Gerechtigkeit, Freiheit und fürsorglichen Umgang mit den natürlichen Ressourcen zu korrespondieren. Die Zweifel daran wachsen nicht linear, sondern progressiv. Bei der Suche nach Alternativen ist eine Besinnung auf Erfahrungen und Werte der auf den Sozialismus gerichteten Gesellschaftsentwicklung in der DDR mit Wahrscheinlichkeit von Nutzen.

Es sollte gerecht zugehen

Es ist sicher kein Zufall, daß in den gängigen Darstellungen der DDR in der konservativen, auch in Teilen der linken Literatur vorrangig deren Endphase behandelt wird. Jene Zeit des Niedergangs und der Agonie wird stellvertretend für die vier Jahrzehnte genommen. Sie eignet sich vorzüglich, Vorurteile zu bedienen. Ahistorisch wird unterstellt, die Krise der 80er Jahre sei der Dauerzustand des Sozialismus gewesen. Bei der Analyse sozialer Gemeinschaften offenbaren sich ihre Schwächen und Mängel, nicht unbedingt ihr Wesen. Der Staat DDR, die Gesellschaft, das ökonomische und soziale Potential haben sich von Anbeginn verändert. Es gab starke und schwache Entwicklungsphasen.

Auch die alte Bundesrepublik war bekanntlich nicht immer in bester Verfassung. »Anfang der 60er Jahre etwa war die bundesdeutsche Gesellschaft im Inneren umstellt von so viel Konservatismus, von so vielen Regeln, Verboten und Vorschriften, von so vielen Werten und bürgerlichen Tugenden, von so viel Deutschtümelei und Provinzialität, daß es aus ökonomischen, politischen und kulturellen Gründen irgendwann krachen mußte«[44], hieß es 2006 im *Spiegel*. Wer würde diese wahrscheinlich zutreffende Zeitkritik zu einem Pauschalurteil über die Bundesrepublik umdeuten?

Seriöse zeithistorische Studien verweisen auf kreative, dynamische Elemente der Entwicklung in der DDR. »Im übrigen hatte der Enthusiasmus des Anfangs nicht nur mit Zukunftshoffnungen etwas zu tun. Hoffnungen wurden nicht nur geweckt, Hoffnungen wurden auch erfüllt. Die späten 40er und die 50er Jahre sind in der DDR eine Zeit beispielloser – durchaus gewollter – sozialer Aufwärtsmobilität gewesen. Fast anderthalb Jahrzehnte einer Mobilitätsdynamik sondergleichen erlebte das Land, eines Sogs nach oben, wie ihn tatsächlich nur Revolutionen erzeugen können.«[45] Diese Erkenntnis entspringt nicht einem Selbstzeugnis der DDR. Sie ist das Resultat der Forschungen des zitierten Autors, des Mannheimer Historikers Peter Graf von Kielmansegg. Auch für die 60er Jahre bescheinigte er der DDR Zukunftsorientierung und Dynamik.[46]

Der mit der sozialistischen Entwicklung in der DDR einhergehende soziale Fortschritt hatte auch auf die kapitalistische Welt unübersehbare Wirkungen. Mit dem Zusammenbruch der sozialistischen Gemeinschaft »büßten«, wie der Philosoph Peter Sloterdijk feststellte, »die Organe der Arbeitnehmerschaft im Westen das Privileg ein, von der Kommunismusangst der Kapitalseite ohne eigene Anstrengung zu profitieren.«[47] Der kluge Mann folgert unter Berufung auf amerikanische Ökonomen: »Was man Neoliberalismus nennt, war in der Sache nichts anderes als eine Neuberechnung der Kosten für den inneren Frieden in den Ländern der kapitalistisch-sozialdemokratischen ›Mischwirtschaft‹ europäischen Typs oder des ›regulierten Kapitalismus‹ amerikanischer Machart. Diese Prüfung führte unausweichlich zu dem Ergebnis, daß die westliche Unternehmerseite den sozialen Frieden unter vorübergehendem politischem und ideologischem Druck aus dem Osten zu teuer erkauft hatte. Man sah die Zeit für kostensenkende Maßnahmen gekommen, Maßnahmen, die ihrer Tendenz nach den Akzent vom Primat der Vollbeschäftigung zum Vorrang der Unternehmensdynamik bezweckten […] Die Souveränitätsverhältnisse haben sich über Nacht umgekehrt: Nicht nur haben die Organisationen der Arbeitnehmerschaft wenig in der Hand, mit dem sie effektiv drohen könnten, das Drohprivileg ist nahezu einseitig auf die Unternehmerseite übergegangen.«[49]

Folgt man dieser Analyse liegt der Schluß nahe, daß es in der im 20. Jahrhundert stattgefundenen Systemauseinandersetzung zwischen Kapitalismus und Sozialismus nicht vorrangig um Reisefreiheit, Meinungsfreiheit und andere »demokratische« Werte ging. Die reine Existenz und die soziale Strahlkraft des Sozialismus hatten über Jahrzehnte die sozialen Konditionen der kapitalistischen Marktwirtschaft herausgefordert und erhalten. Die Beseitigung des Sozialismus gab dem Kapital die Freiheit zurück, die es verloren hatte: sozialen Ballast abzuwerfen und sich hemmungslos global zu entfalten.

Verlierer und Gewinner dieser grundlegenden Wandlung sind deutlich erkennbar. Die Verlierer verteilen sich auf beide Seiten des einstigen Eisernen Vorhangs. Sie erleben diesen Wandel mit der zunehmenden Härte des Arbeitsmarktes, bei der Verschlechterung früherer Sozialleistungen, durch steigende Steuerlasten, steigende Preise und die Zunahme von Alters- und Kinderarmut, letztlich als permanent wachsende Alltags- und Zukunftssorgen. Die Gewinner erleben dagegen diesen Wandel als Zuwachs an Wohlstand und Reichtum, als Zunahme ihrer Einflußsphären und Reduzierung der Widerstandskraft ihrer Kontrahenten.

Als auf dem Höhepunkt der Einheitseuphorie 1992 Bundesminister Klaus Kinkel die »unabhängige« Richterschaft der Bundesrepublik einschwor, mit allen zur Verfügung stehenden Mitteln die DDR zu delegitimieren[50], ging es zunächst noch darum, den besiegten, lästigen Gegner niederzuhalten, dessen Institutionen und die guten Erinnerungen von Millionen Menschen mit dem Makel des Kriminellen zu versehen. Wohl kaum jemand hätte damals angenommen, daß diese Kampagne über Jahrzehnte weitergeführt werden würde. Sollte damit ursprünglich Vergangenes diskriminiert werden, geht es nunmehr um die Abwehr einer demokratischen Alternative zur neoliberalen Politik.

Die Niederlage des Sozialismus in Europa hat gewiß viele Hoffnungen zerstört. Das Nachdenken über den Sozialismus, über seine Potenzen, seine theoretischen Leistungen und moralischen Ansprüche wie über seine Defizite und die Ursachen seiner Niederlage geht weiter. Schließlich harren die wachsenden sozialen Spannungen unserer Zeit auf Lösungen.

Papst Benedikt XVI. hat sich in seiner am 30. November 2007 verabschiedeten Enzyklika SPE SALVI eingehend mit den Gründen und Grenzen sozialistischer Revolutionen beschäftigt. In seiner Botschaft an die Bischöfe, an die Priester und Diakone, an die gottgeweihten Personen und alle Christgläubigen heißt es nach einer Würdigung der Klasse des Industrieproletariats: »Marx hat mit eingehender Genauigkeit, wenn auch parteilich einseitig, die Situation seiner Zeit beschrieben und mit großem analytischen Vermögen die Wege zur Revolution dargestellt – nicht nur theoretisch, sondern mit der kommunistischen Partei, die aus dem kommunistischen Manifest von 1848 hervorging, sie auch auf den Weg gebracht. Seine Verheißung hat mit der Klarheit seiner Analysen und der eindeutigen Angabe der Instrumente für die radikalen Veränderungen fasziniert und tut es noch immer wieder.«[52]

Im weiteren benennt der Papst aus seiner Sicht Irrtümer des Marxschen Konzepts. Er schreibt: »Marx hat nicht nur versäumt, für die neue Welt die nötige Ordnung zu erdenken – derer sollte es ja nicht bedürfen. Daß er darüber nichts sagt, ist von seinem Ansatz her logisch. Sein Irrtum liegt tiefer. Er hat vergessen, daß der Mensch immer Mensch bleibt […] Er hat vergessen, daß die Freiheit immer auch Freiheit zum Bösen bleibt.«[53]

Papst Benedikt XVI. hat mit seiner Hoffnungsenzyklika die Meßlatte der philosophischen und politischen Systemauseinandersetzung aus den Niederungen billiger antikommunistischer Propaganda auf eine grundsätzliche, würdige Ebene erhoben.

Das Prinzip Hoffnung

Mit dem Bericht über mein Leben, über die Zeit, in der ich tätig war, will ich Motive meines Handelns ohne das derzeit gebräuchliche »ja, aber« darstellen.

Im Verlauf der fast acht Jahrzehnte, die seit meiner Geburt vergangen sind, haben sich sowohl die Arbeits- wie die Lebensverhältnisse der Menschen in erstaunlichem Maße bei zunehmendem Tempo gewandelt. Auch in der Zeit der Globalisierung, in der Okkupationskriege als Akt der Verbreitung von Freiheit und Demokratie verklärt werden, bleibe ich dabei: Die Idee einer von den Widersprüchen der heutigen Zeit befreiten Welt, einer Welt des Friedens, der sozialen Gerechtigkeit und des Humanismus wird immer wieder neue Kräfte finden. »Wenn«, wie der Naturwissenschaftler Karl Lanius feststellt, »die anhaltende technische Revolution dazu führt, daß immer mehr Menschen zu überflüssigen, weil Kosten verursachenden Faktoren eines auf Gewinnmaximierung programmierten Systems werden: wenn kollektive Werte verschwinden [...], dann ist das System falsch, in dem wir leben.«[54]

Was uns heute als Gegenwart begegnet, ist allein Ausgangspunkt des Künftigen, nicht aber die Zukunft selbst. »Altes Fundament ehrt man, darf aber das Recht nicht aufgeben, irgendwo wieder einmal von vorn zu gründen«, schrieb schon Goethe in seinen Maximen und Reflexionen.

Auch wenn sich die gesellschaftlichen Verhältnisse oft widersprüchlich und langsam verändern, es bleibt das Prinzip Hoffnung. Auch das derzeitige soziale System bleibt nicht alternativlos. Es werden – wie schon immer in der Geschichte – Kräfte wachsen, die notwendige Veränderungen realisieren.

Anmerkungen

5 Thomas Mann, Ansprache zum Goethejahr 1949. In: Altes und Neues, Aufbau Verlag Berlin und Weimar, 1965, S. 492
6 Vgl. Karl Marx, Der Achtzehnte Brumaire des Louis Bonaparte, Kap. 1
7 Christian Morgenstern, Heimlich träumen Mensch und Erde, Henschel Verlag, Berlin 1967, S. 24
8 Vgl. »Der Sturkopf.« In: *Der Spiegel*, 21/2008, S. 59
9 Herman Klenner, »Marxismus und Menschenrechte, Studien zur Rechtsphilosophie. Anhang: Menschenrechtskataloge aus Vergangenheit und Gegenwart.« Akademie Verlag, Berlin, 1982
10 Helmut Kohl, Erinnerungen 1990-1994, Droemer, München, 2007, S. 119
11 Ebenda, S. 189
12 vgl. ebenda, S. 87, S. 89, S. 356, S. 358, S. 472
13 Deutscher Bundestag, 27. Sitzung der Enquete-Kommission »Aufarbeitung der Geschichte und Folgen der SED-Diktatur in Deutschland. 5. Februar1993, Schlußbemerkungen Dr. Hansjörg Buck, S. 27/176
14 Michael Jürgs, »Die Treuhändler – Wie Helden und Halunken die DDR verkauften«. Droemer München, 1998, S. 261f.
15 Theo Waigel, Rede des Bundesministers der Finanzen in der 212. Sitzung des Deutschen Bundestages am 23. Mai 1990. In: Staatsvertrag zur Währungs-, Wirtschafts- und Sozialunion. Becksche Vertragsbuchhandlung München 1990, S. 339
16 Vgl. u. a. Michael Jürgs, a. a. O., 1998. S. 337ff.
17 Vgl. *Berliner Zeitung*, 31. Mai 2000, Haftstrafe für Treuhand-Manager
18 Helmut Kohl, a. a. O., S. 89

19 Vgl. u. a. Deutscher Bundestag 27. Sitzung der Enquete-Kommission »Die DDR Volkswirtschaft als Instrument der SED Diktatur, 5. Februar 1993. Helmut Kohl, a. a. O., S. 121

20 Siegfried. Wenzel, Was war die DDR wert? Verlag Das Neue Berlin, 2000, S. 24

21 u. a. Siegfried Wenzel, Was war die DDR wert?; Siegfried Wenzel, Von wegen Beitritt!, Verlag Das Neue Berlin, 2007; Gerhard Schürer, Gewagt und verloren, Frankfurter Oder Editionen, 1996, Michael Jürgs, Die Treuhändler a. a. O.; Ralph Hartmann, Die Liquidatoren. edition ost, Berlin 2007

22 Siegfried Wenzel, Was war die DDR wert, a. a. O., S.30

23 Wolfram Engels, Akzente 1984-1995, 100 Kommentare zur Zeitgeschichte, Verlagsgruppe Handelsblatt 1995, S. 233

24 Vgl. Siegfried Wenzel, a. a. O., unter Verweis auf die Umfrage 19/1995 des Instituts für Arbeitsmarkt- und Berufsforschung (IAB) der Bundesanstalt für Arbeit, Nürnberg

25 Eine Dokumentation dieser Maschinenvernichtung wurde 1999 im Archiv der BvS Nr.1220 Köpenicker Vermögensverwaltungs- und Verwertungsgesellschaft mbH (KVVG) deponiert.

26 Vgl. *Kabel Report*, Firmenzeitung der KWO-Gruppe

27 Vgl. Michael Jürgs, Die Treuhändler, a. a. O., S. 328f.

28 Wolfram Engels, a. a. O., S. 234

29 Helmut Kohl, Erinnerungen 1990-1994, a. a. O., S. 395

30 Vgl. Siegfried Wenzel, »Was war die DDR wert?«, Berlin, 2000, S. 43

31 Vgl. u. a. »Das antike China«, Köln 2001, S. 40f

32 Klaus Bölling, »Wie jeder andere Täter auch«. In: *Der Spiegel* 35/2006. S. 10.

33 Zitiert in: J. Thomsen »Streit um SED bringt Koalition in die Krise«. *Berliner Zeitung*, 2./3. Dezember 2006, S. 24

34 Hermann Klenner in: Protokoll Ostdeutscher Juristentag, Berlin 28. November 1992

35 U. Clauß, »Geschichte der Wahrheit«. In: *Die Welt*, 10. September 2007, S. 6

36 Franz Walter, »Lob der Lüge.« In: *Der Spiegel*, 9 / 2008, S. 22

37 Peter Sloterdijk, »Zorn und Zeit«. Suhrkamp Verlag 2006, S.80

38 Vgl. W. Biermann, Heine und Le Communisme. In: *Spiegel* 7/2006, S.114

39 *Der Spiegel* 45/2007, S. 191, liefert Biermann folgende erweiterte Definition: »Und das Wort ›Sozialismus‹ heißt seit dem totalen Tierversuch an lebendigen Menschen nur noch systematische Indoktrination, Erziehungsdiktatur, Folter, Willkür, Okkupation, Spitzelstaat, Maulkorb, Rechtlosigkeit.«

40 Die Zahlen wurden entnommen aus: Klaus Marxen/Gerhard Werle, »Die strafrechtliche Aufarbeitung von DDR-Unrecht. Eine Bilanz«, Berlin und New York, 1999 S. 2. Die geringe Zahl danach durchführter Strafverfahren ändern die angegeben Proportionen nicht signifikant. Vgl. auch Friedrich Wolf, »Einigkeit und Recht. Die DDR und die deutsche Justiz«, edition ost, Berlin, 2005

41 Volker Kauder, zitiert aus »DDR-Lehrplan nicht erfüllt«, in: *Berliner Zeitung*, 17./18. November 2007, S. 2

42 Vgl. H. Rottleuthner, Steuerung der Justiz in der DDR, Köln, 1994, S. 19

43 Vgl. H. Mohnhaupt. In: Studien zur europäischen Rechtsgeschichte, Bd. 5, Deutsche Demokratische Republik, Einleitung, Klostermannverlag Frankfurt am Main, 2003, S. XVI.

44 C. Litten, »Das bürgerliche Dilemma«. In: *Der Spiegel*, 1/2006, S. 53

45 Peter Graf Kielmansegg, »Das geteilte Land. Deutschland 1945-1990«. In: »Deutsche Geschichte«, Siedler Verlag, 2000. Bd. 4, S. 585-586

46 ebenda, S. .603

47 Peter Sloterdijk, »Zorn und Zeit«, a. a. O., S. 336

48 D. Jergin, J. Stanislaw, »Staat und Markt. Die Schlüsselfrage unseres Jahrhunderts«, Frankfurt/New York 1999, S. 22-87

49 Peter Sloterdijk, a. a. O., S. 337f.

50 Vgl. Klaus Kinkel, Ansprache vor dem 15. Richtertag. In: *Deutsche Richterzeitung* 1/1992. Der damalige der liberalen Partei angehörige Minister der Regierung Kohl forderte darin die»unabhängige« Justiz auf, »das SED Regime zu delegitimieren«

51 Th. Lindenberger, Herrschaft und Eigen-Sinn in der Diktatur«, Böhlau Verlag Köln Weimar Wien , 1999, S.14

52 Papst Benedikt XVI., Enzyklika SPE SALVI, Liberia Editrice Vaticana, 2007, Ziffer 20

53 Papst Benedikt XVI., a. a. O., Ziffer 21

54 K. Lanius: Weltbilder. Eine Menschheitsgeschichte, Verlag Faber und Faber 2005

Drei Ereignisse
mit einem bitteren Ende

Eine *ungebrochene* Biographie des in einer Kleinstadt in der Magdeburger Börde Aufgewachsenen, des diplomierten Volkswirts, promovierten Juristen und Professors mit Lehrstuhl für das Staatsrecht junger Nationalstaaten, kann ich nicht vorweisen. Brüche in meiner Biographie gab es öfter als es mir lieb war. Zweifellos stand mir das Glück nicht selten auch zur Seite. Das in meiner ersten Lebenshälfte oft, zu oft strapazierte gesellschaftliche Erfordernis, die Einsicht in die Notwendigkeit – die gängige Hauptdefinition der Freiheit – erwies sich für mich häufig als wegbestimmend. Wenn auch mein Werdegang, die Umsetzung von Hoffnungen und Erwartungen durch äußere Entscheidungen beeinflußt wurde, zu jeder Zeit war die eigene Haltung, die eigene Entscheidung gefordert. Gute wie auch bittere Ereignisse blieben in meiner Erinnerung, auch Zweifel daran, ob ich an Kreuzwegen meines Lebens immer klug entschieden habe. Drei Begebenheiten der bitteren Art sind mir besonders nahe gegangen.

Der Tod des Präsidenten

Im Jahr 1986 war mir viel Arbeit aufgebürdet. Der Grundriß des ersten Lehrbuches zum Staatsrecht junger Nationalstaaten war für die Verteidigung vor dem Rat für staats- und rechtswissenschaftliche Forschung der Akademie der Wissenschaften und die nachfolgende Drucklegung vorzubereiten. Mitten im Trubel drückender Termine erreichte mich in den ersten Oktobertagen ein Ersuchen des Präsidenten der Volksrepublik Mosambik, kurzeitig für dringliche Konsultationen in die Hauptstadt des Landes, Maputo, zu kommen.

Samora Machel, den legendären Helden des Befreiungskampfes, hatte ich schon vor der Unabhängigkeit des Landes kennengelernt. Unsere ersten Begegnungen fanden in Dar Es Salaam (auch

Daressalam) im benachbarten Tansania statt. Machel und seine Gefährten aus der Führung der Befreiungsbewegung bezogen mich von Anbeginn, so als wäre ich einer der Ihren, in die Beratung von Analysen und Projekten für die Zukunft des künftig unabhängigen Mosambik ein. Mit meinen Freunden erlebte ich den Tag der Unabhängigkeit am 25. Juni 1975 und war danach immer wieder zu Studien, zur Beratung, zur Ausbildung von Studenten und Betreuung von Doktoranden in Mosambik. Wann immer ich im Lande war, fand Samora Machel Gelegenheit zum Gedankenaustausch. Ich empfand es als Auszeichnung, daß er mir vertraute.

In den ersten Jahren nach der Unabhängigkeit hatte sich das Land recht achtbar konsolidiert. Etwa seit 1980 aber führte der Kalte Krieg zu bewaffneten Kämpfen auch in Mosambik. Sie erschütterten das Land, bedrohten gegen 1986 zunehmend die Grundlagen, ja die Existenz des jungen Staates. In dieser Situation gerufen zu werden, hatte für mich nur eine Konsequenz: abreisen, den Freunden im Südosten Afrikas zur Verfügung stehen.

Projekte staatsorganisatorischer Veränderungen standen 1986 in den ersten Gesprächen im Präsidentenpalast zur Debatte. Neue Denkansätze waren gefordert. Diese gründlich vorzubereiten, brauchte Zeit. Wir verabredeten, nach dem 20. Oktober erste Überlegungen zu erörtern. Bis dahin blieb nicht viel Zeit. Der Präsident war zugleich mit der Vorbereitung einer Gipfelkonferenz afrikanischer Staaten in Maputo, mit Abwehrmaßnahmen gegen Aktionen des damaligen Apartheid-Systems in Südafrika und der Vorbereitung einer Reise nach Sambia außerordentlich beschäftigt. Dort sollte auf neutralem Boden ein Treffen mit dem Präsidenten Zaires stattfinden. Der Gedanke, daß eventuell während dieses Fluges ein Teil unserer Vorschläge vorbesprochen werden könnte, wurde verworfen.

Trotz der Brise, die vom Meer aus die Stadt ein wenig kühlte, war das Wetter am Sonntag, dem 19. Oktober 1986, in Maputo unerträglich schwül. Am späten Abend wurde die Präsidentenmaschine, aus Sambia kommend, zurückerwartet. Es wurde eine entsetzliche Nacht. Zuerst erreichte uns die Nachricht, die Präsidentenmaschine sei überfällig. Am frühen Montagmorgen kam die Mitteilung, sie sei in Südafrika abgestürzt. Wenig Zeit verging, dann wurde Ahnung Gewißheit: Samora Machel, der Präsident der Volksrepublik Mosambik, war tot. Nur zehn von 43 Insassen hatten den Absturz in der Nähe der Lebombo-Berge in der südafrikanischen Provinz Transvaal nahe der Grenze zu Mosambik überlebt.

Die Trauer um den Verlust des Freundes und seiner Gefährten verband sich verständlicherweise von Anbeginn mit der Frage, wie das geschehen konnte. Anfangs gab es Vermutungen und erstaunliche Feststellungen über das Verhalten auf südafrikanischer Seite. Die internationale Kommission, die das Unglück untersuchte, stellte nach Analyse des aufgefundenen Voice Recorders unter anderem fest, daß die Maschine einem per Funk über VOR (*Very high frequency Omnidicrectional Radio*) vorgegebenen Kurs gefolgt sei. Überlebende hatten, als sie der aufgeschlagenen Maschine entkamen, in unmittelbarer Nähe der Absturzstelle eine Baracke und einen Funkmast gesehen. Als mosambikanische Vertreter am nächsten Tag an der Unglücksstelle eintrafen, waren beide Bauwerke abgebaut und abtransportiert.

Bald nach dem Aufprall erschienen südafrikanische Uniformierte und Zivilisten am Absturzort. Sie halfen nicht den Verletzten, sondern bemächtigten sich der herumliegenden Dokumente. Erst vier Stunden nach den Uniformierten erschienen auch Mediziner am Ort des Geschehens.

Es gab von Anbeginn viele Gründe für die Vermutung, daß es sich bei dem Absturz nicht um einen Unfall, sondern um ein Verbrechen handelte. 1993 beschäftigte sich damit die inzwischen entstandene südafrikanische Wahrheitskommission. Sie verwies dabei auf die mögliche Anwendung eines von Israel entwickelten Systems elektronischer Täuschung, um das Flugzeug auf falschen Kurs zu führen.[55] Zehn Jahre danach gestand ein pensionierter südafrikanischer Polizeigeneral, daß die Maschine tatsächlich fehlgeleitet und zum Absturz gebracht worden war.[56]

Am 7. Oktober 1986 hatte der Verteidigungsminister der Apartheidregierung, Magnus Malan, Samora Machel öffentlich wegen dessen Unterstützung des ANC gedroht. Der international bekannte Journalist Carlos Cardoso hatte am 11. Oktober 1986 Samora Machel unter Bezug auf diese Drohung mit dem Verdacht konfrontiert, daß südafrikanische Militärs versuchen würden, ihn zu ermorden. »Das haben sie schon versucht«, antwortete dieser. Nach einer kurzen Pause, so notierte Cardoso, habe Machel hinzugefügt: »Ich bin das Hindernis. Ich bin niemandem verpflichtet, ich bin sauber.«[57]

Mosambikanische Identitätskarte, 1977

So fand ein aufrechter Mann, der sein Volk aus der kolonialen Unterdrückung herausgeführt hatte, ein furchtbares Ende. Es war keine höhere Gewalt, die das bewirkte, auch kein Versagen der Piloten oder der Maschine. Es war ein politischer Mord.

Mir ist das Schicksal Samora Machels sehr nahe gegangen. Das nicht allein wegen unserer engen persönlichen Beziehung, sondern weil ich erleben mußte, mit welch kriminellen Methoden noch immer Repräsentanten des gesellschaftlichen Fortschritts von ihren Gegnern beseitigt wurden. Geblieben ist mir eine enge Beziehung zu meinen mosambikanischen Freunden und meine tiefe Abscheu gegenüber jenen, die das Verbrechen an Samora Machel planten und ausführten. In guter Erinnerung bleibt mir die Widmung des Präsidenten aus dem Jahr 1980. »Dem Kameraden und Freund Herbert Graf, gemeinsam beschritten wir diesen langen Weg, der in die Zukunft zeigt. Wir werden den wissenschaftlichen Sozialismus auf diesem problemreichen Kontinent errichten. Mit einer Umarmung, Samora.«

Auch Mosambik hat bekanntlich den mit der Unabhängigkeit eingeschlagenen Kurs verlassen müssen. Die aus der Befreiungsorganisation 1976 hervorgegangene Frelimo-Partei ist jedoch auch am Beginn des 21. Jahrhunderts die stärkste politische Kraft im Lande.

Der 2005 mit eindeutiger Mehrheit in allgemeinen Wahlen gewählte Präsident des Landes, Armando Guebuza, ist einer der Kampfgefährten Samora Machels. Nach wie vor lautet die bekannteste politische Losung des Landes »Aa luta continua« – der Kampf geht weiter. Wie lange dieser Kampf noch währt und welchen Ausgang er nehmen wird, bleibt ungewiß. Eine gute Sache, der man mit Überzeugung dient, nie aufzugeben, gehörte zu meinen Schlußfolgerungen aus dieser Tragödie Machels.

Hubschrauberabsturz in der Wüste

Acht Jahre vorher hatte ein anderes Flugzeugunglück die Bedingungen meiner Arbeit, meines Lebens schmerzlich verändert. Am 6. März 1978 war ich in Tripolis, als Werner Lamberz, Paul Markowski und ihre Begleiter Opfer eines Hubschraubcrunglücks in Libyen wurden. Werner Lamberz war eine der Führungspersönlichkeiten in der DDR, der allgemein als Hoffnungsträger galt. Er hatte ob seiner Lauterkeit, seiner Intelligenz und Zuverlässigkeit hohes Ansehen auch in vielen Entwicklungsländern erworben. Paul Markowski, der Leiter der internationalen Abteilung des Zentralkomitees der SED, war ein erfahrener Fachmann der internationalen Arbeit. Beide waren weltgewandt, beherrschten mehrere Sprachen. Beiden war, mit wem sie auch zusammenkamen, eigen, daß sie gut zuhören und überzeugend ihre Gedanken anderen nahe bringen konnten. Beiden war ein besonderes Verständnis für die ernsthaften Probleme der Völker der Dritten Welt zu eigen. Im Januar 1978 hatte mich Lamberz ersucht, für einige Zeit die Unterstützung der DDR in Äthiopien zu koordinieren und Analysen über die Probleme des Landes zu erarbeiten.

Die Lage in Äthiopien war damals außerordentlich angespannt. In der südöstlichen Provinz Ogaden waren Truppen des benachbarten Somalia tief eingedrungen. Im Nordosten schwelte der Konflikt mit Eritrea. Die Kräfte, die 1974 Kaiser Haile Selassi und damit die Monarchie im Lande gestürzt hatten, bekämpften einander erbittert. Glaubenskriege wurden auch zwischen denen, die sich selbst als links, als demokratisch, als marxistisch bezeichneten, ausgefochten. Das alles vollzog sich in harten, nicht selten auch bewaffneten Auseinandersetzungen. Als eines der Gen-Zentren und

Exportländer für Kaffee hatte Äthiopien derzeit für die devisenarme DDR einen besonderen Stellenwert. Durch einen äquivalenten Warenaustausch hoffte man in Berlin, die Staatskasse zu schonen. Damals benötigte die DDR etwa 70.000 Tonnen Rohkaffee, um den Bedarf zu decken. Eine solche Menge kostete Ende der 70er Jahre Hunderte Millionen Dollar. Es ging also um eine für unser kleines Land beträchtliche Summe.

Werner Lamberz (rechts), Klaus Sorgenicht (Mitte), der Autor

Unter Leitung von Werner Lamberz flog unsere Delegation am Sonnabend, den 6. März 1978, zunächst nach Tripolis. Für den 8. März war die Ankunft in Addis Abeba vorgesehen. Lamberz wollte in beiden Ländern seine Autorität und sein Verhandlungsgeschick einsetzen, um vor allem im Konflikt zwischen den Führungskräften in Äthiopien und in Eritrea mit dem Ziel einer friedlichen Lösung zu vermitteln. Nach Abschluß der Gespräche sollte ich in Äthiopien verbleiben, um die besprochenen Aufgaben zu übernehmen. Das war unser Anliegen, so war alles vorbereitet.

Es kam alles anders.

Am späten Nachmittag des 6. März waren Werner Lamberz und Paul Markowski, begleitet von dem Dolmetscher Armin Ernst und dem Bildreporter Hans-Joachim Spremberg, mit einem Hubschrauber in ein etwa 200 Kilometer entferntes Camp in der Libyschen Wüste geflogen, um dort mit Staatspräsident Moamar al

Ghaddafi zu verhandeln. Erwartungsvoll warteten die verbliebenen Delegationsmitglieder inzwischen in Tripolis auf die Rückkehr dieser Gruppe. Die Zeit verging, es wurde Nacht. Gegen Mitternacht informierte schließlich der libysche Außenminister über die Katastrophe. Der Hubschrauber war verunglückt. Unsere Genossen, drei libysche Begleiter und die Piloten waren tot. Wir waren erschüttert. Trauer und Schmerz ließen keinen von uns in dieser Nacht schlafen.

Am Nachmittag des folgenden Tages versammelten wir uns mit den Repräsentanten der Libyschen Volksjamahirya zur Trauerfeier in einem Palast im Zentrum von Tripolis. An diesem tragischen Tag standen drei Flugzeuge der DDR-Gesellschaft *Interflug*, zwei TU 134 und eine IL 62, die für unseren Weiterflug vorgesehen waren, auf dem Flugplatz in Tripolis bereit. Die libysche Regierung bestand darauf, daß die sterblichen Überreste in einem ihrer Flugzeuge nach Berlin übergeführt werden. Der libysche Außenminister Dr. Abdessalam Treiki, der engste Mitarbeiter von Werner Lamberz Eberhard Heinrich und ich gehörten zu den wenigen Passagieren dieser Maschine. Nach einem abenteuerlichen Nachtflug landeten wir gegen Mitternacht in Schönefeld. Noch immer standen wir unter dem Schock der Ereignisse.

Über die Ursachen dieses Hubschraberunglücks wurden und werden weiterhin abenteuerliche Spekulationen verbreitet. Keiner der daran beteiligten Autoren war damals mit uns »vor Ort«. Ihr Produkt bleibt eine Mischung aus Bruchstücken angelesener Dokumente mit nicht beweisbaren Vermutungen, die mehr oder weniger geschickt zu einer abenteuerlichen Story verbunden werden. Schließlich konnte auch die Bundesanwaltschaft, die ein noch von der Modrow-Regierung initiiertes Ermittlungsverfahren in dieser Sache übernommen hatte, dazu nichts anderes feststellen, als von den Organen der DDR Jahre vorher mitgeteilt wurde.[58]

Mir blieb in Berlin wenig Zeit, darüber nachzudenken, wie es nun ohne die Gestaltungskraft, die Persönlichkeit, die Erfahrungen, das Wissen und nicht zuletzt den Rückhalt von Werner Lamberz und Paul Markowski weitergehen solle. Schon am Tag nach unserer Rückkehr aus Tripolis wurden in Berlin Beratungen darüber geführt, wie die so tragisch unterbrochene Mission unter den gegebenen Umständen wahrgenommen werden könnte.

Fast ein Jahr arbeitete ich mit meinem Gefährten Manfred Schulz in Äthiopien, um die von Werner Lamberz begründete Mis-

sion zu erfüllen. Es war nicht einfach. Die Denk- und Verhaltens-
strukturen der »Abessinier« unterschieden sich erheblich von denen
anderer Völker im Osten Afrikas. Die sozialen Beziehungen waren,
bedingt durch die feudale Vergangenheit, völlig anders strukturiert.
Die mehrtausendjährige, aus der Vereinigung des Königs Salomo
und der Königin von Saba abgeleitete Geschichte hatte nicht nur
in den koptischen, sondern auch in muslimischen Bevölkerungsschichten tiefe Spuren hinterlassen. Sie war eine Ursache des unverkennbaren Stolzes.

Mengistu, zu deutsch »Der Herrschende«, war zu einem sehr verbreiteten Vornamen männlicher Nachkommen amharischer Familien geworden. In zweitausend Jahren Herrschaft amharischer Mon-
archen von Menelik, dem Sohn der Königin von Saba, bis zu Kaiser
Haile Selassi hatte die Oberkaste des »erwählten« Volkes die lange
erhaltene Fähigkeit verloren, die Zeichen der Zeit zu erkennen und
entsprechend zu handeln. Die politischen Verhältnisse änderten sich
nach dem Sturz von Kaiser Haile Selassi abrupt. Ein zwischen 1974
und 1977 in seiner Zusammensetzung und im Vorsitz oftmals wech-
selnder Provisorischer Militärischer Verwaltungsrat übernahm die
Macht und übte diese weitgehend entsprechend der militärischen
Erfahrungen und amharischen Gewohnheiten ihrer Mitglieder aus.

Äthiopische Identitätskarte

Als ich mich 1978 in Äthiopien einzuleben begann, spürte ich täglich: Erfahrungen aus Mosambik oder aus Tansania konnten hier kaum weiterhelfen. Hier erlebte ich ein anderes Afrika. Und: Hier wie in der DDR war auch Jahre danach schmerzlich die Lücke zu spüren, die der Tod von Werner Lamberz und Paul Markowski gerissen hatte. Deren Autorität und deren Erfahrungen auf internationalem Gebiet, deren Fähigkeit zur Analyse und deren Verständnis für Kulturen anderer Völker waren nicht zu ersetzten. Vor allem in komplizierten Situationen habe ich oft darüber nachgedacht, wie hätten hier Werner oder Paul eine Lösung gefunden. Das wurde zu meiner Art der Wahrung ihres Vermächtnisses.

Die Entmachtung Ulbrichts

Aus dem Kreis der Absolventen des Jahrgangs 1954 der Hochschule für Ökonomie in Berlin Karlshorst waren zwei Studenten für einen Einsatz in der Regierungskanzlei der DDR vorgesehen. Mein Mitstudent Dieter Lehmann sollte im Sekretariat des Ministerpräsidenten Otto Grotewohl seine Arbeit aufnehmen. Mein künftiger Arbeitsplatz sollte das Sekretariat des 1. Stellvertreters des Ministerpräsidenten Walter Ulbricht sein. Auch wenn uns noch unklar war, ob und wie wir den Anforderungen einer solchen Tätigkeit gerecht werden konnten, wir stimmten freudig zu. Annähernd 20 Jahre habe ich in der Regierungskanzlei, später im Staatsrat, Walter Ulbricht als Mensch und Politiker näher kennengelernt.

Weitgehend anerkannt wird inzwischen, daß Walter Ulbricht als der damals dominierende Politiker der DDR in den 60er Jahren mit dem »Neuen Ökonomischen System« einen mutigen Versuch zur Erhöhung der Effizienz des sozialistischen Wirtschaftssystems unternommen hat. Veränderungen im internationalen Geschehen schufen der Parteiführung der SED die Möglichkeit für ein neues konzeptionelles Herangehen zur Gestaltung einer sozialistischen Gesellschaft. Dazu gehörten zweifellos die Abkehr von der Stalinschen Hinterlassenschaft auf dem XX. Parteitag der KPdSU 1956, die Analyse der Ursachen der Erschütterungen, besonders in den Nachbarländern Polen und Ungarn 1956, die Vergrößerung des Entscheidungsrahmens der DDR in der sozialistischen Gemeinschaft nach 1956, und nicht zuletzt die seit der Mitte der 50er Jahre deutlich werdenden Herausforderungen der wissenschaftlich-technischen Revolution.[59]

Während in Moskau, auch in Prag und anderen Hauptstädten sozialistischer Länder zu Beginn der 60er Jahre Formulierungen

Sitzung des Staatsrates in Schloß Niederschönhausen, 1963.
Herbert Graf hinten rechts am Mitarbeitertisch

über den Aufbau des Kommunismus Konjunktur hatten, vertrat Ulbricht die These von einer *relativ selbständigen sozialistischen Gesellschaftsformation.* Die Stärkung der Produktivkräfte betrachtete er als grundlegende Voraussetzung des weiteren gesellschaftlichen Fortschritts. Das »Neue Ökonomische System der Planung und Leitung der Volkswirtschaft« sollte dazu beitragen, die aus überholter sowjetischer Praxis stammenden, durch Nachkriegsbedingungen und in Reparationszeiten geprägten Leitungsmethoden der Wirtschaft schrittweise zu überwinden. Ökonomischen Kategorien wie dem Preis und dem Gewinn sollte größere Bedeutung beigemessen werden. Die Selbständigkeit der volkseigenen Betriebe sollte spürbar wachsen, das Interesse der Beschäftigten am wirtschaftlichen Ergebnis ihrer Unternehmen erhöht werden.

Ulbrichts Strategie der Umwandlung richtete sich ebenso auf eine tiefgreifende Veränderung der Strukturen und Führungsmethoden von Staat und Gesellschaft. Dies war fester Bestandteil seiner Vision von der sozialistischen Gesellschaft in der zweiten Hälfte des 20. Jahrhunderts, daß er in jener Zeit der Entwicklung der sozialistischen Demokratie und der Erhöhung der Verantwortung der staatlichen Organe besondere Aufmerksamkeit widmete. Erkennbar war diese neue Linie besonders in seiner seit 1961 praktizierten Politik der Stärkung der gesellschaftlichen Stellung der Vertretungskörperschaften von der Gemeinde bis zur Volkskammer, oder in seinem Kurs, das Wahlsystem der DDR schrittweise aus den engen Grenzen der Praxis der 50er Jahre herauszuführen. Walter Ulbricht wollte erreichen – wie er in einer Grundsatzerklärung 1964 betonte –, daß der Ausgestaltung der Bürgerrechte »noch größere Aufmerksamkeit als bisher zu widmen« ist.[60] Ich war und bin durch eigenes Erleben überzeugt, daß er es damit ernst meinte.

In der Abendveranstaltung anläßlich seines 70. Geburtstages am 30. Juni 1963 hatte Ulbricht – als sei es ein politisches Testament – seine Vorstellungen von den Anforderungen an die künftige Führung eines sozialistischen Landes erklärt. Seinen potentiellen Nachfolgern gab er an jenem warmen Sommerabend auf den Weg: »Die Führung muß das Volk lieben und der Sache des werktätigen Volkes treu ergeben sein. Die Führung muß die Gesetze der gesellschaftlichen Entwicklung der Völker wie der Gesellschaft beherrschen. Die Führung muß verstehen, die wissenschaftlichen Lehren und Erkenntnisse ohne Dogmatismus, ohne Illusionen und Sprünge, auch ohne revisionistische Abweichungen und Verzerrungen im Leben anzuwenden.«[61]

Ein dreifaches definitives, aber offensichtlich begründetes und bedachtes »muß« in dieser kurzen Ansprache, Volksverbundenheit und undogmatische Wissenschaftsanwendung erschienen Walter Ulbricht als die hervorhebenswertesten Tugenden wahrhaft sozialistischer Staatsführung.

Aus heutiger Sicht sei dazu angemerkt, die ersten Schritte zu einem neuen ökonomischen System wie die Förderung der Tätigkeit der Volksvertretungen haben – bis sie von innen und außen unter Beschuß gerieten – zu spürbaren Verbesserungen im Leben und bei den Mitwirkungsmöglichkeiten vieler Bürger geführt. Es blieb ein Anfang, ein Versuch, die Ideale der Arbeiterbewegung, die

Hoffnung auf eine sozial gerechte, friedliche Gesellschaftsordnung auf deutschem Boden zu errichten.

Im Nachhinein kann niemand mit Gewißheit ein Urteil darüber fällen, ob auf dem von Ulbricht versuchten Weg der Erneuerung die dem sozialistischen System innewohnenden Probleme und Schwächen dauerhaft hätten überwunden werden können.

In seinem Anliegen war Walter Ulbricht bestrebt, seine Vorstellungen zur Veränderung auf allen Gebieten des gesellschaftlichen Lebens auch außerhalb der Parteistrukturen mit einem möglichst breiten Kreis kompetenter Fachleute zur Beratung zu stellen. Eines seiner Instrumente war der *Strategische Arbeitskreis*. In dessen Fachgruppen Innenpolitik, Außenpolitik, Wirtschaftspolitik, Wissenschaft und Technik sowie Kultur und Sozialpolitik waren 130 Experten tätig. Ich gehörte diesem Gremium an. Es tagte regelmäßig. In Arbeitsgruppen wurden Grundfragen und Spezialprobleme erörtert und nach unmittelbaren und perspektivischen Lösungen gesucht. So manches Dogma der vergangenen Jahre wurde in diesem Gremium auf den Prüfstand der Praxis gestellt und schließlich enttabuisiert. Es entsprach der Logik der Ereignisse, daß der Strategische Arbeitskreis am 3. Mai 1971, dem Tag der Entmachtung Ulbrichts, aufgelöst wurde.

Je näher das Jahr 1970 rückte, desto deutlicher war zu erkennen, wie sich innerhalb der Führung der DDR die unterschiedlichen Positionen zur gesellschaftlichen Entwicklung der DDR polarisierten. Nach meinem Eindruck ging man geraume Zeit einer sachlichen Diskussion über die Streitpunkte aus dem Wege. Offiziell stimmten diejenigen, die Ulbrichts Ideen nicht verstanden oder die es eben – aus welchem Grund auch immer – anders wollten, ihm zu. Intern aber wurde der erste Mann des Staates erkennbar demontiert.

Das allerdings vollzog sich nicht als ein singulärer Vorgang in der Geschichte deutscher Politiker. Bekanntlich hat schon Bismarck über Intrigen im Vorfeld seiner Abdankung und die bleierne Atmosphäre danach detaillierte Aufzeichnungen hinterlassen.[63] Unmittelbar nach seiner Entlassung beklagt sich darin der »Eiserne Kanzler«: »Mein Rat ist seitdem weder direkt noch durch Mittelspersonen jemals erfordert, im Gegenteil scheint meinen Nachfolgern untersagt zu sein, über Politik mit mir zu sprechen.«[64]

Der erste Präsident der Weimarer Republik, der Sozialdemokrat Friedrich Ebert, wurde einem ehrenrührigen Landesverratsprozeß unterworfen, der 1924 von einem Redakteur einer unbedeutenden Zeitung aus der mitteldeutschen Kleinstadt Staßfurt angezettelt worden war. Als drei Monate nach Prozeßeröffnung Reichspräsident Ebert verstarb, ließ der »Landgerichtspräsident Dr. August Bewersdorf öffentlich unverhohlene Befriedigung erkennen: Er sei es gewesen, der ›den Kerl zur Strecke gebracht habe ‹«.[65]

In den 70er Jahren des 20. Jahrhunderts beobachteten Vertraute des Bundeskanzlers, daß schon Monate vor Willy Brandts Rücktritt die Kabinettsmitglieder »lieber gegeneinander als für den Kanzler gearbeitet« hätten. »Journalisten, die mit Besessenheit und Servilität eine Art Brandt-Kult kreiert hatten, beteiligten sich mit Lust an der Zertrümmerung des Mythos, der ihr eigenes Werk war.«[66]

Die vorgenannten Beispiele vollzogen sich allerdings im Fall Bismarcks im Rahmen der preußisch-feudalen Hofkamarilla, bei Ebert und bei Brandt in den Strukturen der Machtorgane des bürgerlichen Staates. Für die sozialistische Gesellschaft erschien mir ein derartiges Vorgehen lange undenkbar. Es widersprach ihren ethischen Werten, ihrer Moraldoktrin. Schließlich stellten Theorie und Prinzipien des Sozialismus hohe Anforderungen an die Sachlichkeit der Streitkultur, an Offenheit und Ehrlichkeit im Umgang miteinander. Allerdings wurde ich eines Schlechteren belehrt. Ich erlebte mit, wie Ulbricht zunehmend Grenzen gezeigt wurden, wie Aktivitäten des »Alten« ausgebremst wurden.

Zweifellos hatte Walter Ulbricht in der zweiten Hälfte der 60er Jahre den Zenit seiner Schaffenskraft überschritten. Sein Alter forderte unverkennbar Tribut. Nicht wenige Mitglieder der Führungsriege hatte er in den Jahren vorher durch wenig feinfühlige Kommentare verärgert, durch seine dominante, manchmal auch brüske Art des Umgangs und mit häufigen Belehrungen zu Kontrahenten gemacht. Je stärker Ulbricht auf Veränderungen in der Leitung des Staates und der Wirtschaft drängte, desto stärker wuchs die Aversion und die Gegenströmung derer, die ihm dabei nicht zu folgen vermochten. Auch wenn es in dieser Kontroverse nach außen hin um eine Entscheidung um den künftigen Generalsekretär des ZK der SED ging – im Kern ging es um weitaus mehr: Es ging um ein existentielles Problem des weiteren Weges der sozialistischen Gesellschaft.

In ihrer Analyse der Auseinandersetzungen um den Kurs der DDR in den 60er Jahren hat Monika Kaiser nachgezeichnet[62], in welchem Maße und auf welche Weise die Kontrahenten Ulbrichts in Moskau und in der Führung der SED gegen Ulbrichts Politik vorgingen.

Nachdem wesentliche politische und ökonomische Grundlagen des Sozialismus geschaffen waren, erwuchs in allen sozialistischen Ländern die Frage: Wie weiter? Was in anderen sozialistischen Ländern Gegenstand von Debatten in Instituten, Akademien und gelegentlich auch wissenschaftlicher Veröffentlichungen blieb, versuchte Walter Ulbricht vor allem in den 60er Jahren in der DDR in praktische Politik umzusetzen. Er war entschlossen, die Pfade der alten Methoden, die beim Aufbau der sozialistischen Gesellschaft als notwendig erschienen, zu verlassen, um auf neuen Wegen zu einer höheren Leistungskraft der Wirtschaft, zu einer harmonischen Verbindung der Interessen der Einzelnen mit denen der Gesellschaft und so zur stärkeren Ausprägung der Vorzüge des Sozialismus zu gelangen. In seinem Vorgehen war sich Ulbricht wohl bewußt, daß unter den Bedingungen der Bündnisverhältnisse der DDR ein solcher Weg nicht als nationaler Alleingang, sondern letztlich bei analogen schrittweisen Änderungen in der Sowjetunion und den anderen Verbündeten beschritten werden konnte.

Sein Werben darum wurde ihm früh als Überheblichkeit und Besserwisserei angekreidet. Schon im September 1966 hatte Leonid Breshnew in einer Beratung in Anwesenheit von Andropow, Stoph, Honecker und Ebert barsch jede Debatte zu derartigen Fragen abgelehnt. Er hielt Ulbricht damals entgegen: »Was die Frage der weiteren Anwendung des Neuen Ökonomischen Systems und die damit verbundenen Preisregulierungen betrifft, so betrachten wir das als ihre innere Sache. Es ist wünschenswert, daß dabei keine Fehler zugelassen werden.«[67]

Ulbrichts Ersuchen um verstärkte Anstrengungen zugunsten qualitativer Verbesserungen in der Arbeit des *Rates für Gegenseitige Wirtschaftshilfe* (RGW) wies Breshnew noch rüder zurück. Das Protokoll hält als Reaktion des sowjetischen Parteichefs fest: »RGW – das steckt mir im Hals. Ich möchte eine Bombe nehmen und sie unter das neue Gebäude legen … Es gibt da so viel Durcheinander und die verschiedensten Interessen, so daß bei mir nur der bereits zum Ausdruck gebrachte Wunsch übriggeblieben ist.«[68]

Breshnews Bombendrohung blieb natürlich rhetorische Kraftmeierei. Das Gebäude steht noch immer unbeschädigt am Moskwabogen. Ernster war, daß zumindest jetzt Ulbrichts Kontrahenten im Politbüro wußten, wie im Kreml die Glocken hingen.

Die Weichen für den Weg zurück waren gestellt. Ulbricht spürte wohl den wachsenden Gegenwind. Vier Jahre danach, im Sommer 1970, waren in Moskau die endgültigen Entscheidungen gegen Ulbrichts Politik gefallen. Am 28. Juli 1970 holte Breshnew Erich Honecker an sein Krankenbett, um ihm mitzuteilen: »Die Lage, wie sie sich bei euch so unerwartet entwickelt hat, hat mich tief beunruhigt. Die Dinge sind schon jetzt nicht mehr eure eigene Angelegenheit.«[69] Am 20. August 1970 diktierte Breshnew schließlich Honecker in den Notizblock, daß »die DDR eine Struktur haben muß, wie die SU (*Sowjetunion – H. G.*) und die sozialistischen Länder, sonst bekommen wir Schwierigkeiten.«[70]

Einen Tag später trafen sich Delegationen der Parteiführungen der KPdSU und der SED in Moskau.

Liest man den von Hermann Axen und Kurt Hager angefertigten und von Willi Stoph, Erich Honecker und Günter Mittag bestätigten geheimen Vermerk über diese Veranstaltung und berücksichtigt die Vorgeschichte, kommt man ins Grübeln. Breshnew stellte ein am gleichen Tag mit Ulbricht geführtes Gespräch als übereinstimmend dar und betont, daß es keinen Anlaß zu weiterer Debatten im Politbüro der SED oder gar im Zentralkomitee gäbe.

Walter Ulbricht mit Richard Müller (r.), Helmut Sandig (2. v. l) und Herbert Graf

Von der sechsköpfigen Delegation der SED ergriff nur Ulbricht das Wort. Auch in dieser zweifellos angespannten, ja gespenstischen Veranstaltung blieb er ungebeugt und sagte, was er für wichtig und richtig hielt. Unverblümt erklärte Ulbricht: »Ich bin mit allem einverstanden, was Genosse Breshnew gesagt hat. Eines hat er nicht gesagt. Ich meine die gegenwärtige objektive Lage in der DDR. Sie ist kompliziert. Die wissenschaftlich-technische Revolution hat tiefere, gefährlichere Wirkungen, als wir anfangs einschätzten. Nicht nur die Werktätigen müssen die neuen Aufgaben lernen, die Führung muß lernen. Das gilt es auszuarbeiten, aber nicht darüber zu klagen.«[71] Ulbricht schloß seine Bemerkungen auf dieser Zusammenkunft: »Wir wollen uns in der Kooperation als echter deutscher Staat entwickeln. Wir sind nicht Belorußland, wir sind kein Sowjetstaat. Also, echte Kooperation.«[72]

Das Faß war übergelaufen. Es verging nicht viel Zeit, als Erich Honecker – aus welchem Kalkül auch immer – nach der Bekundung Kwizinskis – Breshnew ausdrücklich bat, »die DDR de facto als eine Unionsrepublik der UdSSR zu betrachten und sie als solche in die Volkswirtschaftspläne der UdSSR einzubeziehen«.[73]

Mit der Entmachtung Ulbrichts vollzog sich ein politischer Kurswechsel mit verheerenden Folgen. Ulbricht überließ seinen Nachfolgern bekanntlich eine intakte Partei, einen geordneten Staat, einen soliden Staatshaushalt und keine nennenswerten Auslandsverbindlichkeiten. Das Ziel, ökonomisch internationalen Vergleichen standzuhalten, war noch nicht erreicht, die Tendenz dahin war aber unverkennbar. Nach 1971 kehrte sich diese positive ökonomische Tendenz – nicht allein im Ergebnis steigender Preise auf den Rohstoffmärkten – um. Für die Erwirtschaftung einer Valutamark mußte 1980 schon etwa das Doppelte, 1989 schon fast das Vierfache des Standes von 1970 aufgewandt werden. Bei chemischen Erzeugnissen hatte die DDR zu jener Zeit, wie später im Deutschen Bundestag festgestellt wurde, »pro Einheit Lieferung sogar eine höhere Wertschöpfung von 26,5 Prozent gegenüber westdeutschen Lieferanten.«[74]

Es gab also eine Zeit, in der die DDR zwar als ein kleiner, aber als ein solider, wirtschaftlich erstarkender, politisch geachteter deutscher Staat existierte. Er ließ durch ein beispielhaftes Sozialsystem Vorzüge der sozialistischen Gesellschaftsordnung zunehmend erkennen. Im Frühjahr 1971 verlor Walter Ulbricht – obwohl noch bis 1973 als

Staatsratsvorsitzender im Amt – die Reste seiner Entscheidungs-vollmachten. Am 3. Mai 1971 wurde er von der Funktion des Ersten Sekretärs des Zentralkomitees der SED entbunden. Am Tag danach kam Ulbricht in das Staatsratsgebäude. Ich war verwundert, wie gelassen, fast emotionslos er Otto Gotsche, zwei andere leitende Mitarbeiter und mich über die Entscheidungen des Vortages infor-mierte. Es war zu erkennen: Er wollte den Wechsel in der Parteiführung respektieren. Mit keinem Wort erwähnte Ulbricht dabei, was sich hinter seinem Rücken in der Parteiführung zusam-mengebraut hatte, auch nicht die spannungsgeladenen kontroversen Gespräche 1970 und 1971 in Moskau. Er hatte bereits Notizen für die ihm angetragene Eröffnungsansprache für den VIII. Parteitag der SED vorbereitet.

Wie er uns mitteilte, wollte er in einer kurzen Ansprache dar-legen, wie im nachfolgenden Zeitabschnitt die Mitwirkung und Verantwortung der Bürger für die Entwicklung des Staates und der Gesellschaft im Interesse des gesellschaftlichen Fortschritts, im Rahmen einer sozialistischen Menschengemeinschaft, weitergeführt werden sollte. Besondere Aufmerksamkeit wollte er der Weiterent-wicklung der Tätigkeit der Volksvertretungen und deren Ausschüsse widmen. Sein Anliegen war, wie schon so oft vorher, das Neue kon-struktiv herauszuarbeiten. Am 11. Mai, um 15 Uhr, sollten wir ihm, so legte er fest, unsere Gedanken dazu vorstellen. Er ermahnte uns noch, »keine Nebenfragen, nur Vorschläge, die in den nächsten fünf Jahren als Grundrichtung wichtig, vielleicht aber erst später lösbar sind, vorzubereiten«.[75] Die Beratung am 11. Mai fand nicht statt. Auch danach gab es mit uns keine weitere Zusammenkunft zu diesem Thema. Wer oder was Ursache dafür war, ist heute fast nebensächlich.

Die Verhandlungen des VIII. Parteitages verfolgte ich nach einer Operation im Krankenhaus vor dem Fernseher. Da Walter Ulbricht krankheitsbedingt an dieser Veranstaltung nicht teilnehmen konnte, verlas Hermann Axen die »Eröffnungsansprache«.[76] Dieser Text hatte auch nach mehrmaligem Lesen im *Neuen Deutschland* für mich kaum eine Beziehung zu den Überlegungen, die Ulbricht uns am 4. Mai vorgetragen hatte. Nach seiner Genesung im Herbst 1971 blieb Ulbricht, wie inzwischen in verschiedenen Veröffentli-chungen dargestellt[77], politisch isoliert. Jede Kommunikation wurde von Getreuen Honeckers kanalisiert und kontrolliert.

Das alles hat mich außerordentlich bewegt. Mir bleibt diese eisige Atmosphäre, die um Ulbricht nach seiner Ablösung geschaffen wurde, als inakzeptables Phänomen in Erinnerung. Den dabei handelnden Personen fehlte es weder an Kenntnis der ethischen Prinzipien des Sozialismus noch an solidarischem Handeln in anderen Fällen. Allein die Rettung tausender chilenischer Patrioten in den 70er Jahren legt davon Zeugnis ab. Walter Ulbricht aber wurde zur Unperson gemacht, seine politischen Überlegungen wurden verteufelt.

Die letzten Jahre Ulbrichts waren für mich eine sehr komplizierte Zeit. Mich bedrückte die stupide Art der Korrektur der erfolgreichen politischen, ökonomischen und sozialen Veränderungen aus den 60er Jahren. Mich bedrückte die peinliche politische Atmosphäre, die um den noch als Staatsratsvorsitzenden amtierenden, faktisch völlig entmachteten Ulbricht geschaffen war.

In einer solchen Situation, wie ich sie in jener Zeit erlebte, geht man in sich, prüft seine Entscheidungen, sein Verhalten. Man grübelt auch darüber, was man anders, vor allem besser hätte machen können. Meine Konsequenz aus den Ereignissen dieser Jahre war keinesfalls Resignation. Eher die Entschlossenheit, es künftig besser zu machen, überzeugender zu argumentieren, klüger im Umgang mit Kontrahenten, toleranter gegenüber Andersdenkenden zu sein, ohne eigene Wertvorstellungen aufzugeben. Ich blieb überzeugt, daß die Werte einer sozialistischen Entwicklung letztendlich auf der Waage des Lebens über ein höheres spezifisches Gewicht verfügen, als deren Entstellungen und Verzerrungen. Ich machte mir zwar Sorgen darüber, wie es weitergehen mochte. Eine Abkehr von den Idealen des Sozialismus schloß sich für mich aus.

Anmerkungen

55 Vgl. The Truth Comission files, The case Samora Machel, Erste Hypothese.
56 Vgl. *Afrika Bulletin* Nr. 110, Mai/Juni 2003, Hintergründe zum Tod von Samora Machel
57 Carlos Cardoso, Es hat schon einen Mordversuch gegeben. In: Noticias, Maputo, 24. Oktober 1986
58 Vgl. U. Lamberz, »Die Dinge vernünftig klären«. In: *Neues Deutschland* vom 14. Juni 2004, S. 3
59 Vgl. dazu Wolfgang Berger, »Als Ulbricht an Breschnew vorbeiregierte«. In: *Neues Deutschland*, 23./24. März 1991. Berger, einer der engsten Vertrauten

Ulbrichts, verweist dabei u. a. auf die frühe Reaktion Ulbrichts auf die zu erwartenden wissenschaftlich-technischen Herausforderungen auf der 3. Parteikonferenz im Frühjahr 1956

60 Vgl. u. a. Walter Ulbricht, Festrede zum 15. Jahrestag der Gründung der DDR, Schriftenreihe des Staatsrates, Nr. 7/1964, S. 60ff.

61 SAPMO-BArch DA 5/6400, Bl. 2. Walter Ulbricht: Dank an die Gratulanten

62 Monika Kaiser, Machtwechsel von Ulbricht zu Honecker, Akademieverlag Berlin 1997. Exemplarisch widmet sich die Autorin dabei der Veränderung der Parteistrukturen, der ökonomischen und der Jugendpolitik, während der staatlich-rechtliche Bereich der Politik Ulbrichts noch einer ähnlich fundierten Analyse noch immer harrt

63 Otto von Bismarck, Gedanken und Erinnerungen. Cottasche Buchhandlung, Stuttgart und Berlin 1922

64 a. a. O., S. 104f.

65 Vgl. Norbert Podewin, Ebert und Ebert, edition ost, Berlin 1999, S. 321

66 Vgl. K. Harpprecht, … und nun ist's die!, Rowohlt Taschenbuchverlag 1999, S. 127

67 Niederschrift zu Gesprächen im ZK der KPdSU, 10. September 1966, SAPMO-BArch DY 30/3518, S. 115

68 a. a. O., S. 121

69 Protokoll einer Unterredung zwischen L. I. Breschnew und Erich Honecker am 28. Juli 1970. In: SAPMO-BArch DY 30 J IV 2/2A 3196

70 ebenda

71 Aus einem geheimen Vermerk über die gemeinsamen Besprechung der Delegation des ZK der KPdSU mit der Delegation des ZK der SED am 21. August 1970 in Moskau. In: SAPMO-BArch, DY 30 J IV 2/2a 3196

72 ebenda

73 Julij Kwizinskij, Vor dem Sturm. Erinnerung eines Diplomaten. Siedler Verlag, Berlin 1993, S. 258

74 Deutscher Bundestag, 27. Sitzung der Enquete-Kommission »Aufarbeitung der Geschichte und Folgen der SED Diktatur in Deutschland«, 5. Februar 1993, Bl. 27/28

75 Notiz des Autors vom 4. Mai 1971. Archiv des Autors, S. 1-5

76 Protokoll des VIII Parteitages der SED, Dietz Verlag Berlin, 1971, S. 8-18

77 Vgl. u. a.: Monika Kaiser, Machtwechsel von Ulbricht zu Honecker. Akademie Verlag Berlin 1997; Norbert Podewin, Walter Ulbricht. Eine neue Biographie, Dietz Verlag, Berlin 1995, Mario Frank, Walter Ulbricht. Eine deutsche Biographie, Siedler Verlag, Berlin 2001

78 Vgl. W. Keworkow, Der geheime Kanal, Moskau, der KGB und die Bonner Ostpolitik. Mit einem Nachwort von Egon Bahr. Rowohlt Berlin, 1995, S. 49ff.

79 So in: Norbert Podewin, Walter Ulbricht. Eine neue Biographie, Dietz Verlag Berlin 1995, Mario Frank, Walter Ulbricht. Eine deutsche Biographie. Siedler Verlag, Berlin 2001. Monika Kaiser, Machtwechsel von Ulbricht zu Honecker. Akademie Verlag Berlin 1997

Kindheit in der Börde

Sohn eines Dissidenten

Die drei Ereignisse, die hier vorangestellt wurden, gehören zu den Wegemarken meiner Entwicklung. Als Sohn kleiner Leute in einer kleinen Stadt in der Magdeburger Börde verlief mein Lebensweg gekennzeichnet im oftmaligen Wechsel von wissenschaftlicher Tätigkeit und politischem Handeln, nicht selten an Brennpunkten des Geschehens. Ich habe mich im Laufe der Zeit zwar erheblich verändert, meinen Idealen bin ich aber treu geblieben. Begonnen hat alles mit meiner staatlichen Registrierung als Sohn eines Dissidenten vor einem preußischen Standesamt.

Nach dem extrem kalten Winter 1929 zu 1930 war das Frühjahr in der Magdeburger Börde besonders schön. Eine Woche vor Ostern des Jahres 1930 machte sich meine Mutter, ihrer Niederkunft entgegensehend, auf den Weg zu ihren Eltern. Die jung verheiratete, gerade 20jährige Frau lebte in der mitteldeutschen Kleinstadt Egeln. Ihr Ziel war ihr Elternhaus im benachbarten Westeregeln. Zu Fuß ging es durch die Wiesen des Bodebruchs.

Die Eltern, 1930

Am Karfreitag des Jahres 1930 erblickte ich im Schlafzimmer meiner Großeltern – wie man so schön sagt – das Licht der Welt. Die jungen Eheleute hatten sich entschieden, daß – wenn es ein Junge werden sollte – er den damals in unserer Gegend wenig verbreiteten Namen *Herbert* erhalten sollte. Die Ordnung verlangte es, daß der junge Erdenbürger am Ort der Geburt angemeldet wurde. Das Preußische Standesamt von Westeregeln stellte die Geburtsurkunde aus und vermerkte dabei, daß Herbert Graf als Sohn eines Dissidenten am 18. April 1930 geboren wurde.

Was aber ist ein Dissident? Zweifellos stammt der Begriff aus dem Lateinischen, bedeutet *absondern* oder *trennen*. Über Jahrhunderte, auch zum Zeitpunkt meiner Geburt, wurde er ausschließlich kirchenrechtlich zur Bezeichnung derer angewandt, die keiner anerkannten Religionsgemeinschaft angehörten oder die konfessionslos waren.[80] Aus gleichem Wortstamm entstanden die Begriffe »Dissident religione« für Religionsparteien und »Pax Dissidentium« für Religionsfrieden. Noch in seiner Ausgabe von 1953 definiert der »Große Brockhaus« Dissidenten als »Abgesonderte, zu keiner staatlich anerkannten Religionsgemeinschaft gehörende Personen, Religionslose, Freidenker«.[81]

Geburtsschein des Dissidentensohnes, 1930

In den letzten Jahrzehnten wurde der Begriff *Dissident* Bestandteil des bürgerlichen, antikommunistisch geprägten politischen Sprachgebrauchs. Auf eine exakte Definitionsbestimmung wurde dabei offensichtlich verzichtet. Neben der kirchenrechtlichen Definition, die blieb, bieten aktuelle Lexika in schier grenzenloser Bandbreite politische Definitionen des Dissidentenbegriffs an. So ein Fremdwörter-Lexikon: »Jemand, dessen Meinung von der offiziellen politischen Linie abweicht«[82]; ein Lexikon: »Bezeichnung für Oppositionelle in diktatorischen und autoritären Systemen«[83]; ein Wörterbuch: »Bezeichnung für Bürger sozialistischer Staaten, die die Politik der Parteidoktrin öffentlich kritisieren«[84]. Im Herkunftswörterbuch wird der Dissidentenbegriff gar dem kommunistischen Sprachgebrauch zugeordnet.[85] Welch eine Konfusion um einen über Jahrhunderte eindeutigen, nunmehr im politischen Feld jedoch verwaschenen, mißbrauchten Begriff. Der 2004 erschienene Brockhaus verzichtet in seiner Definition völlig auf den religiösen Aspekt dieses Begriffes und kennzeichnet als Dissident allein die Person, »die von den herrschenden politischen und weltanschaulichen Grundsätzen einer Gesellschaft abweicht«.[86] Ich bin froh, daß ich noch *vor* diesen linguistischen Entgleisungen der heutigen Medienwelt mit einem Dissidentenstempel markiert wurde.

Der Heimatort

Wenn auch jede Gegend ihre Eigenheiten haben mag: Heimat prägt. Weniger als ein Fünftel meines Lebens habe ich in meinem Heimatort verbracht. Unverkennbar ist trotzdem, wie diese kleine Stadt, in der jeder jeden kannte, mich nachhaltig beeinflußte. Immer wieder kehre ich gern an die Stätten meiner Kindheit zurück. Egeln gehört zu den deutschen Städten, die zwar auf eine lange Geschichte zurückblicken können, diese so gut es geht auch pflegen, kaum aber überregionale Bedeutung erlangten. Gelegen an der strategischen Straße zwischen Magdeburg und Halberstadt breitet sich die kleine Ackerbürgerstadt zwischen den Hügeln des Hakels und des Kleiberges an beiden Ufern der Bode aus.

In der inzwischen 800jährigen Wasserburg – heute kulturelles Zentrum des Ortes und der Umgebung – residierte im 30jährigen Krieg der schwedische Feldmarschall Banér, dem König Gustav

Adolf kurz vor seinem Tode 1632 den Ort Egeln als Geschenk hinterließ. Als im Herbst 1648 in Osnabrück eine Friedensregelung verhandelt und schließlich am 24. Oktober des gleichen Jahres mit dem »Westfälischen Friedensvertrag« der grausame Krieg beendet wurde, ging der Streit auch um den kleinen Ort Egeln. Letztlich ging es darum, welchem Fürstentum dieser Ort zugehören sollte. Kurfürst Friedrich Wilhelm von Brandenburg erhielt den Zuschlag.[87] Damit war die Grundlage der künftig preußischen Geschichte des Ortes gelegt. Dreihundert Jahre später sollte auf der Potsdamer Konferenz 1945 mein Heimatort noch einmal als ein internationaler Verhandlungsgegenstand Beachtung finden.

Wie in anderen Orten auch litten die Einwohner von Egeln unter den immer wieder aufflammenden kriegerischen Auseinandersetzungen. Bewegende Jahre durchlebte Egeln in den ersten zwei Jahrzehnten des 19. Jahrhunderts. Nach den Schlachten von Jena und Auerstedt am 14. Oktober 1806 wurde das beschauliche Egeln in den Strudel der napoleonischen Kriege gezogen. Als Teil der zurückströmenden preußischen Truppen zogen am Mittag des 19. Oktober Husaren unter der Führung des nachmaligen »Turnvaters« Friedrich Ludwig Jahn in Egeln ein. Sie blieben drei Tage. Dann hieß es, die Franzosen kommen!

Nachzutragen ist, daß die Besetzung Egelns durch französische Truppen im Herbst 1806 die gewachsenen kommunalen Strukturen und das Leben der Bürger stärker beeinflußten als die Kriegsereignisse der Jahrhunderte davor. Mit dem Frieden von Tilsit wurde Egeln, wie die anderen linkselbischen Ländereien Preußens, dem Königreich Westfalen zugeordnet, dem Napoleons Bruder Jerome vorstand. Die französische Verwaltungsstruktur wurde oktroyiert, Egeln war nun Kantonsort. Aus dem Magistrat wurde ein *Municipalrat*. Der Bürgermeister hieß nun *canton-maire* und war natürlich Franzose. Als Rechtssystem galt nunmehr der *Code Napoleon*. Das Nonnenkloster Marienstuhl wurde per Dekret vom 5. Februar 1808 aufgelöst und das dazugehörende Gut verkauft, die Einnahmen daraus gingen an den Hofstaat Jeromes.[89]

Die französische Episode der Ortsgeschichte von Egeln währte nur wenige Jahre. Die dem Ort und seinen Bürgern übergestülpten fremden Institutionen und Begriffe konnten danach bald wieder abgeschüttelt werden. Als nachhaltiger erwiesen sich jedoch die Ideen der französischen Revolution von 1789 und darauf basierende napoleonische Dekrete. Ein Zeitgenosse berichtete: »Ein Federstrich genügte oft, um Hunderte von alten und langen Zöpfen am Haupt der Germania abzuschneiden und neue Ordnungen einzuführen. Von nicht wenigen müssen wir zugestehen, daß sie genial erdacht waren.«[90]

Meine Heimatstadt Egeln liegt eingebettet in schwarz glänzende Ackerflächen im Zentrum der Magdeburger Börde. Der fruchtbare Lößboden unserer Region erreichte bei der 1934 durchgeführten Reichsbodenschätzung – gemessen in Eickendorf bei Staßfurt – die Wertzahl 100 und bildete somit die Spitze der Skala der Bodenbewertungen. Bundesdeutsche Behörden hielten es allerdings für angeraten, in den 50er Jahren den Ort Machtsum im niedersächsischem Landkreis Hildesheim mit der Wertzahl 100 zu schmücken. Bis heute gilt dies als Bundesrichtlinienwert. Selbst der Boden im Osten durfte und darf offensichtlich nicht als gesamtdeutscher Meßwert dienen. Noch existiert in Eickendorf auf dem früheren Hof der Witwe Haberhaufe ein Museum für Bodenschätzung. Wie lange noch? Auch in dieser simplen Angelegenheit soll doch niemand andere Götter als die des Westens haben.

In einer solchen Kleinstadt kannte im Laufe der Zeit im Grunde jeder jeden. Recht streng wurde dabei nach Egelnern (den dort geborenen) und Zugereisten unterschieden. Da die Egelner einander kannten, verzichteten sie im Gespräch weitgehend auf Überflüssiges und Verzierungen. Obendrein schwang recht oft ein auf Vertrautheit basierender, derb-ironischer Ton mit. So wurde (und wird bis heute) das Gesellschaftshaus, ein Restaurant mit großem Saal, »Die wilde Zicke« und das Volkshaus nur »Zum blutigen Knochen« genannt. Der Mann, der im Ort Kanalschächte und Fäkalgruben entleerte, war eben »Schiet Kruse«. Rauh, aber herzlich vollzog sich die allgemeine Konversation im Ort.

Das familiäre Umfeld

Je älter ich wurde, desto mehr war mir bewußt, daß Eigenschaften, Denk- und Verhaltensweisen sowie Gewohnheiten meiner Eltern und Verwandten meine Kindheitsentwicklung begleiteten und befruchteten. Die Aneignung familiärer Denk- und Handlungsschemata vollzog sich bei mir, wie sicher bei vielen anderen jungen

Menschen auch, in kritischer Distanz. In manchen Fällen im diametralen Gegensatz zum im Elternhaus Erlebten oder Erfahrenen. Auch aus zeitlicher Entfernung ist es nicht einfach, in gerechter Weise zu erkennen, welche Impulse aus dem familiären Umfeld und dem meiner Heimatstadt zweifelsfrei auf mein Werden Einfluß nahmen, oder auch welche Eindrücke früher oder später Widerspruch und Zweifel hervorriefen und auf diesem Weg meinem Denken, Verhalten und Handeln spezifische Konturen vermittelten.

Die Familie, in der ich aufgewachsen bin, vereinigte eine Vielzahl recht unterschiedlicher Lebenswege, Charaktere und sozialer Erfahrungen. Auch mit einer Apothekerwaage ist nicht abzumessen, in welcher Weise, in welchem Umfang, in welcher Intensität der oder die Einzelne auf mich gewirkt hat. Es war wohl – wie auch später im Leben – die Gesamtheit all dessen, was da persönlichkeitsbildend ist oder sein mag. Dies sei aber hier noch eingefügt, zumindest in kleinen Ortschaften – und meine Heimatstadt gehört dazu – waren zur Zeit meiner Kindheit die Familienbande weitaus enger geknüpft als in späteren Zeiten oder gar heute. Bodenständigkeit war hoch geachtet. Meine Eltern, die Großeltern, die Onkel und Tanten, die Nichten und Neffen waren »fußläufig« zu erreichen. Sie wohnten im gleichen Ort oder nur wenige Kilometer entfernt. Jeder hielt mit dem anderen Kontakt. Bei anfallenden Arbeiten am Haus und im Garten, bei Krankheit oder auch Not half man einander.

Die Dachdeckerfamilie

Mein Elternhaus war das Haus meiner väterlichen Großeltern. Außer ihnen und meinen Eltern wohnten darin noch mein Urgroßvater.

Wie dieser waren auch mein Großvater und mein Vater Dachdecker. Sie arbeiteten beim gleichen Meister im Ort. Die Baustellen lagen in unmittelbarer Umgebung. Auf dem Dach war allerdings nur im Sommer Arbeit zu finden. So suchte jeder für die Winterzeit nach einem Broterwerb. Das gelang in der nahegelegenen Zuckerfabrik, die im Herbst und Winter Rüben von den ertragreichen Ländereien der Güter und der Bauern verarbeitete. Im Laufe der Jahre fand der Großvater einen festen Platz auf dem recht heißen und staubigen Schnitzelboden der Fabrik.

Unter unseren Lebensbedingungen war Fürsorge füreinander nicht nur Folge von Armut und Not, sondern ein Gebot der Moral, der Vernunft. Das Zusammenleben von drei Generationen auf engem Raum bewirkte zugleich, daß Gedanken, Erfahrungen und Haltungen der Großelterngeneration permanent prägend auf meine Kindheit wirkten.

Mein Großvater Hermann war, soweit ich das zu beurteilen vermag, in unserem Lebensumkreis ein sehr geachteter Mann. Sein Dachdeckerhandwerk verstand er wie wohl kaum ein anderer. Was ihn ebenso wie sein Können und sein Fleiß bekannt machte, war sein Mut und sein Geschick. Arbeiten an steilsten Dächern, an

Mit Vater und Großvater Hermann, 1936

höchsten Türmen, ohne die später üblichen Sicherungen und Rüstungen, machten ihn weithin bekannt. Noch bis in die Mitte der 30er Jahre zierte die enge Stube der Großeltern ein Stickereibild. Den Porträts von August Bebel und Wilhelm Liebknecht waren als Sinnspruch und Bekenntnis kunstvoll die Zeilen aus einem Arbeiterlied beigefügt: »Wir wollen Frieden, Freiheit und Recht, daß Niemand sei des Anderen Knecht, daß Arbeit aller Menschen Pflicht und keinem es an Brot gebricht.« Auch wenn es dann für fast ein Jahrzehnt auf dem Dachboden versteckt blieb: Dem Sinn dieser schlichten Zeilen blieb unsere Familie verbunden.

Großvater Hermann wurde, als er 1902 das 18. Lebensjahr erreicht hatte, Mitglied der Sozialdemokratischen Partei Deutschlands. Damals gab es in unserem Ort 26 eingeschriebene Parteimitglieder. »Es gehörte schon Mut dazu, sich offen für die Sache der Arbeiterklasse zu bekennen«[95], wird er später diesen Schritt in einem Interview kommentieren. Opa Hermann wollte eine andere Welt, als die, in die er hineingeboren war. Wenn es nur irgend ging, besuchte er Bildungsveranstaltungen, um den Horizont, den ihm die Schule vermittelt hatte, zu erweitern. Eine ausgeprägte atheistische Grundeinstellung kennzeichnete seine Vorstellungswelt. Aus tiefer Überzeugung war Opa Hermann im Bund proletarischer Freidenker aktiv. »Es rettet uns kein höheres Wesen, kein Gott, kein Kaiser noch Tribun, uns aus dem Elend zu erlösen, können wir nur selber tun« – diese Zeilen aus der *Internationale* waren ihm Lebensmaxime.

Damit stand er zu Beginn des 20. Jahrhunderts in unserer kleinen Stadt nicht allein. Der Pfarrer der evangelischen Gemeinde des Ortes beklagte in einer 1902 erschienen Schrift die »antichristlichen Anschauungen, von welchen das politische Bekenntnis der Mehrzahl der Arbeiter zur Zeit durchgehend beherrscht wird.«[96]

Den Ersten Weltkrieg hat Opa Hermann vom ersten bis zum letzten Tag als Soldat an der französischen Front erlebt. Als ich lesen konnte, zeigte er mir seinen Militärpaß. Befördert wurde er in den vier Jahren nie, nicht einmal zum Gefreiten. Aber acht Militärstrafen waren ihm, vor allem wegen Ungehorsams, erteilt worden. Seine Strafen sollte er nach dem Feldzug in der Militärhaftanstalt in Torgau absitzen. Es kam anders. Die Novemberrevolution 1918 bedeutete das Ende des Krieges und der Monarchie in Deutschland. Als Mitglied des Soldatenrates führte Opa Hermann seine Einheit in die Heimat zurück.

Durch neue Erfahrungen bereichert, kehrte er nach Egeln zurück. Er suchte und fand wieder Arbeit, war als Funktionär in der Arbeiterbewegung aktiv. Sein Feld war dabei offensichtlich nicht das der Theorie, sondern eher die unmittelbare Vertretung der Interessen seiner Kollegen und Gleichgesinnten. In den 20er Jahren verließ er die SPD und wurde Mitglied der KPD. 1927 wechselte er nach einem Streit innerhalb der kommunistischen Ortsgruppe wieder zur SPD. Zu den wenigen Zeugnissen aus jener Zeit, die erhalten geblieben sind, gehört folgende Bekanntmachung des Magistrates der Stadt im *Egelnschen Tageblatt*: »Nachdem der Dachdecker Hermann Graf sein Mandat als Stadtverordneter niedergelegt hat, ist an dessen Stelle vom Wahlvorschlag 2 (Liste der Kommunisten) der Schmied Adolf Ecke [...] zu berufen [...] Egeln, den 17. Januar 1927«.[97]

Seiner politischen Lebenslinie ist der Großvater bis an sein Ende treu geblieben. Als Mitglied der SPD hat er an der Vereinigung von KPD und SPD aktiv mitgewirkt. Über Jahrzehnte diente er den Bürgern seiner Stadt als Stadtverordneter. Oft wurde in Zeitungsmeldungen über sein Wirken als Abgeordneter berichtet. Nie wurde er dabei wegen gehaltener Reden oder abgegebener Erklärungen gelobt, sondern ausschließlich wegen seiner Vorbildwirkung bei der Wahrnehmung praktischer Angelegenheiten der Einwohner, vor allem in der Landwirtschaft oder beim Baugeschehen. Er war und blieb ein Mann der Tat. Wäre ihm das Wort »Es gibt nichts Gutes, es sei denn man tut es« geläufig gewesen, es hätte sein Lebensmotto sein können. Zuzupacken, zu helfen wo er konnte – das resultierte bei ihm nicht aus theoretischer Erkenntnis über Erfordernisse und Notwendigkeiten, über kausale Zusammenhänge oder einem abstrakten Gebot, es war ihm einfach wesenseigen.

War Opa Hermann – was nicht selten vorkam – arbeitslos, suchte er »Nebenbeschäftigungen«. Da er musikalisch war, zog er zeitweilig mit einem Magdeburger Orchester als Violinenstrieker durch das Land. Das bedarf der Erklärung. Am Beginn der 30er Jahre waren Orchesterkonzerte in Sälen und auf Freilichtbühnen in Mode. Je größer die Anzahl der Orchestermusiker war, desto höher war die Gage. Findige Manager erfanden den *Violinenstrieker* (die plattdeutsche Version des hochdeutschen Wortes Violinenstreicher bzw. Violinenspieler). Was aber waren nun Violinenstrieker? Das waren Personen, die für einen Bruchteil der Gage eines echten Musikers die Zahl der Orchestermitglieder nominell vergrößern sollten. Sie saßen auf den hinteren Plätzen des Ensembles, hatten ein Seiteninstrument in der Hand. Der Bogen war jedoch, damit kein Ton erzeugt wurde, mit Seife präpariert. Nach einiger Übung folgten sie den Bewegungen der wirklichen Musiker so überzeugend, daß der Schwindel nicht bemerkt wurde. Es wurde kein Fall bekannt, bei dem eine solche Täuschung aufgeflogen wäre.

Sicher war dies für den Großvater keine besonders ehrenvolle Beschäftigung, aber sie half, die Familie in schwerer Zeit zu ernähren. Das Ganze aber blieb im Leben unserer Familie nicht mehr als eine kurze Episode.

Der eigentümliche Part der Violinenstrieker, also solcher Personen, denen nur der Anschein von Kompetenz eigen ist, begegnete mir später zwar nicht im musikalischen Bereich, allerdings in der Politik, der Diplomatie und auch in der Wissenschaft. Öfter als ich es je vermutet hätte, traf und treffe ich immer wieder Zeitgenossen, die mit wohltönenden, jedoch oberflächlichen Erklärungen den Eindruck zu erwecken suchten, sie seien Träger wichtiger Entscheidungen oder bedeutender Erkenntnisse. Tatsächlich waren sie jedoch eher Epigonen, Wichtigtuer, in manchen Fällen auch Scharlatane. Manchem dieser Spezies habe ich von der Erfahrung meines Großvaters mit der geseiften Geige erzählt. Nur wenige von ihnen ließen erkennen, daß sie sich getroffen fühlten.

Hermann Graf verstarb im Sommer 1970 im Alter von 86 Jahren. Über vierzig Jahre war er mir die einflußreichste Bezugs- und Respektsperson. Seine Konsequenz, sein bis zur Kühnheit ausgeprägter Mut, der aber kaum in Übermut umschlug, seine fast körpereigene Fähigkeit, in schwieriger Lage eine schmale Möglichkeit zu erkennen und aus der Bewegung heraus zu handeln, beeindruckten mich ebenso wie sein unverwechselbarer Humor und seine Gelassenheit in kritischen Situationen, in denen andere in Aufregung oder gar Panik verfielen. Manches von seiner Art hat auch meinem Sein Konturen vermittelt.

Großmutter Wilhelmine war einige Jahre älter als Opa Hermann. Oma Minna, so wurde sie gerufen, arbeitete ihr Leben lang schwer. Während meiner Kinderjahre hatte sie sich bei einem der Großbauern des Ortes verdingt. Sie war eine kleine, kräftig gebaute, resolute Person mit einer beeindruckenden Aura. Die Last, die sie trug, bewältigte sie mit bewundernswerter Selbstverständlichkeit.

Sie war die erste, die bei uns zu Hause auf den Beinen war. In aller Frühe versorgte sie die Schweine und das Federvieh und melkte die Ziege. Dann verließ sie das Haus, um pünktlich zur Arbeit zu kommen.

Oma Minna war die Sparsamkeit in Person. Herzensgüte war zweifellos die Triebfeder ihrer Konsequenz, die sie dabei erkennen ließ und wohl auch ihrer rigorosen Art, das allen Familienangehörigen zu vermitteln. Ihre auf den Pfennig kalkulierte Haushaltsführung war ein Resultat unserer realen Einkommenssituation. Nur mit dieser Rigorosität war den damaligen wirtschaftlichen und sozialen Verhältnissen erfolgreich zu begegnen. Gefahr drohte, wenn man über die Verhältnisse lebte. Diese simple Lehre, die meine Kindheit allerdings nachhaltig prägte, ist mir nie verloren gegangen.

Oma Minnas Bruder Karl war auf dem Gut in Wolmirsleben lange als Gelegenheitsarbeiter tätig. In der Arbeiterbewegung aktiv, war er in den 20er Jahren einer der wenigen kommunistischen Dorfbürgermeister in der Provinz Sachsen. Man kannte ihn als einen fleißigen und angesehenen Mann, der sparsam lebte und viel gelesen hatte. Er war wohl der einzige in unserer Gegend, der auch den Werken von Marc Aurel zugetan war und gern Passagen daraus vortrug. Das stoische Ideal der Bedürfnislosigkeit, Milde und Nachsicht dieses römischen Kaisers entsprach offensichtlich weitgehend Onkel Karls Lebenserfahrungen. Onkel Karl hat meine kindliche Lust zu lesen, Neues zu erfahren und bislang Unbekanntem Aufmerksamkeit zuzuwenden angeregt.

Auch ihre letzten Tage hat Oma Minna im Sommer 1947 in unserem Haus verbracht. Wie in kleinen Orten oft üblich, kamen Freunde und Nachbarn, um sich von ihr zu verabschieden. Eines Tages stand auch der Bauer, für den sie Jahrzehnte geschuftet hatte, im guten Anzug an der Tür. Was er und auch niemand von uns erwarten konnte, geschah. Todkrank setzte sich Oma Minna auf, schnitt dem Besucher schon das erste mitleidige Wort ab. In bewegenden Worten hielt sie ihm vor, in welcher Weise er sich an seinen Landarbeitern und auch an ihr versündigt und bereichert hatte. Stille war im Raum.

Es war das letzte Mal, daß ich Oma Minna mit fester Stimme hatte sprechen hören.

Meine mütterlichen Großeltern Fritz und Antonie Schönefuß hatten, als ich in ihr Leben trat, bewegte Jahre hinter sich. Großvater Fritz hatte im väterlichen Betrieb das Böttcherhandwerk erlernt. Den jungen Fritz trieb es in die Natur, er wollte im Wald arbeiten, am liebsten Förster werden. Er aber sollte, wie es damals üblich war, den väterlichen Betrieb übernehmen. Widerwillig beugte sich Fritz. Zum Eklat kam es, als er seine Liebe zum mittellosen Arbeitermädchen Antonie Müller aus Magdeburg bekannte. Fritz wurde vor die Alternative gestellt, seine Liebe zu verlassen oder enterbt zu werden. Er hat sich für seine Liebe entschieden.

Verstoßen von der eigenen Familie schlug er sich mit seiner jungen Frau durch das Leben. Schließlich ließen sich beide in Westeregeln nieder. Seine junge Frau Antonie arbeitete unter Tage in einem Salzbergwerk. Jahre danach mußte sie, als sich ihr erstes Kind ankündigte, diese Arbeit aufgeben.

Meine Mutter kam als erste von fünf Töchtern im November 1909 zur Welt. Der Handwerksbetrieb von Opa Fritz ernährte die sich vergrößernde Familie eher schlecht als recht. Um etwas dazu zu verdienen, reinigte und bügelte Oma für Nachbarsleute die Wäsche.

Fritz und Antonie Schönefuß (Mitte) mit Töchtern und Schwiegersohn, Herbert Grafs Vater

63

Großvater Fritz war bis zu seinem letzten Tag von einer Leidenschaft getrieben: Ihn zog es in den Wald. Wenn er im Bodebruch die Weiden schnitt, um Material für die Faßreifen zu gewinnen, beobachtete er die Natur, besonders die Fährten von Hasen und Rehen. Wenn der Mond schien und günstiges Büchsenlicht herrschte, dann hielt es ihn nicht im Haus. Er war der bekannteste Wilddieb der Umgebung. Förster durfte er nie werden. Nun aber stand er Förstern, Waldaufsehern und Dorfpolizisten gegenüber. Sie kannten ihn, jagten ihn. Nie aber konnten sie ihn stellen, nicht einmal Waffenbesitz konnten sie ihm nachweisen. Nie wurde schlüssig, was von solchen hinterlassenen Geschichten – die sich als erstaunlich langlebig erwiesen – stimmte oder Legende war. Eines ist allerdings gewiß: Meine Mutter hat das alles sehr, sehr ernst genommen. Stets war sie in Sorge, daß in meinen Adern auch das Blut des Wilddiebes floß.

Opa Fritz verfügte über eine Fähigkeit, die mich in Erstaunen versetzte. Er konnte die Stimmen anderer Personen erstaunlich gut nachahmen. Mit diesen fiktiven Debatten versuchte er, der Langeweile, dem Alleinsein und der Monotonie der sich oft wiederholenden handwerklichen Arbeitsgänge ein wenig zu entfliehen. Ihn zeichnete dabei eine außerordentlich flexible Art der Sprachgestaltung aus. Traf er sich mit anderen, dann schuf er auch dadurch Nähe, daß er Sprachtimbre, Dialekt und Sprechweise des Gegenübers weitgehend adaptierte. Von dieser Eigenschaft habe ich wohl manches geerbt. Das erleichterte mir den Umgang mit Fremdsprachen und half, Kommunikationsbarrieren zu überbrücken.

Oma Antonie war ein Arbeitermädel aus Magdeburg. Ihr Vater war in einer Stärkefabrik tätig. Jahr für Jahr mußte er dort Stärkeklumpen mit einem Hammer zertrümmern. Eine monotone und obendrein ungesunde Tätigkeit. Im deutsch-französischen Krieg 1870/71, der dem preußischen König die deutsche Kaiserkrone bescherte, verlor er ein Bein. Oma Toni war eine intelligente, sensible und sehr belesene Frau. Ihren Enkeln schenkte sie am liebsten Bücher. Es wurde ihr nachgesagt, daß sie manchmal das Nähzeug oder häusliche Arbeiten liegen ließ, um ein paar Seiten zu lesen. Dabei gab sie sich mit der damals verbreiteten Trivialliteratur kaum ab. Schiller, Goethe, Balzac, Zola gehörten zu ihrem Bücherschatz. Wunderbar verstand sie es, die so gewonnenen neuen Eindrücke, Erfahrungen und Werte ihrer Familie zu vermitteln. Sie war eine gute Erzählerin. Für viele Dinge des Lebens hatte sie einen Sinn-spruch, eine Volksweisheit bereit. Dieses musische Vermögen und die Liebe zur Literatur wie auch ihre Fähigkeit zum Fabulieren hat sie meiner Mutter und wohl auch ihren anderen Töchtern weiter-gegeben. Nicht auszuschließen ist, daß dies auch mir zugute kam.

Die Eltern

Mein Vater Karl Graf hatte, wie es der Familientradition entsprach, den Beruf des Dachdeckers erlernt. Im Winter arbeitete er in der Zuckerfabrik als Heizer an der Kesselanlage, die den Betrieb und die Elektrostation mit Dampf versorgte. Meine Erinnerungen daran reichen zurück bis in die erste Hälfte der 30er Jahre. Damals war dieser Arbeitsplatz noch eine vorsintflutliche, mit Flammrohrkes-seln ausgerüstete Anlage. Vor deren mächtigen Feueröffnungen stan-den die Heizer, um mit langen Eisenstangen die glühenden Schlackenteile durch die Roste zu befördern. Für mich als kleinen Jungen war dies ein wahrhaft gespenstisches Bild. Es erzeugte in mir sowohl Respekt vor der elementaren Kraft der rotgelben Glut als auch vor der Kraft und dem Mut meines Vaters und seiner Kolle-gen. In regelmäßigen zeitlichen Abständen näherten sie sich dem Feuer, um die Schlacke zu ziehen und den geforderten Dampfdruck zu halten. Später wurde ein neues Kesselhaus gebaut. Elektrisch betriebene Schieberoste übernahmen nun einen Teil der schweren Arbeit der Heizer. Dort fand Vater für Jahre einen Winterarbeits-platz. An diesem Platz konnte er seine ausgeprägten technischen Fähigkeiten einbringen. Er brauchte sich vor allem auch nicht mehr so zu schinden wie vorher.

Seinem Vater, also Opa Hermann, war mein Vater in vieler Hin-sicht ähnlich. Mein Vater las gern. Populärwissenschaftliche techni-sche Literatur und Zukunftsromane des damals beliebten Autors Hans Dominik hatten es ihm besonders angetan. Früh erschloß er mir den Zugang zu seinem kleinen naturwissenschaftlichen Bücher-schatz. Beständig spornte Vater mich an zu lesen und zu lernen. Er wollte, daß ich später nicht so schwer arbeiten müsse wie er, daß es mir besser gehe als ihm und seiner Familie.

Vater war, wenn ich es recht bedenke, mir schon früh eher ein freundschaftlicher Partner als etwa ein autoritärer Erzieher. Auch meine Mutter Antonie war eine wissensdurstige Frau. Eine Lehrstelle fand sie im kaufmännischen Bereich der Arbeiterkonsumgenossenschaft. Früh schloß sie sich der Arbeiterjugendbewegung an. Dort begegnete sie meinem Vater. Bald wurden sie ein Paar. Schwiegertöchter haben es oft nicht einfach. Meiner Mutter erging es ebenso. Ihre Methode der Konfliktbewältigung im häuslichen Umkreis bestand, soweit ich mich erinnern kann, darin, den Ausgleich zu suchen. Ohne Murren akzeptierte sie die traditionelle Arbeitsteilung bei der Bewältigung der häuslichen Pflichten. Mein Vater und mein Großvater Hermann waren ohne jeden Zweifel fleißige, hilfsbereite Männer. All das, was im Hause zu tun war, überließen sie dennoch fast ausnahmslos ihren Frauen.

Diese patriarchalische Haltung war damals in meinem Heimatort allerwärts Usus. Kein Mann wäre in dieser Zeit etwa mit einem Kinderwagen oder einem Kleinkind auf dem Arm durch den Ort gegangen. Frauenarbeit zu leisten, bedeutete damals für Männer eine widernatürliche Schwäche zu zeigen. Ich kann nicht mehr ergründen, warum in mir schon als Kind ein Stachel gegen diese manifestierte Rollenteilung zwischen Männern und Frauen wuchs. Es war aber so. Ich fand schon recht früh das väterliche Verhalten nicht gerecht, ich bedauerte meine Mutter, ich erwartete, daß sie aufbegehrte, was sie aber jedenfalls in meiner Anwesenheit und wohl auch sonst nie tat. Die väterlichen Vorbehalte gegenüber häuslichen Pflichten habe ich nie zu teilen vermocht. »Das Verhalten der Söhne ist« – wie in der Literatur beschrieben – »zuweilen eine Reaktion auf die Fehler ihrer Väter.«[98]

Meine Mutter erlebte ich als eine gütige Frau mit einem ausgeprägten Gerechtigkeitssinn, die keines lauten Wortes fähig war. Sie setzte diese Eigenschaften, wenn es erforderlich war, überzeugend als Kraft der Schwachen ein. Oft zitierte sie die Goetheworte »Edel sei der Mensch, hilfreich und gut, denn das allein unterscheidet ihn von allen Wesen, die wir kennen«. Es war wohl ihr Lebensmotto.

»Der Zauber des Elternhauses liegt« bekanntermaßen »ja nicht im Materiellen. Die sinnlosen Ermahnungen unseres vielleicht längst verstorbenen Vaters oder die Vorurteile unserer Mutter behalten bis ins hohe Alter hinein Einfluß auf unsere Handlungen«.[99] Aus Kindheitsjahren bleiben Ereignisse meist nur schemenhaft im Gedächtnis. Eher bleiben eine gewisse Erinnerung an die häuslichen Verhältnisse und das kaum verifizierbare Grundgefühl kindlicher Geborgenheit. Mein Elternhaus unterschied sich wohl kaum von dem anderer einfacher Leute in den 30er Jahren auf dem Lande.

Für meine Mutter und Großmutter Minna gab es in der Landwirtschaft neben der Tagelöhnerarbeit eine weitere Erwerbsquelle. Bauern vergaben arbeitsaufwendige Feldarbeiten. In der Regel waren alle Familienangehörigen – auch die Kinder – in diese Tätigkeiten einbezogen. Zwiebeln ziehen und putzen und so manche andere praktische Tätigkeit auf dem Feld beherrschte ich eher als lesen und schreiben. Solche Arbeiten waren meist beschwerlich, in gewisser Hinsicht nicht ohne Nutzen. Wir Kinder gewannen dabei auch ein erstes Gefühl dafür, die Zeit nicht nur zu vertrödeln, zu verspielen, sondern auch zur Erfüllung von Familienpflichten beizutragen. Früh standen wir kleinen Jungen in einem gewissen Wettstreit, wer in kürzerer Zeit einen Korb voll Erbsen gesammelt hat oder wem es gelingt, einen Sack mit Ackerfrüchten zu heben. Jeder mußte schwer arbeiten. Für Müßiggang blieb weder Zeit noch Gelegenheit. Langeweile kam da nie auf.

Anmerkungen

80 Vgl. Pierers Universallexikon, Bd. 6, Oberhausen und Leipzig 1876, S. 494f.
81 Großer Brockhaus, Wiesbaden 1953, Bd. 3, S. 292.
82 VEMAG Verlags- und Mediengesellschaft, Köln 2004, S. 128.
83 Großes Universallexikon, Compakt Verlag, München 1998, Bd. 3, S. 486.
84 Neues Deutsches Wörterbuch, Naumann und Göbel, Köln 1996, S. 217.
85 Vgl. Herkunftswörterbuch, area Verlag Erfstadt 2004 , S. 106.
86 Der Brockhaus in drei Bänden, Leipzig-Mannheim 2004, Bd. 1, S. 544.
87 Max Ebeling, Egeln und Umgebung, F. Heyl Verlag, Egeln 1903, S. 146.
88 a. a. O., S. 211f.
89 Vgl. Hans Grube, Egeln in alten Ansichten. Europäische Bibliothek Zaltbommel/Niederlande 1993.
90 Max Ebeling, a. a. O., S. 203.
91 vgl. ebenda, a. a. O., S. 237.
92 ebenda, a. a. O., S. 238.
93 Vgl. M. Ebeling. a. a. O., S. 135-137.
94 Vgl. *Berliner Zeitung*, 27. Mai 2004, S. 6, Übernahme eines Berichtes aus *Hindustan Times*.
95 *Salzlandzeitung*, Staßfurt, 1. Juni 1966, S. 3.
96 Max Ebeling, a. a. O., S. 273.
97 *Egelnsches Tageblatt*, 22. Januar 1927. S. 4.
98 Maurois André, Die drei Duma. Leipzig 1979, S. 179.
99 H. Pontoppidan, Hans im Glück, Berlin und Weimar 1975, S. 81.

Schulzeit auf dem Lande

Religiöse Vorbedingung – spätere Einsichten

So etwas Feierliches wie meine Einschulung zu Ostern 1936 hatte ich vorher nicht erlebt. Alles begann schon Monate vor dem eigentlichen Akt. Zuerst mußte ich getauft werden, denn in Egeln gab es nur konfessionelle Schulen, eine evangelische und eine kleinere katholische. Meine atheistische Familie hatte sich in Vorbereitung meiner Einschulung als kleineres Übel für die evangelische Glaubensgemeinschaft entschieden. Am Tag der Taufe trottete ich, ohne zu wissen, was da auf mich zukommt, mit zwei meiner Tanten zur nahegelegenen Altemarktkirche. Nie hatte ich vor jenem Tage eine Kirche von innen gesehen. Wohl eher neugierig denn erwartungsvoll betrat ich das Gotteshaus. Die Dimensionen des Raumes, die Kanzel, die Skulpturen, Bilder und Fahnen, nicht zuletzt die Orgel vermittelten ein eigentümliches Gefühl von Größe und Erhabenheit. Die Altemarktkirche habe ich später nie wieder betreten.

Die Taufzeremonie wie auch der obligatorische Religionsunterricht in den ersten sechs Schuljahren haben in mir keine erkennbaren Spuren hinterlassen. Weder der christlichen Lehre noch ihren Riten und Symbolen vermochte ich etwas abzugewinnen. Wenn die katholische Gemeinde zu Fronleichnam mit Fahnen, Heiligenfiguren und Musik um die Klostermauer zog und an den Altären betete, habe ich mit anderen Jungen neugierig zugesehen. Mir erschien es als eine Art Mummenschanz. Als ich volljährig wurde, war die Erklärung zum Kirchenaustritt mein erster Rechtsakt.

Wer als Sohn eines Dissidenten auf die Welt kommt, erbt eo ipso ein atheistisches Startkapital. Zweifellos wurde so meine Haltung zur Religion vorgeprägt. Gefestigt wurde diese Haltung durch die spätere Zuwendung zum naturwissenschaftlichen Denken und zur philosophischen Lehre vom Materialismus. Schon aus beruflichen Gründen habe ich die Bibel, den Koran, Schriften von Konfuzius und das Daudedsching gelesen. Ich bin am Berg Sinai gewandert, habe dem Katharinenkloster meine Aufwartung gemacht und

unter dem biblischen Dornenbusch Ruhe gesucht. Die Gedankenwelt, die Weisheit der Verfasser der heiligen Schriften über ihre Zeit
und die damaligen Regeln und Erfordernisse des Zusammenlebens
fanden mein Interesse. Allerdings erschlossen sich diese Texte mir
weder als historische Tatsachenberichte noch als Orientierungshilfe
für das Verständnis und das Verhalten bei der Lösung individueller
und sozialer Probleme der Gegenwart.

Nach wie vor finde ich es fragwürdig, wenn noch immer aus religiöser Sicht die Hoffnung auf eine gerechte Welt in ein Jenseits, das
Reich Gottes, das Paradies verlagert wird. Mir erscheint es bedenk-
lich, wenn im 21. Jahrhundert in der Politik religiöse Vorstellungen
gegen irdische Erkenntnisse und Erwartungen gestellt werden. Es
mehren sich Meldungen wie diese in der Tageszeitung aus dem konservativen Hause Springer, *Die Welt*: »Die Aufklärung war nur eine
Übergangsphase: Jetzt macht Religion der Wissenschaft wieder
Konkurrenz.«[100]

Der bayrische Kulturminister, Prof. Hans Maier, trug auf einem
Symposium zu Verfassungsfragen vor, daß der Fortschritt »nicht
unendlich sein kann, weil die Welt auf ihr Ende zuläuft und eines
Tages von ›Gottes Zeit‹ eingeholt wird.«[101] Die Bundeskanzlerin
Angela Merkel nahm diesen Faden auf. Unter Bezug auf die Formel
in der Präambel des Grundgesetzes von der »Verantwortung vor
Gott und den Menschen« folgerte sie, »daß all unser politisches Tun
von Voraussetzungen abhängt, die wir selbst gar nicht in der Hand
haben«.[102]

Hier wird meines Erachtens einem Fatalismus gegenüber der
Ungerechtigkeit unserer Zeit, einer Blockade notwendiger Veränderungen zugunsten einer besseren Welt und einer erstaunlichen
Begrenzung der Verantwortung der Politik vor dem Volk das Wort
geredet. Liegt es nicht in der Hand politischer Verantwortungsträger, frage ich mich, ob sie ihr Volk vom Krieg fernhalten oder an
Kriegshandlungen beteiligen? Ob sie der Oberschicht Steuern erlassen und dem Volk höhere Abgaben aufbürden? Fehlverhalten
gegenüber den Menschen bleibt von Haftung nicht freigestellt, auch
nicht durch das jüngste Gericht. Religion, aufrichtiger Glaube kann
und darf, so meine ich, nicht zum Schutzbrief für die Mächtigen
verkommen!

Am Beginn des 21. Jahrhunderts gewinnt wohl zu Recht die
Werte-Debatte an Bedeutung. Werteverlust wird allgemein konsta-

tiert und beklagt. Wo und wie ist eine Lösung zu finden? Aus linker Feder war zu lesen: »Mangels Alternativen ist es heute einfach eine Tatsache, daß unsere Gesellschaft ohne jüdisch-christliche Werte ethisch wertlos wäre. Insofern kann man auch als Nichtgläubiger einen positiven Bezug zur Religion herstellen.«[103] Dem wortgewandten Autor Gregor Gysi möge es unbelassen bleiben, diesen Gedanken weiter zu verfolgen. Geschichtskenntnis kann allerdings auch Erkenntnisgewinn bringen. Schon ein gründlicher Besuch auf der Berliner Museumsinsel läßt zweifelsfrei erkennen, daß nicht wenige der heute als christlich apostrophierten Werte sich schon Jahrtausende vorher herausgebildet hatten. Die wohl bekanntesten sind die Gesetze des babylonischen Königs Hammurapi (1728–1686 v. Chr.). Nicht wenige davon legen in Stein gemeißelt bis heute darüber Zeugnis ab. Die Bibel selbst enthält übrigens im 1. Buch Moses[104] ausreichend Verweise darauf.

In vorchristlicher Zeit lebten auf unserem Planeten nicht nur im christlich-jüdischen Raum Menschen, sondern auch in Asien, Afrika und anderen Teilen dieser Welt. Sie alle brachten Erfahrungen und Werte hervor, überlieferten, modifizierten diese, je nach den Erfordernissen ihrer Lebensumstände. Davon Erhaltenes und in Vergessenheit Geratenes halten sich wahrscheinlich kaum die Waage. In der Genesis der Wertvorstellungen unserer Zeit haben christlich geprägte Werte unverkennbare Bedeutung. Sie allein aber waren und sind aus meiner Sicht nicht das Maß aller Dinge. Humane Regeln wie »Du sollst nicht töten«, »Du sollst nicht stehlen«[105] und andere sind dem Buddhisten, dem Konfuzianer und auch dem Atheisten ebenso eigen wie dem gottesfürchtigen Christen. Sie sind nicht der christlichen Lehre entnommen, sondern originäre, verdichtete, nicht selten wesentlich früher als die christlichen Werte formulierte und verbreitete Erfahrungen der Menschheitsentwicklung auf allen Kontinenten.

Als Menschen im 4. Jahrtausend v. Chr. das Nildelta besiedelten, dort Ackerbau und Viehzucht zu betreiben begannen, und in den Jahrhunderten danach sich über den schwarzen Kontinent verbreiteten, besaßen ihre Gemeinschaften eine soziale Grundstruktur und ein ihrer Zeit gemäßes Wertesystem.[106] Umfangreicher als aus den frühen afrikanischen Perioden belegen zum Teil noch frühere Zeugnisse aus China ein erstaunliches Niveau des philosophischen Denkens und der Artikulation ethischer Werte. Erkennbar ist dabei der ausgeprägte Bezug des Individuums zur Gemeinschaft. Lange bevor die erste Zeile der Bibel geschrieben war, formulierte Konfuzius, der Nächstenliebe und Gerechtigkeit, Weisheit und Pietät als herausragende Tugenden betrachtete, den Satz: »Jeden Tag prüfe ich mein Verhalten in dreifacher Hinsicht: War ich nicht getreu in meinen Bemühungen für andere? War ich nicht aufrichtig im Umgang mit Freunden? Habe ich nicht angewandt, was mir an Wissen übermittelt wurde?«[107] Verantwortung für irdische Probleme versuchte man in der damaligen philosophischen Welt nicht einem Abstraktum im Jenseits oder einem »Bösen« als genetischer Bestandteil menschlicher Seele zuzuweisen. »Die Vergehen der Menschen«, so Konfuzius, »sind jeweils durch die Gemeinschaft bedingt, der sie angehören. Aus der Betrachtung ihrer Fehler läßt sich erkennen, wie es um die Menschlichkeit bestellt ist.«[108] Aus Indien liegen aus vorbuddhistischer Zeit die vedisch-brahmanischen Überlieferungen vor, die sittliche Zielvorstellungen erkennen lassen.

Mehr als ein halbes Jahrtausend nach Herausbildung des Christentums hat der Islam vieles aus dessen Vorstellungswelt übernommen, anderes verworfen, erforderlich Erscheinendes wie sein Verständnis über die Beziehungen in der Gemeinschaft – von der Armensteuer bis zum allgemeinen Zugang zu Wasserquellen – entwickelt. Heute ist der Islam aus seinem arabischen Ursprungsgebiet längst herausgewachsen, hat weltweit Verbreitung gefunden. Bestandteil des im Laufe der Geschichte der Menschheit herausgebildeten Wertekanons sind zweifellos ebenso die Handlungsmaxime und Regeln der in vorchristlicher Zeit über den Globus verteilten Völker und Stämme. Nicht nur aus religiösen Quellen, sondern aus den normalen Bedingungen des Zusammenlebens und der gemeinsamen Arbeit erwuchsen Regeln, bildeten sich Werte heraus. Verwiesen sei hier auf Tugenden wie Solidarität, Anstand, Verläßlichkeit, Gerechtigkeit, ebenso auch auf das Anliegen, jeder solle sein Leben aus eigener Leistung, nicht aber im Resultat der Ausbeutung anderer gestalten.

Die Wertedebatte wird wohl nie enden. Sie greift aber in unserer globalisierten Welt zu kurz, wenn sie in den Grenzen christlich-jüdischer Vorstellungen verharrt, diese gar zum universellen Maßstab erhebt. Ich gehöre zu denen, die es als Errungenschaft betrachten, daß in den vergangenen Jahrhunderten die Trennung von Kirche und Staat erreicht und Gedanken-, Gewissens- und Religionsfreiheit erkämpft werden konnte, daß die Konturen zwischen Glauben und Vernunft erkennbarer geworden sind. Deshalb verwunderte es mich, als im Jahr 2006 Bischof Dr. Wolfgang Huber, Ratsvorsitzender der Evangelischen Kirche, erklärte, ohne religiöse Bildung könne man weder unterlassene Hilfeleistung noch abendländische Kunst begreifen und sich in der Literatur nicht zurechtfinden.[109] Damit wird a priori allen Andersdenkenden die moralische und kulturelle Kompetenz abgesprochen. Eine wohl eher arrogante als tolerante Bischofserklärung.

Religiöser Fundamentalismus erweist sich immer wieder als eine bedenkliche Erscheinung. In den vergangenen zwei Jahrhunderten hat es sich verheerend ausgewirkt, daß europäische Mächte ihren Kolonien christlich-westliche Werte aufzupropfen versuchten. Nunmehr soll dieser Fehlversuch global wiederholt werden. »Die Globalisierung«, so der Liberale Guido Westerwelle, »ist die Chance, auch westlich demokratische Werte und Haltungen in die ganze Welt zu tragen«.[110] Unwillkürlich kommt mir, wenn ich so etwas lese, der schlimme Spruch aus finsterer Vergangenheit in den Sinn: »Am deutschen Wesen soll die Welt genesen.« Mir ist es mit der Zeit gelungen, religiöse Überzeugungen anderer besser zu achten und zu tolerieren, als das in jungen Jahren der Fall war. Aus beruflichen Gründen wie aus dem Bedürfnis, mehr über andere Ideen, Werte, Lebensweisen zu erfahren, habe ich viele Gespräche mit gläubigen Christen, Katholiken wie Protestanten, Kopten und Orthodoxen, mit überzeugten Muslimen, mit Animisten führen können. Das hat mir geholfen, Mitmenschen besser zu verstehen. Meine atheistische Position hat das nicht verändert. Meine Überzeugung von der Materialität der Welt und aller Lebensformen unserer Existenz geriet auch in schwierigen Situationen nie in Zweifel, sie hat sich eher gefestigt.

Das ist offensichtlich keine Individualerfahrung. »Der Atheismus des 19. und des 20. Jahrhunderts ist«, wie Papst Benedikt XVI. 2007 in seiner Enzyklika SPE SALVI feststellte, »von seinen Wurzeln und seinem Ziel her ein Moralismus: ein Protest gegen die Ungerechtigkeit der Welt und der Weltgeschichte. Eine Welt, in der ein solches Ausmaß an Ungerechtigkeit, an Leid der Unschuldigen, an Zynismus der Macht besteht, kann nicht das Werk eines Guten Gottes sein.«[111]

Wenn auch die Schlußfolgerungen, die der Papst aus dieser Analyse zieht, andere als die eines dem Materialismus verbundenen Atheisten sind, erscheint mir seine Analyse dennoch bemerkenswert.

Grundschulerlebnisse

In der Mitte der 30er Jahre war es noch üblich, daß die Schuljahre Ostern begannen und zu Michaelis, also im September, geteilt wurden. Zur Ausrüstung des Einzuschulenden gehörten ein Schulranzen, eine Schiefertafel mit Schwamm und Lappen und natürlich eine kleine lederne Brottasche. Das Wichtigste war aber für uns Kleinen in dieser Lebensphase die Zuckertüte.

Unsere Klasse zählte 65 Jungen. Ein Gebäude am Friedhof wurde für vier Jahre unser Domizil. Der Klassenraum im Obergeschoß war über eine schmale Treppe zu erreichen. Neben der Eingangstür stand ein einfacher Schrank. Dieser war, wie wir bald erfuhren, Aufbewahrungsort für die Lehrergarderobe, für Lehrmittel und für mehrere Rohrstöcke unterschiedlicher Stärke und Biegsamkeit, mit denen unser Klassenlehrer, Herr Rohde, nicht selten mit sichtbarem Vergnügen unbotmäßige Schüler züchtigte. Vom ersten Tage an begegneten wir unserem Klassenlehrer mit außerordentlichem Respekt, später auch mit einem Hauch von Furcht vor dessen Strenge. Aufmüpfiges Verhalten gegenüber Erwachsenen, insbesondere gegenüber Respektpersonen, war zu der Zeit – in der autoritäres Verhalten gegenüber Kindern allgemeine Praxis war – auch in Ansätzen nicht bekannt. Lehrer Rohde war ein stattlicher Mann und erfahrener Lehrer. Über vier Jahre unterrichtete er uns in allen Fächern, also in Religion, Deutsch, Rechnen, Raumlehre, Geschichte, Erdkunde, Naturbeschreibung, Naturlehre, Zeichnen, Gesang und Turnen. Und er entschied selbstredend auch über die sogenannten Kopfnoten Betragen, Fleiß und Aufmerksamkeit. Der

Klassenbild mit Lehrer Rohde, 1936. Graf erste Reihe, 2. von links

Einzug nazistischen Gedankengutes ergab sich schon daraus, daß Lehrer Rohde in jedem Zoll seines Wesens Nationalsozialist und einer der Anführer der örtlichen SA-Organisation war.

Das hohe Katheder, das links neben der Eingangstür des Schulraumes vor den vier Bankreihen für die Schüler stand, kam Lehrer Rohde wie ein Thron vor. Kaum hatte er die Klasse betreten, stieg er die zwei Stufen des Podestes hinauf. Von hier aus konnte er die 65 Schüler übersehen. Er unterrichtete mit kräftiger Stimme in einer sehr bestimmenden Art. Religion war Hauptfach. Ihr war täglich die erste Stunde vorbehalten. Nichts Bleibendes haben diese christlichen Exerzitien bei mir hinterlassen.

Im ersten Schuljahr standen danach Lesen, Schreiben und Rechnen auf dem Programm. Die Schrift, die wir erlernten, nannte sich nach ihrem Erfinder Sütterlin. Aus dem Deutsch- und dem Geschichtsunterricht ist mir vor allem die intensive Beschäftigung mit der Nibelungensage in Erinnerung. Siegfried der Held und Hagen der Schurke wurden uns derart intensiv nahegebracht, daß sie unser Weltbild vorprägen sollten. Siegfried als Leitbild des treuen, guten Deutschen, der – in Anspielung auf die Dolchstoßlegende nach dem Ersten Weltkrieg – nur infolge Verrat unterlag.

Die ersten Jungen, die unsere Klasse verließen, waren die beiden jüdischen Mitschüler Hans-Joachim Schindler und Mike Lenz. Nach der sogenannten Reichskristallnacht 1938 erschienen sie nicht mehr zum Unterricht. Rohde strich sie aus der Liste der Klasse. Beiläufig hieß es, alle Juden in Deutschland würden künftig in gemeinsamen Siedlungsgebieten zusammengeführt. In der gleichen Zeit »verschwanden« auch andere jüdische Familien aus Egeln. Niemand von uns ahnte damals, was wirklich geschah. Wenn von den Erwachsenen darüber gesprochen wurde, dann so, daß wir Kinder nichts mitbekamen. In schlechter Erinnerung blieb das kleine Aluminiumschild mit der Aufschrift »Juden sind hier unerwünscht«. Anfangs hatten dieses Schandmal rassistischer Gesinnung wenige, dann aber immer mehr Geschäftsinhaber an den Eingangstüren ihrer Läden befestigt. Erst Jahre später erschloß sich auch mir die Ungeheuerlichkeit dieses Vorgangs und wurzelt seither in meinem Bewußtsein. Menschenverfolgung aus Rassenhaß ist in meiner Erinnerung mit den Namen und den Gesichtern meiner jüdischen Klassenkameraden verbunden.

Kinderarbeit ist ungesund

Es war in den 30er Jahren in unserer Gegend normal, daß Schulkinder vom Frühjahr bis zum Herbst auf den Feldern der Güter und der Großbauern zu einfachen Feldarbeiten eingesetzt wurden. Für die Kinder aus der »Altemarktseite« der Stadt war das Klostergut Marienstuhl der »Arbeitgeber«. Fiel dort Kinderarbeit an, fiel unser Unterricht aus. Die erste Feldarbeit, die jeder von uns zu erlernen und auszuüben hatte, war das Verziehen, d. h. Vereinzeln der Zuckerrübenpflänzchen. Endlose Zuckerrübenfelder zogen sich rings um unsere Stadt. War die Saat aufgegangen, wurde ausgedünnt, damit die verbleibende Pflanze genügend Platz für ein starkes Wachstum bekam. Stundenlang mußten wir bei dieser Arbeit auf Knien rutschen, eine sehr unbequeme Fortbewegungsart. Für die Organisation der Kinderarbeit im Gut war Herr Hildebrand zuständig, seine Amtsbezeichnung war Aufseher.

Hildebrand verrichtete sein Amt mit dem Habitus eines Vorgesetzten. Würdigen Schrittes stolzierte er hinter seinen Untergebenen durch die Reihen, um die Qualität der Arbeit, also die Abstände der verzogenen Rüben zu kontrollieren. Er hatte ein sicheres Augenmaß für die richtige Anzahl der zarten jungen Rübenpflänzchen auf einem Meter Ackerfläche und sorgte dafür, daß auch jeder von uns dieses Maß verinnerlichte. Natürlich trieb er uns ständig an, denn das Rübenfeld mußte in vorgegebener Zeit bearbeitet werden, und die war knapp. Er wollte, daß jeder von uns in gleicher Intensität und Qualität – wie eine Maschine – die Arbeit verrichtete. Das vermittelte uns die Unbedingtheit der Disziplin wie auch die Härte des Alltags der Landarbeit.

Die Obrigkeiten des Gutes bekamen wir selten zu Gesicht. Unser Gutsherr war ein sehr eigentümlicher Zeitgenosse. Seine Schwiegertochter, die Schriftstellerin Elfriede Brüning, schildert ihre erste Begegnung mit ihm. Das Hausmädchen im weißen Häubchen nahm knicksend ihr Gepäck in Empfang. Im Hintergrund wartete der Diener Ludwig. »Er mußte das schwere Portal offen halten, durch das die gnädige Frau und der gnädige Herr uns entgegenkamen. J. B. (*Joachim Barckhausen – H. G.*) begrüßte seine Mutter durch Handkuß, während er seinen Vater, der ihm nur flüchtig das Gesicht zuwandte, lediglich die Wange streifte. Auch mir nickte Barckhausen senior bloß von Ferne zu.«[112] Schon bei der ersten

Begegnung rief das arrogante Gehabe des adligen Herrn bei seiner künftigen Schwiegertochter Erstaunen hervor. Für die Beschäftigten des Betriebes schuf diese Gutsherrenart eine unüberwindliche Distanz. Die Klassenunterschiede waren unübersehbar.

Für unsere Arbeit auf dem Gut erhielten wir eine geringe Vergütung. Das Rübenverziehen wurde nach der Zahl der bearbeiteten Reihen und der Anzahl der Arbeitstage bezahlt. Wer nur eine Reihe schaffte, erhielt für eine Arbeitswoche eine Mark, für zwei Reihen gab es das Doppelte. Es war eine lächerliche Summe angesichts dieser unangenehmen Arbeit. Trotzdem freuten wir uns über das »Selbstverdiente« und waren auch ein wenig stolz darüber.

Ein Schritt nach vorn

Seit dem Ende der 20er Jahre bestand in Egeln auch eine Oberschule. In offiziellen Dokumenten hieß sie *Staatliche Oberschule für Jungen i. A.*, also in Aufbauform. Im Volksmund hieß sie darum einfach die Aufbauschule. Wer diese Schule besuchen wollte, brauchte begüterte Eltern, die das geforderte Schulgeld bezahlen konnten, oder er benötigte eine sogenannte Freistelle. Die wenigen Freistellen wurden begabten Schülern aus minderbemittelten Elternhäusern zur Verfügung gestellt. Meine Familie war froh, daß ich dafür ausgewählt wurde. Ich selbst hatte eher ein unsicheres Gefühl dabei. Es war ungewiß, was mich in dieser neuen Umgebung erwartete. Den Schritt dahin habe ich später nie bereut!

An der Aufbauschule lief fast alles anders als an der Stadtschule vorher. Der Bau war großzügiger gestaltet. Schöne Flure, gut eingerichtete Unterrichtsräume, eine schöne Aula, die moderne Turnhalle und ein respektabler Schulhof beeindruckten uns. Die Aura dieses Hauses, die Kultur des Umgangs miteinander und auch die für uns neue Art der Organisation des Unterrichts vermittelten das Gefühl, wir machten auf dem Weg in das Leben einen großen Schritt nach vorn. Ich war zwölf Jahre alt und vermochte durchaus das Glück und die Herausforderung zu empfinden, nun in einer modernen, höheren Lehranstalt angekommen zu sein. Der Unterricht erfolgte nicht – wie gewohnt – im gleichen Raum. Von Stunde zu Stunde wechselten wir in gut ausgestatte Fachräume.

An der Aufbauschule war konzentrierte Wissensvermittlung angesagt. Es wurde Leistung geboten und gefordert. Das war anstrengend, tat uns aber gut. Gehörte es damals in der Volksschule zu den Bildungszielen, daß ein Absolvent die Grundrechenarten kannte und einigermaßen Prozente zu berechnen vermochte, ging es nunmehr um Algebra und Geometrie und in den oberen Klassen sogar um Differential- und Integralrechnung. Verharrte die Volksschule im Fach Naturlehre bei schlichten, vorwiegend der Vorbereitung auf die Landarbeit dienenden Beschreibungen von Pflanzen und Tieren, ging es nunmehr um systematische Lehre in Biologie, Physik und Chemie. Die naturwissenschaftliche Ausbildung an der Aufbauschule brachte mir besonderen Gewinn. Das insbesondere, weil dadurch Grundlagen für naturwissenschaftliches Denken, für eine naturwissenschaftliche, mathematisch determinierte Beweisführung gelegt wurden. In diesen Fächer waren an der Schule hervorragende Pädagogen tätig.

In Geschichte, aber auch in Deutsch wurde uns in den Kriegsjahren 1942 bis 1945 auch faschistisches Gedankengut, geprägt von Rassenhaß und Herrenmenschentum, vermittelt. Man machte uns glauben, wir wären ein Volk ohne Raum und hätten historische Ansprüche weit über die damaligen Grenzen hinaus. Kriegsverherrlichung erschien selbstverständlich.

Genauer als meine Erinnerungen sind Untersuchungen, die bezeugen, wie in meiner Schulzeit die Lehrpläne der Schulen für die Vermittlung der Naziideologie umfunktioniert worden sind. »Für den Deutschunterricht aller Klassenstufen der höheren Schulen sollten vier Kerngedanken maßgebend sein: 1. Das Volk als Blutsgemeinschaft: der Rassen- und Vererbungsgedanke [...] 2. Das Volk als Schicksals- und Kampfgemeinschaft: Kampf um Raum. Soldatentum [...] Heldentum, Kriegsdichtung [...] 3. Das Volk als Arbeitsgemeinschaft [...] 4. Das Volk als Gesinnungsgemeinschaft: Von germanischer Weltanschauung und germanischem Lebensgefühl[...]«[113] Das und so manches andere wurde versucht, uns beizubringen. Von einem Lehrer mehr, vom anderen weniger vordergründig.

Im nichtnaturwissenschaftlichen Bereich der Aufbauschule war Oberstudienrat Thiemann für mich eine außerordentlich beeindruckende Lehrerpersönlichkeit. Es war unterschwellig bekannt, daß er an unsere Schule irgendwie strafversetzt worden war. Erst sehr viele Jahre später erfuhren wir, daß er 1933 wegen seiner Mitgliedschaft in der SPD als Direktor einer Magdeburger Schule entlassen und von den Nazis im Konzentrationslager Lichtenburg inhaftiert worden war. In unserer Klasse lehrte er Musik, in anderen Klassen auch Deutsch. Die Hysterie der Nazipropaganda war ihm fremd. Er war Humanist der Tat, ein beliebter Lehrer mit hoher Autorität. Nach Kriegsende wurde er kommissarisch als Direktor der Schule eingesetzt.

Das 20. Jahrhundert hat auch meine Heimatstadt Egeln verändert. Altes zerfiel, Neues entstand. Die Gründung der Aufbauschule ragt unter allen Veränderungen als besonders segensreich heraus.

Kriegstage in Egeln

Meine Aufbauschulzeit war Kriegszeit. Siegesmeldungen, Schlachtenberichte, Heroisches in Sondermeldungen prasselten auf uns ein. Anfangs seltener, dann in größerer Zahl, kamen Mitteilungen über Gefallene oder vermißte Einwohner unseres Ortes. Lager für Kriegsgefangene und für Zwangsarbeiter wurden in Egeln eingerichtet. Immer stärker dominierten Kriegsereignisse auch den Schulalltag. Luftschutzübungen und Fliegeralarm unterbrachen den Unterricht, lenkten viele Schüler vom Lernen ab.

In der Schule wurden wir angehalten, daß heranwachsende Jungen hart wie Kruppstahl, flink wie Windhunde und zäh wie Leder sein sollten. Der Weg der Wehrmacht zuerst durch Polen, dann durch halb Europa wurde mit Stecknadeln auf der Landkarte nachvollzogen. Daß Aufbegehren sehr gefährlich werden konnte, hatte sich herumgesprochen. Als wir Jungen das 10. Lebensjahr erreicht und die vierte Klasse absolviert hatten, wurden wir in das Jungvolk, die faschistische Kinderorganisation, eingegliedert. In regelmäßigen Abständen hatten wir uns nach der Schule in Uniform zum Dienst einzufinden. In dieser Atmosphäre habe ich mich nie wohlgefühlt. Ich war froh, wenn es wieder nach Hause ging. Von Kurt Tucholsky habe ich während der Kriegsjahre nichts gewußt. Als ich Jahrzehnte später seine Zeilen las: »Tief verwurzelt im Deutschen ist der Drang, in Reih und Glied zu stehen, oder vielmehr die anderen in Reih und Glied stehen zu lassen«[114], erinnerte ich mich an die Jungvolkzeit. Eine der üblen Folgen vieler Siegesmeldungen in den ersten Kriegsjahren war, daß sich damit der Irrglaube eines unaufhaltsamen Vormarsches verbreitete. Die Nazipropaganda blieb nicht wirkungslos. In der Schule, im Radio, im Kino, in den Zeitungen und auch in Berichten von Soldaten im Heimaturlaub wurde vordergründig oder auch subtil das simple Schema von den guten Deutschen und den bösen hinterlistigen Feinden vermittelt. Das *Egelnsche Tageblatt* feierte die Kriegsauszeichnungen der Soldaten aus dem Ort. Zum Ereignis wurde es, als Feldwebel Kruse, ein Sohn der Stadt, das Ritterkreuz mit Eichenlaub erhielt. Sein Vater war stadtbekannt. Er besorgte beim Fuhrunternehmer Wielcek die Fäkalienbeseitigung. Der Feldwebel erhielt, so wurde berichtet, ob seiner Taten ein Rittergut in Mecklenburg. Im Oktober 1944 ging der Familie die Nachricht zu, der Sohn sei in einer Schlacht im Raum Radom gefallen. Eines der Landserhefte, die in der Bundesrepublik erschienen, beschreibt auf annähernd hundert Seiten Ernst Kruses Geschichte, glorifiziert seine Taten bei der Eroberung anderer Länder und erzählt in Kriegsberichterstatter-Manier sein tragisches Ende.[115]

Für mich bleibt es ein recht erstaunlicher Vorgang, wenn Politiker und Journalisten ahnungslos nach Ursachen von Rechtsradikalismus und Gewaltverherrlichung fragen. Haben sie nie von solchen Heften und anderen Publikationen gehört, in denen »Helden« der Nazizeit verherrlicht wurden? Haben sie nie über den Einfluß ehemaliger Nazibeamter, Hochschullehrer, Richter, Wirtschaftsführer und Journalisten auf das geistige Klima der Bundes-

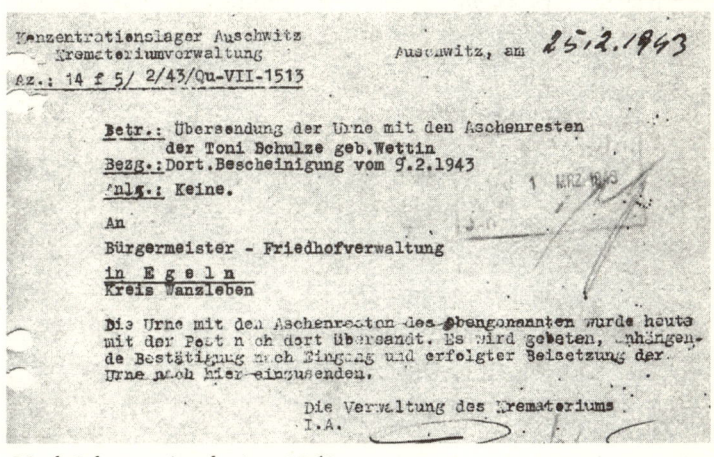

Nachricht aus Auschwitz, 1943

republik Deutschland nachgedacht? Bertolt Brecht mahnte nicht grundlos: »Der Schoß ist fruchtbar noch, aus dem das kroch.«

Eine Naziaktion gegen Mitte des Krieges beeinflußte das öffentliche Bewußtsein der Bürger meiner Heimatstadt nachhaltig. Eine junge Frau aus dem Ort hatte sich in einen französischen Kriegsgefangenen verliebt. Das war streng verboten. Der Naziortsgruppenleiter – zugleich Bürgermeister des Ortes – erhielt Kenntnis von dieser Liaison. Daraufhin ließ er der Frau öffentlich auf dem Marktplatz den Kopf scheren und sie in diesem Zustand unter Musikbegleitung durch die Hauptstraße der Stadt führen. Die so erniedrigte Frau wurde verhaftet. Wie aus einer – erst 2005 aufgefundenen – Nachricht der Krematoriumsleitung des Konzentrationslagers Auschwitz an den Bürgermeister der Stadt Egeln[116] hervorgeht, wurde sie dort umgebracht. Die Naziführung der Stadt erreichte mit diesem Akt der Barbarei das Gegenteil dessen, was sie damit beabsichtigte. Abscheu vor diesem Einzug des Mittelalters in das 20. Jahrhundert und eine tiefe Betroffenheit waren die wesentlichen Reaktionen wohl aller Menschen in meinem Umfeld.

Wie die anderen Männer seines Jahrgangs war auch mein Vater eingezogen worden. Mutter und ich verabschiedeten ihn am Kasernentor in Halberstadt. Mir fiel der Abschied schwer. Als 1944 die nüchterne Mitteilung kam, daß Vater vermißt sei, traf es Mutter tief. Ein Jahr später erreichte uns die Mitteilung des Internationalen

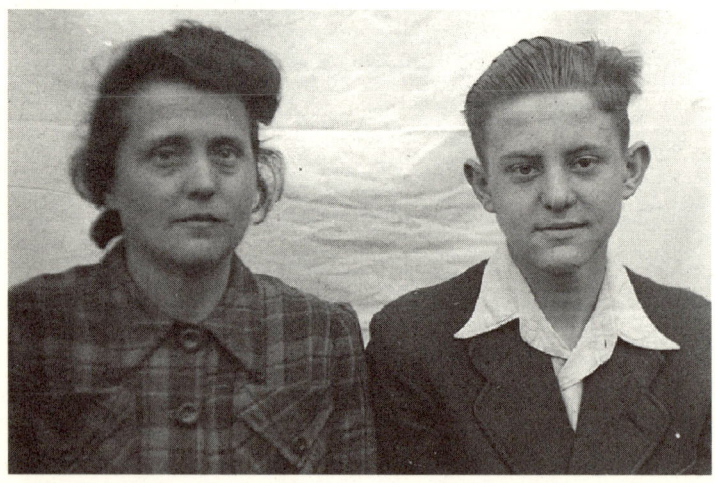

Mutter und Sohn, Foto für den Vater in Kriegsgefangenschaft, 1945

Roten Kreuzes, daß der Kriegsgefangene Graf in England lebe, da blühte sie langsam wieder auf. Sie war aber gezeichnet von den schweren Jahren davor. Nun durften wir Vater unter seiner Gefangenennummer 663767 einen Brief und ein Foto in das Camp 242 in der britischen Grafschaft Perthshire schicken. Das Foto ließ erkennen, wie mitgenommen meine Mutter damals war.

Aber auch ich war ein anderer geworden. Ich war nicht nur gewachsen, sondern hatte signifikante Merkmale der Kindheit hinter mir gelassen. Krisensituationen beschleunigen nicht selten Reifeprozesse. Nachdem mein Vater in den Krieg mußte, hatte auch ich weitere Pflichten im Hause und bei der Sicherung der Versorgung zu übernehmen. Dann wurde auch der damals annähernd 60-jährige Großvater Hermann zeitweise dienstverpflichtet, um in Kassel und anderen Städten Dächer zu reparieren und Bombenschäden zu beseitigen. Damit war ich der einzige »Mann« im Hause. Schwere Arbeiten wie das Ausmisten der Ställe, der Transport des Viehfutters und so manches andere fielen mir zu. Das alles war anstrengend, stärkte aber nicht nur die Muskeln, sondern auch das Selbstbewußtsein.

Im Januar 1945, ich war noch keine 15, wurde ich zur Musterung in eine Luftwaffenkaserne nach Braunschweig beordert. Fahrkarten dahin und Anweisungen, was mitzubringen sei, waren beigefügt. Es hatte nicht nur mich, sondern – wie sich bald herausstellte – mehrere meiner Altersgefährten der Jahrgänge 1929 und 1930 getroffen. Im Kasernengelände am Stadtrand von Braunschweig sah alles martialisch aus. Schwere Fahrzeuge und Waffen standen in großer Zahl herum. Auf einem Freigelände fuhren Panzer. Wir Jungen wurden registriert, erhielten etwas zu essen und Quartier in einem Kellerraum der Kaserne. Alles war fremd und irgendwie mulmig. Infantiler Stolz darauf, nun der Mannheit näher zu sein, war spürbar. Im Kommandoton wurden wir staunenden Knaben darüber in Kenntnis gesetzt, was uns erwartete. Es sei befohlen, eine Fliegerstaffel »Hitlerjugend« aufzustellen, man wolle uns auf Eignung testen. Die ganze Veranstaltung war eine Farce. Jeder konnte sich an fünf Fingern abzählen, daß der Krieg zu Ende sein würde, ehe wir 15jährigen zu Kampfpiloten ausgebildet worden wären. Ein Teil derjenigen, die die Prüfungen bestanden hatten, wurde im Februar 1945 eingezogen. Von Fliegerei war keine Rede mehr. Sie wurden im Schnellverfahren am Karabiner und an der

Panzerfaust ausgebildet und in den Kämpfen um Halberstadt ins Feuer geschickt. Nicht alle kamen zurück.

Je mehr das Ende des Krieges absehbar war, desto drohender wurden die Durchhalteparolen der Nazi- und Wehrmachtführung. Plakate verkündeten auch in unserer Stadt: »Mit Entschlossenheit bauen die Männer unseres Volkssturms gemeinsam mit den Männern der Wehrmacht überall Sperren [...] Wer gegen Befehle und Anordnungen verstößt, muß damit rechnen, daß ihn rücksichtslos die härtesten Strafen treffen.«[117] Wenige Tage danach wurden die Drohungen gegen alle, denen das eigene Überleben inzwischen wichtiger war als die Durchhalteparolen, noch rabiater: »Wer aber feige die Nerven verliert und die weiße Fahne hißt, der wird des Todes sein!«[118]

In der zweiten Aprilwoche 1945 war die Kampflinie auch der beschaulichen Stadt Egeln ziemlich nah gekommen. Das nur 25 Kilometer entfernte Halberstadt wurde von den Amerikanern eingenommen. Die Ortsleitung der NSDAP in Egeln erteilte Befehl, an der Hauptstraße aus Balken, Steinen und Bäumen Sperren zu errichten, um die amerikanischen Truppen zu stoppen. Am Abend des 11. April waren diese Barrieren errichtet. Die erste in Richtung Westen befand sich am Hospital unweit unseres Hauses.

Auch dem Einfältigsten war klar: Stoßen die Amerikaner auf die Sperren, dann wird Egeln mit schweren Waffen beschossen. Als es dunkel wurde, fanden sich an jeder Barrikade Männer und Jugendliche ein. Mit Großvater Hermann war ich zur Sperre am Hospital geeilt. Eine unbeschreibliche Stimmung kam auf. Jeder kannte die Drohungen der Nazis. Keiner wußte so recht, was in dem anderen vorging. Doch als der Satz ausgesprochen war »Der Weg muß freigemacht werden«, packten alle zu. Manche holten aus ihrem Haus noch Gerät, denn die Sperre war recht solide in der Straße befestigt.

Für mich war und bleibt das Erstaunliche dieser Aktion, daß in der gleichen Nacht die beiden anderen Sperren in der Hauptstraße auf die gleiche spontane Weise beseitigt wurden. Es war keine antifaschistische Aktion – der pure Überlebenswille hatte gesiegt. Nicht wenige der Beteiligten waren früher in einer braunen Uniform durch den Ort marschiert. Aber jeder, der in jenen Stunden mit Hand angelegt hat, stand zumindest in diesem Augenblick auf der anderen Seite der Barrikade. Es hätte gefährlich werden können, hätten uns herumstreunende SS- oder Wehrmachtverbände gesehen. Es ging jedoch gut. Zweifellos war es ein Zufall, daß ich in jener Nacht mit dabei war. Diese Erfahrung, die Entschlossenheit, aber auch die Sorge, daß es schiefgehen könnte, blieben in der Erinnerung haften. Es war ein erster wichtiger Schritt in jene Richtung, die ich zeitlebens verfolgte.

Gegen Mittag des nächsten Tages erreichte die 329. Infanteriedivision der 9. US-Armee Egeln. Ohne Widerstand konnten die motorisierten Truppen die Stadt auf ihrem Weg nach Magdeburg passieren. Das Ende des Krieges, der meine Kindheit und Jugend so stark beeinflußt hatte, erlebte ich als ein beeindruckendes Ereignis. Die damit verbundene Zäsur gab mir nicht nur in den Tagen und Wochen nach Abschluß der Kampfhandlungen, sondern über Jahrzehnte Anlaß zum Nachdenken darüber, wie die Nazizeit auf mich und meine Altersgefährten gewirkt hatte, welche Entscheidungen aus dieser Tragödie für das eigene Leben abzuleiten sind. Altkanzler Helmut Kohl, meinem Jahrgang 1930 zugehörig, wiederholte in seinen 2004 veröffentlichten »Erinnerungen« in Hinblick auf das Kriegsende seinen umstrittenen Satz von der »Gnade der späten Geburt«. Er schrieb: »Es war nicht das moralische Verdienst meiner Generation, der Jahrgänge um 1930, der Verstrickung in Schuld entgangen zu sein. Der Zufall des Geburtsdatums hat uns davor bewahrt, zwischen Anpassung oder Mitmachen einerseits und Märtyrertum andererseits wählen zu müssen. Wir haben keinen Grund, darauf stolz zu sein.«[119]

Der Altkanzler spricht hier – wie in anderen Passagen seiner Erinnerungen auch – für eine ganze Generation. Meine Empfindungen und Folgerungen waren allerdings anderer Art. Inwieweit Jugendliche des Jahrgangs 1930 im Zweiten Weltkrieg »der Verstrickung in Schuld« entgangen sind, ist so verallgemeinernd, wie Kohl das vornimmt, wohl nicht zu bewerten. Nicht wenige unserer Altersgefährten sind in den letzten Kriegstagen mit Waffen in den Kampf geschickt worden. Sie wurden mißbraucht. Mancher von ihnen hat aus Verblendung oder Angst noch gehörig Unheil angerichtet. Ich halte es für unzulässig, Schuldzuweisungen oder Unschuldserklärungen jahrgangsweise vorzunehmen. In den Jahrgängen vor 1930 gab es bekanntlich auch Männer und Frauen, die mutig versucht haben, Widerstand gegen die Nazidiktatur und den Krieg zu leisten.

Familie Graf, 1938

Der Jahrgang 1930 kam keineswegs ohne Blessuren aus diesem Krieg. Recht leichtfüßig, so scheint mir, schwebte der schwergewichtige Altkanzler über unsere Verstrickungen hinweg. Über Jahre waren wir der faschistischen Ideologie ausgesetzt. Das alles blieb nicht folgenlos und mußte überwunden werden. Das war nicht weniger schwierig als die Bewältigung unmittelbarer Kriegserlebnisse wie Fliegerangriffe, Kampfhandlungen, Entbehrungen, Not und Elend.

Das Ende des Krieges war auch das Ende der faschistischen Macht. Folgt man den Erinnerungen Kohls, sind viele Leitlinien seines »Denkens und Handelns während der Kriegszeit entstanden und zwar zunächst eher unbewußt und gar nicht sehr reflektiert. Politisch übersetzt heißt das: die Sehnsucht nach Frieden und Freiheit.«[120]

Die Sehnsucht nach Frieden und Freiheit hatte damals viele Menschen, auch mich und meine Altersgefährten in Egeln, erfaßt. Meine Gedanken und Empfindungen und wohl auch die vieler anderer blieben – und hier unterschieden wir uns vom Altbundeskanzler – nicht auf Frieden und Freiheit beschränkt. Unser Nachdenken über das Kriegsende richtete sich zugleich darauf ein, wie man Krieg und Faschismus für immer beseitigen könnte. Wie man soziale Gerechtigkeit herstellen und ein demokratisches Gemeinwesen schaffen könnte. Es ging uns um mehr als nur um die Behebung der Kriegsschäden. Wir wollten die Wurzeln der faschistischen

Macht, die diesen Krieg verursacht hatte, freilegen und ihnen den Boden entziehen. Nicht eine Reparatur des Vorhandenen, sondern ein gesellschaftlicher Neubeginn sei, so meinten viele, in dieser Situation nötig. Jedoch: Die Tage und Wochen nach dem Kriegsende waren auch in Egeln nicht vorrangig von historischen und philosophischen Betrachtungen bestimmt, sondern von den Sorgen um den Nächsten und um das tägliche Brot.

Anmerkungen

100 *Die Welt*, 11. September 2007, S. 28.

101 Hans Maier, Uhr, Gott und Demokratie. Alles geht auf das Ende zu. Ohne die lineare Zeit des Christentums wären Verantwortung und freiheitlicher Verfassungsstaat nicht möglich. In: *Frankfurter Allgemeine Sonntagszeitung*, 27. Februar 2005, S. 15.

102 Angela Merkel, Wertewandel mit Plus und Minus. In: *Focus* 4/2007, S. 19.

103 Gregor Gysi, Vielleicht ist es ein Mangel an Phantasie. In: *Berliner Zeitung* 28./29. Mai 2003, S. 2.

104 Die Bibel, Altes Testament. Das erste Buch Moses (Genesis) 11,10ff.

105 Vgl. Die Bibel. Das erste Buch Moses (Genesis) 20,1-10.

106 Vgl. u. a. Heinrich Loth, Vom Schlangenkult zur Christuskirche – Religion und Messianismus in Afrika, Union Verlag Berlin, 1985.

107 Vgl. Konfuzius. In: So sprach der Weise. Chinesisches Gedankengut aus drei Jahrtausenden. Herausgegeben und aus dem Chinesischen übertragen von E. Schwarz. Rütten & Loening, Berlin 1986, S. 101.

108 Konfuzius, a. a. O., S. 1005.

109 Wolfgang Huber, Wir leisten Widerstand. In: *Der Spiegel* 18/2006, S. 48ff.

110 Guido Westerwelle, Nur was für Oskar. In: *Die Welt*, 15. September 2007, Literarische Welt, S. 1.

111 Papst Benedikt XVI. Enzyklika SPE SALVI, a. a. O., Ziffer 42

112 Elfriede Brüning, Und außerdem war es mein Leben, Deutscher Taschenbuchverlag, München 1998, S. 69.

113 Siedler, Deutsche Geschichte, München 2004, Bd. 3, S. 411f.

114 Kurt Tucholsky, Deutschland ein Kasernenhof. In: Gesammelte Werke, Reinbek bei Hamburg, 1960

115 Vgl. Karl Kollatz, Oberfeldwebel Kruse – Ein Soldat, der der Division den Weg freikämpfte. Pabel Verlag Rastatt, S. 85.

116 Kopie, Archiv des Autors

117 Zitiert in: Hans Grube, Schicksalstage einer kleinen Stadt«. 1998, S. 4

118 ebenda, S. 5

119 Helmut Kohl, Erinnerungen 1930-1982, Droemer Verlag, S. 44

120 a. a. O., S. 45

Fleischer unter
drei Besatzungsmächten

Am 12. April 1945 zog in den Mittagsstunden die erste motorisierte Einheit in Egeln ein. Neugierig bestaunten wir Halbwüchsigen die vorbeirollenden Fahrzeuge und Panzer.

Während ein Teil der Truppen der 9. US Armee durch Egeln in Richtung Magdeburg, dem Hauptziel des Vorstoßes, zog, schwenkte eine andere Gruppierung in die Richtung der Nachbarorte Tarthun und Staßfurt. Dazu gehörte, wie später bekannt wurde, auch die Spezialgruppe »Alsos«. Zu deren Aufgaben gehörte es, die in Staßfurt auf dem Gelände der Wissenschaftlichen Forschungsanstalt (»Wifo«) lagernden Vorräte an Uranerz zu requirieren und vor den sowjetischen Alliierten in Sicherheit zu bringen. Mehr als tausend Tonnen dieses strategischen Materials wurden in Tag- und Nachtarbeit via Hildesheim und Antwerpen nach Amerika verschifft.[121]

Das 78. Panzerbataillon der 9. US-Armee hatte inzwischen Tarthun und damit die geheimnisumwobene Anlage im Schacht IV erreicht. Nach Angaben des Truppenmagazins *The Stars and Stripes* vom 17. April 1945 fand man in 300 Meter Tiefe ein komplettes Flugzeugwerk zur Herstellung der Heinkel 162, eines Düsenjägers. Gerüchte blühten und blühen weiter.[122]

Auch wenn der Geschützdonner von den Kämpfen um Magdeburg noch mehrere Tage zu hören war, herrschte in Egeln bereits Frieden. Es war noch einmal gut gegangen mit der kleinen Stadt.

Noch aber herrschte Kriegsrecht. Die erste Anordnung des amerikanischen Kommandanten war eine Ausgangssperre. Männern war es anfangs erlaubt, die Straße von 9 bis 12 Uhr zu betreten. Frauen durften darüber hinaus auch zwischen 16 und 18 Uhr die Wohnungen verlassen. Eine Woche danach wurde die Ausgehzeit etwas verlängert. Drei Tage Anlernzeit erhielten die Einwohner, um künftig die Bürgersteige allein rechtsseitig zu benutzen.[124] Adolf Strewe, Pfarrer der evangelischen Kirchengemeinde, dem das Amt des Bürgermeisters übertragen worden war, hatte diese skurrilen amerikanischen Verkehrsregeln zu verkünden. Am dritten Tag der Besatzungszeit verbreitete sich wie ein Lauffeuer die Nachricht, es werde geplündert. Es ist nie festgestellt worden, wer Lager mit Stoffballen, Decken, Kakao und anderen begehrten Waren, die in den Sälen verschiedener Gaststätten der Stadt versteckt waren, entdeckt hatte. Und wer dann begann, sie von dort wegzutragen. Aber nicht nur diese Lager wurden gestürmt. Die Schaufenster großer Geschäfte gingen zu Bruch, es wurde alles weggetragen, was nicht niet- und nagelfest war. Die langgezogene Hauptstraße des Ortes füllte sich mit Menschen. Es schien, jeder wolle den anderen überholen, um rechtzeitig am Ort des Geschehens zu sein. So mancher, der sich da in Bewegung gesetzt hatte, um nachzusehen, was da los sei, hat später mit zugefaßt und seine Trophäe erobert. Es war eine irrationale Situation, in der Hunderte, wenn nicht gar Tausende Erwachsene und Jugendliche aus Not oder, von der Dynamik des Geschehens erfaßt, gegen ihre sonstigen moralischen Prinzipien handelten.

Erstmals erlebte ich dabei die Eskalation eines Vorgangs, den orkanähnlichen Sog einer Massenhysterie. Ahnungs- und absichtslose Unbeteiligte wurden mitgerissen, bewegten sich im hemmungslosen Taumel. Inzwischen gehören in der Fernsehberichterstattung Bilder aufgebrachter Massen zu den beliebten Sujets. Psychologische und politische Forschungen der letzten Jahrzehnte haben – das sollte in diesem Zusammenhang nicht unerwähnt bleiben – zu erstaunlichen Ergebnissen geführt. Sie erhellen nicht nur die Verläufe spontanen Handelns, sie machen diese zunehmend auch steuerbar.[125]

Jung und Alt bewegte in den ersten Nachkriegstagen vorrangig die Frage, wie es weitergehen sollte. Meine Familie hatte zwar noch einige Lebensmittelvorräte daheim, aber kaum noch Geld. Die Aufbauschule war geschlossen. Auch dort hatten sich amerikanische Truppen einquartiert. Um der Mutter zumindest einen Teil ihrer Last abzunehmen, mußte ich zum Broterwerb der Familie beitragen. Aber wie? In die väterlichen Fußstapfen zu treten und Dachdecker zu lernen, war nicht möglich. Kein Meister war mehr am Ort. So war es fast ein Zufall, daß ich bei der Suche nach einer Lehrstelle auch bei Fleischermeister Karl Hellwig nachfragte. Ihm kam ein junger Lehrling gerade recht. Für das erste Lehrjahr wurde kein Geld gezahlt, dafür aber freie Kost und Logis gewährt. Meine Mutter war über diese Lösung nicht besonders glücklich. Letztlich dominierte wohl die Überlegung, in einer Fleischerei sei noch niemand verhungert. Die Zwänge des Alltags waren stärker als Überlegungen für die Zukunft.

Noch am gleichen Tag packte ich etwas Wäsche und bezog mein Quartier. Das zugesprochene Logis erwies sich als ein kleiner Raum neben den Ställen. Die Möblierung war spartanisch. Die Enttäuschung über diese Kammer, aber auch eine gewisse Genugtuung darüber, nunmehr auf eigenen Beinen zu stehen und damit der Mutter einen Teil ihrer Last genommen zu haben, bewegte mich an den tristen ersten Abenden meines Lehrlingsdaseins.

Am Beginn der Lehrzeit stand die Desillusionierung. Niemand verkaufte Vieh zur Schlachtung. Es gab kaum noch Fleisch und folglich anfangs kaum eine Möglichkeit, systematisch in die Regeln und Geheimnisse dieses edlen Handwerks eingewiesen zu werden. So bestand meine erste Beschäftigung darin, in den Pferde- und Geflügelställen, im Keller und auf dem Boden für Sauberkeit zu sorgen, das Vieh zu versorgen, die Ställe auszumisten. Holz zu hacken erschien unter diesen Umständen fast als berufsnahe Tätigkeit.

Der festgefügte Tagesrhythmus im Hause des Meisters nahm jeden voll in Anspruch. »Müßiggang ist aller Laster Anfang« gehörte nicht nur zu den Sprüchen des Meisters, nach diesem Motto organisierte er seinen Betrieb. Sein »Prozeßmanagement« entsprang einer Synthese aus Fachkenntnis, geronnener Erfahrung und Intuition.

Gegen Ende April 1945 gelang es dem Meister, eine Schlachtkuh aufzutreiben. Oft hatte ich im Elternhaus mit Interesse verfolgt, wenn ein Schwein geschlachtet wurde. Die Schlachtung einer Kuh war mir fremd. An diesem Tag und während der gesamten Lehre handelte mein Meister nach dem Grundsatz, Einweisungen des Lehrlings seien Zeitverschwendung. Der Junge soll alles so machen, wie ich es ihm sage, erklärte er. Heute nennt man diese Methode neudeutsch *learning by doing*.

Als der Meister mich aufforderte, das Tier in das Schlachthaus zu bringen, war mir unklar, was passieren würde und was ich dabei zu tun hätte. Es dauerte, bis die Kuh an den richtigen Platz bugsiert war. Nun hieß mich der Meister, den Kopf des Tieres mit der linken Hand am Horn und mit der rechten unter dem Maul waagerecht zu fixieren. Kaum stand das Tier so ruhig, schlug er mit einem schweren eiförmigen Hammer der Kuh auf die Stirn. Das Tier fiel betäubt zusammen.

Das Töten eines Tieres ist ein Vorgang, der den meisten Menschen nahegeht. Ich empfand das in jenem Moment ebenso. Andererseits: Fleisch ist seit Menschengedenken fester Bestandteil der Ernährung. Ich war bei diesem ersten Mal schlicht erschrocken. Auch wenn sich später Gewöhnungseffekte einstellten – es blieb Anlaß zum Nachdenken. Das Töten und der Verzehr eines Tieres bilden kulturgeschichtlich einen Knotenpunkt, in dem sich die Entwicklungslinien menschlicher Empfindungsfähigkeit stets aufs Neue verschlingen.[126] In meinem Lehrbetrieb war noch eine Beziehung zwischen dem Tier und der zerlegten »Ladenware« zu erkennen. Die von Upton Sinclair beschriebene Anonymität der Massenschlachtungen in Chicago, in der jede Erinnerung an das lebende Tier verlorenging, lernte ich nur aus der Literatur kennen.

Ich halte es mit Friedrich Engels, der in der »Dialektik der Natur« anmerkte, daß der Mensch nicht ohne Fleischnahrung zustande gekommen sei. Mit den Ideen der Frankfurter Schule (Marcuse, Adorno) von der »Befreiung der Tiere« habe ich nie etwas anfangen können. Haben nicht über Jahrtausende (unfreie) Tiere – unabhängig von ihrem Ernährungsbeitrag – als Zugmittel und Lastenträger beigetragen, die Mühsal menschlicher Existenz zu erleichtern? Sollen die Bauern in Entwicklungsländern ihre Zugochsen (befreit) in den Wald laufen lassen und selbst den Pflug ziehen? Traktoren sind für sie noch immer unbezahlbar.

Wenn ich die Thesen des Amerikaners Gene Gordon vom »Marxismus ohne Fleisch« und im August 2006 im *Neuen Deutschland* die Forderung lese, »Solidarität mit Tieren sollte endlich integrales Element sozialistischer Programmatik und Praxis werden«[127], kann ich nur mit dem Kopf schütteln. »Die radikalste Lösung wäre, es gäbe keinen Bedarf an toten Tieren in Teilen oder sonstiger ›Verarbeitung‹. Solange verkauft wird, wird gequält und getötet.« Derartige Extreme werden die notwendigen Debatten um gesunde Ernährung der Menschen und einen kulturvollen Umgang mit Tieren wohl kaum bereichern. Sie sind aus meiner Sicht nicht links, sondern lebensfremd.

Mein Lehrmeister Karl Hellwig erwies sich als hervorragender Fachmann. Er arbeitete mit sicherer Hand. Gekonnt führte er sein scharfes Messer. Unter seinen Händen bekam rohes Fleisch ein sauberes, fast elegantes Aussehen: Hellwig war ein Hygienefanatiker. Er war zwar kein Pädagoge, aber wenn man ihm zuschaute, konnte man etwas lernen. Im Laden wurden bald die ersten Kunden bedient. Allerdings konnten die schmalen Rationen der Lebensmittelkarten vorerst nur zum Teil eingelöst werden.

In den April- und Maitagen des Jahres 1945 gehörte ich zu der Mehrheit der Bewohner unseres Ortes, die die Entscheidung der Antihitlerkoalition über die Aufteilung des besiegten Deutschland in Besatzungszonen nicht kannte. Auch der eingesetzte Bürgermeister war von der amerikanischen Kommandantur offensichtlich nicht darüber informiert worden. Noch am 7. Mai schrieb er: »Der Krieg geht zu Ende. Die Besetzung des Reiches wird unabwendbare Wirklichkeit. Aber die Besatzungszonen stehen keineswegs fest.«[129] Tatsächlich war jedoch die Zonengliederung in der sogenannten *European Advisory Group* »in einem Protokoll vom 12. September 1944 erstmals einvernehmlich fixiert worden, wesentlich auf Betreiben der britischen Regierung«.[130]

In den letzten Maitagen verließen die Amerikaner Egeln. Fast lautlos zog danach eine kleine Gruppe englischer Militärs ein. Die Briten erschienen nicht so hemdsärmlig wie ihre Vorgänger. Ihre Anwesenheit war aber nur von kurzer Dauer. Der Juni war noch nicht vergangen, da zogen die Tommys so leise, wie sie gekommen waren, wieder ab. Im Ort gab es fortan nur ein Thema: Die Russen kommen! Es vergingen Tage, ehe am ersten Julisonntag eine Vorhut der sowjetischen Besatzungstruppen den Ort passierte. Erschöpfte Soldaten zogen da zu Fuß, zu Pferde und auf kleinen Panjewagen vorbei. Inmitten der Kolonne ab und zu ein Panzer oder auch ein LKW. Über Jahre hatten sie die Hauptlast des Krieges getragen.

Wer von uns vermochte vorauszusehen, daß sich an dieser von den Alliierten im Dezember 1943 in Teheran erörterten und im Februar 1945 in Jalta festgelegten Demarkationslinie zwischen den Zonen des geteilten deutschen Reiches der Eiserne Vorhang herabsenken würde? Wohl niemand. Winston S. Churchill hatte den Begriff vom Eisernen Vorhang im Zusammenhang mit den Zonengrenzen in Deutschland des öfteren benutzt. Meist wird diese Charakterisierung der Trennlinie seiner Fulton-Rede vom März 1946, die als ein Auftakt des Kalten Krieges gilt, zugeschrieben. Tatsächlich hatte er den Terminus bereits am 4. Juli 1945 in Vorbereitung des Potsdamer Abkommens in einem Telegramm an Präsident Harry S. Truman benutzt.[131] Der erfahrene Politiker hat an der Konferenz der Siegermächte in Potsdam (17. Juli bis 2. August 1945) nur etwa zwei Wochen teilnehmen können. Die Briten hatten ihn abgewählt. Die Wortprotokolle dieser Konferenz sind inzwischen veröffentlicht. Es ist erstaunlich, daß auch Nachkriegsereignisse des kleinen Bördestädchens Egeln und dessen Umgebung in den Verhandlungen der Großen Drei eine Rolle spielten und zum Gegenstand eines Notenwechsels zwischen Stalin, Truman und dem Nachfolger Churchills, Clement Attlee, wurden.

Die Erörterung von Angelegenheiten aus unserer Bördegegend bei den Beratungen in Potsdam hatte natürlich eine Vorgeschichte. Im Februar 1945 einigten sich Stalin, Roosevelt und Churchill in Jalta auf die Bildung einer gemeinsamen Kommission für Reparationen und bestimmten die Grundsätze für deren Vorgehen. Alle Industrieanlagen, Forschungsinstitute, Laboratorien, Prüfstellen, technische Unterlagen, Patente, Pläne, Zeichnungen und Erfindungen, die Kriegszwecken dienten, sollten demnach jener Besatzungsmacht zustehen, die für die jeweilige Zone zuständig sein würde.

Offensichtlich kam im Vorfeld der Potsdamer Konferenz der Verdacht auf, vor allem US-Truppen hätten bei ihrem Rückzug nach dem Grundsatz gehandelt: Wer zuerst kommt, mahlt zuerst. Marschall Georgi K. Shukow wurde mit der Aufklärung und Berichterstattung beauftragt. Die Dokumente der Potsdamer Konferenz verzeichnen unter der Nummer 102 die »Mitteilung des Oberkommandierenden der sowjetischen Besatzungstruppen in Deutschland G. K. Shukow an J. W. Stalin über den Abtransport von Ausrüstungen und anderen Werten aus Betrieben der sowjetischen Besatzungszone durch die Alliierten« vom 28. Juli 1945. Der Rapport des Marschalls beginnt mit der Erklärung: »Ich teile mit, daß die Amerikaner und die Engländer beim Abzug aus der sowjetischen Besatzungszone, das heißt vom Territorium Sachsens, Thüringens, der Provinz Sachsen und der Provinz Mecklenburg folgende Ausrüstungen, Werte und Fachleute mitgenommen haben.« Die in aller Eile zusammengefaßten Informationen werden auf mehreren Seiten aufgelistet. An vorderer Stelle stehen Fakten aus unserer Börderegion. Aus Tarthun wurde die Mitnahme technischer Unterlagen und Zeichnungen sowie von Konstrukteuren und Technologen berichtet. Aus Unseburg die Entnahme »sämtlicher Unterlagen für neue Motore und die Turbine 0018 sowie die Mitnahme des Chefkonstrukteurs und einer Gruppe von Fachleuten«. Schließlich: »Egeln: Aus dem Flugzeugwerk Junkers wurde der Chefingenieur und Zeichnungen mitgenommen.«

Der Bericht Shukows, der mit der Notiz versehen ist: »Truman und Attlee an diesem Tag von Stalin übergeben«, endete mit dem Versprechen: »Wir setzen die Ermittlungen abtransportierter Ausrüstungen und Werte fort.«[132] Drei Tage später wurde dem sowjetischen Außenminister Molotow aufgetragen, einen weiteren Bericht Shukows an Truman und Attlee zu übergeben. Darin wird die Entnahme von 10.413 beladenen und 2.139 leeren Güterwagen sowie von 600 Personenwagen und 102 Lokomotiven angezeigt.[133] So wurde – uns Einwohnern absolut verborgen – in den Julitagen 1945 meine Heimatstadt und ihre Umgebung Gegenstand intensiver Recherchen und eines Notenaustauschs im Zusammenhang mit der Potsdamer Konferenz.

Ein jeder hat die Nachkriegszeit anders erlebt, anders in Erinnerung behalten. Was sich für manche als widersinnig, unverständlich oder gar als Tragödie vollzog, empfand ich, wie viele andere, als eine Chance für einen Neubeginn, für einen Aufbruch in eine neue Zeit.

Anmerkungen

121 Vgl. »Sie reichten sich die Hände«, Staßfurt, 1976, S. 4f.

122 U. Annecke, Erinnerungen aus unserer Vergangenheit, in: *Jahresschrift 1994*, Heimatverein Egeln e.V. Egeln 1995, S. 61.

123 Mitteilungen der Stadt Egeln, Nr. 3, vom 1. Mai 1945, S. 1.

124 Mitteilungen der Stadt Egeln, Nr. 2, vom 22. April 1945.

125 Vgl. Die Revolutions-GmbH, in: *Der Spiegel* 46/2005, S. 178f., und 47/2005, S. 184f.

126 Vgl. B. Kathan, Zum Fressen gern. Zwischen Haustier und Schlachtvieh. Kulturverlag Kadinos, Berlin 2004.

127 Ingolf Bossenz, Die Linke und der »Marxismus ohne Fleisch«. In: *Neues Deutschland*, 18./19. August 2006, S. 21; ders.: »Marcuse und das Ferkel an der Drehbank«, in: *Neues Deutschland* 26./27. Juli 2008; ders.: »… und darüber der gestirnte Himmel«, in: *Neues Deutschland* 23./24. August 2008

128 Vgl. John D. Wundes, Eingegrenzt! Ausgegrenzt! Unbegrenzt! Erinnerungen eines Auswanderers in die USA, Frieling & Partner, Berlin, 2002, S. 11f.

129 Mitteilungen der Stadt Egeln, Nr. 4, S. 1.

130 Deutsche Geschichte, Siedler München, 2004, Bd. 4, S. 20.

131 W. S. Churchill, Der Zweite Weltkrieg, a. a. O., S. 1048f.

132 In: Die Potsdamer (Berliner) Konferenz 1945, Dokumentensammlung, Verlag Progreß, Moskau/Berlin 1986, Dokument Nr. 102, S. 326-332.

133 Die Potsdamer Konferenz, a. a. O., Dokument Nr. 137, S. 360-361.

Erlebter Neubeginn

Tag für Tag zogen im Sommer 1945 sowjetische Truppen durch Egeln in Richtung Westen. Eine kleine Gruppe hatte am 1. Juli in Egeln eine Kommandantur eingerichtet. Die erste Entscheidung des Kommandanten war die Ablösung von Pastor Strewe als Bürgermeister. Willi Heuer, ein über die Grenzen des Ortes bekannter Kommunist, wurde als Bürgermeister eingesetzt. Zugleich wurde ein Antifaschistischer Ausschuß der Stadt gebildet. Den Vorsitz des Antifa-Ausschusses übertrug man dem angesehenen Sozialdemokraten Paul Flucke. Das Gremium beriet wichtige Angelegenheiten der Einwohner und die ersten Schritte der Umsetzung der nun rechtsverbindlichen Entscheidungen aus dem Potsdamer Abkommen.

Die Menschen reagierten auf die Veränderungen außerordentlich unterschiedlich. Noch unter dem Einfluß der Nazipropaganda stehend, aber auch aus Flüchtlingsberichten von Übergriffen sowjetischer Militärs beunruhigt, waren einige Einwohner und ein Teil der Evakuierten den amerikanischen und englischen Truppen in Richtung Westen gefolgt. Anhänger der Kommunistischen Partei und auch viele Sozialdemokraten sahen in dem Wandel vor allem eine Chance. Konservative Kräfte und aktive Nazianhänger verhielten sich meist ablehnend, besorgt und auch ängstlich.

Nicht wenige aber waren einfach froh, daß der Krieg vorbei war und sorgten sich – ohne von den politischen Ereignissen in dieser oder jener Richtung polarisiert zu werden – um den nächsten Tag. Die ersten Nachrichten und Bildberichte über die Naziverbrechen in Konzentrationslagern riefen Betroffenheit und Entsetzen hervor. Wohl allen war klar, die Nazizeit war unwiderruflich vorbei, auch Amerikaner oder Engländer würden nicht zurückkommen, das Leben würde sich grundlegend ändern. Eine eigentümliche Spannung, vielleicht auch Unruhe, lag in jenem ersten Nachkriegssommer über unserer Stadt.

In der Garnisonsfleischerei

In der Fleischerei Hellwig verlief die erste Woche unter russischer Besatzung weitgehend komplikationslos. Am Morgen des zweiten Julisonntags marschierte eine weitere Truppe der Roten Armee in Egeln ein. Kräftiges Klopfen und unverständliche Rufe an dem Tor der Durchfahrt zum Hof machten dem Meister deutlich: Die neue Macht steht vor der Tür. Er wies mich an zu öffnen, ehe das Tor eingeschlagen werde. Die Einlaß Begehrenden waren drei junge Soldaten und ein Zivilist. Sie hatten ein mit zwei abgemagerten Pferden bespanntes Fuhrwerk dabei. In gebrochenem Deutsch fragte der Zivile, ob hier eine Fleischerei wäre. »Der Fourier, Hauptfeldwebel Wassili«, so erklärte der Dolmetscher, »hat ein Faß mit Fleisch auf dem Wagen«. Daraus müsse noch heute Wurst gemacht werden.

Das überschritt meine Kompetenz, das war Chefsache.

Der Meister nahm die weiteren Verhandlungen selbst in die Hand. Aus Erfahrung wußte er: Lieferungen an das Militär haben noch niemandem geschadet.

Der Handschlag, mit dem er Wassili begrüßte, sollte zur ersten guten Geste einer längeren Zusammenarbeit werden.

Die wenigen zur Verfügung stehenden Stunden bis zur geforderten Abgabe einer Probe ließen kaum Verarbeitungsvarianten zu. Die Lösung war, eine Brühwurst herzustellen. Das Faß wurde noch auf dem Innenhof geöffnet. Sein Inhalt war nicht gefahrlos zu verarbeiten. Mit der ersten Lieferung in der Kommandantur eine Nahrungsmittelvergiftung riskieren? Auf keinen Fall. Der Inhalt des Fasses wurde heimlich entsorgt. Der Meister entschied, aus dem nicht üppigen Bestand der Fleischerei das Material für seinen Einstand als Garnisonsfleischer zu entnehmen. Er war überzeugt – und er hatte Recht –, daß er die eingesetzten Produkte mit Zins und Zinseszins zurückerhalten werde. Nach wenigen Stunden schwammen Hunderte Bockwürste im Kessel. Als die erste Partie abgekühlt war, wurde mir aufgetragen, eine Probe zur Kommandantur zu bringen. Mit einer Schüssel frischer Brühwürste zog ich von dannen. Lieber wäre es mir gewesen, wenn der Meister diesen Weg selbst erledigt hätte. Vorsicht schien ihm in diesem Fall der bessere Teil der Tapferkeit zu sein.

Im Kommandanturgebäude wurde ich in einen Raum geschoben. Dessen Mobiliar bestand aus einem Tisch und zwei Stühlen.

Es verging Zeit, ehe ein Offizier kam und mich aufforderte, vor seinen Augen eine, dann eine zweite Wurst zu essen. Hunger hatte ich wahrhaft nicht, der Gestank aus dem Faß am Vormittag hatte mir obendrein den Appetit verdorben. Erst nach der dritten Wurst war endlich Schluß mit diesem eigentümlichen Test. Nach etwa einer weiteren Stunde des Wartens wurde an meinem Überleben der Erfolg des Experimentes festgestellt. Nun wurde Wodka ausgeschenkt. Es war mein erster Schnaps.

So komplikationslos wie unsere Beziehung mit dem Fourier Wassili vollzog sich der Umgang der Kommandantur mit den Einwohnern unserer Stadt allerdings nicht. Da trafen nicht nur Sieger und Besiegte aufeinander, sondern auch gravierende Unterschiede in den Lebensgewohnheiten und der Art einander zu begegnen. In den ersten Tagen des August 1945 wurde der Befehl des Kommandanten verkündet, daß sich am nächsten Morgen Jugendliche und Männer der Jahrgänge 1925 bis 1930 mit Marschverpflegung für einen Tag auf dem Marktplatz einzufinden hätten. Nichterscheinen wurde mit Strafen bedroht.

Besorgnis und Gerüchte verbreiteten sich schnell. Wohin soll der Marsch gehen, etwa nach Sibirien?

Als wir uns am nächsten Morgen versammelten, waren die meisten der Auffassung, wir verlassen Egeln auf eine lange Zeit. In Marschkolonne, eskortiert von bewaffneten Rotarmisten, zogen wir in Richtung Osten. Noch ehe wir Wolmirsleben erreicht hatten, hieß es plötzlich an einem abgemähten Getreidefeld »Halt!« Die Garben lagen, offensichtlich wie sie aus dem Mähbinder herausgeflogen waren, über den Acker verstreut. Sie hätten längst aufgestellt sein müssen, um von allen Seiten zu trocknen. Der Befehl, die Garben zu »Puppen« zu stellen, weckte Hoffnung, daß es bei unserem Einsatz nur um Erntehilfe gehe.

Am späten Nachmittag war die Arbeit getan. Unsere Arme waren von den harten Halmenden zerstochen.

Wieder hieß es antreten. Wir marschierten zurück. Auf dem Marktplatz wurden wir entlassen. Natürlich fiel jedem ein Stein vom Herzen. Die Anordnung des Kommandanten war, wie sie erteilt und vollzogen wurde, alles andere als eine vertrauensbildende Maßnahme. Seine Art, sich um das Brot für morgen zu sorgen, war vielleicht gut gemeint, sie war aber nicht gut.

Anfänge der Jugendarbeit

Im Verlaufe des Sommers bildeten sich auch in Egeln Organisationen der inzwischen zugelassenen Parteien KPD, SPD, LDP und CDU. Mein Großvater Hermann war wieder der SPD beigetreten. Neben seiner beruflichen Arbeit verbrachte er nun viel Zeit, um die Partei zu revitalisieren und dringende Angelegenheiten der Stadt mit klären zu helfen.

Eines Tages traf in der Fleischerei ein Brief aus der Stadtverwaltung für mich ein. Der Meister übergab ihn mir mit der Bemerkung: »Komm' nur nicht auf dumme Gedanken und werde etwa Beamter.« Auf die Idee war ich wahrlich noch nicht gekommen. Es war die Einladung zu einer abendlichen Sitzung im Rathaus.

Zum Termin betrat ich erstmals das Rathaus unserer Stadt. Das wuchtige Portal, die breite Treppe und die hohen Fenster wirkten auf mich respekteinflößend. In einem Beratungsraum kamen, so blieb es mir im Gedächtnis, an diesem Abend fünf junge Männer, zwei Mädchen und zwei Erwachsene zusammen. Die meisten kannten sich. Paul Flucke eröffnete die Besprechung. Er verfügte über die Gabe, sein Anliegen schnörkellos und überzeugend zu vermitteln. Es gehe um die Jugendarbeit in der Stadt. Die faschistischen Jugend- und Sportorganisationen seien aufgelöst. Im Potsdamer Abkommen sei unmißverständlich entschieden worden: »Die Nationalsozialistische Partei, ihre Zweigeinrichtungen und die von ihr kontrollierten Organisationen sind zu vernichten; alle nazistischen Einrichtungen sind aufzulösen, es sind Sicherheiten dafür zu schaffen, daß sie in keiner Form wiedererstehen können.«[134]

Nun müßten, erklärte Flucke, neue demokratische Wege für die Jugend im Ort gefunden werden. Der Antifa-Ausschuß der Stadt Egeln habe deshalb vor, einen antifaschistischen Jugendausschuß zu bilden. Den hier eingeladenen Jugendlichen werde vorgeschlagen, in diesem Ausschuß mitzuwirken und mit einer vernünftigen Jugendarbeit zu beginnen. Natürlich sei die Mitarbeit freiwillig. Als Vorsitzenden des Ausschusses schlage er Louis Pfarre vor. Der habe schon in der SAJ, der Jugendorganisation der SPD, vor 1933 Erfahrungen gesammelt.

Alle Anwesenden bekundeten mehr oder weniger deutlich ihre Bereitschaft zur Mitarbeit. Nun erlebte ich auch die erste Abstimmung. Alle hoben für Louis Pfarre die Hand. Durch seine gradlinige, schlichte Art sich zu vermitteln, fand unser antifaschistischer Jugendausschuß Vertrauen und bald viele Mitstreiter. Später wechselte Louis in die Kommunalpolitik und blieb vielen Einwohnern des Kreises Wolmirstedt als ein engagierter Landrat in Erinnerung.

Erst spät kam ich in mein Domizil an der Bode zurück. Ich informierte den Meister von meiner Mitgliedschaft im Jugendausschuß. Er fand das nicht verkehrt und meinte, wer weiß, wozu das gut ist. Gefahr witternd fügte er allerdings brummend hinzu: »Aber verplempere damit nicht zu viel Zeit.«

Recht unbekümmert begann der antifaschistische Jugendausschuß in Egeln zu arbeiten. Jugendtanzveranstaltungen wurden organisiert. Eine Kapelle fand sich in kurzer Zeit zusammen. Bald war eine Theatergruppe gebildet, in der jeder seine Talente erproben konnte. Aufgeführt wurden Stücke von Hans Sachs, harmlose Possen etwa unter dem Titel »Dreimal verlobt« und einige wenige Antikriegsstücke aus der Zeit nach dem Ersten Weltkrieg. Gern wurden auch Gedichte und Sketche vorgetragen, die von uns zu aktuellen Problemen des Ortes geschrieben worden waren. Die Aufführungen fanden freundliche Aufnahme. Nach den bitteren Jahren des Krieges suchten viele Abwechslung, Geselligkeit und Frohsinn.

Natürlich war unser Ausschuß nicht allein ein Zentrum für Belustigungen. Es gab kaum ein politisches Ereignis im Ort, in das wir nicht einbezogen wurden. Im Herbst 1945 ging es um die Bodenreform. Auf Versammlungen unter dem Motto »Junkerland in Bauernhand« ging es hoch her. Kaum jemand befürwortete ein Verbleiben der Gutsherren. Ob allerdings die Großbetriebe aufzuteilen seien, darüber gingen die Meinungen sehr auseinander. Letztlich blieben beide Güter am Ort in ihrer Substanz erhalten. Sie wurden in den Bestand der volkseigenen Güter einbezogen. Die Enteignung der Domänenpächter wie die Einsetzung von Treuhändern und die strukturellen Veränderungen in den Betrieben bewegten weiter die Gemüter im Ort.

Als 1946 der Vereinigungsparteitag heranrückte, verabschiedeten sich KPD und SPD in öffentlichen Veranstaltungen. Die SPD tagte im Gesellschaftshaus, die KPD einige Tage später im Volkshaus. Lange Reden wurden da nicht gehalten. Dafür wurde aus voller Kehle gesungen – bei der SPD »Wann wir schreiten Seit' an Seit'« und »Brüder zur Sonne zur Freiheit«; bei der KPD eher »Roter Wedding« und »Links, links, links Prolet«.

Mir schien, daß in der Auswahl ihrer Lieder der Unterschied zwischen beiden Organisationen größer war als hinsichtlich ihrer Zukunftsideen. Opa Hermann antwortete zwanzig Jahre danach auf eine Reporterfrage: »Wir haben diese Vereinigung sehr begrüßt. Sie war einfach notwendig, um die gesteckten Ziele zu erreichen.«[135] Wenn auch nicht unmittelbar daran beteiligt, habe ich den Vereinigungsprozeß der Arbeiterparteien in Egeln mit jugendlicher Aufmerksamkeit verfolgt und ihn als ein wichtiges Ereignis empfunden.

In Veröffentlichungen aus jüngster Zeit wird der Vereinigungsprozeß der KPD und SPD, zumeist verkürzt, als eine »Zwangsvereinigung« bezeichnet. Ein wohl weitgehend unverdächtiger Zeitzeuge der Vereinigung beider Parteien mit zentralem Überblick ist zweifellos Erich Gniffke. Er war 1945/46 als Mitglied des Zentralausschusses der SPD aktiv Handelnder. Nach seinem Wechsel in die Bundesrepublik hat er in seinen 1966 erschienenen Erinnerungen die politischen Bewegungen, die zur Vereinigung führten und die Abläufe dieses Prozesses detailliert geschildert. Sie nachzulesen vermeidet vorschnelle und fehlerhafte Urteile. Eingehend schildert Gniffke die Einmütigkeit der Beschlußfassung der Gremien der SPD zugunsten der Vereinigung und das vergebliche Bemühen Schumachers, Änderungen dieses Beschlusses zu erreichen.[136]

Das erste Nachkriegsjahr brachte auch für die Einwohner meiner Heimat schwere Belastungen mit sich. Wenn auch die Kampfhandlungen beendet waren, die Grauen des Krieges wirkten nach. Reparationsleistungen waren nun gemäß den Beschlüssen der Siegermächte auch aus meiner Heimatstadt zu erbringen. Die Demontage und Zerstörung von Rüstungsfabriken in unserer Gegend fand noch Verständnis. Der Abbau der zweiten Gleise auf den Eisenbahnstrecken schon weniger. Schmerzlich wurde es für Egeln und seine Bürger, als 1946 befohlen wurde, die Zuckerfabrik zu demontieren. War die Stadt von manchen Schrecken des Krieges verschont geblieben – der Abbau der Zuckerfabrik wurde als außerordentliche und ungerechtfertigte Härte empfunden.

Den Kräften, die sich in unserer Stadt für einen demokratischen Neubeginn einsetzten, erschwerte die Demontage des wichtigsten Produktionsbetriebes im Ort ebenso die Arbeit wie das Vorgehen der Besatzungsmacht bei – meist nächtlichen – Verhaftungen in den ersten Nachkriegsmonaten. Im Potsdamer Abkommen war für ganz Deutschland bestimmt worden: »Nazistische Führer, einflußreiche

Nazianhänger und das leitende Personal der nazistischen Einrichtungen und Organisationen sowie alle anderen Personen, die für die Besetzung und ihre Ziel gefährlich sind, sind zu verhaften und zu internieren.«[137] Die nazistischen Führer der Stadt Egeln, Otto Wesemann und seinen Vertreter, hatten die Amerikaner schon mitgenommen (und bald entlassen). Andere Nazibonzen waren den Amerikanern oder Engländern in Richtung Westen gefolgt. Niemand konnte nachvollziehen, warum 40 Einwohner aus Egeln in den ersten Nachkriegsmonaten verhaftet und interniert wurden.[138]

Zweifellos waren nicht allein die Grundsätze von Potsdam für diese Verhaftungen maßgebend. Auch Denunziation und Willkür hatten daran Anteil. Wie ein Lauffeuer ging es eines Tages durch Egeln, daß Willi Heuer und Paul Flucke, die Repräsentanten von KPD und SPD, verhaftet worden seien. Beide kamen Tage später zurück und übernahmen wieder ihre Ämter. Ein Irrtum sei aufgeklärt worden, hieß es danach. Ähnlich erging es dem Schriftsteller Joachim Barckhausen. Unter dem Verdacht illegalen Waffenbesitzes saß er einige Tage in der Kommandantur der Kreisstadt Wanzleben. Seine couragierte Frau erstritt bei dem Vernehmungsoffizier dessen sofortige Freilassung.[139] Sicher ein Einzelfall, er macht jedoch die weitgehende Entscheidungskompetenz eines einzelnen Offiziers in dieser Periode deutlich. Es waren keine einfache Zeiten.

Die Mitwirkung im antifaschistischen Jugendausschuß führte auch mich in manche Bewährungssituation. Andersdenkende waren zu gewinnen. Über Gott und die Welt wurde gestritten. Da konnte man eher lernen miteinander umzugehen, als früher in der gleichgeschalteten Schule oder als Lehrling in der autoritär geführten Werkstatt des Meisters. Von Zeit zu Zeit besuchte der Vorsitzende des Kreisjugendausschusses, Rudi Dehmel, unsere Sitzungen. Er trat zwar ein wenig schulmeisterlich auf, vermittelte jedoch auch manchen guten Rat. Im Dezember 1945 überraschte er uns mit der Mitteilung, die Gründung einer einheitlichen Jugendorganisation stehe bevor. Auf die Frage, ob es unsererseits Vorschläge gäbe, entspann sich eine lange Debatte. Ein Jugendverband sei gut, meinten wir, wenn er sich eindeutig als ein sozialistischer Verband zu erkennen gäbe. Das paßte Rudi überhaupt nicht ins Konzept. Er argumentierte und agitierte, um uns das Erfordernis absoluter Überparteilichkeit nahe zu bringen. Damit konnten wir in der Praxis nicht viel anfangen. Es gab in Egeln kaum konfessionelle Jugendarbeit, LDPD und CDU hatten auf die Jugend der Stadt kaum Einfluß. Wir betrachteten die Welt eben allein aus der engen Sicht unseres Erkenntnishorizontes und unserer kleinen Stadt. Eine Vorstellung darüber, daß das in größeren sozialen Gemeinschaften auch anders sein könne, hatten wir nicht.

Als wenige Wochen danach, im März 1946, die Freie Deutsche Jugend entstand und Pfingsten in Brandenburg auf dem I. Parlament die vier Grundrechte der jungen Generation verkündet wurden, waren wir freudig dabei.

Nach Gründung der Freien Deutschen Jugend wurde die FDJ-Leitung der Stadt vorrangig aus den Mitgliedern des Antifaschistischen Jugendausschusses gebildet. Die Grundrechte der jungen Generation gaben unseren Aktivitäten eine überzeugende, umsetzbare Orientierung: das Recht auf gleichberechtigte Teilnahme der Jugend am politischen Leben, das Recht auf Arbeit und Erholung, das Recht auf Bildung und das Recht der Jugend auf Freude und Frohsinn. Es gelang, immer mehr Jungen und Mädchen für uns zu gewinnen. In der FDJ wurde diskutiert, gewandert, gesungen und getanzt.

Die gesellschaftliche Arbeit war ein für mich neues Bewährungsfeld. Sie vermittelte vielfältige Anregungen und machte mir Freude. Verläßlich zu sein, Verantwortung zu übernehmen, Neues mit zu gestalten war in der Jugendarbeit dieser Zeit angestrebte Tugenden.

Das Innungszeugnis

Mein Lebensmittelpunkt blieb in den ersten Nachkriegsjahren natürlich die Fleischerei Hellwig. Im Verlaufe des Jahres 1945 normalisierte sich dort wieder der Arbeitsablauf gemäß dem klassischen Rhythmus einer Landfleischerei. Montags wurde Vieh gekauft. Der Dienstag war Schlachttag. Am Mittwoch wurde Rohwurst, am Donnerstag Kochwurst hergestellt. Räuchern, Pökeln und andere Nachbereitungsarbeiten standen am Freitag auf dem Programm. Sonnabends war Hauptverkaufstag.

Nach und nach erwarb ich dabei Berufskenntnis, lernte Rinder, Schweine und Hammel fachgemäß zu schlachten, auszunehmen und zu teilen. Das war eine schwere, manchmal auch gefährliche Arbeit. Auf Wurstherstellung wurde in der Fleischerei Hellwig besonderer Wert gelegt. Dieses Geschäftsfeld war Hauptgegenstand der Auseinandersetzung mit der Konkurrenz. Der Beste hatte auch in den mageren Nachkriegsjahren die meisten Kunden. Karl Hellwig wollte »erster Mann am Platze« sein, und er war es wohl auch.

Als Mitte März 1948 die Gesellenprüfung anstand, fuhr ich mit geschärftem Werkzeug und gebügelter Berufskleidung zur Prüfung in den Betrieb des Innungsobermeisters Jentsch nach Wanzleben. Auf die schriftlich und mündlich zu beantwortenden Fragen zur Schlachtung und Verarbeitung sowie zur Kalkulation fielen mir die Antworten nicht schwer.

Gesellenbrief, 1948

Der wesentliche praktische Teil des Gesellenstücks war die Schlachtung und Verarbeitung eines Hammels. Die Prüfungskommission beobachtete, ob und wie jeder Arbeitsschritt absolviert wurde. Dann hieß es für uns warten. Endlich, am späten Nachmittag, erfolgte die feierliche Bekanntgabe der Ergebnisse und die Übergabe der Gesellenbriefe. Bis auf einen Prüfling hatten es alle geschafft. Fröhlich zogen wir jungen Gesellen zum Bahnhof Blumenberg, um den letzten Zug nicht zu verpassen. Übermütig und auch übermüdet kam ich spät zu Hause an. Die Eltern freuten sich, daß alles gut gelaufen war. Die Lehrlingszeit lag hinter mir.

Am nächsten Morgen präsentierte ich das Prüfungszeugnis dem Meister. »Hatte ich mir so gedacht«, meinte er. Dann holte er eine Flasche Korn aus dem Schrank, um mit seinem Gesellen auf das Ergebnis anzustoßen. Später sprach er auch über meinen weiteren Werdegang. Karl Hellwig hatte als junger Geselle auf Schiffen der Hamburg-Amerika-Linie gearbeitet. Wohlwollend riet er mir, mein Glück auf einem Schiff zu suchen. Bis das alles klappe, solle ich bei ihm bleiben. Später könne ich dann nach bestandener Meisterprüfung eine eigene Fleischerei betreiben.

Künftig ein Leben als Geschäftsmann zu führen, dafür konnte ich mich nicht erwärmen. Wie in Kleinstädten üblich, trafen sich im Hause meines Meisters zu verschiedenen geselligen Anlässen Geschäftsleute aus der Stadt und der Umgebung, um zu feiern. Der Lehrling wurde, wenn es nach manchem Prost hoch herging, zum Diener. Was mir dabei an kleinbürgerlichen Manieren begegnete, gehört nicht zu den angenehmen Erinnerungen der Lehrzeit. Mitglied in einem solchen Kreis zu werden, lag mir fern. Weder die Heuer auf einem Schiff noch eine Fleischereigründung schwebten mir als Lebensziel vor.

Parteieintritt

Wenige Wochen später endete mein 18. Lebensjahr. Als nach dem Geburtstag Großvater Hermann und der Vater mir anrieten, in die Partei einzutreten, erschien mir das nicht allein wegen der familiären Tradition, sondern aus eigener Erfahrung und Überzeugung selbstverständlich. Für uns war die Sozialistische Einheitspartei Deutschlands, so wie wir sie kennengelernt haben, eine Partei anständiger Leute, die Ziele verfolgte, die mit unseren Erwartungen korrespondierten. Der Pfarrer Joachim Gauck publizierte 2006 einen Essay unter dem Titel »Der sozialistische Gang«, in dem es hieß: »Knie nieder und du empfängst das Lehen. Das Niederknien wird durch den Eintritt in die regierende Partei ersetzt.«[140] Nichts war in der SED jedoch verpönter als in die Knie zu gehen. Aus meinen Erfahrungen kann ich dazu nur anmerken: Hier phantasiert der Herr Pfarrer in seiner Gedankenwelt fernab des tatsächlichen Geschehens.

Der Eintritt in die Sozialistische Einheitspartei Deutschlands bedeutete keinen Lehens- oder Privilegienerwerb, sondern in erster

Linie die Übernahme von Pflichten gegenüber der Gemeinschaft und der Verpflichtung, in jeder – auch privater – Hinsicht hohen moralischen Maßstäben zu genügen. Als ich in die SED eintrat, zählte sie etwa eine Million Mitglieder, später etwas über zwei Millionen. Das war etwa ein Sechstel der über 18jährigen Bevölkerung in der DDR. Zweifellos eine große Gemeinschaft unterschiedlicher Charaktere, Neigungen, Motive und Fähigkeiten. Es waren zumeist aufrechte, ehrenhafte Zeitgenossen. Es waren Menschen mit Stärken und Schwächen und deshalb als einzelne und in den Strukturen ihrer Organisation nicht unfehlbar. Die Last, die sie beim Aufbau einer neuen Gesellschaft und in so mancher unliebsamen innerparteilichen Auseinandersetzung zu tragen hatten, war groß. Die meisten haben sich ihrer Verantwortung gestellt und diese bewußt getragen. Auch dann noch, als viele am Ende der 80er Jahre nicht mehr sicher waren, ob die Führung der Partei zu einem vernünftigen Kurs fände.

Es ging eben vielen Menschen anders als Altkanzler Helmut Kohl. In seinen Erinnerungen schrieb dieser ein wenig allegorisch: »Ich hatte sozusagen mit der Muttermilch eingesogen, daß ich nicht sozialistisch sein und denken kann.«[141] Welch ein Glückskind, ausgestattet mit der Gnade der späten Geburt und dann als Säugling auch noch die rechte Nahrung, die ihn ein für alle mal vor sozialistischem Denken bewahrte. Meine Hinwendung zur sozialistischen Denk- und Handlungsweise resultierte wohl nicht aus der Qualität der Muttermilch, eher aus dem Erleben im Elternhaus und in der Jugendbewegung. Auch das Vorbild antifaschistischer Persönlichkeiten hatte darauf Einfluß.

Die Aufnahme in die SED wurde damals ohne besondere Prozeduren vollzogen. Auch Meister Hellwig, den ich von dieser Entscheidung informierte, fand daran nichts Besonderes, er hatte es wohl erwartet.

Die komplizierte Phase der ersten Besatzungszeit lag 1948 hinter uns. Die Nachkriegswirtschaft nahm zunehmend Fahrt auf. Neue Bücher waren erschienen, Heinrich Mann, Feuchtwanger, Seghers, Brecht fanden mein Interesse, ebenso Gorki, Ehrenburg, Fadejew, Ostrowski und andere sowjetische Autoren. Auch populäre Broschüren zu gesellschaftswissenschaftlichen Themen wie »Der junge Marxist« fanden Verbreitung. Neues humanistisches Gedankengut prägte den allerwärts spürbaren Aufschwung des geistigen

Lebens. Besonders entsprach Heines »Wintermärchen« meiner damaligen Gefühls- und Vorstellungswelt. Mit Vergnügen rezitierte ich die Verse: »Ein neues Lied, ein besseres Lied, o Freunde will ich euch dichten! / Wir wollen hier auf Erden schon das Himmelreich errichten. / Wir wollen auf Erden glücklich sein, und wollen nicht mehr darben; / Verschlemmen soll nicht der faule Bauch, was fleißige Hände erwarben. / Es wächst hinieden Brot genug für alle Menschenkinder, / auch Rosen und Myrthen, Schönheit und Lust und Zuckererbsen nicht minder«.[142]

Im Mai 1948 machte mir Alfred Bornkamp, der Vorsitzende des FDJ-Kreisverbandes Wanzleben, den Vorschlag, eine der Landesjugendschulen der Freien Deutschen Jugend zu besuchen, um danach im Kreis eine Aufgabe zu übernehmen. Ein reizvolles Angebot. Als ich meinen Meister darüber informierte, fiel der aus allen Wolken. Das war für ihn unvorstellbar. Auch mir war keinesfalls klar, was da auf mich zukommen würde.

An meinem letzten Arbeitstag in der Fleischerei gab mir Karl Hellwig ein Paket Dauerwurst mit auf den Weg. Er bot mir an, jederzeit zu ihm zurückkommen zu können, wenn das, was ich vorhabe, nicht klappen sollte.

Ein wenig gerührt nahm ich Abschied. Wenn ich ihn später hin und wieder besuchte, freute er sich. Wer bei Karl Hellwig etwas gelernt hat, meinte er, der wird auch was.

Anmerkungen

134 In: Die Potsdamer (Berliner) Konferenz 1945, a. a. O. Dokument Nr. 159, S. 404.
135 *Salzlandzeitung Staßfurt* vom 1. Juni 1966, S. 3.
136 Erich Gniffke, Jahre mit Ulbricht, Köln 1966, S. 93-171.
137 Die Potsdamer (Berliner) Konferenz 1945, a. a. O., Ziffer A. IV. 5., S . 404
138 Vgl. Hans Grube, Schicksalstage einer kleinen Stadt, a. a. O., S. 8.
139 Elfriede Brüning, Und außerdem war es mein Leben …, a. a. O., S. 172f.
140 Joachim Gauck, Der sozialistische Gang, in: *Der Spiegel* 25/2006, S. 38.
141 Helmut Kohl, Erinnerungen, a. a. O., S. 63
142 Heinrich Heine, Deutschland, ein Wintermärchen, Berlin/Leipzig, 1949, S. 6

Jugendschule – Denkanstöße

Erwartungsvoll, zugleich auch recht unbeschwert verließ ich in den ersten Junitagen 1948 den meisterlichen Betrieb und auch meinen Heimatort Egeln. Das erste Ziel war Halle an der Saale. Dort versammelten sich die Teilnehmer des Jugendschulkurses im Landesvorstand der FDJ am Universitätsring. Die meisten der etwa 30 jungen Männer waren etwas älter als ich. Einige kamen aus einer mehrjährigen Kriegsgefangenschaft. Sie alle hatten Jugendarbeit in ihren Wohngebieten oder Betrieben geleistet und waren für eine Weiterbildung als geeignet angesehen worden. Verwundert und enttäuscht stellten wir fest, daß an diesem Lehrgang keine Mädchen teilnehmen würden.

Der temperamentvolle Landesvorsitzende Robert Menzel, der uns begrüßte, genoß in Sachsen-Anhalt außerordentliches Ansehen. Als junger Kämpfer gegen Faschismus und Krieg mußte er in der Nazizeit viele Jahre im Zuchthaus Brandenburg leiden. Nach seiner Befreiung widmete er sich mit Leidenschaft der Gewinnung der Jugend für ein besseres Deutschland. Mit guten Wünschen und dem Versprechen, in der Jugendschule vorbeizuschauen, schickte er uns schließlich auf den Weg nach Bad Düben.

Die Landesjugendschule Sachsen-Anhalt lag nicht direkt in dem idyllischen Heidestädtchen an der Mulde, sondern im abgelegenen Ortsteil »Alaunwerk«. Das Haus, in dem die Schule untergebracht war, hieß in dieser Gegend nur »der Eisenhof«. Komfortabel war unsere Unterkunft nicht. Im Dachgeschoß standen in drei Zimmern Doppelstockbetten, in der Mitte ein alter Tisch und für jeden Bewohner ein Stuhl. Wir fühlten uns wie in einer schlichten Jugendherberge. Daß der Schrankraum nicht üppig war, störte weniger, kaum einer hatte viele Utensilien mitgebracht. Eher belasteten mich die sehr schmalen Essenportionen.

Die Landesjugendschule Sachsen-Anhalt leitete Werner E. Uns erschien er streng, etwas seltsam und kaum zugänglich. In den 20er Jahren war er in der »Wandervogelbewegung« aktiv, ehe er sich dem Kommunistischen Jugendverband (KJVD) anschloß. Ihm standen

Jugendschule »Eisenhof«. Dort befand sich bis 1945 die Reichsfach-
schule des Deutschen Eisenwarenhandels

als Lehrer der 20jährige Peter aus Übigau und die ansteckend freundliche Marlis aus Harzgerode zur Seite.

Die erste Lehrveranstaltung des Kurses blieb mir über Jahrzehnte
in Erinnerung. Der Schulleiter dozierte über das Thema »Die Technik der geistigen Arbeit«. Die Art seines Auftretens und der Stil seines Vortrags machten deutlich, daß eine Autorität vor uns stand,
mit der nur dann gut Kirschen essen war, wenn man sich bemühte,
seinen Intentionen zu folgen. Auch wenn uns das zunächst gegen
den Strich ging: Werner half uns auf seine Weise, den Anforderungen gerecht zu werden. Wir lernten Lektionen und Bücher zu kon-
spektieren, Gelesenes und Gehörtes effektiv zu verarbeiten und Dis-
positionen für freie Reden zu erarbeiten. Der abgelesene Vortrag war
an dieser Schule verpönt. Mir hat das sehr geholfen. Wenn ich später etwas vortrug, habe ich meist die freie Rede vorgezogen. Schon
deshalb, weil mir nur so eine mentale Beziehung zu den Zuhörern
möglich schien.

Peter lehrte in unserem Kurs Geschichte der deutschen Jugend-
bewegungen und vermittelte Erfahrungen in der Organisation des
Verbandslebens. Zu seinem Themengebiet gehörten auch die
Grundrechte der jungen Generation. In unserem Lehrgang waren
sie zentraler Ausgangspunkt unseres Gedanken- und Erfahrungsaustausches.

Marlis verfügte über beachtliche Erfahrungen im Chorsingen. Sie führte uns auch in andere Bereiche der Kulturarbeit ein. An vielen Abenden lernten wir bei ihr neue Lieder und mit Freude, wenn auch mit unterschiedlichem Talent, zu singen. Lieder der Jugendbewegung standen dabei im Vordergrund. »Wir sind die junge Garde des Proletariats« oder »Wir sind die Schmiede der kommenden Welt« vermittelten uns die Botschaft, künftig Verantwortung zu tragen. Gern vernahmen wir den Ruf, Baumeister einer neuen Welt zu werden.

Zwei Jahrzehnte später traf ich Marlis im Berliner Verlag wieder. Sie hieß inzwischen Dr. Marlis Allendorf und war Chefredakteurin der weit verbreiteten und beliebten Frauenzeitschrift *für dich*.

Im Eisenhof lehrten auch Gastlektoren aus Halle und aus anderen Jugendschulen. Wiederholt referierten der Philosoph Kabanow und der Historiker Kogan[144], beide Mitarbeiter des weithin bekannten Obersten Sergej Tulpanow von der Sowjetischen Militäradministration in Deutschland (SMAD). Sie standen uns zu interessanten und sehr offenen Gesprächen zur Verfügung. Im Nachhinein ist zu erkennen, daß in jenem Nachkriegsjahr 1948 ein erheblicher personeller und intellektueller Aufwand betrieben wurde, um dreißig junge Männer geistig voranzubringen und mit neuen Fähigkeiten auszustatten.

Während unseres Kurses überschlugen sich die politischen Ereignisse, die zur staatlichen Teilung Deutschlands führten. Anfang Juni gab es Radiomeldungen über eine Londoner Sechsmächtekonferenz, auf der die USA, Großbritannien, Frankreich und die Beneluxstaaten über die Bildung eines westdeutschen Staates sprachen. Wir waren ahnungslos bezüglich des Tempos, das die Westmächte dabei anschlugen. Tage später, in der ersten Junihälfte 1948, übergaben die Militärgouverneure der Westmächte den Ministerpräsidenten der Länder ihrer Besatzungszonen die sogenannten Frankfurter Dokumente. Das war der Auftrag zur Ausarbeitung einer Verfassung, mithin zur Gründung eines westdeutschen Separatstaates. Zuvor waren in den USA die technischen Vorbereitungen für die Einführung einer »Westmark« angelaufen. In 23.000 Stahlkisten waren schließlich die Banknoten per Schiff über den Atlantik gebracht und im Reichsbankgebäude in Frankfurt am Main eingelagert worden. Man wartete auf den Einsatzbefehl. Am 18. Juni kündigten die Militärgouverneure der Westmächte eine Währungsreform in ihren Zonen. Nicht wenige waren erstaunt, was da am 20. Juni vor sich ging. Günter Grass berichtete in seinen Memoiren »Mein Jahrhundert«: »Wir standen drei Stunden an, so lang war die Schlange. Jeder bekam vierzig Mark und einen Monat später noch mal zwanzig [...] Das sollte so was wie soziale Gerechtigkeit sein, war aber keine.«[145] Tags darauf, so Grass weiter, waren in den Westzonen die Schaufenster voll.

Nur sieben Tage später erlebte ich in Bad Düben, daß auch in der sowjetischen Zone die Währung »umgestellt« wurde. Da neue Geldscheine nicht zur Verfügung standen, wurden alte Reichsmarkscheine mit einem Kupon, einer Art Briefmarke, versehen. Erst Wochen danach kamen neue Banknoten. Die Währungsreform in der sowjetischen Zone war mit der Abwertung der Bankguthaben verbunden, die Umtauschmenge auf – wenn ich mich recht erinnere – 70 Mark pro Person begrenzt. Wie die meisten Angehörigen unseres Kurses verfügte ich weder über ein Bankguthaben noch über mehr als jene 70 Mark. Auch meine Eltern und Großeltern hatten mit diesem Umtausch keine Probleme. Sie besaßen weder größere Barmittel noch nennenswerte Sparvermögen. Volle Schaufenster gab es in der sowjetischen Zone am Tag darauf allerdings auch nicht.

Wohl jeder im Osten wie im Westen Deutschlands empfand die Währungsreform als merklichen Einschnitt, auch wenn nicht jedem bewußt war, daß damit der entscheidende Schritt in die deutsche Zweistaatlichkeit gemacht worden war. Für Franz Josef Strauß war die von den Westmächten vorgenommene Währungsreform »der entscheidende Schritt zu einer scharfen Ost-West-Konfrontation, ein wirtschaftspolitischer Vollzug der Trennung der sowjetischen von den westlichen Besatzungszonen«.[146]

Mit großem Interesse hingegen verfolgten wir den gründlichen Geschichtsunterricht, der Erkenntnisse vermittelte, die in unserer Schulzeit – vor und während des Zweiten Weltkrieges – tabu waren. Wir hörten erstmals etwas über Sklavenführer Spartakus, über den deutschen Bauernkrieg, über die demokratischen Bewegungen im 19. Jahrhundert, über die Geschichte der Arbeiterbewegung in Deutschland, vom Schicksal der Geschwister Scholl. Uns wurde dabei nicht nur Wissen vermittelt, sondern eine andere Art zu denken und die Dinge in ihrem Zusammenhang zu betrachten. So gewannen wir Zugang zu historischen und sozialen Ursachen von Ereignissen. Es ging nicht nur um das Was und Wie, sondern vor allem um das Warum. In der Zeit unseres Kurses fanden interessante Veranstaltungen zum 100. Jahrestag der Revolution von 1848 in Deutschland statt. Wir bewunderten Ernst Zinna, den Berliner Arbeiterjungen, der auf den Barrikaden der Märzkämpfe zum Symbol des Widerstandes gegen Ausbeutung und Unterdrückung wurde. Die Ereignisse in der Mitte des 19. Jahrhunderts weckten bei mir das Interesse für die Geschichte. Zwanzig Jahre später widmete ich ein Kapitel meiner Promotionsschrift der aus den Kämpfen des Jahres 1848 hervorgegangenen Deutschen Nationalversammlung.

Auch erste Marxsche Grunderkenntnisse vom Wesen der Klassen, vom Verhältnis der sozialen Basis zum politischen Überbau, über Materialismus und Idealismus standen auf dem Lehrprogramm. Intensiv wurde über das Wesen und die Ursachen des Faschismus und die Erfordernisse und Ziele einer antifaschistisch – demokratischen Ordnung debattiert.

Meist in den späten Nachmittagsstunden wurden wir mit von den Nazis verbotener Literatur vertraut gemacht. Wir lasen und rezitierten Gedichte von Heinrich Heine, machten uns mit den Werken Maxim Gorkis und anderer progressiver nationaler und internationaler Schriftsteller vertraut. Das weitete den geistigen Horizont und sollte uns zugleich befähigen, die beliebten Heimabende der Jugendorganisation kulturvoller zu gestalten. Abends wurde im Eisenhof viel gesungen und oft endlos debattiert.

Diskussionen nach jeder Lektion halfen, offene Fragen zu klären und Zweifel auszuräumen. Kabanow und Kogan beteiligten sich gern an solchen Debatten. Beide sprachen recht gut deutsch. Ab und zu unterliefen ihnen sprachliche Schnitzer. Als Kabanow einmal die Vorgeschichte des Zweiten Weltkrieges erklärte, zitierte er mehrmals die Losung der KPD von 1932: »Wer Hindenburg wählt, wählt Hitler. Und wer Hitler wählt, wählt den Krieg.« Dem schloß er die rhetorische Frage an: »Hat es passiert?«

Nach dem Grund der einsetzenden Unruhe gefragt, erklärten wir ihm, daß es heißen müsse: »Ist das so geschehen?«

Kabanow reagierte gelassen. »Ach, wissen Sie, ob es passiert hat oder geschehen ist, scheint mir egal. Hauptsache, Sie verstehen, daß die Voraussage richtig war und eintraf.« Es war das letzte Mal, daß wir ihn coram publico sprachlich zu belehren suchten. Wo es geboten schien, fanden wir eine bessere Lösung.

Geduldig versuchten Kabanow und Kogan, uns auch unbequeme Fragen zu beantworten. In einer Diskussion über Gleichheit und Gerechtigkeit verwiesen wir auf die uns nicht verständlichen Privilegien der Offiziere der Roten Armee gegenüber den einfachen Soldaten. Kogan versuchte das mit der unterschiedlich langen Dienstzeit von Wehrpflichtigen und Berufssoldaten zu erklären. Das überzeugte uns nicht. Kabanow meinte, in der deutschen Wehrmacht gab es ein Lied mit dem Text »Es ist so schön, Soldat zu sein …« Der Autor sei bestimmt nie Soldat gewesen oder hätte schlicht gelogen. Das stimmte uns nachdenklich. Dennoch: Vielleicht hatten Kogan und Kabanow selbst Zweifel und verteidigten nur das Prinzip. Tatsächlich ist dieses Problem in der russischen Armee bis heute Gegenstand öffentlicher Debatten in Rußland.

Neben der Theorie standen auch viele praktische Übungen auf dem Lehrplan. Marlies leitete uns an, wie man Jugendchöre bildete und leitete. Wir übten ebenso die Gestaltung von Wandzeitungen und die Vorbereitung von Literaturveranstaltungen, die Organisation von Wanderungen und Heimabenden. Die FDJ war 1948 noch kein zentralistisch geführter Verband. Ihr Programm orientierte auf die Einbeziehung aller Jugendlichen, unabhängig vom weltanschaulichen Bekenntnis. Zwang und Intoleranz widersprachen ihren Zielen. Die Arbeit in den Gruppen vollzog sich weitgehend selbständig. Der Wechsel zur straff geleiteten Organisation vollzog sich zu Beginn der 50er Jahre.

Zu einem der aktuellen Probleme der Nachkriegszeit, dem Verhältnis der Geschlechter, gab es auch in unserem Kurs Vorträge und Aussprachen unter dem Thema »Bub und Mädchen«. Schulleiter Werner referierte dazu mit ernster Mine. Ihm ging es um die Gleichberechtigung, um einen zivilisierten Umgang zwischen Männern und Frauen und die Überwindung des bürgerlichen Patriarchates. Wir zumeist gerade der Pubertät entwachsenen Männer nahmen das und die damit verbundenen moralischen Belehrungen wohl auf. Uns bewegten jedoch eher einige praktische Fragen der zwischenmenschlichen Beziehungen. Wenn die Aussprachen zu dieser Thematik auch schamhaft und verklemmt verliefen, vermittelten sie so manchen von uns moralische Werte und nicht zuletzt die Zuversicht, das künftig in der Jugendarbeit wie allerwärts in der Gesellschaft Gleichberechtigung zu den ersten Tugenden gehört.

Einige der Kursteilnehmer hatten als Jugendvertreter in Gemeindevertretungen und Kreistagen bereits Erfahrungen gesammelt. Das Thema Jugendarbeit in den 1946 gebildeten Vertretungskörperschaften interessierte. Wir wurden über Wesenszüge der neu geschaffenen Gemeinde- und Kreisordnungen und über Prinzipien der seit 1947 wirksamen Länderverfassungen informiert. So erfuhren wir – sicher ohne uns des Wesens des damit vollzogenen Wandels bewußt zu werden – von der Überwindung des Unterschieds von gemeindlicher Selbstverwaltung und den sogenannten Auftragsangelegenheiten sowie von der Aufhebung der Gewaltenteilung durch das Supremat der Länderparlamente.

Niemand von uns kannte den Begriff »Supremat«. Seinen Sinn erfaßten wir zumindest im Ansatz, als uns erklärt wurde, daß darunter die uneingeschränkte, ungeteilte Macht des Parlaments zu verstehen sei. Als recht theoretisch, wenn nicht sogar als weltfremd empfand ich die Debatte dazu. Diese Anfänge einer bislang in Deutschland nicht bekannten neuen staatlichen Ordnung und deren Wesen erschlossen sich mir erst viel später. Auf den Gedanken, daß ich mich mit dieser Problematik eingehend beschäftigen würde, kam ich im Sommer 1948 keineswegs.

Zur Rolle der Jugend in den Gemeindevertretungen fanden nicht nur in unserem Kurs, sondern auch bei manch anderer Zusammenkunft von Jugendlichen fingierte Parlamentssitzungen statt. Meist gab es am Anfang darüber Streit, wer bei der nachgestellten Parlamentsdebatte welche Rolle übernahm. Mitglieder und Sympathisanten der SED bildeten in diesem Kurs die Mehrheit. In unserer Mitte waren jedoch keine Angehörigen der CDU oder der LDPD. Die Demokratische Bauernpartei (DBD) und die Nationaldemokratische Partei (NDPD) waren zudem erst im Mai bzw. im Juni 1948 gegründet worden. Sie spielten in unseren »Parlamentssimulationen« noch keine Rolle. So wurde meist durch Losentscheid bestimmt, wer für unsere Parlamentsübung die Plätze der Christdemokraten und der Liberalen einnehmen mußte. Damit waren allerdings der Ablauf und das Ergebnis dieser Vorstellung bald entschieden. Bei bestem Willen konnte in unserem Kreis niemand überzeugend die Positionen der CDU und der LDPD artikulieren.

Obwohl derartige Übungen damals recht beliebt und verbreitet waren – die dabei errungenen »Siege« der Mehrheit standen auf schwachen Füßen.

Interessanter war es, wenn wir an realen Tagungen der Gemeindeparlamente in der Umgebung der Schule teilnehmen und ab und zu auch dort auftreten konnten. Nirgendwo ging es um formellen oder ideologischen Streit zwischen den Fraktionen. Oft war für Fremde gar nicht erkennbar, welcher Fraktion ein Gemeindevertreter angehörte. Alle suchten in den Beratungen nach Lösungen etwa für die Schulspeisung, die Unterbringung der immer noch zuströmenden Umsiedler, die Bewältigung der schweren Arbeiten im Ort angesichts fehlender Männer. Auch Streit war in diesen Gremien zu schlichten, so über die Wahrnehmung der Ablieferungspflicht für landwirtschaftliche Produkte, die Verteilung des Bodenfonds und andere existentielle Dinge des dörflichen Alltags. Was dort vorgetragen oder auch gelöst wurde, lag unseren eigenen Erfahrungen aus unseren Heimatorten näher als ein rhetorischer Streit zwischen Fraktionen. Bei solchen Ausflügen in die Umgebung konnten wir Erkenntnisgewinn verbuchen.

Auch wenn der in der Landesjugendschule gebotene Lehrstoff gedrängt, fragmentarisch und zweifellos nicht frei von dogmatischen Elementen war, verspürten wir alle unseren »Aha-Effekt«. Nicht selten erlagen wir allerdings auch der Illusion, nunmehr den Weg zur Wahrheit gefunden zu haben. Und dabei hatten wir gerade mal angefangen, dialektisch zu denken.

Es verging einige Zeit, bis ich erkannte, wie viel komplizierter es war, zum Wesen der Dinge vorzustoßen und zwischen Vision und Wirklichkeit zu unterscheiden. Aber das schränkte nicht den Gewinn ein, den ich aus dem Kurs an der Landesjugendschule der FDJ in Bad Düben mit ins Leben nahm. In jenen Wochen im Sommer 1948 wuchs mein Denken über den Horizont des Erlebens und Empfindens in der Familie und im Heimatort hinaus. Die damit verbundene Ausprägung meines sozialen Bewußtseins verdichtete sich später zur marxistischen Weltanschauung.

In jedem Land der sowjetischen Besatzungszone gab es Baustellen der Jugend. In Sachsen-Anhalt beispielsweise wurde auf dem Gelände eines ehemaligen Munitionsbetriebes in Schlieben bei Herzberg ein »Dorf der Jugend« errichtet. Dort sollten wir einige Wochen mitarbeiten. Ob es uns vorgeschlagen oder schlicht angeordnet wurde, habe ich vergessen.

Nach etwa vier Wochen konzentriertem Unterricht fuhren wir nach Schlieben. Dort angekommen, waren wir über dieses »Jugendobjekt« eher verwundert als begeistert. Vor uns lag, umschlossen von idyllischen Kiefernwäldern, das riesige Trümmerfeld einer gesprengten Munitionsfabrik. Während des Krieges hatten dort KZ-Häftlinge Panzerfäuste und Artilleriemunition hergestellt. Beim Rückzug wurden die Anlagen gesprengt. Zwischen Beton- und Stahltrümmern lagen Blindgänger und scharfe Munition. Es gab ein intaktes Gebäude und zwei recht windschiefe Baracken. Im Haus residierte die Aufbauleitung. In einer Baracke wohnten junge Bauarbeiter, die einige Monate hier tätig sein sollten. Uns wurde die andere zugewiesen. Im künftigen »Dorf der Jugend« war also nicht Aufbau, sondern erst einmal Aufräumen angesagt. Wir wurden den Arbeitsgruppen der »Längerdienenden« zugeteilt und sammelten Schutt und Metall ein. Auf primitiven Karren transportierten wir das Zeug über das trostlose Gelände, trennten Verdächtiges von weniger Verdächtigem. Das war nicht ungefährlich. In Anlehnung an eine literarische Bezeichnung der Nitroglyzerinfahrer in Amerika nannten wir uns die »Suppenkutscher«. Die meisten der »Längerdienenden« verrichteten diese Arbeit mit Routine und mit unverkennbarem Fatalismus. Uns Landesschülern aber kamen Zweifel an der Sinnhaftigkeit derartiger Beschäftigung. Versuche, mit der Aufbauleitung darüber Verständigung zu erreichen, scheiterten.

Die Arbeit einfach hinzuwerfen war nicht unsere Sache. Das Ganze einfach nur hinter sich bringen, uns irgendwie anzupassen, das aber wollten wir auch nicht. Wir waren mit frischer Schulweisheit auf Veränderung aus. Also riefen wir beim Landesvorstand in Halle an und informierten Robert Menzel. Unserem Verlangen, ein Verantwortlicher solle an Ort und Stelle die Dinge prüfen und Klarheit schaffen, fand Zustimmung. Zwei Tage später trafen Vertreter der FDJ und der Landesregierung im Objekt ein. Nach einer Besichtigung des Geländes und einer wahrhaft heftigen Diskussion war entschieden, das es so nicht weitergehen dürfe. Grundlegende Überlegungen, wie das vorhandene Chaos überwunden und ein vernünftiger Neuanfang eingeleitet werden könne, sollten getroffen werden.

Unsere Unduldsamkeit und unser Aufbegehren wurden von den Landesvertretern ausdrücklich gewürdigt. Das Ergebnis der von uns begonnenen Auseinandersetzung bestärkte mich wie auch andere Jugendfreunde nachhaltig in der Überzeugung, daß Anpassung und Duckmäusertum keine guten Weggefährten im Leben, schon gar nicht beim Aufbau einer neuen Gesellschaft wären. Unser Mut zur Veränderung hatte sich gelohnt. Als einige Zeit später das Projekt »Dorf der Jugend Schlieben« eingestellt und die gefährliche Hinterlassenschaft einer Spezialfirma überlassen wurde, gab das einen Impuls für mein wachsendes Selbstbewußtsein.

Unser Arbeitseinsatz wurde mit einer Urkunde belohnt, unsere Courage mit einer Einladung zu einer Aufführung des Landesjugendensembles auf Schloß Neudeck honoriert. Im Laufe der Zeit erhielt ich manche Urkunde. Keine aber hat mich so berührt wie diese erste. Die handgefertigte Auszeichnung habe ich bis heute aufbewahrt. Der Text der darauf zitierten Knittelverse lautet:

Ihr habt so manche Fahrt gemacht, mit Heizkörpern und Barackenteilen.
Ihr habt das Schicksal selbst verlacht, bis Ihr die ersten Unglücksfälle hattet.
Dann saht Ihr Eure Tollkühnheit ein, und ließet das Suppenkutschen sein.
Doch in Erinnerung ist jedem wohl geblieben:
die Suppenkutscherei von Schlieben.

Am Tag vor unserer Rückreise nach Bad Düben besuchten wir die beeindruckende Parkanlage des Schlosses Neudeck bei Falkenberg. Im Laufe der Jahrhunderte hatte der Besitzer oft gewechselt. Letzter Schloßherr war der Rasierklingenfabrikant Otto Roth. Er beherrschte mit seiner Marke »Rotbart« lange den deutschen Markt.

Ein späterer Blick auf das Adelsregister der wechselnden Gutsherren von Schloß Neudeck offenbarte, daß im 19. Jahrhundert bei der Einheirat der Frederike von P. der Besitz um 15 weitere Güter vermehrt wurde. Geschichte und Geschichten finden immer wieder Kreuzwege, führen zu unerwarteten Zufällen. Daran dachte ich 1992, als ich einem Nachkommen der Familie von P. ein Gutshaus in Mecklenburg, das über Jahrzehnte den Berliner Kabelwerken als Kindererholungszentrum und Ausbildungsstätte gedient hatte, »zurückgeben« mußte. Die notarielle Beurkundung des Vorgangs wurde in Niedersachsen vollzogen. Wir trennten uns grußlos.

Am Nachmittag eines schönen Sommertages 1948 führte das vorwiegend aus Musikstudenten zusammengesetzte Landesjugendensemble, bestehend aus Orchester, Chor und Solisten, vor der Freitreppe des Schloßgebäudes Szenen aus der Oper *Iphigenie auf Tauris* von Christoph Willibald Gluck auf. Ich hatte mein erstes Opernerlebnis. Es beeindruckte mich ob der ungewohnten Musik und noch nie gesehener klassischer Kostüme, vor allem aber wegen der empfundenen Schönheit der Aufführung. Als im April 2007 die gleiche Oper in Berlin allein dadurch Schlagzeilen machte, daß der Chor mit nackten Rentnern besetzt war, überfiel mich Grausen.

Für mich brachte der Tag im Schloß Neudeck mehrfachen Gewinn. Dieser stimmungsvolle warme Sommertag vermittelte mir die erste Beziehung zur klassischen Musik. Zugleich erfuhr ich von einer mir bislang nicht bekannten Aktivität der FDJ im Landesmaßstab und lernte obendrein den Ensembleleiter Wolfgang Sterz kennen. Mit ihm war ich später freundschaftlich verbunden.

Als wir nach Bad Düben zurückkehrten, vernahmen wir erstaunt, daß Werner E. als Schulleiter abgelöst worden war. Irgend etwas hätte mit seinem Fragebogen nicht gestimmt, hieß es. Später war von einer Verhaftung die Rede. Mehr war nicht zu erfahren. Norbert Biehler, der als Propagandasekretär der Landesleitung der FDJ einen guten Namen hatte, brachte unseren Lehrgang zu Ende. In kleinen Gruppen beriet Norbert den Kurserfolg und machte Vorschläge für die künftige Tätigkeit. Neben Werner Preuß aus Calbe,

Günter Parske aus Dessau, Gerhard Raue aus Delitzsch, Heinz Bekemaier aus Stendal und Klaus Pfeiffer aus Artern wurde auch mir vorgeschlagen, ein Studium an der Vorstudienanstalt in Halle zu beginnen. Ich reagierte darauf mit der Bekundung, daß ich bisher noch nie an ein Studium gedacht hätte. Norbert entgegnete, daß es nicht um meine eigene Vorstellung gehe, sondern daß das Bildungsprivileg des Bürgertums überwunden werden müsse. Fähigen jungen Arbeitern und Bauern sollen Wege zu Universitäten erschlossen werden. Wenn wir eine den Interessen des Volkes entsprechende Gesellschaftsordnung aufbauen wollen, brauchen wir gebildete Fachleute aus den werktätigen Klassen. Früher, meinte er, fanden vor allem die Söhne und Töchter der Guts- und Fabrikbesitzer und anderer Begüterter den Weg zur Universität. Das müssen und das wollen wir ändern, erklärte der Propagandasekretär der Landesleitung mit Nachdruck. Ein Erbrecht auf Universitätszulassung passe nicht mehr in die Zeit. Künftig sollen nicht Herkunft und Geldbeutel der Eltern über die Aufnahme an den hohen Bildungseinrichtungen entscheiden, sondern Fähigkeit und Verläßlichkeit. Dies sei, so informierte uns Norbert, auch Sinn des 1947 auf dem II. FDJ-Parlaments beschlossenen Hochschulprogramms.

Monate später saßen wir auf den Bänken der hohen Säle des Universitätsgebäudes der Martin-Luther-Universität in Halle. Schon dort, aber auch später hatten wir Gelegenheit festzustellen, daß die Brechung des Bildungsprivilegs nicht automatisch zu einem soliden Bildungsstand führte. Lernen, lernen und nochmals lernen blieb die Devise. Das Bildungsbürgertum hatte seine spezifischen Fähigkeiten bekanntlich über mehrere Generationen akkumuliert. Wir sollten, wollten das in wenigen Jahren nachholen.

Die sechs in Bad Düben zum Studium vorgeschlagenen Arbeiterjungen nahmen, jeder auf seine Weise und entsprechend seinen Neigungen, den Auftrag ernst. Heinz Bekemaier wurde Pharmakologieprofessor, Günter Parske leitender Mitarbeiter der Luftfahrtgesellschaft Interflug, Gerhard Raue diente als Offizier, Werner Preuß bewährte sich als Lehrer und Klaus Pfeiffer als Betriebswirtschaftler. Hätte uns Norbert Biehler im August 1948 unsere Perspektive auch nur angedeutet, hätten wir diese nicht für möglich gehalten.

Irmtraud Gutschke stellte dem Schriftsteller Hermann Kant die Frage, ob die Brechung des Bildungsprivilegs in der DDR nicht nur

die Verlagerung dieses Privilegs vom Bürgertum auf die Arbeiterklasse war.[147] Kant antwortete: »Wir sagten einfach: Nun sind wir
auch mal dran.«[148]

Eine solche Auskunft bewegt sich nach meinem Eindruck erheblich unter dem Niveau dessen, was Kant in seinem Roman »Die
Aula« dazu mitgeteilt hatte. Hier ging es nicht um ein Spiel nach
dem Muster »Mensch, ärgere dich nicht«, wo eben jeder einmal
»dran kommt«, sondern um Bildung als ein allgemeines demokratisches Menschenrecht. Es ging damals darum, jungen begabten
Menschen aus allen Schichten des Volkes den Weg zur Hochschul-
bildung zu ermöglichen. In den 40er, 50er Jahren mußten dabei
durchaus Widerstände an ostdeutschen Hochschulen überwunden
werden. Vor allem an der Leipziger Universität gab es darüber hit-
zige Auseinandersetzungen.[149] Das bürgerliche Bildungsprivileg
wurde nicht an einem Tag per Anordnung, sondern in einem zähen
Ringen über Jahre gebrochen. Das ging nicht reibungslos. Schließlich ist es, wie Georg Christoph Lichtenberg anmerkte, »fast unmöglich, die Fackel der Wahrheit durch das Gedränge zu tragen, ohne
jemand den Bart zu sengen«.

Zu den Fehlinformationen der Gegenwart gehört, in der DDR
hätten nur oder fast nur Kinder von Arbeitern und Bauern Zugang
zu den Universitäten und Hochschulen gehabt. 1955 kamen in der
DDR von den 60.148 Direktstudenten 31.512 (etwa 52 Prozent)
aus Arbeiter- oder Bauernfamilien und 27.176 (etwa 48 Prozent)
aus anderen sozialen Schichten.[150] Bertolt Brecht hat in seinem
Gedicht »An die Studenten der Arbeiter- und Bauernfakultät« ein
halbes Jahrhundert vor der flapsigen Antwort Hermann Kants die
historischen und humanen Dimensionen der Bildungspolitik der
DDR in die bedenkenswerten Verse gebracht.

Daß ihr hier sitzen könnt: so manche Schlacht
Wurd' drum gewagt. Ihr mögt sie nicht vergessen.
Nur wißt: hier haben andre schon gesessen
Die saßen über andre dann. Gebt acht!

Was immer ihr erforscht einst und erfindet
Euch wird es nützen, was ihr auch erkennt
So es euch nicht zu klugem Kampf verbindet
Und euch von allen Menschenfeinden trennt.

Vergeßt nicht: mancher euresgleichen stritt
Daß ihr hier sitzen könnt und nicht mehr sie.
Und nun vergrabt euch nicht und kämpfet mit
Und lernt das Lernen und verlernt es nie!

Die Zeit zwischen der Rückkehr aus Bad Düben und dem Studienbeginn in Halle war durch Jugendarbeit in meinem Heimatkreis ausgefüllt. Das Sportplatzgebäude in Wanzleben war der Sitz unserer Kreisleitung. Vier hauptamtliche Mitarbeiter waren dort tätig. Alfred Bornkamp, unser Vorsitzender – er leistete später verdienstvolle Arbeit als Pädagoge im Haus des Lehrers in Berlin –; Helmut Klotsch, der Sekretär für Arbeiterjugend – er machte sich später in Berlin als Philosoph einen Namen –; Horst Huckauf, unser Kultursekretär – er war später Intendant des Stendaler Theaters. Unsere Kassiererin war zugleich für die Statistik und Verwaltung zuständig. Ich kümmerte mich um die Landjugend und den Sport.

Auf unserem Sportplatzgelände erfolgten Lehrgänge für Sportler aus dem Kreisgebiet. Die Teilnehmer wurden im kleinen Internatsanbau untergebracht und absolvierten neben dem Training auch Schulungen. Ich bekam den Auftrag, bei ihnen einen Vortrag zu halten. Thema: »Wann wird es uns besser gehen?« Es gab auch Referentenmaterial, das nach einer weit in die Geschichte gehenden Einleitung zu der schlichten Erkenntnis führen sollte, man müsse erst besser arbeiten, um anschließend besser leben zu können. Es war mein erster derartiger Vortrag. Das Interesse der Teilnehmer bewegte sich nach relativ kurzer Zeit gegen Null. Ich spürte das, kam ins Schwitzen, verhaspelte mich. Bis zur Pause blieben meine Hörer teilnahmslos. Sie ließen sich nach der Pause nicht überreden, meinem Vortrag weiter zu folgen. Einer der Sportler versuchte mich zu trösten. Er meinte, es sollten mal die anderen besser arbeiten, sie seien hier, um besser Fußball zu spielen. In meiner Not informierte ich Alfred Bornkamp. Er gab mir den Rat, da das Thema auch für die Fußballer wichtig sei, am Abend in den Aufenthaltsraum dieser Gruppe zu gehen. »Überlege, was für sie wichtig und was für sie verständlich ist. Das sagst du ihnen, nicht dozierend, sondern in einer lockeren Unterhaltung. Fordere ihre Meinung heraus, dann wird es ein Gespräch, und das wird nützen.«

Mit etwas weichen Knien ging ich am Abend zu den Sportlern. Einige der Fußballer meinten, ich wäre recht mutig, mit der gleichen Nummer ihnen am Abend noch einmal zu kommen. Sie blieben anfangs reserviert. Schließlich aber entwickelte sich zwischen uns ein vernünftiges kameradschaftliches Gespräch über die Probleme ihrer Familien, Dörfer und Betriebe. Und es blieb nicht bei diesem ersten Abend. Auch wenn wir nicht in allem einer Meinung waren, verstanden wir einander, wußten miteinander umzugehen. Vielleicht wurde in unseren Abendgesprächen bei manchem Teilnehmer zumindest Nachdenken geweckt. Mir hat diese Lehre gut getan. Nicht über die Köpfe hinweg zu reden, stets bemüht sein, das Interesse und die Aufnahmefähigkeit der Hörer zu beachten. Das war mir künftig nicht weniger wichtig als die Botschaft.

Im Spätsommer 1948 war die FDJ in unserem Kreis an der Vorbereitung der Bildung einer demokratischen Sportbewegung beteiligt. Viele Dinge waren mit den Sportvereinen in den 42 Ortschaften des Kreises zu besprechen. Unter anderem ging es darum, Vereinsnamen zu finden, die sich spürbar von den Traditionen der – durch das Potsdamer Abkommen aufgelösten – früheren faschistischen Sportvereine unterschieden. Für die Sportgruppen gab es eine Liste von Vereinsnamen, die sich von den Bezeichnungen sowjetischer Sportorganisationen kaum unterschieden. Rotation, Traktor, Stahl, Einheit, Lokomotive, Aktivist und ähnliche Begriffe sollten künftig verwandt werden. An den Beratungen nahm auch der Kulturoffizier der Sowjetischen Militäradministration in Deutschland (SMAD) des Kreises teil. Er kontrollierte penibel, ob die Namen der Liste entsprachen. Als jemand vorschlug, die Sportgruppe seines Ortes solle wie früher den Namen »Eintracht« führen, fragte der Offizier – der dem Deutschen weitgehend mächtig war –, was das ihm unbekannte Wort »Eintracht« bedeute. Annähernd eine halbe Stunde versuchten wir, ihm das Synonym für Gemeinsamkeit, Zusammenhalt, Freundschaft und Einheit zu erläutern. Also Eintracht sei identisch mit Einheit, lautete die Rückfrage des SMAD-Vertreters. – Alle nickten.

Gut, meinte er, dann kann die Sportgruppe den Namen »Einheit« tragen. Einheit stand nämlich auf seiner Liste. So hießen dann die Sportgruppen mancher Dörfer »Traktor«, in Orten mit Eisenbahndepot »Lokomotive«. Die Namensvergabe war zweifellos kein Meisterstück psychologisch begründeten Vorgehens. In den Orten reagierte man mit Unverständnis, später gewöhnte man sich daran.

Im September 1948 wurden wir zu einer zweitägigen Landesjugendkonferenz in den Volkspark nach Halle eingeladen. Hunderte

Jugendliche aus allen Kreisen Sachsen-Anhalts kamen hier zusammmen. Nie hatte ich vorher einen so großen Saal gesehen. Alles war für mich ungewohnt. In der Mitte des Präsidiums saßen Walter Ulbricht und »Papa Gutjahr«. Gutjahr war der Generaldirektor des Braunkohlenwerkes Profen bei Leipzig. Dieser Betrieb war beispielhaft in der Jugendförderung. Die jungen Bergarbeiter nannten ihren Generaldirektor wegen seiner Güte und seinem Verständnis für ihre Probleme eben »Papa Gutjahr«. Jahre danach kreuzte sich mein Weg mit dem seines Sohnes Karl. Uns verband eine gute Zeit gemeinsamer Arbeit und aufrichtiger Freundschaft.

Sowohl Ulbricht als auch Gutjahr sr., obwohl mehr als eine Generation älter als wir, nahmen lebhaft an den Beratungen Anteil. Erklärungen von Walter Ulbricht waren mir schon aus Radiosendungen bekannt. Die kamen damals für mich wie von einem fremden Stern. Hier erlebte ich einen freundlichen, lebensnahen Politiker. In den Pausen mischte er sich unter die Teilnehmer, suchte das Gespräch, fragte viel und genoß im Kreis der Anwesenden merklich Achtung und Sympathie.

Am Abend des ersten Tages wurde uns Wanzlebenern der Vorschlag herangetragen, zu Landjugendfragen auf der Konferenz einen Beitrag zu halten. Die Wahl fiel auf mich. Sehr ruhig habe ich in jener Nacht nicht geschlafen. Wir hatten schon etwas mitzuteilen, kurz zuvor erst waren wir mit Freunden aus unserem Nachbarkreis Schönebeck zu einer Konferenz zusammengekommen. Mein Lampenfieber war groß. Was ich vortrug, kam an. Es tat meinem Selbstvertrauen gut, die Resonanz im Auditorium zu spüren.

Anmerkungen

143 Jugendliederbuch. Arbeiterjugend-Verlag, Berlin 1928, S. 44.
144 Zu beiden Experten: Vgl. Sergej Tulpanow, Deutschland nach dem Kriege (1945-1949), Dietz Verlag, Berlin 1986, S. 43 und 119.
145 Günter Grass, Mein Jahrhundert, Steidl Verlag, Göttingen, 1999, S. 172.
146 Franz Josef Strauß, Die Erinnerungen. Siedler Verlag, München, 1998, S. 101.
149 Irmtraud Gutschke/Hermann Kant, Die Sache und die Sachen. Das Neue Berlin, 2007, S. 66.
148 a. a. O., S. 66.
149 Vgl. Magister und Scholaren. Geschichte deutscher Universitäten und Hochschulen im Überblick, Urania-Verlag Leipzig, Jena, Berlin 1981, S. 206f.
150 a. a. O.

Vorstudienabteilung

Vor der Aufnahme an der Vorstudienabteilung der Martin-Luther-Universität Halle war eine schriftliche und mündliche Prüfung im von eisernen Löwen bewachten Hauptgebäude abzulegen. Das Universitätsareal beeindruckte mich ob seiner Weite und seiner mir mächtig erscheinenden Bauwerke. Eher unsicheren denn gemessenen Schrittes ging ich die geräumige Freitreppe in die erste Etage hinauf. Gut gekleidete junge Männer und recht ansehnliche junge Damen füllten das Geviert zwischen dem von Karl Friedrich Schinkel entworfenen Akanthusrankengeländer des Treppenhauses und den riesigen Türen der Vorlesungssäle und Seminarräume.

Die schriftlichen und anschließenden mündlichen Prüfungen nahmen Stunden in Anspruch. Erst gegen Abend wurde mitgeteilt, daß ich die Aufnahmeprüfung für die Vorstudienabteilung bestanden habe. Zugleich wurde die Frage gestellt, an welcher Fakultät ich nach dem Abitur studieren wolle. Ich gab die der Veterinäre an. Das schien mir als gelerntem Fleischer das Nächstliegende. Mit meiner Antwort hatte ich für den naturwissenschaftlichen Zweig der Ausbildungsstätte votiert.

Die Immatrikulation des (Vorstudien-)Jahrgangs 1948 erfolgte mit allen akademischen Ehren. Wir versammelten uns im Auditorium Maximum im Löwengebäude der Universität. Die Dekane der Fakultäten, alles ergraute würdige Herren, zogen im historischen Ornat ein. Die Dekanin der Vorstudienabteilung war die einzige Frau in der Runde, sie war festlich gekleidet, jedoch ohne Ornat.

Die Festrede hielt Magnifizenz Prof. Dr. Winter, ein bekannter Slawist. In Wiener Mundart begrüßte er uns Ankömmlinge außerordentlich freundlich. Er bewertete den Einzug von Jungen und Mädchen aus den werktätigen Gesellschaftsschichten, denen früher die Universität weitgehend verschlossen blieb, als einen Gewinn. Gegen Ende seiner Rede gab er uns einen erstaunlichen Rat auf den Weg: »Meine Damen und Herren, werden's nicht zu populär. Popularität kann Autorität beschädigen.« Der Satz blieb mir im Gedächtnis. Ich mochte ihn weder damals noch später als guten Rat empfinden. Da war mir zu viel Standesdünkel im Spiel. Schließlich ist Popularität sowohl ein Synonym für Volkstümlichkeit wie für allgemeine Verständlichkeit. Beiden Eigenschaften aber war und bin ich eher zu- denn abgeneigt. Spätere akademische Titel habe ich wohl als Ehrung, vorrangig als Verpflichtung, jedoch nie als Anspruchserwartung empfunden.

Eine gute Schule

Die Vorstudienanstalt war im Hauptgebäude der Universität untergebracht. Damit war der Kontakt zum allgemeinen Universitätsbetrieb wesentlich erleichtert. Das naturwissenschaftlich-mathematische Seminar zählte zwanzig »Volksstudenten« – so bezeichnete man die Angehörigen der Vorstudienabteilung. Unsere Seminarleiterin, Frau Kunze, war eine erfahrene Germanistin und erwies sich als Ideal dessen, was man sich unter einem klugen, verständnisvollen Lehrer vorstellte. In den ersten Tagen gab sie sich große Mühe, die Biographien und den Bildungsstand ihrer Schüler zu analysieren. Mit meinen 18 Jahren gehörte ich zu den Jüngsten, einige hatten die zwanzig schon weit überschritten. Die meisten stammten aus Arbeiterfamilien und hatten bereits einen Beruf, Kinder von Bauern und von Angestellten waren auch dabei. Der Schulabschluß lag bei allen lange zurück.

Maria Kunze führte uns kenntnisreich in die deutsche Literaturgeschichte ein. Mittelalterliche Dichtung, etwa das Hildebrandslied, gehörte ebenso dazu wie Gerhart Hauptmann. Ihre Art, uns zur Meinungsbildung anzuregen, wurde unter anderem bei einer Klausur sichtbar. »Ist das Stoff- und Formproblem des naturalistischen Dramas mit Hauptmanns Webern gelöst?« lautete eines ihrer Themen. Sie forderte damit nicht allein die Wiedergabe des Gelesenen, sondern zum Nachdenken, zur Standpunktbildung heraus.

Eines Tages machte mich Frau Kunze auf eine preiswerte antiquarische Schillerausgabe von 1879 aufmerksam. Sie gehört noch immer zu meinem Bücherbestand. Von den zeitgenössischen Literaten brachte sie uns vorrangig Stefan George, Bertolt Brecht und Thomas Mann näher. Als 1949 bekannt wurde, daß Thomas Mann nach Weimar kommen würde, setzte sie alles daran, daß wir uns eingehend mit Goethes Faust beschäftigen, um gut gerüstet im August

Seminarleiterin Kunze im Kreis der 20 »Volksstudenten«, der Autor in der letzten Reihe, Dritter von links

an den Feierlichkeiten in Weimar teilnehmen zu können. Ich schätzte diese warmherzige, kluge Frau. Sie hat mir viel gegeben.

Auch in den anderen Fächern unterrichteten sehr gute Lehrkräfte. Mathematik und Physik gab Herr Dr. Schmidt. Er hatte enorme Erfahrungen als Statiker in der Industrie gesammelt und lehrte auch an der Physikalischen Fakultät. Schmidt arbeitete intensiv und außerordentlich praxisverbunden mit uns. Hyperbeln und Parabeln waren sein erkennbares Steckenpferd. In einer Kladde aus jener Zeit lese ich seine Aufgabenstellung: »Eine Parabel mit vertikaler Achse geht durch A <2/2>, B <12/4>. Die Steigung der Tangente im Punkte A ist +1. Wie lautet die Gleichung?« Da konnte man schon ins Grübeln kommen. In den letzten beiden Semestern lud er uns zu den Vorlesungen des Physikers Prof. Messerschmidt ein, um uns danach im Seminar schwierige Aspekte des Vortrags zu erklären. Es verwunderte mich nicht, als ich Schmidt viele Jahre später als angesehenen Fachmann an der Akademie der Wissenschaften der DDR wieder traf.

Für die Chemieausbildung war Herr Dr. Schwarze zuständig. Er hatte sich im Hallenser Chemiedreieck lange in der Praxis verdient gemacht, ehe er an die Uni wechselte. Geschichte hörten wir bei Alexander Hellfaier. Er war einer der Assistenten von Ordinarius Prof. Dr. Leo Stern. Sein Fachgebiet war das 19. Jahrhundert. Mein wohl wichtigster Nutzen aus seinem Unterricht war die erste Berührung mit der Geschichte der Pariser Kommune.

Direktorin der Vorstudienanstalt war Maria Burstein. In einigen Zügen erinnerte sie an meine Großmutter Minna. Sie war von fast ähnlicher Statur: klein, etwas gedrungen, schmucklos gekleidet. Sie mochte keine großen Worte, setzte aber mit eiserner Konsequenz ihren Willen durch. Zugleich war sie voll unendlicher Güte gegenüber Mitarbeitern und Studenten. Es war bekannt, daß sie in der Nazizeit Widerstand geleistet hatte und inhaftiert gewesen war. Sie verlor darüber kein Wort. Auch wenn die Art, mit der sie anderen begegnete, etwas spröde erschien: Wir verehrten sie.

Die annähernd zwei Jahre, die ich in Halle an der Vorstudienabteilung zubrachte, bedeuteten für mich einen Quantensprung bei der Wissensaneignung und in neuen Kategorien zu denken.

Vielfältige wissenschaftliche Veranstaltungen bereicherten in den Jahren 1948/49 das geistige Leben in Halle. In vielen Fällen waren sie von der Suche nach neuen philosophischen Ansätzen und der Auseinandersetzung darüber bestimmt. Der sowjetische Philosoph Patent debattierte im Klubhaus der Gewerkschaften mit Theologen

Alle jungen Männer auf diesem Foto haben promoviert. Vier wurden zum Professor berufen, darunter auch der Autor (3. von rechts)

und Philosophen vor Hunderten Zuhörern über Dialektik und Materialismus. Der Berliner Physiker und Philosoph Klaus Zweiling stritt öffentlich mit seinen Kollegen über den korpuskularen Charakter der Welle. Der berühmte Romanist Prof. Victor Klemperer referierte über die französischen Aufklärer des 18. Jahrhunderts. Im Auditorium Maximum fanden immer wieder wissenschaftliche Streitgespräche zu aktuellen Themen statt. Philosophie und Geschichte standen nicht selten im Vordergrund. Ich erinnere mich allerdings auch einer Veranstaltung zur Genetik. In der Sowjetunion war ein gewisser Lyssenko nicht nur in Mode gekommen, seine Auffassungen zur Genetik waren zur Staatsdoktrin erhoben worden. Zur Begründung für die Auffassung Lyssenkos wurde auf Züchtungserfolge des bekannten Pflanzenzüchters Mitschurin verwiesen. Soweit ich das verstanden habe, ging es im Streit wohl hauptsächlich um Möglichkeiten und Grenzen der Vererbung erworbener Eigenschaften. Die Universität Halle verfügte über hervorragende Landwirtschaftswissenschaftler. Der erste Redner der Veranstaltung blies in das inzwischen offizielle Horn und hielt eine Laudatio auf Lyssenko. Er erntete Widerspruch. Manche der Wissenschaftler zeigten sich empört, wie leichtfertig und primitiv Lyssenko mit den Mendelschen Vererbungsgesetzen umgegangen sei.

Ohne auf Lyssenko einzugehen, schilderte der Nestor der Agrarforschung der Universität, Professor Römer, seine Besuche in den 20er Jahren bei Mitschurin und attestierte diesem erhebliche züchterische Erfolge. Professor Stubbe hielt dagegen, das könne alles so sein, rechtfertige aber weder die von Lyssenko vertretene Theorie, noch deren öffentliche Förderung.

Der Disput währte bis in die Nacht. Ich war wie andere meines Alters nicht in der Lage, das Wesen der Differenzen zu erkennen. Mir blieb aber in Erinnerung, wie streitbar man sich zu angeblichen Axiomen verhalten soll. Prof. Dr. Hans Stubbe (1902-1989), der Hauptkritiker der Auffassungen von Lyssenko an jenem Abend, wurde 1951 zum Präsidenten der Landwirtschaftsakademie der DDR berufen. Er übte dieses Amt bis 1968 erfolgreich aus.

Neue Dimensionen nahm für mich auch die gesellschaftliche Arbeit an der Universität Halle an. Die Tätigkeit der Jugendorganisation und der Parteigruppe waren nicht allein auf die unmittelbaren organisatorischen und politischen Fragen des studentischen Lebens gerichtet. Von Anbeginn übernahmen wir Aufgaben zur Unterstützung der Arbeit in Betrieben und Institutionen der Stadt Halle. Mein erster Auftrag war die Unterstützung einer Jugendgruppe in einem Kaufhaus in der Nähe des Marktes. Die Jugendlichen hatten es in diesem Hause nicht einfach. Obwohl der Betrieb volkseigen war, wurde das innerbetriebliche Klima von Strukturen und Personen bestimmt, die noch aus der Kaiserzeit zu kommen schienen. Viele der alten Zulieferwege des Betriebes existierten nicht mehr. Manche Betriebe waren im Krieg zerstört, anderen fehlte es an Material, wieder andere lagen in den Westzonen. Dementsprechend war das Angebot des Hauses außerordentlich mager. Junge Mitarbeiter hatten mehrmals versucht, durch Anbahnung neuer Geschäftsbeziehungen zu kommunalen und volkseigenen Betrieben in der Stadt und der Umgebung die Lücken zumindest teilweise zu füllen. Der zutiefst autoritäre, hierarchische Leitungsaufbau ließ jedoch jedwede Initiative der jungen Mitarbeiter wie an einer Wand abprallen. »Lehrjahre sind keine Herrenjahre« galt selbst für junge Fachverkäufer – sie hatten zu dienen, aber nichts zu sagen.

Der Autor während der ABF-Zeit, 1949

Die dortige FDJ-Gruppe hatte so manch gute Idee. Die Mädchen und Jungen waren allerdings ohne jede Hoffnung. Mein Versuch, mit den leitenden Herren des Hauses im Gespräch Verbesserungen des Betriebsklimas zu erzielen, stieß auf Unverständnis. Die

Einmischung eines Studenten ohne Branchenkenntnis wurde abgewiesen. Nach Wochen gelang es jedoch, Zustimmung dafür zu gewinnen, daß die Jugendgruppe eine Messe heimischer Produkte im Hause vorbereiten durfte. Offensichtlich hoffte die Leitung auf unser Scheitern. Das Gegenteil aber trat ein. Die Jugendgruppe fand in den Halleschen Kleiderwerken, in den Weißenfelser Schuhfabriken und in anderen Betrieben Verbündete. Deren Betriebsleitungen erwiesen sich als kooperativ. Die Messe wurde zu einem Erfolg. Die ausgestellten Waren lagen nicht allein zur Ansicht aus, in vielen Fällen waren sie mit Preis- und Lieferangeboten verbunden.

Die Messe der Jugendgruppe brachte Umsatz für das Haus und leistete einen spürbaren Beitrag zur Verbesserung des Betriebsklimas. Zweifellos war das Ganze Folge des Warenmangels und der Deformation wirtschaftlicher Kreisläufe in der Nachkriegszeit. Dennoch half sie, verkrustete Strukturen aufzubrechen und Raum für Initiativen zu schaffen. Ein Jahr danach einigten sich die Betriebsleitung und FDJ-Organisation darauf, das Warenhaus zum »Kaufhaus der Jugend« zu erklären.

Bald wurde ich von diesem Auftrag entbunden, um Verantwortung für den Bereich Betriebsbetreuung in der FDJ-Fakultätsleitung zu übernehmen. Das war neben dem Studium aufwendig, verschaffte mir aber nützliche Einblicke in verschiedene Industriebetriebe der Stadt Halle. Mein in einem kleinen Handwerksbetrieb entstandener wirtschaftlicher Horizont erweiterte sich spürbar.

Ein nicht unerheblicher Teil der Jugendarbeit an der Vorstudienanstalt wurde im Chor geleistet. Diesen leitete Wolfgang Sterz, ein junger Lehrer an der Musikschule, der, wie bereits erwähnt, auch das Landesjugendorchester dirigierte. Es war erstaunlich, in welch kurzer Zeit er unsere ungeübten Stimmen schulte und den Chor, der bald durch Studenten anderer Fakultäten verstärkt wurde, zu hörbaren Erfolgen führte. Kaum mehr als zwölf Monate später trugen wir stolz den Titel »Landesjugendchor«. Immer öfter traten wir gemeinsam mit dem Landesjugendorchester auf, mit dem wir auch gemeinsam probten. Ich hatte Freude daran zu erleben, wie die einzelnen Musikstücke erarbeitet wurden, wie der Klang des Orchesters sich herausbildete. Dabei spürte ich, wie gemeinsames Musizieren Gemeinschaftsfähigkeit und Disziplin förderten. Wolfgang Sterz half mir, Eingang in die mir bis dahin unbekannte Welt klassischer Orchestermusik zu finden.

Politische Klimaveränderungen

Wer das Jahr 1948 bewußt erlebte und die politischen Ereignisse mit Interesse verfolgte, nahm die innen- und außenpolitischen Veränderungen wahr. Der kalte Krieg, ohne öffentliche Ankündigung begonnen, spitzte sich merklich zu. Die Konflikte zwischen den Verbündeten des Zweiten Weltkrieges verschärften sich. Es formierten sich neue Konstellationen, die zu einer vier Jahrzehnte währenden Teilung Deutschlands führten.

Natürlich waren mir die Unterschiede in der Entwicklung der vier Besatzungszonen nicht entgangen. Allerdings wurde mir erst später im Detail bekannt, was auf den Außenministerkonferenzen vom 10. März bis zum 23. April 1947 in Moskau und auf der vom 25. November bis zum 15. Dezember 1947 in London erörtert wurde. Letztmals redeten die vier Siegermächte miteinander über die Zukunft des damals noch nicht gespaltenen Deutschland. Der Historiker Peter Graf Kielmansegg stellte in seiner 2004 erschienenen Analyse dieser Konferenzen fest: »Aber die wahren Gründe der Unmöglichkeit, sich auf eine gemeinsame Lösung der deutschen Frage zu einigen, blieben hinter der Konferenzrhetorik eher verborgen. Keine Seite sprach aus, daß sie in den Ungewißheiten des sich rasch verschärfenden Ost-West-Konfliktes nicht mehr gewillt sei, ihr Verfügungsrecht über den eigenen Anteil an der Beute Deutschland zur Disposition zu stellen.

Wie konnte es auch anders sein?

Nachdem der kalte Krieg nun einmal ausgebrochen war, mußte nüchterne Kalkulation der eigenen Interessen – um die Deutschen ging es ja nicht – jede der entzweiten Siegermächte notwendig zu dem Schluß führen, daß keine der allenfalls aushandelbaren gesamtdeutschen Lösungen ihr so viele Vorteile bringen konnte wie die Teilung […] Unmittelbar nach Abbruch der Londoner Konferenz […] einigten sich Washington und London darauf, daß jetzt der Weg der ›Westlösung‹ lange schon erwogen und durchdacht, ohne weiteren Verzug beschritten werden müsse […] Deutschland geriet nun ganz und gar in den Sog des sich eilig formierenden und rasch erstarrenden ›Systems von 1948‹ […]

In der dichten Folge der Entscheidungsdaten des ersten Halbjahres 1948 spiegelt sich, was die westliche Seite angeht, dieser Sog auf das deutlichste.«[151]

Einblick in die Haltung der Sowjetunion geben Archivalien, die erst in jüngster Zeit sachkundigen Analysen offenstehen. Sie vermitteln heute Informationen, die damals allen verschlossen waren. Prof. Dr. Wladimir Wolkow – auch ein Mann des Jahrgangs 1930 – hat im Archiv des Präsidenten der Russischen Förderation die Notizen der meisten Gespräche Stalins mit den Repräsentanten der SED studiert. In seiner Analyse der sowjetischen Nachkriegspolitik, 2003 in Deutschland in der edition ost publiziert, kommt Wolkow zum Schluß: »Alle Zeugnisse widerspiegelten die Linie Stalins, den Westmächten sein Konzept zur Lösung der deutschen Frage aufzuzwingen und die Bildung einer separaten Regierung in Westdeutschland zu verhindern.«[152] Ganz in diesem Sinne verlief die Begegnung Stalins mit Wilhelm Pieck und Otto Grotewohl am 26. März 1948. Aus dem Protokoll geht hervor, daß Stalins Interesse in jener Zeit vordergründig darauf gerichtet war, in Ost- und in Westdeutschland eine Diskussion über eine gesamtdeutsche Verfassung zu entfalten. Er drängte darauf, diese Verfassungsdiskussion »zum Hebel für die Vorbereitung der Massen auf die Einheit Deutschlands (zu) machen«.[153]

Seine Gesprächspartner forderte Stalin auf, »Keime (Embryonen) eines gesamtdeutschen Parlaments und einer gesamtdeutschen Regierung (zu) schaffen.«[154]

Eine Teilung Deutschlands lief lange Zeit den sowjetischen Intentionen zuwider. Es war die für Moskau ungünstigste Perspektive.

Selbst nach der Währungsreform im Juni und dem Ende der Berlin-Blockade hielt Stalin – so in einem Gespräch mit Wilhelm Pieck am 18. Dezember 1948 – »unverändert an seiner früheren Betrachtungsweise hinsichtlich der Einheit Deutschlands fest«.[155] Es fehlt nicht an Belegen dafür, daß Stalin im Interesse der Sowjetunion lange eine Strategie der Schaffung eines neutralen Deutschlands verfolgte. Die tatsächlichen Ereignisse in Deutschland liefen in den Jahren 1948/49 bekanntlich in eine andere Richtung.

Schon früh stellten die Westmächte die Weichen zur Teilung. In einer streng geheimen Kabinettsvorlage vom April 1946 hatte Londons Außenminister Ernest Bevin die britischen Nachkriegsinteressen unverblümt erklärt. Unter der Ziffer 59 seines Strategiepapiers fordert er »ein nach Westen ausgerichtetes Deutschland« und die »Beschränkung des sowjetischen Herrschaftsbereiches so weit östlich wie möglich«.[156] Kielmansegg bestätigte, daß die Engländer und Amerikaner sich »ziemlich früh bewußt für die Teilung entschieden haben. Sie gaben spätestens *von 1947 an* (*Hervorhebung – H. G.*) der festen Eingliederung ihrer Besatzungszonen in die westliche Hemisphäre den Vorzug vor allen aushandelbaren Lösungen mit ihren Risiken«.[157]

Dadurch brachten die Westmächte die Sowjetunion in Zugzwang. Die Gründung der DDR war Folge der zuvor vollzogenen Bildung des westdeutschen Staates. Die Existenz zweier, 1949 entstandener, deutscher Staaten prägte das Wesen und die Erscheinungsformen der künftigen gegensätzlichen Entwicklung in beiden Teilen Deutschlands und plazierte ungefragt die Bürger in Ost und in West auf jeweils eine Seite der Front des Kalten Krieges.

Im Juni 1949 trafen erneut die Außenminister der vier Alliierten zusammen. Die Tagung in Paris endete ohne Annäherung in der deutschen Frage. Die Teilung Deutschlands war vollzogen.

Erst danach wurde die Gründung der Deutschen Demokratischen Republik ernsthaft vorbereitet. Viel Zeit für die erforderliche Vorbereitung blieb nicht. Am 19. September 1949 übermittelte Otto Grotewohl eine Botschaft an J. W. Stalin. Er informierte über das geplante Vorgehen bei der Bildung einer provisorischen Volkskammer, einer Regierung und über wesentliche Aspekte einer Regierungserklärung. »Wir bitten um Ihre Meinung über den Termin und die Prozedur der Regierungsbildung.«[158]

Als ein Ergebnis der internationalen Nachkriegsentwicklung erfolgte am 7. Oktober 1949 die Konstituierung der Deutschen Demokratischen Republik. Eine provisorische Volkskammer als Vertretungskörperschaft und eine provisorische Regierung wurden gebildet. Ihr vorläufiger Status endete nach den ersten allgemeinen Wahlen in der DDR nach Jahresfrist.

Die Vorbereitung der Gründung der Republik war Anfang Oktober auch in Halle zu spüren. In Versammlungen wurde darüber debattiert. Prof. Victor Klemperer, ein recht kritischer Geist, forderte namens des Kulturbundes, dessen Landesorganisation Sachsen-Anhalt er leitete, öffentlich die sofortige Errichtung einer Regierung und einer Volksvertretung in der Hauptstadt Gesamtdeutschlands, in Berlin. Seinem Tagebuch vertraute er an, daß ihm der propagandistische Aufwand dabei nicht besonders lag. Er bekannte jedoch zugleich:»Und ich bin überzeugt, im letzten ideologisch und praktisch auf der richtigen Seite zu stehen.«[159] Am Morgen nach dem 7. Oktober sprach Frau Kunze, die sich sonst zu aktuellen politischen Fragen kaum äußerte, über die Bedeutung der Republikgründung. Was und wie sie dazu sprach, vermittelte sich uns als Überzeugung einer bürgerlich-antifaschistischen Frau. Sie schilderte ihre Empfindungen und Erfahrungen bei der Gründung der Weimarer Republik 1919. Das war für sie ein Befreiungsakt. Die Monarchie war beseitigt, das Dreiklassenwahlrecht abgeschafft. Erstmals wurde den Frauen in Deutschland Wahlrecht zugestanden. Ein junger Staat, meinte Frau Kunze, schaffe generell neue Möglichkeiten. Die Gründung der Deutschen Demokratischen Republik sei eine Aufforderung gerade an uns junge Mitbürger, aktiv zu werden und daran mitzuarbeiten, daß dieser neue Staat nicht das Schicksal der Weimarer Republik erleide.

Wie meine Studienkollegen war ich davon überzeugt, daß die Gründung der DDR die einzig richtige Antwort auf die Schaffung des westdeutschen Separatstaates war. Es entsprach unserem Empfinden, in diesem Staat nicht nur loyale Bürger, sondern Mitgestalter einer neuen, von Ausbeutung befreiten Gesellschaft zu sein.

Schon 1948 war eine spürbare Verschlechterung des politischen Klimas in der sowjetischen Besatzungszone festzustellen. Die KPdSU veränderte ihre Politik gegenüber Parteien und Staaten in ihrem Einflußbereich. Im Juli 1948 wurden die Beziehungen zu Jugoslawien abgebrochen. Das sollte weitreichende Folgen haben. Argwöhnisch wurde fortan jede tatsächliche oder scheinbare Abweichung der Verbündeten vom sowjetischen Kurs beobachtet und geahndet. Die SED mußte sich vom »Deutschen Weg zum Sozialismus«, der seit 1946 zu den Leitlinien ihrer Strategie gehörte, verabschieden.

Das beeinflußte alle Seiten des gesellschaftlichen Lebens. Die Atmosphäre der politischen Debatten wurde rauher. Einige bis eben noch geachtete ältere Parteimitglieder waren nunmehr absurden, uns nicht nachvollziehbaren Vorwürfen ausgesetzt. Straffer als in den Jahren zuvor wurde nunmehr das Parteileben »organisiert«.

Auch im Jugendverband vollzogen sich unübersehbar Veränderungen. Der Abschied von den lockeren Formen der Jugendarbeit zur Entwicklung der FDJ in Richtung einer straff geführten Organisation war damit eingeleitet.

Hochschulreife an der Arbeiter-und-Bauern-Fakultät

Das Herbstsemester 1949 begann für uns mit einigen Überraschungen. Die Vorstudienanstalten an allen Universitäten wurden in Arbeiter-und-Bauern-Fakultäten (ABF) umgewandelt. Wir wußten nicht, daß schon im März 1949 auf einer zentralen Tagung der Hochschulverantwortlichen der Länder über diese Änderung und darüber entschieden worden war, die Kapazität dieser Einrichtungen merklich zu vergrößern. In Halle sollten künftig 600 Arbeiter und Bauern im Alter von 18 bis 40 Jahren auf ein Hochschulstudium vorbereitet werden.[160] Das war ein Mehrfaches der Kapazität der Vorstudienabteilung. Für eine solche Studentenzahl reichte kaum der Platz im Hauptgebäude der Universität. So wurde die Arbeiter- und Bauernfakultät in ein Schulgebäude in der Staudtestraße, nahe dem Museum für Vor- und Frühgeschichte, verlegt.

Aus Anlaß der Fakultätsgründung fand am 3. Oktober 1949 eine Feier statt. Prof. Klemperer notierte nüchtern in sein Tagebuch: »Gestern der halbe Vor- und Nachmittag erfüllt vom feierlichen Auftakt zum 1. Semester der ›Arbeiter-und-Bauern-Fakultät‹. Es ist die alte Vorstudienanstalt, die proletarisch Volksschulgebildete zum Abitur befördert. Jetzt aber 600 Leute, 3 Jahre Vorbildung (statt 2), der Universität fest als Fakultät angegliedert […] Große Feier im Gewerkschaftshaus: […] Rektor mit Kette, FDJ mit Fahnen und Posaunen und Pauken in der berühmten archaischen […] Haltung. Stärkste Betonung durch Aktivisten – etc. Jugendredner des proletarischen Standpunktes, der Arbeitersöhne etc. stärkste Betonung der SU-Verbundenheit. Dann Marsch hinter Fahnen und der Musik über den Markt zum Universitätsplatz […] Dann ein langweiliges toastreiches Mittagessen in der Gesellschaft […] die Professorenschaft außer dem Rektor und Prorektor hatten sich ferngehalten.«[161]

Uns betraf die mit der Gründung der ABF verbundene Verlängerung des Studiengangs nicht. Während wir für den Auszug aus dem Universitätsgebäude Verständnis aufbrachten, stieß die kommentarlose Ablösung unserer verehrten Direktorin Maria Burstein auf Unverständnis, ja Unwillen. Der neue Direktor hatte es nicht einfach mit uns. Vielleicht trug dazu auch bei, daß das angenehme Klima in der kleinen, feinen Lehranstalt im durchorganisierten Betrieb der größeren Fakultät nunmehr nicht aufrechterhalten werden konnte. Maria Burstein aber blieb uns als Dozentin erhalten.

Wir konnten mit ihr über viele Dinge reden. Zu den Gründen ihrer Zurücksetzung war kein Wort zu erfahren. Eiserne Disziplin war Bestandteil ihrer Persönlichkeitsstruktur.

An die neuen Studienbedingungen gewöhnten wir uns bald. Wir hatten die gleichen Dozenten wie bisher. Die Bedingungen in den Labors und Experimentalräumen waren in mancher Hinsicht besser als im Universitätsgebäude. Neue fakultative Fächer wurden angeboten. Sie wurden mit einer Ausnahme sehr unterschiedlich wahrgenommen. Die Ausnahme bildete der Kurs von Prof. Max Knaake. Er bot Zeichenunterricht an und konzentrierte sich in diesem Kurs vor allem aufs Aktzeichnen. Wohl weniger aus künstlerischen Gründen war dieser Kurs ständig überlaufen.

In den Abendstunden nahmen nicht wenige von uns an der gesellschaftlichen Arbeit im Wohngebiet rings um unsere Bildungsstätte teil. Dort trafen wir gern auf Robert Siewert. Der Vizepräsident der Provinz Sachsen-Anhalt gehörte der illegalen Lagerleitung im KZ Buchenwald an. Seine Lebenserfahrung und sein vertrauensvoller Umgang mit anderen beeindruckten uns sehr.

Das Frühjahrssemester 1950 war unser Prüfungssemester. Klausuren wurden geschrieben und mündliche Prüfungen abgelegt. Für eine größere Abschlußarbeit konnten wir das Thema frei wählen. Nach einigen Überlegungen entschied ich mich für »Die Entwicklung des Menschen vom Dryopithecus zum homo sapiens«. Historische, anthropologische und auch gewisse technische Elemente unseres Studiums wollte ich darin verarbeiten. Dazu hatten mich Vorlesungen im Museum für Vor- und Frühgeschichte angeregt. Meine erste selbständige wissenschaftliche Arbeit erhielt eine gute Bewertung. Als ich das Manuskript später in die Hand nahm, erkannte ich an vielen Stellen gerade Angelesenes. Es blieb aber eine gewisse Genugtuung, auch die eigene Suche nach neuer Erkenntnis in der Arbeit zu entdecken.

Während der letzten Prüfungswochen im Sommer 1950 stand auch die Entscheidung über die Studienrichtung an. Vertreter der zahlreichen Fakultäten der Halleschen Universität luden zu Informationsgesprächen ein, natürlich um Studenten für ihre Fachrichtung zu gewinnen. Eines Tages im Juni wurde ich mit anderen aus dem mathematisch-naturwissenschaftlichen Zweig zu einer Studienberatung eingeladen. Man legte uns nahe, unsere naturwissenschaftlichen Ambitionen zurückzustellen. Das Land benötige dringend akademisch gebildete Ökonomen sowohl für die Betriebe als auch für staatliche Leitungsaufgaben. Meine Arbeit bei der Betreuung von Betrieben wurde hervorgehoben, sicher um auch meine Entscheidung zu beeinflussen. Wohl alle Eingeladenen stimmten zu. Dann waren Bewerbungsanträge auszufüllen, Lebensläufe zu schreiben. Im Juli sollte in Berlin eine Aufnahmeprüfung stattfinden.

Inzwischen war uns das Reifezeugnis der Arbeiter-und-Bauer-Fakultät der Martin-Luther-Universität Halle-Wittenberg feierlich übergeben worden. In der allgemeinen Beurteilung wurde mir attestiert: »Herbert Graf hat sich kameradschaftlich bewährt und sehr einsatzbereit gezeigt. Ein politisch aktiver Mensch, ein zäher und zielbewußter Arbeiter.«

Anmerkungen

151 Peter Graf Kielmansegg, Das geteilte Land. Deutschland 1945-1990. In: Siedler Deutsche Geschichte, Band 4, Bassermann Verlag, München 2004, S. 37 und S. 38.

152 W. K. Wolkow, Stalin wollte ein anderes Europa. Moskaus Außenpolitik 1940-1968, edition ost, Berlin 2003, S. 179.

153 Archiv des Präsidenten der Russischen Förderation, Fonds 45, Opis 1, Delo 303, List 47, veröffentlicht in: W. K. Wolkow, Stalin wollte ein anderes Deutschland, a. a. O., S. 177.

154 ebenda, S. 176.

155 ebenda, S. 178.

156 Vgl. Die Zukunft Deutschlands und die Ruhr«(Kabinettsvorlage vom 11. März und 15. April 1947. Streng geheim. Veröffentlicht als Dokument 24 in: R. Steiniger, Deutsche Geschichte 1945-1961« Fischer Taschenbuchverlag, Frankfurt am Main 1983, Bd. 1, S. 185.

157 Peter Graf Kielmansegg, Das geteilte Land, a. a. O., S. 45.

158 BArch-SAPMO DC 20, 15409. Bl. 3-7.

159 Victor Klemperer, So sitze ich zwischen allen Stühlen, Tagebücher 1945-1949, Bd. 1, S. 690.

160 Vgl. dazu Frank Schumann (Hrsg.), Anton Ackermann. Der deutsche Weg zum Sozialismus, Das Neue Berlin 2005, S. 182.

161 Victor Klemperer, a. a. O., S. 689 f.

Hochschuljahre

Aufnahmeprüfung in der Plankommission

Das Tempo und die Präzision, mit denen die Bildung einer Hochschule für Ökonomie vorbereitet wurde, ließen auf einen starken »langen Arm« schließen. Bereits am 16. Februar 1950 hatte der Ministerrat der DDR die Gründung einer solchen Lehr- und Forschungseinrichtung beschlossen. Die von Walter Ulbricht und Heinrich Rau unterzeichnete Verordnung zielte auf Praxisverbundenheit in der Ausbildung und auf Auswahl der ersten Studenten aus Vorstudienanstalten, Betrieben und Verwaltungen. Nach einer Eignungsprüfung sollten die Studenten während des Studiums auf gesamtvolkswirtschaftliche Komplexe einschließlich Statistik orientiert werden. Mathematische Probleme sollten einen hohen Stellenwert bekommen. In den Lehrkörper sollten sowohl »namhafte Professoren von Universitäten und anerkannte fortschrittliche Nationalökonomen« sowie bewährte Wirtschaftspraktiker berufen werden.[162]

Mit der Vorbereitung der Gründung und der Auswahl des ersten Studentenjahrgangs wurde die erst wenige Monate zuvor gebildete Staatliche Plankommission beauftragt. Im Juni 1950 erfolgte die Auswahl der künftigen Studenten, am 4. Oktober wurde die Hochschule in Berlin-Karlshorst feierlich eröffnet. Im Juni 1951 waren die ein Jahr zuvor in Auftrag gegebenen ersten Neubauten bezugsfertig. Allein die zeitliche Abfolge läßt den beachtlichen Grad des Organisationsvermögens des jungen Staates und der handelnden Personen erkennen. Dabei war unsere Hochschule nur eines von vielen Aufbauprojekten. Im Oktober 1950 war in Leipzig die »Deutsche Hochschule für Körperkultur und Sport« (DHfK) eröffnet, am Neujahrstag 1951 der Grundstein für den ersten Hochofen bei Fürstenberg an der Havel gelegt worden. Zehn Monate später wurde er in Betrieb genommen.

Es verging in jenem Jahr 1950, als ich nach Berlin aufbrach, kaum ein Monat, in dem nicht wichtige Aufbauprojekte oder Neues in Kultur und Wissenschaft auf den Weg gebracht wurde. Mit der Bildung der beiden deutschen Staaten 1949 waren für eine unabsehbare Zeit Tatsachen geschaffen worden. Nun wurde entschlossen gehandelt, um den aus der Teilung Deutschlands resultierenden Disproportionen zu begegnen und den jungen Staat zu stabilisieren. Der Aufbauenthusiasmus war allerorts zu spüren.

Im Juni 1950 füllte ich einen langen Fragebogen aus und brachte einen Lebenslauf zu Papier. Dazu sollte eine Begründung eingereicht werden, warum ich mich für dieses Studium beworben hatte. Mit der Unbekümmertheit eines 20jährigen notierte ich: »In meiner Arbeit als Leiter des Referates Betriebsbetreuung der FDJ-Fakultätsgruppe der Arbeiter-und-Bauern-Fakultät sah ich, daß der Grund für Fehlschläge in Betrieben meist die Unfähigkeit der Betriebsleitungen war. In dieser Zeit beschloß ich, Volkswirt zu werden.«[163] Ich wurde sodann aufgefordert, meine Kenntnisse zu Außenwirtschaftsverträgen zu Papier zu bringen.

Archivunterlagen aus dem Sommer 1950 lassen erkennen, daß die Zuständigen Erkundigungen über uns einholten, noch ehe wir zur Aufnahmeprüfung eingeladen worden waren. Sowohl die Parteiorganisation der ABF wie auch Maria Burstein bewerteten Ende Juni 1950 in getrennten Stellungnahmen mein Verhalten und meine Leistungen positiv. Die guten Ergebnisse bei der Zusammenarbeit mit Betrieben wurden hervorgehoben. Maria Burstein bescheinigte mir obendrein eine »unbegrenzte Bereitschaft« zur Mitarbeit.[164]

Am 12. Juli 1950 fanden die Aufnahmeprüfungen in Berlin statt. Ein Bus brachte die Bewerber von Halle nach Berlin. Von Berlin sprach man damals in meinem Heimatort wie von einem sehr, sehr fernen, unerreichbaren Stern. Reisen war damals nicht nur beschwerlich, es gehörte auch nicht zu den Gewohnheiten der »einfachen« Menschen.

Am Stadtrand von Berlin passierte unser Bus einen sowjetischen und dann einen amerikanischen Kontrollpunkt. Beim zweiten Stopp reichte man Reklamezettel in unser Fahrzeug: Vergnügungslokale, Kaufhäuser und Wechselstuben luden zum Besuch. Der Rundfunk im amerikanischen Sektor (RIAS) bot Kontaktadressen. Landsmannschaften, Flüchtlingslager und politische Organisationen nannten ihre Anlaufstellen. Natürlich schauten wir uns die bunten Papiere an, besondere Beachtung aber fanden sie nicht. Wir hatten andere Interessen, andere Ziele. Wir rollten am Funkturm vorbei in Richtung Stadtmitte.

Am Potsdamer Platz hielt unser Bus. Von dort aus waren es nur wenige Schritte in die Leipziger Straße, in das Haus der Ministerien, wo auch die Staatliche Plankommission saß. Staunend betrachteten wir die zahlreichen Paternoster, durchschritten die langen Gänge des riesigen Gebäudes. Wir wurden freundlich begrüßt und stellten uns einzeln der Aufnahmekommission. Das Gespräch kreiste um die eingereichte Arbeit. Am Abend hörten wir die Prüfungsergebnisse. Wie die meisten hatte auch ich bestanden.

Als ich 2005 das Protokoll meiner Prüfung las, fand ich die Einschätzung: »Versucht eigene Gedanken auszudrücken. Politisch gut, abgesehen von theoretischen Schwächen. Das war aber nicht anders zu erwarten. Einstimmig: Zulassung«[165]

Insgesamt ließ die Prüfungskommission in 17 Sitzungen 144 Studenten für das erste Semester und 47 Studenten aus dem vierten Semester verschiedener wirtschaftswissenschaftlichen Fakultäten für ein 5. Semester an der künftigen Hochschule für Planökonomie zu. Das war ein zweifellos bescheidener Anfang einer erfolgreichen Hochschulentwicklung.

Bildungsstätte mit neuem Anspruch

Der Hochschulbetrieb begann im Oktober 1950. Die Nachricht darüber war mit der Information verbunden, daß ein Platz im Internat zur Verfügung stehe. Ich verstaute meine Habe in einem Holzkoffer und einem Seesack und begab mich auf die Reise. Der Zug aus Magdeburg endete in Berlin am inzwischen abgerissenen Anhalter Bahnhof. Mit Mühe fand ich den Weg zur S-Bahn in Richtung Karlshorst. Dort, in der Treskowallee 44, sollte ich mich melden.

Die Treskowalle war zweigeteilt. Auf der einen Seite, von einem hohen Zaun umgeben, residierte die Sowjetische Militäradministration in Deutschland. Es verging einige Zeit, ehe ich nach annähernd tausend Metern mein Ziel, einen grauen Gebäudekomplex vor einer Bahnunterführung, erreichte.

Die Internatsräume befanden sich in der ersten Zeit im gleichen Gebäude wie die Vorlesungssäle, Seminar- und Verwaltungsräume. Sie waren zwar frisch gestrichen, aber kaum möbliert. Nach wenigen

Tagen aber standen für jeden Studenten eine Bettcouch, ein Schrank, ein Bücherregal, Stühle und auch ein Schreibtisch aus neuer Produktion zur Verfügung. Daß wir bei der Einrichtung unserer Zimmer und der Seminarräume mit Hand anlegten, galt als selbstverständlich.

Von Anbeginn funktionierte der Betrieb der Mensa. Dort wurden wir früh, mittags und abends gut verpflegt. Vom ersten Tag an hatte ich an diesem Ort das Gefühl, in erstaunlicher, unerwarteter und vorher kaum vorstellbarer Weise umsorgt zu sein. Nie hatte ich vorher so gut gewohnt, nie war ich so fürsorglich verpflegt worden. Man spürte, man wollte uns etwas Gutes tun.

Die feierliche Gründung am 4. Oktober 1950 vollzog sich spürbar nüchterner als die Immatrikulationsveranstaltung an der Universität Halle zwei Jahre zuvor. Kein feierlicher Saal, sondern eine profane Aula, kein Orchester spielte, keine Spektabilitäten im Ornat waren erschienen. Dafür aber zahlreiche Ehrengäste, Mitglieder der Regierung, Professoren anderer Hochschulen, Delegationen aus der Wirtschaft und Vertreter der sowjetischen Kontrollkommission. Dazu gesellten sich die rund hundert Mitarbeiter und annähernd zweihundert Studenten.

Im Vorraum der Aula lagen Briefe und Telegramme aus Betrieben, Universitäten, von Massenorganisationen, von bekannten Wissenschaftlern und Künstlern. Einen besonderen Platz fand das Grußschreiben des Präsidenten der DDR, Wilhelm Pieck: »Die Hochschule für Planökonomie wird die ihr gestellten Aufgaben erfolgreich lösen, wenn sie eine enge Verbindung der Wissenschaft mit dem praktischen Leben herstellt. Die beste Voraussetzung dafür ist die Tatsache, daß die Studenten dieser Hochschule aus den Reihen des werktätigen Volkes hervorgegangen sind. Es gilt aber sowohl für die Studenten als auch für die Mitglieder des Lehrkörpers, diese Verbindung zu den Werktätigen auch in der wissenschaftlichen Arbeit nie zu verlieren.«[166]

An der Stirnwand der Aula stand in großen Lettern ein faszinierender Satz: »Es gibt keine Landstraße für die Wissenschaft, und nur diejenigen haben die Aussicht, ihre hohen Gipfel zu erreichen, die die Anstrengungen beim Erklettern ihrer steilen Pfade nicht scheuen.« Dieses Zitat aus dem Vorwort zum ersten Band des »Kapitals« von Karl Marx sollte uns auf die vor uns liegenden Anstrengungen einstimmen. Es wurde vielen von uns zur Maxime.

In seiner Eröffnungsansprache gab der Vorsitzende der Staatlichen Plankommission, Heinrich Rau, seiner Erwartung Ausdruck, daß die Studenten »die große Verantwortung erkennen, zu der sie dieses Studium beruft und entsprechend mit dem erforderlichen Ernst und Arbeitseifer ihr Studium durchführen«.

Schon in den ersten Tagen war spürbar, daß hier ein anderer Wind wehte als im normalen Universitätsbetrieb. Im ersten Studienjahr gab es Vorlesungen und Seminare zum Gegenstand und der Methode der Politischen Ökonomie, zur Wirtschaftsgeschichte, zum dialektischen und historischen Materialismus, zur Wirtschaftsstruktur und Planung, zur statistischen Methodenlehre, zur Betriebslehre, zur Buchhaltung und zur Staats- und Verwaltungslehre. Dazu gab es eine intensive Sprachausbildung in Russisch. Permanent wurden die Studienergebnisse bewertet. Am Ende des ersten Semesters waren meine Ergebnisse in den naturwissenschaftlichen Fächern überdurchschnittlich. In den Hauptfächern mußte ich künftig intensiver und konzentrierter vorgehen. Allein das Studium des »Kapitals« von Karl Marx stellte Anforderungen, die ich nicht kannte. Später begriff ich, daß die Mühen des Umgangs mit der Logik, den Zusammenhängen und den Schlußfolgerungen dieses fundamentalen Werkes mir wichtige Lehren vermittelten. Neue Regionen wissenschaftlichen Denkens erschlossen sich mir.

In den folgenden Studienjahren wurden die philosophischen und ökonomischen Grundkenntnisse vertieft. Dazu kamen solche Fächer wie ökonomische Geografie, Technologie, Leitung und Planung einzelner Wirtschaftszweige, volkswirtschaftliche Bilanzierung, Finanzen und Kredit und Betriebliches Rechnungswesen. Zur Fundierung der Technologieausbildung wurden wöchentlich Übungen in Mathematik, Physik und Chemie durchgeführt. Die Ausbildung war im Ganzen darauf orientiert, uns Studenten zum Denken in volkswirtschaftlichen Kategorien anzuregen. Zu den Erziehungszielen gehörte es, die künftigen Absolventen zu befähigen, später Entscheidungen im Kontext mit den sozialen Erfordernissen vorzubereiten oder auch zu treffen.

Zur Ausbildung im Herbstsemester 1952 gehörte ein Fach mit dem langen Namen »Wirtschaftsgraphik und Kenntnis der Rechentechnik«. Die Rechentechnik, die uns damals vermittelt wurde, steckte noch in den Kinderschuhen. Sowohl in den statistischen Ämtern wie in Verwaltungen der Großbetriebe war damals das

Lochkartenverfahren des seligen Hermann Hollerith das Non-plusultra. Bekanntlich kamen erst 1958 mit dem von Konrad Zuse entwickelten ersten programmgesteuerten Rechner auf elektronischer Basis – dem Z 22 – die ersten Computer in einigen Universitäten zum Einsatz. Es waren fünfzig Rechner mit noch mäßiger Leistung. Der Übergang vom Hollerithsystem zum Computer erwies sich nicht nur in wirtschaftlicher und wissenschaftlich-technischer Hinsicht, sondern auch in seinen sozialen Folgen als ein Entwicklungssprung, der mächtiger war als der Übergang vom Dampfmaschinenantrieb zum Elektromotor siebzig Jahre zuvor.

Als ich mich 1952 mit den ersten Erkenntnissen der Rechentechnik beschäftigte, war weder deren künftige Bedeutung für Berechnung und Steuerung wirtschaftlicher Prozesse vorauszusehen noch die Tatsache, daß fünfzehn Jahre später die Computeranwendung im wissenschaftlichen und staatlichen Bereich für mich ein wichtiges Arbeitsgebiet werden sollte. Wer erinnert sich heute noch daran, welche Schwierigkeiten Konrad Zuse zu überwinden hatte, um der elektronischen Rechentechnik den Weg zu bahnen? Als Zuse seinen 1941 konstruierten Rechner Z 3 zum Patent anmelden wollte, wurde ihm das bekanntlich mit Bezug auf die verwendeten Relais und Lochstreifen abgelehnt, die Einzelteile des Rechners habe es schon gegeben, hieß es abschlägig.[167] Wegen angeblicher »nicht genügender Erfindungshöhe« wurde ihm in Deutschland kein Patent zugestanden.

In der wirtschaftswissenschaftlichen Literatur des 21. Jahrhunderts wird der Frage, ob Planung ohne Computereinsatz überhaupt möglich sei, zunehmend Bedeutung eingeräumt. Der Sozialwissenschaftler Heinz Dieterich vertritt dazu die Ansicht, viele Schwierigkeiten der sozialistischen Wirtschaft waren in »den Bedingungen der sozialistischen Wirtschaft begründet, nicht in der Planwirtschaft an sich. Die objektiven Planungskapazitäten der sozialistischen Staaten waren der Komplexität der Planung nicht angemessen, im wesentlichen auf Grund fehlender Digitalisierung (Computerisierung) der Wirtschaftseinheiten und des angemessenen Datenübertragungssystems (Internet). Das heißt, die notwendige logistische Basis zur Planung fehlte.«[168]

Zweifellos wäre ein Computereinsatz der sozialistischen Planwirtschaft zum Nutzen gewesen. Aber jede Gesellschaftsordnung hat bisher ihre Aufgaben nur mit den Mitteln lösen können, die ihr zum jeweiligen Zeitpunkt zur Verfügung stehen. Für die ersten Planungsschritte standen nur mechanische Rechenmaschinen zur Verfügung. Niemand, auch nicht die Konzerne des Westens, besaßen Computer. Die erforderlichen Berechnungs- und Verflechtungsaufgaben wurden allerorts, wenn auch bei beträchtlichem Aufwand, mit weitgehend mechanischen Anlagen realisiert. Anzumerken ist ferner: Die Planung der Produktions- und der Reproduktionsprozesse vollzieht sich keinesfalls allein in dem zweifellos unabdingbaren Bereich der rechnerischen Erfassung und Optimierung von meßbaren Daten. Unabdingbares Element sozialistischer Planung ist die sachkundige Mitwirkung der im Produktionsprozeß Beteiligten – vom Entwickler bis zum Mann an der Maschine –, damit jeder sein Urteil einbringen und den künftigen Aufgaben konstruktiv gegenüber stehen kann.

Volkseigentum und Planung in der Lehre und im Streit

Unsere Hochschule wurde als Hochschule für Planökonomie gegründet. Wenige Jahre hieß sie Hochschule für Ökonomie und Planung, dann Hochschule für Ökonomie. Betrachtet man die wirtschaftliche Realität der DDR folgte der Namenswandel wohl kaum einem Bedeutungsverlust des Planungssystems. Planung als Vorausschau und Koordinierungsinstrument aller arbeitsteiligen Prozesse ist in jeder modernen Gesellschaftsform existent. Auch im 21. Jahrhundert gehört Planung in Großbetrieben und Konzernen zum täglichen Brot. Sie vollzieht sich in der kapitalistischen Welt im Interesse der Effektivitätserhöhung und der Profitmaximierung und kennt weder gesamtwirtschaftliche noch soziale Kriterien.

Planwirtschaft in volkswirtschaftlichen Dimensionen hingegen ist an die Existenz und Dominanz gesellschaftlichen Eigentums gebunden. In der sowjetisch besetzten Zone, der späteren DDR, war gesellschaftliches Eigentum bei der Enteignung der Betriebe von Kriegs- und Naziverbrechern und von Großgrundbesitzern mit der Bodenreform entstanden. Bei einem Volksentscheid im Juni 1946 in Sachsen entschieden sich 77,62 Prozent der Teilnehmer für die Annahme eines Enteignungsgesetzes. Dessen Text war kurz und unmißverständlich. Artikel 1 lautete: »Das ganze Vermögen der Nazipartei und ihrer Gliederungen und die Betriebe und Unternehmen der Kriegsverbrecher, Führer und aktiven Verfechter der Nazipartei und des Nazistaates, wie auch die Betriebe und Unternehmen, die aktiv den Kriegsverbrechern gedient haben und die der Landesverwaltung übergeben wurden, werden als enteignet erklärt und in das Eigentum des Volkes überführt.«[169]

Am Volksentscheid in Sachsen 1946 beteiligten sich 3.459.658 Bürger, das waren 93,71 Prozent der Wahlberechtigten. Ihre Entscheidung erwies sich als ein revolutionärer Akt. Er trug entscheidend dazu bei, die restaurativen Kräfte einzudämmen und einen wahrhaften Neuanfang zu ermöglichen. Der Jurist Hans Nathan – er kehrte 1946 aus englischer Emigration nach Deutschland zurück – wertete das in der sowjetischen Zone aus den Enteignungen in Industrie und Landwirtschaft hervorgegangene Volkseigentum als eine wirksame Schutzmaßnahme gegen einen Rückfall in faschistische Barbarei.

Nach dem Ende des Zweiten Weltkrieges gab es in allen Teilen Deutschlands ernsthafte Bestrebungen, die Hauptverantwortlichen des Krieges zu enteignen, um die sozialökonomischen Wurzeln des Faschismus zu beseitigen. Daß sich dieses Grundverständnis der Demokraten nicht auf den Einfluß der sowjetischen Besatzungsmacht reduzieren läßt, zeigt die Tatsache, daß Enteignungsforderungen in Länderverfassungen und Parteiprogrammen, auch in westlichen Besatzungszonen, Eingang fanden. In Hessen wie in Sachsen stimmten 1946 zwei Drittel der Wähler für die Enteignung großkapitalistischer Kräfte, die zu den Hauptverantwortlichen des Krieges gehörten. Selbst die CDU konnte sich der antikapitalistischen Nachkriegsstimmung nicht entziehen. In ihrem im Februar 1947 beschlossenen Ahlener Programm war zu lesen: »Das kapitalistische Wirtschaftssystem ist den staatlichen und sozialen Lebensinteressen des deutschen Volkes nicht gerecht geworden […] Inhalt und Ziel dieser sozialen Neuordnung kann nicht mehr das kapitalistische Gewinn- und Machtstreben […] sein«.

Es war ein Zeichen der sich zuspitzenden Systemauseinandersetzung, daß der amerikanische Militärgouverneur Lucius D. Clay den Sozialisierungsartikel (Artikel 41) der durch Volksentscheid am 1. Dezember 1946 beschlossenen hessischen Verfassung[170] außer Kraft setzte. Er blockierte auch das im Landtag Nordrhein-Westfalens beschlossene Gesetz zur Vergesellschaftung des Kohlebergbaus. Es gehört zu den permanenten Irreführungen bürgerlicher Geschichtsdarstellung, daß im Osten Deutschlands vorgenommene Enteignungen das totalitäre Werk einer Handvoll Kommunisten zur Durchsetzung einer Diktatur[171] gewesen sei.

Den wesentlichen Debatten um die Vergesellschaftung des Großkapitals war in den Nachkriegsjahren eine unübersehbare soziale und moralische Dimension eigen. Albert Einstein veröffentlichte 1949 die Erkenntnis, »daß es nur einen Weg gibt, dieses Übel – ›der Oligarchie des privaten Kapitals‹ – loszuwerden, nämlich den, ein sozialistisches Wirtschaftssystem zu etablieren, begleitet von einem Bildungssystem, das sich an sozialistischen Zielsetzungen orientiert, in einer solchen Wirtschaft gehören die Produktionsmittel der Gesellschaft selbst und ihr Gebrauch wird geplant. Eine Planwirtschaft, die die Produktion auf den Bedarf der Gemeinschaft einstellt, würde die durchzuführende Arbeit unter all diejenigen verteilen, die in der Lage sind zu arbeiten und sie würde jedem Mann, jeder Frau und jedem Kind einen Lebensunterhalt garantieren.«[172]

Auch Einstein sah die enge Verknüpfung von Eigentum und Planung. Eigentumsprobleme berührten und berühren zu jeder Zeit den Nerv der Gesellschaft. Eigentum begründet schließlich Herrschaftsbeziehungen. In der kapitalistischen Gesellschaft kann – nach § 903 des BGB – eine Person bekanntlich mit ihrem Eigentum »nach Belieben verfahren und andere von jeder Einwirkung ausschließen«. Das private Eigentum an Produktionsmitteln vermittelt dem Eigentümer damit das Recht der Aneignung nicht nur der Resultate eigener Leistung, sondern auch der Aneignung der Früchte der Arbeit anderer. Die Ergebnisse, der Gewinn oder Profit, entziehen sich jedoch der Verfügung jener, die ihn schufen: Er verbleibt in der Hand des kapitalistischen Eigentümers der Produktionsmittel. Eigentum reduziert sich nicht – wie in der bürgerlichen Theorie und Gesetzgebung manifestiert – als ein schlichtes Verhältnis »Mensch – Sache«. In seinem Kern ist das Eigentum an Produktionsmitteln jedoch Ausdruck eines komplexen gesellschaftlichen Verhältnisses, in dem die einen (die Eigentümer) über Ergebnisse des Schaffens vieler anderer (Nichteigentümer) verfügen. Das Synonym für diese Art der Aneignung fremder Arbeitsergebnisse heißt Ausbeutung. Weder humane Anliegen noch volkswirtschaftliche oder ökologische Erfordernisse, sondern allein Profitmaximierung sind und bleiben das Ziel kapitalistischer Eigentumsverwertung.

Mit dem Volkseigentum bildete sich eine vorher in Deutschland nicht bekannte ökonomische und rechtliche Kategorie des Eigentums an Produktionsmitteln heraus. In seinem Wesen unterschied sich das Volkseigentum vom privaten Eigentum und auch vom bürgerlichen Eigentum der öffentlichen Hand unverkennbar. Volkseigentum als gesellschaftliches Eigentum war unantastbar, unteilbar, unpfändbar und keiner Spekulation zugänglich. Schon 1949 begründete der prominente Rechtswissenschaftler Heinz Such, das Volkseigentum sei im Unterschied zum privatkapitalistischen Eigentum »seinem Wesen nach Verbot der Aneignung des Produkts fremder unbezahlter Arbeit, es ist Aufhebung des Rechts auf Ausbeutung mittels Rechtsgeschäfts«.[173]

Mit der Volkswirtschaftsplanung sollte nicht, wie oft behauptet wird, der Mangel verwaltet werden. Es ging darum, die wirtschaftlichen und sozialen Prozesse nach wissenschaftlichen Erkenntnissen im Interesse des Fortschritts optimal zu verknüpfen. Für Such war das Volkseigentum zugleich das Recht auf gesellschaftliche Aneignung des gesellschaftlichen, d. h. durch Planung in betrieblicher und gesellschaftlicher Arbeitsteilung hergestellten Gesamtprodukts der volkseigenen Unternehmungen.[174] Gesamtinteressen sollten dabei Vorrang vor Partikularinteressen erhalten. Viele Gründe gibt es dafür, warum das in verschiedenen Zeitabschnitten unterschiedlich gut oder schlecht gelang.[175]

Derartige theoretische Positionen zur Eigentumsfrage, insbesondere zum Volkseigentum, übernahmen wir während des Studiums weitgehend ohne weitere Nachfragen. Das kommunistische Manifest hatten wir studiert. Der Tatsache aber, daß Marx und Engels darin die Schaffung des gesellschaftlichen Eigentums nicht vordergründig als einmaligen gesetzlichen Enteignungsakt, sondern als Ergebnis einer Summe von über eine lange Periode wirkenden Maßnahmen betrachteten, schenkten wir kaum Aufmerksamkeit. Wir »übersahen« auch, daß am Schluß des zweiten Kapitels des Manifestes Marx und Engels auch die Verschiedenartigkeit des Vorgehens in einzelnen Ländern ansprachen und in einem zehn Anregungen umfassenden Katalog sehr unterschiedliche ökonomische, soziale, steuer- und erbrechtliche Vorgehensweisen dafür in Betracht zogen. »Sind im Laufe der Entwicklung«, hieß es da, »die Klassenunterschiede verschwunden und ist alle Produktion in den Händen der assoziierten Individuen konzentriert«, tritt an die Stelle der alten bürgerlichen Gesellschaft mit ihren Klassen und Klassengegensätzen »eine Assoziation, worin die freie Entwicklung eines jeden die Bedingung für die freie Entwicklung aller ist«.[176]

Folgte man dieser Erkenntnis, war für den Prozeß der Bildung gesamtgesellschaftlichen Eigentums und der Überwindung der Klassenunterschiede von Marx und Engels ein sehr langer Zeitraum in Betracht gezogen worden.

Im Ergebnis der deutschen Nachkriegsentwicklung war der »Grundstock« des Volkseigentums in der DDR jedoch auf eine völlig andere Weise entstanden. Zur Zeit meines Studiums wurden etwa die Hälfte des Nationaleinkommens und etwa drei Viertel der Industrieproduktion in volkseigenen Betrieben produziert. »Was des Volkes Hände schaffen, soll des Volkes eigen sein« – diese politische Losung reflektierte die Überzeugung eines großen Teils der Bevölkerung. Wie in jeder anderen Eigentumsform drückt sich auch im Volkseigentum ein gesellschaftliches Verhältnis aus. Mit dem gesetzlichen Enteignungsakt allein entwickelte sich keinesfalls automatisch das Verhältnis des einzelnen zum Eigentum der Gemeinschaft. In Erinnerung blieben mir dazu Debatten in meinem Heimatort. Meist aus Not und Hunger geboren, wurde in der Gutsherrenzeit, wenn es irgend ging, von nicht wenigen Landarbeitern von Feldern und den Lagern etwas für die Versorgung der eigenen Familie »abgezweigt«. Nachdem die Güter in Volkseigentum überführt waren, war der Hunger noch nicht gestillt und manchem das »Abzweigen« zur Gewohnheit geworden.

Das Volkseigentum mußte aber schon im Interesse der Allgemeinheit unter besonderen Schutz gestellt werden. Es bedurfte Zeit und auch unbequemer Erfahrungen, ehe unter den neuen Bedingungen die moralischen Signale adäquat reagierten. Die für die Entfaltung der Potenzen des Volkseigentums so entscheidende Bewegung vom »Ich zum Wir« war nicht auf der Kurzstrecke, sondern nur in einem Marathonlauf zu absolvieren.

Die Herausbildung der Beziehung des Einzelnen zum gesamtgesellschaftlichen Eigentum erwies sich dabei als ein Kardinalproblem. In der ersten Phase der Entwicklung des Volkseigentums, als das im Krieg Zerstörte wieder aufgebaut wurde und die gesellschaftliche Arbeitsteilung noch wenig ausgeprägt war, hatte der einzelne Werktätige zumeist ein mentales Verhältnis zu »seinem Betrieb«, zu »seinem Produkt«. Eine ähnliche Beziehung war in vielen Genossenschaften in überschaubaren Größenordnungen zu beobachten. Mit der Vergrößerung der Produktionseinheiten, der Vertiefung der Arbeitsteilung und Spezialisierung lockerten sich die früher oft unmittelbaren Beziehungen des Produzenten zum Betrieb, zum Produkt und dem immer abstrakter erscheinenden »gesellschaftlichen Gesamteigentum«. Entscheidungen von Leitungsorganen über die Köpfe der Beschäftigten hinweg verstärkten die mentale Distanz des Einzelnen zum Gemeinschaftseigentum. Die daraus resultierenden Probleme für das soziale Gesamtgefüge wurden nicht übersehen.

Die zu ihrer Lösung eingesetzten Mittel, etwa moralische Appelle und die Ausgestaltung des Leistungsprinzips, erwiesen sich als nicht genügend. Volkseigentum blieb für zu viele Menschen in der DDR eine formale Kategorie. Die in den 60er Jahren als Neues Ökonomisches Systems (NÖS) begonnenen Veränderungen in der Wirtschaftsleitung, die angestrebte Selbstständigkeit der volkseigenen Betriebe und deren Verfügungsrecht über erarbeitete Gewinne boten Chancen, dem Verhältnis des Einzelnen zum Volkseigentum eine stabile Grundlage zu geben. Die unter sowjetischem Einfluß von den Gegnern des Neuen Ökonomischen Systems um 1970 vollzogene Revitalisierung dirigistischer Leitungs- und Planungsmethoden ließen die erkennbaren Chancen bald verkümmern. Zu berücksichtigen ist dabei: Die Theorie des sozialistischen Eigentums an Produktionsmitteln bildete sich in einer Zeit heraus, in der die ökonomischen Kreisläufe sich im überschaubaren nationalem Rahmen vollzogen. Während in der zweiten Hälfte des 20. Jahrhunderts die theoretischen Grundlagen des genossenschaftlichen Eigentums intensiver bearbeitet und weiterentwickelt wurden, galt das gesamtgesellschaftliche Eigentum als eine »stabile Kategorie«. Zweifellos wurde zu wenig darüber nachgedacht, wie sich unter den Bedingungen einer sich vertiefenden internationalen Arbeitsteilung die Beziehung der Produzenten zu »ihrem« Eigentum erlebbar gestaltet werden könnte.

Wenn nach 1990 über die Ursachen der Niederlage der sozialistischen Staaten in Europa debattiert wird, sind, je nach Position und Profession des Kritikers, sehr unterschiedliche Argumente und Schlußfolgerungen zu vernehmen. Immer öfter wird dabei unterstellt, der Mensch sei in seiner Widersprüchlichkeit sozialistischen Anforderungen nicht gewachsen. Otto Graf Lambsdorff unterstellte: »Die Planwirtschaften mußten scheitern, weil sie von einem selbstlosen Menschen ausgehen, den es auf Erden nicht gibt. Die Marktwirtschaft ist dagegen auf einem existierenden Menschenbild begründet, einem Menschen, der eigene Interessen verfolgt und Fehler hat.«[177] Der evangelische Theologe Schorlemmer glaubte: »Der Marxismus ist für mich im wesentlichen daran gescheitert, daß er sich nicht der gebrochenen menschlichen Existenz stellte.«[178]

Papst Benedikt folgt in der Enzyklika SPE SALVI der gleichen These und erklärt, daß der Irrtum in der Lehre von Karl Marx darin bestand, daß vergessen wurde, »daß Freiheit immer auch Freiheit zum Bösen bleibt«.[179]

Der unvollkommene Mensch ist in solchen liberalen und klerikalen Analysen Ursache der Niederlage des sozialistischen Versuchs im 20. Jahrhundert. Das klingt, bei aller Distanz, bemerkenswert anders als die gehässigen Tiraden von Unrechtsstaat und Diktatur.

Ich bezweifle aber, ob diese Feststellungen kritischer Prüfung standhalten. Niemand wird ernsthaft bezweifeln, daß Menschen über gute und auch weniger gute Eigenschaften verfügen. Damit allerdings ist nicht beantwortet, warum das so ist und ob das immer so bleiben müsse. Die Existenz von Gutem und Bösem in der Bandbreite menschlichen Verhaltens wurde in der DDR weder aus theoretischer Sicht noch in der praktischen Politik ignoriert. Die humanistische Lösung des Problems orientiert darauf, daß man vor allem die gesellschaftlichen Verhältnisse ändern müsse, damit sich das Gute im Menschen stärker durchsetzen kann. Das Ausbeutung ausschließende Volkseigentum sollte dabei ein wesentlicher Stimulus sein. Auch in dieser Hinsicht waren die Visionen, Hoffnungen und Erwartungen der sozialistischen Ideenwelt den Möglichkeiten der Realisierung weit voraus.

Auch wenn der Ansatz als begründet erschien, das Zeitmaß und die Bedingungen der Realisierung des Anliegens waren zu kurz gegriffen. Erwartungen ersetzten zu oft exakte Analysen. Revolutionärer Übereifer führte zentral wie lokal nicht selten zu Fehlentscheidungen bei der Überwindung von tatsächlichen oder angenommenen Hindernissen für das Neue. Dazu kam – das sollte nicht übersehen werden – nicht selten auch der Zwang, auf externe Ereignisse und Einflüsse reagieren zu müssen. Die Selbsteinschätzung von der Unumkehrbarkeit sozialistischer Entwicklung verführte.

Die chinesischen Kommunisten zogen aus eigenen »Beschleunigungsfehlern« den Schluß, die sozialistische Entwicklung in ihrem Land als einen Prozeß zu betrachten, der sich über mehr als ein Jahrhundert erstrecken wird, wobei eine neuartige Beziehung von Volkseigentum, Plan und Markt zu gestalten versucht wird.[180] Dabei folgt man in China der Auffassung: »Man muß am grundlegenden Wirtschaftssystem, in dem das Gemeineigentum den Hauptteil bildet und die Wirtschaften verschiedener Eigentumsformen sich gemeinsam entwickeln, festhalten und es vervollständigen.«[181] Die Ergebnisse werden abzuwarten sein.

Die andere Argumentationslinie moderner Kritiker des Volkseigentums lautet: Das gesamtstaatliche Eigentum verfüge seiner Natur nach über geringere potentielle Leistungsstimulanzen als das Privateigentum. So unterstellt Zbigniew Brzezinski, daß die Abschaffung des Privatbesitzes an Produktionsmitteln die Nabelschnur zwischen Produktivität und Eigennutz durchschneide, zu Lethargie und schließlich zur Leistungsschwäche nicht kapitalistischer System führe.[182] Das unverkennbar vorhandene ökonomische Defizit der sozialistischen Staaten, besonders am Ende ihrer Existenz, wird dafür gern als Beweis angeführt. Auch wenn letztlich Ergebnisse zählen, Leistungskraft und Verwendungsergebnis sind und bleiben unterschiedliche Kategorien.

Zu den unverkennbaren Wirkungen des Volkseigentums in der DDR gehörte, daß im Resultat seiner Leistungskraft schon in den 50er und 60er Jahren aus den Gewinnen der volkseigenen Wirtschaft ein vorbildliches Sozial- und Bildungswesen, kulturelle Einrichtungen in Stadt und Land finanziert wurden. Zugleich wurden teilungsbedingte ökonomische Disproportionen verringert und zielbewußt historisch gewachsene Unterschiede der Wirtschaftskraft und des Arbeitsplatzangebotes in den Regionen nach und nach ausgeglichen. Damit wurden im sozialen Gesamtinteresse Aufgaben in Angriff genommen und gelöst, die eine profitorientierte Wirtschaft nie in Erwägung gezogen hätte.

Der DDR-Staatshaushalt war vorrangig kein ein »Steuerhaushalt«. Auf dessen Einnahmenseite dominierten Gewinne aus der volkseigenen Wirtschaft. 1961 wurden annähernd 60 Prozent der Einnahmen des Staatshaushaltes der DDR aus Überschüssen aus der volkseigenen Wirtschaft gespeist.[183] Das alles vollzog sich bis 1970 bei einem ausgeglichenen Staatshaushalt und ohne nennenswerte Auslandsverschuldung der DDR. Erst als man unter dem tautologischen Motto einer »Einheit von Wirtschafts- und Sozialpolitik« danach in der Führung der SED und der DDR die schlichte ökonomische Regel, daß nur verteilt werden könne, was vorher erarbeitet wurde, glaubte umgehen zu können, entstanden wirtschaftlich Turbulenzen, die sich in den 80er Jahren als immer weniger beherrschbar erwiesen. Auch das Volkseigentum vertrug auf Dauer keine fehlerhafte Handhabung.

Als mein Studienjahr sich mit theoretischen und praktischen Fragen des Volkseigentums und seiner Entwicklung beschäftigte, bewegten wir uns in der Überzeugung, daß sich der Übergang zum Sozialismus auch in unserem Lande als Resultat eines gesetzmäßigen historischen Prozesses vollzog. Wir folgten der Auffassung, daß auch das Verhalten hochkomplexer menschlicher Gemeinschaften auf relativ einfache Gesetzmäßigkeiten zurückzuführen sei. Vom Guten im Menschen überzeugt, erwarteten wir, daß mit zunehmender Wirkung der neuen sozialen Bedingungen und bei entsprechender Überzeugungsarbeit existente und entstehende Konflikte nach und nach gelöst werden. Wir mußten später viel dazu lernen. Das galt für die Wirkungsmechanismen der menschlichen Interessen und Emotionen, sowohl der rationalen wie auch der irrationalen. Defizite in der Erkenntnis darüber führten zu Defiziten bei der Interessenwahrnehmung und bei der Konfliktbewältigung.

Immer wieder beschäftigte uns das Wertgesetz in seinen Wirkungen, die Gestaltung von Ware-Geldbeziehungen, das Verhältnis von Plan und Vertrag, die Selbständigkeit der Wirtschaftseinheiten im Planungssystem und so manches andere erkennbare – aber noch einer Lösung harrende – »Entwicklungsproblem« sozialistischer Ökonomie. Folglich war es kein Zufall, sondern Resultat unserer soliden ökonomischen Ausbildung an unserer Hochschule, daß sich in den 60er Jahren ein großer Teil ihrer Absolventen aktiv und kreativ an der Ausarbeitung und Implementierung des Neuen Ökonomischen Systems beteiligte.

Aus heutiger Sicht urteilt es sich leicht über frühere Defizite. Als die Hochschule für Planökonomie 1950 gegründet wurde, steckten die Planungspraxis und auch die Wissenschaft von der Planung noch in den Kinderschuhen. Der Aufbau der volkseigenen Wirtschaft und ihre theoretische Fundierung verliefen notwendigerweise weitgehend parallel. Der Dichter Bertolt Brecht – keinesfalls ein

Experte der ökonomischen Theorie – hinterließ in seinen Schriften zur Politik und Gesellschaft die interessante Beobachtung: »Die sozialistische Planung negiert zunächst (in den ersten Stadien, in der Zeit der heftigsten Kämpfe) die anarchische Warenproduktion. Dieser zu erkämpfende Zustand wird dann negiert werden müssen durch eine Produktionsweise, welche zugunsten der Produktion Gegensätze aufweist, die die Planung dialektisch machen. Wir werden dialektische Institutionen bauen, die veränderlich sind und unversöhnliche Gegensätze aufweisen.«[184]

Die ersten kurz- und mittelfristigen Pläne in der sowjetischen Besatzungszone folgten inhaltlich und methodisch vorrangig Hinweisen und Weisungen der sowjetischen Militäradministration. Zwangsläufig reflektierten sie den Stand sowjetischer Planungserfahrungen. Die Sowjetunion hatte bekanntlich unter denkbar ungünstigen Voraussetzungen als erstes Land der Welt den Versuch unternommen, eine sozialistische Volkswirtschaft zu errichten. Ökonomische Unterentwicklung gehörte zum Erbe der Zarenherrschaft. Wirtschaftlicher Forschritt erforderte dort, die weitgehend vor- bzw. frühkapitalistischen Strukturen zu verändern sowie alte ökonomische und territoriale Disproportionen zu überwinden. Das vollzog sich unter den spezifischen Bedingungen, daß Rußland vor der Oktoberrevolution keine demokratischen Traditionen aufwies und das Land nach 1917 sich permanent verteidigen mußte. Nach Lenins Versuch einer »Neuen Ökonomischen Politik« entschied man gegen Ende der 20er Jahre, sich vom Wirkungsmechanismus des Marktes abzukoppeln. Mit einer Leitung der Wirtschaft von oben nach unten sollte die Industrialisierung des Landes und ein sozialer Fortschritt gewährleistet werden.

Manifestiert wurde dieses Leitungssystem und damit auch die Planungspraxis, als sich die Führung der UdSSR veranlaßt sah, die ökonomischen Kapazitäten des Landes auf die Bedingungen der Landesverteidigung einzustellen. Zentralismus und Dirigismus mutierten nach dem Überfall Nazideutschlands 1941 und den damit verbundenen Verlusten auch an wirtschaftlichem Potential zu einem kriegswirtschaftlichen Kommandosystem. Es ging schließlich um die Existenz des Landes. Das war keine Zeit, in der ökonomische Theorien gepflegt und Planungsinstrumente in geschliffene Form gebracht wurden. Alle wirtschaftlichen Aktivitäten wurden einem Ziel untergeordnet: dem Sieg über die faschistischen Okkupanten.

Nach 1945 waren die Kriegsschäden auch im wirtschaftlichen Bereich in der Sowjetunion größer als in Deutschland. Überwindung bitterster Nachkriegsnot und Wiederaufbau standen nunmehr im Mittelpunkt der wirtschaftlichen Aktivitäten. Die sozialistische Ökonomie und ihr Planungssystem brauchten einige Zeit, um sich auf die Nachkriegsbedingungen einzustellen.

Der 1935 verstorbene W. W. Kuibyschew und andere sowjetische Fachleute hatten, ausgehend von den Anfangserfahrungen, begonnen, die Planungstheorie systematisch zu bearbeiten, ihre Ergebnisse reproduzierbar zu machen. Das war ein wichtiger Schritt, aber eben noch nicht mehr als der Anfang einer tragfähigen Theorie der Politischen Ökonomie des Sozialismus. In der Nachkriegszeit wechselten in der Sowjetunion Tendenzen der Bewahrung des Bewährten in der Wirtschaftsleitung und Planung, aber auch Offenheit gegenüber Bemühungen, mit fortgeschrittenen wissenschaftlichen Methoden den Planungsprozeß zu vertiefen.[185]

Die Entwicklung der Volkswirtschaftsplanung in der DDR vollzog sich unter dem Einfluß der sowjetischen Planungspraxis, aber unverkennbar auch in der Auseinandersetzung mit dieser. Walter Ulbricht war immer weniger bereit, den Forderungen insbesondere von Stalins Statthalter Semjonow bei der Vorbereitung des ersten Fünfjahrplanes zu folgen.[186] Semjonow wandte sich an Stalin und bezichtigte Ulbricht »nationalistischer und anderer Überspitzungen«.[187] Weder Ulbricht noch Pieck, noch Grotewohl und Rau, die in diesen Streit involviert waren, gaben nach.

Die Eigentumsfrage als ein Kulminationspunkt sozialer Spannungen, die Globalisierung, die Endlichkeit der Naturressourcen unserer Erde und die Zukunft der immer schneller wachsenden Weltbevölkerung bleiben wichtige Themen der Wissenschaft und Politik. Seriöse Lösungen auf ernsthafte Fragen werden notwendiger denn je. Als am 3. Februar 2006 im ehemaligen Staatsratsgebäude der DDR im Zentrum Berlins die private Eliteuniversität *European School of Management und Technologie* (ESMT) eröffnet wurde, erklärte Bundeskanzlerin Merkel den staunenden Ehrengästen aus Politik und den größten europäischen Konzernen: »Eine bessere Symbiose aus ostdeutscher planwirtschaftlicher Vergangenheit und europäischer marktwirtschaftlicher Zukunft kann man sich nicht vorstellen.«[188]

Daß die Bundeskanzlerin als promovierte Naturwissenschaftlerin den Begriff der Symbiose – also des Zusammenlebens von Organismen verschiedener Art zum beider- oder wechselseitigem Nutzen – zu verwenden weiß, dessen bin ich mir sicher. Was sollte aber diese Erklärung? Eine Art Koexistenz sozialistischer Planwirtschaft mit dem Marktwirtschaftssystem wollte sie sicher nicht ernsthaft bei dieser Gelegenheit preisen.

Unsicher ob dieser unerwarteten Aussage der Kanzlerin fragte ich Prof. Dr. Derek F. Abel, den Gründungspräsidenten der ESMT, bei der nächsten Gelegenheit. Dieser hob die Schultern und wechselte zu einem ergiebigeren Thema.

Ein antifaschistischer Lehrkörper

Die wissenschaftliche Substanz einer Hochschule und das geistige Profil der Absolventen werden entscheidend durch die Persönlichkeit der dort tätigen Professoren und Dozenten geprägt. Mit Dankbarkeit denke ich an die Lehrer unserer Hochschule zurück. Professor Dr. Eva Altmann, unsere Rektorin, vermittelte uns durch ihre wissenschaftliche Leistung und die Art des Umgangs mit ihren Mitarbeitern und uns Studenten Werte und Erfahrungen für Jahrzehnte. Ihre Vorlesungen zur Politischen Ökonomie trug sie mit leiser Stimme so vor, als hätte sie jeden Satz gerade eben durchdacht. Selten hob sie die Stimme. Wir folgten ihrem Vortrag mit Aufmerksamkeit, weil sie auf ihre Art vermittelte: Das Vorgetragene ist wichtig und sollte verarbeitet werden, auch damit man den Anschluß zum nächsten Gedanken nicht verliert. Sie war mütterlich streng, manchmal auch in ihrer Souveränität fast erdrückend.

Eva Altmann, Jahrgang 1903, hatte in den 20er Jahren Wirtschaftswissenschaften studiert. Die Faschisten steckten sie ins Zuchthaus Lauerhof bei Lübeck. Sie selbst sprach, wie so manch anderer antifaschistischer Widerstandskämpfer, kaum über ihre Leiden in der Nazizeit. Es entsprach ihrem Wesen, den Blick nicht zurück, sondern nach vorn zu richten. Der Aufbau einer Deutschen Demokratischen Republik bot für sie die sicherste Gewähr, daß sich die tragischen Fehler der Vergangenheit nicht wiederholten. Autoritätsgehabe war Professorin Altmann fremd. Ihre Lebensleistung, ihre herausragenden wissenschaftlichen Fähigkeiten, bildeten die Grundlage einer natürlichen Souveränität.

Wenn uns auch unsere Rektorin in den schwierigen Anfangsjahren in jeder Situation souverän erschien, fühlte man zugleich, daß sie sich nur schwer anderen öffnen konnte. Es erschien mir manchmal, als handele sie nach dem Prinzip: Wisse immer, was du sagst, aber sage nicht alles, was du weißt. So manche Last, die sie trug, wollte sie anderen offensichtlich nicht offenbaren. Erst als ich 2005 Archivalien der Hochschule einsah, erhellte sich mir manches, was diese verehrenswürdige Frau damals mit sich herumtrug. Ihr Schriftwechsel aus den Anfangsjahren der Hochschule läßt die erhebliche Lücke zwischen den ihr von der Regierung, auch von der sowjetischen Kontrollkommission, gestellten Aufgaben und den realen Bedingungen erkennen.[189] Beim Aufbau einer Hochschule neuer Art fand sie nicht immer die nötige Unterstützung. Vor allem fehlte es in der ersten Zeit an befähigten Mitarbeitern.

Im April 1951 schilderte sie den Politbüromitgliedern Rau und Oelßner die prekäre Mitarbeitersituation. »Ich bitte, daß Ihr Euch dringend mit dieser Frage beschäftigt, weil über diesen Mangel guter Wille von meiner Seite und aller Arbeitseifer nicht hinweghelfen können. Die Leitung der ganzen wissenschaftlichen Arbeit an unserer Hochschule auf den sehr verschiedenen Fachgebieten, wie überhaupt der Aufbau des wissenschaftlichen Lehr- und Forschungsbetriebes an unserer Hochschule, der in meinen Händen liegt, ist unmöglich zu vereinigen mit der Betreuung der Studenten in allen Studienangelegenheiten und das sich Kümmern um das Personal.«[190] Sicher war die Lücke im Personalbestand der Hochschule nicht das einzige Problem, daß sie bedrückte. Nicht auszuschließen auch, das sei hier der Fairness halber erwähnt, das die Adressaten ihres Schreibens sich schon deshalb mit derartigen Problemen gut auskannten, weil sie selbst damit täglich konfrontiert waren, aber erst schrittweise zu Lösungen kamen.

Daß Eva Altmann mit der gleichen Gradlinigkeit, mit der sie ihre Studenten und ihre wissenschaftlichen Mitarbeiter behandelte, auch der Obrigkeit gegenübertrat, offenbart das archivierte Schriftgut ebenfalls. So schloß sie beispielsweise den Jahresbericht der Hochschule für 1952 nach einer kritischen Analyse des Erreichten und selbstkritischer Auflistung von Mängeln mit der nüchternen Feststellung, daß die Staatliche Plankommission ihre Zusage, der

Hochschule »bei der Überwindung von Schwierigkeiten zu helfen«, nicht eingehalten habe. Es sei nichts geschehen. »Die Beschlüsse wurden nicht durchgeführt, und es erfolgte keine Anleitung.«[191]

Uns gegenüber gab die Rektorin ihre Sorgen nicht einmal andeutungsweise zu erkennen. Wie schon bei Maria Burstein bestätigte sich in der Haltung der Rektorin die Bemerkung Pablo Nerudas: »Die Kommunisten sind eine gute Familie […] Sie haben ein dickes Fell und ein gestähltes Herz.«[192]

Wirtschaftsgeschichte lehrte Prof. Dr. Hans Mottek. In der Nazizeit mußte er nach England emigrieren. Nach Deutschland zurückgekehrt, war es für ihn selbstverständlich, sich dem Aufbau eines neuen Deutschlands zur Verfügung zu stellen. Hans Mottek war ein tiefgründiger, selbstständiger Denker. Obwohl in der Emigration mit Jürgen Kuczynski, dem zweifellos bekanntesten deutschen Wirtschaftshistoriker, eng verbunden, ging er in seiner Forschung und Lehre von Anbeginn einen anderen wissenschaftlichen Weg. Jürgen Kuczynski rückte die Lage der arbeitenden Klassen ins Zentrum seiner Forschungen, zahllosen Veröffentlichungen und permanenten Öffentlichkeitsarbeit. Nicht nur von Studenten wurde in den 50er Jahren die rhetorische Frage gestellt, was der Unterschied zwischen Lenin und Kuczynski sei. Die etwas diabolische Antwort lautete: Lenin las einen großen Stapel Bücher und Analysen, um dann eine dünne Broschüre zu schreiben. Kuczynski gehe den umgekehrten Weg. Er lese eine Broschüre von Lenin und entwickle daraus ein mehrbändiges Werk. Natürlich lebte dieser Spott von Übertreibung. Aber er enthielt wohl auch ein Körnchen Wahrheit.

Hans Mottek war ein Wissenschaftler anderen Zuschnitts. Er suchte nicht vordergründig die Öffentlichkeit, sondern gehörte zu jenen, die eigene Analysen immer wieder selbst in Frage stellten, um zu nachhaltigen Aussagen zu kommen. Seine Forschungen und Vorlesungen konzentrierten sich nicht allein auf die sozialen Beziehungen, sie erfaßten wesentliche Seiten der technischen Entwicklung, im besonderen Maße auch die Auswirkungen wirtschaftlicher Entwicklungen auf die natürlichen Ressourcen.

Die Vorlesungen bei Prof. Hans Mottek waren anstrengend. Fakten und Zusammenhänge sprudelten nur so aus ihm heraus. Er sprach schnell, nicht selten auch undeutlich. Man mußte sehr aufmerksam zuhören, um seinem Vortrag folgen zu können. Was man verpaßte, konnte man aber in der Konsultation bei ihm nachholen.

Er war gern zu solchen Beratungen mit einzelnen Studenten oder Studentengruppen bereit. Ich habe bei ihm so manches aus seinem Fachgebiet, vor allem aber aus seiner Art des Herangehens bei der Erforschung sozialer Prozesse gelernt. Auch nach meinem Studienabschluß suchte ich das Gespräch mit ihm.

Hans Mottek trat später aus dem Schatten des allgegenwärtigen Jürgen Kuczynski. Mit seinen Arbeiten als Leiter des Institutes für Wirtschaftsgeschichte an der Hochschule für Ökonomie begründete er eine wirtschaftshistorische Fachrichtung, deren Vorgehen bei der ökonomischen Analyse zu einer Schule globalen wirtschaftswissenschaftlichen Denkens wurde.[193] Als sich 1974 in der DDR ein Wissenschaftsrat für Umweltfragen konstituierte, wurde Prof. Dr. Hans Mottek dessen Vorsitzender.

Prof. Rudolf Lindau gehörte zu jenen Hochschullehrern, deren Vorlesungen und Seminare mir lange in Erinnerung blieben. Er gehörte der Generation meines Großvaters an. In der Zeit des Ersten Weltkrieges gehörte er zu den Hamburger Linken, einer Gruppe von Sozialdemokraten, die dem Kurs rechter sozialdemokratischer Führer gegenzusteuern versuchte. An der Seite von Karl Liebknecht und Rosa Luxemburg gehörte er zu den Gründern der Kommunistischen Partei Deutschlands. Sein Fachgebiet, die Geschichte der deutschen Arbeiterbewegung, kannte er nicht nur aus Studien, sondern über wichtige Etappen aus eigener Erfahrung. Die Emigration in der Sowjetunion hatte sichtbar Spuren hinterlassen. Dennoch waren seine Kraft und die Überzeugungsfähigkeit ungebrochen. Er vermochte es wie kaum ein anderer, Geschichte plastisch zu schildern. Es gab kaum einen Aspekt seiner Lehre, den er nicht mit originellen Beispielen auszuschmücken vermochte. Sein Vortrag war so sprachgewaltig, daß ich, wie manch anderer Student auch, meist dabei versäumte mitzuschreiben.

Auch Prof. Bruno Warnke, sein Fach war die Politische Ökonomie, hatte im antifaschistischen Widerstand gekämpft. Als Kenner der Marxschen ökonomischen Theorien und des kapitalistischen Wirtschaftssystems der Neuzeit vermittelte er in seinen Vorlesungen alles andere denn Dogmen. Er vermochte es, selbst schwierige Themen auf seine kauzige Weise zu erläutern. Er war ein faszinierender, wenn auch zerstreuter Professor.

Als wir 1953 im 7. Semester studierten, wurde Prof. Bruno Warnke Hauptbeschädigter in einem Parteiverfahren, das die Hochschule stärker erschütterte als manch Ereignis vorher, worauf ich nachfolgend noch eingehen werde. .

Prof. Hans Schaul leitete das Rechtsinstitut der Hochschule. Er hatte seine juristischen Examen noch in der Weimarer Republik absolviert. Im spanischen Bürgerkrieg kämpfte er als Interbrigadist auf der Seite der Republik. Seit Bildung der Deutschen Demokratischen Republik leitete er, ehe er sein erstes Lehramt übernahm, die wichtige Hauptabteilung Regierungsangelegenheiten in der Regierungskanzlei. Kompetent unterrichtete er uns über den Aufbau, die Arbeitsprinzipien und Probleme des Staatsapparats. In der Art eines erfahrenen Anwaltes vermittelte er uns Grundlagen des Rechtssystems, insbesondere des Zivil- und des Wirtschaftsrechts. Schaul stützte sich insbesondere auf Vorarbeiten zur Theorie des Volkseigentums des Leipziger Wissenschaftlers Heinz Such, der sich als einer der ersten Universitätsjuristen dieser Problematik zugewandt hatte.[194] Wie Heinz Such wertete auch Hans Schaul das Volkseigentum nicht allein als ökonomische Kategorie, sondern als eine Voraussetzung für die Gesellschaftsentwicklung, für Volkssouveränität und als Grundlage einer wahrhaften Demokratie. Nie begegnete der erfahrene Jurist uns von »oben herab«, er nahm gern an unseren Zusammenkünften teil und erteilte Ratschläge, wo es ihm erforderlich schien.

Es gab kaum einen Lehrer an der Hochschule, über den es sich nicht zu berichten lohnte. Die stärksten Persönlichkeiten kamen aus dem antifaschistischen Kampf. Dazu gehörten Heinrich Rau, Bruno Leuschner, Fritz Selbmann und Grete Wittkowski, die als Regierungsmitglieder die Entwicklung unserer Hochschule aktiv unterstützten. In den ersten Jahren hielten sie oft Vorlesungen zur sozialökonomischen Struktur des Landes und den ersten Aufbauerfahrungen der Industrie. Sie hatten die Hölle der Konzentrationslager überlebt und sofort nach Kriegsende Großes für die Versorgung der Bevölkerung, die Beseitigung der Kriegsschäden und den demokratischen Neuaufbau geleistet.

Dr. Jutta Dubinski, die Oberassistentin im Lehrstuhl für Politische Ökonomie, gehörte der Widerstandsgruppe von Arvid Harnack und Harro Schulze-Boysen an, der berühmten »Roten Kapelle«. Prof. Johann Lorenz-Schmidt, bekannt auch als Lázlo Rádvanyi und Anna Seghers' Ehemann, lebte als international renommierter Wirtschaftswissenschaftler im Exil in Mexiko. Er machte uns mit ökonomischen Verhältnissen des amerikanischen Kontinents bekannt.

Reinen Herzens nahmen wir jungen Studenten auf, was uns diese Lehrer vermittelten und vorlebten. Die Achtung, die wir ihnen entgegenbrachten, wurde aber nie zu naiver Gläubigkeit. Immer wieder fragten wir nach dem *Warum*. Mit den Antworten waren wir meist zufrieden. Unser Studium orientierte auf intellektuelle Redlichkeit. Die Grundlagen volkswirtschaftlichen Denkens und der Planung erwarben wir nicht vorrangig in formalen Kategorien, sondern in enger Beziehung zur wirtschaftlichen Praxis. Prof. Eva Altmann gab uns auf den Weg, unser künftiger Beruf sei verantwortlich vielseitig. Er erfordere die Fähigkeit, in großen Zusammenhängen zu denken, die Dinge in ihrer Entwicklung und Veränderung zu erkennen, das Wichtige vom Unwichtigen zu unterscheiden, die Keime des Neuen zu behüten und selbst vorwärtstreibende Kraft zu sein.[195]

Unvergessen bleiben mir wie wohl anderen Studenten Robert und Frieda Coppi, die Heimeltern des Internats der Hochschule. Sie waren die Eltern von Hans Coppi, der mit seiner Frau Hilde als Mitglied der »Roten Kapelle« in Plötzensee hingerichtet worden waren. Ihr Sohn Hans wurde von seinen Großeltern aufgezogen. Einen Teil seiner Kindheit verlebte er mit uns im Internat. Mit seinem Jahrhundertbuch, dem Roman »Die Ästhetik des Widerstandes«[196], setzte Peter Weiß den Coppis ein bleibendes Denkmal.

Liest man heute im 21. Jahrhundert historische Abhandlungen und politische Erklärungen zur untergegangenen DDR, findet man immer wieder die Behauptung, der Antifaschismus in der DDR könne als eine moralische Legitimation dieser Staatsordnung nicht akzeptiert werden, er wäre aufgesetzt bzw. verordnet worden. Ungerechter, beleidigender, anmaßender kann nach meinen Kenntnissen und Erfahrungen ein Urteil über den Antifaschismus in der DDR nicht sein. An unserer Hochschule und in der späteren Praxis begegnete ich gelebtem Antifaschismus immer wieder, er hatte Namen und Gesicht. Und er hatte eine gradlinige Konsequenz: Wollte man die Wurzeln für Faschismus und Krieg für immer beseitigen, mußte man der Gesellschaft zu anderen politischen und ökonomischen Grundlagen verhelfen. Als durchgängiges Thema der Ästhetik des Widerstandes kann, so beschrieb es Karl-Heinz Mauß, »das individuelle Bemühen um Handlungsfähigkeit angesehen werden«.[197]

Setzt man diesen Gedanken fort, läßt sich folgern: Aus der Ästhetik des Widerstands wuchs in der DDR die Ästhetik eines demokratischen Neubeginns.

Das Kernsemester – Erfahrungen, Irrungen, Wirrungen

Die Zusammensetzung des ersten Semesters der Hochschule für Ökonomie reflektierte die besondere Situation nach Gründung der DDR. Wir waren 121 mehr oder weniger junge Männer und 21 – bald sehr umworbene – junge Frauen. Nur 27 davon waren jünger als 20 Jahre. Die Mehrheit bildeten die 20- bis 30jährigen, acht Studenten waren noch älter. Ein nicht geringer Teil der Studenten war als Soldat im Krieg und in Kriegsgefangenschaft. Mehr als zwei Drittel unseres Lehrgangs kamen aus Arbeiterfamilien.[198]

In diesem Kreis gehörte ich zu den Jüngeren. Das Zusammenleben und das betont gemeinschaftliche Herangehen an die Tagesaufgaben begünstigten den Austausch der sehr unterschiedlichen Lebenserfahrungen. Der im Osten eingeschlagene Weg schien uns plausibel. Wir hatten uns entschlossen, einen Beitrag zu diesem Neuaufbau zu leisten. Aus unserem Kurs kam wohl niemand an die Hochschule, um Karriere zu machen. Wir wollten Gutes für eine gerechte Gesellschaft tun, waren bereit, Verantwortung zu tragen. Karrieredenken gehörte in unserer damaligen Vorstellungswelt zu den Untugenden. Karrieredenken der bürgerlichen Welt war uns und blieb mir immer suspekt.

Umfrageergebnisse sind nicht immer signifikant. Wenn aber im Jahr 2004 neunzig Prozent befragter Wirtschaftsstudenten an der Universität Mannheim ihr berufliches Ziel folgendermaßen definierten: »Viel verdienen, wenig Verantwortung«[199], dann werde ich nachdenklich. Unsere Motivation, unsere Lebens- und Berufsauffassung war von anderem moralischen Format.

Vorwärtsschreiten und aus Fehlern lernen

Studium und Internatsleben vollzogen sich in den ersten Semestern nach einer recht strengen inneren Ordnung. Vorlesungen, Seminare waren obligatorisch. Zu jedem Fach wurde ein beträchtliches Maß an Pflichtliteratur vorgegeben und Zusatzliteratur empfohlen. Das unkomplizierte, fast kollegiale Klima der Beziehungen der wissenschaftlichen Mitarbeiter mit den Studenten trug dazu bei, auftretende Probleme oft einer unkonventionellen Lösung zuzuführen. Der Schwierigkeiten des Anfangs waren wir uns weitgehend bewußt.

Im ersten Jahr befand sich das Internat im Hauptgebäude der Hochschule, Eingang und Ausgang wurden registriert. Als mich im ersten Semester mein Freund aus der ABF Halle, Edgar Jung, unerwartet besuchen wollte, schickte ihn der Pförtner erst einmal in das Dekanat für Studentenangelegenheiten. Dort hielt sich zufällig Professor Altmann auf. Sie lud meinen Freund in ihr Arbeitszimmer und bestellte mich dazu. Eva Altmann befragte meinen Besucher, der inzwischen Landwirtschaft in Halle studierte, eingehend nach seinem Studium und dem wissenschaftlichen Klima an seiner Fakultät. Edgar und ich schwitzten mehr als eine halbe Stunde im Zimmer der Rektorin, ehe sie uns zu einem Trip in das Zentrum Berlins entließ. Natürlich ermahnte sie uns mütterlich, zweifelhafte Etablissements, von denen es damals nicht wenige gab, zu meiden und nicht zu spät zurückzukommen. Das derart rigide Reglement war für mich wie auch für viele andere Mitstudenten nicht immer bequem. Wir verstanden aber bald, damit umzugehen.

Die zeitlichen Belastungen der Studenten durch Vorlesungen, Seminare und andere Lehrveranstaltungen ließen anfangs wenig Freizeit. In der Konferenz des Jahres 1952 traten Studenten auf und forderten Änderung. Die Rektorin zeigte Verständnis, war jedoch nicht bereit, die Ausbildungsziele zu reduzieren. Ihre Reaktion auf dieser Beratung lautete: Konzentriert euch, verzettelt euch nicht. Das Protokoll zitiert ihren Rat: »Es kommt darauf an, sich auf einem Gebiet zu vertiefen. Weg von der Mode, alles zu machen. Dies führt uns niemals zu allseitig gebildeten Menschen, sondern nur zu einem oberflächlichen Allesmacher. Liebhabereien entwickeln, Interessen vertiefen, das heißt nicht einseitig werden. Wir müssen Schwerpunkte bilden und weg von der Oberfläche kommen.«[200]

Von Ausnahmen abgesehen, lockerten sich so manche Regelungen der ersten Hochschuljahre von Semester zu Semester. Das Leben und der gesunde Menschenverstand regulierten manche Überspitzung. Obendrein sammelten wir zunehmend Erfahrungen, rationell auch mit anspruchsvollen Stoffgebieten umzugehen. Zu den Übertreibungen dieser Anfangszeit gehörte zweifellos der Versuch, mit einem nach sowjetischem Muster angeordneten kollektiven Selbststudium Studiendisziplin und -ergebnisse zu verbessern. Tatsächlich erwies sich die Verordnung einer solchen Studienform eher als eine Bremse denn als Stimulus individuellen Lernens. Es dauerte nicht lange, bis dieser Unsinn zuerst zurückgefahren und schließlich überwunden wurde. Das kollektive Selbststudium wurde – wie so manch anderes Sinnwidrige – von den Studenten nicht sehr ernst genommen. Es blieb als ein Synonym für verordneten Unsinn in der Erinnerung der Beteiligten. Die Darstellung Harry Nicks, er wäre wegen fünf fehlender Minuten beim kollektiven Selbststudium, verteilt auf drei Fälle, nicht zum Auslandsstudium delegiert worden, würde ich ins Reich der Legende verweisen. Ich habe derartige Reaktionen weder erlebt noch von anderen erfahren. Jeder hat eben seine Erinnerungen und seinen Stil, diese frei zu interpretieren.[201]

Es brauchte einige Zeit, bis sich die Erkenntnis durchsetzte, daß kollektive Erziehung ihre Grenzen hat. Als Studenten späterer Studienjahre sich mit den Bedingungen in unserem Hause vertraut machten, wurde ihnen unser »Gründungssemester« nicht selten als Vorbild vorgehalten. Es dauerte nicht lange, bis uns die Bezeichnung »Kernsemester« anhing. Sie hält sich bis in unsere Tage.

Ebenso der Begriff »Rotes Kloster«. Das zielte insbesondere auf die in der ersten Zeit obwaltenden strengen moralischen Grundsätze. Individuelles Verhalten, selbst Beziehungsprobleme zwischen Eheleuten wurden nicht selten vorschnell zur Angelegenheit der Gruppe. Um den guten, fehlerlosen Menschen im Eilverfahren heranzubilden, wurde in einigen Fällen moralisches Fehlverhalten zum Gegenstand öffentlicher Erörterung. Es verbreitete sich die irrige Vorstellung, Parteileitungen und -versammlungen könnten über alles und jeden reden und urteilen.

Aus meinem Studienjahr traf es Ernst Gallerach. Er war mit einer Studentin des nachfolgenden Studienjahrs verheiratet. Eines Tages beichtete sie ihrem Mann einen Seitensprung mit einem anderen Studenten. Ernsts erste Reaktion: Er gab der reuigen Sünderin eine Ohrfeige. Das wurde publik und zu einer Parteiangelegenheit. Die nächste Parteiversammlung stand folglich unter dem Motto »Das Fehlverhalten des Genossen G.«. Ernst entschuldigte sich und versprach Besserung. Das genügte nicht allen. Es herrschte die Meinung vor, Genossen müßten in jeder Hinsicht Vorbild sein, sie verurteilten und verabscheuten jedwede Gewalt. Ernst kam trotzdem mit einer Strengen Rüge davon. Später wurde er einer der erfahrensten und erfolgreichsten Werkdirektoren im Maschinenbau unseres Landes.

Wenige Monate nach Gründung der Hochschule begann die Bauvorbereitung für Internats- und Institutsgebäude. Für Studenten wie auch für Hochschullehrer und Angestellte erschien es als Selbstverständlichkeit, mit Hand anzulegen. Gemeinsamkeit war angesagt und wurde gelebt. Nachdem die Mitwirkung an den Hochschulbauten sich erledigt hatte, übernahmen Studenten und Beschäftigte der Hochschule Verantwortung bei der Trümmerbeseitigung an einem Abschnitt der heutigen Karl-Marx-Allee. Unser Objekt lag stadteinwärts an der Ecke Koppenstraße. Studenten, Lehrer und Angestellte der Hochschule leisteten dort Woche für Woche ihre Aufbaustunden. Das war zwar anstrengend, aber auch eine willkommene Abwechslung. Die Gastwirte in der Nähe wußten, daß schwere Arbeit auch Durst machte. Wir entzogen uns nicht allzu oft ihrem Angebot.

Bei allen Anforderungen der Lehre bot uns die Hochschule viel-

Der Aztor beim Arbeitseinsatz auf dem Hochschulgelände, 1951

161

fältige Möglichkeiten eines interessanten Studentenlebens. In seiner lebendigen Art führte uns Prof. Herbert Gute in die Welt der Literatur und der Musik ein. Gesangs-, Theater- und Tanzgruppen bildeten sich. Aus Berliner Theatern erhielten diese Gruppen Hilfe durch Mentoren, unter anderem kamen Steffi Spira und Fritz Dechow. Der Pankower Kunstmaler Klingbeil unterstützte den Zirkel unserer Mal- und Zeichentalente. Wir fühlten uns wohl und waren keine Kinder von Traurigkeit. Auch in schmaler Freizeit gingen wir unseren Interessen nach, besuchten Theater, Konzerte und Museen, spielten je nach Neigung Fußball oder Skat. Das kleine Restaurant »Struwwelpeter« in der Cäsarstraße wurde zum Stammlokal nicht nur unseres Semesters.

Zu Beginn des Studiums besuchten wir gern im Haus des Berliner Rundfunks an der Masurenallee die philharmonischen Konzerte unter Leitung von Prof. Hermann Abendroth. Das Rundfunkhaus war über mehrere Jahre eine von sowjetischen Posten bewachte Enklave im englischen Sektor Westberlins. Während im Winter 1950/51 die Fahrt nach und durch Westberlin weitgehend unproblematisch erschien, war ein Jahr später zu spüren, wie die Spannungen zwischen beiden Teilen Berlins zunahmen. Der *Berliner Rundfunk* verließ die Masurenallee. Er fand in der Nalepastraße im Osten Berlins seinen neuen Standort. Bald wurde uns empfohlen, später angeordnet, Westberlin bis auf geregelte Ausnahmefälle zu meiden. Als sich 1953 in der Zeit der Vorbereitung der Wahl des Abgeordnetenhauses Studenten unserer Hochschule im Westberliner Stadtbezirk Tiergarten an politischen Diskussionen beteiligten, wurden einige – darunter meine Mitstudenten Karl H. und Manfred S. – von der Polizei verhaftet, in die Haftanstalt Moabit überstellt und erst nach Tagen wieder freigelassen. Mit anderen konnte ich mich dem polizeilichen Zugriff entziehen.

Gute Freunde

Im ersten Semester erwiesen sich die Beziehungen der Absolventen der Arbeiter-und-Bauern-Fakultäten Berlin, Leipzig, Halle, Rostock und Greifswald als besonders eng. Bald aber verloren sie an Bedeutung. Neue Freundschaften entwickelten sich. Mit Martin Breetzmann und Karl Neelsen fand ich zwei Freunde, die mein Studium und meinen Lebensweg nachhaltig beeinflußt haben. Beide waren ein Jahrzehnt älter als ich. Martin stammte aus einer Landarbeiter-familie im mecklenburgischen Crivitz. Er war Seemann von Beruf und hatte den Krieg bei der Marine überlebt. Karl war Maurer aus Lübeck. An der Ostfront in Gefangenschaft gekommen, war er im Auftrag des Nationalkomitees »Freies Deutschland« an Antifaschu-len in der Sowjetunion tätig. Martin machte sein Abitur an der ABF Greifswald, Karl an der ABF Berlin. Obwohl von unterschiedlichem Naturell, verfügten beide über gereifte Lebenserfahrungen.

Martin waren eine mir bis dahin unbekannte mecklenburgische Bedächtigkeit, ein starker Wille und ein hartnäckiger Studieneifer eigen. Im Nachhinein war er für mich wie ein dicker Dalben im Hafen, an dem Schiffe festmachten, um auch schwerste Wellen zu überstehen. Beständigkeit war sein Markenzeichen. Wenn es sein mußte, konnte Martin allerdings auch energisch werden. Im Som-mer 1953 in einer Parteiversammlung übten Mitarbeiter des Zen-tralkomitees der SED und der Plankommission in scharfer Form Kritik an unserem Verhalten. Ehe andere Erklärungen vorbringen konnten, stand Martin auf. Langsam und mit kräftiger Stimme erklärte er den Kritikern: »So wie ihr aufgetreten und mit uns umge-gangen seid, so spricht man nicht unter Genossen. Wir sind alle Mitglieder der gleichen Partei, mit gleichen Rechten und Pflichten.«

Diese wenigen Worte trugen dazu bei, die Atmosphäre zumin-dest partiell zu verändern.

Martin Breetzmann gehörten zu den ersten Studenten der Hochschule, die heirateten. Es war selbstverständlich, daß Karl Neelsen und ich Trauzeugen waren. Bis zu seinem Lebensende 1989 blieb Martin an der Hochschule, promovierte, wurde Pro-fessor für Politische Ökonomie. Besondere Funktionen hat er nie angestrebt. Sein innerer Auftrag war die Lehre. Im August 1989 – ich war gerade aus Nikaragua zurückgekehrt – besuchte er mich. Er war besorgt über die Lage in der DDR und entrüstet über Stu-pidität und Sprachlosigkeit der Partei- und Staatsführung. Er wollte eine aufrüttelnde Analyse der unübersehbaren Schwierig-keiten in der DDR und Vorschläge für eine andere Politik ausar-beiten. Er meinte, wir sollten das gemeinsam machen. Obwohl im Zweifel, ob auf diesem Weg eine Änderung erreichbar sein würde, sagte ich zu. Wenige Tage danach starb Martin. Das Herz war ihm zu schwer geworden.

Die norddeutsche Zurückhaltung bei Karl Neelsen war anders

strukturiert als Martins mecklenburgische Bedächtigkeit. Sie war hanseatischer. Karl fiel unter uns Studenten als großer Schweiger auf. Wenn er sich aber äußerte, dann hatte das Format. Der damals 30jährige Karl verfügte über eine wahrhaft allseitige Bildung. Er hatte sich schon in der Sowjetunion intensiv mit philosophischen und historischen Fragen beschäftigt. Nicht selten war es so, daß Karl die Fachliteratur, die wir Jüngere uns gerade zu erschließen suchten, schon recht gut kannte. In den Naturwissenschaften war er ebenfalls recht bewandert. Niemand von uns kannte sich in der Literatur und in bildender Kunst so aus wie er. Karl vermittelte seine Meinung und sein Wissen auf recht rare Weise. Zu viele Worte, unnötige Erklärungen, allgemeines Herumgerede waren ihm zuwider. Daran beteiligte er sich nicht. Wenn er das Wort nahm, war es bedacht und kurz. Es war auch von einer gewissen Endgültigkeit, was zu Unrecht von andern manchmal als Überheblichkeit interpretiert wurde. Karl war nie ein Leisetreter, wenn es ernst wurde, kannte er kein Zaudern. Daß er die besten Klausuren schrieb, war fast ebenso selbstverständlich wie die Tatsache, daß er als einer der Ersten von uns promovierte, habilitierte und eine Professur übernahm.

Sah Karl berechtigten Anlaß, dann erhob er seine Stimme. Als beispielsweise die Entwürfe der Fresken für die Internatsbauten und der Entwurf des Belojannis-Denkmals in der Hochschule vorgestellt wurden, hatten die wenig kunstsinnigen Gremien der Hochschule nach kurzer Debatte Zustimmung erteilt. Karl war anderer Meinung. Er veröffentlichte an der Wandzeitung seine Einwände und trat damit eine über Monate gehende Kunstdiskussion an der Hochschule los.

Der anfänglichen Empörung wich ein nachdenkliches Sich-kundig-machen. Schließlich wurde mit den Autoren der Entwürfe eingehend beraten. Sie fanden es gut, daß in diesem Fall nicht nur genickt wurde, sondern auch akzeptable Vorschläge entgegengestellt wurden. René Graetz, der Schöpfer der Belojannis-Skulptur, lud Karl, Martin und mich mehrmals in sein Atelier in der Pankower Parkstraße ein. Wir lernten mit seiner Arbeit an diesem Werk aus unmittelbarer Ansicht künstlerisches Schaffen und auch so manchen anderen Bildhauer, der an unseren Begegnungen teilnahm, kennen. Mehr als fünfzig Jahre danach vermitteln die Reliefs und das Belojannis-Denkmal im Areal der heutigen Fachhochschule für

Wirtschaft und Technik (FHTW) noch immer die Ergebnisse aus kreativen, demokratischen Beratungen zu einer Zeit, als die DDR am Anfang stand.

Obwohl Karl und ich beruflich völlig andere Wege beschritten, blieben wir in aufrichtiger Freundschaft verbunden. Vor allem im literarischen Bereich und in der bildenden Kunst hat mir Karl immer wieder wichtige Anstöße vermittelt. Als Lübecker hatte er ein besonderes Verhältnis zu Thomas Mann. Ohne sein Anraten hätte ich mich 1952 kaum so intensiv mit dem gerade herausgekommenen Doktor Faustus beschäftigt. Fünfunddreißig Jahre später stand die in kleiner Auflage erschienene »Ästhetik des Widerstands« im Zentrum unseres Interesses und unserer Gespräche. Als Karl die Siebzig überschritten hatte, gehörte die Suche nach Ursachen des Untergangs der DDR zu den Hauptthemen unserer Begegnungen.

Nach seinem Ableben 2002 schrieb Judka Strittmatter über ihn: »Ein Mann ist tot, Karl Neelsen, dem es immer um ›die Sache‹ ging. Um die der Kommunisten. Er konnte, wollte da nicht anders. Kam aus dem Krieg und schwor sich Großes: Nie wieder diese Nazis, nie wieder dieses Morden, nur noch Gerechtigkeit für alle. Und Brot und Arbeit und Solidarität.«[202]

Nützliche Praktika

Zu den Vorzügen unserer Hochschulausbildung gehörte die enge Verbindung des Studiums mit der Praxis. Wissensvermittlung wurde klug mit Übungen und Praktika verbunden. Im Zentrum der Ausbildungsgrundsätze stand, den Studenten viel abzuverlangen, ihnen zu vertrauen und früh Verantwortung zu übertragen. Mir ist das gut bekommen, ich konnte das Erworbene über lange Zeit unter sehr verschiedenartigen Bedingungen anwenden und meine spätere Weiterbildung darauf aufbauen. Die zahlreichen Praktika halfen, das Wirtschaftsleben kennenzulernen. Sie festigten mein Urteilsvermögen und vermittelten erste Leitungserfahrungen.

Unser erster Praxiseinsatz ergab sich allerdings noch ungeplant. Gegen Ende des ersten Studienjahres wandte sich ein Treptower Pharmaziebetrieb an die Leitung der Hochschule. Er bat um Mithilfe bei Gewinnung, Transport und Lagerung von Ausgangsmaterialien der Insulinproduktion. Eine Gruppe von Assistenten und

Studenten unter Leitung von Horst Frauendorf – er verfügte über Berufserfahrungen in der chemischen Industrie – versuchte das Problem zu lösen. Damals gab es noch kein synthetisches Insulin. Pankreasdrüsen von Schweinen waren deshalb der einzige Ausgangstoff. Wegen meiner Berufserfahrung in der Fleischerei wurde ich einbezogen. Gemeinsam mit den Fachleuten des Berliner Schlachthofes erarbeitete ich Vorschläge für Erfassung, Kühlung und Transport der Drüsen. Die Mitglieder unserer Gruppe, die im pharmazeutischen Betrieb arbeiteten, kamen auch gut voran. Mit ziemlicher Befriedigung und mit einer ersten unerwarteten Prämie ausgestattet konnten wir den Auftrag abrechnen.

Das große technologische Praktikum absolvierte ich mit anderen Studenten im VEB Transformatorenwerk Oberschöneweide (TRO). Der Kulturdirektor des Werkes, Hannes Pieplow, wies uns ein. Ihm unterstanden die Ausbildungseinrichtungen. Er hielt einen launigen Vortrag über seinen Betrieb, den er mit dem Kalauer abschloß: »Wer hier noch nicht gearbeitet hat und nicht bei Bergmann-Borsig, der kennt des Lebens Schrecken nicht, der hat sie erst noch vor sich«.

Mein Mentor im Betrieb war der Cheftechnologe. Herr Hase kannte den Betrieb aus langer Zugehörigkeit. Eingehend machte er mich auch mit den zivilisatorischen Problemen des Betriebsklimas bekannt, die daraus resultierten, daß der größte Teil der Ingenieure und Facharbeiter früher bei der AEG und ein nicht unwichtiger Teil bei Siemens gearbeitet hätten. Jede dieser Gruppen sei unterschiedlichen Konstruktionsprinzipien und Fertigungsverfahren verbunden. Da gäbe es, so erfuhr ich, nicht nur ein Miteinander, sondern ab und zu heftiges Gegeneinander.

Aufmerksam kümmerte sich Herr Hase darum, daß ich während des Praktikums alle wichtigen Betriebsabteilungen durchlief. So lernte ich bald die mechanischen Werkstätten, die Spulenfertigung und den Kernbau kennen. Die Krönung der Transformatorenherstellung war die Montage. Kerne und Spulen wurden zusammengefügt und mit säurefreiem Öl aufgefüllt. Dort aber gab es immer wieder Probleme und herbe Rückschläge. Vor allem die riesigen 125 Millionen-Volt-Ampere-Transformatoren (MVA-Transformatoren) – sie hatten annähernd die Größe eines Eisenbahnwaggons – havarierten zu oft beim Test im Prüffeld. Ursache war fast ausnahmslos Ölverschmutzung. Da das Transformatorenöl vor dem

Einsatz die Laborprüfung ohne Feststellung überstand, wurde angenommen, daß im Prüffeld das Öl manipuliert würde. Das Wort »Sabotage« ging um. Da Täter nicht zu ermitteln waren, entschloß sich die Werkleitung, die Prüffeldbesatzung – sie setzte sich aus sehr erfahrenen Ingenieuren und Facharbeitern zusammen, darunter nicht wenige, die täglich aus Westberlin kamen – einfach auszuwechseln. Es gab Proteste, die Prüffeldmitarbeiter fühlten sich zu unrecht unter Verdacht gestellt. Als ein neues Prüfungsteam antrat und der Montagebereich zu einer geschlossenen Abteilung erklärt war, gingen die Havarien bei der Prüfung auf ein vertretbares Maß zurück. Ungewißheit blieb dennoch, *wer* der Schuldige war.

Vermutungen über mögliche Verursacher verdichteten sich. 50 Jahre danach offenbarte eine Veröffentlichung, daß ein Laborleiter des Betriebes ein Spitzenagent des britischen Geheimdienstes war.[203] Der oft zitierte Klassenkampf hatte hier eine anschauliche ökonomische Dimension angenommen.

Im Spätherbst des Jahres 1952 absolvierte ich mit sechs Mitstudenten ein mehrwöchiges Praktikum im Bezirk Cottbus. Wir sollten uns in dieser Braunkohlenregion mit den ökonomischen Verhältnissen vertraut machen und Hilfe beim Aufbau der Planungsorgane in den Kreisen und im Bezirk leisten. Erstmals wurde mir bei dieser Gelegenheit die betonte Hervorhebung der Zweisprachigkeit in dieser Region bewußt.

Als schwierig erwiesen sich allerdings die Wohnverhältnisse in der Stadt Cottbus im Winter 1952. Mir war ein kleines Zimmer bei einer Witwe am Stadtrand zugewiesen worden. Es verfügte zwar über einen Ofen, Kohlen aber waren knapp. Nicht selten war am Morgen die Schüssel mit Waschwasser mit einer dünnen Eisschicht überzogen. Es ist wohl ein Indikator für meine damalige Verfassung, daß ich die Abende in dieser Bleibe nutzte, um den – gerade erschienenen – Doktor Faustus von Thomas Mann zu lesen. Möglicherweise beflügelten die fiktive Herkunft der von Mann geschaffenen Erzählerfigur Dr. Zeitblom aus meiner Heimat und die religionskritischen Dispute meinen Eifer. Nachhaltig beeindruckte mich die subtile Auseinandersetzung des berühmten Autors mit der bürgerlichen Wirklichkeit und deren Kunstbetrieb.

Oft begegneten wir jungen Praktikanten dem Vorsitzenden der Bezirksplankommission. Harald B. war nicht sehr groß geraten, ein zäher Mann mit einer schnellen Auffassungsgabe. Er strotzte vor

Aktivität, er war ein Energiebündel. Seine Mitarbeiter nannten ihn »Kugelblitz« oder auch »den laufenden Meter«. Er litt unter einem Napoleonkomplex und versuchte, seine geringe Größe damit zu kompensieren, daß er sich gern als Träger besonderer Informationen präsentierte. Er verstand es, Alltäglichkeiten so darzustellen, als hätte er sie gerade von höchster Stelle erfahren. Zwanzig Jahre später begegnete ich ihm wieder. Im Haus der Ministerien in Berlin trug er den Spitznamen »Das kleine Politbüro«. Was er zu vermitteln hatte, verbreitete er in den Wandelgängen dieses Hauses mit der Vorbemerkung, in der jüngsten Politbürositzung wäre dies oder jenes zur Sprache gekommen. Sein nicht bewältigter Komplex machte diesen in so mancher Hinsicht talentierten Mann zum Gegenstand oft beißenden Spotts.

Relativierte Erwartungen

Unser Kernsemester war bei aller Unterschiedlichkeit der einzelnen Charaktere eine Gruppe Gleichgesinnter. Wir waren überzeugt, für unser Leben die richtige Wahl getroffen zu haben. Es war uns sympathisch, bei Kalinin zu lesen: »Die kommunistischen Prinzipien sind, einfach gesagt, die Prinzipien eines hochgebildeten, fortschrittlichen Menschen, sind die Liebe zur sozialistischen Heimat, Freundschaft, Kameradschaftlichkeit, Menschlichkeit, Ehrlichkeit, Liebe zur sozialistischen Arbeit und eine ganze Reihe anderer, die jedem verständlich sind.«[204] Das erschien erstrebenswert. Mit aller Kraft wollten wir dem gesellschaftlichen Fortschritt dienen. Den Traditionen und Werten der deutschen Arbeiterbewegung fühlten wir uns verpflichtet wie den deutschen Patrioten, die aktiv gegen Faschismus und Krieg gekämpft hatten. Deshalb war wohl jeder von uns bereit, den Erfordernissen des Neuaufbaus Priorität gegenüber eigenen Wünschen und Vorstellungen einzuräumen. Sozialistische, humane, demokratische, freiheitliche Ideale bestimmten unsere Zukunftsvorstellungen.

Die unkomplizierten sozialen Beziehungen im relativ abgeschirmten Mikrokosmos unserer Hochschule erwiesen sich allerdings auch als ein Nährboden trügerischer Erwartungen über das mögliche Tempo künftiger Entwicklungsprozesse.

Mit Leidenschaft wurde an der Hochschule Sport getrieben. Unmittelbar nach Studienbeginn entstand die Hochschulsportgemeinschaft Wissenschaft Karlshorst (HSG Karlshorst), ursprünglich mit den Sektionen Leichtathletik und Fußball. Auch Tischtennis stand hoch im Kurs. In den Wintermonaten 1951/52 übergab der Magistrat von Groß-Berlin unserer Hochschule ein Bootshaus im Berliner Ortsteil Rauchfangswerder. Segeln gehörte bekanntlich in den ersten Jahrzehnten des 20. Jahrhunderts zu den aristokratischen und bürgerlichen Sportarten. Kein Student, auch kein Mitglied des Lehrkörpers unserer Hochschule, kannte sich darin aus, was Johann Bernhard Basedow 1770 als eine »Vorübung des wahren männlichen Lebens« gepriesen hatte.

Martin Breetzmann hatte als gelernter Seemann als einer der wenigen Hochschulangehörigen eine gewisse Beziehung zu diesem Sport. Mit Peter Grabley und einigen anderen Studenten betrieb er die Vorbereitung der Gründung einer Sektion Segeln unserer Hochschulsportgemeinschaft. Der Magistrat übergab uns aus seinem Fonds acht neue Boote aus der Berliner Jachtwerft, vier der Piratenklasse und vier Jugendjollen. Die Rektorin schenkte der jungen Sportsektion drei Paddelboote. Wir waren überglücklich.

Die danach folgenden Wochenenden waren für uns Anfänger mit der Vorbereitung der theoretischen Prüfungen für den Segelschein ausgefüllt. Erfahrene Segler aus dem Vereinshaus vermittelten uns dafür wichtige Grundlagen. Über das Segeln gibt es etliche Sprüche. Mir ist der des Schriftstellers und Seglers Ludwig Turek in Erinnerung geblieben. Er meinte: Das Segeln sei eine Kunst, die ohnehin nicht jeder begreift.

Wir hatten Glück: Wir begriffen. Zunehmend gelang es uns, die Risiken, die Wind, Strömung und Untiefen dem Segler bereiten können, rechtzeitig zu beurteilen und ihnen zu begegnen. Mir haben die Jahre in dieser Sportgemeinschaft nicht nur nautische Erfahrungen vermittelt. Die Liebe zum Segelsport ist mir bis ins Alter geblieben.

Schon im ersten Semester bildete sich an der Hochschule ein kleiner Chor. Nach einigen Übungsstunden konnten wir uns vor Mitstudenten präsentieren. Das fand mehr als höflichen Beifall. Es provozierte aber zugleich den Vorschlag, wir mögen doch unsere Kunst im Kino »Vorwärts« am Karlshorster Bahnhof vor Filmvorführungen der Öffentlichkeit zu Gehör bringen. Mir war aufgetragen, das zu organisieren. Niemand war sich dessen bewußt, wie steinig 1951 der Weg von einer solchen Idee zur Realisierung war.

Noch war die sowjetische Kontrollkommission allgegenwärtig. Auch die Verantwortung für dieses kleine Kino lag bei einem sowjetischen Offizier. Daß die Kinotheater in Berlin 1951 noch unter sowjetischer Aufsicht standen, verwunderte schon.

Ein Hauptmann empfing mich, war erfreut, daß wir die Veranstaltungen in seinem Haus mit fortschrittlichen Liedern kulturell anreichern wollten. Dann aber stellte er mir die Frage: »Wer hat die Liedertexte genehmigt?«

Meine Antwort, die stünden doch in jedem Liederbuch, befriedigte ihn nicht. Die Texte müßten geprüft und mit einem Genehmigungsstempel versehen sein. Er wußte auch, wer dafür zuständig war: die Kulturabteilung des Magistrates.

Dort war allerdings niemand bereit, seinen Stempel für mein Liederbuch auch nur aus der Halterung zu nehmen. Man meinte, der Hauptmann spinne, bei uns könne jeder singen, was er wolle.

Als ich mich ob dieses Mißerfolges auf einer Bank des Stadthauses ausruhen wollte, sprach mich ein vorübereilender Angestellter an, ob ich etwas suche. »Ja, einen Stempel.«

Er ging mit mir in sein Büro. Ohne auf meine Texte zu schauen, setzte er auf jedes Blatt einen Stempel und eine schwungvolle Unterschrift. Es war ein Stempel der Abteilung Kleingewerbetreibende und Straßenhändler. Unsicher, ob das gut gehe, erschien ich tags darauf beim Kinohauptmann. Der lächelte zufrieden und setzte neben jeden Magistratsstempel noch einen der Sowjetischen Kontrollkommission und seine kyrillische Unterschrift. Damit könnten wir nun in jedem Kino Berlins singen, sagte er.

So manche Überspitzung im politischen Geschehen am Beginn unseres Studiums steckten wir weitgehend problemlos weg. Als Belastung erwies sich allerdings die Parteiüberprüfung 1951. Unsere idealisierten Vorstellungen vom Umgang in der Partei wurden dabei auf eine erste harte Bewährungsprobe gestellt. Viele Positionen auf einem langen Fragebogen bezogen sich auf die Beteiligung an Kriegshandlungen und Einzelheiten aus der Kriegsgefangenschaft. Sie betrafen mich nicht. In Schwierigkeiten gerieten hingegen solche Studenten, die in amerikanischer, englischer oder französischer Kriegsgefangenschaft gewesen waren. Aus meinem Studienjahr betraf das 20 Genossen. Mit ihnen wurde sehr lang und sehr bohrend gesprochen. Die meisten blieben zwar in der Partei, sie fühlten jedoch, daß ihnen ein Makel anhing. Auf ihnen lastete der Verdacht, möglicherweise von gegnerischen Diensten angeworben worden zu sein. Am schlimmsten aber traf es Walter Lindenberg, der mit seinen jüdischen Eltern nach England emigriert war und in der britischen Armee, also in der Antihitlerkoalition, gegen die Nazis gekämpft hatte. Unverständlich blieb uns von Anbeginn, daß er nun aus den Reihen der Partei gestrichen wurde. Er blieb in unserem Kreis. Nach Beendigung des Studiums wurde er rehabilitiert.

Die meisten Mitstudenten kamen ungeschoren aus diesem Verfahren. Es blieb jedoch bei allen ein ungutes Gefühl, daß aus Verständnislosigkeit gespeist wurde. Mit unseren Vorstellungen und Kenntnissen aus der Geschichte der deutschen Arbeiterbewegung war diese Art des Umgangs mit aufrichtigen Gefährten nicht erklärbar. Das Studium und das Leben im Internat gingen jedoch weiter. Die Gemeinschaft des Kernsemesters blieb für die Betroffenen wie für die Nichtbetroffenen bestehen. Wir waren gleichgesinnt und hielten zusammen.

Spätestens bei der Vorbereitung des Absolventeneinsatzes zeigte sich, daß man die Studenten, die in westlicher Gefangenschaft waren, lediglich einen Einsatz auf örtlicher Ebene vorsah. Betroffen war davon auch Fritz Ebert, der Sohn des gleichnamigen Politbüromitglieds und Oberbürgermeisters von Berlin.

Wie erst Jahrzehnte später publik wurde, fragte Ebert sr. in einer der Krisensitzungen des Politbüros des ZK der SED am 6. Juni 1953 kritisch nach, warum sein an der Hochschule für Planökonomie studierender Sohn lediglich auf Kreisebene arbeiten dürfe, obwohl sein Fach Gesamtplanung sei. »Man sagt«, so merkte er an, dies sei so, »da er in westlicher Gefangenschaft war«.[205]

Ein Zwischenruf des Hohen Kommissars der UdSSR, Wladimir Semjonow, der an dieser Beratung teilnahm, offenbarte die Herkunft derartiger Pauschalverdächtigungen. Das Protokoll vermerkt: »Zuruf des Genossen Hohen Kommissar: Das ist eine Unmöglichkeit – wahrscheinlich haben unsere Leute eine solche Anordnung veranlaßt.«[206]

Nun war die Katze aus dem Sack. Die Urheber dieser diskriminierenden Kaderpolitik sprachen nicht deutsch, sondern russisch. Wilfriede Otto, die diese Debatte im Politbüro 50 Jahre danach dokumentierte, bemerkt dazu: »Ebert reflektiert auf den von der SMAD vorgegebenen und vom Präsidenten der Deutschen Verwaltung des Inneren am 14. Januar 1949 erlassenen geheimen

Befehl Nr. 2. Dieser Befehl, der sich ursprünglich nur auf die Überprüfung von Grenzpolizisten, auf Angehörige in den Westzonen und auf die Kriegsgefangenschaft bei den Westmächten erstrecken sollte, wurde mit weiterem Beschluß seit Herbst 1949 auf die Überprüfung des Funktionärkörpers der Polizei, der SED, im Staatsapparat und in den gesellschaftlichen Organisationen ausgeweitet.«[207]

Über eine lange Zeit ärgerten wir uns, wenn wir daran zurückdachten, über engstirnige Genossen im ZK der SED. Dieser Ärger ging wohl an die falsche Adresse. Mit welch inneren Gefühlen die Akteure dieser fehlerhaften Politik ihr Amt verrichteten, ist selten offenbart. Kannten sie die tatsächlichen Hintergründe?

Das kritische Jahr 1953

Als die Hochschule für Planökonomie im Oktober 1950 gegründet wurde, tobte in Korea der Krieg. Sein weiterer Verlauf sollte die Polarisierung der Weltmächte im Kalten Krieg außerordentlich beschleunigen. Das berührte die außenpolitischen Konstellationen und führte auch zu einer Zuspitzung der innenpolitischen Verhältnisse in der Bundesrepublik wie in der DDR. Im Frühjahr 1952 kulminierten die internationalen Aktivitäten im Westen in der Vorbereitung des EVG-Vertrages und des Eintritts Westdeutschlands in die NATO. Die Sowjetunion unterbreitete am 7. März 1952 dagegen den Vorschlag, in Verhandlungen über die Wiederherstellung der Einheit Deutschlands auf der Grundlage freier Wahlen einzutreten. Wenn auch bis in unsere Tage diese Stalin-Note von Politikern und Historikern unterschiedlich bewertet wird, unbestreitbar bleibt: Sie wurde von den Westmächten und auch von der Regierung Adenauer abgelehnt. Die entgegengesetzte Entwicklung beider deutscher Staaten wurde beschleunigt.

Die Remilitarisierung im Westen wurde zum Gegenstand innerer Auseinandersetzungen. Wir waren entsetzt, als bei einer Demonstration gegen den Beitritt der BRD in die NATO mit etwa 30.000 Teilnehmern in Essen der 21jährige Philipp Müller von der Polizei am 11. Mai 1952 erschossen wurde.

Wir wollten ein anderes, kein remilitarisiertes Deutschland.

Im Juli 1952 wurde in Berlin auf der 2. Parteikonferenz der Aufbau der Grundlagen des Sozialismus verkündet. Das fand unsere

Zustimmung. Eine von Ausbeutung befreite, humane, friedliebende Ordnung zu errichten, erschien uns eine lobenswerte Aufgabe. Mit der Entwicklung der volkseigenen Industrie, den grundlegenden Reformen im Schulwesen, der Frauenförderung, der Demokratisierung der Verwaltung waren wichtige Vorleistungen erbracht worden. Wir ahnten jedoch nicht, welche Schwierigkeiten noch vor uns lagen. Nie hätte ich erwartet, mit welchen gravierenden Problemen wir in wenigen Monaten konfrontiert sein würden. Die Probleme, die in den Folgemonaten die Situation in der DDR dramatisch zuspitzten, hatten sehr verschiedene Ursachen. Sie resultierten nur teilweise aus der sozialistischen Orientierung.

Am stärksten wurde die Situation dadurch belastet, daß im April 1952 der DDR von Stalin gewaltige militärische Verpflichtungen aufgebürdet wurden.[208] Letztlich führten die 1952/53 neu aufwallenden Debatten in der sowjetischen Führung über die künftige Deutschlandpolitik zu Unsicherheit und zu Irritationen. Weder die militärischen Aspekte noch die Ansätze einer Veränderung der sowjetischen Deutschlandpolitik wurden uns während des Studiums bekannt. Wir Ökonomiestudenten befaßten uns im Winter 1952/53 mit dem Studium einer heute weitgehend unbekannten Broschüre. Es war die letzte Schrift aus der Feder Stalins. Ihr Titel lautete: »Ökonomische Probleme des Sozialismus in der UdSSR«.[209] Die Akademie der Wissenschaften der UdSSR hatte ihre kompetentesten Experten mit der Erarbeitung eines Lehrbuches für die Politische Ökonomie des Sozialismus beauftragt, eine zweifellos dringliche Aufgabe. Der Entwurf mit Darstellung der kontroversen Standpunkte des Jahres 1951 wurde Stalin zur Kenntnis gegeben. Stalin befand sich nicht mehr in bester körperlicher und geistiger Verfassung. Sein Leibarzt Professor Winogradow berichtete später vom erschütternden Verfall seines Patienten im Frühjahr 1952.[210] Stalins allgemeinen Bemerkungen zum künftigen Lehrbuch waren Ende Januar 1952 zu Papier gebracht. Es dauerte jedoch bis zum September 1952, ehe er die Redaktion der letzten Seiten des schmalen Heftes beendete. Unverzüglich wurde die Schrift in Riesenauflagen verbreitet und als Gipfelpunkt ökonomischer Erkenntnis gepriesen. Überall, so war die parteiamtliche Order, sollte das Werk studiert, diskutiert und danach verfahren werden. Also wurde es auch an unserer Hochschule gelesen und gewürdigt. Damit das besonders gründlich geschah, wurde im Russischunterricht das Heftchen zum Gegenstand von Übersetzungsexerzitien.

Im November 1952 wurden Assistenten und Studenten der Hochschule beauftragt, mit Mitarbeitern der Staatlichen Plankommission in Betriebe im Land zu fahren, um mit den Beschäftigten über das »große Werk« zu beraten. Prof. Bruno Warnke gab uns auf einem längeren Kolloquium in seiner lockeren Art Ratschläge, wie dabei so vorzugehen sei, daß auch weniger belesene Menschen diese nicht ganz einfache Materie verstünden. Wenige Tage später fuhr ich mit Horst Ladewig, dem Leiter der Abteilung Lebensmittelindustrie der Plankommission, nach Halberstadt, um die dortigen Würstchen-Produzenten mit Stalins Werk vertraut zu machen. Horst, ein sehr freundlicher Mann mittleren Alters, war von Beruf Gießerei-Ingenieur und ein bilanzsicherer Praktiker. Theoretische Debatten waren nicht unbedingt sein Metier. Er bat mich, die Beratung einzuleiten, ich sei als gelernter Fleischer »berufsnäher«.

Was konnte meine früheren Berufskollegen an den Überlegungen des berühmten Autors interessieren? Sicher nicht die 25 Seiten umfassende Polemik mit einem gewissen Jaroschenko. »Im Gegensatz zum Genossen Jaroschenko« begann eine Vielzahl der Absätze in Stalins Schrift. Wer kannte in Halberstadt schon Jaroschenko? Und dessen nunmehr verdammte Auffassungen?

Ich entschied mich, Stalins Überlegungen zu den Besonderheiten und Unterschieden von naturwissenschaftlichen und ökonomischen Gesetzen zu behandeln. Einer der ersten Redner erklärte, seine Erfahrungen stimmen im vollen Maße mit den Weisheiten Stalins überein. Zwischenrufer forderten: »Erklär das, bitte!« Der Angesprochene, Erfinder einer neuen Konservierungsmethode von Fleischwaren, meinte, so wie Stalin rate, den ökonomischen Gesetzen zu folgen, sei er bei seiner Arbeit den naturwissenschaftlichen Regeln gefolgt. Wer die Regeln beherrsche, komme zu neuen Erkenntnissen. Das war zwar eine Binsenweisheit, wurde aber in unserem Bericht an die Plankommission positiv vermerkt. Auch die anderen Mitarbeiter und Studenten der Hochschule kamen mit ähnlichen Ergebnissen von der Vortragsreise zurück. Alles schien im Sinne der Beschlüsse gelaufen zu sein.

Die Nachricht von Stalins Tod erreichte mich im sächsischen Freiberg. Mit Wilhelm Marter, einem Kommilitonen aus der Industriefakultät, sollte ich an der Bergakademie Studenten für das

174

Herbstsemester an unserer Hochschule werben. Schon als am Nachmittag des 4. März 1953 Kommuniqués über den schlechten Gesundheitszustand Stalins verbreitet wurden, machte sich unter den Studenten Sorge, auch Unsicherheit breit. Wie sollte es nun weitergehen, wenn ER nicht mehr war? Auch wenn es heute kaum zu verstehen ist: Damals übte der Nimbus Stalins auf viele Menschen mehr als nur oberflächliche Wirkung aus. Die Nachricht von Stalins Tod erstickte schließlich jede Diskussion an dieser Akademie. Hochschulwerbung erschien in dieser Atmosphäre unzulässig. Ein unangenehmer Schneeregen zog sich über das Land, als Wilhelm und ich zurück nach Berlin fuhren.

In wenigen Sätzen brachte Bert Brecht die Empfindungen vieler zum Ausdruck. Er schrieb im April 1953: »Den Unterdrückten von fünf Erdteilen, denen, die sich schon befreit haben und allen, die für den Weltfrieden kämpfen, muß der Herzschlag gestockt haben, als sie hörten, Stalin ist tot. Er war die Verkörperung ihrer Hoffnung.«[211] Jahre später, als nach und nach die dunklen Seiten von Stalins Wirken offenbar wurden, notierte Brecht: »Die geschichtliche Würdigung Stalins bedarf der Arbeit der Geschichtsschreiber. Die Liquidierung des Stalinismus kann nur durch eine gigantische Mobilisierung der Weisheit der Massen durch die Partei gelingen. Sie liegt auf der geraden Linie zum Kommunismus.«[212]

Das ZK der SED rief nach Wochenfrist auf »Erfüllt das Vermächtnis des großen Stalin«. Das Werk »Ökonomische Probleme des Sozialismus« wurde in diesem Beschluß zum wissenschaftlichen Vermächtnis J. W. Stalins erhoben.

Zu den Betrieben und Einrichtungen, die nach diesem Beschluß künftig den Namen Stalins tragen sollten, gehörte als einzige wissenschaftliche Einrichtung unsere Hochschule für Ökonomie. Die Namensgebung war für den 1. Mai 1953 angekündigt. Als wir davon erfuhren, waren wir recht überrascht, auch unsicher, warum gerade uns diese Ehre zuteil werden sollte. Doch ehe wir uns mit unserem künftigen Hochschulnamen anfreunden konnten, kam es anders.

Der Beschluß des Politbüros des ZK der SED vom 13. März 1953 über Maßnahmen »zur Verwirklichung des Vermächtnisses des großen Stalin«[213] war offensichtlich mit »heißer Nadel« genäht worden, ohne zu ahnen, daß in Moskau bereits Diadochenkämpfe um die Nachfolge tobten. Zu den kurzschlüssigen Entscheidungen gehörte beispielsweise die geplante Umbenennung Magdeburgs in »Stalinstadt«. Später entschied man sich jedoch für die neue Wohnstadt bei Fürstenberg, die ursprünglich nach Karl Marx benannt werden sollte.

Im gleichen Dokument war die Herausgabe einer Broschüre über die wichtigsten Arbeiten der Genossen Malenkow, Berija und Molotow festgelegt. Nikita S. Chruschtschow erschien in dieser zweiten Märzwoche des Jahres 1953 den Verfassern der Beschlußvorlage noch keiner Berücksichtigung wert. Auch die Auswahl unserer Hochschule erwies sich als korrekturbedürftig.

Als in der zweiten Hälfte des März 1953 auffällig viele uns fremde Personen sich in der Hochschule aufhielten und im Rektorat Gereiztheit zu verspüren war, nahm ich an, es gehe dabei um die Vorbereitung der für den 1. Mai angekündigten Namensgebung. In Wirklichkeit bereitete man eine harsche Abrechnung mit der Lehre und mit Lehrern vor. Wie im Nachhinein bekannt wurde, hatte man die Leitung der Hochschule darüber informiert, daß eine Lektion von Prof. Bruno Warnke an einer Berliner Abenduniversität als »fehlerhaft« beurteilt worden war. Man solle sich mit diesem Genossen auseinandersetzen, lautete die daran geknüpfte Aufforderung. Niemand wußte, woran Anstoß genommen worden war. Aber die Mitteilung ließ erkennen, das es nicht um Kleinigkeiten ging. Ähnliche »Überprüfungen« erfolgten, wie ich vernahm, auch an anderen Bildungseinrichtungen im Umfeld dieses ZK-Beschlusses.

Am 30. März 1953 lag dem Sekretariat des ZK ein umfassender Bericht über das Studium an den Universitäten und Hochschulen vor. Fast überall wollte man Mängel in der ideologischen Arbeit festgestellt haben und forderte deren Überwindung. Tage später wurde ein gesonderter Bericht über die ideologische Arbeit an der Hochschule für Planökonomie Berlin, im Parteikabinett und an der Abenduniversität Berlin behandelt. In der Vorlage wurde behauptet, an der Hochschule werde Kritik und Selbstkritik unterdrückt. Ferner hieß es, Stalins Werk »Ökonomische Probleme des Sozialismus« sei nicht systematisch durchgearbeitet worden.

Eine Kommission unter Leitung von Paul Verner wurde eingesetzt, die das untersuchen sollte.[214]

Von allem, was sich in den siebzehn Tagen zwischen der Mitteilung über die beabsichtigte Auszeichnung der Hochschule mit dem Namen Stalin vom 13. März und der Behandlung der am

30. März vorgebrachten Beschuldigungen im Parteiapparat vollzog, erfuhren wir nichts. Ahnungslos und unerwartet traf uns deshalb eine Stellungnahme des Sekretariats des ZK der SED unter
dem mächtigen Titel »Gegen das Versöhnlertum in ideologischen
Fragen. Stellungnahme des Sekretariats des ZK der SED zur Tätigkeit der Hochschule für Planökonomie«[215], die in der Presse veröffentlicht wurde.

Richtete sich der Beschluß vom 30. März noch gegen mehrere
Institutionen, konzentrierten sich nunmehr alle Beschuldigungen
allein auf unsere Hochschule. Wir hätten nur die Hälfte der angeordneten Versammlungen zu Stalins Werk durchgeführt, hieß es in
dem Papier, bei uns herrsche ideologische Sorglosigkeit und Versöhnlertum. Es folgten weitere unbewiesene Behauptungen. Professor Bruno Warnke wurde zur Last gelegt, er habe schon vor 1933
mit der Parteilinie gehadert und die Lehren Stalins entstellt.

Während von Lehrern und Studenten unserer Hochschule
Bekenntnisse zu den Vorwürfen verlangt wurden, blieben die Produzenten der Beschuldigung in der sicheren Deckung. Es folgten
Versammlungen, Stellungnahmen, Kritik und Selbstkritik. Alles
schien überzogen. Professor Warnke erhielt eine Strenge Rüge, blieb
aber zunächst in seinem Amt.

Die Hochschule beschäftigte dieses unsinnige Papier lange Zeit.
Professor Warnke wurde schließlich abberufen und nach einer
Untersuchung durch die Zentrale Parteikontrollkommission aus der
Partei ausgeschlossen. Die Rektorin erhielt eine Rüge. Uns wurde
aufgetragen, diesen seltsamen Beschluß gründlich auszuwerten. Jün-
gere Studienjahre mußten den von Professor Warnke gelesenen
Lehrabschnitt wiederholen.

Warnke wurde wenige Jahre später rehabilitiert. Über lange
Jahre war er in der Staatsbibliothek tätig. Die Kälte wie die fehlende
Lauterkeit in den Debatten über diesen Beschluß hat alle Genossen, junge wie ältere, gezeichnet. Wir wurden beteiligt an einer
Aktion, deren Anfang und deren Ende wir weder wollten noch
beeinflussen konnten. Wir fügten uns jedoch der »höheren Einsicht«. Prof. Hans Mottek gehörte zu den wenigen, die ihre Hand
nicht erhoben, als es um Zustimmung in dieser Sache ging. Wir
wurden nachdenklicher, waren in Sorge um das Klima in der Partei,
um das Verhältnis der Genossen zueinander. So sollte man mit niemanden umgehen. So wollten wir mit niemanden umgehen.

Bei späteren Treffen erinnerten wir uns wiederholt dieser Auseinandersetzung. Erst nach 1990 gelang es mir, mit einem Mitglied der »Verner-Kommission« über die Hintergründe dieses unwürdigen Verfahrens zu sprechen. Er erklärte mir, es hätte sich um die Auswirkungen der von Moskau ausgehenden allgemeinen Verdächtigungen gegenüber angeblichen Parteifeinden gehandelt. Die Hochschule für Planökonomie sei Anfang 1952 durch Zufall in das Visier ideologischer Gralshüter geraten. Bei einer Prüfung von Literaturankäufen durch Bibliotheken wären mehrere Bibliothekare wegen des Ankaufs trotzkistischer Literatur in Verdacht geraten, darunter auch Mitarbeiter der Hochschule.

Tatsächlich war der Rektorin der Hochschule damals mitgeteilt worden, daß der Betroffene »unmöglich weiter Bibliothekar an der Hochschule sein kann«.[217]

Der Beschluß über das Versöhnlertum an der Hochschule für Planökonomie, so das einstige Mitglied der »Verner-Kommission«, und das solle man nicht übersehen, wäre die letzte derartige Aktion der Parteiführung der SED gewesen. Diese Entscheidung gehörte zu den »Nachbeben« der von Stalin und Berija ausgelösten Verdächtigungswelle, die sich von 1948 bis 1953 durch alle sozialistischen Länder zog und viel Unheil anrichtete. Nach Stalins Tod wurde nach und nach begonnen, die innerparteiliche Demokratie von den Belastungen der Vergangenheit zu befreien.

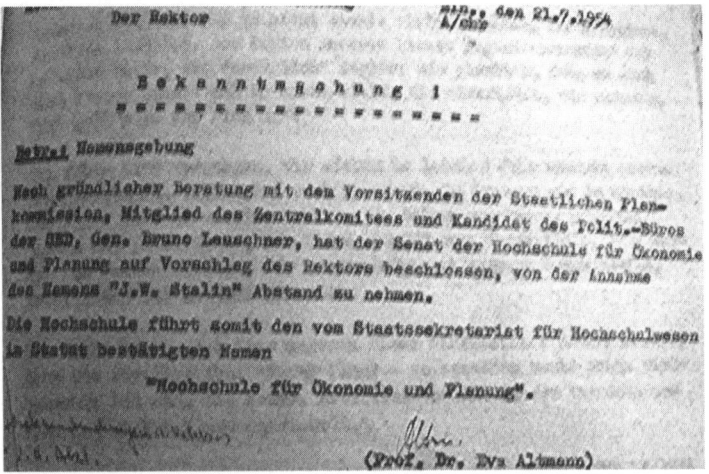

Vom Namen »Stalin« wird Abstand genommen, 1954

Die Verleihung des Namens »Stalin« an die Hochschule hatte sich durch die Partei-Verfahren erledigt. Was im März 1953 mit öffentlichen Würdigungen begann, wurde mit einer fünf Zeilen umfassenden Bekanntmachung am Schwarzen Brett der Hochschule am 21. Juli 1954 beendet. Ohne Begründung hieß es, der Senat der Hochschule habe auf Vorschlag des Rektors beschlossen, von der Annahme des Namens J. W. Stalin Abstand zu nehmen.[219]

Unnötige und unfruchtbare Interventionen verschiedener Herkunft beschäftigten uns jedoch immer wieder. Seit 1951 gab die Hochschule eine kleine Werbebroschüre heraus. Sie informierte über den Lehrplan, brachte Bilder und Berichte aus dem Studentenleben und kurze Artikel von Hochschullehrern. Es war keine aufregende, jedoch eine informative Schrift in kleiner Auflage. Die Broschüren für die Jahre 1951 und 1952 wurden von Assistenten vorbereitet. Sie erschienen in einem grauen Einband mit dem Signet des Fünfjahrplans. Für das Jahr 1953 sollte erstmals ein Student die Herausgabe der Broschüre besorgen. Es war mir angenehm, daß die Wahl auf mich fiel. Das gab Gelegenheit, Neues kennenzulernen.

Die 40 Seiten des Heftchens waren bald vorbereitet. Die Druckgenehmigung wurde ohne Probleme erteilt. Als ich vorschlug, das triste Grau des Einbandes durch ein freundliches Rot zu ersetzen, fand das Zustimmung.

Wenige Tage nach der Auslieferung gingen bei der Hochschulleitung zwei Protestbriefe aus Sachsen ein. In einem wurde kritisch gefragt, mit welcher Begründung bei uns Broschüren in den Farben der alten Reichskriegsflagge, nämlich schwarz, weiß, rot, herausgegeben würden. Im zweiten Brief wurde die Rücknahme des inkriminierten Heftes gefordert.

Die Rektorin beorderte mich in ihr Dienstzimmer. Obwohl noch immer gezeichnet von den Anschuldigungen des ZK-Beschlusses sprach sie in ihrer besonnenen Art mit mir. Sie meinte, unter den derzeitigen Bedingungen lassen wir uns auf keinen fruchtlosen Streit ein. Zwar erscheine jede Zeitung, wenn sie eine Überschrift rot hervorhebe, in schwarz, weiß und rot. »Wir ziehen das Heft zurück und drucken wieder in grau.« So geschah es. Ein rotes Exemplar habe ich behalten. Dies weniger aus bibliophilen Gründen, sondern weil ich in dieser Sache erfahren hatte, daß der Helm des Genossen, wie ein geflügelter Satz lautete, viele Beulen aufweist, manche stammten auch vom Gegner.

Obwohl sich die Mitarbeiter und Studenten der Hochschule in den ersten Monaten des Jahres 1953 sehr mit sich selbst beschäftigen mußten, war uns nicht entgangen, was sich sonst in der Welt und im Lande tat. Die Erleichterung war groß, daß der Koreakrieg, der über drei Jahre wesentlich zur Zuspitzung der Beziehungen von Ost und West geführt hatte, endlich endete.

Zugleich aber war auch wahrzunehmen, daß sich der Schwerpunkt der internationalen Auseinandersetzung von Ostasien in die Mitte Europas verschob. In der DDR erhöhte sich spürbar der politische Druck. Preiserhöhungen für Grundnahrungsmittel und Normerhöhungen in den Betrieben, Tariferhöhungen im Berufsverkehr und andere Maßnahmen erregten Unmut. Zuspitzungen im Verhältnis von Staat und Kirche waren unübersehbar. Zunehmende Verärgerung in der Bevölkerung ging mit Irritationen innerhalb der Partei einher. Die Spannungen zwischen Parteidisziplin und gesundem Menschenverstand wuchsen.

Erstaunlich, auch verwirrend fand ich, was am Sonntag, dem 31. Mai 1953, im Leitartikel des *Neuen Deutschland* verkündet war. Darin wurde scharf gegen die Politik der Westmächte in der Deutschlandfrage polemisiert. Deren Politik sei darauf gerichtet, »Westdeutschland zum Hauptaufmarschgebiet und Schlachtfeld ihres dritten Weltkrieges auszubauen«.

Über den neu berufenen Hohen Kommissar der UdSSR, Semjonow, wurde mitgeteilt, daß es ihm obläge, »die Tätigkeit der staatlichen Organe der Deutschen Demokratischen Republik […] zu überwachen«. Mich verwunderte dieser Ton, ohne das damit signalisierte Maß der Einschränkung staatlicher Souveränität der DDR zu begreifen. Als im vergangenen Jahrzehnt die Archive auch über diese Zeit zunehmend der Öffentlichkeit erschlossen wurden, stellte auch ich mir nach Einsicht in bisher geheime Dokumente die Frage, ob die Maßnahmen, die im ersten Halbjahr 1953 zur Zuspitzung der Lage in der DDR geführt hatten, ihren Ausgang in den Führungsgremien der DDR nahmen oder Ergebnis einer Verschärfung des Moskauer Kurses waren. Schließlich bedurften in dieser Zeit Entscheidungen der Regierungsorgane der DDR der Zustimmung der Sowjetischen Kontrollkommission. Meist waren sie von dort initiiert.[221]

Die nunmehr offenliegenden zeithistorischen Dokumente lassen zweifelsfrei erkennen, daß die verhängnisvollen Maßnahmen der

Jahre 1952/53 zumeist auf Druck der Sowjetischen Kontrollkommission in Deutschland in Kraft gesetzt wurden.[222]

Bislang fehlte es an gesicherter Erkenntnis über den Urheber der verhängnisvollen Entscheidung über die administrative Erhöhung der Arbeitsnormen. Die Tatsache, daß die Zeitung der Sowjetischen Kontrollkommission *Tägliche Rundschau* bereits am 17. Mai 1953 Einzelheiten des erst am 28. Mai gefaßten Beschlusses der DDR-Regierung zur Normenfrage veröffentlichte, läßt zumindest starkes Interesse der sowjetischen Seite an dieser Maßnahme erkennen. Außer Zweifel steht, daß die Debatten um die vorgesehene Erhöhung der Arbeitsnormen vielerorts das Faß des angesammelten Unmutes zum Überlaufen brachten.

Am 10. Juni 1953 verbreiteten Rundfunk und Presse das Kommuniqué über den »Neuen Kurs«. Dessen zweiter Satz begann mit der lapidaren Feststellung: »Das Politbüro des ZK der SED ging davon aus, daß seitens der SED und der Regierung der Deutschen Demokratischen Republik in der Vergangenheit eine Reihe von Fehlern begangen wurden.« Wie viele andere Genossen unseres Studienjahres nahm ich diese Mitteilung mit gemischten Gefühlen auf. Einerseits kam Hoffnung auf, daß nun ein Weg gesucht werde, die angestauten Probleme nach und nach zu lösen. Andererseits baute sich Ärger darüber auf, warum die Parteiführung über Monate den Genossen im ganzen Land Verständnis und Unterstützung für eine kaum erklärbare Politik abverlangt hatte, von der sie sich selbst nunmehr verabschiedete.

Was damals und auch Jahrzehnte danach niemand erfahren hat, war die Vorgeschichte dieses Dokumentes über den »Neuen Kurs«.

In Moskau wurde, wie vorliegende Dokumentationen belegen, nach Stalins Tod hektisch und auch gegenläufig nach neuen Politikansätzen gesucht. Dabei ging es nicht allein um die DDR oder die Deutschlandpolitik. Es ging um die Sowjetunion und alle sozialistischen Länder. In den ersten Junitagen 1953 wurden die Parteiführungen aus Ungarn, Polen und der DDR nach Moskau einbestellt. Die deutsche Delegation, der Grotewohl, Ulbricht und Oelßner angehörten, wurde am 2. Juni mit einem am Vortag gefaßten Beschluß des Ministerrates der UdSSR über die Gesundung der Lage in der DDR konfrontiert. Darin wurde allein Berlin die Schuld an der fehlerhaften Politik zugeschoben. Es wurde gefordert, »eine solche Lage zu erreichen, daß Regierungsmaßnahmen vom

Volk verstanden werden und unter der Bevölkerung selbst Unterstützung finden«.[223]

Über drei Tage zogen sich die oft auch kontroversen Verhandlungen hin.[224]

Nach Rückkehr der Delegation wurden ihr und den anderen Mitgliedern des Politbüros nicht mehr als vier Tage eingeräumt, um mit einer neuen Politikvariante an die Öffentlichkeit zu treten. Herrnstadt, der das Kommuniqué vom 9. Juni vorbereitete, berichtet, daß sowohl er wie auch Grotewohl und Ulbricht gegen eine derart voreilige, unausgereifte Veröffentlichung auftraten. Herrnstadts Dialog mit Semjonow wird folgendermaßen wiedergegeben:

»Ich: ›Gen. Semjonow, ich bin zwar Verfasser des Kommuniqués, möchte aber gegen seine Veröffentlichung protestieren.‹

S.: ›Warum?‹

Ich: ›So kann man einen Kurswechsel nicht einleiten. Das Kommuniqué kann nur Verwirrung stiften.‹ (Das führte ich näher aus)

Er: ›Das Kommuniqué muß morgen in der Zeitung stehen.‹«[225]

Bekanntlich stellte sich in den Tagen danach mehr als nur die befürchtete Verwirrung ein.

Am 16. Juni erreichte uns in der Hochschule die Einladung, noch am gleichen Abend zu einer Parteiaktivtagung in den Berliner Friedrichstadtpalast zu kommen. Nie waren wir vorher zu einer derartigen Veranstaltung eingeladen worden.

Der Friedrichstadtpalast war überfüllt. Tausende Interessierte standen schon auf dem Vorplatz, auf dem über Lautsprecher mitgehört werden konnte, was drinnen gesprochen wurde.

Als erster ergriff Ministerpräsident Otto Grotewohl, ein beliebter Politiker mit hohem Ansehen, das Wort. Er sprach über den »Neuen Kurs«, versprach Verbesserungen der Lebenslage und daß die Fehler der Vergangenheit nun korrigiert und überwunden werden würden. Grotewohl benannte in seiner Rede die unvorhergesehenen Verteidigungsausgaben seit 1952 als »erste tief einschneidende« Ursache für die entstandenen wirtschaftlichen Verwerfungen.[226] Ein Satz, der Hintergründe der Fehlentwicklungen erhellte. Er fand im Trubel dieses Abends kaum Beachtung und wurde in späteren Erklärungen so nicht wiederholt.

Danach folgte Walter Ulbricht. Er sprach ebenfalls über zu korrigierende Fehler und stellte in der ihm eigenen Art fünf Fragen, um diese selbst zu beantworten. Sie bezogen sich auf die jüngsten Entscheidungen und die künftigen Maßnahmen. Zustimmung erntete er für die Erklärung: »Einer der Gründe, warum sich bei uns bestimmte Fehler entwickeln konnten, ist die Tatsache, daß vielfach die innerparteiliche Demokratie verletzt wurde und in Parteiversammlungen viele Zitate vorgetragen wurden, aber wenig lebendiger Meinungsaustausch über den tieferen Sinn der Beschlüsse und die besten Methoden der Durchführung.«[227]

Wir erinnerten uns an die unliebsamen Versammlungen in den vergangenen Monaten.

Der Beifall auf beide Reden fiel nicht wie gewohnt aus. Auch ich gehörte zu jenen, die diese Reden für ein wenig abseits der offensichtlichen Brisanz der Lage in Berlin empfanden: Sie reflektierten nicht die spürbaren Spannungen in der Stadt und im Land. In dieser Stunde wollten die meisten von uns keine Erklärungen für übermorgen, sondern einen klaren Kurs für die nächsten Stunden, für den nächsten Tag.

Niemand von uns wußte jedoch, daß beide Redner seit Wochen in Tag- und Nachtsitzungen in Moskau und Berlin über alle Maßen belastet, geradezu ausgelaugt worden waren. Unter dem Druck der Ergebnisse der Moskauer Beratungen, des Hohen Kommissars Semjonow und der Ereignisse im Lande tagte die Führung der SED seit der Rückkehr der Delegation aus Moskau am 5. Juni 1953 in Permanenz, um Entscheidungen zur Korrektur der bisherigen Politik vorzubereiten und zu treffen. Erst am Dienstag, dem 16. Juni, war am Vormittag die Entscheidung getroffen worden, die Beschlüsse zur Erhöhung der Arbeitsnormen sofort außer Kraft zu setzten.[228] Als wir im Dunkeln über die Weidendammbrücke zum Bahnhof drängten, spürten wir, daß selbst die Umgebung der Friedrichstraße nicht mehr frei war. Die uns aufhalten wollten und anpöbelten, waren keine protestierenden Arbeiter. Sie verbreiteten keine Idee, keine Forderung, sondern nichts als Randale. Gegen Mitternacht trafen wir in Karlshorst ein, es regnete in Strömen.

Angespannt und aufgewühlt verfolgten wir am nächsten Vormittag die Radiomeldungen. Auch angesichts der schwelenden Unzufriedenheit konnten wir uns jedoch die Gründe für den eruptiven Ausbruch der politischen Stimmung, der sich in diesen Stunden vollzog, nicht erklären. Am Vormittag schon waren in Karlshorst ungewöhnlich viele, teils auch gepanzerte sowjetische Fahrzeuge auf der Straße. Gegen Mittag verbreitete sich die Meldung, es sei der Ausnahmezustand ausgerufen und ein Ausgangsverbot angeordnet worden.

Die DDR befand sich in der tiefsten Krise seit ihrer Gründung. Wie viele meiner Studienkollegen suchte auch ich nach Ursachen der nicht nur in Berlin, sondern in vielen anderen Orten entstandenen kritischen Situation. Wenn sich ein derartiges Geschehen an Hunderten Orten zur gleichen Zeit mit analogen Methoden und Losungen vollzieht, konnte das kaum ein spontanes Ereignis sein. Logistik und Organisation des Geschehens waren unübersehbar.

Bis in unsere Tage geht der Streit um die historische Bewertung des 17. Juni 1953. Die immer wieder auftretende Fragestellung, ob es sich um einen Arbeiteraufstand, einen Volksaufstand oder einen konterrevolutionären Putsch handelte, weist nach meiner Einsicht zu keiner realistischen Antwort. Zweifellos hatte sich 1952/53 in der DDR eine kritische Situation herausgebildet. Die oft aufgestellte Behauptung, diese Krise sei »hausgemacht« gewesen, erweist sich in Anbetracht der inzwischen zugänglichen Dokumente über die Einflußnahme sowjetischer Behörden auf die Führungsorgane der DDR als nicht mehr haltbar.

Obendrein wird in diesen nun zugänglichen Dokumenten bezeugt, daß Pieck, Ulbricht und Grotewohl sich – zwar vergeblich, aber jederzeit erkennbar – gegen überzogene Forderungen der sowjetischen Seite stellten.[229]

Der Bezeichnung der Ereignisse vom 17. Juni 1953 als Volks- oder Arbeiteraufstand steht die schlichte Tatsache entgegen, daß nur ein sehr geringer Anteil des Volkes oder der Arbeiterschaft daran beteiligt war. Angesehene westdeutsche Historiker bestätigen das. Rolf Steininger errechnete sechs Prozent[230], Hermann Weber etwa zehn Prozent[231] der Arbeiterschaft, die involviert gewesen sei.

Infrage zu stellen ist auch die immer wieder aufgestellte Behauptung, sowjetische Panzer hätten einen Volksaufstand *niedergewalzt*. Bereits 1965 schätzte der Historiker Arnulf Baring – ihm ist keinerlei Sympathie mit der DDR nachzusagen – ein: »Der Aufstand ist nicht durch sowjetische Truppen niedergeschlagen worden. Aufs Ganze gesehen war die revolutionäre Welle schon gebrochen, bevor die Russen aufmarschierten. Ihr Eingreifen war kein Wendepunkt, sondern hat nur den Schlußpunkt gesetzt: die Streik- und Demonstrationsbewegung hatte sich im Laufe des Tages erschöpft. Der Elan war versickert, der Aufstand in den Anfängen stecken geblieben.«[232]

Wer vorbehaltlos die Hintergründe des 17. Juni 1953 beurteilen will, kommt an der Konzeption und dem Wirken des am 24. März 1952 in Bonn gegründeten »Forschungsbeirates für Fragen der Wiedervereinigung Deutschlands beim Bundesminister für Gesamtdeutsche Fragen« nicht vorbei. Jakob Kaiser, der zuständige Minister der Regierung Adenauer, hatte diesem Gremium antikommunistischer Politiker und Wissenschaftler auf den Weg gegeben, alle beteiligten politischen Kräfte zur Wiederherstellung marktwirtschaftlicher Verhältnisse in der Sowjetzone nach dem Tag X zu bündeln. Konzentriert ging dieses Gremium ans Werk. Bis 1953 fanden dreizehn Plenarsitzungen, fünfunddreißig Ausschußsitzungen und vierunddreißig Arbeitsgruppenberatungen statt. Schließlich rechnete man sich etwas aus. Der – nur auszugsweise veröffentlichte – Tätigkeitsbericht 1952/53 offenbart die Interessenlage des Gremiums. Dort wird festgestellt: Der Forschungsbeirat ist davon ausgegangen, »daß mit der Änderung des Wirtschaftssystems (*der DDR – H. G.*) sich allmählich eine nicht unerhebliche Steigerung der steuerlichen Einnahmen ergeben wird«.[233] Demnach versprach man sich in Bonn steuerlichen Gewinn für den Bundeshaushalt von der angestrebten Veränderung der Verhältnisse im Osten.

Im Juli 1952 berichtete das damals als besonders gut informiert geltende Hamburger Nachrichtenmagazin *Der Spiegel* über einen Generalstabsplan der Regierung Adenauer für den Tag X, das heißt zur »administrativen Machtübernahme« der DDR. In diesem Bericht wurde über eine spezielle Ministeriumsabteilung für den X-Tag informiert, die in der Westberliner Bundesallee 216-218 saß. Das Nachrichtenmagazin wußte damals bereits, daß der X-Tag ursprünglich für den Oktober 1952 angestrebt werde, jedoch dann auf einen späteren Zeitpunkt terminiert wurde.[234] Später wurde bekannt, daß sich in den kritischen Tagen vor dem 17. Juni sowohl die Sonderberaterin für Berliner Fragen im State Department, Eleanore Dulles, der gerade aus Korea zurückgekehrte Chef des Stabes der US Army, Matthew B. Ridgway, der Staatssekretär im Bundeskanzleramt Otto Lenz[235] und der 1917 gestürzte, inzwischen 72jährige Alexander Kerenski in Westberlin aufhielten. Das war wohl kaum ein Zufall.

Ohne Zweifel hatte sich 1953 die Unzufriedenheit in der DDR verdichtet, es gab auch gute Gründe für manche Forderung der Demonstranten. Allerdings werden heute gern die Aktivitäten auf westlicher Seite ausgeblendet. Auch sie gehören mit zur Wahrheit über den 17. Juni 1953. Dabei ging es nicht nur um die bekannte logistische Unterstützung durch Rundfunksender in Westberlin, die schon *vor* dem 17. Juni geleistet worden war. Heute, mehr als fünfzig Jahre nach den Ereignissen, kommen Dokumente ans Tageslicht, die beweisen, wie tiefgestaffelt 1953 die Organisation westlicher Geheimdienste auf dem Territorium der DDR war. Die CIA unterhielt ein Netz von über 1.500 Mitarbeitern in der DDR.[236] »Obwohl die Amerikaner eigene Quellen in Ostberlin besaßen, gibt es gegenwärtig nur widersprüchliche Annahmen darüber, ob und inwieweit es ihnen gelungen sei, wirkungsvoll die politische Landschaft der DDR aufzuklären. Sicherlich unrealistisch waren Pläne«, wie 2007 in einer Studie festgestellt wurde, »die dem Geist des amerikanischen Rollback-Konzepts entsprangen und verdeckte Operationen in der DDR, Sabotage, Entführungen und Mordanschläge, vorsahen.«[237]

Der britische Geheimdienst unterhielt in Westberlin die größte Basis außerhalb der Insel. Zum britischen Repertoire gehörte »die Abwerbung von Wissenschaftlern und Technikern aus der Sowjetischen Besatzungszone (Operation Matchbox) und von heimkehrenden, zuvor in die UdSSR deportierten Spezialisten (Operation Dragon Return)«.[238]

Daß auch die westdeutsche Organisation Gehlen (OG), der Vorläufer des Bundesnachrichtendienstes, seine Finger im Spiel hatte, wird inzwischen nicht mehr bestritten. Schließlich genoß einer der Spitzenleute dieses Dienstes das besondere Vertrauen des sowjetischen Hochkommissars Semjonow.[239] Inzwischen ist öffentlich, daß die Organisation Gehlen »zwischen dem 17. Juni und dem 5. Juli 1953 548 Quellen« und 17 Agentenfunker mobilisierte. Am 19. Juni wurde selbst das dem Kriegsfall vorbehaltene spezielle Agentenfunknetz zum Einsatz gebracht.[240]

Niemand von uns wußte damals jedoch, daß auch in der UdSSR Kräfte am Werke waren, die für klingende Münze bereit und interessiert waren, die DDR aufzugeben. Pawel Anatoljewitsch Sudoplatow, ein enger Mitarbeiter des Geheimdienstchefs und Innenministers Berijas, beschrieb vierzig Jahre später die Situation: »Berijas Initiativen hinsichtlich Deutschlands [...] spiegelten die Verwirrungen in der kollektiven Führung unter Malenkow wieder.«[241] Bereits vor Stalins Tod hätte der sowjetische Geheimdienst an sämtliche Auslandsposten Fragebögen zur Deutschlandpolitik verschickt.

Berijas Plan sah vor, »die deutschen Kontakte [...] zu nutzen, um das Gerücht zu streuen, die Sowjetunion sei bezüglich der deutschen Einheit zu einem Handel bereit«.[242] Dann wollte man die Reaktionen darauf beobachten, um entsprechende Verhandlungen vorzubereiten. Inwieweit die oft zitierte Churchill-Rede vom 11. Mai 1953 – in der er mit Hinweis auf den Locarno-Vertrag ein neues europäisches Sicherheitsmodell vorschlug – eine Reaktion auf dieses Signal aus Moskau war, bleibt offen, wenngleich sie Freund wie Feind staunen machte. »Damals, auf der Höhe des kalten Krieges«, bemerkte Sebastian Haffner, »erschütterte er (Churchill) damit die Welt. Rußland horchte auf. Deutschland war erschrocken, Amerika befremdet und besorgt.«[243]

Noch vor dem 1. Mai 1953 wurde Sudoplatow nach eigenem Bekunden beauftragt, »mit der Vorbereitung streng geheimer nachrichtendienstlicher Sondierung um die Durchführbarkeit der eventuellen deutschen Wiedervereinigung« zu beginnen. Berija »erklärte mir, man sei im Kreml der Ansicht, die Schaffung eines neutralen, vereinigten Deutschlands unter einer Koalitionsregierung sei der beste Weg, um unsere Position in der Welt zu stärken«.[244]

Der General erinnerte sich auch der Summe, die Berija sich von dem Verkauf der DDR versprach. »Berija war von der Vorstellung besessen, zehn Milliarden Dollar für den Wiederaufbau der Sowjetunion zu bekommen.«[245]

Unter diesen Umständen war es sicher kein Zufall, daß sich im Westteil Berlins im Juni 1953 Prominenz aus Bonn und den USA versammelte. Auch Berija hatte seine Spitzenleute in Berlin in Stellung gebracht. In Karlshorst befanden sich sein Stellvertreter für besonders wichtige Fälle Goglidse sowie General Fedotow[246] und Kobulow, der berüchtigte Chef der Hauptverwaltung der Lager (GULag)[247] und in Westberlin die Leiterin des Deutschlandreferates des KGB, Sonja Rybkina.[248] War es Zufall, daß der Programmdirektor des *Rias*, Eberhard Schütz, in seinem Kommentar am 16. Juni 1953, 20.30 Uhr, von der Ostzone als »Tauschobjekt auf dem diplomatischen Markt« sprach?[249]

Es gibt ferner etliche Indizien dafür, daß Abgesandte Berijas nachgeholfen haben, das »Verkaufsobjekt« handlungs*un*fähig zu machen. Quellen im State Department und CIA, die jetzt einsehbar sind, lassen eine Mitwirkung der Sowjets bei der Organisation der Demonstrationen am 17. Juni 1953 vermuten.[250]

Wie weit Sonja Rybkina mit ihren Kontaktversuchen in Bonn kam, wurde nie bekannt. Den Erinnerungen von Franz Josef Strauß ist zu entnehmen, daß die Bundesregierung nach dem März 1953 von den Irritationen in Moskau zur Deutschlandfrage informiert war.[251] War es da Zufall, daß Bundeskanzler Adenauer in dieser Situation seine erste Reise in die USA antrat? Der ungewöhnlich lange Aufenthalt von 10 Tagen im April 1953 war zweifellos nicht allein dem touristischen Nebenprogramm, sondern eher der Erörterung strategischer Fragen geschuldet. Vordergründig ging es zwar um die Unterstützung des Kanzlers im Herbstwahlkampf 1953, dessen Partei seit 1952 immer mehr ins Hintertreffen geraten war.[252] Im Kern aber ging es um die strategische Allianz gegen den Kommunismus in der poststalinschen Periode.[253]

Von den Ereignissen des 17. Juni war man in Bonn offensichtlich nicht so überrascht, wie man heute gerne tut. Strauß hinterließ, daß er von Staatssekretär Globke auf dem Laufenden gehalten wurde.[254] »Schon nach den ersten Nachrichten wußten wir«, so berichtet Franz Josef Strauß, eher informiert als hellseherisch, »daß es ein Aufstand gegen die kommunistische Diktatur und ein Kampf um Deutschland war«.[255]

Die im April vereinbarte Zusammenarbeit zwischen Bonn und den USA erlebte ihre erste Bewährungsprobe. Die USA sorgten dafür, daß antikommunistische Schreckensbilder über den 17. Juni durch die Welt gingen. Zugleich organisierten sie ein Lebensmittelhilfsprogramm mit medienwirksamen Care-Paketen. Jeder sollte auf diese Weise erfahren: Die USA stehen hinter Adenauer.

Mich haben die Ereignisse an und um diesen Tag über Jahrzehnte bewegt. Obgleich lediglich im Besitz von Veröffentlichungen und Archivalien, nicht aber von Kenntnissen über alle relevanten Vorgänge, erscheint mir dieser Tag als ein verwirrender Kulminationspunkt internationaler Politik. Nach dem Ende des Koreakrieges sollten die Karten der Großmächte in Europa neu gemischt werden. Die DDR war damals kaum Subjekt, sondern ein zur Disposition gestelltes Objekt. Es ging um eine neue Front im Kalten Krieg. Das aber war weder mir noch meinen Gefährten bekannt. Und sicher auch nicht denen, die mit Losungen, Sprechchören oder Steinen in der Hand auf die Straße gegangen waren.

Den herrschenden Kreisen in Westdeutschland kam der tragische 17. Juni 1953 zweifellos zupaß. Fast beglückt schrieb Altkanzler Kohl in seinen Erinnerungen: »Für den Alleinvertretungsanspruch der Bundesrepublik hätte es kaum eine bessere Demonstration als den 17. Juni 1953 geben können.«[256] Lief dem studierten Historiker hier nicht etwa ein wohlfeiles Argument mit dem Sachverstand davon? Es gab schließlich sehr unterschiedliche Gründe, weshalb die inzwischen zu Helden stilisierten Demonstranten des 17. Juni 1953 auf die Straße gingen. Wohl niemand von denen kam aber dabei auf den Gedanken, daß sein Handeln oder Unterlassen an jenem Tage als Legitimation eines bornierten, zweifelhaften und auf Dauer nicht zu haltenden Alleinvertretungsanspruchs der Bundesrepublik verstanden werden würde. Die historischen Tatsachen sprechen eine andere Sprache als nachträgliche Interpretationen des Altkanzlers.

Ein gutes Diplom und ein unerwarteter Einsatz

Nach dem heißen Sommer 1953 wurde das Herbstsemester 1953 besonders anstrengend. Alles konzentrierte sich auf die in allen Fächern bevorstehenden Diplomprüfungen. Im siebten Semester bestand die Möglichkeit, einen Vorschlag für den Gegenstand der Diplomarbeit zu unterbreiten. Ich bat darum, ein Thema aus dem Beziehungsgeflecht von Landwirtschaft und Nahrungsmittelindustrie zu bearbeiten. Dem wurde nicht zugestimmt. Stattdessen sollte ich ein wasserwirtschaftliches Problem im Zusammenhang mit der Entwicklung der Maxhütte in Unterwellenborn untersuchen. Professor Hans Mottek unterstützte dieses Vorhaben und half mir, die Unterlagen für wasserwirtschaftliche Regelungen im Ruhrgebiet zu studieren. Das sogenannte »Ruhrstatut« galt damals als besonders vorbildlich. Daraus sollten Anregungen für wirtschaftliche und ökologische Neuansätze im Hüttenwesen der DDR abgeleitet werden. Mit Eifer stürzte ich mich in die neue Materie.

Inzwischen war mit fast allen Studenten des Kernsemesters über ihren Einsatz nach dem Studium gesprochen worden. Darum wurde angestrebt, daß die Recherchen für die Diplomarbeit möglichst im künftigen Betrieb, zumindest aber im entsprechenden Wirtschaftszweig absolviert wurden.

Im Januar 1954 wurden in den Seminargruppen die Beurteilungen diskutiert. Mir wurden gute Studienergebnisse, Einsatzbereitschaft und kameradschaftliches Verhalten bescheinigt. Mein Wunsch auf eine Aspirantur wurde ausdrücklich unterstützt.[257] Kritisch wurde allerdings vermerkt: »In seinem Auftreten ist er manchmal impulsiv und poltrig.«[258] Dieser Nachsatz gefiel mir zwar nicht. Wenn es andere so empfanden, mußte aber etwas dran sein. Mir blieb nichts anderes, als künftig nicht mehr Anlässe für Hinweise dieser Art zu liefern. Ein gewisses Maß an Impulsivität ist mir jedoch zweifellos mit den daraus resultierenden Vorzügen und Nachteilen geblieben.

Bis über die Jahreswende 1954 warteten mein Studienkollege Dieter Lehmann und ich als letzte unseres Studienjahres vergeblich auf unser Einsatzgespräch. Fragten wir nach, hieß es: Geduldet euch. Warum aber?

Wie aus den Hochschulakten hervorgeht, fand am 3. Februar 1954 eine Besprechung zwischen dem Leiter der Kaderabteilung der Regierungskanzlei und dem Personalchef der Hochschule statt. In der Notiz dazu hieß es, »daß die beiden Absolventen Dieter Lehmann und Herbert Graf für eine zentrale Funktion vorgesehen sind, und zwar der Kollege Dieter Lehmann als Mitarbeiter im Sekretariat des Ministerpräsidenten Genossen Grotewohl und der Kollege Herbert Graf als Mitarbeiter im Sekretariat des Stellvertreters des Ministerpräsidenten Walter Ulbricht.«[259]

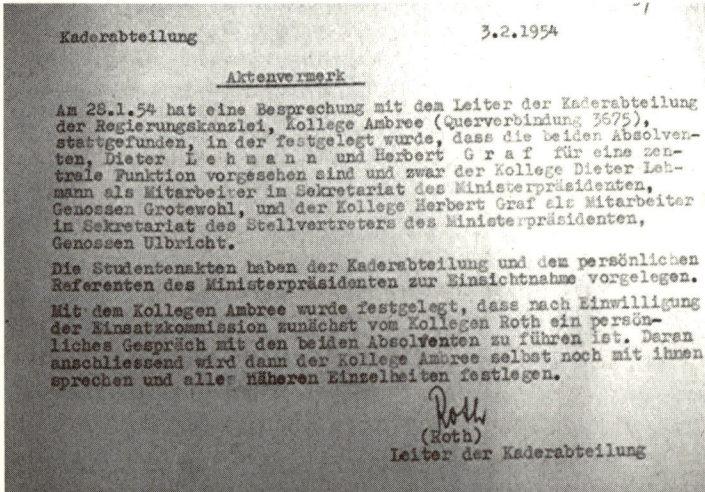

Aktenvermerk über den Einsatz nach dem Studium, 1954

Ob dieser unerwarteten Wendung waren wir völlig überrascht. Ein solcher Einsatz erschien einfach unvorstellbar. Es verging keine Woche, bis uns ein Termin in der Regierungskanzlei in der Leipziger Straße angekündigt wurde. Otto Gotsche, der persönliche Referent Walter Ulbrichts, empfing mich in seinem relativ kleinen Büro. Er ließ erkennen, daß man sich mit meinem Werdegang beschäftigt habe, und meinte, es wäre gut, wenn ich meine ökonomischen Kenntnisse im Sekretariat Ulbricht einsetzen und vertiefen würde. Mir verschlug es den Atem.

Vorsichtig wandte ich ein, daß mir dazu noch Kenntnisse und Erfahrungen fehlen würden.

Die kannst du nirgendwo besser sammeln als hier, lautete Gotsches Antwort. Viele Mitarbeiter im Hause, auch er selbst, genössen nicht das Privileg einer Hochschulausbildung, jetzt sei die Zeit der jungen Genossen. »Im übrigen«, bemerkte er, »kannst du dich schnell bei uns eingewöhnen. Es ist vorbereitet, daß du dein Diplompraktikum in unserem Hause machst.«

»Ich schreibe doch aber über die wasserwirtschaftlichen Bedingungen der Maxhütte«, trug ich zaghaft vor.

»Das läßt sich ändern«, meinte Gotsche ohne zu zögern. »Berlin hat genügend volkswirtschaftliche Probleme, die zu untersuchen und zu lösen sind.«

Mein Diplomthema befaßte sich nunmehr mit der Preisbildung bei der Herstellung von Konsumgütern in Maschinenbaubetrieben. Das war eine recht anspruchsvolle Materie. Schließlich vollzog sich in der Planwirtschaft die Preisbildung nicht über die Angebots- und Nachfragekonstellation des Marktes. In der sozialistischen Ökonomie sollte sich – so die 1953/54 vorherrschende Lehrmeinung – im Preis vor allem der gesellschaftlich notwendige Aufwand zur Herstellung des Produktes ausdrücken. Zugleich sollte der Preis besonders im Konsumgüterbereich auch soziale Funktionen erfüllen.

Ein Jahrzehnt danach wurden, vor allem mit den Arbeiten am Neuen Ökonomischen System in der DDR, die theoretischen Grundlagen und praktischen Ansätze der Preisgestaltung erneuert. Mit der im Neuen Ökonomischen System vorgesehenen Eigenerwirtschaftung der Mittel war verbunden, daß mit neuen Industriepreisen den Betrieben die Mittel für die einfache und die erweiterte Reproduktion unmittelbar zugute kamen. Dazu entwickelte sich eine spannende Debatte. Es ging um nicht weniger als »um die ökonomischen Gesetze der sozialistischen Preisbildung, die vorher nicht formuliert werden konnten, weil sie weder theoretisch noch praktisch auf der Tagesordnung standen«.[260] Diese Aussage von Berger und Reinhold berührte das Verhältnis von Plan und Markt im Sozialismus. Der Plan bestimmte die Hauptentwicklungsrichtung, über ihre ökonomischen Probleme entschieden die Betriebe selbständig. Das bedeutete, so schlossen Berger und Reinhold, »durch die Ware-Geld-Beziehungen und das Wirken des Wertgesetzes muß ständig (auf dem Markt) entschieden werden, ob die Arbeitsergebnisse des Betriebes als gesellschaftlich notwendige Arbeit anerkannt und bestätigt werden oder nicht. Das heißt, auch im Sozialismus wird mit Hilfe des Marktes entschieden, ob das richtige Sortiment erzeugt wurde, das den Wünschen der Käufer entspricht.«[261]

Wer behauptet, die DDR habe keine Antwort auf die Frage nach der Preisbildung gefunden, ignoriert die mit dem Neuen Ökonomischen System gefundenen Lösungen. Allerdings wurden mit der Liquidierung dieser kreativen Ansätze nach 1971 auch die neuen Überlegungen zur Preisgestaltung über Bord geworfen. Die Preispolitik nach dem VIII. Parteitag der SED war sowohl im Industriebereich als auch hinsichtlich der zunehmenden Subventionierung von Lebensmittel- und Dienstleistungspreisen desaströs. Sie trug zum wirtschaftlichen Niedergang der DDR bei.

Die Grundlagen der Preisgestaltung gehören auch heute noch zur strittigsten und kompliziertesten Materie der ökonomischen Theorie und Praxis. Gerade auf diesem Feld scheiden sich die Geister. Die Freiheit der Preisbildung gehört zu den Grundpfeilern der kapitalistischen Wirtschaftsordnung. Preistransparenz oder gar Preiskontrollen sind diesem System fremd. Nach der vorherrschenden (theoretischen) Fiktion sollen allein der Markt und der Wettbewerb die Preise regulieren. Kein Dritter, auch nicht der Staat, soll nach diesem Dogma Einblick in die ökonomischen Bestandteile der Preise, vor allen nicht in die Gewinnspanne haben. In der Realität unserer Zeit aber ist der Raum für ein freies Spiel der Kräfte am Markt immer enger geworden. Globalisierung, Monopolisierung der Produktions-, Zirkulations- und Finanzprozesse dominieren die ökonomischen Kreisläufe und unterwerfen die Preisgestaltung den Interessen der »Globalplayer«.

Meine im April 1954 vorgelegte Diplomarbeit konzentrierte sich auf Beziehungen von Produktqualität und Preisbildung. Die Untersuchungen dazu führte ich im VEB Elektroapparatewerk Treptow durch. Im Ergebnis dieser Recherchen unterbreitete und begründete ich Änderungsvorschläge. So wandte ich mich gegen die verordnete Praxis, daß alle Betriebe unabhängig von deren Voraussetzungen zur Herstellung von Konsumgütern verpflichtet wurden und forderte, kampagnenhafte Eingriffe in die Produktionsprozesse zu unterlassen. Ausgestattet mit dem Selbstbewußtsein eines Hochschulabsolventen erklärte ich: »Die Stabilität des Produktionsprogramms ist eine entscheidende Voraussetzung für die ständige Qualitätsverbesserung.«[262]

Die Diplomarbeit verteidigte ich mit gutem Erfolg. Auch die anderen Prüfungen meisterte ich. Fröhlich und ausgiebig feierte das Kernsemester in einem Tanzsaal in Grünau seinen Abschluß. Wir dankten aufrichtig unseren Lehrern, allen voran unserer Rektorin Eva Altmann. Sie hatten uns gut durch die Fährnisse der Zeit geführt. Dank ihnen hatten wir eine gute Schule absolviert, viel Wissen erworben, Erfahrungen gesammelt, wir waren reifer geworden. Eine neue Zeit lag vor uns. Wir sollten und wollten Verantwortung übernehmen. Wenn wir später bei den legendären Kernsemestertreffen zusammenkamen, konnten wir feststellen, unsere Hochschulausbildung hatte für den Erfolg jedes Einzelnen eine gute Grundlage gelegt.

Anmerkungen

162 Vgl. Verordnung (VO) vom 16. Februar 1950, Archiv der Fachhochschule für Technik und Wirtschaft Berlin (FHTW), Akte 10703, Bl. 1.
163 Archiv der FHWT, Studienakte FI 19, Bl. 6.
164 Archiv der FHTW, Studienakte FI 29, Bl. 10.
165 Archiv der FHTW, a. a. O., Bl. 7.
166 Kopie des Schreibens, Archiv des Verfassers
167 Vgl. Paul Rojas (Hrsg.), Die Rechenmaschinen des Konrad Zuse, Springer Verlag, Berlin 1998.
168 Vgl. Heinz Dieterich, Über Theorie und Praxis des Sozialismus, in: *Neues Deutschland*, 18./19. Februar 2006, S. 24.
169 Aus: Gesetz des Landes Sachsen über die Überführung der Betriebe von Kriegs- und Naziverbrechern in des Eigentum des Volkes. In: Um ein antifaschistisches Deutschland. Dokumente aus den Jahren 1945-1949, Berlin 1968, S. 328.
170 Vgl. Verfassungen deutscher Länder und Staaten von 1816 bis zur Gegenwart, Berlin 1998, S. 364ff.

171 Vgl. u. a. R. Behring/M. M. Schmeitzer, Diktaturdurchsetzung in Sachsen. Studien zur Genese kommunistischer Herrschaft 1945-1950, Köln-Weimar-Wien 2003.

172 Albert Einstein, Why socialism? In: *Monthly Review*, New York, Mai 1949, Nachdruck: *Monthly Review*. V. 50, Nr. 1, Mai 1998.

173 H. Such, »Das Volkseigentum I, in: *Neue Justiz* 3/1949, Heft 6, S. 128.

174 Vgl. G. Baranowski, H. Such. In: Rechtswissenschaft in Deutschland 1945-1952, Veröffentlichungen des Max-Planck-Instituts für Europäische Rechtsgeschichte Frankfurt am Main. Klostermann-Verlag, Frankfurt am Main 2001, S. 220.

175 Vgl. Siegfried Wenzel, Was war die DDR wert? a. a. O., S. 182 ff.

176 Karl Marx, Friedrich Engels: Manifest der Kommunistischen Partei. Kapitel II »Proletarier und Kommunisten«.

177 Otto Graf Lambsdorff, zitiert in Siegfried Wenzel: Was war die DDR wert. a. a. O., S. 241.

178 Friedrich Schorlemmer. In: *Neues Deutschland*, 23. März 2007, S. 3.

179 Papst Benedikt XVI. Enzyklika SPE SALVI, a. a. O., Ziffer 21.

180 Vgl. Statut der Kommunistischen Partei Chinas, angenommen auf dem XVI. Parteitag 2001, Einleitung.

181 ebenda.

182 Vgl. Zbigniew Brzezinski, Macht und Moral, Verlag Hoffman und Campe, Hamburg 1994, S. 316.

183 Vgl. Gesetz über den Staatshaushalt der DDR 1961. In:. Gesetzblatt I, Nr. 4, 4. April 1961, S. 17f., § 1-4.

184 Bertolt Brecht, Schriften zur Politik und Gesellschaft II, Aufbau-Verlag Berlin und Weimar 1968, S. 240.

185 Vgl. A. W: Wenediktow, Das staatliche sozialistische Eigentumsrecht. In: *Sowjetwissenschaft*, Heft 3/1948 sowie: W. P. Cockshott, A. Cottrell, Alternative aus dem Rechner. Plädoyer für eine sozialistische Marktwirtschaft, Köln 2006.

186 Vgl. Monika Kaiser: Sowjetisierung und Eigenständigkeit in der SBZ/DDR. Böhlau Verlag Köln, 1999, S. 219 ff.

187 Wladimir Semjonow: Von Stalin bis Gorbatschow. Nicolaische Verlagsbuchhandlung Beuermann, Berlin, 1995. S. 277.

188 Angela Merkel, Rede zur Eröffnung der ESMT. Zitiert in: *Berliner Zeitung*, 4/5. Februar 2006.

189 Vgl. Archiv der FHTW, Bd. 11511, Bl. 7I. Rektorat/Schriftverkehr mit dem ZK der SED – Schreiben vom 18. November 1950.

190 ebenda.

191 a. a. O., Bd. 02022/1 Bl. 13. Rektorat, Rechenschaftsberichte.

192 Pablo. Neruda, Ich bekenne, ich habe gelebt. Memoiren, Berlin 1975, S. 442.

193 Vgl. auch H. Behrens, G. Neumann, A.. Schikora (Hrg.), Wirtschaftsgeschichte und Umwelt – Hans Mottek zum Gedenken, Berlin 1996.

194 Vgl. H Such, Das Volkseigentum. In: *Neue Justiz*, Heft 6 und 7, 1949.

195 E. Altmann. Manuskript. Im Archiv des Autors

196 Peter Weiss, Die Ästhetik des Widerstands, Roman, Bd. 1-3, Suhrkamp Verlag, Frankfurt am Main 1975, 1978, 1981 sowie Henschelverlag, Berlin 1987

197 K. H. Mauß, Die Psychologie des Widerstands – Gedanken zum Handlungskonzept von Peter Weiss. In: Ästhetik des Widerstands, Erfahrungen mit dem Roman von Peter Weiss, Akademieverlag Berlin, 1987, S. 65.

198 Vgl. Archiv der FHTW, Bd. 0386/1, Bl. 3, Rektorat/Zulassungen.

199 Vgl. S. Preuß, Von der Kunst lernen, in: *Berliner Zeitung*, 27. Februar 2004

200 Archiv der FHTW, Bd. 0385, Bl. 70, Rektorat, Schriftverkehr mit Struktureinheiten der HfÖ sowie Protokoll der Jahreshauptversammlung des II. Studienjahres am 1. und 3. November 1952.

201 Vgl. Harry Nick, Gemeinwesen DDR, VSA Verlag Hamburg, 2003, S. 40.

202 Judka Strittmatter, Karl Neelsen, in: *Der Tagesspiegel*, 14. Juni 2002, S. 12.

203 P. Mandrell, Einfallstor in die Sowjetunion. Die Besatzung Deutschlands und die Ausspähung der UdSSR durch den britischen Nachrichtendienst«, in: *Vierteljahreshefte für Zeitgeschichte* 51 (2003), S. 200f.

204 Michail Kalinin, Rede vor ausgezeichneten Lehrern 1939. In: Michail Kalinin, Über Erziehung zu sozialistischem Bewußtsein, Berlin 1977, S. 106.

205 Vgl. SAPMO-BArch, DY 30/ J IV 2/2/ 287.

206 Vgl. ebenda.

207 Wilfriede Otto, Die SED im Juni 1953. Karl Dietz Verlag Berlin, 2003, S. 79.

208 Vgl. Russisches Präsidentenarchiv AO RF, f.45 Op.1 D. 303, L168. Zitiert in: W. K. Wolkow, Stalin wollte ein anders Europa, edition ost Berlin 2003, S. 193.

209 J. W. Stalin, Ökonomische Probleme des Sozialismus in der UdSSR, Dietz Verlag Berlin 1952.

210 Vgl. S. S. Montefiore, Stalin – am Hof des roten Zaren, S. Fischer Verlag, Frankfurt a. M. 2005, S. 707.

211 Bertolt Brecht, Schriften zur Politik und Gesellschaft II. Aufbau-Verlag Berlin und Weimar 1967, S. 223.

212 a. a. O., S. 224.

213 SAPMO-BArch DY 30/5254, Bl. 89f.

214 SAPMO-BArch DY 30/ J IV 2/3 A, Bl. 316-317. Arbeitsprotokoll der Sitzung des Sekretariates des ZK vom 30. März 1953

215 veröffentlicht in: *Neues Deutschland*, 28. April 1953, S. 3.

216 D. Krüger, A. Wagner, Konspiration als Beruf. Ch. Links Verlag Berlin, 2003, S. 157.

217 SAPMO-BArch DY 30/ J IV 2/3A/ 249, Bl. 440.

218 Archiv der FHTW, Rektorat, Bd. 7783, Bl. 59.

219 a. a. O., Bl. 60.

220 Vgl. *Neues Deutschland*, 31. Mai 1953, S. 1.

221 Vgl. dazu auch »Die letzten Kriegsgefangenen. Ulbrichts Beitrag und Adenauers Propaganda«.

222 Vgl. Kurt Gossweiler, Wider den Revisionismus, Verlag zur Förderung der wissenschaftlichen Weltanschauung, München o. J., S. 48ff.

223 Verfügung des Ministerrates der UdSSR vom 2. Juni 1953: Über Maßnahmen zur Gesundung der politischen Lage in der Deutschen Demokratischen Republik. SAPMO-BArch NY 4090/699, DY 30 / J IV 2/2 286.

224 Eingehend sind diese Verhandlungen in Moskau und die darauf folgenden Beratungen im Politbüro der SED beschrieben und mit Dokumenten belegt in Wilfriede Otto, Die SED im Juni 1953, Interne Dokumente. Karl Dietz Verlag Berlin 2003.

225 Rudolf Herrnstadt, Das Herrnstadt-Dokument, Rowohlt Taschenbuchverlag, Reinbek bei Hamburg 1990, S. 74f.

226 Vgl. Otto Grotewohl, Rede vor der Tagung des Berliner Parteiaktivs, In: *Neues Deutschland,* 17. Juni 1953, S. 3.

227 Vgl. Walter Ulbricht, Rede vor der Tagung des Berliner Parteiaktivs. In: *Neues Deutschland,* 17. Juni 1953, S. 3.

228 SAPMO-BArch DY 30/J IV 2/2/ 290. Protokoll der Sitzung des Politbüros des ZK der SED vom 16. Juni 1953.

229 Vgl. »Walter Ulbricht, ein umstrittener Politiker von besonderem Format«.

230 Rolf Steiniger, Deutsche Geschichte 1945-1961, Bd. 2, Fischer Taschenbuchverlag, 1983, S. 457.

231 Hermann Weber, Grundriß der Geschichte der DDR, Hannover 1982, S. 42.

232 Arnulf Baring, Der 17. Juni 1953, Köln/Berlin 1965. Zitiert in: Steiniger, Deutsche Geschichte, Bd. 2, a. a. O., S. 458.

233 Forschungsbeirat für Fragen der Wiedervereinigung Deutschlands beim Bundesminister für Gesamtdeutsche Fragen, Erster Tätigkeitsbericht 1952/53. Herausgegeben vom Bundesministerium für Gesamtdeutsche Fragen, Bonn 1954, S. 13.

234 Vgl. *Der Spiegel,* 2. Juli 1952, X-Fall. Eine Art Scheinregierung«, S. 9ff.

235 Vgl. auch Hans Bentzien, Was geschah am 17. Juni?, edition ost, Berlin 2003, S. 127.

236 Vgl. A. Wagner/M. Uhl, BND contra Sowjetarmee, Ch. Links Verlag, Berlin 2007, S. 38.

237 a. a. O., S. 39.

238 a. a. O., S. 40.

239 Vgl. dazu »Im Sekretariat Ulbricht«

240 A. Wagner/M. Uhl, a. a. O., S. 90f.

241 P. A. Sudoplatow, Der Handlanger der Macht. Enthüllungen eines KGB Generals, Econ Verlag Düsseldorf, Wien, New York, Moskau 1994, S. 421

242 a. a. O., S. 422.

243 Sebastian Haffner, Churchill. Eine Biographie, Berlin 2001, S. 176.

244 P. A. Sudoplatow, a. a. O., S. 421.

245 P. A. Sudoplatow, a. a. O., S. 423.

246 Vgl. dazu SAPMO-BArch NY 4090/699

247 Vgl. dazu Wladimir Semjonow, Von Stalin bis Gorbatschow, Berlin 1995, S. 298f., sowie Alexander Bogomolow, Ohne Protokoll, edition ost, Berlin 2000, S. 58.

248 Vgl. P. A. Sudoplatow, a. a. O., S. 425. Folgt man Sudoplatow, war Kontaktperson der Rybkina die bekannte Schauspielerin Olga Tschechowa, die Nichte des russischen Dichters Anton Tschechow. Gestützt wird diese Darstellung auch durch die umfangreiche Untersuchung S. S. Montefiores, der davon berichtet, daß Berija diese Schauspielerin im Flugzeug zu sich kommen ließ; Montefiore, Stalin – am Hof des roten Zaren, a. a. O., S. 629.

249 Veröffentlicht in: Hans Bentzien, a. a. O., S. 122f.

250 Vgl. MEMORANDUM DES PSYCOLOGICAL STRATEGY BORD vom 17. März 1953, in: Hans Bentzien, a. a. O., S. 185.

251 Vgl. Franz Josef Strauß, Die Erinnerungen. Siedler Verlag, Berlin, 1998, S. 207.

252 a. a. O., S. 224.

253 So auch die Aussagen der amerikanischen Spezialisten in der Fernsehdokumentation »Operation Wunderland« 3/3 von Christoph Weber.

254 Strauß, Die Erinnerungen, a. a. O., S. 225.

255 ebenda.

256 Helmut Kohl, Erinnerungen 1930-1980, Droemer, München 2004, S. 87.

257 Archiv der FHTW, Studentenakte, Bd. F19, Bl. 54.

258 ebenda.

259 a. a. O., Bl. 31.

260 W. Berger/Otto Reinhold, »Zu den wissenschaftlichen Grundlagen des neuen ökonomischen Systems der Planung und Leitung«. Dietz Verlag Berlin 1966, S. 106.

261 a. a. O., S. 97.

262 Herbert Graf, »Wie ist zu sichern, daß die Produktion von Massenbedarfsgütern im Maschinenbau hinsichtlich ihrer Qualität den Bedürfnissen der Bevölkerung entspricht«. Diplomarbeit an der Allgemeinen Ökonomischen Fakultät der Hochschule für Planökonomie, Berlin-Karlshorst 1954, S. 33f.

Im Sekretariat Ulbricht

Arbeitsplatz Regierungsgebäude

Meine künftige Arbeitsstelle war der Sitz der Regierung der DDR. Über den Weg dahin hätte ich mir nur dann Gedanken machen müssen, wenn ich den pseudogeographischen Deutungen des Bundeskanzlers Adenauer Glauben geschenkt hätte. Redete der damals 75jährige Bundeskanzler von der DDR oder über deren Regierung, sprach er von »Pankow« oder vom »Pankower Regime«. In seiner Kölner Mundart zog er die letzen beiden Buchstaben des Wortes recht lang. Sein »Pankow« klang wie eine russische Ortsbezeichnung: Pankoff.

Dieser Manie des alten Rhöndorfers lag keinesfalls Unkenntnis zugrunde. Schließlich war Adenauer als Preußischer Staatsrat zwanzig Jahre vorher im Nachbargebäude des Regierungssitzes der DDR, dem alten preußischen Herrenhaus, ein- und ausgegangen. Bekannt ist, daß der Rheinländer Konrad Adenauer Berlin und den Osten Deutschlands nie recht mochte. Der Osten war ihm suspekt, weil er ihm schon in den 20er Jahren zu protestantisch und zu sozialdemokratisch war. Seiner spezifischen Art irreführender Interpretation des Berliner Stadtplanes gründete auf jahrzehntelang gepflegten Groll und politische Intentionen. Sein »Pankow« sollte verwirren und vor allem diskreditieren. Er erzielte damit Wirkung.

War in früheren Jahren der Nordberliner Stadtbezirk Pankow vielen vor allem aus dem Gassenhauer »Zu Pfingsten reiste Bolle, Pankow war sein Ziel« bekannt, so prägte sich bei so manchem biederen Bürger nunmehr Pankow als ein Synonym für den von Bonn verketzerten anderen deutschen Staat ein. Udo Lindenberg sang und singt – nicht wissend, daß in Pankow kein Fernbahnhof existiert – das Lied vom Sonderzug nach Pankow. Lindenberg kann sich bei seinem Lapsus auf Wissenslücken berufen. Bei Adenauer aber war die Pankow-Interpretation politisches Kalkül.

Die Regierung der Deutschen Demokratischen Republik, und das war weithin bekannt, saß in Berlin-Mitte. Die Volkskammer, das Zentralkomitee der SED, die Vorstände der anderen Parteien und die meisten Ministerien arbeiteten im Zentrum der Hauptstadt. Als Regierungsgebäude der DDR diente seit 1949 der Quader des früheren Preußischen Landtages an der Prinz-Albrecht-Straße unweit des Potsdamer Platzes und des Tiergartens.

Im Januar 1899 war der prachtvolle Bau seiner Bestimmung als Preußisches Abgeordnetenhaus übergeben worden. Annähernd zwei Jahrzehnte geschah dort wenig Weltbewegendes. Erst nach der Novemberrevolution 1918 und dem Sturz der Monarchie wurden die Hallen des Hohen Hauses Schauplatz historischer Entscheidungen. Im Plenarsaal tagte vom 16. bis zum 21. Dezember 1918 der Reichsrätekongreß der Arbeiter- und Soldatenräte. Dieser Tagung waren opferreiche Kämpfe und tiefgreifende politische Auseinandersetzungen vorangegangen. Anhänger der SPD auf der einen, der USPD und des Spartakusbundes auf der anderen Seite stritten über den künftigen Weg Deutschlands. Die Kernfrage lautete: Ausbau der Rätemacht oder Parlamentarismus? Die Mehrheit der Delegierten votierte im Hauptstreitpunkt – proletarische oder bürgerliche Demokratie – für das bürgerliche Modell. Der Kongreß erteilte am 21. Dezember 1918 seine Zustimmung, kurzfristig Wahlen zu einer verfassunggebenden Versammlung anzusetzen. Damit gab der Reichsrätekongreß die im Kampf gegen den Krieg und für Demokratie soeben eroberte Macht aus den Händen.

Die Weichen für den Weg zur bürgerlichen Republik waren damit gestellt. Zur Jahreswende 1918/19 konstituierte sich in einem Saal des Abgeordnetenhauses die Kommunistische Partei Deutschlands. Wenige Tage danach wurden die führenden Köpfe dieser Partei, Karl Liebknecht und Rosa Luxemburg, ermordet. Es blieb unruhig im Berlin der Nachkriegszeit. Der am 19. Januar 1919 gewählten Deutschen Nationalversammlung war es zu riskant, sich in der Hauptstadt des Landes zu versammeln. Sie zog sich in das Theater der beschaulichen Stadt Weimar zurück und gab damit der ersten deutschen Republik ihren bis heute erhaltenen Beinamen.

Als 1933 die Faschisten ihre Diktatur errichteten, blieb auch für das Preußische Abgeordnetenhaus kein Platz im politischen System. Nach Auflösung des Landtages war das Gebäude 1934/35 erster Sitz des Volksgerichtshofes. Die Blutspur, die dieses faschistische Sondergericht hinterließ, ist in der deutschen Geschichte ohne Beispiel. In den elf Jahren seiner Existenz fällte es mehr als 5.000 Todesurteile. Ab 1935 wurde das Innere des Hauses umgebaut. Unter der Schirmherrschaft Görings sollte es künftig als Haus der Flieger dienen. Der alte Plenarsaal wurde zu einem Ball- und Festsaal degradiert, die Parlamentssäle wurden zu Club-, Casino- und Speiseräumen für Nazioffiziere.

Nach dem Zweiten Weltkrieg war das Landtagsgebäude zerstört, von Bauexperten aber als aufbauwürdig eingestuft worden. Ab 1947 wurde die Wiederherstellung geplant, danach zügig an der Fertigstellung gearbeitet. Als ich das Haus 1954 kennenlernte, erschien es auf den ersten Blick, als wären die in den Kämpfen um das Berliner Zentrum entstandenen beträchtlichen Schäden beseitigt. Tatsächlich waren aber lediglich die Außenmauern und wesentliche Verwaltungstrakte rekonstruiert, während der Plenarsaal unverändert unbenutzbar war. Er wurde zwar aus bautechnischen Gründen immer wieder inspiziert, er blieb aber bis auf eine Ausnahme in den 50er Jahren versperrt. Die Ausnahme blieb das Einspiel einer wunderbaren Geige. Das Instrument war der Regierung der DDR ohne nähere Bestimmung ihrer Herkunft und ihres Wertes als Fundstück übergeben worden. Der Leiter der Regierungskanzlei Staatssekretär Dr. Fritz Geyer bat den bekannten Geigenvirtuosen Egon Morbitzer um ein Gutachten. Der erkannte die Stradivari sofort.

Dem Plenarsaal des Preußischen Landtages war trotz der Zerstörungen eine erstaunliche Akustik eigen. Hier wurde das Instrument eingespielt. Teilnehmer dieses Ereignisses erinnern sich auch 50 Jahre danach der Einmaligkeit dieses Solokonzertes von Professor Egon Morbitzer. Ein halbes Jahrhundert blieb es danach still in diesem Saal. Nach seinem Wiederaufbau für das Berliner Abgeordnetenhaus sorgen Lautsprecher elektronisch für einen gleichbleibenden monotonen Sound der Debatten. So bleibt der Klang der Stradivari ein einmaliger akustischer Höhepunkt in der Geschichte dieses Hauses. Die Geige wurde später der Staatlichen Kommission für Kunstangelegenheiten übergeben. Der Präsident der Republik Wilhelm Pieck erkundigte sich nach dem Verbleib des wertvollen Instruments. Staatssekretär Dr. Geyer informierte den Chef der Präsidialkanzlei Max Opitz darüber, daß die Geige in einem Tresor der Deutschen Notenbank bei klarer Regelung der Entnahmeberechtigten deponiert sei.[263]

Der wiederhergestellte Teil des Preußischen Landtags bot der Regierung der DDR und der Regierungskanzlei ausreichend Platz.

Zu keiner Zeit in der 40jährigen Geschichte der DDR wurde bei der Einrichtung von Regierungsbauten ein derartiger Aufwand wie in der Bundesrepublik getrieben. Sparsamkeit im Umgang mit dem Vorhandenen wurde im Arbeiter- und Bauernstaat nicht nur gefordert, sondern auch von der Regierung in eigenen Angelegenheiten praktiziert.

Die Postadresse der Regierung der DDR lautete anfangs – vom Haupteingang des Gebäudes abgeleitet – *Berlin W 8, Prinz-Albrecht-Straße 3-4.* Als ich dort meine Arbeit begann, war das Gebäude unter der Bezeichnung Haus II in den Komplex des Hauses der Ministerien einbezogen worden, worauf nunmehr die Postanschrift *Berlin W 1, Leipziger Platz, Am Tor 16* lautete. Dieses Tor am Südausgang des U-Bahnhofes Potsdamer Platz war der allgemeine öffentliche Zugang zu unserer Dienststelle.

Die vier Etagen des Regierungsgebäudes ermöglichten eine unkomplizierte Unterbringung der Regierungskanzlei. In der ersten Etage, die über einen separaten Zugang verfügte, befanden sich der Sitzungssaal des Ministerrates, die Arbeitsräume des Ministerpräsidenten Otto Grotewohl, seiner Stellvertreter Ulbricht und Nuschke sowie des Chefs der Regierungskanzlei und deren persönliche Referenten. Die Sekretariate Grotewohl, Ulbricht und Nuschke sowie das Amt für Jugendfragen und das Stenographische Amt der Regierung fanden in der zweiten Etage Platz. Die dritte Etage beheimatete die Zentrale Beschwerdestelle, die Verwaltung, die Buchhaltung und die Personalabteilung. Im obersten Stockwerk residierte die zentrale Kommission für Staatliche Kontrolle. Kaum mehr als zweihundert Mitarbeiter waren 1954 in dieser Zentrale der Regierung tätig.

Ursprünglich war vorgesehen, auch den Plenarsaal des Landtages zu rekonstruieren, damit dort die Volkskammer der DDR in unmittelbarer Nähe und im direkten Kontakt zur Regierung tätig werden könnte. Die Zuspitzung des Kalten Krieges ließ es allerdings ratsam erscheinen, von diesem Plan abzusehen. Daß bei der Standortwahl von Regierungszentralen auch Sicherheitsaspekte in Betracht gezogen werden, ist inzwischen wohl Gemeingut. Die Regierung der DDR fand im Herbst 1955 im Neuen Stadthaus in der Berliner Klosterstraße bis 1990 ein geeignetes Domizil.

Der Arbeitsbeginn

Übergangslos begann für mich der Ernst des Lebens. Mitte August 1954 trat ich meinen Dienst an. Damals beherrschte ein Thema nicht nur in Berlin die öffentliche Diskussion. Der Chef des Bundesverfassungsschutzes Dr. Otto John hatte die Seiten gewechselt. Im Haus der Presse in der Berliner Friedrichstraße informierte er am 12. August 1954 etwa zweihundert Journalisten aus Ost und West über geheime Militärpläne und die Politik der Adenauer-Regierung. Das bewegte nicht nur Politiker und Journalisten, sondern auch den Mann und die Frau auf der Straße.

Neben diesem politischen Großereignis gab es natürlich auch Alltägliches, das in Erinnerung blieb. Als ich das erste Mal in Berlin »auf Arbeit ging«, war das Zentrum der Stadt voller erwartungsvoller Menschen. Erstmals nach Kriegsende zog der bekannte Zirkus Busch mit Elefanten und anderen Exoten vom Alexanderplatz zum Brandenburger Tor. Das nicht allein, um für sich zu werben, sondern auch, um Spenden für eine vom Hochwasser betroffene Thüringer Region zu sammeln. Für mich gab es kein langes Verweilen, die Pflicht rief.

Wiederholt wurde ich nach den Voraussetzungen und Prozeduren einer Arbeitsaufnahme im Sekretariat des 1. Stellvertreters des Vorsitzenden des Ministerrates gefragt. Auch wenn mancher Besonderes, gar Geheimnisvolles erwartete: Es lief alles völlig unproblematisch, absolut normal ab. Nichts Spannendes ist darüber zu berichten. Warum man bei der Auswahl für die zu besetzende Stelle gerade auf mich kam, habe ich nie erfahren. Daß wir nach Studienabschluß *vermittelt* wurden, war in der DDR üblich. Als mir mein künftiger Arbeitsplatz genannt war, dachte ich so manchen Tag und auch manche Nacht darüber nach, welche Anforderungen auf mich zukommen würden. Der Gedanke, ob ich dem gewachsen sei, bewegte mich. Anfangs beschlich mich auch die Sorge, ob mein Einsatz an dieser Stelle nicht auf einem Irrtum, auf einer Verwechselung beruhen könnte. Letztlich aber dominierte der Reiz. Wo konnte man zum Fortschritt des Landes mehr beitragen als an diesem Platze?

Ich war gerade 24 Jahre alt geworden. Den Weg zur Arbeiter- und-Bauern-Fakultät ging ich freudig, weil ich gut gemeinten, letztlich aber kleinbürgerlichen Perspektive meines Fleischermeisters nicht folgen mochte. Meinen Studienwunsch Wirtschaftswissenschaft hatte ich aus meinen negativen Begegnungen mit Betriebsleitungen in Halle begründet. Aus der – wenn auch jugendlich vereinfachten – Feststellung von Mängeln hatte ich den Berufswunsch Volkswirt abgeleitet. Überzeugt, daß es gut und vernünftig ist, die DDR mitzugestalten, dabei Unzulänglichkeiten zu überwinden und beizutragen, die sozialistische Ideale zu verwirklichen, stellte ich mich der nun übertragenen Aufgabe.

Schon im Juli 1954 vorher übergab mir der Personalleiter der Regierungskanzlei Kurt Ambrée ein Schreiben. Es war adressiert an *Kollegen Herbert Graf, Sekretariat Ulbricht.* Dem Datum des Briefes war der Sinnspruch angefügt: »Der Verwaltungsangestellte im demokratischen Staat ist ein Funktionär des schaffenden Volkes.« Der Brief enthielt den Arbeitsvertrag. »Wir bestätigen Ihre Einstellung im Sekretariat Ulbricht als Hauptsachbearbeiter zu nachstehenden Bedingungen:

Ihr Arbeitsverhältnis beginnt am 16. August 1954 und findet seine nähere Regelung in den mit dem Freien Deutschen Gewerkschaftsbund festgelegten tarif- bzw. kollektivvertraglichen Bestimmungen und der geltenden Dienstordnung.

Ihre Vergütung beträgt nach der Gehaltsgruppe III monatlich 600,00 DM Brutto und wird monatlich gezahlt.

Kündigung und Urlaub regeln sich nach den gesetzlichen Bestimmungen. Über alle Änderungen, die sich gegenüber Ihren im Personalbogen gemachten Angaben ergeben sollten (z. B. Ausübung einer nebenberuflichen Tätigkeit, Wohnungswechsel), ist der Personalabteilung unverzüglich Kenntnis zu geben. Sie verpflichten sich, über alle dienstlichen Angelegenheiten strengstes Stillschweigen zu bewahren, und zwar auch nach Beendigung des Arbeitsverhältnisses. Ihre Stellung in der staatlichen Verwaltung ist eine besondere Vertrauensstellung, die bedingt, daß Sie Ihre Aufgaben in tiefem Verantwortungsbewußtsein gegenüber der Deutschen Demokratischen Republik zuverlässig erfüllen.

Durch Gegenzeichnung des gleichlautenden Durchschlags erklären Sie Ihr Einverständnis mit den vorstehenden Bedingungen.«[264]

Auch wenn mich die Gehaltshöhe nicht gerade positiv überraschte – die meisten meiner Mitstudenten, die in der Wirtschaft ihre Berufstätigkeit begannen, hatten beim Anfangsgehalt ein besseres Los gezogen –, fand ich die Einstellungsbedingungen korrekt. Die Verschwiegenheit betrachtete ich für jede Regierungsdienststelle als notwendig und völlig normal. Nicht anders hielt es die Bundesrepublik Deutschland. Ein inzwischen publiziertes Dokument aus dem Bundeskanzleramt vom Oktober 1950 verpflichtete die Teilnehmer einer Beratung nicht nur zum Stillschweigen. Sie wurden auch veranlaßt, jede Notiz »entweder durch Feuer zu vernichten« oder sofort »zurückzugeben«.[265]

Wenn heute Journalisten aus gewöhnlich gut unterrichteten Kreisen aus dieser oder jener Bundesbehörde Interna an die Öffentlichkeit bringen, wenn Printmedien wie Fernsehredaktionen von Indiskretionen aus dem Regierungsapparat der Bundesrepublik leben, wenn Ministerbriefe, noch ehe sie den Empfänger erreichen, schon Redaktionen vorliegen, dann vollzieht sich das meist in Kollision des bundesdeutschen Presserechts mit dem Dienstrecht, dem Gewissen und der Verfassungstreue der Nachrichtenlieferanten. Das Presserecht der »offenen Gesellschaft« ermöglicht den Medien so manche Indiskretion und Enthüllung im politischen Bereich. Dagegen ist der Schutz der Betriebsgeheimnisse der Unternehmen sowohl hinsichtlich technischer Entwicklungen als auch des Kosten-Preis-Verhältnisses offensichtlich weitaus wirksamer gesichert. Nach der Rechtsprechung des Bundsarbeitsgerichtes fallen unter Betriebs- und Geschäftsgeheimnisse alle »Tatsachen, die im Zusammenhang mit einem Geschäftsbetrieb stehen, nur einem eng begrenzten Personenkreis bekannt sind und nach dem bekundeten Willen des Betriebsinhabers geheim zu halten sind«.

Der bekundete Wille des Betriebsinhabers setzt die Maßstäbe!

Selbst Bundesministerien müssen den Einblick in Preisunterlagen von Großunternehmen mit wechselndem Erfolg vor Gericht erstreiten. Die offene Gesellschaft der Bundesrepublik hat offensichtlich auch recht geschlossene Bereiche.

Bei meinem Einstellungsgespräch gelang es mir, die bei derartigen Anlässen auftretende Unsicherheit zu überwinden. Auf die abschließende Routinefrage, ob ich noch Bemerkungen hätte, stellte ich dem Leiter des Sekretariats und Ulbrichts persönlichem Referenten, Otto Gotsche, die Frage, warum die Wahl auf mich gefallen sei. Er entzog sich einer direkten Antwort. Stattdessen berichtete er ein wenig verschmitzt, wie er in seine Funktion gekommen war. Im Oktober 1949 sei er nach Berlin gerufen worden, um an der Vorbereitung der Regierungsbildung mitzuwirken. Walter Ulbricht sprach mit ihm und übertrug ihm am gleichen Tage die Leitung seines Sekretariates in der Regierung. »So geht das bei uns«, meinte er. »Gestellten Aufgaben darf man nicht ausweichen, man muß sie lösen.«

Derart direkt, geradlinig und ohne Schnörkel in der Gedankenführung erlebte ich Otto Gotsche oft in den zwanzig Jahren unserer Zusammenarbeit.

Die Mannschaft

Über sechs Jahre waren Studentenkollektive in Halle und Berlin meine gewohnte Umgebung. Das waren Gemeinschaften weitgehend Gleichaltriger. Der Übergang in das Berufsleben bedeutete für mich auch in dieser Hinsicht eine spürbare Umstellung. Ich begegnete täglich Genossen mit einem enormen Erfahrungsschatz und mit einer legendären Vita. Jeder von ihnen trug in dieser wichtigen Phase meines Lebens auf seine Weise dazu bei, mich weiter zu entwickeln und so zu werden, wie ich bin.

Otto Gotsche leitete das in vier Arbeitsgebiete gegliederte Sekretariat des 1. Stellvertreters des Vorsitzenden des Ministerrates. Hans Vieillard, Gustel Zörner, Walter Birnbaum und Heinz Eichler waren für je einen Bereich zuständig. Insgesamt waren im Sekretariat einschließlich der sieben Sekretärinnen und drei Kraftfahrer zwischen 15 und 20 Mitarbeiter tätig. Der Umgang dieser Kollegen miteinander war kameradschaftlich und unkompliziert. Die meisten Mitarbeiter sprachen einander mit dem Vornamen an.

Walter Ulbricht verfügte in seinen Partei- und Staatsämtern über einen Mitarbeiterstab im ZK der SED, genannt »Büro Ulbricht«, und diesem, Regierungssekretariat oder »Sekretariat Ulbricht« bezeichnet. Das »Büro Ulbricht« im Zentralkomitee wurde von Richard Herber geleitet. Zu Ulbrichts persönlichen Mitarbeitern dort gehörten Dr. Wolfgang Berger als Wirtschaftexperte und Karl Gutjahr als Landwirtschaftsfachmann sowie Herbert Jung und die gerühmte Chefsekretärin Anni Herpoldt. Dr. Gerhard Kegel gehörte, unabhängig davon, in welcher Abteilung des ZK er gerade angestellt war, zum engeren Mitarbeiterkreis Ulbrichts. Gern beriet sich Ulbricht auch mit Gerhart Eisler. Die dominierenden Persönlichkeiten im »Sekretariat Ulbricht« waren, als ich dort aufgenommen wurde, Otto Gotsche, Gustel Zörner und Hans Vieillard.

Otto Gotsche war Jahrgang 1904 und Sohn einer Arbeiterfamilie im Mansfelder Gebiet. Als Klempnerlehrling schloß er sich einer Jugendgruppe des Jungspartakusbundes an. Er nahm aktiv an den Märzkämpfen 1921 in Mitteldeutschland teil, da gehörte er bereits der KPD an. Schon früh kämpfte er gegen Faschismus und Kriegsgefahr. Politische Haft und Internierung im KZ Sonnenburg konnten seinen starken Willen nicht brechen. Gotsche war eine starke Persönlichkeit, ein mutiger Mann mit Entschlußkraft und Durchsetzungsvermögen. Norman Naimark, Direktor der Historischen Fakultät der Stanford University in Kalifornien, veröffentlichte 1997 eine Studie über die Antifaschistische Arbeitsgruppe Mitteldeutschlands (AAM). Naimark nannte es einen einmaligen Vorgang in der Geschichte des Weltkrieges, daß Gotsche und andere noch vor dem Eintreffen der US-Truppen 120 Arbeiter mobilisierten, die das Eislebener Rathaus besetzten. »Zu Beginn waren die Amerikaner froh, daß Büchner und sein Komitee ihnen die Arbeit abnahmen. Robert Büchner wurde zum Oberbürgermeister und ein weiterer Kommunist aus seiner Gruppe, Otto Gotsche, zum Landrat ernannt«.[266] Als jedoch Büchner und Gotsche die Arbeiter des Mansfeldkonzerns mobilisierten, um den Abtransport von Maschinen in Richtung Westen zu verhindern, gerieten sie in Konflikt mit der amerikanischen Militäradministration. »Als sich Arbeiter weigerten, den Amerikanern dabei zu helfen, enteignete Maschinen und Güter auf ihre Lastwagen zu verladen, hatten die amerikanischen Behörden endgültig die Nase voll von Büchner und Gotsche und enthoben sie beide wegen ›kommunistischer Umtriebe‹ und ›Überpatriotismus‹ ihrer Ämter.«[267]

Nach dem Abzug der US-Truppen wurden Otto Gotsche wichtige Aufgaben beim Neuaufbau der staatlichen Verwaltung in Sachsen-Anhalt übertragen. Im Oktober 1949 holte man ihn nach Berlin. Mit den Dresdenern Dr. Fritz Geyer und Hans Tzschorn erledigte er wesentliche Vorbereitungsarbeiten für die Tätigkeit der Regierungszentrale der Deutschen Demokratischen Republik.

Die Lebenswege von Geyer, Gotsche und Tzschorn waren sehr verschieden. Otto Gotsche hatte als »Aktivist der ersten Stunde« Verwaltungserfahrungen als Autodidakt gewonnen. Er besaß ein ausgeprägtes Talent für die Lösung von Organisationsaufgaben, war unkonventionell in seinen Entscheidungen. Dr. Fritz Geyer hingegen war ein ausgewiesener Rechtswissenschaftler, Hans Tzschorn ein erfahrener Verwaltungsfachmann. Die ehemaligen Sozialdemokraten brachten wichtige Erfahrungen und gute Traditionen in die Regierungsarbeit ein. Sie prägten die Tätigkeit der Regierungskanzlei mit gestalterischem Vermögen und mit Überzeugungskraft. Über viele Jahre haben diese drei Männer in der Regierungskanzlei verständnisvoll und weitgehend konfliktlos zusammengearbeitet.

Das Sekretariat Ulbricht wurde durch Otto Gotsche mit Konsequenz bei erheblicher Selbständigkeit der Mitarbeiter geleitet. Kurze Dienstanweisungen regelten die Verantwortung und die organisatorischen Abläufe. Kernsatz derartiger Festlegungen war: »Die verantwortlichen Mitarbeiter sind für ihre Sachgebiete eigenverantwortlich und zeichnungsberechtigt.«[268] Nur in Ausnahmefällen behielt sich Gotsche das letzte Wort ausdrücklich vor. In seinen regelmäßig durchgeführten Arbeitsberatungen wurden neue Aspekte beraten. Entscheidungsfreudig legte er fest, wie in komplizierten Angelegenheiten weiter vorzugehen sei. Rückversicherung war ihm ein Fremdwort. Er stand zu dem, was er entschieden hatte.

Bis an sein Lebensende war Otto Gotsche ein korrekter, fleißiger Arbeiter mit hohem moralischen Anspruch. Er bestand auf Pünktlichkeit und Termintreue und praktizierte diese selbst. Obwohl er nie eine höhere Schule besuchen konnte, war er erstaunlich gebildet. In der deutschen Geschichte kannte er sich bestens aus. Es war ihm zuwider, den Mantel nach dem Wind zu hängen. »Männerstolz vor Königsthron« wurde von ihm nicht nur gern zitiert, sondern bis zur Respektlosigkeit vorexerziert.

Wie wohl jede Persönlichkeit hatte auch Gotsche Ecken und Kanten. Sein ausgeprägtes, auch manchmal übersteigertes Selbstbewußtsein speiste sich aus mehreren Quellen, und er litt wohl auch unter einem »Napoleonkomplex«. Nicht selten schadete er sich, wenn er im Streit keine andere Autorität als sich selbst akzeptierte. Im Zorn reagierte er mitunter kleinkariert auf Widerspruch. Dann verließ ihn seine natürliche Souveränität und nahm der Drang zu, anderen seine Meinung zu sagen. Andererseits erwies er sich immer wieder als ein aufmerksamer Zuhörer und zuverlässiger Partner.

Fritz Selbmann bat mich, für seine Anthologie »Die erste Reihe« einen Beitrag über Otto Gotsche zu schreiben. Noch vor Drucklegung hatte Gotsche, der in diesem Buch über Bernard Koenen berichtete, auch Einblick in meinen Text genommen. Eine Passage sagte ihm offensichtlich nicht zu. »Schwer war der Weg des jungen Kämpfers. Er hat es dabei dem Klassenfeind und seinen Lakaien, aber oft auch sich selbst und seinen Mitkämpfern nicht leicht gemacht.«[269]

»Mußte das sein«, fragte er mich.

»So sehe ich das und auch andere, die dich mögen«, war meine Antwort. Er akzeptierte das. So war er eben auch.

Die Förderung junger Menschen gehörte zu seinen starken Seiten. Sie sollten, so sein Anliegen, früh Verantwortung übernehmen. Als in einer Diskussion der damals bereits vierzigjährige Konrad Wolf für sich und seine Altersgefährten Unterstützung einforderte, rief ihm Gotsche zu: »Koni, mit vierzig ist man kein junger Genosse mehr, sondern steinaltes Militär. Jetzt müßt ihr darüber nachdenken, die Nachfolgenden zu fördern.«

Gotsche ließ insbesondere jungen Schriftstellern Hilfe angedeihen. Im November 1964 vertraute Brigitte Reimann ihrem Tagebuch an, sie freue sich über Gotsches Herzlichkeit. »Ich mag ihn, weil man ihm widersprechen kann, er kehrt keine Autorität heraus.«[270]

Otto Gotsche machte sich auch als Schriftsteller einen Namen. Schon in jungen Jahren schrieb er Artikel und Reportagen für die Arbeiterpresse. Bald versuchte er sich auf literarischem Gebiet. Er gehörte dem Bund proletarisch-revolutionärer Schriftsteller an. Sein erster Roman »Märzstürme« erschien 1929. Dieser befand sich unter jenen, die die Nazis am 10. Mai 1933 in Berlin und in anderen 21 deutschen Städten dem Feuer »übergaben«.

Die 50er Jahre waren Gotsches erfolgreichste literarische Schaffensperiode. In der Neubearbeitung der »Märzstürme« (1953), dem Bodenreform-Roman »Tiefe Furchen« (1953), dem Buch über eine mitteldeutsche Widerstandsgruppe »Zwischen Nacht und Morgen« (1955) und dem Roman »Die Fahne von Kriwoi Rog« (1959) verdichtete er Erlebtes und Erfahrenes aus der revolutionären Arbeiterbewegung. Gotsches Romane fanden ein breites Publikum. Dem gängigen Slogan, Kunst komme von Können, setzte er sein Credo »Kunst kommt vom Künden« entgegen.

Der literarische Erfolg in den 50er Jahren verführte ihn zeitweise zu der Überlegung, seine staatliche Funktion könnten auch andere bewältigen, seinem schriftstellerischen Anliegen könne dagegen nur er gerecht werden. Nach seiner Berufung zum Ordentlichen Mitglied der Deutschen Akademie der Künste 1961 und als Mitglied des Vorstandes des Schriftstellerverbandes engagierte sich Gotsche zunehmend in oft kontroversen Debatten um Inhalt und Form künstlerischen Schaffens. Mit Leidenschaft und Erfolg unterstützte er die Bewegung schreibender Arbeiter. Zu seinem Grundverständnis gehörte, daß die Kunst dem Fortschritt dienen, gesellschaftliche Zustände erhellen und sich nicht in Zweifeln erschöpfen dürfe.

In Arbeiten über die DDR-Kulturpolitik, die nach 1990 erschienen, wird in der Regel herausgestellt, daß Gotsche im literarischen Streit seine staatliche Funktion genutzt habe. Der Kulturpolitiker Günter Witt unterstellte gar, Gotsche hätte im Staatsrat ein zweites Ministerium für Kultur geschaffen.[271] Das ist Unsinn. In der Kanzlei des Staatsrates gab es nie mehr als einen Mitarbeiter, der sich mit kulturpolitischen Fragen befaßte. Dessen Hauptaufgabe war die Unterstützung des Kulturausschusses der Volkskammer.

Zweifel, ob Otto Gotsche in seinen kulturpolitischen Ansichten und bei Auseinandersetzungen über zeitgenössische Literatur immer klug, weitsichtig und bedacht vorgegangen sei, sind allerdings angebracht. Historischer und literarischer Skeptizismus waren ihm ein Graus. Er war ein Weltveränderer, keinesfalls – wie im Nachhinein unterstellt – eine Beharrungskraft. Weder den ästhetischen Theorien Georg Lukacs noch der Kafka-Rezeption, die, wie Mittenzwei feststellte, »zu einem Feld der politischen Auseinandersetzung«[272] wurden, mochte er etwas Positives abgewinnen. Prononciert vertrat er einen anderen, eben *seinen* Standpunkt. Auch dabei redete er, wie er dachte, egal, ob er Recht hatte oder irrte, ob es sinnvoll war zu reden oder besser zu schweigen. Damit machte er sich zweifellos nicht nur Freunde. Er vertrat in den Kulturdebatten seine Meinung ohne Absegnung oder Auftrag. Ich widerspreche allen Nachreden, er hätte in kulturpolitischen Fragen auf Weisung Ulbrichts agiert.

Wenn er seinem »Napoleonskomplex« freien Lauf ließ, zerschlug er manchmal reichlich Porzellan. Warum, so frage ich mich noch heute, bedachte er dabei nie, daß andere seine Bemerkungen als die des engen Mitarbeiters Ulbrichts aufnahmen, womit Gotsches private Auffassung zwangsläufig einen offiziösen Anstrich erhielt?

Gleichviel: Otto Gotsche war mir in vielerlei Hinsicht Vorbild. Mir tat es gut, mit ihm zusammenzuarbeiten. Auch wenn im Laufe der Zeit nicht nur Übereinstimmung zwischen uns herrschte, sich auch unterschiedliche Urteile, Standpunkte und Handlungsweisen herausbildeten, blieben wechselseitig Achtung und Verläßlichkeit.

Auguste Zörner, Gustel, kam aus einer jüdischen Familie. Sie war Jahrgang 1910, wuchs in Teplitz-Schönau auf und schloß sich dort der kommunistischen Bewegung an. Als Hitlers Truppen die Tschechoslowakei 1939 okkupierten, emigrierte Gustel nach England. In Liverpool schlug sie sich als Haushalts- bzw. Küchenhilfe durch. Später fand sie in London Arbeit bei der Nachrichtenagentur *TASS*. 1945 kehrte sie in die Tschechoslowakei zurück: Fast alle Familienangehörigen waren in Auschwitz umgebracht waren. 1946 mußte Gustel wie alle anderen Deutschen das Land verlassen, sie fand Anstellung in der Abteilung Presse des ZK der SED. Zwei Jahre später wurde sie persönliche Mitarbeiterin Walter Ulbrichts im Zentralkomitee der SED. 1953 wechselte sie in das »Regierungssekretariat«. Dort bearbeitete sie vorwiegend soziale Angelegenheiten. Sie stand der kleinen Parteigruppe unseres Sekretariats vor. Kraft ihrer Persönlichkeit nahm sie auf eine sehr freundliche und überzeugende Art Einfluß auf die Entwicklung aller Mitarbeiter. Ihrer unumstrittenen Autorität beugte sich selbst Otto Gotsche, allerdings nicht selten mit erkennbarem Mißmut.

Warum Gustel 1953 ihre herausragende Funktion im »Büro Ulbricht« im Zentralkomitee mit der einer Mitarbeiterin im Regierungssekretariat tauschte, wurde bei uns nie erörtert. Man ahnte die Zusammenhänge. Zwischen 1951 und 1953 wurden in der DDR auch andere jüdische Genossen aus Spitzenpositionen abgezogen, um in der Wissenschaft, der Wirtschaft oder der Verwaltung Aufgaben zu übernehmen, die weniger im Fokus der Öffentlichkeit standen. Das war die Ulbrichtsche Art, auf Moskauer Kampagnen in vermeintlichen »Sicherheitsfragen« zu reagieren. In Moskau hatte man den Zionismus zu einem der Hauptfeinde erklärt und eine antisemitische Kampagne inszeniert. In Prag wurde der ehemalige Generalsekretär der Partei, Rudolf Slánsky, mit vielen Gefährten zu unschuldigen Opfern eines inszenierten Schauprozesses. Alle Bruderparteien waren aufgefordert, ähnliche »Verschwörerzentren« aufzudecken. Ulbricht bewies auch in dieser Situation Format und taktisches Geschick beim Ausloten von Spielräumen in den Beziehungen zur UdSSR und deren Sicherheitsorganen. Seine Erfahrungen hinsichtlich des Vorgehens des »Großen Bruders« sagten ihm, daß eine schroffe Ablehnung der eingeleiteten Kampagne in dieser

Situation zu keinem guten Ende führen würde. Sein Ausweg: Um die jüdischen Genossen zu schützen, ließ er, wie auch Norbert Pode-win beschrieb, »prominente jüdische Genossen aus dem Licht der Öffentlichkeit nehmen, rückte sie prophylaktisch zeitweise ins zweite Glied.«[273] Podewin bezog sich dabei vorrangig auf Albert Nor-den und Gerhart Eisler. Auch viele andere jüdische Genossen fanden im Ergebnis einer politischen Rochade einen geschützten Platz. So wechselte auch mein Staatsrechtlehrer Prof. Hans Schaul 1951 von hoher Regierungsfunktion an die Hochschule für Ökonomie.

Nicht anders erklärt sich der zeitweilige Einsatz Gustel Zörners im Regierungssekretariat. Gustel ging 1958 zurück in den Apparat des Zentralkomitees. Als Chefredakteurin einer Frauenzeitschrift lei-stete sie später eine verdienstvolle Arbeit.

Im Zusammenhang mit dem am Beginn der 50er Jahre so bri-santen Fall Noël Field wurde inzwischen auch bekannt, daß »Franz Dahlem nach seinem politischen Sturz 1953 von ›unbekannter Hand‹ monatlich Geldbeträge zugesteckt bekam oder auch Gerhart Eisler die ›Fürsorge‹ des Ersten Sekretärs der SED (*also Walter Ulbrichts – H. G.*) genossen habe.«[274]

Gustel war eine herzensgute, außerordentlich gebildete Frau. In einer Kombination von mütterlicher Güte und Strenge kümmerte sie sich um die Entwicklung der jungen Mitarbeiter. Ob Gustel sprach oder schrieb, ihre Äußerungen waren zwingend logisch und überzeugend. Mir half sie besonders bei analytischen Arbeiten und bei meinen ersten Schritten auf journalistischem Gebiet. Über ihr eigenes Schicksal und das ihrer Familie sprach sie so gut wie nie. Dennoch waren ihr Verbitterung oder sektiererische Enge fremd. Sie wollte stets Menschen gewinnen und trat selbst Vorbehalten gegenüber Mitläufern der Nazis entgegen. Der Sozialismus gebe allen Menschen guten Willens eine Chance, lautete ihr Credo.

Hans Vieillard trug im Sekretariat Verantwortung für ein sehr umfangreiches Arbeitsgebiet. Neben historischen Untersuchungen betreute er auch aktuelle Angelegenheiten, darunter die Klärung von Eingaben aus der Bevölkerung zu Sicherheitsfragen. Hans gehörte dem Jahrgang 1922 an. Er stammte aus einer Berliner Arbeiterfamilie. Seine Eltern schlossen sich in den 20er Jahren der Kommunistischen Partei an. Als Neunzehnjähriger wurde Hans zur Wehrmacht eingezogen. Er besuchte in sowjetischer Gefangenschaft eine Antifa-Schule und war anschließend in anderen Bildungseinrichtungen für Kriegsgefangene im Ural als Lehrer tätig. Nach seiner Rückkehr 1948 wurde er Mitglied der Partei und Mitarbeiter der Landesleitung Brandenburg der SED.

Gemeinsam mit einer Genossin Erika Assmus aus der Abteilung Kultur und Erziehung der Landesleitung der SED wurde Hans 1950 zum Studium an die Parteihochschule in Kleinmachnow delegiert. Erika Assmus arbeitete, was zunächst keiner wissen konnte, für die andere Seite, sie war nach eigenem – späterem – Bekunden Agentin des amerikanischen Geheimdienstes CIC.[275] Dieser hatte sie 1948 angeworben. Um an Informationen aus der SED zu gelangen, hatte der Nachrichtendienst die junge Frau veranlaßt, eine Parteikarriere anzustreben. Die dauerte allerdings nicht lange. An der Parteihochschule kam man ihr auf die Spur. Sie floh nach Westberlin. Dort nannte sie sich Carola Stern und machte eine klassische antikommunistische Karriere. Das wäre hier kaum der Erwähnung wert, hätte sie sich in ihrer Autobiographie »Doppelleben« nicht über ihren Mitstudenten Hans Vieillard ausgelassen. Sie rückte ihn einerseits in die Nähe von »sich selbstsicher gebenden Wehrmachtoffizieren«[276], andererseits deutet sie eine Verbindung zum sowjetischen Geheimdienst an[277].

Die sonst so gut informierte Autorin verbreitet hier wahrheitswidrige Behauptungen, um einen aufrechten Menschen zu diskreditieren. Tatsächlich brachte es Hans bei der Wehrmacht in vier Jahren lediglich zum Gefreiten. Sterns Verweis auf den Geheimdienst wird durch nichts bewiesen und wird schon durch Vieillards Vita widerlegt. Walter Ulbricht duldete in seinem unmittelbaren Apparat keine Mitarbeiter, die auch für andere als für ihn tätig waren. Er hatte dafür seine Gründe und auch ein feines Gespür.

Hans war ein umgänglicher Mensch, der seine Herkunft aus dem Berliner Kiez nie verleugnete. Er verfügte über eine vorzügliche Auffassungsgabe und arbeitete mit Energie daran, Bildungslücken zu schließen und Wissen zu akkumulieren. Ulbrichts routinierte Frage bei öffentlichen Begegnungen »Worin besteht das Neue?« hatte sich Hans zu eigen gemacht. Er war ständig auf der Suche nach »dem Neuen«, dem Fortschrittlichen. Neben seinen Tagesaufgaben standen in der zweiten Hälfte der 50er Jahre Studien zur Geschichte der deutschen Arbeiterbewegung im Zentrum von Vieillards Tätigkeit. Oft saß er dann mit Professor Hans Schaul zusammen. Beide waren an der Vorbereitung des ersten Halbbandes der

Geschichte der deutschen Arbeiterbewegung beteiligt. Ulbricht, unter dessen Namen das Buch dann herauskam, hat die Mitarbeit von Schaul und Vieillard in seiner Einleitung ausdrücklich erwähnt und beiden gedankt. Auch an der Herausgabe der achtbändigen Ausgabe der Geschichte der deutschen Arbeiterbewegung arbeitete Hans mit. Er war gleichfalls Mitautor der biographischen Skizzen »Ein guter Deutscher – Walter Ulbricht« (1963) und »Walter Ulbricht – Arbeiterführer, Revolutionär, Staatsmann« (1968).

Ein Jahrzehnt leitete Hans die Abteilung Bevölkerungsfragen des Staatsrates der DDR. Als 1972 der organisierte Rauswurf der Mitarbeiter Ulbrichts aus ihren Funktionen erfolgte, traf es auch Hans. In einem historischen Institut verbrachte er seine letzten Berufsjahre.

Heinz Eichler leitete 1954 den ökonomischen Arbeitsbereich im Sekretariat Ulbricht. Er gehört dem Jahrgang 1927 an. In Leipzig hatte er Wirtschaftswissenschaften studiert. Nach kurzem Einsatz im Innenministerium war er 1951 in das Sekretariat Ulbricht gekommen, nachdem Dr. Wolfgang Berger, sein Vorgänger in dieser Funktion, in das ZK der SED gewechselt war. Mit beiden arbeitete ich annähernd zwanzig Jahre zusammen. Obwohl beide bei Professor Fritz Behrens in Leipzig Wirtschaftswissenschaft studiert hatten und beide überzeugte Kommunisten waren, unterschied sich ihre Art zu denken und zu handeln erheblich.

Wolfgang Berger war ein Forschertyp, ein aufrechter Mann, der in wirtschaftlichen wie gesamtgesellschaftlichen Fragen in strategischen Dimensionen zu denken vermochte. Mit seinem konzeptionellen Potential erwies sich Dr. Wolfgang Berger unter den Mitarbeitern Walter Ulbrichts als eine Persönlichkeit von besonderem spezifischen Gewicht. Sein Beitrag bei der Ausarbeitung des Neuen Ökonomischen Systems des Sozialismus war groß und wurde besonders bekannt. Dennoch war sein Wirkungsfeld weitaus umfassender. Er wurde 1972 aus dem ZK entlassen. Danach war Berger in einem Ludwigsfelder Betrieb, später in einer Unterabteilung des Statistischen Zentralamtes tätig. Diese »Verwendung« entsprach dem Muster des Umgangs des 1971 gewählten Generalsekretärs Erich Honecker mit engen Mitarbeitern seines Vorgängers. Um die wirklichen Motive ihrer Kaltstellungen zu verschleiern, wurden diese nicht zusammen, sondern einzeln aus der Zentrale entfernt. Das Sekretariat des ZK der SED beschloß am 27. April 1971 die Abberufung von Karl Gutjahr, am 12. Januar 1972 die von Wolfgang

Berger und Gerhard Kegel, am 15. März 1972 die von Hans Schaul und Herbert Graf, und am 4. April 1972 die von Hans Vieillard. Otto Gotsche hatte sein Amt als Sekretär des Staatsrates nach der Volkskammerwahl im Herbst 1971 aufgegeben. Er konnte, wollte und sollte nicht mehr in dieser Funktion tätig sein.

Heinz Eichlers starke Seite war die Organisation. Er hatte eine solide kaufmännische Ausbildung absolviert und verstand es, die ihm übertragenen Angelegenheiten außerordentlich effektiv zu erledigen. Mit starkem Selbstbewußtsein und der Fähigkeit zur Konzentration auf Wesentliches erfüllte er mit erkennbarer Leidenschaft politische Aufgaben. Über Jahre war er unumstrittener Parteisekretär in der Regierungskanzlei.

Anfangs arbeiteten wir recht gut zusammen. 1956 wurde Heinz zu einem vierjährigen Studium nach Moskau delegiert. Nach seiner Rückkehr 1960 wurde ihm die Aufgabe des persönlichen Referenten des Vorsitzenden des Staatsrates übertragen. In dieser Funktion gehörte er bald zu den Vertrauten Erich Honeckers. Nach dem Sturz Ulbrichts wurde er 1971 Sekretär des Staatsrates und Mitglied des Präsidiums der Volkskammer der DDR.

In den zwei Jahrzehnten meiner Zusammenarbeit mit Heinz Eichler gab es Übereinstimmungen, Probleme, auch tiefgreifende Differenzen. Als sich unsere Wege trennten, waren wir nicht gut aufeinander zu sprechen. Derartige Konstellationen sind keinesfalls singulär. Man begegnet ihnen wohl in allen Sphären der Arbeit.

In der westdeutschen Literatur tauchte auch der Name Heinz Eichler auf, wenn über Nazis in der DDR-Führung geschrieben wurde.[278] Noch 1996 hielt es Lea Rosh, unter Verweis auch auf Heinz Eichler, für erforderlich, öffentlich zu behaupten, man könne der SED nicht den Vorwurf ersparen, Nazis selbst in höchsten Parteiämtern zugelassen zu haben.[279] Detlef Joseph hat in seiner vorzüglichen kritischen Untersuchung »Hammer, Zirkel, Hakenkreuz – wie antifaschistisch war die DDR?«[280] derartige Unterstellungen zurecht als Geschichtsklitterung, als eine der Varianten der Delegitimierung der DDR, charakterisiert. Bei allen Differenzen, die ich mit Heinz Eichler hatte, halte ich an meiner Überzeugung fest: Wer behauptet, Heinz Eichler sei ein Nazi gewesen, der kennt ihn nicht.

In der Bundesrepublik wurde es zur Mode, die Mitgliedschaft von Kindern in der Hitlerjugend und von Siebzehnjährigen in anderen Naziorganisationen selektiv an die Öffentlichkeit zu bringen, um angebliche Verstrickungen aufzudecken. »Die Mitgliedskarten der NSDAP besagen nichts über die Schuld oder Verstrickung der damals 16- oder 17jährigen«, urteilte inzwischen *Der Spiegel.*[281] Warum aber übersehen diese eifrigen Rechercheure die tatsächlichen Verstrickungen der Unternehmer, die Hitler in den Sattel halfen, die vom Antisemitismus und Eroberungskriegen, von skrupelloser Ausbeutung der aus ganz Europa zusammengetriebenen Arbeitssklaven profitierten?

Unter Ulbrichts Mitarbeitern gab es keine Nazis. Als in den 50er Jahren von verschiedenen Seiten auf Gerhard Kegels Tätigkeit im Auswärtigen Amt verwiesen wurde, schwieg er über seine herausragende Rolle als Kämpfer gegen das Naziregime. Es gab Gründe, weshalb erst 1983 über seine herausragende Mitwirkung in der geheimen Widerstandsarbeit gegen das Naziregime öffentlich berichtet werden konnte.[282] Das Ostbüro der SPD ließ 1959 aus Flugzeugen und Ballons verleumderische Biographien über den aufrechten Mann über Berlin und Brandenburg abwerfen. Auch dazu schwieg Kegel gelassen. Erst in seiner Autobiographie »In den Stürmen unseres Jahrhunderts« hat er die Hetzschrift des Ostbüros veröffentlicht und unzweideutig kommentiert.[283]

Walter Birnbaum, der den juristischen Aufgabenbereich wahrnahm, war, als ich ihn 1954 kennerlernte, ein kranker Mann. Schon bald sollte er invalidisiert werden. 1956 übernahm der Absolvent der Juristischen Fakultät der Humboldt-Universität Hans-Joachim Semler, ein sehr befähigter junger Mitarbeiter, dieses Arbeitsgebiet. Später promovierte er auf staatsrechtlichem Gebiet. Er gehörte der Verfassungskommission der DDR an und war einer der Herausgeber und Autoren des 1969 erschienenen zweibändigen Verfassungskommentars. Wir haben uns gut verstanden, gern zusammengearbeitet und so manchen Artikel gemeinsam publiziert.

Arbeitsatmosphäre und unser Patendorf

Als jungem Absolventen wurde mir nicht nur im Sekretariat Ulbricht, sondern auch in den anderen Struktureinheiten der Regierungskanzlei der Anfang recht leicht gemacht. Die Sekretariate Ulbricht, Grotewohl und Nuschke und auch die Staatsekretär

Geyer unterstellten Abteilungen arbeiteten unkompliziert zusammen. Rangordnungen spielten keine große Rolle. Staatssekretär Geyer und die persönlichen Referenten des Ministerpräsidenten und seiner Stellvertreter genossen nicht nur wegen ihrer Stellung, sondern auch wegen ihrer Lebensleistung Respekt. Gegenseitige Hilfe war selbstverständlich, gemeinsame Anliegen standen im Zentrum der Tätigkeit der Parteiorganisation wie der Gewerkschaftsgruppen.

Ministerpräsident Grotewohl gehörte der Parteiorganisation der Regierungskanzlei als Mitglied an und nahm, wann immer er konnte, an deren Veranstaltungen teil. In den regelmäßigen Versammlungen und in Schulungsveranstaltungen wurde Neues besprochen und Erfahrungen ausgetauscht. Es gab keine Geheimniskrämerei bei den Gehältern. Bei der monatlichen Zahlung der Beiträge für die Partei und die Gewerkschaft hatte jeder Einblick. Vorschläge für Gehaltserhöhungen oder für Prämienzahlungen wurden meist in Arbeitskollektiven und Gewerkschaftsgruppen erörtert. Es gab wenig Tabus in dieser Gemeinschaft der Mitarbeiter.

Politische Auseinandersetzungen wie an der Hochschule habe ich an meiner Arbeitsstelle nicht erlebt. Das politische Klima war 1954 in der Partei und im Lande spürbar anders, erkennbar besser geworden. Im März 1954 hatte Walter Ulbricht auf dem IV. Parteitag der SED den Kurswandel deutlich gemacht. Als »größte Gefahr, die für die Arbeiter- und Bauermacht entstehen kann«, betrachtete er Erscheinungen der »Loslösung des Partei- und Staatsapparates von den Massen«. Er leitete daraus als Orientierung ab: »Die Stärkung der Arbeiter- und Bauernmacht hängt ab von der Mitarbeit, von der Kritik und den Vorschlägen der Werktätigen.«[284] Diese demokratische Maxime des Herangehens fand Resonanz in der Öffentlichkeit, sie entfaltete Wirkung auf die innerparteilichen Beziehungen. Die Angestellten des Regierungsapparates der DDR waren in keiner Weise eine vom Leben des Volkes abgehobene Schicht. Beamtendünkel kam da wahrhaft nicht auf. Leistungsansprüche, Lebensumstände, Gehalt oder Versorgungsansprüche der Mitarbeiter unterschieden sich kaum von denen außerhalb des Staatsapparates.

So wie andere Berliner Werktätige auch hatten die Mitarbeiter der Regierungskanzlei *ihre* Baustelle im Nationalen Aufbauwerk. Das war ein in den letzten Tagen des Zweiten Weltkriegs zerstörtes

216

Gebäude in der Nähe des S-Bahnhofs Jannowitzbrücke. In der Regel wurden an einem Tag in der Woche nach Feierabend Steine geputzt und gestapelt, Balken und andere Trümmerteile geräumt, um Platz für den Neuaufbau zu schaffen. Die meisten von uns waren körperliche Arbeit gewohnt. Schließlich kam die Mehrzahl der Mitarbeiter aus den arbeitenden Schichten des Volkes. Auch Otto Grotewohl, Walter Ulbricht und andere Regierungsmitglieder beteiligten sich gelegentlich an solchen »Aufbauschichten«, auch wenn das eher eine anspornende Geste war. Sie verfehlte ihre Wirkung nicht.

In diesem Klima entwickelten sich zwischen den Mitarbeitern der Regierungskanzlei stabile Beziehungen, es entstanden dauerhafte Freundschaften. Über Jahrzehnte blieb ich mit Gefährten aus dieser Zeit, mit Anton Fischbach, dem Schriftführer des Ministerrates, mit Dieter Lehmann aus dem Sekretariat Grotewohl, mit Alfred B. Neumann aus dem Amt für Jugendfragen, mit Günter Böthling, dem Mitarbeiter des Staatssekretärs Geyer, und vielen anderen verbunden. Wir arbeiteten unkompliziert miteinander, trafen uns in Versammlungen und auf Schulungen, bei Aufbaueinsätzen im Patendorf Libbenichen, beim Freizeitsport und ab und zu auch in fröhlicher Runde. Es war ein angenehmes Umfeld.

Im Herbst 1955 zog die Regierungskanzlei vom Landtagsgebäude in das vom bekannten Berliner Architekten Hoffmann errichtete Stadthaus in der Klosterstraße. Dieses Gebäude bot der Regierung sowohl mehr Platz als auch größere Sicherheit. Das Sekretariat Ulbricht fand dort in der dritten Etage auf der Seite zur Parochialstraße seinen Platz. Die Möbel aus dem Landtagsgebäude nahmen wir mit. Der Umzug war kein Anlaß für Neuanschaffungen.

Neu war nur die Bezeichnung des Apparates der Regierung der DDR. Er hieß fortan »Büro des Ministerrates«, später »Büro des Präsidiums des Ministerrates«. Zu dessen Aufgaben gehörte es, dem Vorsitzenden des Ministerrates Stellungnahmen zu Vorlagen der Minister zu erarbeiten.

In jene Zeit fiel auch der Wechsel im Amt des Staatssekretärs der Regierung. Dr. Fritz Geyer übernahm einen juristischen Lehrstuhl. Anton Plenikowski – er hatte vorher die Abteilung Staat und Recht des Zentralkomitees der SED geleitet – wurde Staatssekretär. »Pleni«, wie ihn die meisten nannten, war ein erfahrener Mann. Viele Jahre stand er im Danziger Stadtparlament der Fraktion der

KPD vor. Die dort von ihm bestrittenen Redeschlachten gegen die Nazifraktion und Gauleiter Koch machten Geschichte. Auch im antifaschistischen Widerstandskampf und später im schwedischen Exil gehörte »Pleni« zu den Standhaften und Aufrechten.

In der Art des Umgangs mit dem Amt und seinen Mitarbeitern unterschieden sich Fritz Geyer und Anton Plenikowski außerordentlich. Fritz Geyer offenbarte sich in jedem Zoll seines Wesens als staatsmännischer Verwaltungsfachmann. Anton Plenikowski war Politiker mit Parlaments- und Verwaltungserfahrung. Sein Blick war auf gesamtgesellschaftliche Zusammenhänge gerichtet. Er war ein Freund eingehender Argumentation. Lange, oft zu lange Reden verschütteten nicht selten die Substanz dessen, was er mitzuteilen hatte. Kam »Pleni« spät von einer Tagung und fand seine Mitarbeiter nicht mehr vor, sprach er, sofern er am nächsten Tag abwesend war, seine Mitteilungen und Informationen auf ein Tonband. Am nächsten Morgen konnten seine Mitarbeiter die Informationen und Argumentationen des nimmermüden Staatssekretärs als Tonkonserve wahrnehmen. Die Zuhörer nahmen das anfangs mit Verwunderung, nicht selten auch mit Humor und Sarkasmus auf.

In das Gebäude in der Klosterstraße zogen drei weitere Stellvertreter des Ministerpräsidenten mit ihren Sekretariaten ein: Paul Scholz von der Bauernpartei, zuständig für die Landwirtschaft, Fred Oelßner von der SED, verantwortlich für Handel und Versorgung, sowie Dr. Hans Loch von der LDPD, federführend bei den Finanzen. Nachdem ich mich in der Parteigruppe des Sekretariats Ulbricht vorgestellt hatte, erhielt ich meinen ersten Parteiauftrag. Weil ich gewisse Erfahrungen im Chorsingen hatte, wurde mir übertragen, die etwa hundertfünfzig Genossen der Parteiorganisation der Regierungskanzlei musikalisch zu schulen. Das bedeutete sie text- und tonsicher zu machen. Es war üblich, daß Versammlungen mit Liedern der Arbeiterbewegung eingeleitet und abgeschlossen wurden. Leider verkümmerte die gute Tradition des gemeinsamen Singens bei Zusammenkünften in späteren Jahren.

Die Liederabende, die ich durchführte, bereiteten allen Freude. Zugleich wurde ich auf diese Weise unter den Mitarbeitern des Hauses bekannt und akzeptiert. An diesen offenen Veranstaltungen nahmen auch Mitarbeiter teil, die nicht der SED angehörten. Damals waren im Sekretariat Grotewohl fünf, im Sekretariat Ulbricht sechs, im Amt für Jugendfragen dreizehn und im Förderungsausschuß siebzehn parteilose Kollegen beschäftigt. Das war etwa ein Drittel aller Mitarbeiter.[285]

Meine nächste Aufgabe in der Parteiorganisation war die Leitung eines Zirkels im Parteilehrjahr. An jedem ersten Montag im Monat fand nach Feierabend eine Schulungsveranstaltung zu theoretischen und aktuellen Themen statt. Diese Bildungsabende fanden Anklang und wurden auch von Parteilosen gern wahrgenommen. Allerdings gab es aus mir unerfindlichen Gründen damals eine Einschränkung. Die Teilnahme von Parteilosen war auf 20 Prozent der Zirkelteilnehmer beschränkt. Das bedeutete, daß so mancher parteilose Mitarbeiter, der Interesse hatte, nicht teilnehmen konnte. Auf einer Zusammenkunft der Parteimitglieder, an der auch Otto Grotewohl teilnahm, schilderte ich diesen Sachverhalt und meine Bedenken. Ich wandte mich direkt an Grotewohl und fragte ihn, ob nicht eine Korrektur angebracht wäre. Als ich mich setzte, hatte ich das Gefühl, daß mein Vorgehen von anderen Genossen als nicht sehr geglückt angesehen wurde. Möglicherweise war ich wirklich zu respektlos gegenüber dem Ministerpräsidenten gewesen.

Otto Grotewohl sprach mich in der Pause an. Er meinte, allein aus der Sicht eines Zirkels in der Regierungskanzlei wäre es leichtfertig, Regelungen, die für die ganze Partei gelten und sicher einen gewissen Sinn hätten, einfach umzustoßen. Mein Einwand sei jedoch bedenkenswert, man müsse der politischen Weiterbildung auch der Parteilosen Aufmerksamkeit widmen. Das Gespräch tat mir gut. Es blieb jedoch ein Rest an Zweifel, ob ich mein Anliegen zur rechten Zeit, auf die richtige Weise und am richtigen Ort vorgebracht hatte.

Am nächsten Tag brummte mich Gotsche mit der Bemerkung an, man müsse mit dem Kopf, nicht mit dem Kehlkopf denken.

Bei den nächsten Parteiwahlen wurde ich in die Leitung der Abteilungsparteiorganisation (APO) der Sekretariate gewählt. Als deren Sekretär Lothar Krummbiegel aus dem Sekretariat Grotewohl in die Rechtsabteilung des soeben gebildeten Ministeriums für Nationale Verteidigung nach Strausberg wechselte, wurde mir das Sekretärsamt übertragen. Damit war die monatliche Beitragskassierung der Parteimitglieder verbunden. Dazu gehörte auch Otto Grotewohl. War er am Tag der Kassierung im Haus und von Terminen nicht zu sehr belastet, nutzte er die Gelegenheit zu einem Gespräch mit mir über die Situation im Hause.

1956 wurde ich in die Zentrale Parteileitung des Büros des Ministerrates gewählt. Parteisekretär wurde Walter Kaßner, ein bekannter antifaschistischer Widerstandskämpfer aus Magdeburg. Von Freislers Volksgerichtshof zu lebenslangem Zuchthaus verurteilt, hatte er mehr als zehn Jahre im »Roten Ochsen«, dem Zuchthaus in Halle, gesessen. Beim Aufbau der DDR hat er sich Verdienste erworben. Im Auftrag der Regierung Grotewohl reiste er in spezieller Mission nach Vietnam. Sein Auftrag lautete, deutsche Angehörige der französischen Fremdenlegion, die in vietnamesische Gefangenschaft geraten waren, nach Deutschland zu holen. Über den langen Weg von Hanoi über Peking und Moskau brachte er 1953 Hunderte junge Männer, die in den Nachkriegsjahren in die Fänge der »Légion étrangére« geraten waren, nach Berlin. Sie hatten schwere Jahre hinter sich. Nicht wenige hatten auch Schuld auf sich geladen. Die DDR gab ihnen die Chance eines Neubeginns. Für Walter Kaßner war jede Leistung und jede Anstrengung im Interesse des Aufbaus des Sozialismus selbstverständlich. Annähernd ein Jahrzehnt blieb er der Sekretär der Parteiorganisation der Regierungskanzlei bzw. des Büros des Ministerrates.

Trotz unseres Altersunterschiedes und der anstrengenden Art, wie er Probleme erörterte, arbeiteten wir gut und unkompliziert zusammen. Walter nahm alles, was ihm begegnete, sehr ernst und sehr wichtig. Sitzungen, die er leitete, dauerten nicht selten von siebzehn Uhr bis Mitternacht. Walter wollte alles zu Ende diskutieren, Sein Verständnis von innerparteilicher Demokratie bedingte, daß jedes Leitungsmitglied sich zu jeder aufgeworfenen Frage äußerte und Stellung bezog.

Jedes Leitungsmitglied wurde von ihm für einen Bereich der Parteiarbeit verantwortlich gemacht. Mir wurde die Anleitung der Jugendarbeit in unserem Hause und die Wahrnehmung unserer Verpflichtungen im Patendorf Libbenichen übertragen.

Patenschaften über Dörfer und Landwirtschaftliche Produktionsgenossenschaften (LPG) hatten damals viele Berliner Parteiorganisationen übernommen. Es ging dabei um die Steigerung der Nahrungsmittelproduktion, um die Festigung der noch schwachen Genossenschaften und die Verbesserung der Lebensbedingungen in den Dörfern. Libbenichen war eine Oderbruchgemeinde an der Landstraße zwischen Frankfurt an der Oder und Seelow, unweit der Oderhänge, an denen die in Europa einmaligen Adonisröschen blühten. Mit dem PKW dauerte die Anfahrt aus dem Zentrum Berlins knapp zwei Stunden. Unser Patenort erwies sich als eine Gemeinde mit 500 Seelen, der es in der Vergangenheit oft schlecht und in der Gegenwart nicht gut ging. Die erste urkundliche Erwähnung des Ortes stammt aus dem Jahr 1341. In den vergangenen Jahrhunderten hatte die Gemeinde unter Feuersbrünsten und Plünderungen gelitten. Mehrmals verzeichneten die Kirchenbücher, daß die Einwohner fliehen mußten und in benachbarten Orten Unterschlupf suchten. Im Ersten Weltkrieg verloren von den 63 eingezogenen Dorfbewohnern 17 das Leben. Am Ende des Zweiten Weltkrieges geriet das kleine Dorf in die Hauptkampflinie der großen Schlacht um den Zugang nach Berlin. Als die Oder-Offensive der von Marschall Shukow befehligten Armeen am 16. April 1945 um 3.00 Uhr mit einer Artilleriekanonade begann, war Libbenichen menschenleer. Alle Einwohner waren geflohen oder evakuiert worden. Am 17. April nahm – wie in einer militärhistorischen Darstellung berichtet wird – »die 69. Armee Mallnow und stieß in Richtung Libbenichen vor. Im Norden überrannte die 5. Stoßarmee die Orte Gusow und Platkow.«[286] Der Soldatenfriedhof des kleinen Dorfes Libbenichen hatte seitdem über sechzig Gräber.

Als im Mai 1945 die ersten Einwohner des Ortes zurückkehrten, fanden sie viele Gebäude zerstört. Bald kamen auch Umsiedler, die eine Bleibe und Arbeit suchten.

Etwa dreißig bäuerliche Betriebe zählte der Ort nach Kriegsende. Zwei davon bearbeiteten mehr als hundert Hektar. Sie wurden während der Bodenreform aufgeteilt. Darüber wurde exakt Buch geführt. Es erhielten 13 Landarbeiter bzw. landlose Bauern insgesamt 68,2 Hektar Land. Zwei landarme Bauern teilten sich 15 Hektar. 91,5 Hektar wurden an vierzehn Umsiedler übergeben.

Als wir 1956 in das Dorf kamen, existierten neben den Bauernwirtschaften ein kleines Volkseigenes Gut, eine schwache LPG des Typs III – also mit gemeinsamer Feldwirtschaft und einer gemeinsamen Viehhaltung – und eine kleinere LPG des Typs I mit gemeinsamer Feldwirtschaft und individueller Viehhaltung. Bei unseren ersten Begegnungen mit dem Bürgermeister, den Bauern und anderen Einwohnern war zu spüren, daß alle Sorgen hatten. Jeder war mit sich beschäftigt.

Treffpunkt war eine heruntergekommene Konsumgaststätte am Teich, die alles andere als gastlich war. Die größten Probleme hatten der Bürgermeister und der Vorstand der LPG Typ III. Der LPG fehlten Arbeitskräfte und Technik. Die eigene Kapazität reichte nicht, um die Ernte einzubringen. Es fehlte den Vorstandsmitgliedern auch an Erfahrung. Nie hatten sie vorher als Einzelbauern oder Landarbeiter mit der Organisation eines so großen Betriebes zu tun gehabt. Die Buchhaltung lag im Argen und die Arbeitsvergütung für die Mitglieder der Genossenschaft konnte nicht in erwarteter Höhe, nicht einmal immer pünktlich gezahlt werden. Wollten wir unsere Patenschaft verantwortungsvoll wahrnehmen, dann gab es viel zu tun. Zunächst organisierten wir Erntehilfe von Mitarbeitern unseres Hauses. Natürlich war es für jeden von uns nicht bequem, am Wochenende mit einem Lastwagen in ein entferntes Dorf zu fahren, um dort körperlich zu arbeiten. Aber es war zu keiner Zeit schwer, dafür ausreichend Mitstreiter zu finden. Nicht selten organisierte Bürgermeister Wilhelm Winkelmann auch Unterkünfte bei Familien, damit die Hilfe aus Berlin über Sonnabend und Sonntag in Anspruch genommen werden konnte. Wenn die Arbeit auch ungewohnt war, fanden viele Gefallen daran.

Selbstverständlich erschöpfte sich unsere Patenschaft nicht in Arbeitseinsätzen. Für das Dorf war wichtig, ja entscheidend, daß die LPG aus der Krise kam, damit Zufriedenheit einkehren konnte und die Einzelbauern des Ortes sich für eine Mitgliedschaft in der Genossenschaft interessieren.

In unserem Hause arbeiteten kluge Landwirtschaftsfachleute: der Fachreferent Wilhelm Behnke, der persönliche Referent des Stellvertreters des Premierministers Paul Scholz, Konrad Rühlemann, der Mitarbeiter des Stellvertreters des Ministerrates Fred Oelßner sowie Lothar Weber. Dazu gesellte sich mein Freund Anton Fischbach, ein Jurist, der ebenfalls Mitglied der Parteileitung war. Wir bildeten eine Arbeitsgruppe, um grundsätzliche Veränderungen in der Genossenschaft und im Dorf zu erreichen.

Wir waren recht oft in Libbenichen. Die Betriebsführung und die Buchhaltung der LPG verbesserten sich Schritt für Schritt. Immer wieder berieten wir auch mit den Einzelbauern im Ort, um deren Rat einzuholen und sie für die Genossenschaft zu gewinnen. Oft wurde uns in diesen Gesprächen auch die Frage gestellt, wie man im Dorf eine Stätte des Zusammenkommens schaffen könne. Das sei für die Alten nötig, noch wichtiger aber für die Jugend. Als beste Lösung erschien ein Umbau der Konsumgaststätte. Lothar

Weber kannte sich im Verband der Konsumgenossenschaften gut aus. Er fand in einem Fonds für den Ausbau von Landgaststätten noch freie Mittel. Die Zentrale des Verbandes gab diese für Libbenichen frei und verpflichtete Professor Ludewig aus Oranienburg mit der Projektierung einer Gaststätte mit angeschlossenem Saal. Die Freigabe der Mittel war an die Bedingung geknüpft, daß ein Teil der Investitionssumme in Eigenleistung des Dorfes erbracht würde. Lothar Weber war ein kluger und energischer Mann, der seine ganze Kraft für die Vorbereitung und Realisierung des Projektes einzusetzen verstand. Als der Architekt seine Pläne im Ort zur Beratung stellte, lösten diese ungläubiges Staunen bei den Einwohnern aus. So ein attraktives Ortszentrum, wie da aufgezeichnet war, konnte sich kaum jemand vorstellen. Eine Gaststätte, eine Bauernstube und ein Saal sollten unter einem Dach als eine Art Dorfklub entstehen. Bald ging es um den Anteil des Dorfes bei der Bauvorbereitung und beim Bau. Auch dazu gab es Bereitschaft. Die freiwillige Feuerwehr übernahm es, das alte Dach abzudecken. Andere halfen beim Erdaushub. Die Mitwirkung an der Planung und die Mitarbeit am Bau brachten die Dorfbewohner einander näher. Ein »Wir-Gefühl« bildete sich unübersehbar heraus.

Im Herbst 1958 wurde die schöne Begegnungsstätte übergeben. Wenige Wochen nach der Einweihung bat mich der persönliche Referent des Ministerpräsidenten, Hans Tzchorn, zu einem Gespräch. Er teilte mir mit, daß Otto Grotewohl mit Interesse die Fortschritte in Libbenichen verfolge. Er habe vor, sich in dem Ort einmal umzuschauen. Es sei zwar noch nicht klar, wann der Terminplan dafür Gelegenheit gebe. Er bat mich darüber nachzudenken, *wie* so ein Besuch ablaufen könne.

Natürlich freute ich mich über das Vorhaben des Ministerpräsidenten. Zugleich aber ging mir durch den Kopf, was in dieser kleinen Gemeinde den Regierungschef des Landes wohl interessieren könnte. Allein um eine Dorfgaststätte zu besichtigen, würden sich der Weg kaum lohnen. Als Otto Grotewohl von einer Asienreise und seinen Verhandlungen mit Indiens Ministerpräsidenten Jawaharlal Nehru zurückkam, kam er wieder auf sein Vorhaben, Libbenichen zu besuchen, zu sprechen. Er wollte eine persönliche Begegnung mit den Einwohnern, keinesfalls eine protokollarische Visite. Also keine Honoratioren aus den Bezirks- und Kreisämtern, möglichst keine Presse. Er möchte die Einwohner Libbenichens, ihre Probleme und ihre Gedanken über den weiteren Fortschritt kennen lernen. Möglicherweise werde seine Frau mitkommen, um das Dorf kennenzulernen. Zeitlich solle sich alles auf einen Nachmittag konzentrieren und mit einer Zusammenkunft im neuen Saal enden. Der Besuch lief wie vorgesehen ab. Wohl die meisten Einwohner hatten sich am Dorfteich versammelt. Bürgermeister Wilhelm Winkelmann begrüßte Otto Grotewohl und dessen Frau Johanna. Der Ministerpräsident dankte für die freundliche Aufnahme. Hier auf der Straße sollten, so meinte er, keine weiteren Erklärungen abgegeben werden. Er schlug vor, alle Anwesenden könnten mit ihm durch das Dorf gehen und ihn dabei über alles informieren, was sie für wichtig hielten.

Die Menschentraube, die sich danach um den Teich, vorbei an der Schmiede und der gegenüberliegenden Kirche bewegte, kam immer wieder zum Stehen. Es gab viel zu bereden, dabei wollte man sich in die Augen sehen. Auf dem Hof der LPG entwickelte sich eine lebhafte Debatte über Agrarpreise, über Arbeitsorganisation und Gewinnung weiterer Mitglieder. Libbenichen hat keine langen Wege. Bald stand die Besichtigung der neuen Dorfgaststätte an. Dem Ministerpräsidenten und seiner Frau gefielen die geschmackvolle und zweckmäßige Einrichtung. Dem Architekten, den Bauleuten und den freiwilligen Helfern aus dem Ort wurde herzlich gedankt. Gern, so Otto Grotewohl, würde er seinem Sohn Hans die Besichtigung empfehlen. Der aber arbeitete jetzt in Korea. Dort baue die DDR die vom Krieg zerstörte Stadt Ham Hung wieder auf. Solidarität zu üben, so meinte der Ministerpräsident, gehöre zu den Grundanliegen unseres demokratischen Staatswesens.

Bald war der Saal bis auf den letzten Stuhl gefüllt. Grotewohl hatte es von vornherein abgelehnt, daß auf der Bühne ein Präsidium Platz nimmt. Er saß mit seiner Frau in der ersten Reihe. Als der Bürgermeister den Ministerpräsidenten bat, das Wort zu ergreifen, geschah auch für mich und die anderen Begleiter etwas Unerwartetes. Otto Grotewohl erhob sich, sagte den Dorfbewohnern Dank für die interessanten Gespräche. Ursprünglich hätte er vorgehabt, hier etwas über seine Asienreise zu berichten. Auf dieser Reise habe ihn auch seine Frau begleitet. Er habe sie gebeten, hier über Eindrücke und Ergebnisse zu sprechen. Meist sei seine Frau unter den Zuhörern, wenn er rede. Heute solle es anders sein, er wolle zuhören.

Johanna Grotewohl verstand es, außerordentlich lebendig über die Erlebnisse und Begegnungen mit den Menschen auf dem fernen asiatischen Kontinent zu berichten. Ihr Vortrag ging den Zuhörern nahe. Der Beifall hätte auch für den Ministerpräsidenten kaum stärker ausfallen können. Die Familie Grotewohl hatte in den wenigen Stunden ihres Aufenthaltes bei vielen Einwohnern Libbenichens einen überzeugenden Eindruck hinterlassen.

Als 1964 Ministerpräsident starb, gaben die Einwohner ihrer Hauptstraße den Namen Otto Grotewohl. Sie heißt noch immer so. Vorstöße von Denkmalstürmern und Straßennamenveränderern fanden keine Mehrheit in der Gemeindevertretung.

Agenten im Umfeld

Das Jahr 1954 erwies sich als ein heißes Jahr politischer Auseinandersetzungen. Bundeskanzler Adenauer nutzte die Chance, die sich durch die politische Krise der DDR nach dem 17. Juni 1953 und dem Wahlsieg der CDU bei den Bundestagswahlen im Herbst 1953 bot, um die Westintegration der Bundesrepublik intensiv voranzutreiben. Trotz mancher Sonntagsreden zur Einheit Deutschlands ging es der Bundesregierung, wie Zeitzeugen und Zeitgeschichtler nachgewiesen haben, um nichts anderes als die Westintegration. Der Historiker Josef Foschepoth hob als Ergebnis seiner Untersuchungen hervor, Adenauer habe die Wiedervereinigung überhaupt nicht gewollt, sondern nur »›machiavellistische‹ Scheinbekenntnisse zu ihr abgelegt, um seiner Westpolitik Zustimmung zu sichern«.[288]

Besonders in Berlin hatten die Spannungen des kalten Krieges neue Dimensionen angenommen. Die Presse berichtete zunehmend über Wühltätigkeit, über Sabotage und Spionage westlicher Geheimdienste. Das wurde von westlicher Seite als kommunistische Propaganda zurückgewiesen. Entlarvung und Verurteilung von Agenten feindlicher Dienste wurden in Bonn und Westberlin als Schikane Ostberlins bezeichnet. Als ich im August meine Tätigkeit in der Regierungskanzlei aufnahm, war ich zur Wachsamkeit aufgefordert, hatte allerdings bis dahin noch nie einen leibhaftigen Agenten zu Gesicht bekommen.

Das änderte sich bald.

Die Frau, bei der ich meinen Gewerkschaftsbeitrag monatlich zu entrichten hatte, mit der ich über Monate mit anderen Arbeitskollegen nicht selten am Mittagstisch im Kasino des Hauses der Ministerien zusammen saß, war, wie sich bald herausstellte, eine Spitzenagentin der Organisation Gehlen, des Geheimdienstes der Bundesrepublik Deutschland. Ihr Name: Elli Barczatis. Ihr Auftraggeber Reinhard Gehlen nennt in seinen Memoiren »Elli B., eine der wichtigsten Verbindungen des Dienstes im anderen Teil Deutschlands«, und lobte ihren »Anteil bei der Beschaffung wichtiger Informationen«.[289]

Elli – wir sprachen uns mit Vornamen an – erschien mir als eine wenig Aufmerksamkeit erheischende Frau. Sie war fast zwanzig Jahre älter als ich. Weder Schönheit noch Charme waren ihr eigen. Sie war schlicht unauffällig. In Erinnerung blieb mir: Wann immer man in ihr Zimmer kam, war sie beschäftigt. Sie schien außerordentlich fleißig. War ihre Unauffälligkeit oder ihre recht spröde Persönlichkeit der Grund, daß Elli B. in Pullach unter dem Decknamen »Gänseblümchen« geführt wurde?[290]

Die Bezeichnung entsprach dem nachrichtendienstlichen Quellenprofil dieser Agentin. Sie war »positioniert an zentraler Stelle mit weitreichenden Einblicken in aktuelle Vorgänge ostdeutscher Politik, aber selbst ohne politische Bedeutung, letztlich eine einfache Angestellte, wenig exponiert in der staatlichen Administration«.[291] Inzwischen ist bekannt, daß der amerikanische CIA seine Agenten in zentralen Organen nach dem gleichen Schema anheuerte und führte. Allerdings mußten – wie aus nunmehr vorliegenden Analysen hervorgeht – die Amerikaner »in dieser Zeit ebensolche Verluste hinnehmen wie die Organisation Gehlen«.[292]

Das Arbeitszimmer von Elli Barczatis war, als ich sie kennenlernte, unkompliziert zu erreichen. In der Nähe des Fahrstuhls auf der zweiten Etage des Regierungssitzes war sie als Sachbearbeiterin in einer Abteilung des Sekretariats des Ministerpräsidenten tätig. Daß sie vorher die Vertrauensstelle einer Sekretärin Otto Grotewohls innehatte, erfuhr ich erst später.

Der Weg, über den sie ihre Informationen damals weitervermittelte, wurde in der bundesdeutschen Literatur so beschrieben: »Am Abend aber traf sich Elli Barczatis in ihrer Köpenicker Wohnung mit Laurenz (*er hatte Elli B. als Gehlen-Agentin geworben – H. G.*), der tagsüber als Dolmetscher für DDR-Behörden arbeitete, und vertraute ihm an, was sie in Stunden zuvor im Zimmer des Regierungschefs stenographiert und protokolliert, auf ihrer Schreibmaschine niedergeschrieben und am Vervielfältigungsgerät kopiert hatte. Laurenz wechselte anderentags über die Sektorengrenze nach West-Berlin und traf sich dort mit seinem V-Mann Führer. Er übergab ihm Durchschläge von Grotewohls Geheimpapieren; was er nicht schriftlich mitbringen konnte, trug er mündlich vor.«[293]

Ob ihre Versetzung aus dem Büro des Ministerpräsidenten an die Peripherie des Sekretariates – sie bearbeitete dort vorwiegend Eingaben von Bürgern – aus Sicherheitsgründen erfolgte, ist nicht belegt. Aber ihr war damit der Zugriff zu den Spitzeninformationen entzogen, mit denen sie vorher ihre Auftraggeber in Pullach bediente. Für Gehlens »Schlapphüte« war die Versetzung ihrer Spitzenquelle offensichtlich kein Anlaß, ihre verdienstvolle Agentin in Sicherheit zu bringen. Sie ließen sie, so nennt man das wohl im Geheimdienstjargon, »verbrennen«. Elli Barczatis wurde der Spionage überführt, verhaftet und zur Höchststrafe verurteilt. Die außerordentliche Härte dieses Urteils war unerwartet und schockierte.

Neben dem »Gänseblümchen« hatte die Gehlenorganisation einen weiteren wichtigen Agenten in der Nähe des Ministerpräsidenten der DDR. Sein Deckname lautete »Helwig«, sein Klarname Hermann Moritz Wilhelm Kastner. Als ich ihm 1954 begegnete, war Kastner Vorsitzender des Förderungsausschusses für die deutsche Intelligenz. Diese Institution gehörte strukturell zur Regierungskanzlei. Die Unterstützung und Förderung von Wissenschaftlern und Künstlern war ihre wesentliche Aufgabe. Der Förderungsausschuß war nicht im alten Landtag, sondern im Schweizer Haus an der Kreuzung Friedrichstraße/Unter den Linden untergebracht. Jedoch gehörten die Mitarbeiter dieser Einrichtung den gesellschaftlichen Organisationen der Regierungskanzlei an, sie gehörten zu unserem Kollektiv.

Als ich zum erstem Mal im Büro von Herman Kastner vorsprach, war ich an eine falsche Adresse geraten. Ich war einer Namensverwechselung aufgesessen. Ich suchte nicht Hermann Kastner, sondern Walter Kaßner. Walter Kaßner, mit dem ich mich verabredet hatte, war leitender Mitarbeiter des Förderungsausschusses, ein aufrechter, integerer Mann. Zwischen ihm und seinem Chef Herman Kastner lagen Welten.

Kastner begegnete ich selten. Dafür gab es keinen dienstlichen Grund. Dem stets gut gekleideten, gedrungenen Politiker mit dem Doppelkinn und schütteren Haar haftete der Ruf eines arroganten Lebemannes an. Für ihn war ich ein junger, uninteressanter Hüpfer. Es gab keine Anlässe zur Konversation. Es blieb bei Begrüßungsformeln und einigen seiner mal berlinerisch, mal sächsisch klingenden flapsigen Bemerkungen. Er war und blieb mir fremd.

Er aber war der zweite Agent Gehlens, dem ich begegnet bin. Offensichtlich war er für seine Auftraggeber ein noch größeres Kaliber als »Gänseblümchen« Elli B. Was damals für mich noch im Dunkeln lag, ist inzwischen durch manche Insiderveröffentlichung erhellt. Nicht auszuschließen ist, daß noch immer ein Schleier geheimdienstlicher Vernebelung über der Vita dieses Wanderers zwischen den Welten liegt.

Herman Kastner war Professor für Staats- und Verwaltungsrecht. In der Weimarer Republik hatte er sich als Anwalt, als Präsident der Geschäftsstelle des Reichsstädtebundes und als Abgeordneter der Demokratischen Partei im Sächsischen Landtag einen Namen gemacht. In den ersten Nachkriegsjahren gehörte er zu den Spitzenfunktionären der LDPD, bis 1948 war er sächsischer Justizminister. In jene Zeit fiel – wenn man dem später in der Bundesrepublik dazu Veröffentlichten Glauben schenken kann – seine Anwerbung durch den amerikanischen Geheimdienst. Es hieß, daß die Anwerbung im Westberliner Franziskus-Krankenhaus in der Burggrafenstraße erfolgte. Der Meißner Bischof Wienken brachte Kastner dort mit seinem künftigen Führungsoffizier, dem Slowaken Dr. Caroly Tarnay, zusammen.[294] Kastner zog bald nach Berlin, wurde in der Deutschen Wirtschaftskommission (DWK) tätig. 1949 trat er als Stellvertreter des Vorsitzenden des Ministerrates in die Regierung Grotewohl ein.

Auch Kastners Frau Gertrude wurde in die Agententätigkeit einbezogen. Sie schrieb die Informationsberichte ihres Gatten und sicherte den Meldestrang nach dem Westen »familiär« ab. »Jeden Donnerstagabend brachte« – so wird berichtet – »der LDP-Chef das Protokoll von der Ministerratssitzung mit, die am selben Tage stattgefunden hatte. Am Freitag schob dann Frau Kastner die Papiere in Hüftgürtel und Büstenhalter, bestieg den Dienstwagen ihres Mannes und gab dem Chauffeur das Fahrziel an: Westberlin. An der Sektorengrenze salutierten die Volkspolizisten, wenn

Frau Kastner ihren Sonderausweis zeigte, der sie zum Besuch Westberlins berechtigte. Im Nonnenhaus des Franziskus-Hospitals aber wartete bereits V-Mann Tarnay und ließ sich das Material aushändigen«.[295] Tarnay wechselte bald mit Zustimmung seines Dienstes die Firma und brachte seinen Informanten mit in die Organisation Gehlen ein.[296]

Kaum ein Jahr danach schien es, als wäre Kastners politische Karriere beendet. Er verlor seine Regierungs- und Parteiämter. Doch zwölf Monate später war er wieder in seine Partei aufgenommen und ihm das Amt des Vorsitzenden des Förderungsausschusses übertragen worden. Eine erstaunliche Wendung.

Schon im Juli 1951 wurde im westdeutschen Munzinger-Archiv vermerkt, »daß der sowjetische Sonderbotschafter Semjonow noch hinter K. stehe«.[297] Kastners Dienstherr Gehlen bestätigte dies. Er offenbarte über seinen hochrangigen Mitarbeiter: »Auch seine hervorragenden Beziehungen zur sowjetischen Militäradministration (SMA), die ihn für den Dienst zu einem wertvollen Wissensträger machten, vermochten ihn nicht an der Regierungsspitze zu halten.«[298] Doch Semjonow blieb weiter Kastners enger Vertrauter. Die Autoren Zolling und Höhne berichten 1971 dazu: »Die Russen hielten weiter zu Kastner. Unter sowjetischem Druck mußte die LDP Kastner wieder aufnehmen und die Regierung dem früheren Grotewohl-Vize die Leitung des Förderungsausschusses für die deutsche Intelligenz übertragen. Da spielte der Tod Stalins Kastner eine einmalige Chance zu. Jetzt kam der Augenblick, auf den Gehlen so lange gewartet hatte: Die sowjetischen Freunde wollten den ehemaligen LDP-Chef und Gehlen-Agenten politisch aktivieren [...] Noch wichtiger war für Gehlen die Mitteilung, daß Semjonow an jenem 13. Juni (*1953 – H. G.*) Kastner die Leitung der Regierung der DDR angeboten habe. Drei Stunden redete Semjonow auf seinen deutschen Freund ein, das Angebot anzunehmen. Doch Kastner zögerte. Ehe sich der labile LDP-Mann entschieden hatte, rollten über ihn die Ereignisse hinweg«.[299]

Berichte über sechs Begegnungen Semjonows mit Kastner allein in den vier Juni-Wochen des Jahres 1953 liegen vor. Hinter dem Rücken der Repräsentanten der DDR haben beide über ein Regierungsprogramm und am 22. Juni 1953 über künftige Personalkonstellationen in der DDR beraten. Gehlen bestätigte in seinen Erinnerungen, daß bei Professor Kastner die Bereitschaft erwuchs,

»sich dem Westen nicht nur durch Lieferung von Material, sondern auch als Antipode Ulbrichts zur Verfügung zu stellen«.[301]

Wäre die Rechnung Semjonows aufgegangen, hätte er einen aktiven Gehlen-Agenten zum Ministerpräsidenten der DDR gemacht. Semjonow hat sich in seinen Memoiren über diese Affäre ausgeschwiegen. Der Name Professor Herman Kastner kommt in seinen Erinnerungen selbst dort nicht vor, wo er über sein Zusammenwirken mit Funktionären der Blockparteien in der DDR schreibt.[302] Es wird Gründe geben, warum sich der wendige sowjetische Diplomat an diesen dubiosen, schillernden, keineswegs unwichtigen Mann nicht erinnern wollte.

Lange konnte Professor Kastner sein Doppel- oder Dreifachspiel nicht mehr betreiben. Tarnay schleuste das Ehepaar in der Nacht vom 5. zum 6. September 1956 – in den heißen Tagen der Zuspitzung der politischen Situation in Polen, Ungarn und der DDR – über die Berliner S-Bahn nach Westberlin. Gehlen beschreibt das als eine »aufregende Absetzoperation«. Adenauer, der von Gehlen über dessen Topagenten informiert war, hatte ursprünglich zugestimmt, das Ehepaar Kastner als prominenteste Zonenflüchtlinge herauszustellen. Gehlen schloß seine publizierten Informationen zu diesem Fall mit der Bemerkung ab, daß es letztlich der Bundesregierung opportun erschien, »auf öffentliche Erklärungen gegen Ulbricht zu verzichten und seine (*Kastners – H. G.*) Kenntnisse und Erfahrungen auf andere Weise zu nutzen«.[303]

Am 4. September 1957 verstarb Kastner. Er soll im Zug nach Pullach einem Herzschlag erlegen sein.

Als 1956 bekannt wurde, daß Professor Hermann Moritz Wilhelm Kastner die DDR verlassen hatte, war ich enttäuscht und verärgert über diesen Schritt eines Spitzenpolitikers. Mit dem später gewonnen Einblick in die Hintergründe offenbarte sich mir die Gefahr, die Kastner und seine Hintermänner für unser Land bedeuteten. Zugleich aber vervollständigte sich für mich das Bild der Doppelbödigkeit der mit dem Namen Semjonow verbundenen Moskauer Politik gegenüber der DDR. Erkennbar wurden für mich die Spannungsfelder, in denen sich die Führung der DDR in den ersten Jahren der Existenz des Staates bewegte.

Gegen Ende der 70er Jahre bekam ich erstmals die Erinnerungen des BND-Gründers Gehlen und andere westdeutsche Veröffentlichungen über Gehlens Agenten im Regierungszentrum der

DDR in die Hand. So erfuhr ich mehr über Handeln und Hintergründe seiner Agenten in dem Haus, in dem ich seit 1954 arbeitete. Erstmals erfuhr ich dort, daß Kanzler Adenauer von Gehlen zumindest über Kastners geheimes Wirken in Kenntnis gesetzt war. In jener Zeit war die Westpresse voller Entrüstung, weil Günter Guillaume als »Kanzlerspion« enttarnt worden war, was Markus Wolf als größte Niederlage des von ihm geleiteten Nachrichtendienstes der DDR bezeichnete.[304] Immer wieder wurde allerdings in diesem Zusammenhang unterstellt, daß Regierungszentren angeblich für Geheimdienste eine Tabuzone darstellten. Willy Brandt bekäftigte diese Haltung später in seinen Erinnerungen insofern, als sowohl Breshnew wie auch Honecker ihren Zorn und ihre Entrüstung über diese Aktion des DDR-Geheimdienstes ihm gegenüber zum Ausdruck gebracht hätten.[305]

Waren aber nicht »Gänseblümchen« und »Helwig« dem Regierungszentrum der DDR länger und weitaus dichter auf den Pelz gerückt als der Spion im Kanzleramt? Offensichtlich dominierten in der Moral wie im Erinnerungsvermögen bundesdeutscher Politiker und Journalisten bis heute der arrogante Grundsatz: Was uns erlaubt ist, bleibt bei anderen verurteilungswürdig.

Elli Barczatis und Herman Moritz Kastner gehörten sicher zur Prominenz unter den bislang enttarnten Agenten westdeutscher Dienste, die im Regierungszentrum gegen die DDR arbeiteten. Sie waren in der Umgebung, in die ich 1954 kam, jedoch nicht die einzigen Spionagefälle.

Als eine der sensiblen Stellen in der Regierungskanzlei galt den westlichen Diensten offensichtlich das stenographische Amt. Es befand sich auf dem gleichen Flur wie das Sekretariat Ulbricht. Einige der Stenographen wurden von Bundesdienststellen angeworben und abgeschöpft. Es gab auch Fälle, daß ich Stenographen, denen ich in unserem Hause begegnet war, später auf der Stenographenbank des Bundestages sitzen sah. Einer der prominentesten Stenographen, Dr. G., war den Werbern eines englischen Geheimdienstes erlegen. Er war ein weltgewandter, außerordentlich gebildeter Herr. Er war als Fußballnarr bekannt, der kaum ein wichtiges Spiel ausließ. Der Fußballplatz war jedoch – wie sich später herausstellte – für ihn die Übergabestelle seiner Nachrichten an seine britischen Auftraggeber. Er wurde enttarnt. Seine Haftstrafe verbüßte er in Bautzen zeitweise in einer Zelle mit Wolfgang Harich. Der schätzte ihn, weil er so viel Interessantes über deutsche Regierungen, von Max von Baden bis hin zu Otto Grotewohl, zu erzählen vermochte.[306]

Den großen und kleinen Spionen Gehlens und anderer Geheimdienste, die das Vertrauen anderer erschlichen und skrupellos mißbraucht hatten, wurden in der Bundesrepublik Deutschland die Weihe als Freiheitsikone erteilt. Im politischen wie im journalistischen Bereich wurden sie als Kämpfer gegen den Stalinismus selig gesprochen. Wenn es um Urteile über die und Verurteilungen der DDR geht, galten und gelten sie als unfehlbare Instanz. Sie stehen als Kronzeugen bereit, wenn der DDR das Etikett einer Diktatur angeheftet wird. Die Männer und Frauen aber, die beitrugen, das hinterhältige Treiben dieser Kräfte aufzudecken und zu verhindern suchten, werden heute ausnahmslos stigmatisiert, unterliegen öffentlichem Bannfluch, stehen an den Prangern von Zeitungs- und Fernsehjournalisten und sind verurteilt zu permanenter Rentenkürzung.

Als ich meine Tätigkeit in der Regierungskanzlei der DDR aufnahm, war mir unbekannt, welche gegnerischen Kräfte in unserem Hause plaziert waren. Auch die Aktionen der Sicherheitsorgane der DDR zur Aufdeckung derartiger Aktivitäten blieben mir verborgen. Daß sich dieser junge Staat gegen massive Störmanöver aus dem Westen wehren mußte, hatte ich schon als Student im Praktikum im Transformatorenwerk Oberschöneweide erfahren, als Saboteure Großtransformatoren zerstörten. Mit den Erlebnissen aus den ersten Jahren in der Regierungskanzlei erhielten auch Agenten der anderen Seite, der gegnerischen Dienste, für mich Namen und Gesicht. Daß Wachsamkeit keine leere Floskel ist, sondern unter den Bedingungen der Systemauseinandersetzung permanentes Gebot des Handelns sein mußte, brauchte mir danach niemand mehr zu erklären.

In der »Nachwendezeit« war bekanntlich die öffentliche Darstellung von Geheimdienstaktivitäten im Nachkriegsdeutschland fast ausschließlich auf die undifferenzierte Verteufelung der In- und Auslandsaktivitäten der Sicherheitsorgane der DDR konzentriert. Im September 2007 lüftete eine Veröffentlichung des Militärgeschichtlichen Forschungsamtes in Potsdam ein wenig den Schleier über einige Aktivitäten westlicher Geheimdienste gegen die DDR. Die Verfasser Armin Wagner und Matthias Uhl gingen methodisch von der Forderung aus, »die Geschichte beider Deutschlands nach 1945 nicht jeweils isoliert, sondern als asymmetrisch verflochtene Beziehungsgeschichte zu behandeln. Dafür besitzt gerade die

Geheimdienstgeschichte ein besonders Potential, begegneten sich mit dem BND und dem MfS zwei Gegenspieler, die darum rangen, den eigenen Staat und der eigenen Gesellschaftsordnung Positionsvorteile im deutsch-deutschen Gegeneinander zu verschaffen«.[307] Als 1955 Elli Barczatis enttarnt wurde, hatte die Gehlen-Organisation etwa 4.000 Ostdeutsche unter Vertrag. Später soll sich diese Zahl mehr als verdoppelt haben.[308]

Die vom Militärgeschichtlichen Forschungsamt herausgegebene Schrift informiert darüber, wie zurückkehrende Kriegsgefangene, Flüchtlinge und Reisende in die BRD systematisch geheimdienstlich abgeschöpft wurden.[309] In einem Jahr wurden, so heißt es in dieser Analyse, etwa 1,6 Millionen Briefe »vom BND aus dem Verkehr gezogen, kontrolliert und wieder in den Umlauf gebracht«.[310] Allein auf dem Gebiet der Militärspionage wurden – folgt man der Darstellung Wagners und Uhls – »mehr als 5.000 Mitarbeiter westlicher Geheimdienste erkannt und festgenommen«.[311] Wer davon länger als sechs Monate Haft in der DDR verbüßen mußte, hat heute Anspruch auf eine »Opferrente«.

Auch dieses Gesetz ist offensichtlich ein Resultat der »Großherzigkeit« des Bundestages gegen jeden, der in der DDR mit dem Gesetz in Konflikt und deshalb in Haft kam. »Ein hart bestrafter Brandstifter, Vergewaltiger oder Serieneinbrecher, dem ein rechtsstaatswidriges Übermaß von mehr als sechs Monaten zuerkannt wird, hat«, so berichtet der *Focus* im Juni 2008, »Anspruch auf die Pension«.[312] Zwar wurde inzwischen eine Novellierung des Gesetzes angeregt, ob diese erfolgt, bleibt ungewiß. Noch immer gibt es, wie ein ehemaliger Bundestagsabgeordneter der CDU feststellte, »eine fest etablierte Stasi-Verwertungsindustrie«, der es darum gehe, »ihre Interpretationshoheit über die DDR […] und damit ihre Pfründe nicht zu verlieren«.[313]

Der notwendigen Klarheit halber sei betont, daß mit dem eben Dargestellten nicht die Gefühle derer berührt oder gar verletzt werden sollten, denen in der DDR Unrecht geschah und die tragische Schicksale zu beklagen haben. Denen gegenüber teile ich mein Mitgefühl und meinen Zorn über das Geschehene mit anderen anständigen Menschen. Meine Polemik richtet sich keinesfalls gegen sie. Der Kalte Krieg hat auf beiden Seiten der Fronten Menschen in Situationen und Zwänge gebracht, die hoffentlich für alle Zeiten überwunden sind.

Das Sekretariat Ulbricht hatte ein umfangreiches Spektrum verschiedenartiger Aufgaben zu erledigen. Voran stand die Unterstützung des Chefs für dessen Beiträge an den Sitzungen des Ministerrates. Jede Woche behandelte die Regierung ein umfangreiches Programm. Vorlagen waren durchzuarbeiten, gegebenenfalls dazu Bemerkungen oder Analysen vorzutragen. Dann ging es um die Vorbereitung und Nachbereitung von Beratungen, die Walter Ulbricht in Berlin oder in der Republik in Wahrnehmung seiner Ministerratsfunktion durchführte. Die Bearbeitung der Korrespondenz forderte ebenfalls ein großes Arbeitspensum.

Nicht selten erteilte der Chef auch Sonderaufträge. Dazu gehörte die Einholung oder Erarbeitung von Expertisen zu ausgewählten Fragen, aber auch die Regelung solcher Dinge wie die »Verwertung« von Geldmitteln, die Walter Ulbricht im Zusammenhang mit Ehrungen und Auszeichnungen erhielt. Hohe Orden in der DDR waren in den meisten Fällen mit einer Geldzuwendung an den Geehrten verbunden. Dafür gab es eine rechtlich geregelte Ordnung. Ulbricht hat derartige Zuwendungen nie für sich in Anspruch genommen. In den meisten Fällen setzte er sie für den Neubau oder Ausbau von Kindergärten in Betrieben und Genossenschaften ein. In anderen Fällen kamen solche Gelder Sportgruppen oder anderen nützlichen Zwecken zugute.

Nachdem ich einige Erfahrungen im Sekretariat gewonnen hatte, wurden auch mir derartige Aufgaben übertragen.

Am 7. Oktober 1954 war Walter Ulbricht der Vaterländische Verdienstorden in Gold verliehen worden. Den mit dieser Auszeichnung verbundenen Betrag von 10.000 Mark übergab er Otto Gotsche mit dem Auftrag, damit einen Kindergarten in einem Frauenbetrieb einzurichten. Gotsche schickte mich in die Spur, einen geeigneten Betrieb auszuwählen und die Auswahl zu begründen. Die Schuhfabrik »Banner des Friedens« in Weißenfels erwies sich als geeignet und würdig. Meine Begründung übergab ich Gotsche mit der Bemerkung, daß nach allen Berechnungen 10.000 Mark nicht annähernd ausreichten, um eine ordentliche Einrichtung zu schaffen. »Das wußte ich vorher«, meinte Gotsche lakonisch. »Die Spende vom Genossen Ulbricht soll den Anstoß geben, der Betrieb und die Stadt können sich an der Aktion beteiligen.« In vier

Wochen müsse das geklärt sein, und dann solle man ohne Verzug bauen. Als keine acht Monate später der Kindergarten des Betriebes in einer alten Fabrikantenvilla eingeweiht wurde, waren alle in freudiger Stimmung. Vielen Familien wurde geholfen. Ulbrichts Zuwendung war gut angelegt.

Jahre danach erhielt ich einen ähnlichen Auftrag. Wieder ging es um eine Geldzuwendung aus einer Auszeichnung Walter Ulbrichts. Eine Landwirtschaftliche Produktionsgenossenschaft sollte dafür ausgewählt werden. Die Wahl fiel auf die Genossenschaft in Halenbeck im Kreis Pritzwalk. Nun hatte ich gewisse Erfahrung auf diesem Gebiet. Wenige Monate nach der Entscheidung war ein vorbildlicher Dorfkindergarten eingerichtet. In Weißenfels wurde die Einweihung der neuen Sozialeinrichtung mit feierlichen Ansprachen, mit klassischer Musik umrahmt. In Halenbeck war die Freude mindest eben so groß wie in der Schuhfabrik. Die Einweihungszeremonie war allerdings mit einem urigen Dorffest verbunden. Bis in den nächsten Morgen spielte die Musik, wurde getanzt und gefeiert. Als am nächsten Tag die Kinder in ihr neues Domizil drängten, waren viele Eltern noch müde.

Derartige Aufträge besaßen natürlicher vorrangig lokale Bedeutung. Ulbricht mochte es nicht, wenn darum viel Lärm gemacht wurde. Zu ihrer Oktoberfeier 1956 luden die Halenbecker Bauern Walter Ulbricht ein. Er wäre gern gefahren, war jedoch in dieser angespannten Zeit verhindert. Mir wurde übertragen, die unumgängliche Absage zu übermitteln[314] und an der Feier teilzunehmen.

Eingaben – Bürgerangelegenheiten

Ein erheblicher Teil der Tätigkeit des Sekretariates Ulbricht richtete sich auf die Bearbeitung von Anliegen der Bürger. Tag für Tag gingen Briefe aus der Bevölkerung und von Institutionen ein, und an zwei Tagen in der Woche hatte jedermann und jedefrau die Möglichkeit, in unserer kleinen Dienststelle persönlich vorzusprechen. Nie wurde jemand abgewiesen.

Die Palette der übermittelten Anliegen war außerordentlich breit. Die meisten der Einsender erbaten und erhofften naturgemäß Hilfe. Anträge zur Verbesserung der Wohnverhältnisse und Unterstützung bei der Lösung sozialer Angelegenheiten machten lange Zeit den größten Anteil der Eingaben aus.

Nicht selten wandten sich auch volkseigene wie private Betriebe, Genossenschaften, Schulen, Universitätsinstitute, Kultureinrichtungen an Walter Ulbricht um Rat und Unterstützung bei der Klärung von Problemen, die sie allein nicht zu lösen vermochten. Oft wurden in Briefen und durch Besucher auch Beschwerden über Entscheidungen oder das Verhalten von Amtsträgern vorgebracht. Monatlich gingen – wie auch aus den Posteingangsbüchern hervorgeht – Tausende Briefe ein, wurden mehrere hundert Besucher empfangen. Alle Schreiben wurden registriert. Was nur im Zusammenwirken mit örtlichen Staatsorganen zu lösen war, wurde der Beschwerdeabteilung übergeben, die gemäß den Regierungsrichtlinien für den Ministerpräsidenten und seine Stellvertreter tätig war. Alle Angelegenheiten von Bedeutung, einschließlich aller Kritiken an Entscheidungen und dem Verhalten von Verantwortlichen, blieben in den Arbeitsbereichen unseres Sekretariates.

Ein waches Interesse für Bürgerangelegenheiten gehörte zu den Grundanliegen des Arbeiter- und Bauernstaates. Die Bearbeitung derartiger Anliegen folgte – soweit nicht auf einzelnen Rechtsgebieten (Strafprozeßrecht, Steuerrecht, Zivilrecht, Verwaltungsrecht) ein formales Verfahren vorgesehen war – dem Prinzip, unabhängig von der Zuständigkeit jede Angelegenheit auf den Prüfstand zu stellen. Bewertungsgrundlage waren die gesetzlichen Regelungen, die Erfordernisse des gesellschaftlichen Fortschritts und des gesunden Menschenverstandes, um zu einer weitgehend gerechten und humanen Lösung zu gelangen. Nichts sollte aus formalen Gründen ad acta gelegt werden. In nicht wenigen Fällen wurde auch dann, wenn formal Rechtsmittel erschöpft waren, erforderlichenfalls nach einer unkonventionellen Lösung gesucht.

Der einheitliche Staatsaufbau der DDR, die Verfügungsmacht staatlicher Organe auch auf wirtschaftlichem Gebiet boten einen guten Boden für konstruktive Beziehungen der Bürger zu staatlichen Organen in der DDR. Auch wenn dabei natürlicherweise ein Spannungsfeld zwischen Ideal und Wirklichkeit bestehen blieb – Kompetenzgrenzen und fehlende Zuständigkeit belasteten die Beziehungen zwischen Staat und Bürger meist nicht. Es war wohl eine Stärke wie eine Schwäche des Arbeiter- und Bauernstaates, daß seine Organe und deren Leiter für alles und jedes verantwortlich waren und daß in den meisten Fällen von oben nach unten jedwede Angelegenheit geprüft, neu beurteilt und entschieden werden konnte. So nimmt es nicht wunder, daß sich zu allen Zeiten der Existenz der DDR eine große Zahl von Bürgern in Briefen und bei Vorsprachen vertrauensvoll an die Staatsorgane der DDR und deren Repräsentanten gewandt haben. Die außergewöhnlich große Zahl von Eingaben an die Staatsorgane der DDR hatte drei wesentliche Gründe.

Die erste Ursache resultierte vordergründig aus den Schwierigkeiten der Lebensbewältigung in den Nachkriegsjahren. Aber auch später blieben viele Probleme. Über Jahrzehnte stand die lange nicht befriedigend gelöste Wohnungsfrage, der Mangel an bestimmten materiellen Gütern und die Kritik am Angebot des Handels im Mittelpunkt, sie blieben Wegbegleiter der Entwicklung in der DDR.

Die zweite Ursache der Eingabenflut an staatliche Organe der DDR war zweifellos der Situation geschuldet, daß der Arbeiter- und Bauernstaat aus konzeptionellen Gründen Verantwortung für Lebensbereiche übernommen hatte, die in Deutschland nie zuvor Gegenstand staatlicher Tätigkeit gewesen waren. Der Staat leitete die Wirtschaft. Erfolg oder Mißerfolg betrieblicher Tätigkeit wurde damit zur staatlichen Angelegenheit, zum Gegenstand von Staat-Bürger-Beziehungen. Die Schulen, die Universitäten, die Theater, die Orchester, die Herstellung und der Vertrieb von Filmen waren ebenso wie die Lösung fast aller sozialen Angelegenheiten staatliche Tätigkeitsfelder. Zur Charakteristik der DDR gehört, daß sie ein »Fürsorgestaat« – Kielmansegg nennt sie »Wohlfahrtsstaat«[315] – war. Ob sie sich mit diesem Anspruch übernahm oder nicht, sei dahingestellt. Der Anspruch war für jedermann erkennbar. Die Bürger machten davon im Konfliktfall auch ausgiebig über Eingaben Gebrauch.

Die dritte und wahrscheinlich wichtigste Ursache für die hohe Anzahl von Eingaben in der DDR resultierte aus dem Wesen der Staat-Bürger-Beziehungen und der daraus folgenden sozialen Kommunikation. Hunderttausende Bürger und Kollektive wandten sich mit Briefen und durch persönliche Vorsprache an Behörden der DDR, weil sie davon ausgingen, daß sich auf diese Weise etwas zum Besseren änderte. Sie wiesen auf Mängel hin, kritisierten unbeschwert das Verhalten von Vorgesetzten und unterbreiteten ihre Meinung, ihre Gestaltungsvorschläge. Staat und Bürger sollten sich, so war das sozialistische Ziel definiert, auf Augenhöhe begegnen. Der Karlsruher Sprachwissenschaftler Boris Groys stellte 2006 in einer Veröffentlichung interessanterweise fest: »Die kommunistische Gesellschaft kann als eine Gesellschaft definiert werden, in der Macht und ihre Kritik im gleichen Medium operieren.«[316]

Diese Zukunftsorientierung der DDR wurde in den verschiedenen Entwicklungsabschnitten des Landes und auch in Abhängigkeit mit den handelnden Personen zweifellos unterschiedlich umgesetzt. Beispiele dafür, wo und wie das *nicht* gelang, haben einer Journalistengeneration nach 1990 Stoff in der öffentlich geförderten Auseinandersetzung mit der DDR hinlänglich geliefert. Belege dafür, wo es gelang und *wie* die Beziehung von Staat und Bürger sich herausbildete, wurden geflissentlich übergangen.

Ersetzen aber Beispiele Analysen? Die Antwort ergibt sich von selbst. Kielmansegg kommt in seinen historischen Forschungen zu dem Ergebnis: »In gewissem Sinne scheint es dem SED-Staat gelungen zu sein, aus der Mehrheit seiner Bürger ›Sozialisten‹ zu machen, um die Werte Gleichheit und Sicherheit herum eine Art gesellschaftlichen Konsens zu organisieren.«[317]

Eingaberecht im Streit

Das Eingabenrecht der DDR war – solange es existierte – Gegenstand vor allem rechtswissenschaftlicher Debatten. Vor allem zwei Aspekte wurden über Jahrzehnte kontrovers diskutiert und verschiedenartig geregelt. Zum einen ging es dabei um das Spannungsfeld von Eingaberecht und Verwaltungsverfahren, zum anderen um die Verantwortungsregelungen der Volksvertretungen im Prozeß der Eingabenbearbeitung.

Zumindest seit Mitte der 50er Jahre wurde über diesen Problemkreis nachgedacht und dabei auch die Möglichkeit gerichtlicher Überprüfbarkeit von Verwaltungsentscheidungen erörtert. Mit der harschen Auseinandersetzung über das Verwaltungsrecht auf der Babelsberger Konferenz 1957 war der Weiterführung dieser Gedanken jedoch ein vorläufiges Ende gesetzt. Ein neuer Ansatz wurde 1963 mit den Ordnungen über die Arbeitsweise der Volksvertretungen und deren Organe gefunden. Der damit begonnene Weg fand mit Wechsel von Ulbricht auf Honecker nach wenigen Jahren ein Ende. Als 1971 mit dem »Gesetz über die Neufassung von Regelungen über Rechtsmittel gegen Entscheidungen staatlicher Organe«[318] eine verwaltungsrechtliche Reglung zumindest auf einigen Rechtsgebieten vorgenommen wurde, gab es zwar bei vielen Juristen der DDR erkennbare Zustimmung. In der Bevölkerung aber fand diese Änderung, mit der die 1975 vorgenommene Einschränkung des Eingabenrechtes durch ein Eingabengesetz[319] vorbereitet wurde, wenig Resonanz. Ob dafür die formalen Hürden des Verwaltungsverfahrens ausschlaggebend waren, ist im Nachhinein kaum festzustellen.

Verwaltungsrecht und Verwaltungsgerichtsbarkeit gehören zu den Wesenselementen der parlamentarischen Demokratie. Ihr Wirkungsbereich ist auf die öffentlich-rechtliche Verwaltungstätigkeit von Behörden begrenzt. Schon systembedingt sind dabei außerbehördliche Angelegenheiten etwa im wirtschaftlichen Bereich und in so manchen anderen Lebensbereichen ausgeschlossen. Das Verfahren bleibt denen, die es in Anspruch nehmen, aufwendig, meist auch langwierig und im Ergebnis ungewiß. Ob das wirklich zu einem höheren Grad der Verwirklichung von Bürgerrechten führt, ist in Zweifel zu ziehen.

Bereits in den 80er Jahren wurde in verwaltungsrechtsvergleichenden Studien im Westen festgestellt: In der BRD schützen die Verwaltungsgerichte den Einzelnen als Egoisten und nur als Egoisten. Gesellschaftliche Anliegen müssen sich dabei zumindest als private Rechte verkleiden. In der DDR dagegen – so wurde damals erkannt – werden alle Anliegen im Prinzip gleich behandelt, sie sind von gleichem Interesse für den Staat. Resümierend wird festgestellt: Kapitalistisches Verwaltungsrecht sieht im Bürger nur den *bourgeois*, das sozialistische Verwaltungsrecht nur den *citoyen*.[320] Die Autorin Inga Markowitz zog daraus den Schluß, daß das Eingabensystem der DDR mit seiner Mischung aus Wärme, Kollektivität, Informalität und Nörgelei der permanenten Bindung des sozialistischen Bürgers an seinen Staat besser entspräche als jeder gerichtliche Rechtsschutz.

Neben diesen ernsthaften Debatten hat sich in der Nachwendezeit ein wenig substantiierter Disput über das Eingabenrecht und über die Staat-Bürger-Beziehung in der DDR entwickelt. Vor allem in den 90er Jahren befaßten sich einige Zeitgeschichtler mit dem Eingabenphänomen in der DDR. Unverkennbar aber ist ihre Methode, aus der Fülle des Materials einige geeignet erscheinende Beispiele herauszunehmen, um diese lediglich als Illustration ihrer bestehenden Vorurteile zu benutzen. So dichtet J. R. Zatlin dem

Eingabenrecht der DDR eine zaristische Herkunft an[321], während Jochen Staadt die Eingabenpraxis als »institutionelle Meckerkultur der DDR« zu diffamieren sucht.[322] Thomas Lindenberger wollte in den Eingaben in der DDR gar eine diabolische Herrschaftsfunktion erkannt haben. Er behauptet: Gerade wegen ihrer Form erneuerten Eingaben »fortwährend die Individualisierung der Kommunikation zwischen Bürger und Staat und blockierten (zumindest bis kurz vor der Wende) die autonome Artikulation gesellschaftlicher Interessen und Bedürfnisse«.[323] Die eben genannten Historiker haben ihre Hypothesen sozusagen aus dem »freien Raum ihrer Erwartungen« aufgestellt. Felix Mühlberg stellt, sicher zurecht, kritisch in bezug auf Staadt fest: »Was er dann selbst als Beitrag geleistet hat, hat wenig mit der Alltagsgeschichte [...] zu tun. Tatsächlich liest sich die Arbeit wie ein Moritatenbuch.«[324]

Wer diese Feststellung in Zweifel ziehen will, kann sich in den in Beständen des Bundesarchivs in Berlin befindlichen weitgehend lückenlosen Unterlagen über die Eingabenwirklichkeit informieren. Interessierten werden dort unter der Signatur DC 20 weitgehend objektive Einblicke in die Sachlage ermöglicht. So manches Regal ist dort mit dem ordnungsgemäß archivierten Schriftverkehr zwischen Bürgern und Staat bis zurück in die Anfangsjahre der DDR gefüllt. Wer sich damit ernsthaft befaßt, wird feststellen, daß auch der Ulbricht-Apparat in der Regierung der DDR in seiner Arbeit uneingeschränkt dem Wohle der Bürger und den Interessen des gesellschaftlichen Fortschritts zu dienen suchte. Unter den dort deponierten Akten wird er vielleicht die eine oder andere finden, deren Inhalt er aus heutiger Sicht anders beurteilt, als das vor fünf Jahrzehnten erfolgte. Nach Ungerechtem, nach Akten der Willkür in der als Diktatur apostrophierten DDR wird er vergeblich suchen.

In Vorbereitung seiner Promotion hat ein Historiker der Martin-Luther-Universität Halle in Archiven den Schriftverkehr des Zentralkomitees der SED, besonders auch des Büros Ulbricht durchgesehen. Etwa 200 Schreiben hat er 1998 im Ergebnis seiner Studien veröffentlicht.[325] In der Vorbemerkung der Dokumentation schreibt er: »Viel beschriebenes Papier also, eine Menge eingefangener Wirklichkeit. Absurdes ist dabei. Komisches. Trauriges ...« Die DDR hatte sich – so die keineswegs abwegige Reflexion des jungen Akademikers – »zu einem Land gewandelt, in dem es sich ganz normal leben ließ«.[326]

240

Nachdem das von diesem Aspiranten gesichtete Material offensichtlich keine Beweise über Diktaturansätze oder andere Hinterhältigkeiten des »Pankower Regimes« erbrachte, bediente der aufstrebende Akademiker den antikommunistischen Zeitgeist in der Bundesrepublik auf seine Weise. Die Tatsache, daß üblicherweise von Schriftstücken Durchschläge angefertigt und letztere beim Absender archiviert werden, bewertet er so: »Immer in Schriftform, und immer mit einem Durchschlag. Damit später nachvollzogen werden konnte, was er wann wo wie gedacht hat. Absicherung nach oben, unten und gegen Kollegen auf der gleichen Stufe der Hierarchie.«[327] Offenkundig hat niemand den jungen Mann über die einfachsten Grundsätze korrekter Schriftgutverwahrung als elementaren Bestandteil nachvollziehbarer Verwaltungsarbeit aufgeklärt? Was hätte er wohl vermutet, wenn in der DDR und bei der SED Entscheidungen nicht dokumentiert und als Schriftstücke abgelegt worden wären? Resignierend stellte er fest: »Die meisten der hier vorgestellten Texte taugen nicht für die derzeitige Debatte um Stasiverstrickungen und Schuldzuweisungen. Die Akten der SED können dazu schlichtweg nichts beitragen.«[328]

Wenn aber die sorgfältig geführten Akten eine signifikante Widerspiegelung der Tätigkeit der dokumentierten Organe und der Haltung ihrer Verantwortlichen sind; was bleibt da eigentlich als Substanz der bis heute dominierenden Schuldzuweisungen an die SED und die DDR?

Felix Mühlberg hat bislang wohl auch als einziger Eingaben und Eingabenrecht in der DDR einer Wissenschaftsansprüchen genügenden Analyse unterzogen. Seinen Kernaussagen, Schlußfolgerungen und der Erkenntnis, daß eine gründliche Eingabenanalyse der historischen Forschung einen Einblick in die individuellen Wertvorstellungen im Kontext eines öffentlichen Diskurses über gesellschaftliche Normen und Leitbilder erlaubt[329], kann ich mich aus meinen Erfahrungen und nach Einsicht in Bestände des Bundesarchivs zu diesem Problemkreis nur anschließen.

Klare Regeln – unbürokratisches Handeln

Für den Ablauf der Bearbeitung von Eingaben gab es im Sekretariat Ulbricht eine feste und effektive Ordnung. Jeder Brief bzw. jedes Bezugsschreiben gelangte binnen vierundzwanzig Stunden vom

Posteingang auf den Tisch des Verantwortlichen. Der hatte noch am gleichen Tage zu entscheiden, welche Angelegenheiten er an sich zieht und welche an die Beschwerdestelle weitergeleitet werden würden.[330] Spätestens innerhalb von zwei Wochen war dem Einsender eine Bearbeitungsnachricht zu übermitteln. Die Bearbeitung vor allem komplizierter Anliegen erforderte selbstverständlich längere Zeit. In solchen Fällen wurden dann Stellungnahmen der betroffenen Staats- oder wirtschaftsleitenden Organe eingeholt und bewertet, nicht selten auch Wissenschaftler um Gutachten gebeten.

Alle vierzehn Tage fand im Sekretariat eine Arbeitsbesprechung statt. Dort wurden vorwiegend die Vorlagen und Beschlüsse des Ministerrates und aktuelle Angelegenheiten erörtert. Otto Gotsche war darauf bedacht, daß sich dabei jeder Redner kurz faßte. Lange Besprechungen waren ihm ein Graus. Dagegen nahm er sich in Gesprächen über Einzelprobleme gern Zeit, um jede Sache – wie er es nannte – »auf den Punkt zu bringen«.

Als mir bei meiner Einstellung mitgeteilt wurde, daß ich mich in der Einarbeitungszeit so gut wie ausschließlich mit Eingaben und Vorsprachen der Bürger in der öffentlichen Sprechstunde beschäftigen solle, schluckte ich das zwar – sehr begeistert war ich nicht. Als frisch gebackener Diplomwirtschaftler stand mein Sinn eher nach Analysen betriebs- oder auch volkswirtschaftlicher Abläufe, nach Beiträgen zur Planung neuer Projekte, möglichst auch zur wirtschaftswissenschaftlichen Forschung. Gotsche war zwar einverstanden, daß ich nach einer Einarbeitungszeit mich am wissenschaftlichen Leben der verschiedenen wirtschaftswissenschaftlichen Berliner Einrichtungen beteiligte. Erst aber sollte ich in meiner Arbeit »warm werden«.

Heinz Eichler, in dessen Arbeitsgebiet ich tätig wurde, war ein verwaltungserfahrener Mann. Er widmete sich in der ersten Zeit unserer Zusammenarbeit vorwiegend den industriellen Angelegenheiten, während mir vor allem Aufgaben im landwirtschaftlichen Bereich übertragen waren. Eine strenge Abgrenzung gab es dabei nicht, so daß ich Schritt für Schritt in meine künftige Verantwortung hineinwuchs.

Als Heinz Eichler 1956 ein mehrjähriges Studium in Moskau begann, wurde mir das ökonomische Arbeitsgebiet im Sekretariat übertragen. Mit der ursprünglichen Konzentration auf den agricolen Bereich ergab sich für mich früh ein außerordentlich fruchtbares Zusammenwirken mit Karl Gutjahr, dem Mitarbeiter für Landwirtschaftsangelegenheiten im Büro Ulbricht im Zentralkomitee der SED. Karls Vater hatte ich auf der Jugendkonferenz 1948 in Halle als allseits anerkannten Direktor des Braunkohlenwerkes Profen kennengelernt. Karl Gutjahr hatte bei Professor Römer in Halle Landwirtschaftswissenschaft studiert. Als es am Anfang der 50er Jahre in der Partei zu fehlerhaften Überspitzungen bei der Bewertung des politischen und persönlichen Verhaltens von Genossen kam, geriet auch Karls Vater unter Verdacht, wurde von seinen Funktionen entbunden und mit einer Parteistrafe belegt. Karl informierte unverzüglich Walter Ulbricht darüber. Er stellte dem Chef die Frage, ob es unter diesen Umständen besser sei, wenn er das Büro Ulbricht verließe und eine Aufgabe in der Landwirtschaft übernehme. Ulbricht zögerte nicht mit der Antwort. In unserer Partei, so bedeutete er, gebe es keine Sippenhaft. Er sehe keinen Grund für eine Trennung. »Deinen Vater kenne und schätze ich wie du. Zur Zeit aber kann ich mich in die Sache nicht einmischen.«

Jahre später wurde Gutjahr sr. wie viele andere Genossen auch rehabilitiert.

Karl Gutjahr war ein Grübler, der in seiner Aufgabe aufging. Einmal gewonnene Erkenntnisse oder Expertisen anderer klopfte er immer wieder ab. Nicht selten trafen wir uns nach Feierabend. Karl entwickelte Fragestellung und Lösungsansätze des jeweiligen Problems. Dann debattierten wir oft über Stunden, um im Widerstreit einer Erkenntnis näher zu kommen. Er verfügte über profunde Praxiskenntnisse und zeichnete sich durch herausragende analytische Fähigkeiten aus. Wir konnten gut miteinander, suchten gegenseitig die Zusammenarbeit und haben einander erkennbar ergänzt.

Es lag uns beiden, Studien vor Ort zu betreiben. Meist brachen wir dann sehr früh auf, um in den Betrieben zu Beginn der Frühschicht vor Ort zu sein. Von Berlin aus waren die meisten Orte der DDR in wenigen Stunden zu erreichen. Je nach Wetterlage hatten wir Stiefel im Kofferraum. Manche nannten uns deshalb spöttisch »Ulbrichts Stiefelmitarbeiter«. Bald wurden wir zu einem unzertrennlichen Paar, das so manche offizielle Visite Walter Ulbrichts in der Landwirtschaft vorbereitete wie auch dessen unkonventionelle informelle Gespräche mit Bauern, die Ulbricht besonders in den 50er Jahren ohne Presse und begleitende Persönlichkeiten immer wieder suchte.

Bei der Bearbeitung der Eingaben habe ich vor allem in den ersten Jahren meiner Tätigkeit viel von meinen Arbeitskollegen gelernt, besonders von Gustel Zörner. Der Brief einer Familie oder auch eines Betriebskollektivs war für sie keine zu erledigende Akte, sondern eine Aufforderung zum Handeln. Mich beeindruckte ihre Konsequenz bei der Klärung von Problemen mit Verantwortlichen, ihre überzeugende Art der Argumentation. Gern bin ich mit Gustel in das Land gefahren, um vor Ort Bürgeranliegen und gesellschaftliche Problemfelder zu untersuchen. Hin und wieder zog mich Gustel auch hinzu, wenn persönliche Angelegenheiten des Chefs einer Klärung bedurften.

So fuhren wir im Winter 1956 nach Brünnlos, einem kleinen Ort bei Stollberg in Sachsen. Dort wohnte eine sehr entfernte Verwandte Walter Ulbrichts. Nie war sie ihm früher begegnet. Nun aber drängte sie darauf, sich mit ihrem inzwischen weithin bekannten Familienangehörigen zu treffen. Der aber sah dafür keinen Grund. Wir verbrachten einen Nachmittag bei dieser Frau. Gustel gelang es in ihrer warmherzigen Art, die Frau zu überzeugen, von weiterem Drängen abzulassen.

Bei der Bearbeitung von Eingaben ging es uns auch darum, mit unseren Möglichkeiten zur Verbesserung der Arbeit der staatlichen Organe und zur Entwicklung demokratischer Verhältnisse im Land beizutragen. Lag uns das Ergebnis der Überprüfung örtlicher Organe zu Eingaben vor, veranlaßten wir die Verantwortlichen, ihre Stellungnahme mit den Einsendern – oft waren das Genossenschaften – in öffentlicher Versammlung oder auch in der nächsten Sitzung der Gemeindevertretung auszuwerten. Dabei stellte sich in manchen Fällen auch heraus, daß uns in Stellungnahmen mehr versprochen als in der Praxis eingehalten wurde. So hatte uns im Falle einer in Schwierigkeiten geratenen LPG in Lommatzsch der Kreisrat berichtet, daß Experten seiner Behörde dabei sind, der Genossenschaft zu helfen. Das teilten wir den Absendern der Eingabe mit. Sie schrieben zurück, daß sie zwar »mit einigen Blitzbesuchen beehrt« wurden, wirkliche Hilfe aber nicht erfahren hätten. Daraufhin veranlaßten wir den Ratsvorsitzenden, daß die Experten »wirklich eine Zeit ständig in der LPG« tätig sind und Verantwortliche für Fehlinformationen zur Rechenschaft gezogen werden. Sechs Wochen danach konnten wir feststellen, daß den Bauern ernsthaft geholfen wurde.[331]

244

Im Kreis Eisenberg hatten Traktoristen ihre Besorgnis über die Verzögerung beim Bau ihrer Unterkünfte und der Gebäude für Maschinen zum Ausdruck gebracht. Nach unserem Ersuchen an die Organe des Kreises um Klärung und eine Aussprache mit den Betroffenen erhielten wir Nachricht, eine Aussprache sei durchgeführt worden. Das entsprach allerdings nicht den Tatsachen. Zwei Wochen nach unserer geharnischten Intervention beim Rat des Bezirkes ging in unserem Sekretariat das Protokoll der nun stattgefundenen Beratung ein. Sein Inhalt ist exemplarisch:

»Anlaß zu dieser Aussprache war eine Beschwerde der Traktoristen des Stützpunktes Hainspitz an den Ersten Stellvertreter des Ministerpräsidenten Walter Ulbricht, welche [...] zur Klärung zugeleitet wurde. [...] Von Seiten des Rates des Bezirkes, Koll. Raps, wurde festgestellt, daß hinsichtlich der Bearbeitung der Beschwerde der Traktoristen der Brigade Hainspitz durch den Rat des Bezirkes, Unterabteilung MTS, sehr oberflächlich gearbeitet wurde. Es wurde nicht an Ort und Stelle mit den Traktoristen über die Angelegenheit des Baus gesprochen.«[332]

Manch andere Angelegenheit konnte unkomplizierter als die der Traktoristen aus dem Kreis Eisenberg zu einem guten Ende gebracht werden. So ging aus der LPG Sermuth am 7. November 1956 ein kurzer Brief im Sekretariat Ulbricht mit folgendem Text ein: »Ihr Schreiben vom 11.10.1956 haben wir erhalten. Besten Dank für die schnelle Erledigung dieser Angelegenheit. Wir sind mit dieser guten Regelung einverstanden und können dadurch noch mehr landwirtschaftliche Kader ausbilden. Damit ist die Beschwerde, die wir führten, erledigt.«[333]

Die Eingaben aus dem industriellen Bereich waren in ihrer Problematik weit gefächert. Nicht selten ging es dabei um Verbesserungsvorschläge, um Verwertung und Vergütung. Oft konnte dem Einsender geholfen werden. Es gab aber auch Fälle, wo sich bei der Prüfung die Undurchführbarkeit herausstellte oder auch, daß der Vorschlag nichts Neues darstellte und deshalb weder Anerkennung noch die erhoffte Prämie nach sich ziehen konnte.

Nicht selten wandten sich auch Privatbetriebe mit ihren Anliegen an Walter Ulbricht. Die Eigentümer der Wetterzeuber Ton- und Ziegelwerke schlugen 1957 vor, über neue Erzeugnispreise die Voraussetzungen für die Verbesserung der Betriebsanlagen und die Erhöhung der Produktion zu schaffen. Ihrem Anliegen wurde Rechnung getragen.[334] In einem Streit um eine Getriebekonstruktion beschuldigte ein Konstrukteur in einer Eingabe seine Kontrahenten in der Betriebsleitung des Konservatismus. Auch das Wort »Reaktionäre« fiel dabei. Die Entscheidung in dieser Sache fanden wir nicht in Debatten, sondern allein auf dem Prüfstand. Beim ersten Belastungstest zerbarst die angebliche Neuerung. Von den Bruchstücken nahm ich ein faustgroßes Teil mit. Wo ich auch tätig war, es stand auf meinem Schreibtisch zur eigenen Ermahnung und auch als Beweisstück für andere, daß nicht nur in technischen Angelegenheiten letztlich die Praxis Kriterium der Wahrheit ist. Etwa seit fünfzig Jahre bewahre ich dieses Stück Eisen nunmehr auf.

Dienstags und freitags war, wie in allen Regierungsdienststellen der DDR, auch im Sekretariat Ulbricht Sprechtag. Otto Gotsche wachte strikt darüber, daß in dieser Zeit unsere kleine Dienststelle so besetzt war, damit jeder – auch der unangemeldete – Besucher eine Möglichkeit zur Vorsprache erhielt. An Tagen mit großem Besucherandrang dauerten die Sprechzeiten nicht selten bis in die Abendstunden. Das Spektrum der dabei vorgetragenen Anliegen der Bürger unterschied sich kaum von dem in den schriftlich übermittelten Eingaben. So mußten in den meisten Fällen nach solchen Gesprächen, ehe eine Klärung möglich wurde, Überprüfungen der Sachlage vorgenommen werden. Immer wieder kam es allerdings vor, daß bei berechtigtem Interesse der Betroffenen oder bei Hinweisen auf Gefahr im Verzuge sofortige Reaktionen notwendig wurden. So wurde manchem Besucher aus bedenklicher Notlage geholfen. In einigen Fällen konnte politischer oder wirtschaftlicher Schaden im letzen Moment verhindert werden.

Im Sommer 1956 berichtete beispielsweise eine Besucherin, daß Zuchtpferde illegal von der Rennbahn in Berlin-Karlshorst nach Westberlin verschoben werden sollten. Die sofort eingeschaltete Kriminalpolizei ging bei ihrer Observation offensichtlich nicht besonders professionell vor. Dabei erregte sie auf der Rennbahn Aufsehen. Der geplante Raub wurde auf diese Weise unbeabsichtigt verhindert. Die an der Vorbereitung des Transfers Beteiligten konnten sich allerdings schnell aus dem Staube machen. Der wertvollste Hengst, der damals gerettet wurde, hieß Puramus. Er entstammte einer Altmärker Zuchtlinie. Puramus wurde zum legendären Zuchtpferd. Als ich etwa 20 Jahre danach das Gestüt Prieros bei Königs Wusterhausen besuchte, sah ich Puramus noch einmal. Gestütsmitarbeiter pflegten das gealterte Pferd mit besonderer Aufmerksamkeit.

Aus welchen Gründen auch immer wurde mir oft die Klärung von Angelegenheiten aus meiner Heimat übertragen. Im November 1954 ging es um den Bau einer Badeanstalt in Egeln. Durch die Inbetriebnahme der Rapp-Bode-Talsperre im Harz war aus der Bode ein schmales Flüßchen geworden, die alte Badeanstalt an der Bode hatte ausgedient. Eine neue Anlage im Wald wurde begonnen, aber nicht fertiggestellt: Es fehlte an Geld und Material. Das zu beschaffen konnte nicht unser Anliegen sein. Vetternwirtschaft gehörte auch im kommunalen Bereich nicht zu unserem Repertoire.

Wir machten die Verantwortlichen im Bezirk Magdeburg auf die Lage aufmerksam. Schon das half ein wenig. Im Oktober 1957 war der Bau vollendet. Ein Drittel der Baukosten war im Rahmen des Nationalen Aufbauwerkes (NAW), also in freiwilliger Arbeit der Bürger, aufgebracht worden. Das Waldbad wird noch heute von Jung und Alt aus der Umgebung aufgesucht.[335]

In meinem Geburtsort Westeregeln konnte ich mit meinen Aktivitäten keine Lorbeeren ernten. In diesem Städtchen liegt ein Salzkohlenflöz recht dicht unter der Erdkrume. Aus der Not geboren förderte in den ersten Nachkriegsjahren ein kleiner kommunaler Betrieb mit einfachen Mitteln Kohle. Da der Salzgehalt der Kohle in den Verbrennungsanlagen bleibende Schäden hinterließ, war dem Betrieb die Erlaubnis zum Abbau entzogen worden. Die Gewerkschaftsleitung des Unternehmens forderte in einer Eingabe an Walter Ulbricht die Weiterführung des Betriebes. Wir holten dazu Gutachten ein. Zweifelsfrei ging daraus hervor, daß dieser Bodenschatz als nicht abbauwürdig zu betrachten ist. Mir wurde es damals übertragen, die Gewerkschafter in Westeregeln von der Notwendigkeit der Betriebseinstellung zu überzeugen. Das war nicht einfach. Noch lange Zeit hing mir an, meinem Geburtsort eine Quelle möglicher Beschäftigung genommen zu haben. Interessen sind oftmals langlebiger, in ihrer Wirkung hartnäckiger als begründete Argumente.

Die wenigen hier geschilderten Beispiele aus dem Alltagsleben der DDR wären kaum der Erwähnung wert, offenbaren sie nicht eine eindeutige konzeptionelle Differenz zwischen der DDR und der BRD. In der DDR war auch das wirtschaftliche Geschehen Gegenstand öffentlicher Erörterung, der Anteilnahme, der Mitwirkung und der Kritik der Beschäftigten. Demgegenüber bleibt im bürgerlichen Staat, wie auch Boris Groys treffend feststellte, das ökonomische Geschehen »anonym und läßt sich nicht in Worte fassen. Deswegen kann man mit ihm nicht diskutieren, man kann es nicht umstimmen, überzeugen, überreden, mit Worten auf die eigene Seite ziehen – man kann nur sein eigenes Verhalten an dieses Geschehen anpassen.«[336]

So bleibt der Bürger im bürgerlichen Staat in einer entscheidenden Lebenssphäre Objekt des Geschehens. Die Gesellschaftskonzeption in der DDR war – wenn auch mit wechselnden Resultaten – darauf gerichtet, daß der Mensch als handelndes Subjekt an der Gestaltung aller Lebensbereiche mitwirkt. Es ist bemerkenswert, daß der Karlsruher Sprachwissenschaftler Groys in seiner Veröffentlichung 2006 konstatiert: »Erst wenn das Schicksal nicht mehr stumm ist und nicht mehr auf ökonomischer Ebene regiert, sondern von Anfang an sprachlich formuliert und politisch entschieden wird, wie es im Kommunismus der Fall ist, wird der Mensch wirklich zu seinem Wesen, das in der Sprache und durch die Sprache existiert. Der Mensch bekommt dadurch die Möglichkeit, gegen die schicksalhaften Entscheidungen zu argumentieren, zu protestieren, zu agitieren.«[337]

Im Laufe der sechs Jahre im Sekretariat Ulbricht habe ich auf Tausende Briefe unterschiedlichen Inhalts reagieren müssen. Die wenigsten davon waren mit einem einfachen Antwortschreiben zu erledigen. Überall, wo es uns erforderlich schien, fuhren wir an den Ort des Geschehens, um die kritisierte Angelegenheit selbst in Augenschein zu nehmen. Unser genereller Lösungsansatz lautete dabei: Wenn die gesetzlichen Bestimmungen und die ökonomischen Möglichkeiten das erlaubten – im Zweifel zum Wohle des Betroffenen.

Nicht selten wurde mir später die Frage gestellt, wie das Sekretariat Ulbricht reagierte, wenn es sich bei Eingaben um Strafverfahren deutscher Gerichte handelte oder es Personen betraf, die von Sowjetorganen verurteilt worden waren. Derartige Angelegenheiten gehörten nicht zu meinem Tätigkeitsgebiet. Sie wurden vorrangig von Hans Vieillard, in manchen Fällen von Gustel Zörner oder von Walter Birnbaum bearbeitet. Die Unterlagen zu diesen heute gern in den Vordergrund gerückten Angelegenheiten sind, wie alle anderen Vorgänge des Sekretariats Ulbricht, im Bundesarchiv in Berlin deponiert. Bei der Einsicht in diese Akten kann jedermann feststellen, daß bei der Bearbeitung auch derartiger Probleme nach Recht und Gesetz und mit beträchtlichem Einfühlungsvermögen vorgegangen wurde. Eingaben zu Urteilen deutscher Gerichte wurden in jedem Fall in Zusammenarbeit mit den nach der Strafprozeßordnung zuständigen Behörden geprüft. Die Unterlagen des Bundesarchivs lassen erkennen, daß auf jede dieser Eingaben reagiert und nichts übergangen wurde. Vergeblich wäre es auch, in diesen Unterlagen etwa nach strafverschärfendem Einfluß aus unserem Hause zu suchen. Das Gegenteil war der Fall. In nicht wenigen Fällen wurde eine Strafmilderung oder vorzeitige Haftentlassung ermöglicht. Die Einsender erhielten auch in derartigen Fällen Zwischenbescheide. Diese besagten, die Angelegenheit werde geprüft, sobald ein Ergebnis vorliege, würde man sich wieder melden.

Kompliziert erwies sich in den ersten Jahren auch im Sekretariat des 1. Stellvertreters des Vorsitzenden des Ministerrates die Reaktion auf Bürgeranliegen im Zusammenhang mit von Sowjetorganen inhaftierten Personen. Über Jahre waren die sowjetischen Behörden nicht bereit, über derartige Angelegenheiten Auskunft zu geben. Walter Ulbricht ergriff wenige Wochen nach dem Tod Stalins die Initiative, um eine Klärung dieser brisanten Angelegenheit in die Wege zu leiten. Am 15. Juni 1953 – also in einer Zeit außerordentlicher Anspannung – schrieb er an das Präsidium des Zentralkomitees der KPdSU einen Brief. Darin hieß es: »Angesichts der Tatsache, daß zahlreiche deutsche Bürger ständig Auskunft über das Schicksal ihrer von sowjetischen Besatzungsorganen verhafteten Angehörigen verlangen, bittet das Politbüro die Sowjetorgane, den deutschen Organen die Möglichkeit zu geben, diese Anfragen zu beantworten.«[338] Die Intervention hatte Erfolg. 1956 gab es im Sekretariat Ulbricht lediglich noch vier Anfragen zu diesem Themenkreis.[339]

Durch Ulbrichts Vorstoß konnte ein sowjetisches Tabu gebrochen und vielen deutschen Familien geholfen werden. Warum, wird man fragen, hat Ulbricht diese Initiative nie publik gemacht?

Ihm ging es um die *Lösung* des Problems, und das zum frühestmöglichen Zeitpunkt. Publizität hätte künftige Lösungen erschwert, wenn nicht gar ausgeschlossen. Ulbrichts Politikverständnis war gestaltungsorientiert. Gerade in derart diffizilen Angelegenheiten war er vorrangig darauf bedacht, den Weg für die Lösung anderer noch offener Probleme nicht zu verbauen.

In einigen Fällen nutzten allerdings auch Personen den Beschwerdeweg, um sich wichtig zu machen oder andere ungerechtfertigt zu belasten. Im Januar 1955 beschuldigte beispielsweise ein Bürger aus Tabarz einen Mitbürger unter anderem, dieser habe mit Provokateuren am 17. Juni 1953 paktiert und pflege illegale Verbindungen in die BRD. Die Überprüfung verriet den Briefverfasser als einen ortsbekannten Querulanten. Den betroffenen Bürger, mit dem er im Streit lebte, wollte er aus Rache »schlechtmachen«. Hans Vieillard schrieb ihm am 1. März 1955: »Die von Ihnen gemachten Angaben entsprechen nicht den Tatsachen [...] Wir können uns des Eindrucks nicht erwehren, daß Ihre Beschwerde persönlicher Vorteile wegen erfolgte«.[340]

Denunzianten fanden in unserer Dienststelle kein Gehör.

Umsiedler und Übersiedler

Nicht wenige der Einsender von Briefen und der Besucher zu unseren Sprechstunden waren Flüchtlinge und Umsiedler. Sie litten unter den Folgen des Krieges und der Nachkriegsentscheidungen im besonderen Maße. Sie hatten viel verloren, mußten unter oft schwierigen Bedingungen neu beginnen. Ihnen Hilfe zu erweisen war über Jahre vorrangige Aufgabe. Die DDR hatte gegenüber der Bundesrepublik auch hier die Hauptlast zu tragen.

Von den etwa 12,5 Millionen Menschen dieser Personengruppe waren 1949 etwa 8 Millionen in den westdeutschen Bundesländern, jedoch 4,5 Millionen in der DDR angesiedelt. In Mecklenburg waren über 40 Prozent der Bevölkerung Umsiedler. Die Ansiedelung und Eingliederung dieser Menschen konnte nicht kurzfristig bewältigt werden. »Trotz des Massenansturms«, so stellen auch unvoreingenommene westdeutsche Historiker inzwischen fest, »konnte die SED im deutsch-deutschen Vergleich zunächst einen zeitweiligen Vorsprung bei materiellen Soforthilfen für sich in Anspruch nehmen [...] 1947 hatten bereits 80 Prozent der Vertriebenen die Lager verlassen.«[342] Annähernd die Hälfte der Neubauernstellen, die im Ergebnis der Bodenreform geschaffen wurden, waren Umsiedlern übergeben worden. Es blieben jedoch über Jahre ernsthafte Probleme, die in manchen Fällen von menschlichen Tragödien begleitet wurden.

Beide deutsche Staaten mußten damit umgehen, daß viele Umsiedler sich bald selbst nach einem anderen Wohn- und Arbeitsort umsahen. Die Motive jeder Familie waren dabei sehr unterschiedlich. Bundespräsident Köhler schildert beispielsweise, daß seine Eltern die ihnen im Ergebnis der Bodenreform übergebene Neubauernstelle bei Leipzig 1953 im Streit mit einem örtlichen SED-Funktionär gen Westen verließen. Als Streitauslöser nannte er in einem Interview mit der *SUPERillu* die Stoffauswahl der Mutter für Badehosen der Kinder der Familie Köhler.[343] Allein in der Bundesrepublik verlagerte, wie H. J. Noak im *Spiegel* feststellte, »zwischen 1949 und 1960 nahezu jeder Neubürger seinen Wohnsitz ein zweites Mal«.[344] In nicht wenigen Fällen ging es dabei auch um Familienzusammenführungen. Die Nachkriegsbevölkerungsbewegung in beiden deutschen Staaten vollzog sich bekanntlich als ein singuläres demographisches Ereignis.

Es wird inzwischen davon ausgegangen, daß etwa 900.000 der ursprünglich in der DDR angesiedelten Umsiedler bis 1960 in die Bundesrepublik übersiedelten. In der nunmehr vorherrschenden Lesart werden sie in die Zahl von etwa zwei Millionen Menschen eingerechnet, die die DDR verlassen haben. Derartige Additionen erfolgen bekanntlich ohne Nachdenken oder Nachfrage darüber, welche Motive zu solchen Umzügen geführt haben. Zogen nicht auch Menschen aus Gründen der Familienzusammenführung gen Westen oder auch wegen der Möglichkeit, den in der BRD seit 1952 gezahlten Lastenausgleich oder die Vergünstigungen aus dem 1953 in Kraft getretenen Vertriebenengesetz in Anspruch nehmen zu können? Auch mentalen Beziehungen zur Traditionspflege der Vertriebenenverbände oder der Wunsch, in der Nähe alter Freunde oder Nachbarn zu leben, waren dabei nicht selten ausschlaggebend.

Es liegt mir fern, die unbestreitbare Tatsache, daß viele, zu viele Menschen die DDR verlassen haben, kleinzureden oder zu beschönigen. Der Aderlaß, den die DDR bis 1961 durch Abwanderung erlebte, war bitter. Er war bitter, weil die angestrebte sozialistische Gesellschaft im Interesse der Menschen und nicht eines theoretischen Prinzips wegen errichtet werden sollte. Auch wenn jeder Abwanderung andere Ursachen und Motive zu Grunde lagen – sie war Ausdruck eines Defizits an Vertrauen. Der Abgang war auch darum bitter, weil dadurch permanent Ärzte, Ingenieure und andere Fachleute – deren Ausbildung zumeist staatlich finanziert war – verloren gingen. Es war bitter, weil er der Bundesrepublik half, ihren aus eigenen Kräften nicht zu befriedigenden Bedarf vor allem an

ausgebildeten Fachkräften zu decken und ihre wirtschaftliche Überlegenheit auszubauen.

Franz Josef Strauß bestätigte dieses Faktum. »Die Anziehungs-
kraft der im atemberaubenden wirtschaftlichen Aufstieg begriffenen
Bundesrepublik war groß. Der Mangel an guten Fachkräften, die
guten Verdienstmöglichkeiten, der wachsende Wohlstand der Bundesrepublik, all das hat [...] zu einer Massenabwanderung von qua-
lifizierten, meist jüngeren Arbeitskräften aus der DDR geführt.«[345]

Im Sekretariat Ulbricht wurden wir in vielfacher Weise mit diesem Problem konfrontiert. Wir begegneten ihm, wenn wir in Betrieben, Institutionen, Städten und Dörfern tätig waren. Uns erreichten
dazu Briefe. Es zeigte sich, daß wesentliche Motive der Abwanderung in zumindest zwei unterschiedlich beeinflußbaren Sphären zu
finden waren. Einerseits war unschwer zu erkennen, daß vor allem
Menschen aus bürgerlichem Milieu eher Sympathien für das westliche Gesellschaftssystem als für ein sozialistisches Modell entwickelten und sich demgemäß orientierten. Ebenso ging vom Vorsprung der wirtschaftlichen Entwicklung der BRD, deren besseren
Warenangebot und oft lukrativen Einkommensmöglichkeiten ein
unverkennbarer starker Sog aus. Nicht alle waren bereit, »die Mühen
der Ebenen« mitzutragen und Geduld aufzubringen. Daß auch
Abwerbungen stattfanden, daß jungen Akademikern noch während
ihrer Ausbildung in der DDR schon Einstellungsangebote westdeutscher Firmen und Institutionen angeboten wurden, wird kaum
noch bestritten. Den vorgenannten Abwanderungsmotiven entgegen zu wirken, den Menschen Vertrauen in das Neue zu vermitteln
war allerdings nur im Ergebnis langfristiger Strategien zu erreichen.
Nach dem Anschluß der DDR an die Bundesrepublik 1990
haben über eine Million vor allem junger Menschen ihre Heimat
verlassen. Sie sind dorthin gegangen, wo sie sich akzeptable Existenzbedingungen erhoffen. Bevölkerungsbewegungen haben offensichtlich meist ökonomische und soziale Ursachen.

Es gab in der DDR zweifellos auch hausgemachte – und damit
weitgehend unmittelbar beeinflußbare – Ursachen für Abwande-
rungen. Dazu gehörten fehlerhafte Entscheidungen von Verwaltungen sowie von Justiz- und Sicherheitsorganen, mangelnde Fein-
fühligkeit im Umgang von Funktionären mit Bürgern etc. Wir
waren besorgt darüber. Das Sekretariat Ulbricht wie die staatlichen
und gesellschaftlichen Organe im Lande versuchten, in dieser

Sphäre – wenn auch mit wechselndem Erfolg und ohne eine durchgreifende Lösung gewährleisten zu können – einzuwirken, um möglichst nachhaltig Unzulänglichkeiten zu überwinden und Fehler zu korrigieren. Der berüchtigte Satz Honeckers aus dem Jahr 1989 »Wir weinen ihnen keine Träne nach« war unserer Gedankenwelt fremd. Jeder sollte in der DDR eine gute Perspektive haben. Es ist heute wenigen in Erinnerung, jedoch historisch belegt, daß 1963 den früheren Bürgern der DDR, die in die Bundesrepublik übersiedelt waren, die Möglichkeit eingeräumt wurde, zu den Volkskammerwahlen in die DDR zu kommen und im gesetzlich geregelten Rahmen an diesen Wahlen teilzunehmen. Unstrittig ist: Zehntausende machten davon Gebrauch.[346]

Journalistische Etüden

Mit der Erweiterung des Erfahrungshorizontes entwickelte sich meine Fähigkeit, aus Praxiserlebnissen, Bürgerfragen und neuen wissenschaftlichen Erkenntnissen Analysen zu erarbeiten und Schlußfolgerungen zu entwickeln. Es dauerte nicht lange, daß Otto Gotsche mir nahelegte, in der Fachpresse meine Auffassungen darzulegen und zur Debatte zu stellen. Meinen Einwand, daß ich noch nie für die zentrale Presse geschrieben hatte, wischte er mit der Bemerkung vom Tisch, daß es Zeit werde, daß ich dies lerne. Gustel Zörner half mir geduldig, den Weg von der Erkenntnis zur Darstellung des Wesentlichen nach und nach zu beschreiten.

In den ersten Wochen des Jahres 1955 veröffentlichte die Zeitschrift *Die Wirtschaft* zwei kleine Arbeiten von mir. Beide gingen auch auf Erkenntnisse aus meiner Diplomarbeit zurück. Wenig später folgte im gleichen Blatt ein 200-Zeilen-Beitrag. In Auseinandersetzung mit den negativen volkswirtschaftlichen Folgen niedriger Qualität plädierte ich dafür, künftig dem Qualitätszuwachs der Produktion eine mindestens gleichrangige Stellung wie der quantitativen Ausweitung einzuräumen. Qualitätszuwachs sei Produktivitätszuwachs, lautete meine Schlußfolgerung. Daß beide Beiträge Resonanz fanden, hatte ich auch dem Redakteur des Blattes, Karl Bergener, zu verdanken. Er hatte mir, dem Neuling auf journalistischem Gebiet, einige Ratschläge gegeben.

Nach diesen journalistischen Erstlingen wurde ich vor die Aufgabe gestellt, in Auswertung unserer Analysen über die Investitionstätigkeit einen Beitrag im ZK-Organ *Neuer Weg* zu veröffentlichen. Das war schon eine andere Liga. Diese Zeitschrift hatte einen wesentlich breiteren und auch kritischeren Leserkreis. Da mußte man gründlich recherchieren, durfte aber auch nicht zögerlich sein. In der Aprilausgabe 1955 erschien mein Artikel unter der Überschrift »Strengste Sparsamkeit auch bei Investitionen«. Nach kurzer Einleitung wies ich am Beispiel eines märkischen Betriebes nach, daß notwendige Kapazitätserweiterungen für die Glyzerinherstellung nicht allein durch aufwendige Neuinvestitionen, sondern auch durch sinnvolle Veränderungen der Organisation des Produktionsablaufes und die Einbeziehung der Beschäftigten zu erreichen seien. Kritisch wandte ich mich gegen die damals in Mode gekommenen unsinnigen Verpflichtungen zur vorfristigen Fertigstellung von Bauten, selbst wenn – was nicht selten der Fall war – dafür die materiellen und finanziellen Voraussetzungen fehlten. Aus eben diesem Grund war auch die Behandlung von Investitionsfragen in der Parteipresse Gegenstand meiner Polemik. So schrieb ich: »Es gibt auch Fälle, wo sich unsere Parteipresse zum Fürsprecher für Nachforderungen von Investitionsmitteln macht. Als bei der Baustelle Anatomie in Leipzig plötzlich die Investitionsmittel ausgingen, schrieb die *Leipziger Volkszeitung*: »Eines Tages – es war im November – schlug wie ein Blitz die Nachricht ein, daß die Mittel fast verbraucht seien und die Baustelle stillgelegt werden müsse.« Ausgehend von dieser Feststellung begründete die *Leipziger Volkszeitung* die Notwendigkeit, weitere Mittel für diese Baustelle zur Verfügung zu stellen.

Wäre es nicht richtiger gewesen, schlußfolgerte ich, »wenn die *Leipziger Volkszeitung* die Verantwortlichen gefragt hätte, wer diesen ›Blitz‹ verursacht hat, und daß sie mit einem Donnerwetter dazwischengefahren wäre? [...] Derartige falsche Stellungnahmen ermuntern verantwortungslose Betriebsleitungen, ohne Rücksicht auf die Kosten zu bauen.«[348]

Dieser Artikel war, wie mir bescheinigt wurde, ein ordentlicher, weil kritischer und konstruktiver Beginn. Die Schüchternheit des Anfängers fiel langsam ab. Obwohl sich schon damals eine gewisse Freude am Schreiben anbahnte, hätte ich mir jedoch nicht im Traum vorstellen können, welchen Umfang künftig publizistisches Wirken in meinem Arbeitsleben und darüber hinaus annehmen würde.

263 Vgl. BArch, DC 20/153.

264 Archiv des Autors.

265 BArch, BW 9/3.102.

266 Norman M. Naimark, Die Russen in Deutschland, Propyläen Verlag, 1997, S. 333.

267 a. a. O., S. 334.

268 Vgl. BArch, DC 20, Bl. 4068.

269 Herbert Graf: Otto Gotsche. In: Die erste Reihe. Porträts. Herausgegeben von Fritz Selbmann, Verlag Neues Leben 1969, S. 164

270 Brigitte Reimann, Alles schmeckt nach Abschied. Tagebücher 1964-1970. Aufbau Verlag, Berlin 1998, S. 102.

271 Vgl. Günter Witt, Wie eine Inquisition. In: Kahlschlag. Das 11. Plenum des ZK der SED, 1965, Studien und Dokumente, Aufbau Taschenbuchverlag 1991.

272 Werner Mittenzwei, Zur Kafkakonferenz. In: Kahlschlag…, a. a. O., S. 85.

273 Norbert Podewin, Der Rabbinersohn im Politbüro: Albert Norden – Stationen eines ungewöhnlichen Lebens. edition ost, Berlin 2001, S. 251

274 Andreas Herbst, Die Field-Dossiers. In: *Neues Deutschland*, 6./7. Mai 2007, sowie Reiner Barth/Werner Schweizer, Der Fall Noël Field. Asyl in Ungarn. Bd. 2, Berlin 2007.

275 Carola Stern, Doppelleben. Rowohlt Taschenbuchverlag, Reinbek bei Hamburg 2002, S. 51ff.

276 a. a. O., S. 68.

277 a. a. O., S. 65.

278 So in Olaf Kappelt, Braunbuch der DDR, Berlin 1981, S. 178f., sowie ders., Die Entnazifizierung in der SBZ sowie der Einfluß ehemaliger Nationalsozialisten in der DDR als soziologisches Problem. Hamburg 1997, S. 152.

279 Bericht über eine öffentliche Debatte mit Lothar Bisky und Lea Rosh am 13. November 1996 im Alten Rathaus Potsdam. In: *Neues Deutschland*, 15. November 2006, S. 5; Tobias Lobesang, Warum stehe ich nicht auf der Liste?

280 Detlef Joseph, Hammer, Zirkel, Hakenkreuz –wie antifaschistisch war die DDR?, edition ost, Berlin 2006.

281 Vgl. *Der Spiegel* 29/2007, S. 134, vgl. ebenso: *Der Spiegel* 28/2007, S. 149, Karteileichen im Keller.

282 Gerhard Kegel, In den Stürmen unseres Jahrhunderts, Dietz Verlag, Berlin 1983.

282 a. a. O., S. 12f.

284 Walter Ulbricht, Die gegenwärtige Lage und der Kampf um das neue Deutschland, Rechenschaftsbericht des ZK der SED auf dem IV. Parteitag. In: *Neues Deutschland*, 31. März 1954.

285 Mitarbeiterstatistik, Archiv des Autors

286 Tony Le Tissier, Der Kampf um Berlin 1945. Bechtermünz Verlag, Augsburg 1997, S. 66.

287 SAPMO-BArch, DY 30/IV 2/13/274. Bl. 19.

288 Vgl. J. Fochepoth (Hg.), Adenauer und die deutsche Frage. Göttingen 1990, S. 56.

289 Reinhard Gehlen, Der Dienst. Erinnerungen 1942-1971. 1971, S.302

289 a. a. O., S. 201.

291 Armin Wagner/Matthias Uhl, BND contra Sowjetarmee, Ch. Links Verlag, Berlin 2007, S. 99.

292 a. a. O., S. 99f., Fn. 158

293 H. Zolling/H. Höhne, Pullach intern. Hoffman und Campe Verlag, Hamburg 1971, S. 157.

294 a. a. O., S. 158f.

295 a. a. O., S. 159.

296 a. a. O., S. 158f.

297 Vgl. Internationales Biographie Archiv (Munzinger Archiv), Lieferung 25/51, Bl.1411 5a.

298 Reinhard Gehlen, a. a. O, S. 203.

299 Zolling/Höhne, Pullach intern. a. a. O., S. 161.

300 Vgl. *Der Spiegel* 29/1953 vom 15. Juli 1953, Alles auf dem Kopf, S. 5f.

301 Reinhard Gehlen, a. a. O., S. 203.

302 Vgl. Wladimir S. Semjonow, Von Stalin bis Gorbatschow, Nicolaische Verlagsbuchhandlung Berlin, 1995

303 ebenda

304 Vgl. Markus Wolf, Spionagechef im Geheimen Krieg, Erinnerungen. List Verlag München, 1997, S. 286f.

305 Vgl. Willy Brandt, Erinnerungen mit ›Notizen zum Fall G‹. Ullstein Verlag Berlin, S. 340.

306 Vgl. Wolfgang Harich, Keine Schwierigkeiten mit der Wahrheit, Dietz Verlag Berlin,1993, S. 102.

307 Armin Wagner/Matthias Uhl, BND contra Sowjetarmee. a. a. O., S. 10.

308 Vgl. D. Baumann, 10.000 DDR Bürger dienten dem BND. In: *Berliner Zeitung* vom 25. September 2007

309 Armin Wagner/Matthias Uhl, a. a. O., S. 189f.

310 a. a. O., S. 191.

311 a. a. O., S. 187.

312 Thomas Tumovic/Robert Verner, Opferrente für Kriminelle. In: *Focus* 22/2008, S. 42.

313 Peter Brenner in *Zeitschrift für Geschichte*, München, Nr. 93/2008.

314 Vgl. SAPMO-BArch, DC 20/3416.

315 Peter Graf Kielmansegg, Das geteilte Land. Deutschland 1945-1990. In: Siedler, Deutsche Geschichte, o. J., S. 561f.

316 Boris Groys, Das kommunistische Postskriptum. Suhrkamp Verlag, Frankfurt am Main 2006, S.9

317 Peter Graf Kielmansegg, a. a. O., S. 567.

318 Gesetzblatt der DDR I/1971, S. 49-54.

319 Gesetzblatt der DDR I/26, 1975, S. 461 ff.

320 Inga Markowitz, Rechtstaat oder Beschwerdestaat? In: Recht in Ost und West, 1987, Heft 5, S. 270.

321 Vgl. J. R. Zatlin, Ausgaben und Eingaben. Das Petitionsrecht und der Untergang der DDR. 1997, S. 916.

322 Vgl. J. Staadt, Eingaben. Die institutionalisierte Meckerkultur in der DDR. Berlin 1966, Forschungsverbund SED-Staat. 24/1996.

323 Thomas Lindenberger, Herrschaft und Eigensinn in der Diktatur. Studie zur Gesellschaftsgeschichte der DDR, Böhlau Verlag 1999, S. 32.

324 Felix Mühlberg, Bürger, Bitten und Behörden, Geschichte der Eingaben der DDR. Dietz Verlag Berlin 2004, S. 23.

325 Vgl. Henrik Eberle (Herausgeber), Mit sozialistischem Gruß! Parteiinterne Hausmitteilungen, Briefe, Akten und Intrigen aus der Ulbricht-Zeit. Schwarzkopf und Schwarzkopf, Berlin 1998.

326 a. a. O., S. 11.

327 ebenda

328 a. a. O., S. 308.

329 Felix Mühlberg, a. a. O.

330 Vgl. SAPMO-BArch, DC 20/4060, Bl.11-14 (Behandlung der Posteingänge).

331 Vgl. SAPMO-BArch, DC 20/3416, Bl. 362-367.

332 SAPMO-BArch, DC 20/ 3416a.

333 SAPMO-BArch, DC 20/ 3416a, Bl. 338.

334 Vgl. SAPMO-BArch, DC 20/3477, Bl. 166 ff.

335 Vgl. Bericht Erich Weber. In: *Egelner Nachrichten*, 4. Mai 2004

336 Boris Groys, Das kommunistische Postskriptum. Suhrkamp Verlag, Frankfurt am Main, 2006, S. 7.

337 a. a. O., S. 8.

338 SAPMO-BArch, DY 30/3732.

339 Vgl. SAPMO-BArch, DC 20/3446

340 SAPMO-BArch, DC 20/382.

341 Vgl. SAPMO-BArch, DC 20/3641, Bl. 7ff.

342 H. M. Kloth unter Verweis auf den Historiker M. Schwartz. In: Schikanen wegen Breslau. *Der Spiegel* 51/2005, S. 58

343 Horst Köhler, Ich habe Respekt vor den Ostdeutschen. In: *SUPERIllu*, Nr. 17/2008, S. 11.

344 H. J. Noack, Die geteilte Heimat. In: *Der Spiegel*, 51/2005, S. 61.

345 Franz Josef Strauß, Die Erinnerungen. a. a. O., S. 43

346 Vgl. Bericht über die Tätigkeit der Wahlkommission der DDR an den Staatsrat der DDR über die Durchführung der Wahlen am 20. Oktober 1963. Abschnitt I Ziffer 1.

347 Vgl. SAPMO-BArch, DC 20/3019, S. 85ff.

348 Herbert Graf, Strenge Sparsamkeit bei Investitionen. In: *Neuer Weg*, Berlin 4/1955, S. 199.

Erste Begegnungen und ein guter Rat vom Chef

Am 31. März 1955, es war ein Donnerstag, rief mich am Vormittag Otto Gotsche zu sich. Er erkundigte sich nach dem Stand der Vorbereitung meines Artikels über die Investitionen. Meine Information dazu nahm er, so schien es, recht teilnahmslos auf. Mir war unklar, ob er meinen Bericht etwa nicht überzeugend fand oder ob ihn etwas anderes beschäftigte. Nach einer mir unverständlichen Pause teilte er mit, heute Nachmittag komme »der Chef«. Es gehe um Baufragen. »Du sollst dabei sein.«

Die recht nüchtern vorgetragene Mitteilung überraschte mich. Was konnte wohl ein junger Mann wie ich, der kaum ein Jahr Praxis nach dem Staatsexamen aufzuweisen hatte, in einer Beratung mit dem Stellvertreter des Ministerpräsidenten zu Baufragen beitragen? Freude über die Begegnung mit dem Chef mischte sich bei mir mit der Besorgnis, ob ich da schon richtig am Platze wäre. In Halle war ich Jahre zuvor Walter Ulbricht zwar schon zweimal begegnet. Das aber als stiller Teilnehmer in der Gruppe anderer Jugendlicher. Wie aber sollte ich nun als Mitarbeiter seines Sekretariats ihm gegenübertreten? Auf meine Frage, wie ich mich auf diese Begegnung vorbereiten solle, gab mir Gotsche die lakonische Antwort: »Nimm dir etwas zu schreiben mit.«

Das Manuskript zur 1. Baukonferenz 1955

Am späten Nachmittag kam der Anruf, der mich aus meinen Überlegungen riß. Die Wartezeit im Vorzimmer des Stellvertreters des Ministerpräsidenten währte nicht lange. Dann hieß es, der Chef wolle mich sprechen. Sein Arbeitszimmer lag zur Hoffront des Landtagsgebäudes. Walter Ulbricht und Otto Gotsche unterbrachen ihr Gespräch, als ich eintrat. Otto Gotsche stellt mich dem Chef mit der Bemerkung vor, das sei der Genosse Herbert Graf, »über den wir gesprochen haben«. Beim ersten Händedruck mit Walter Ulbricht nahm ich wahr, daß er ausgearbeitete große Hände hatte. Seinen Händedruck empfand ich schwächer, als es diese Hände erwarten ließen. Er begrüßte mich freundlich und wünschte eine gute Zusammenarbeit. Für mich unerwartet erkundigte er sich, ob wir an der Hochschule für Ökonomie auch Lenins letzte Schrift »Lieber weniger, aber besser« gründlich studiert hätten. Wir hätten es gelesen, aber nicht intensiv durchgearbeitet, antwortete ich. Mein Hinweis, daß bei uns in der letzten Studienzeit Stalins Werk »Ökonomische Probleme des Sozialismus« im Vordergrund gestanden hätte, quittierte er mit einem Lächeln und der Bemerkung: »Da mußt du ja noch eine ganze Menge dazulernen. Laß dich in deiner Arbeit hier von dem Leninschen Prinzip leiten: kein Wort auf Treu und Glauben hinnehmen, kein Wort gegen das Gewissen sagen, nie scheuen, jede Schwierigkeit einzugestehen und vor keinem Kampf zur Erreichung des ernsthaft gesteckten Zieles zurückschrecken.«

Nach dieser Begrüßung ging es ohne Schnörkel, als wären wir nicht das erste Mal in diesem Kreis zusammen, zur Sache. Walter Ulbricht forderte uns auf, am Beratungstisch Platz zu nehmen. Er hatte ein umfangreiches Material für die bevorstehende 1. Baukonferenz vom 3. bis 6. April vorliegen. Das müsse für sein Eröffnungsreferat noch gestrafft und überarbeitet werden.

Nachdem die Sekretärin Sonja Weist hinzugekommen war, forderte mich Otto Gotsche auf, alle wesentlichen Bemerkungen und Festlegungen des Genossen Ulbricht zu notieren.

Auf dem großen Beratungstisch lag ein Stapel Expertisen und Vorbereitungsmaterialien, die, wie sich bald erwies, aus unterschiedlichen Federn stammten. Ulbricht hatte sich offensichtlich gründlich mit allem beschäftigt. Mit seiner großen, nicht immer leicht lesbaren, breit laufenden Handschrift hatte er Anmerkungen notiert.

Das ganze Vorgehen bei dieser Zusammenkunft war für mich Neuland. Was mich jedoch in den etwa vier Stunden, als ich erstmals Ulbricht bei der Arbeit »zusehen« konnte, am stärksten beeindruckte, war die Tatsache, daß in dem Referat ein großer Plan des Neuaufbaus in der DDR vorgezeichnet wurde.

Wie in vielen seiner Referate faßte Ulbricht einleitend die ihm besonders wichtigen Erfahrungen der Bauwirtschaft bei der Überwindung der Kriegsfolgen und beim Beginn des Neuaufbaus zusammen. Unter den schwierigen Nachkriegsbedingungen waren mit Erfolg industrielle Großanlagen der Metallurgie in Eisenhüttenstadt, eine Großkokerei in Lauchhammer und die Eisenwerke West in Calbe errichtet worden. Das war ein erster Schritt, um die aus der Teilung Deutschlands resultierenden Disproportionen in den wirtschaftlichen Kreisläufen unseres Landes zu mindern.

Kritisch beurteilte Ulbricht die Fortschritte im Wohnungsbau. In den vergangenen vier Jahren waren zwar mehr als neun Millionen Quadratmeter Wohnraum errichtet worden. Er ärgerte sich jedoch darüber, daß dies zehn Prozent weniger waren, als der ursprüngliche Planansatz auswies. Schließlich kannte er die Wohnraumnot, die nach den Kriegszerstörungen noch immer das Leben vieler Familien erschwerte. Er meinte, man müsse die Ursachen für diesen Rückstand öffentlich machen. So kam es zu seiner kritischen Darstellung der Ergebnisse des Wohnungsbaus im einleitenden Abschnitt des Referates.

Damit aber wollte er keinesfalls die Bilanz beenden. Er wandte sich einem Lieblingsgebiet seines Wirkens, dem Sport, zu. Dabei ging es ihm um den Bau der Deutschen Hochschule für Körperkultur und Sport in Leipzig, die Errichtung von Schwimmstadien in Berlin und Leipzig sowie des Hallenschwimmbades in Rostock.

Große Aufmerksamkeit widmete Ulbricht an jenem Nachmittag den Problemen der Architektur. Dazu gab es in beiden Teilen Deutschlands eine kontroverse Diskussion und sehr unterschiedliche Erfahrungen und Experimente. Bekanntlich waren in der DDR am Anfang der 50er Jahre die ersten beiden Häuser in der Stalin-Allee als fünfgeschossige Kastenbauten mit Laubengängen errichtet worden. Sie sind, hinter hohen Pappeln versteckt, noch heute zu sehen. Diese Häuser konnten als Ausgangpunkt einer Zentrumsbebauung kaum in Betracht gezogen werden. Als das – heute als Baudenkmal geschützte – Ensemble der Karl-Marx-Allee errichtet wurde, erfolgte das nicht allein in Anlehnung an sowjetische Architektur, sondern auch als eine Suche nach eigenen, neuen Lösungen. Wohl mit Bedacht wählte Ulbricht die Losung »Nationale Traditionen in Ehren halten« als Überschrift über das Architekturkapitel seines Referates. Kritisch nahm er zu den schmucklosen Bauten, die in dieser Zeit in Hamburg, Stuttgart und in Frankfurt am Main als erste Konturen der Nachkriegsarchitektur im Westen erkennbar wurden, Stellung. Städtebau und Architektur gehörten in den 50er

Jahren zu den zentralen Problemen, denen sich Ulbricht zugewandt hatte. Der Wiederaufbau und die Neugestaltung der großen Städte und im Bereich des ländlichen Bauens erforderten geistigen Vorlauf. Es verlangte auch, den Disput über das Verhältnis der Traditionen zur Moderne zu führen.

Als Antwort auf die Gestaltung der ersten Bauten in der Stalin-Allee wurde damals im Hansaviertel in Westberlin unter Hinzuziehung der internationalen Architektenelite eine vielbeachtete Bauausstellung vorbereitet. Im Mai 2007 schrieb eine Berliner Zeitung zu den Motiven der Gestaltung des Hansaviertels: »Tief war man geschockt vom Anblick der Stalin-Allee und dem Elan, mit dem die junge DDR Paläste für die Arbeiter baute.«[349] Dem sollte die Moderne des westlichen Deutschland entgegengesetzt werden. Die ästhetische Debatte gewann dadurch politische Konturen.

Angemerkt sei an dieser Stelle: Das städtebauliche Ensemble der (heutigen) Karl-Marx-Allee, an der sich auch später Streit entzündete, war ein Unikat. Es unterschied sich von den gesichtslosen Neubauten, die zur selben Zeit in westdeutschen Städten entstanden. Als die städtebauliche Strategie der DDR herausgearbeitet wurde, vermied man zwar vordergründigen Modernismus, verschloß sich jedoch keinesfalls der Moderne. In der DDR wurden bekanntlich in beträchtlichem Umfang sowohl der Tradition, als auch der Moderne verpflichtete Bauten errichtet. Der Deutsche Werkbund Berlin e. V. veranstaltete 2004 eine Ausstellung zum Thema »Ostmoderne – Architektur in Berlin 1945-1965«. Im Begleitbuch dazu hieß es: »Der Vergleich mit Tendenzen aus Westeuropa zeigt, daß die moderne Architektur der SBZ/DDR für Anregungen einer experimentierfreudigen internationalen Baukultur offen war und mit eigenständigen Lösungen darauf aufbaute. Die konstruktiven Freiheiten, die Raumerlebnisse, die die Bauten von Niemeyer, Candela und Le Corbusier eröffneten, inspirierten auch Entwerfer östlich der Grenze. In bemerkenswert vielen Fällen waren sich diese mit ihren Auftraggebern über ein neues Verständnis des gesellschaftlichen Ziels des Sozialismus einig.«[350]

Der bekannte Berliner Bauhistoriker Bruno Flierl kam zu Beginn der 50er Jahre aus Westberlin in den Osten. Die Begründung, die er dafür 2007 gab, kennzeichnet so manches Problem, das Architekten in jener Zeit bewegte. »Natürlich habe ich gemeint, der Sozialismus brauche eine moderne Bauhaus-Architektur, wie

ich sie an der HfbK (*Hochschule für bildende Künste in Westberlin –
H. G.*) gelernt habe, und dann war da die Stalin-Allee. Das war
schon der erste Konflikt. Aber die sozialistische Perspektive in
Deutschland – die war meine Motivation. Ich kam gar nicht auf die
Idee, in die Bundesrepublik zu gehen.«[351]

Über den Architekturteil seiner Rede dachte Walter Ulbricht
während unserer Zusammenkunft lange nach. Schließlich diktierte
er den Gedanken: »In dieser Situation ist es die Aufgabe der Architekten der Deutschen Demokratischen Republik, die große Leistung der deutschen Baumeister in Ehren zu halten und eine fortschrittliche Architektur zu entwickeln, die eine hohe künstlerische
Gestaltung mit neuer Technik vereinigt und den Wünschen und
Empfindungen der Mehrheit des deutschen Volkes entspricht.« So
stand es dann auch in seiner Rede.[352]

In dieser Begegnung offenbarte sich mir ein Denkmuster Walter
Ulbrichts, dem ich später immer wieder begegnete. Er machte kein
Hehl aus seiner Grundauffassung, formulierte seine Folgerung und
erwartete, daß die Architekten (und niemand anders als diese Fachleute) eine neue fortschrittliche Architektur entwickelten, die den
deutschen Traditionen folgte und den Menschen diente. So habe
ich ihn in dieser Arbeitsberatung und über viele Jahre danach immer
wieder erlebt.

Ulbricht dachte und handelte entschlossen. Anders hätte er seine
Verantwortung kaum wahrnehmen können. Wer – wo auch immer
– nationale Verantwortung trägt, hat wenig Gelegenheit zur Pflege
von Konjunktiven. Er *muß* entscheiden. Das heißt auch bei Vorliegen von unterschiedlichen Konzeptionen, wenn daraus keine Synthese möglich ist, eine zu favorisieren. Daß dann die Anhänger der
verworfenen Konzeption danach eher verärgert als überzeugt sind,
ist wohl normal. Ulbricht nahm bei wichtigen Angelegenheiten vor
der Entscheidung im Dialog oder durch Expertisen unterschiedliche, auch kontroverse Standpunkte auf. War die Entscheidung
getroffen, dann suchte er, wenn auch mit wechselndem Erfolg, Mitarbeit zu stimulieren.

Der Abschnitt über die Architektur in dieser Rede wurde zu
einem wesentlichen Ausgangspunkt für städtebauliche Projekte. Der
Aufbau der zerstörten Stadtzentren in Berlin, Dresden, Leipzig,
Magdeburg, Rostock, Karl-Marx-Stadt und Neubrandenburg stand
dabei im Mittelpunkt. In Berlin betraf das die Bebauung zwischen

dem Strausberger Platz und dem Alexanderplatz sowie die Neuge-staltung des Alexanderplatzes. In Dresden ging es um die Altmarkt-Bebauung, in Leipzig um die Weiterführung der Ringbebauung und den Bau der Oper, in Rostock um die Magistrale vom Steintor bis zum Zentralen Platz. Dieses enorme Programm sollte in den näch-sten fünf Jahren realisiert werden. Die umfassenden Bauaufgaben konnten auch deshalb unverzüglicher realisiert werden, weil das neue Baurecht sich als weitaus moderner erwies als das Baurecht der Bundesrepublik.

Es war bereits dunkel, als Ulbricht die letzte seiner Vorberei-tungsmappen durchgearbeitet und in die ihm vorschwebende Fas-sung gebracht hatte. Zu meiner Verwunderung schob er die eben besprochenen Unterlagen über den Tisch zu mir hinüber.

»Sieh bitte alles noch einmal durch, damit es gut zusammen-paßt. Arbeite alle Bemerkungen ein. Am Sonnabend holt ein Kurier den Text ab und bringt ihn mir nach Hause.«

Dann stand er auf, verabschiedete sich und verließ das Büro.

Sein Vorgehen bei der Bearbeitung des Manuskriptes hatte mich beeindruckt. Über den Auftrag jedoch war ich ein wenig er-schrocken. Hoffentlich geht das gut, dachte ich. Mir ging es im Kopf herum, ob ich alle Bemerkungen und Veränderungen richtig verstanden und dem Sinne nach notiert habe. Vorsichtig fragte ich Otto Gotsche, inwieweit er an der Bearbeitung mitwirken werde. »Der Auftrag ging an dich«, wimmelte er ab. »Wenn du wirklich nicht weiter weißt, kannst du ja vorbeikommen. Komm mir aber nicht mit jeder Kleinigkeit.« Das war eher fordernd als einladend.

An jenem Abend blieb ich lange im Büro. Ich wollte alles noch einmal durchsehen, damit der nächste Tag genutzt werden konnte, um das doch recht umfangreiche Manuskript abschreiben zu lassen. Sonja war mir mit ihren stenographischen Notizen und ihrer Erfah-rung bei der Interpretation der Handschrift des Chefs dabei eine große Hilfe.

Am Freitagnachmittag war das Redemanuskript geschrieben.

Als ich es Otto Gotsche vorlegte, bemerkte er: »Du hast dich ja den ganzen Tag nicht sehen lassen.« Dann blätterte er im Manu-skript und meinte, der Chef werde es ja morgen noch einmal durch-sehen. Am nächsten Tag holte der Kurier den Text ab. Für alle Fälle hatte ich einen Durchschlag behalten, um bei Rückfragen reagieren zu können.

Ulbricht bei einer Beratung in der Bauakademie

Der Sonnabend war in der Mitte der 50er Jahre ein etwas verkürzter normaler Arbeitstag. Am späten Abend rief Otto Gotsche an. Der Chef habe alles durchgesehen und manches noch hinzugefügt. Morgen beginne in der Sporthalle die Baukonferenz. Es sei geregelt, daß ich daran teilnehme. Einladung und Konferenzunterlagen lägen in der Sporthalle bereit.

»Richte dich ein, das wird lange dauern.«

Als ich am nächsten Morgen die Sporthalle betrat, beeindruckte mich zunächst die am Vortag eröffnete Bauausstellung im Foyer. Modelle, Baupläne und Fotografien offenbarten Möglichkeiten der Industrialisierung des Bauwesens. Wie viele andere Besucher bestaunte ich Modelle zum Großplattenbau. Eine Revolution im Bauwesen war erkennbar. Der Abschnitt der Berliner Stalin-Allee von der Samariterstraße bis zum Strausberger Platz war nach der alten Technologie »ein Stein, ein Kalk« errichtet worden. Das bedeutete schwere Arbeit für die Maurer, besonders für die Hucker, die Steine und Kalk über die wachsenden Geschosse nach oben schleppten. Diese traditionelle Bauweise hatte ihre Grenzen erreicht. Partielle Verbesserungen waren zwar noch möglich. Auf dieser Basis waren jedoch die notwendigen quantitativen Fortschritte nicht zu erreichen. Plattenbau erforderte aber auch Baukräne und Baumaschinen, Baustahl und hochwertigen Zement. Der Beruf des Bauarbeiters erhielt ein anderes Profil.

Annähernd 2.000 Baufachleute fanden sich im Innenraum der Sporthalle zusammen. Als Walter Ulbricht am Vormittag sein Referat über »Die neuen Aufgaben im nationalen Aufbau« vortrug, las ich in meinem Durchschlag mit und machte mir Notizen, was er geändert oder eingefügt hatte. In der Mittagspause wurden Otto Gotsche und ich zum Chef gerufen. Er übergab uns sein Redemanuskript mit dem Auftrag, eine verkürzte Fassung zur Veröffentlichung im *Neuen Deutschland* vorzubereiten. Er hatte am Sonnabend noch manches in das ursprüngliche Manuskript eingefügt. Otto Gotsche bezeichnete den Vorgang als »hineinkürzen«. Konferenzstenographen hatten die wörtliche Rede Walter Ulbrichts dokumentiert, so daß nun auch die Stellen nachzuvollziehen waren, die er abweichend vom vorbereiteten Text frei gesprochen hatte.

Wir benötigten den nachfolgenden Tag. Am Mittwoch, den 6. April, war auf vier Seiten des *Neuen Deutschlands* das Referat zu lesen. Erst jetzt wurde mir das hohe Maß an Vertrauen bewußt, das mir entgegengebracht wurde.

Heilsame Lehren

Wenige Wochen nach der Baukonferenz wurden Hans Vieillard und ich zum Chef gerufen. Schon beim Eintreten merkten wir, daß er verärgert war. Ulbricht fragte, wer oder was uns berechtige, kritische Bemerkungen über Mitarbeiter anderer Stellvertreter des Ministerpräsidenten in die Welt zu setzen.

Uns schwante etwas. Ein leitender Mitarbeiter des Sekretariats Otto Nuschke nutzte nicht nur nach, sondern auch während der Arbeitszeit die auf der Nordseite des Geländes befindliche Tennisanlage. Da im Tennis mindest ein Partner benötigt wird, bedrängte der Sportfreund von der CDU die Leiterin der Buchhaltung des Hauses, ihm die charmante Mitarbeiterin, Jenny K., während der Arbeitzeit für den Sport freizustellen. Darauf reagierten Mitarbeiter der Regierungskanzlei mit Unmut und kritischen Fragen. In einer Gewerkschaftsversammlung war das zur Sprache gekommen. Auch Hans und ich hatten uns dazu kritisch geäußert.

Wir erfuhren nicht, von welcher Seite Walter Ulbricht von dieser uns wenig erheblich erscheinenden Angelegenheit erfahren hatte. Ihm war es spürbar unangenehm, daß wir dazu Erklärungen abgegeben hatten. Wir mögen uns mit unseren Aufgaben beschäftigen. Es sei nicht gut, wenn der Eindruck entstünde, Mitarbeiter seines Sekretariates kritisierten Mitarbeiter anderer Regierungsmitglieder. Schließlich fragte uns der Chef, wie hoch unser Gehalt sei. Meins war inzwischen auf 800 Mark gestiegen. Hans verdiente etwas mehr.

Auf diese Information reagierte Walter Ulbricht auf unerwartete Weise. »Merkt euch für alle Zeiten: Von eurem Gehalt bekommt jeder 200 Mark für die Anwesenheit, also für das Sitzen. Den Rest aber für die Verantwortung.«

Seine Miene hellte sich sichtbar auf. Die Audienz war kurz. Sie blieb aber im Gedächtnis.

Schon bald stellte ich mir die Frage, welche Wirkung Referate erzielen, die über Stunden gehen? Wer nimmt Reden im Umfang mehrerer Zeitungsseiten mit Interesse auf? Jahre später, als ein Redeentwurf für eine Konferenz wieder endlos auszuufern schien, trug ich meine Bedenken vor. Walter Ulbricht überlegte nur einen Moment. Dann meinte er, Adenauers Ansprachen seien in der Regel kurz und einfach in der Gedankenführung. Der habe es leicht. Er müsse sich nicht mit Fragen der Produktionsentwicklung, des technischen Fortschritts, der Standortverteilung, der Produktivkräfte herumschlagen. Das passiere dort in den Konzernen auf einer anderen Ebene. Obendrein verlaufe in Bonn alles in alten, eingefahrenen Bahnen unter Einbeziehung vieler Erfahrungsträger aus der Nazizeit. Wir hingegen müßten bei unseren Darlegungen derzeit noch öfter ins Detail gehen, weil wir in dieser Periode mit Reden auch republikweit anleiten.

Das war zweifellos gut gemeint – aber gut war es nicht. Lange Reden, auch wenn sie später gedruckt vorlagen, ermüdeten eher als daß sie »schulten«. Nur sehr selten berührten sie den Zuhörer. Brecht soll über Ulbrichts Reden gesagt haben, man sei auf den nackten Inhalt angewiesen und werde von keiner Rhetorik oder geistiger Brillanz getäuscht.[353]

Rhetorik war in der DDR eine rare und vernachlässigte Tugend. Otto Grotewohl, Albert Norden, Otto Nuschke und wenige andere besaßen die Fähigkeit, auch komplizierte Vorgänge überzeugend, ja begeisternd zu vermitteln. Walter Ulbricht fand einen solchen Kontakt zu seinen Zuhörern nur dann, wenn er – was nicht oft geschah – ohne Manuskript sprach. Gleichwohl würdigte er die Fähigkeiten anderer. Es war in jenem Jahr der Baukonferenz, als Otto Nuschke mitreißend auf einer Kundgebung sprach und Ulbricht ihm gratulierte. Der Stellvertretende Ministerpräsident und CDU-Vorsitzende Nuschke entgegnete mit seiner tiefen Stimme bedächtig: »Ach, Herr Ulbricht, manche lesen, und ich rede eben.«

Aufdringlichkeit mochte Walter Ulbricht nicht. Ich erlebte seine Art der Abwehr erstmals auf der Landwirtschaftskonferenz im Dezember 1955 in Leipzig. Die Situation in den noch jungen LPG war damals kompliziert, in manchen Regionen kritisch. In seinem Referat hatte der Chef Vorschläge zur Stabilisierung der Situation vorgetragen. Dazu wollte er nicht nur die Diskussionsbeiträge der Teilnehmer hören. In den Konferenzpausen wollte er sich auch mit den Bauern austauschen. Er meinte, im direkten Gespräch könnte er den Puls besser spüren als in Konferenzbeiträgen.

Schon im ersten dieser Pausengespräche drängte sich ein junger Arzt von der Greifswalder Universitätsklinik durch die Traube der Bauern. Er wollte unbedingt Forschungsprobleme seines Faches vortragen. Obwohl der Chef ihn bat, den Bauern den Vortritt zu lassen, drängte sich der junge Doktor in der nächsten Diskussionsrunde wieder nach vorn. Wieder setzte er an, den Bauern und ihrem Gesprächspartner ins Wort zu fallen. Walter Ulbricht unterbrach ihn nun brüsk, zeigte auf mich: »Da steht mein Mitarbeiter. Tragen Sie dem Ihr Anliegen vor. Ich hoffe, Sie merken, daß ich mich hier mit den Bauern austauschen will.«

Mit hochrotem Gesicht kam der Arzt zu mir. Er fühlte sich nicht gut behandelt. Schließlich fand er seine Fassung wieder. Als Sozialhygieniker hatte er seine Dissertation der Dorfhygiene gewidmet. Er war in Sorge, daß diesem Gebiet zu wenig Aufmerksamkeit und Förderung zukäme. Wir vereinbarten, daß er mir seine Forschungsergebnisse zuschickte.

Am Abend fragte mich Walter Ulbricht, was der übereifrige Doktor eigentlich gewollt habe. Meine Information nahm er mit der Bemerkung auf: »Nimm sein Anliegen nicht auf die leichte Schulter. Wenn wir das Dorf kulturvoll umgestalten wollen, wird auch die Dorfhygiene eine Rolle spielen. Jetzt drücken uns vorrangig noch andere Sorgen. Aber es wird nicht lange dauern, dann widmen wir uns auch der Dorfhygiene.«

Ich habe über Jahre den Weg des Greifswalder Mediziners verfolgt. Der Ansatz seines Vorhabens hat sich als richtig und wertvoll erwiesen. Dr. K. wurde zum Professor berufen, ihm wurde ein Institut übertragen.

»Lieber weniger, aber besser«

Ulbrichts Bemerkung über Lenins Schrift »Lieber weniger, aber besser« in unserem ersten Gespräch hatte ich nicht vergessen. In dieser im März 1923 veröffentlichten Arbeit beschäftigte sich Lenin zwar vordergründig mit der Arbeit von Kontrollorganen. Immer wieder aber ging er auf grundsätzliche Probleme der sozialistischen Staatsmacht ein. Vieles, was ich las, ging mir schnell ein. Lenin benannte darin die nach fünf Jahren Sowjetmacht unverkennbaren Mängel in der Arbeit der Staatsorgane, um sie zu überwinden. Das korrespondierte mit meinen Erfahrungen im ersten Jahr der Tätigkeit im Sekretariat Ulbricht. Als ich dann las, daß im sozialistischen Staat »nur das als erreicht gelten darf, was in die Kultur, in das Alltagsleben, in die Gewohnheiten eingegangen ist«[354], kam ich ins Nachdenken darüber, inwieweit das bei uns schon Kriterium der Erfolgskontrolle sei. Zweifellos war in dieser Hinsicht noch viel zu tun. Lenin hatte jedenfalls zugleich die Überlegung niedergeschrieben: »Bei uns aber, das kann man wohl sagen, ist das Gute an der sozialen Ordnung bis zum letzten nicht durchdacht, nicht verstanden, nicht innerlich empfunden, ist hastig aufgegriffen, nicht nachgeprüft, nicht erprobt, nicht durch Erfahrung bestätigt, nicht verankert usw.«[355]

Diesem Satz fügte Lenin die Bemerkung an, daß es bei der schwindelerregenden Schnelligkeit der Entwicklung seit dem Sturz des Zarismus kaum anders sein könne.

Im gleichen Sinne war auch sein Rat zu verstehen, »man muß rechtzeitig zur Vernunft kommen. Man muß sich mit einem heilsamen Argwohn gegen eine überstürzte Vorwärtsbewegung, gegen jede Prahlsucht wappnen.«[356]

Recht oft war ich dabei, wenn Walter Ulbricht von Beratungsteilnehmern gedrängt wurde, das Tempo der Entwicklung in dieser oder jener Angelegenheit zu forcieren. Oft reagierte er darauf mit grundsätzlichen Überlegungen. Manchmal bremste er solche Vorschläge auch mit einem Spruch aus seiner Leipziger Heimat: »Jedes Gemüse hat seine Zeit.«

Mit Besorgnis betrachtete Walter Ulbricht beispielsweise die Beschlüsse der KPdSU und auch der KPTsch, in denen zu Beginn der 60er Jahre der Übergang zum Kommunismus proklamiert worden waren. In seinem Auftrag – natürlich nach Abstimmung mit der KPTsch – fuhren Genossen der SED in die CSSR. Sie sollten vor Ort studieren, welche Wirkung derart überzogene Entscheidungen provozierten. Auch ich war einbezogen, hielt mich im August 1962 im Nachbarland auf. Im Zentralkomitee der KPTsch wurden wir mit dem Inhalt der Beschlüsse, die zu einer Tempoverschärfung der Entwicklung führten, vertraut gemacht. In Betrieben und staatlichen Institutionen stellten wir fest, daß sich vorrangig der Wortschatz der Funktionäre und plakatierte Losungen verändert hatten. Wie die Probleme des Landes auf bessere Weise gelöst werden würden, war hingegen kaum festzustellen.

In Prag waren wir im Gästehaus des ZK am Pulverturm untergebracht. Dort war alles, was wir verzehrten, gratis. Mit einem freundlichen Kellner, der gut deutsch sprach, hatte ich einen recht guten Kontakt. Eines Abends saß ich mit Klaus Sorgenicht, dem Leiter der Abteilung Staat und Recht des Zentralkomitees der SED, nach dem Abendbrot beisammen. Als uns der freundliche Kellner ein Pilsener Bier und einen slowakischen Borovicka, den berühmten Wacholderschnaps, brachte, fragten wir ihn, warum das alles kostenlos zu bekommen sei. Der Kellner schmunzelte, offenbar wären wir noch nicht in das Geheimnis des kommunistischen Aufbaus eingeweiht worden. »Wir beginnen«, bemerkte er mit unverkennbarer Ironie, »mit dem Kommunismus hier im Gästehaus des ZK. Das Geld ist bereits abgeschafft, und jeder kann nach seinen Bedürfnissen leben. Dann werden wir den Kreis der einbezogenen Gebiete rings um den Pulverturm vergrößern, bis wir an den Grenzen des Landes und damit am Ziel sind.« Auf diese ironische Deutung gönnten wir uns noch einen Borovicka.

Als ich nach unserer Rückkehr Ulbricht über die Ergebnisse der Reise ins Nachbarland berichtete, informierte ich ihn über die Interpretation der Kommunismusbeschlüsse durch den Kellner vom Pulverturm. Er schmunzelte. Der Kellner sei klüger als mancher Politiker, meinte er. Ulbricht verfolgte eine andere Strategie. Ohne mit den Freunden in der CSSR oder gar in Moskau öffentlich zu polemisieren, verzichtete er auf kommunistische Wortspielereien und entwickelte die These vom Sozialismus als einer relativ selbständigen Gesellschaftsformation.

Zu den bekanntesten Losungen Lenins gehört »Lernen, lernen und nochmals lernen!« In vielen Lehranstalten gehörte sie in der DDR zum Standard der Anforderungen an Schüler, Studenten und andere Auszubildende. Zweifellos eine anspornende Aufforderung, vieltausendfach vorgetragen und von vielen verstanden und oftmals sinnvoll umgesetzt. Weniger bekannt allerdings ist, daß diese Losung keiner pädagogischen, sondern einer staatsmännischen Fragestellung folgte.

Im Original lautet dieses Zitat nämlich: »Wir müssen uns, koste es, was es wolle, zur Erneuerung unseres Staatsapparates die Aufgabe stellen: erstens zu lernen, zweitens zu lernen und drittens zu lernen, und dann zu kontrollieren, daß die Wissenschaft bei uns nicht ein toter Buchstabe oder modische Phrase bleibe (und das kommt bei uns, offen gestanden, besonders häufig vor), daß die Wissenschaft wirklich in Fleisch und Blut übergehe, daß sie vollständig und wirklich zu einem Bestandteil des Alltags werde. Mit einem Wort, wir müssen […] Forderungen (stellen) wie sie eines Landes, das sich zur Aufgabe gemacht hat, sich zu einem sozialistischen Land zu entwickeln, würdig sind und ihm geziemen.«[357]

Lenin drängte in dieser Arbeit darauf, daß staats- und verwaltungswissenschaftliche Lehrbücher erarbeitet werden und daß einige »vorgebildete und gewissenhafte Personen« in die entwickelten westeuropäischen Länder »geschickt werden, um Literatur zu sammeln und diese Frage (*der Staatsorganisation – H. G.*) zu studieren.«[358]

An diese Passage erinnerte ich mich auch, als mir der Chef 1968 den Auftrag erteilte, in Schweden die Erfahrungen bei der Einführung der elektronischen Datenverarbeitung in der Kommunalverwaltung zu studieren, um Schlußfolgerungen für die Modernisierung des Staatsapparates der DDR zu erarbeiten.

Ulbricht ging es immer darum, das Neue auf dem Weg zum gesellschaftlichen Fortschritt zu suchen und auf seine Verwertbarkeit für uns zu prüfen. Oftmals forderte er Experten verschiedener Gebiete auf, in der Welt die neuesten technischen, organisatorischen und sozialen Entwicklungen zu analysieren und für die DDR auszuwerten.

270

Lenin hatte aus grundsätzlichen Erwägungen in seiner letzten Schrift angemahnt: »Wir müssen unseren Staatsapparat auf größte Sparsamkeit einstellen. Wir müssen jede Spur überflüssigen Aufwandes aus ihm ausmerzen.«[359] Walter Ulbricht hatte diese Mahnung unverkennbar verinnerlicht. Sie wurde zur Maxime seines Herangehens. In allen Perioden der Entwicklung der DDR wachte Walter Ulbricht bekanntermaßen streng darüber, daß kein unnötiger materieller und personeller Aufwand getrieben wurde. Jedweder Pomp, jede Verschwendung waren ihm zuwider. Als im Herbst 1955 der Ministerrat in die Klosterstraße umzog, weigerte er sich, für sein neues Arbeitszimmer neue Möbel zu bestellen. Er bestand darauf, daß mit den alten Möbeln aus dem Landtagsgebäude umgezogen werde. Und dabei war er nicht einmal der erste Nutzer dieser in dunkler Eiche gehaltenen recht schmucklosen Büromöbel. Als sich nach dem Umzug zeigte, daß der große Beratungstisch recht wacklig geworden war, erklärte er, der gelernte Tischler, wie der Schaden ohne großen Aufwand repariert werden könne.

Lenins Sparsamkeitsappell korrespondierte mit Ulbrichts proletarischer Grundhaltung, mit seinem ausgeprägten buchhalterischen Strategieprinzip, *nie* über die Verhältnisse zu leben. Ein Verbündeter in dieser Hinsicht war der langjährige Finanzminister der DDR Willy Rumpf.

In der Mitte der 70er Jahre, Walter Ulbricht war schon verstorben, sprach ich mit Willy Rumpf im Park eines Krankenhauses. Er war inzwischen Rentner, aber noch immer mit dem Zeitgeschehen verbunden. Mit heftigen Worten kritisierte er die ungezügelte Ausgabenpolitik der Partei- und Staatsführung unter Erich Honecker. Rumpf bemerkte dazu: »Wenn ich früher zu Walter Ulbricht kam, um ihm mitzuteilen, daß wir über ein unerwartetes Guthaben verfügten, dann forderte er mich auf, niemanden darüber zu informieren. Er ging davon aus, wer von einem Guthaben etwas wisse, neige vorschnell zu Ausgaben. Unerwartete Guthaben wecken Begehrlichkeiten.«

Bekanntlich waren im Ergebnis dieser »Staatshaushaltsmaxime« 1971 beim Wechsel von Ulbricht zu Honecker die Staatsfinanzen der DDR gesund. Schon in wenigen Jahren sollte sich das dramatisch ändern.

Das abschließende Kapitel von Lenins Schrift »Lieber weniger, aber besser« beschäftigte mich 1955 und danach besonders. Darin machte er deutlich, daß für ihn ein Nebeneinander von Partei und Staatsorganen kein Idealfall sei. Er machte sich Sorgen darüber, daß im Politbüro neben den großen auch viele kleine Fragen behandelt wurden. Er schlug vor, die Frage »Wie kann man die Partei-Institutionen mit Sowjet-Institutionen vereinen?« positiv zu beantworten. Seine Auffassung war: »Bildet denn diese elastische Vereinigung von Sowjet- und Parteidingen nicht eine Quelle außerordentlicher Kraft in unserer Politik?«[360] Und weiter meinte Lenin: »Ich glaube, eine solche Vereinigung bildet die einzige Gewähr für erfolgreiche Arbeit.«[361]

Damit aber war ein Kardinalproblem der Gestaltung der sozialistischen Staatsmacht angesprochen. Dieser wichtige Gedanke Lenins wurde nach dessen Tod nicht aufgegriffen. Im Gegenteil, mit der These und der Praktizierung der *Lehre von der führenden Rolle der Partei* wurde über sieben Jahrzehnte das parallele Wirken von Partei- und Staatsorganen auf allen Ebenen und auf allen entscheidenden Gebieten des gesellschaftlichen Lebens postuliert. Die ursprüngliche Interpretation dieser Auffassung – die Partei realisiert ihre Politik durch das Wirken ihrer Mitglieder in Betrieben und Institutionen – mutierte bald zu dem Prinzip, daß Beschlüsse von Parteiorganen unmittelbare Verbindlichkeit für staatliche und gesellschaftliche Organe hatten. Die damit verbundene Praxis, daß die tatsächliche Verantwortung für die Entscheidung und für die Durchführung getrennt wurde, erwies sich immer mehr als kontraproduktiv. Das zeigte sich vor allen Dingen nach dem VIII. Parteitag der SED 1971. Das Politbüro und das Sekretariat des ZK der SED zogen das Entscheidungsrecht über jedwede strategische und eine Fülle nebensächlicher Fragen an sich bzw. auf den Tisch des Ersten respektive Generalsekretärs.

Wie aber entstand diese dominante Stellung von Parteiorganen in der DDR? Sicher weniger aus strategischem Kalkül als bedingt durch die speziellen Nachkriegsbedingungen. Die Stellung und der Einfluß der machtausübenden sowjetischen Besatzungs- und Kontrollorgane machten es zweifellos unumgänglich, in der ersten Entwicklungsphase dem sowjetischen Modell adäquate Führungsstrukturen in der DDR zu entwickeln. Offen blieb dabei, ob damit ein geeigneter Weg zum Sozialismus gefunden worden war. Wenn auch Walter Ulbricht dieses Herangehen nie in Frage stellte und zweifellos wie jeder andere Politiker dem Gewohnten in gewisser Weise verhaftet blieb, suchte er trotzdem, sobald er dafür eine reale Möglichkeit sah, nach neuen Wegen.

Erste Chancen dafür ergaben sich, als im September 1955 der Vertrag über die Beziehungen zwischen der DDR und der UdSSR unterzeichnet wurde. In Artikel 1 hieß es, daß künftig die Beziehungen beider Staaten auf der Grundlage der »Gleichberechtigung, der gegenseitigen Achtung und Nichteinmischung in die inneren Angelegenheiten« sich entwickeln sollten. Walter Ulbricht stellte seiner Erklärung, die er am 19. September 1955 zu diesem Vertrag im Moskauer Kreml abgab, unter die Überschrift: »Die DDR ist frei in der Innen- und Außenpolitik.« Er offenbarte seine Gefühle und damit auch die Erwartungen vieler Menschen daheim, als er erklärte: »Die Bevölkerung der Deutschen Demokratischen Republik wird es sicherlich begrüßen, daß nunmehr, nachdem die Neugestaltung des gesellschaftlichen Lebens in der DDR auf friedlicher und demokratischer Grundlage unaufhaltsam vorwärts schreitet, die Gesetze, Direktiven und Befehle des Kontrollrates ihre Gültigkeit verlieren und die Volksgesetzgebung voll ihre Rechte ausübt.«[362]

Daß die UdSSR und die KPdSU auch nach diesem Vertrag Wege suchten und fanden, um Einfluß auf die Innen- und Außenpolitik der DDR zu nehmen, steht auf einem anderen Blatt.

Nach 1960 hat Walter Ulbricht schließlich unübersehbar mit der Entwicklung der Tätigkeit des Staatsrates, mit der Stärkung der Rolle der Volkskammer und deren Ausschüsse und mit der Förderung und Ausgestaltung der Rechte und Aufgaben der örtlichen Volksvertretungen einen Umbau des bestehenden Führungssystems angestrebt. Auch das warfen ihm später seine Opponenten vor. In der zweiten Hälfte der 60er Jahre wurden die von Ulbricht initiierten Veränderungen in der Leitung von Staat und Wirtschaft zunehmend zu unterminieren versucht. Monika Kaiser veröffentlichte dazu in »Machtwechsel von Ulbricht zu Honecker«[363] umfangreiches Beweismaterial. Auf der 14. Tagung des ZK im Dezember 1970 wurde schließlich gegen Ulbricht der Vorwurf erhoben, daß in den 60er Jahren wesentliche Fragen der gesellschaftlichen Entwicklung nicht mehr in Parteiorganen, sondern im Staatsrat mit Experten erörtert und entschieden worden seien. Daß es jenen, die die Absetzung Ulbrichts betrieben, auch darum ging, den Parteiorganen wieder uneingeschränkte Macht einzuräumen, geht aus dem Brief Honeckers und anderer Mitglieder des Politbüros an Breshnew vom 21. Januar 1971 zweifelsfrei hervor. Sie forderten darin eindeutig: »Die Tätigkeit des Staatsrates, die heute oft dazu benutzt wird, um ohne das Politbüro Entscheidungen zu treffen, wäre der Kontrolle des Politbüros zu unterstellen.«[364]

Mit dem VIII. Parteitag der SED und der Wahl Erich Honeckers zum Ersten Sekretär der Partei wurden die gewählten staatlichen und auch die gesellschaftlichen Organe von der Zentrale bis zum Kreis unter die straffe Führung der Parteiorgane gestellt.

Das Schwinden der inneren Stabilität der DDR besonders in den 80er Jahren hatte bekanntlich nicht allein ökonomische Gründe. Das nach dem VIII. Parteitag der SED zunehmend veränderte politische System erwies sich als kaum noch regenerationsfähig. Der Boden für den lebenswichtigen Dialog zwischen Regierenden und Regierten, selbst zwischen der Parteiführung und den Mitgliedern der Partei war zunehmend ausgelaugt.

Anmerkungen

349 N. Bernau, Welterbe Hansaviertel, in: *Berliner Zeitung*, 12./13. Mai 2007.

350 A. Butter/U. Hartung, Ostmoderne Architektur in Berlin 1945-1965, jovis Verlag Berlin, 2004, S. 10.

351 Bruno Flierl, So ein Forum hätte es in der DDR geben sollen, in: *Berliner Zeitung*, 2. Februar 2007.

352 Vgl. *Neues Deutschland*, 6. April 1955, S. 3

353 Zitiert in Mittenzwei, Die Intellektuellen. Literatur und Politik in Ostdeutschland 1945-2000, Aufbau Taschenbuchverlag, Berlin 2003, S. 140.

354 W. I. Lenin, Lieber weniger, aber besser, in: Ausgewählte Werke, Moskau 1947, S. 1005f.

355 a. a. O., S. 1006

356 a. a. O., S. 1006.

357 a. a. O., S. 1007.

358 a. a. O., S. 1011.

359 a. a. O., S. 1019.

360 a. a. O., S. 1013f.

361 a. a. O., S. 1014.

362 Walter Ulbricht, Die DDR ist frei in der Innen- und Außenpolitik, in: *Neues Deutschland*, Berlin 20. September 1955, S. 1

363 Monika Kaiser, Machtwechsel von Ulbricht zu Honecker. Akademieverlag, Berlin 1997.

364 Brief des SED Politbüros an Breshnew vom 21. Januar 1971. SAPMO-BArch 30/2119, Bl. 65-98.

Die Kriegsgefangenen –
Ulbrichts Beitrag und
Adenauers Propaganda

2005 wurde in der Bundesrepublik der 50. Jahrestag der Rückkehr der letzten Gefangenen aus der UdSSR als Verdienst Adenauers gefeiert. Ohne Zweifel haben diese Gefangenen beim Besuch Adenauers in Moskau eine besondere Rolle gespielt. Ob, wie immer wieder behauptet wird, tatsächlich Adenauer und die Bundesregierung die Entscheidung der UdSSR in dieser Frage beeinflußt oder gar durchgesetzt[365] haben, ist – wenn man den tatsächlichen Vorgängen nachgeht – begründet in Zweifel zu ziehen. Warum, so fragt man sich, wurde bislang der Beitrag der Verantwortlichen in der DDR – Wilhelm Pieck, Otto Grotewohl und Walter Ulbricht – bei der Lösung der Gefangenenfrage in der historischen Forschung und in der Publizistik übergangen?

Bekanntlich drängte Wilhelm Pieck bereits bei den Verhandlungen im Oktober 1949 in Moskau im Gespräch mit Stalin auf eine Entscheidung zur Freilassung der Kriegsgefangenen.[366] Otto Grotewohl schrieb noch vor Gründung der DDR an Stalin, daß die zu bildende provisorische Regierung vorhabe zu erklären, »daß bis Ende 1949 alle Kriegsgefangenen aus der Sowjetunion entlassen werden«.[367] Dem Ersuchen wurde stattgegeben. Die Rückführung dauerte etwas länger als erwartet. Damit gab sich die Führung der SED nicht zufrieden. Am 8. Dezember 1949 intervenierte Walter Ulbricht bei dem für den Rücktransport verantwortlichen General. Dieser sicherte die Rückführung von 6.000 Kriegsgefangenen in den folgenden drei Wochen zu. Akribisch notierte sich Ulbricht auf zwei Blättern mit seiner großen Handschrift die für die nachfolgende Zeit zu erwartenden Heimkehrerzahlen.[368]

Ulbricht bewahrte die Notiz über diese Begegnung in seinen Unterlagen. Die Einhaltung derartiger Vereinbarungen nicht zu kontrollieren, hätte seiner Art zu Handeln widersprochen. Ohne

Ulbrichts Notizen vom 8. Dezember 1949 über ein Gespräch zur Repatriierung »sämtlicher Kriegsgefangener« (4. Zeile)

Zweifel gab es bei diesem Vorhaben auch logistische Probleme. Schließlich kehrten im Ergebnis dieser Vereinbarungen bis 1950 etwa 1,7 Millionen deutsche Kriegsgefangene zurück.[369]

Alle Transporte liefen über Frankfurt an der Oder. Aus den handschriftlichen Bemerkungen Ulbrichts geht hervor, daß davon etwa ein Drittel in der DDR blieb, während zwei Drittel in Orte der BRD entlassen wurden. Das entsprach weitgehend dem Bevölkerungsanteil der beiden deutschen Staaten. Ebenso wie die Rück-

kehr der Kriegsgefangenen bewegte die Führung der DDR die Aufklärung des Schicksals von gefallenen und vermißten deutschen Soldaten. Die Führung der SED ersuchte 1949 mit Erfolg die Sowjetische Kontrollkommission darum, »daß die deutschen Behörden in
die Lage versetzt werden, Todesbescheinigungen für an der Front
gefallenen Soldaten ausstellen« zu können.[370] Familien, die über den
Verbleib ihrer Angehörigen im unklaren waren, erlangten auf Grund
dieser Initiative Gewißheit über das Schicksal ihrer in den Hitler-
krieg gezogenen Männer, Söhne und Väter.

Mit den Problemen der Kriegsgefangenen war Walter Ulbricht
vertraut wie kaum ein anderer. Wenige Monate nach dem Überfall
Hitlerdeutschlands auf die UdSSR, als deutsche Truppen in Richtung Moskau vorstießen und eine breite Spur der Vernichtung
zogen, übernahm er im Exekutivkomitee der Kommunistischen
Internationale (EKKI) die Aufgabe, sich um die deutschen Kriegsgefangenen zu kümmern. Im September 1941 besuchte er mit anderen Mitarbeitern der Komintern das Gefangenenlager in Temni-
kow.[371] Er blieb dort zehn Tage. Im Dezember des gleichen Jahres
sprach er mit deutschen Kriegsgefangenen im Lager Karaganda. Ihn
bewegten die Motive der Angehörigen der deutschen Aggressions-
armee. Unter den für beide Seiten angespannten Bedingungen
suchte er mit unterschiedlichem Erfolg Bereitschaft zur Umkehr.
Diese Begegnungen waren ernüchternd. Gemeinsam mit den
Schriftstellern Erich Weinert und Willi Bredel ging er schließlich
für annähernd zwei Monate in die vorderste Linie der Roten Armee
im heiß umkämpften Stalingrad.

Dort wollten sie die auf verlorenem Posten stehenden Soldaten
der 6. Armee mit Flugblättern und über Lautsprecheransprachen
bewegen, ihr Leben nicht sinnlos aufs Spiel zu setzen. Die deutschen
Kommunisten glaubten, daß – wie Weinert resümiert – die Soldaten im Kessel »bereits empfänglich seien für antihitlerische Argumentation und leicht zu überzeugen wären, daß ihre Kapitulation
nicht nur eine Tat zur Rettung ihres Lebens, sondern auch gegen
ihren Verderber Hitler sei«.[372] Da die Reichweite der Lautsprecher-
wagen nur einige hundert Meter betrug, wagten sich Walter
Ulbricht, Erich Weinert, Willi Bredel und Arthur Pieck dicht an die
Frontlinie. Auch unter Beschuß riefen sie den deutschen Soldaten
zu, ihr Leben nicht für den sinnlosen Krieg aufs Spiel zu setzen. Als
Ulbricht sich am Silvesterabend 1942 in Raigorod mit Chrusch-

tschow traf, konstatierten beide, daß »im Kessel der Glaube, daß alles noch gut gehen werde, noch nicht erschüttert sei«.[373] Im Januar 1943 wurde der 6. Armee ein Kapitulationsangebot übermittelt. Es wurde abgelehnt. Drei Tage danach eröffneten die sowjetischen Truppen die Offensive.

Einen Monat später mußte Generalfeldmarschall Paulus kapitulieren. 150.000 deutsche Soldaten starben. Die Reste der geschlagenen 6. Armee marschierten in winterlicher Kälte in Gefangenschaft.

Für Hitlers Parteigänger standen Ulbricht und seine Gefährten auf der anderen Seite der Front. So blieb es auch, als wesentliche Teile der Eliten Nazideutschlands in der Bundesrepublik ihren Platz gefunden hatten. Es lohnt noch immer darüber nachzudenken, wer in der schweren Kriegszeit mehr für Deutschland, für das Wohl und das Leben der Deutschen geleistet hat. Es waren keinesfalls jene Personen, die Millionen deutscher Soldaten in den »Heldentod« trieben. Es waren auch nicht die Kriegsgewinnler, die am Krieg Milliarden verdienten, und schon gar nicht die deutschen Junker und Großgrundbesitzer, die den Aufstieg der Nazis ebenfalls massiv unterstützten, die einen wesentlichen Teil des Offizierkorps der faschistischen Armee stellten und auf ihren Höfen Kriegsgefangene und Zwangsarbeiter aus allen Ländern Europas gnadenlos ausbeuteten.

Warum wurde im Herbst 2005 im Zusammenhang mit dem 50. Jahrestag der Aufnahme diplomatischer Beziehungen zwischen der UdSSR und der BRD Adenauers Leistung für die Befreiung deutscher Kriegsgefangener so gefeiert? Die Rückführung der 1,7 Millionen Kriegsgefangenen war doch Jahre zuvor bereits abgeschlossen. Um wen ging es denn wirklich 1955?

Es handelte sich um 9.626 verurteilte Personen, die sich in sowjetischer Haft befanden. Auch wenn einige der Urteile bei späterer juristischer Prüfung revidiert oder aufgehoben wurden – unter den Gefangenen befand sich ein nicht unerheblicher Teil, der schwere Kriegsverbrechen begangen hatte oder an ihnen beteiligt war. Die sowjetische Seite bezeichnete sie als Gewalttäter, Brandstifter, Mörder von Frauen, Kindern und Greisen.[374]

Mir war aus dem Kreis der 9.626 Rückkehrer nur einer bekannt: Rudolf Jordan. Als Nazigauleiter in Sachsen-Anhalt hatte er während des Krieges meinen Heimatort Egeln aufgesucht. Wir Schüler

mußten an einem grauen Herbstnachmittag für ihn auf dem Friedhof Spalier stehen. In der Rede, die er anläßlich eines Heldenge-
denktages über die Gräber von Gefallenen und unsere Köpfe schrie,
ging es um Opfer, Krieg und Judenhaß. Auch wenn wir damals oft
mit derartigen Schmähungen konfrontiert wurden – nie kamen sie
nach meiner Erinnerung kälter herüber als aus der Kehle von Rudolf
Jordan. Wes Geistes Kind er war, offenbarte er in Magdeburg im
Juni 1943, als er auf einer Kundgebung erklärte: »Wer den totalen
Einsatz scheut, ist ein Feind und muß aus den Reihen des Volkes
entfernt werden […] Der Jude ist nur gut, wenn er tot ist, deshalb
muß er ausgerottet werden.«[375] Als ich das später las, mußte ich auch
an meine jüdischen Mitschüler Schindler und Lenz denken, die
1938 nach der »Reichskristallnacht« für immer »verschwanden«.
Jordans Schuldkonto umfaßte in meinem heimatlichen Umfeld Verfolgung, Folter und Vernichtung von Antifaschisten und Juden.

Als im August 1953 eine Regierungsdelegation aus der DDR in
Moskau weilte, brachten Otto Grotewohl und Walter Ulbricht das
Problem der Freilassung der Kriegsverurteilten zur Sprache.[376] Im
Kommuniqué vom 22. August 1953 wurden Maßnahmen
angekündigt, »um die deutschen Kriegsgefangenen von der weiteren
Abbüßung der Strafen zu befreien, zu denen sie für während des
Krieges begangene Verbrechen verurteilt wurden.«[377] Damit war die-
ser Stein ins Rollen gekommen.

Am 18. April 1955, also annähernd ein halbes Jahr *vor* der Aden-
auer-Reise nach Moskau, übergab Ministerpräsident Otto Grotewohl dem sowjetischen Botschafter Puschkin ein Schreiben des
inzwischen in Dresden lebenden ehemaligen Generalfeldmarschalls
Paulus.[378] Dieser regte darin »eine Begnadigung der noch in der
Sowjetunion befindlichen deutschen Kriegsgefangenen« an.[379]

Wenige Wochen danach sandte N. S. Chruschtschow eine
Nachricht an Walter Ulbricht: »Wir halten den Zeitpunkt für
gekommen, die Frage der deutschen Kriegsgefangenen und Zivilpersonen zu entscheiden, die in der Sowjetunion Strafen verbüßen,
wobei wir der Meinung sind, daß ein solcher Schritt der weiteren
Festigung der freundlichen Beziehungen zwischen unseren Völkern
dienlich sein wird.«[380] Der sowjetische Parteichef ging in seinem
Schreiben vom 14. Juli 1955 davon aus, daß diese Frage bei den
bevorstehenden Verhandlungen mit Adenauer aufgeworfen werden
würde. »Deshalb«, so schrieb er weiter an Ulbricht, »möchten wir

diese Frage mit Ihnen vor den Verhandlungen mit Adenauer erörtern«.[381] Dazu übermittelte er Details der angedachten Regelung. Eine Regierungsdelegation der UdSSR beriet im Sommer mit Repräsentanten der DDR den gleichen Problemkreis. Am 28. Juli signalisierte Ulbricht, der zuvor den Text seiner Reaktion mit Otto Grotewohl abgestimmt hatte, Moskau Zustimmung.[382]

Präsident Wilhelm Pieck übermittelte schließlich am 31. August 1955 dem Vorsitzenden des Präsidiums des Obersten Sowjets Woroschilow unter Bezugnahme auf den positiven Verlauf der Verhandlungen mit der Regierungsdelegation im Juli ein offizielles Ersuchen: »Ich halte den Zeitpunkt für gekommen, mich an das Präsidium des Obersten Sowjets der UdSSR, in dessen Kompetenz die endgültige Entscheidung dieser Frage fällt, mit einer offiziellen Fürsprache der Deutschen Demokratischen Republik für die vorzeitige Entlassung aller ehemaligen deutschen Kriegsgefangenen, die in der Sowjetunion Strafen verbüßen, und ihre Rückkehr in die Heimat zu wenden. Mit Rücksicht darauf, daß seit der Beendigung des Krieges zehn Jahre vergangen sind, gestatte ich mir die Hoffnung auf eine wohlwollende Prüfung meines Anliegens auszusprechen.«[383]

Als Adenauer am 9. September 1955 in Moskau eintraf und in der früheren Villa des Fabrikanten Spiridonow mit den Vertretern der Sowjetregierung Verhandlungen aufnahm, waren in der Kriegsverurteiltenfrage im Ergebnis der Verhandlungen der UdSSR mit der DDR die Messen längst gesungen und die Vorbereitungen für die Rückführung weitgehend abgeschlossen. Dabei war auch vorgeklärt, in welchen der beiden deutschen Staaten jeder Gefangene zurückkehren würde. Nur dadurch wurde es praktisch möglich, daß die Betroffenen aus den Weiten der Sowjetunion drei Wochen nach Adenauers Moskau-Visite in Deutschland ankommen konnten.

Trotz dieser Vorbereitungen verliefen die Verhandlungen in Moskau angespannt. Der Terminologie der bundesdeutschen Delegation, daß es sich bei den 9.626 Personen um klassische *Kriegsgefangene* handelte, konnten sich die sowjetischen Partner nicht anschließen. Nach Darstellung Chruschtschows handelte es sich dabei um verurteilte Militärangehörige (etwa zwei Drittel) und um verurteilte Zivilpersonen.[384] Ministerpräsident Bulganin trug in der Debatte am 10. September 1955 vor: »Herr Bundeskanzler Adenauer hat als erste die Frage der Kriegsgefangenen aufgeworfen. Wir sind der Ansicht, daß hier ein Mißverständnis vorhanden ist. *Alle* deutschen Kriegsgefangenen sind entlassen und zurückgekehrt. In der Sowjetunion befinden sich *nur* Kriegsverbrecher aus der ehemaligen Hitlerarmee, Verbrecher, die von sowjetischen Gerichten wegen besonders schwerer Verbrechen gegen das sowjetische Volk, gegen den Frieden und die Menschlichkeit verurteilt wurden.«[385]

Adenauer darauf: »Meine Herren, ich möchte noch ein Wort in aller Offenheit zu Ihnen sagen. Wir glauben Fälle zu kennen – eine nicht kleine Zahl von Fällen –, in denen Deutsche, die als Soldaten gefangengenommen wurden, verurteilt worden sind wegen Vergehen, die nach Einstellung der Feindseligkeiten begangen sein sollen […] Ich bitte Sie sehr herzlich, doch einmal mit uns über die Frage zu sprechen«.[386]

Aus dieser etwas kleinlauten Intervention des Kanzlers wurden später Heldenlieder vom Befreier aller Kriegsgefangenen gedichtet.

Auch Altbundeskanzler Helmut Kohl suggerierte in seinen Erinnerungen, daß erst 1955 die Mehrheit der deutschen Kriegsgefangenen zurückgekommen wäre. »Ich erinnere mich«, so schreibt er, »auch noch sehr konkret an die Übertragung des Dankgottesdienstes 1955 aus dem Lager Friedland, wo an diesem Tag der erste Großtransport mit 600 Männern aus sowjetischer Kriegsgefangenschaft eingetroffen war […] Das Gefühl der tiefen Sorge und eines ungeheuren Ernstes hatte sich seit Kriegsende bis zu dem Tag gehalten, als Adenauer mit der erlösenden Botschaft aus Moskau kam.«[387] Hat der promovierte Historiker Kohl sich auch dabei vordergründig auf subjektive Erinnerungen verlassen? Als Rudolf Jordan und so manch seiner Kumpane in der Bundsrepublik mit Glanz und Gloria empfangen wurden, teilten zweifellos nicht alle Deutschen die Euphorie des damals 25jährigen Helmut Kohl. Noch immer aber bewegen sich bis heute viele bundesdeutsche Historiker und ebenso die größte Schar der Journalisten, denen ein außerordentlicher Aktenfundus zur Verfügung steht, im eingeengten Blickfeld des Altkanzlers.

Der Historiker Kielmannsegg urteilte anders über die Adenauerreise 1955. »Tatsächlich hat Adenauer in diesen Jahren nichts mehr gefürchtet, als Sicherheitsarrangements zwischen Ost und West, die Deutschland in einen Sonderstatus verwiesen […] Sein Mißtrauen gegen die westlichen Verbündeten fand ständig neue Nahrung.«[388] Als Adenauer im September 1955 in Moskau die Aufnahme diplomatischer Beziehungen vereinbarte, geschah das laut Kielmannsegg

»nicht nur, um den unumgänglichen Preis für die Freigabe der letzten überlebenden Kriegsgefangenen – kaum zehntausend waren es noch – zu entrichten [...] Adenauer wollte bei aller Rücksichtnahme auf den westlichen Rapallo-Komplex einen direkten politischen Kontakt zur östlichen Weltmacht haben.«[389]

Anmerkungen

365 So auch Hartmut Bock im *Neuen Deutschland* am 13. Januar 2007.

366 Vgl. Monika Kaiser, Wechsel von sowjetischer Besatzungspolitik zu sowjetischer Kontrolle, in: Sowjetisierung und Eigenständigkeit in der SBZ/DDR (1945-1953«, Böhlau Verlag Köln 1999, S. 196.

367 SAPMO-BArch, DC 20/15409, Bl. 6.

368 Vgl. SAPMO-BArch, NY 4182/1194. Handschriftliche Notiz Ulbrichts.

369 Vgl. Monika Kaiser, a. a. O. Die Autorin stützt sich dabei auf Zahlenangaben aus E. Peter/Alexander Erfipanow, Stalins Kriegsgefangene. Vgl. auch E. Reuß, Gefangen! Das Schicksal sowjetischer Kriegsgefangener im Zweiten Weltkrieg, Olzog Verlag München 2006.

370 Vgl. SAPMO-BArch, NY 4182/1194, Bl. 167, 169.

371 Vgl. Georgi Dimitroff, »Tagebücher 1933-1943«, Aufbau Berlin 2000, S. 434.

372 Erich Weinert, Memento Stalingrad. Verlag Volk & Welt, Berlin 1957, S. 198.

373 a. a. O., S. 90.

374 So u. a. Ministerpräsident Bulganin gegenüber Adenauer in den Verhandlungen am 10. September 1955. Vgl. Erklärung Bulganins vom 10. September 1955. In: *Neues Deutschland*, 11. September 1955

375 Zitiert aus *Magdeburger Zeitung*. In: P. Grezeschik, Der Gauleiter aus Magdeburg, in: *Neues Deutschland*, 16. Oktober 1955, S. 2.

376 Vgl. Hans Reichelt, Die deutschen Kriegsheimkehrer. edition ost, Berlin 2007, S.94f.

377 a. a. O., S. 95.

378 SAPMO-BArch, DC 20/15454, Bl. 10.

379 a. a. O., Bl. 2

380 SAPMO-BArch, DY 30 /3749, Bl. 45f.

381 ebenda

382 ebenda

383 Brief Wilhelm Piecks an K. J. Woroschilow vom 31. August 1955. Veröffentlicht in: *Neues Deutschland*, 16. September 1955.

384 Vgl. SAPMO-BArch 30 /DY 3749, Bl. 46.

385 Vgl. Erklärung N. A. Bulganins. In: *Neues Deutschland* vom 11. September 1955

386 Vgl. Erklärung Adenauers. In: *Neues Deutschland* vom 13. September 1955

387 Helmut Kohl, Erinnerungen, a. a. O., S. 94.

388 Peter Graf Kielmansegg, Das geteilte Deutschland, a. a. O., S. 164f.

389 a. a. O., S. 165.

Ein umstrittener Politiker von besonderem Format

Man könnte annehmen, daß zwanzig Jahre eine ausreichende Zeit wären, um jemanden kennenzulernen. Meine in Ulbrichts Nähe gewonnenen Eindrücke wie auch die in seiner Amtszeit veröffentlichten biographischen Arbeiten[390] verdichteten sich zu ersten Erkenntnissen. Mein Bild vom Menschen und Politiker Walter Ulbricht wurde erst später, vor allem nach der Öffnung der Archive in Deutschland und in Rußland, komplettiert und abgerundet. Erst danach war mir ein tieferer Einblick in historische Zusammenhänge und in die Hintergründe seines Handelns, in die Auseinandersetzungen, die er überstand, möglich. Kurzum: Erst in den vergangenen zwei Jahrzehnten habe ich umfassendere Kenntnisse darüber gewonnen, warum Ulbricht so wurde, wie ich ihn erlebte, welche Erfahrungen und Motive, welche Erkenntnisse und Verbitterungen sein Handeln in den 50er/60er Jahren mit beeinflußt haben.

Mit dem Nachfolgenden soll keine neue Biographie geschrieben, sondern ein Beitrag zur weiteren Debatte über Ulbricht, die DDR und die SED geleistet werden. Besorgnis möglicher Befangenheit durch langjährige Zusammenarbeit sollte durch Sachkenntnis und Empfindungen aufgewogen werden, die nur zu gewinnen sind, wenn man die Person, über die man nachdenkt, nicht nur aus Veröffentlichungen oder aus Aktenkonvoluten, sondern tatsächlich kennt. Das letzte Wort wird über Walter Ulbricht wohl nie gesprochen werden. Schließlich ist der Erfolg großer Politiker in der Regel auch mit der ewigen Wahrung von Geheimnissen verknüpft.

Nach 1990 war die facettenreiche Persönlichkeit des Staatsmannes Walter Ulbricht Gegenstand zeitgeschichtlicher Forschung. Etliche Arbeiten über Leben und Werk des bedeutenden wie umstrittenen Mannes sind seither erschienen.[391] Nicht selten fügte man allerdings neues Material lediglich zur Bestätigung alter Vorurteile zusammen. Einen besonderen Schwerpunkt in der jüngeren

Ulbricht-Literatur bilden die Konflikte in der Mitte der 50er Jahre. Diese geben bis in das 21. Jahrhundert Anlaß zu Interpretationen und erstaunlichen Unterstellungen.[392]

Vorwürfe anderer – eigenes Erleben

Ulbrichts Kritiker urteilten und verurteilen diesen Mann nach eigener Interessenlage und jeweiligem Geschichtsverständnis. Als es Anfang der 70er Jahre um Ulbrichts Ablösung ging, wurden ihm von seinen Kritikern vor allem seine Bemühungen um Eigenständigkeit als Alleingänge im innen- und außenpolitischen Handeln vorgeworfen. Seine Zurückhaltung gegenüber Moskauer Orientierungen wurden ihm vorgehalten. Es gab ferner Einwände gegen seine ausgeprägten Ambitionen, die wissenschaftlich-technische Entwicklung besonders zu fördern. Die Verlagerung von Entscheidungen aus Parteigremien in den Staatsrat wurde ihm als Abweichung vom sowjetischen Sozialismusmodell angekreidet.[393]

Bei der Interpretation der DDR in den 50er Jahren sind nicht wenige Autoren schnell bei der Hand, Walter Ulbricht als Stalinisten[394] und Dogmatiker zu bezeichnen. Mitunter handelt es sich dabei um die gleichen Personen, die die Politik Ulbrichts in den 60er Jahren als unvorhersehbare, unerwartete Kehrtwendung seiner Strategie positiv bewerteten, also ihn als unorthodox und eben nicht als engstirnig bezeichneten.[395]

Der fast zügellose Umgang mit dem Stalinismus-Verdikt fällt den Autoren leicht. Bekanntlich gibt es bisher keine wissenschaftlich begründete, durch nachprüfbare Kriterien gesicherte Definition des Begriffes »Stalinismus«. Wie mit diesem Terminus jongliert wird, machte in signifikanter Weise der Definitionsversuch in der Erklärung der Historischen Kommission der Linkspartei vom Februar 2006 deutlich.[396] Dort wird »stalinistisch« und »Stalinismus« als »negativ identitätsstiftende Bezugs- und Orientierungskategorie« bezeichnet.[397] Man könne diesen Terminus in »einer engeren und einer weiter gefaßten Auslegung verwenden«. Unsicher merken die Verfasser an: »Seine historische Rolle und gegenwärtigen ideologischen Funktionen sind umstritten«.[398]

Allerdings heißt es bei den Verfassern an anderer Stelle der Erklärung auch, weil der inflationäre Einsatz des Begriffes offensichtlich nicht zu übersehen ist: »Es ist allerdings nicht zu ignorieren, daß manche Verhaltensweisen, die als ›stalinistisch‹ angeprangert werden, zum allgemeinen Repertoire politischen Handelns gehören. Deshalb wird es stets darauf ankommen, zu welchem Zweck dieser Begriff benutzt wird«.[399]

Die Verwendung des Stalinismus-Verdikts kennt kaum noch Grenzen. Kritiker des britischen Premierministers Gordon Brown nannten diesen einen »stalinistischen Kontrollfreak«. Der Umweltminister der Bundesrepublik Deutschland, Siegmar Gabriel, führte 2007 die Bezeichnung »Wirtschaftsstalinisten« für die Energiekonzerne in den deutschen Sprachschatz ein.[400]

Uwe-Jens Heuer ist zuzustimmen, wenn er erklärt: »Der Stalinismus ist ein Kampfbegriff wie Totalitarismus und Unrechtsstaat und seine Anwendung auf die DDR bedeutet Verzicht auf jede Differenzierung.«[401] In der Nacht des Stalinismus sind alle Katzen grau.

Um es vorweg zu sagen, Walter Ulbricht war kein Heiliger. Er war unter den außerordentlich schwierigen Nachkriegsbedingungen ein Politiker von besonderem Format. Der bekannte Publizist Sebastian Haffner bezeichnete bekanntlich Ulbricht 1966 in einem Essay als den erfolgreichsten deutschen Politiker nach Bismarck und neben Adenauer.[402] Die Umstände seines Werdens, die langjährige Gefährdung seines Lebens und seiner Freiheit, die Anklagen im kapitalistischen Deutschland, die Bedingungen der Illegalität in der Zeit des Faschismus, der Emigration und nicht zuletzt das Erleben der Willkür und der Verbrechen Stalins in Moskau hatten Walter Ulbricht zu einem erfahrenen, unerschrockenen und mutigen Politiker werden lassen. Prinzipientreue, taktisches Vermögen und ausgeprägte Vorsicht im Umgang mit Mächtigen und deren Umfeld waren ihm eigen.

Nicht immer offenbarte er die Motive seines Vorgehens. Oft genug zeigte er sich als ein Stratege, der seine Karten bedeckt zu halten wußte. Wohl auch deshalb stieß er selbst bei Gleichgesinnten nicht immer auf Verständnis und erzeugte Unmut. Wer Ulbricht aber näher kannte, wußte, daß es auch dafür gewichtige Gründe geben konnte. Es lag weder an der Laune noch am Wetter, wenn er scheinbar spontan reagierte. Er tat selten ohne Überlegung und Kalkül. Werner Eberlein, der Ulbricht oft begleitete, schrieb: »Immer nüchtern und sachlich erreichte Ulbricht durch inhaltsreiche Gespräche, die nie banale Plattitüden enthielten, daß man ihm in jeder Phase zuhörte. Man spürte seinen ehrlichen Willen, niemanden etwas vorzugaukeln, sondern den Gesprächspartner für seine Ideen zu gewinnen. Ständig war er auf der Suche nach Neuem.«[403]

Walter Ulbricht verstand es auch, beeindruckend zu schweigen, wenn andere sich ereiferten. Er wußte auch mit Problemen, die mit Tabu belegten waren, umzugehen. Er kannte sich in den Spannungsfeldern aus, in denen mitunter ein gewahrtes Tabu wichtiger war als ein zerstörtes. Offensichtlich ging er davon aus, daß manche Wahrheit nur im kleinen Kreis überwintern konnte. Eine solche Denk- und Handlungsweise erwartete er auch von seinen Mitarbeitern. Nie gab es in diesem Kreis einen Fall von Geheimnisverrat.

Wer wie Ulbricht seiner Verantwortung souverän gerecht werden wollte, mußte täglich zwischen Wichtigem – dem er alle Aufmerksamkeit widmete – und weniger Wichtigem unterscheiden und entsprechend handeln.

Politiker haben – das sollte Ulbricht ebenfalls konzediert werden – neben rationalen Seiten auch Emotionen. Sie handeln nicht als Objekte späterer kritischer Forschung, sondern als Menschen, deren Empfindungen und Reaktionen von Charakter, Bildung, Zeitgeist, Erfahrung, Kultur, Zivilisation und Idealen bestimmt sind.

In den meisten Debatten mit Ulbricht, an den ich teilnahm, war deutlich erkennbar, daß ihm an konstruktiven Beiträgen gelegen war. Dabei verlangte er Qualität in der Argumentation wie in der Gegenrede. »Walter Ulbricht reagiert«, wie der Wissenschaftler Prof. Dr. Dr. h. c. Peter Adolf Thiessen (1899-1990) einmal anmerkte, »sehr empfindlich und wird überaus deutlich, wenn unverkennbar ist, daß durch eine verzierte Fassade Unzulänglichkeiten der Funktion oder dürftiges Inventar verdeckt werden soll. Bei allen Begegnungen verlangt er, durch Tatsachen und saubere logische Argumentation überzeugt zu werden. Ist er überzeugt, verleiht er seiner Anerkennung einen Ausdruck, der nicht zum Stillsitzen veranlaßt, sondern zu gesteigerter Leistung.«[404]

Ulbricht war zweifellos ein streitlustiger Politiker. Er polemisierte, um Einsichten zu vermitteln. Oft und gern aber stritt er mit unverkennbarem Schwung, um selbst Einsichten zu gewinnen oder um Angedachtes auf den Prüfstand kollegialer Begutachtung zu stellen. In solchen Gesprächsrunden suchte er den Gedankenaustausch. Er zeigte sich dabei als ein geduldiger, aufmerksamer Zuhörer, als ein Suchender. Die begründete Erfahrung anderer nutzte er zur Bildung des eigenen Urteils. Mit ausgeprägtem Gespür für Prioritäten, für Vorrangiges und später zu Klärendes, für Mögliches und für Illusionäres, für Akzeptables und Gefährliches nahm er Positionen anderer auf und verarbeitete sie. Nicht selten setzte er diese unverzüglich in Entscheidungen um. Walter Ulbricht befand sich nie in der komfortablen Situation seiner Kritiker, die ihre Auffassungen aus beschaulicher Distanz zur Macht und zur Verantwortung pflegten. Er mußte täglich handeln und entscheiden. Ihm blieb nichts anderes, als seine Positionen unter dem Druck täglicher Wahrnehmung staatsmännischer Verpflichtungen zu entwickeln.

Familienangelegenheiten waren nie Gegenstand unserer Gespräche. Der Gesundheit seiner Mitarbeiter widmete Ulbricht allerdings merklich Aufmerksamkeit. Ich erlebte das oft. Manchmal hatte seine Fürsorge allerdings nicht vorhersehbare Folgen. Als ich im späten Frühjahr 1965 eine Lungenentzündung im Krankenhaus ausgelegen hatte, wollte ich anschließend in der Sächsischen Schweiz an der Elbe noch zwei Wochen Urlaub machen, um wieder zu Kräften zu kommen. Otto Gotsche informierte den Chef am letzten Tag meines Klinikaufenthalts über den Fortgang meiner Genesung und den geplanten Urlaub in Gorisch.

»An die Elbe?«, meinte Ulbricht konsterniert. »Das ist völlig kontraproduktiv. Die Elbnebel sind Gift für einen an der Lunge Erkrankten. Der Genosse Graf soll seinen Urlaub nicht an der Elbe, sondern im Gebirge verbringen.« Ein Heim am Fuße des Brockens wurde als geeignet erachtet.

Als meine Frau Helga und ich am nächsten Tag, einem Sonnabend, weisungsgemäß im Harz eintrafen, herrschte dort jedoch Schneeschmelze mit Matsch und Regen. Ich rief in Berlin an und teilte mit, daß dieser Ort keine geeignete Wahl gewesen sei. Nach meteorologischer Begutachtung, die in Thüringen schönes Frühlingswetter vorhersagte, bekam ich Order, nach Tabarz zu fahren. Wenn meine Frau und ich uns daran erinnern, sprechen wir stets vom Urlaub »nach den Anordnungen von Doktor Walter Ulbricht«. Jahre später – meine Erkrankung der Atmungsorgane hatte sich als chronisch erwiesen –, genügte eine Vier-Zeilen Notiz, um die Zustimmung des »Chefs« für eine Urlaubsreise auf einem Handelsschiff einzuholen.

In der täglichen Arbeit bewältigte Ulbricht ein gewaltiges Pensum. Da war kaum Raum für ein Gespräch über Nebensächliches.

Kurzer Arbeitsauftrag: »Staatsrat Gen Graf Ich bitte um Eure Bemerkungen zu diesem Entwurf. W Ulbricht«

Ging es in Beratungen um weitgehend vorgeklärte Angelegenheiten, erwartete Ulbricht ein klares Für oder Wider; er forderte von seinen Mitarbeitern, daß sie ihn aufrichtig und korrekt informierten. Zur eigenen Meinungsbildung und zur Entscheidungsvorbereitung in den meisten ihm wichtigen Angelegenheiten zog er zudem Stellungnahmen, Analysen und Informationen aus verschiedenen Quellen heran. Wenn es um besonders komplizierte Angelegenheiten ging, nahm er uns auch die Antwort ab: Darüber müsse man noch nachdenken, sagte er, oder dazu sollten wir die Lage besser analysieren.

Nicht selten forderte er seine Mitarbeiter auf, Stellung zu Materialien zu nehmen, die ihm zugegangen waren. Oft war auch zu bemerken, wie ihn Widerspruch auch nach Entgegnung weiter beschäftigte. An einem Sonntag lud er einige Mitarbeiter zum Kaffee. Kaum war die Tafel aufgehoben, nahm die Diskussion über ihn bewegende Fragen ihren Lauf. In einer Landwirtschaftsangelegenheit fuhr sich die Debatte fest. Der Standpunkt, den Karl Gutjahr und ich vertraten, löste heftigen Widerspruch aus. Unsere Erklärungsversuche prallten auch beim Chef ab.

Als wir am Abend zurückfuhren, nahm uns Otto Gotsche ins Gebet. Wir wären nicht nur unzugänglich, sondern obendrein stur, meinte er.

Am Dienstag danach wurden Karl und ich zum Tagesordnungspunkt Landwirtschaft in die Sitzung des Politbüros gerufen. Als Gäste hörten wir zwar nur zu, bemerkten aber erstaunt, daß sich Ulbricht einige unserer Bemerkungen vom Sonntag zu eigen gemacht hatte. Wir verstanden dies als Aufforderung, auch fürderhin unsere Ansichten kontrovers und standhaft zu vertreten.

Lange Zeit war es üblich, daß Walter Ulbricht zu Beratungen in Betriebe und Institutionen ohne großes Gefolge reiste. Er suchte das Gespräche mit Bürgern ohne Protokoll. So erfuhr er von Problemen, die etwa Bergleute oder Arbeiter an der Werkbank vor Ort hatten, er tauschte sich aus mit Bauern auf dem Feld oder im Dorfkrug, sprach mit Künstlern in ihren Ateliers und mit Wissenschaftlern in ihren Instituten. Das lief zwanglos, und er erfuhr besser als auf anderen Wegen, was man im Lande dachte, fühlte, was die Menschen bewegte und wie sie wahrnahmen, was da in Berlin beschlossen worden war. Natürlich hatten bei solchen Begegnungen die Teilnehmer unterschiedliche Interessen und folgten verschiedenen Denkmustern. Ich erlebte wiederholt auch Mißverständnisse und Differenzen. In der Mehrzahl jedoch hatten die Beteiligten anschließend ein gutes Gefühl, sie empfanden das Gespräch als nützlich und anregend, weil Ulbricht sein Gegenüber ernstnahm und mit seiner Meinung nicht zurückhielt. Vor solchen Treffen lagen ihm meist Informationen seiner Mitarbeiter vor, nicht selten auch aus anderen Quellen. Das heißt, Ulbricht ging selten unvorbereitet in ein solches Gespräch. Gleichwohl nahm es einen eigenen Verlauf, was bei einem offenen Dialog in der Natur der Sache liegt.

Walter Ulbricht wurde bei solchen Reisen oft von Otto Gotsche und dem zuständigen Mitarbeiter seines Büros begleitet. In manchen Fällen war auch der jeweils zuständige Sekretär des ZK oder ein Minister zugegen. Hin und wieder gehörte Gerhart Eisler, mit dem sich Ulbricht gern beriet, oder auch Gerhard Kegel zur Begleitung des Chefs. Oft waren wir mehrere Tage unterwegs. An den Abenden wurde meist gefachsimpelt. Dabei ging es nie formell, aber meist locker zu. Gerhard Kegel, ein erfahrener kluger Außenpolitiker, engagierte sich dabei auch gern bei Themen, die ihm weitgehend fremd waren. Um Gerhard aufs Glatteis zu führen, brachten Karl Gutjahr und ich – wir waren wie so oft die Jüngsten am Tisch – Varianten des Anbaus und der Nutzung der Topinamburpflanze ins Gespräch. Die süßlich schmeckende Knolle stammte wie die Kartoffel aus Südamerika. Wo die Knolle einmal Fuß gefaßt hatte, wurde man sie schlecht wieder los. Eine Fruchtfolge, wie in der Landwirtschaft üblich, war damit erschwert. Hinzu kam, daß eine maschinelle Ernte – im übrigen wegen ihres niedrigen Zuckergehaltes für Diabetiker sehr geeigneten Wurzel – gegenwärtig nicht möglich war. Aus all diesen Gründen schied Topinambur für eine moderne, industriell betriebene Agrarwirtschaft aus. Wir schnitten dennoch das Thema an, und wie erwartet nahm es Gerhard Kegel auf und lieferte dazu wie üblich seine anregenden Kommentare. Als wir die Katze aus dem Sack ließen, hatten wir die Lacher auf unserer Seite. Gerhard reagierte sauer.

Als die Tafel aufgehoben war, nahm uns der Chef zur Seite. »Ist es möglich«, meinte er mit vorwurfsvollem Ton, »daß ihr euren ›Disput‹ mit dem Genossen Kegel etwas respektvoller als heute abend austragt?«

Mit rotem Kopf zogen wir uns zurück.

Bis in das Jahr 1964 gehörte bei Visiten im Lande in den meisten Fällen auch Prof. Dr. Theodor Auerbach zur Mannschaft. Der Arzt war ein angenehmer, kluger Mensch, uns Jüngeren gegenüber verhielt er sich wie ein väterlicher Freund. In den 20er Jahren studierte er in Berlin bei den Internisten Kraus und Brugsch sowie den Chirurgen Bier und Hildebrandt. Danach hatte er in Berliner Krankenhäusern gearbeitet. Von den Nazis als Jude und Kommunist verfolgt, emigrierte er 1933 nach Brüssel. Dort schlug er sich mit Hilfe belgischer Antifaschisten durch. Der politische Druck der belgischen Behörden auf kommunistische Emigranten trieb ihn 1935 außer Landes. Mit seiner Frau ging Auerbach nach Saratow in die Sowjetunion, wo er als praktischer Arzt und Wissenschaftler arbeitete. Sein Einsatz in Lazaretten wurde mit der »Medaille für heldenmütige Arbeit im Großen Vaterländischen Krieg« anerkannt.

Er gehörte zu jenen deutschen Kommunisten, die erst 1956 in die DDR zurückkamen.[406] Mit 65 Jahren ging er 1964 in Rente und schied aus dieser Betreuungsfunktion aus. Ihm folgte mit Dr. Arno Linke ein Arzt eines völlig anderen Zuschnitts. Er unterschied sich in seinem Herangehen und in seiner Mitteilsamkeit über seinen Patienten und dessen Leiden vom würdevollen Verhalten seines Vorgängers.[407]

Husarenritte?

Begegnete Walter Ulbricht Mißständen, was oft vorkam, legte er weder seinem Ärger noch seiner Entschlossenheit, die Dinge zu ändern, Zügel an. Dann neigte er nicht selten dazu, im »Husarenritt« Kompetenzregelungen zu ignorieren und die Dinge vor Ort zu klären. Erstmals erlebte ich das 1956 bei einer Reise in den Bezirk Rostock. Nach seiner Rückkehr aus dem Urlaub im Juli wollte er auf einer Konferenz in Rostock mit Jugendlichen beraten. Ich sollte dazu Material vorbereiten. Dabei stieß ich auch auf haarsträubende Zustände im Lehrlingswohnheim der LPG Brodersdorf, nahe Roggentin und Sanitz gelegen. Die praktische Ausbildung war mangelhaft, der Heimleiter reglementierte die Lehrlinge, er verbot ihnen abends Sport zu treiben und schloß sie nicht selten ab 17 Uhr im Heim ein. Selbst Gespräche der Lehrlinge mit der Köchin versuchte er zu unterbinden.

Otto Gotsche und ich begleiteten den Chef. Am Abend vor der Zusammenkunft mit den Jugendlichen beriet Walter Ulbricht im Rostocker Hotel am Steintor, dort waren wir untergebracht, mit uns die vorliegenden Berichte. Er fragte mich, ob die Lehrlinge aus Brodersdorf ihre Sorgen auch öffentlich vortragen würden. »Ich hoffe«, antwortete ich. Das befriedigte ihn nicht. »Fahre morgen früh nach Brodersdorf, sprich mit ihnen«, forderte er mich auf. »Wenn sie bereit sind, bring sie gleich mit, damit sie nicht von ihrem Heimleiter oder von anderen unter Druck gesetzt werden. Das Beste wäre, du bringst auch den Heimleiter mit, damit er aus erster Hand erfährt, was zu ändern ist. Er soll aber nicht mit dem gleichen Fahrzeug wie die Jugendlichen kommen.«

Die Lehrlinge und ihr Heimleiter kamen nach Rostock. Ein Mädchen aus dem zweiten Lehrjahr trug auf der Konferenz ihre Sorgen vor und fragte Ulbricht, ob und wie Änderung möglich wäre. Sie fand mit ihrer bewegenden Darstellung der Mißstände im Auditorium große Aufmerksamkeit.

Ulbricht dankte für ihre Offenheit und meinte, sie habe ernste Fragen aufgeworfen. Ihm ging es besonders um die Verbesserung der Ausbildung. Dafür sollte vor Ort gesorgt werden, aber auch das zuständige Ministerium solle sich darum kümmern. Dem Heimleiter las er die Leviten. Er forderte, ihn durch einen geeigneten Landwirtschaftsfachmann zu ersetzten. »Es genügt aber nicht, den Heimleiter auszuwechseln. Ich glaube, der Rat des Kreises kennt diese Geschichte, und ich bin dafür, daß man prüft, wie sich der Rat des Kreises und die verantwortlichen Stellen um die Lehrlingsausbildung kümmern und warum sie diesen Zustand in Brodersdorf geduldet haben.«[408]

Danach ließ er es nicht an Ratschlägen fehlen, wie der Sport der Landjugend nach seiner Auffassung zu gestalten und zu fördern sei. Schließlich meinte er: »Die Mädchen, die hier auftreten, sollten der FDJ-Kreisleitung richtig den Kopf waschen. Ich bin dafür, daß man die Kritik öffentlich gestaltet.«[409]

Vor unserer Rückfahrt nach Berlin erteilte er mir den Auftrag, im nächsten Monat an Ort und Stelle nachzuprüfen, was sich geändert habe. Das geschah. Auf meinen Bericht gab es vom Chef keine mir erkennbare Reaktion.

Wenige Monate danach, im November 1956, ging Walter Ulbricht allerdings in einem Diskussionsbeitrag auf der 29. Tagung des Zentralkomitees nochmals auf die Sorgen der Brodersdorfer Landwirtschaftslehrlinge ein. Er vertrat dabei die Auffassung, die berechtigten Beschwerden hätten längst vor Ort behoben werden können.[410] Das Protokoll vermerkt an dieser Stelle einen Zuruf: »Das sind zentrale Anweisungen.«

Ulbricht antwortete darauf prompt: »Du sagst hier, das seien zentrale Anweisungen. Ich möchte jetzt eine grundsätzliche Antwort auf diese Frage geben. Wir haben einen Beschluß über Demokratisierung. Das Zentralkomitee hat erklärt, daß alle Genossen darüber nachdenken sollen, um mitzuhelfen, das zu ändern. Wenn in einem Ort solche Zustände sind, daß wir dort die Jugendlichen gegen uns haben, ist es da nicht nötig, daß verantwortliche Genossen mithelfen, die Dinge zu ändern? [...] Dadurch wird doch nicht der Plan korrigiert, sondern die Unzufriedenheit, die da ist, wird korrigiert, weil man unnötigerweise dadurch die Jugend verärgert. Das kann man doch machen, liebe Genossen. Sind wir denn als Volkskammerabgeordnete nicht in der Lage, an Ort und Stelle bestimmte Dinge zu korrigieren, die den Plan nicht stören? Das können wir doch.«[411]

Der kontroverse Disput gewann an Schärfe, als Fred Oelßner dazwischenrief: »Wir können nicht Gesetze im Kreis aufheben! Das geht nicht.« Ulbricht reagierte darauf im ersten Moment defensiv: »Entschuldige, wir heben damit keine Gesetze auf. Wenn dort verordnet wird, daß die Jugendlichen abends bis 5 Uhr zu Hause sein müssen, dann werde ich als Abgeordneter mit dem Heimleiter vereinbaren, man möge die Jugendlichen abends ins Kino gehen lassen. Was passiert dabei schon?«

Nach dieser eher spontanen Erklärung benannte er zum Kern seines Anliegens: »Genossen, wir befinden uns in einem ganz fehlerhaften Zirkel. Warum? Wenn wir so weitermachen, daß Maßnahmen nur dann durch Regierungsbeschluß geändert werden dürfen, dann möchte ich wissen, wie die Regierung alle diese Aufgaben lösen will? Das kann sie doch gar nicht. Dann sitzen sie Woche für Woche und studieren Verordnungen.«[412]

Auf den Einwurf von Heinrich Rau, die Regierung müsse dann eine Reihe Bestimmungen aufheben, antwortete Ulbricht: »Jawohl, Genosse Rau. Wir haben deshalb eine Kommission eingesetzt, die bestimmte Verordnungen aufheben wird [...] Aber Genossen, eine gewisse Initiative in einer ganzen Reihe von Fragen, die nicht den Produktionsplan betreffen, muß man von unten entwickeln [...] Ich sage ganz offen, daß ich darüber besorgt bin, daß durch solche Vorgänge die Bevölkerung beunruhigt wird. Ich denke, etwas mutiger müssen wir in dieser Frage schon sein. Wir müssen den Zustand beseitigen, daß alles reglementiert wird [...] Es gibt bestimmte Dinge, die man mit Hilfe demokratischer Organe schon heute ändern kann. Weiter will ich gar nichts.«[413] Auch mit dieser Philippika hatte Ulbricht seine Kontrahenten im Zentralkomitee in dieser

Sache nicht überzeugt. Friedrich Ebert, der später zur Diskussion sprach, wandte sich gegen Ulbrichts Vorgehen in dieser Sache. Ebert meinte: »Wir sind ja überhaupt der Meinung, daß Abgeordnete nicht als solche das Recht des Eingreifens in die Arbeit des Staatsapparates haben, sondern nur, wenn sie im Auftrage des Parlaments, einer Kommission handeln.«[414]

Der Gegenstand dieses Streits gehörte zweifellos nicht zu den zentralen Problemkreisen der Politik. Der Umgang mit dieser Sache im November des Jahres 1956 offenbart jedoch, in welcher Weise damals im Zentralkomitee der SED nach geeigneten und systemimmanenten Lösungen gesucht wurde, um Luft zu schaffen für einen Neubeginn. Das sehr unterschiedliche Herangehen der handelnden Personen mag heute verschieden beurteilt werden. Daß Walter Ulbricht dabei zu den »Veränderern« und nicht zu den »Bremsern« gehörte, daß er Mißstände beim Namen nannte, daß er im Interesse der Sache auch unkonventionelle Maßnahmen ergriff, ist wohl unverkennbar.

Dieser kleine Ausschnitt der Beratung auf der Plenartagung des Zentralkomitees offenbart zudem das politische Klima und die Lebhaftigkeit der Diskussion innerhalb der Führungsgremien der SED im Herbst 1956.

Das eben beschriebene Handlungsmuster Ulbrichts war immer wieder festzustellen. In Januar 1960 bereitete ich einen Besuch Ulbrichts in der Stadt Eilenburg bei Leipzig vor. Wir hatten uns vorher in der Stadt und im dortigen Zelluloidwerk umgesehen und viele Gespräche geführt. Man brauchte nicht lange zu suchen, um zu erkennen, daß es in dieser Stadt viele Probleme gab. Ulbricht lag bei der Abreise auch der Bericht einer Brigade des Ministerrates vor, die sich in den Wochen zuvor in Eilenburg mit der Situation beschäftigt hatte.

Wie bei den meisten Besuchen im Lande wollte Ulbricht unbedingt mit dem Bürgermeister sprechen. »Zuerst halten wir vor dem Rathaus an«, sagte er.

Otto Gotsche bemerkte trocken: »Dort wirst du aber keinen Bürgermeister finden. Im Rathaus sitzt die Kreisverwaltung.« Ulbricht bestand darauf. »Wir fahren zuerst zum Rathaus, wer auch immer dort sitzt. Dann klären wir die Dinge.«

Natürlich war bekannt, daß Eilenburg nicht die einzige Stadt in der DDR war, in der das Rathaus zweckentfremdet wurde. Dafür aber hatte Ulbricht aus prinzipiellen Erwägungen kein Verständnis. Das Rathaus sollte Anlaufpunkt der Bürger für ihre täglichen Probleme wie für ihre Vorschläge und ihre Mitarbeit bleiben. Eingriffe in das Gemeindeleben waren ihm suspekt. Walter Ulbricht schrieb deshalb in dieser Sache einen Brief an den Ministerpräsidenten. »Hätte sich die Brigade mehr mit den Menschen beschäftigt und nicht so lange in den Büros gesessen, müßte sie die tiefgehenden Veränderungen, die im Kreis vor sich gingen, festgestellt haben [...]

Meiner Auffassung nach hätte der Brigade auffallen müssen, daß es in Eilenburg keine richtig arbeitende Stadtverwaltung gibt. Der Bürgermeister und der Rat der Stadt geben sich zwar große Mühe, ihre Arbeit nach besten Kräften durchzuführen, aber sie haben nicht einmal die ihnen durch das Gesetz über die örtlichen Organe der Staatsmacht vom 18. Januar 1958 zustehenden Rechte.

Die Brigade hätte beispielsweise merken müssen, daß die Kreisverwaltung dem Rat der Stadt Eilenburg das Rathaus weggenommen hat, so daß der Bürgermeister im Rathaus nicht einmal einen Arbeitsraum besitzt.«[415]

Wenige Wochen danach war das Rathaus in Eilenburg wieder Sitz des Bürgermeisters und der Stadtverwaltung.

Auch in anderen Orten erfolgten ähnliche Veränderungen.

Frühe Studien – demokratische Konzeptionen

Nicht nur wenn Walter Ulbricht in Leipzig übernachtete und wir abends mit ihm zusammensaßen, erinnerte er sich seiner Kindheit und Jugend in der Messestadt. Doch wenn wir in Leipzig waren, geschah dies noch intensiver. Hin und wieder bat er Parteiveteranen aus der Stadt dazu. Hier hatte er seine Wurzeln. Mit keiner anderen Stadt verband ihn so viel. Wohl zurecht hatte August Bebel geschrieben: »Was immer im späteren Leben die Verhältnisse aus den Einzelnen machen, die Eindrücke der Jugend wirken im guten wie im schlimmen Sinn auf ihn, und oft bestimmen sie sein Handeln.«[416]

Walter Ulbricht wuchs in einer Leipziger sozialdemokratischen Familie auf, erfuhr Ausbeutung und die Schrecken des Krieges. Das erste politische Buch, das der junge Ulbricht im Hause seiner Eltern las, war Bebels »Die Frau und der Sozialismus«. Die Aussagen fesselten ihn. »Alle gesellschaftlichen Übel haben ohne Ausnahme ihre Quelle in der sozialen Ordnung der Dinge, die gegenwärtig, wie gezeigt, auf dem Kapitalismus, auf der kapitalistischen Produktionsweise beruht, kraft deren die Kapitalistenklasse die Eigentümerin aller Arbeitsmittel – Grund und Boden, Gruben und Bergwerke, Rohstoffe, Werkzeuge, Maschinen, Verkehrsmittel – ist und dadurch die Ausbeutung und Unterdrückung der großen Volksmehrheit betreibt, was wachsende Unsicherheit der Existenz, des Druckes und der Erniedrigung der ausgebeuteten Klassen im Gefolge hat. Demgemäß wäre also der kürzeste und rascheste Schritt, durch die allgemeine Expropriation dieses kapitalistische Eigentum in gesellschaftliches Eigentum (Gemeineigentum) zu verwandeln.«[417]

Solche Erkenntnisse korrespondierten mit den Erfahrungen des Tischlers und aktiven, lesehungrigen Arbeiterjugendfunktionärs.

In seiner Schrift gab Bebel auch Antwort auf die noch heute unter Linken diskutierte Frage, inwieweit eine solch grundlegende gesellschaftliche Veränderung im Rahmen der bürgerlichen Staats- und Rechtsordnung erfolgen könne. »Hier wirft vielleicht ein kapitalistisch gesinnter Leser ein, alles gut und schön, aber mit welchem ›Rechtsgrund‹ will die Gesellschaft diese grundstürzenden Umwandlungen rechtfertigen? Der Rechtsgrund ist derselbe, der immer vorhanden war, wenn es sich um ähnliche Veränderungen und Umgestaltungen handelte, das *Gemeinwohl*.«[418]

Ulbricht griff später immer wieder auf diese Arbeit zurück.

Obwohl ihm nie eine längere Studienzeit vergönnt war, kannte er sich in der marxistischen Literatur wie kaum ein anderer aus. In den Gesprächen, die er mit seinen Mitarbeitern führte, vor allem aber in seinem staatsmännischen Handeln wurde Ulbrichts kreatives Verhältnis zu den Schlußfolgerungen deutlich, die Marx und Engels in ihrer Schrift »Der Bürgerkrieg in Frankreich« aus der Pariser Kommune gezogen hatten. Die während der Pariser Kommune 1871 gesammelten Erfahrungen – Marx charakterisierte sie als »endlich entdeckte politische Form, unter der die ökonomische Befreiung der Arbeit sich vollziehen kann« – beeinflußten das Demokratieverständnis Ulbrichts nachhaltig.

In der politischen Literatur der Neuzeit wird kaum noch auf die Erfahrungen der Kommune zurückgegriffen. Sebastian Haffner hat dieses herausragende historische Ereignis in einem Essay gewürdigt. »In den 72 Tagen der Pariser Kommune ging es zum erstenmal um

Dinge, um die heute in aller Welt gerungen wird: Demokratie oder Diktatur, Rätesystem oder Parlamentarismus, Sozialismus oder Wohlfahrtskapitalismus, Säkularisierung, Volksbewaffnung sogar Frauenemanzipation – alles das stand in diesen Tagen plötzlich auf der Tagesordnung. Von allen findet man in der Kommune spontane Urformen.«[419]

Ulbricht war mit den Möglichkeiten wie mit den Grenzen der Erfahrungen der Pariser Kommune wohl vertraut. In den knapp zweieinhalb Monaten ihrer Existenz war die Kommune kaum fähig, Ausgereiftes und Allgemeingültiges zu entwickeln. Begrenzt auf das Areal der umzingelten, von äußeren und inneren Feinden bedrohten Stadt Paris konnte aus deren Wesen nicht die Lösung irgendwelcher Einzelfragen abgeleitet werden. Die Kommune war ein Wetterleuchten der Weltgeschichte, ein neuer Ansatz, kein detailliertes Model künftigen Gemeinwesens.

Das Prinzip der Kommune aber, das System der Partizipation der arbeitenden Menschen an der Ausübung der Staatsgewalt – das war die epochale Idee.

Oft erinnerte Ulbricht daran, welche Besonderheiten der Pariser Kommune ihm für sein Staats- und Demokratieverständnis wesenseigen schienen. Die Kommune bildete sich bekanntlich aus den durch allgemeines Stimmrecht gewählten Stadträten. Sie waren verantwortlich und jederzeit absetzbar. Als arbeitende und nicht als parlamentarische Körperschaft war sie vollziehend und gesetzgebend zur gleichen Zeit. Die Richter sollten wie alle übrigen öffentlichen Ämter gewählt, verantwortlich und absetzbar sein.[420] Dominierende Stellung des gewählten Parlaments, Rechenschaftspflicht aller Abgeordneten, der Richter und Beamten und deren Abberufbarkeit waren Eckpfeiler der Konzeption, die in den Tagen der Kommune erste Konturen annahm.

In Auswertung dieser Erfahrungen der Pariser Kommune hatten Marx und Engels erstmals von einer *Diktatur des Proletariats* gesprochen. Kaum ein Begriff ist in den annähernd 150 Jahren, die seitdem vergangen sind, öfter und fundamentaler mißbraucht und mißverstanden worden wie dieser. Als er von Marx und Engels geprägt wurde, gingen diese von einer logischen Konsequenz ihrer Gesellschaftsanalyse aus. Beide charakterisierten die Monarchie wie die bürgerliche Republik als eine Herrschaft bzw. als *Diktatur einer Minderheit über die Mehrheit* der Gesellschaft. Folglich war für sie die Herrschaft der Mehrheit über die Minderheit in der Pariser Kommune eine Herrschaft – anders ausgedrückt eine Diktatur – des Proletariats. Allerdings implizierte der dem lateinischen entstammende Begriff *dictator* nicht nur die Herrschaft, sondern vordergründig eine Art Gewaltherrschaft.

In der deutschen Sozialdemokratie wurde dem Begriff der Herrschaft bzw. der Diktatur schon im 19. Jahrhundert mit Mißverständnis und mit Mißtrauen begegnet. Friedrich Engels resümierte im März 1891 in seiner Einleitung der Neuausgabe der »Klassenkämpfe in Frankreich« von Marx: »Der sozialdemokratische Philister ist neuerdings wieder in heilsamen Schrecken geraten bei dem Wort *Diktatur des Proletariats.* Nun gut, ihr Herren, wollt ihr wissen wie diese Diktatur aussieht? Seht euch die Pariser Kommune an. Das war die Diktatur des Proletariats.«[421]

Man mag darüber streiten, ob die Verwendung des Wortes *Diktatur* für eine derart demokratische Ordnung wie die der Pariser Kommune massenwirksam und glücklich war. Reißt man den Begriff aus seinem historischen Zusammenhang, sind Fehlinterpretationen vorprogrammiert. Zweifellos ist dieser Begriff in der Praxis nicht selten mißbraucht worden, auch um unnötige Gewalt, um unsozialistische Zwangsmaßnahmen bis hin zum Terror zu legitimieren. Derartiges Vorgehen aber widersprach den Intentionen der Begründer dieses in seinen Ursprüngen und in seinem Kern demokratischen Begriffs.

Walter Ulbricht erwies sich als ein Politiker, dem die Intentionen der Pariser Kommune in ihrem ursprünglichen demokratischen Wesen zu eigen wurden. Schon 1946, als an einem Verfassungsentwurf für Deutschland gearbeitet wurde, griff er auf Lehren aus der Kommune zurück. Leidenschaftlich vertrat er auf einer Beratung in Magdeburg die Auffassung, man müsse dem Grundsatz »Alle Staatsgewalt geht vom Volke aus« einen neuen Inhalt geben. Es gehe darum, »daß das Volk das Recht und die Pflicht hat, selbst die Staatsgewalt auszuüben, und zwar so, daß die Staatsgewalt dem Wohle des Volkes dient. Diese Ausübung der Staatsgewalt soll erfolgen durch das Recht des Volksentscheides, durch Mitwirkung an der Verwaltung und Rechtsprechung und durch eine umfassende Kontrolle der öffentlichen Verwaltungsorgane.«[422] In der gleichen Rede setzte er sich dafür ein, »daß das Parlament die einzig gesetzgebende und die höchste Instanz des Staates ist«. Ulbrichts verinnerlichtes Verhältnis

zu den Lehren der Pariser Kommune war damit ebenso unübersehbar wie seine Ablehnung der bürgerlichen Staatsdoktrin.

Diese Position schloß die Notwendigkeit ein, die junge sozialistische Ordnung vor inneren und äußeren Gegnern mit geeigneten
Mitteln zu schützen. Die Wahl der Mittel wurde jeweils durch eine
Summe von Faktoren bestimmt. Dominierend dafür war in erster
Linie das tatsächliche oder auch das befürchtete Bedrohungspoten-
tial. Prof. Michael Brie behauptet, daß eine Tendenz zur Beliebigkeit
der eingesetzten Mittel zu den Geburtsfehlern des Sozialismus
gehöre und daß die Wahl der Mittel »in hohem Maß von einzelnen
Personen abhing«.[423] Dieses intellektuelle Konstrukt kann zwar
durch die Darstellung tragischer Schicksale illustriert werden. Einen
wissenschaftlich tragfähigen Beweis bleibt Brie für diese These
jedoch schuldig. Die Entwicklung der DDR vollzog sich bekanntlich nicht auf einer abgeschotteten Insel der Seligen, sondern an der
Frontlinie des Kalten Krieges, in der internationalen Auseinandersetzung zweier Gesellschaftssysteme. Vom ersten bis zum letzten Tage
ihrer Existenz stand die DDR unter dem Druck einer permanenten politischen, diplomatischen und militärischen Bedrohung. Die
Wahl ihrer Mittel ergab sich aus dieser von ihr kaum beeinflußbaren
Situation. »Es liegt«, so war im April 2007 im *Spiegel* mit Bezug auf
die Bundesrepublik in den 70er Jahren zu lesen, »in der Logik eines
Staates, der sich in einem kriegsähnlichen Zustand befindet, daß er
als primäres Ziel die Verurteilung seiner Feinde sieht«.[424]

Ulbrichts Demokratieverständnis korrespondierte weitgehend
mit dem des Humanisten und indischen Staatsmannes Jawaharlal
Nehru. Dieser hatte seiner Tochter Indira geschrieben: »Wenn Demokratie überhaupt etwas bedeutet, dann bedeutet sie Gleichheit;
nicht die Gleichheit, die im Besitz einer Wählerstimme gipfelt, sondern ökonomische und soziale Gleichheit. Kapitalismus ist genau
das Gegenteil«, schrieb Nehru. »Es gibt unter diesem System keine
Gleichheit und die zugestandenen Freiheiten bewegen sich nur
innerhalb der Grenzen der kapitalistischen Gesetze, die der Aufre-
cherhaltung des Kapitalismus dienen. Der Konflikt zwischen Kapitalismus und Demokratie ist unüberwindlich und unendlich; oft
wird er durch irreführende Propaganda und die äußeren Formen
der Demokratie verdeckt, durch die Parlamente und die Brosamen,
welche die besitzenden Klassen den anderen zuwerfen, damit diese
sich mehr oder weniger zufrieden geben.«[425]

Als 1956 nach dem XX. Parteitag der KPdSU Maßnahmen zur Demokratisierung in der DDR eingeleitet wurden, standen für Ulbricht die Ausprägung der Tätigkeit der Volkskammer, die Rechenschaftspflicht für Abgeordnete und Staatsfunktionäre an vorderer Stelle seiner Agenda. Er folgte solchen aus der Pariser Kommune hervorgegangenen Prinzipien auch nach der Bildung des Staatsrates 1961 mit seinen Initiativen zur Entwicklung der sozialistischen Demokratie. »In der Deutschen Demokratischen Republik«, stellte Ulbricht im Oktober 1964 fest, »war es möglich, die Hauptaufgabe der Diktatur des Proletariats – die sozialistische Umgestaltung der Gesellschaft – auf friedlichem Wege zu lösen. Es ist uns gelungen, den schmerzlosesten Weg des Übergangs zum Sozialismus zu gehen Es haben sich inzwischen Wesensmerkmale des sozialistischen Volksstaates herausgebildet.«[426]

Harte Prüfungen

Wenn auch die in beträchtlicher Zahl herausgegebenen Ulbricht-Biographien in ihren Aussagen und Wertungen außerordentlich differieren, sie sind weitgehend deckungsgleich in der Beschreibung des sozialen Engagements, der Beharrlichkeit und des Lerneifers des jungen Ulbricht. Als 15jähriger schloß er sich dem Leipziger Arbeiterjugendbildungsverein an. Dort nutzte er die Möglichkeit, Elementarwerke der Arbeiterbewegung zu lesen und zu diskutieren. Sein Interesse an neuem Wissen war breit gefächert. Er erschloß sich Erkenntnisse aus der Naturwissenschaft und eignete sich Werke der klassischen Literatur und Kunst an. Im Leipziger Volkshaus wurde der junge Tischler zeitweilig als Hilfsbibliothekar eingesetzt.[428]

Das Streben nach neuen Erkenntnissen wie sein Fleiß und seine Selbstdisziplin blieben ihm bis ins hohe Alter. Sie haben seiner Persönlichkeit spezifische Züge verliehen und sein politisches Wirken erkennbar beeinflußt. Walter Ulbricht las gesellschaftswissenschaftliche Literatur vorwiegend »ergebnisorientiert«. Nahm er dabei Neues auf, verband sich sein Erkenntnisgewinn mit der Bereitschaft und auch mit einer gewissen Unerschrockenheit zum Handeln.

Die positiven Seiten des Autodidakten, die Lebensnähe, die oft unmittelbare Verwertung von Lernergebnissen und die Beharrlichkeit des Strebens nach permanenter Wissenserweiterung hinterließen dabei unverkennbare Spuren. Sie bestärkten allerdings auch die unbegründete Erwartung, bei intensiver Beschäftigung könne man auf jedem Gebiet zu gesicherten Kenntnissen gelangen. Autodidakten neigen im allgemeinen dazu, gerade erworbene Kenntnisse überzubewerten.

Walter Ulbricht war wie viele Arbeiterfunktionäre seiner Zeit ein vielseitig interessierter und gebildeter, politisch denkender und agierender Mensch. Aufmerksam verfolgte er die oft heftigen Debatten in der deutschen Sozialdemokratie zwischen Bebel, Liebknecht, Bernstein, Kautsky und Rosa Luxemburg. Früh versuchte er sich dazu einen eigenen Standpunkt zu erarbeiten.

Ulbrichts theoretischer Erkenntnisstand und die wachsende Erfahrung bei der Wahrnehmung verantwortlicher Aufgaben bildeten offensichtlich auch eine wesentliche Grundlage dafür, daß er in Flügelkämpfen innerhalb der KPD seinen Prinzipien treu blieb und zunehmend internationales Ansehen gewann. In der deutschen Sektion der Kommunistischen Internationale in Moskau war er in den 20er Jahren tätig, auch als Hugo Eberlein die deutsche Sektion leitete und Sinowjew deren Vorsitzender war. Als Parteifunktionär, Autor zahlreicher Publikationen und Abgeordneter des Sächsischen Landtages und des Deutschen Reichstags gehörte er zu den starken Persönlichkeiten des linken Spektrums der Weimarer Republik.

Der Machtantritt der Faschisten 1933 war auch für Ulbricht der Beginn des aufopferungsvollen illegalen Kampfes gegen das Naziregime. Paris, Prag und Moskau waren dabei die wichtigsten Stationen seines Wirkens. Bedingt durch den konspirativen Charakter des antifaschistischen Kampfes ist nur weniges über seine Aktivitäten in Paris und Prag dokumentiert. Zwei Wesenszüge seiner politischen Haltung in dieser Zeit bleiben unverkennbar. Das war sein ausgeprägtes Streben zur Schaffung einer parteiübergreifenden Volksfront gegen das Naziregime und seine Neigung, jede Schönfärberei zu vermeiden und gesicherte Informationen zu gewinnen. Berichte aus mehreren Quellen besagen, daß Ulbricht in seiner illegalen Tätigkeit in Paris mit außerordentlichem Realitätssinn darauf einwirkte, keine geschönten, sondern wahrheitsgetreue Berichte über die Lage in Deutschland zu erhalten und weiterzugeben.[429] Er befragte jeden, der Informationen übermittelte, und drängte ihn zur Wahrhaftigkeit. Er war der Überzeugung, man müsse sich in der harten Situation des antifaschistischen Kampfes von jeder Illusion freimachen.[430]

Hinsichtlich der Schaffung einer Einheitsfront mit der SPD und später einer Volksfront gegen den deutschen Faschismus gehörte Walter Ulbricht zweifellos zu den Vordenkern und Initiatoren in der KPD. Dabei zeigte er Charakterstärke und auch keine Scheu davor, gegen anderslautende Empfehlungen oder Anweisungen aus Moskau zu handeln. Herbert Wehner schilderte in seinen Erinnerungen, wie Ulbricht 1932 entgegen der Weisung der Komintern – die in einem Telegramm opportunistische Auswüchse in der Einheitsfrontpolitik der KPD kritisierte – in Bernau bei Berlin eine gemeinsame Maikundgebung der KPD mit der SPD und den Gewerkschaften mit beträchtlichem Erfolg organisierte.[431] Wehner schrieb Ulbricht auch die Urheberschaft der Losung »Rettet die Gewerkschaften!« zu.

Im Herbst 1937 eskalierte in Paris ein Streit zwischen Münzenberg und Ulbricht über die Volksfrontpolitik. Münzenberg beantragte daraufhin bei der Komintern ein Parteiverfahren mit dem Vorwurf, Ulbricht sei Trotzkist und unterstütze die Trotzkisten.[432] Das Parteiverfahren gegen Walter Ulbricht wurde in Moskau eröffnet. Er und Franz Dahlem wurden nach Moskau bestellt. Ulbricht-Biograph Mario Frank dazu: »Die Einleitung eines Parteiverfahrens war für das betroffene Parteimitglied eine ernsthafte Bedrohung […] Er (*Ulbricht – H. G.*) bewies also größten Mut und Vertrauen in sein Schicksal, daß er dem Ruf der Komintern nach Moskau folgte.«[433]

Die Untersuchungen gegen Ulbricht in Moskau zogen sich hin. Im März 1938 sorgte Willi Münzenberg in dieser Angelegenheit für eine »Vorklärung«: Er, der noch Monate zuvor den angeblichen Trotzkisten Ulbricht zur Aburteilung übergab, hatte sich öffentlich gegen die KPD, die KPdSU und die Komintern gestellt. Dahlem übernahm nach Abschluß dieses Verfahrens die Leitungsfunktion Ulbrichts in Paris. Ulbricht blieb in Moskau, arbeitete im Exekutivkomitee der Komintern.

Obwohl über das Leben Walter Ulbrichts auch aus seiner Feder, aus seinen Erinnerungen so gut wie alles bekannt ist – über das bedrückende Jahr 1938, dem Höhepunkt des Stalinschen Terrors, und die Zeit danach bis zum Überfall Hitlers auf die Sowjetunion gibt es keine Selbstzeugnisse. Lediglich einige Berichte anderer lassen die Haltung Ulbrichts in dieser komplizierten und gefährlichen Situation nachvollziehen. So kommt auch der westdeutsche Biograph Frank, der in seinem Buch wahrlich viele Fehl-

einschätzungen und Vorurteile kolportiert, nicht umhin festzustellen, daß sich Walter Ulbricht in jener Zeit couragiert für verhaftete oder aus NKWD-Haft entlassene Genossen einsetzte.[434]
Dabei greift er auf Quellen aus dem Komintern-Bestand im Russischen Zentrum für die Aufbewahrung und Erforschung von
Dokumenten der neuesten Geschichte in Moskau zurück, die Dieter Pätzold erschlossen hat.

Herbert Wehner hat über jene Zeit einen erschütternden Bericht
hinterlassen. »Im Gebäude der Komintern, in den Korridoren des
Hotels Lux breiteten sich damals ein panischer Schrecken, eine
hysterische Angst vor einer ungreifbaren und doch wie unentrinn-
baren Gefahr aus.«[435] Wehner saß damals mit Ulbricht in der »Kleinen Kommission«, die über den Verbleib, den Parteiausschluß oder
auch die Wiederaufnahme von beschuldigten Parteimitgliedern zu
befinden hatte. Die Wahrnehmung einer solchen Aufgabe hinterließ bei allen Beteiligten unübersehbare Narben. Keiner von ihnen
hat sich öffentlich offenbart, wie es ihm ums Herz war, als er erfuhr,
wenn ehrenhafte Gefährten mit haarsträubenden Beschuldigungen
verurteilt, deportiert und umgebracht wurden. Zum Fatalismus
hatte wohl keiner der Kommissionsmitglieder charakterliche Anlagen. Sie standen einer unverständlichen, moralisch inakzeptablen
Situation gegenüber.

Wehner berichtete auch, wie Wilhelm Pieck, Wilhelm Florin
und Walter Ulbricht versuchten, sich für verhaftete und für beschuldigte Genossen einzusetzen. Er war dabei, als Walter Ulbricht der
früheren sächsischen Landtagsabgeordneten Martha Kühne vergeblich zu helfen versuchte.[436] Wegen der verhafteten Söhne von Max
Seydewitz und sechs anderer Genossen ersuchten Pieck, Florin und
Ulbricht auch im Büro Stalins um Aufklärung. Wilhelm Pieck war
daraufhin vom Komintern-Vorsitzenden Dimitri Manuilski mit der
Bemerkung konfrontiert worden, »daß er nicht verstehen könne,
warum sich Pieck für die Verhafteten überhaupt einsetze«.[437]

Dem Bericht Wehners ist auch zu entnehmen, daß der NKWD
einen verhafteten deutschen Emigranten mit dem Auftrag aus der
Haft entließ, Wilhelm Florin zu bespitzeln. Bereits 1937 hatte
Heinz Neumann in NKWD-Haft eine 78seitige Aussage »über die
konterrevolutionäre […] Organisation Pieck/Ulbricht« verfaßt.[438]

Wie knapp der Kelch an Ulbricht vorbeiging, offenbart eine
Notiz aus den inzwischen veröffentlichten Tagebüchern Georgi

Dimitroffs. Unter dem 13. April 1939 findet sich folgende Eintragung: »– Ulbricht – aus dem NKWD kam angeblich Weisung, über ihn zu informieren (also ein ›fragwürdiges Element‹)«.[439] Die Gefahr blieb.

Einen Monat später, am 14. Mai 1939, wurde gegen Ulbrichts Lebensgefährtin Lotte Kühn ein Verfahren unter dem Vorwand eröffnet, sie hätte 1927 Kontakte zum rechten Parteiflügel, darunter auch zu Karl Radek, gehabt. Radek war inzwischen als »Trotzkist« zum Tode verurteilt und im Mai 1939 umgebracht worden. Lotte Kühn kam mit einer Rüge davon. Allerdings mußte sie den Auslandsapparat der KPD, für den sie unentgeltlich tätig war, verlassen. In einer Druckerei in Moskau leistete sie danach Schwerarbeit als Maschinensetzerin. Walter Ulbricht und Lotte Kühn erlebten damals schwere, bedrückende Tage. Sie haben nie darüber gesprochen.

Wer dies erlebt oder erfahren hat, dem waren gewiß für alle Zeiten derartige Herrschaftsmethoden Stalinscher Provenienz suspekt. Hingegen wurden unter diesen außerordentlichen Umständen eher Schutzreflexe herausgebildet, die lange erhalten blieben.

Unbestreitbar beherrschte Ulbricht nach jenen Jahren in Moskau wie kaum ein anderer die Regeln und Fallen des politischen Handelns im sowjetischen Einflußbereich. Seine aus den Idealen der Arbeiterbewegung abgeleitete Strategie und die ständige Analyse des Möglichen wurden unzertrennbare Zwillinge im politischen Handeln Ulbrichts.

Es drängt sich die Frage auf, warum Ulbricht über die bitteren Erfahrungen in Moskau nie geredet und nie geschrieben hat. Warum hat er diese dem Sozialismus so wesensfremden Erlebnisse in seinem politischen Wirken nie thematisiert?

Er selbst kann die Antwort nicht mehr geben. Jede Antwort Unbeteiligter bleibt Hypothese. Die ebenfalls davon erfuhren, schwiegen auch. Sie schwiegen ein Leben lang über die sie bedrückenden Ungeheuerlichkeiten. Der kundige Markus Wolf hinterließ, sie nahmen das auf sich, »um jene Idee nicht zu beschädigen, der sie doch das Leben gewidmet hatten«.[440]

Das Verhalten Ulbrichts zu Stalins Verbrechen deckte sich mit dem der meisten anderen, die davon erfahren oder es am eigenen Leib oder in ihren Familien erlebten. Sie alle bewegten sich danach gemäß einem offensichtlich nicht verabredeten und doch wirksamen kollektiven Schweigegelübde. Beschweigen zeigte sich oft als eine – wenn auch stumme – Form der Kommunikation. Jeder von ihnen ahnte oder wußte, daß auch die anderen Betroffenen es wußten und sich analog verhielten. Es schien nicht opportun, die eigene Betroffenheit zu zeigen. Es unterblieb, um die eigene tiefe Verletzung nicht zu offenbaren und aus Sorge darum, das sozialistische Ideal nicht zu beschmutzen. Verdrängung wurde zum Mittel der Bewältigung des oft Unerklärbaren.

Mit etlichen Betroffenen war ich gut bekannt. Weder Bernard Koenen, der mehrmals in NKWD-Haft war, noch Gabo Lewin, der erst 1956 freikam, oder Werner Eberlein haben über das ihnen und ihren Familien zugefügte Leid gesprochen. Bis auf wenige Ausnahmen haben die kommunistischen Opfer der Stalinschen Verfolgung nach ihrer Entlassung den sozialistischen Idealen die Treue gehalten. Was sie erlebt, durchlitten oder erfahren hatten, war den kommunistischen Idealen wesensfremd.

Hermann Weber, der das Schicksal deutscher Kommunisten detailliert untersucht hat, kommt zu der Feststellung, daß etwa 80 Prozent der gemaßregelten Kommunisten »wieder in der SED oder der westdeutschen KPD tätig gewesen (sind), darunter nicht wenige, die den Gulag durchlitten hatten«.[441]

Ihre sozialistischen Überzeugung erwiesen sich als stärker als die erlebte Ungerechtigkeit.

Im nationalen Interesse

Obwohl die Führung der deutschen Kommunisten von 1933 bis 1945 in Moskau ständig präsent war, wurde ihr in jenen zwölf Jahren nicht ein Treffen mit Stalin ermöglicht. Montefiore hat akribisch die Treffen Stalins mit anderen Führern kommunistischer Parteien in dessen Datscha aufgelistet.[442] Die Jugoslawen Josip Broz Tito und Milovan Djilas waren dort ebenso zu Gast wie der Ungar Mátyás Rákosi, die Polen Boleslaw Bierut und Jakup Berman sowie der Tscheche Klement Gottwald. Deutsche Kommunisten erfuhren derartige »Vertrauensbeweise« nicht. Erst nach Ende des Weltkrieges erhielten Wilhelm Pieck, Walter Ulbricht, Otto Grotewohl und einige andere Repräsentanten der SED Gelegenheit zu Gesprächen mit Stalin. Weder bei der Vorbereitung noch während der Potsdamer Konferenz im Sommer 1945 wurden die Verantwortlichen der KPD konsultiert. Boleslaw Bierut und drei weitere Vertreter der polnischen Regierung hingegen wurden am 22. Juli 1945 von den drei verhandelnden Siegermächten zur Beratung eingeladen, um »ihre Standpunkte zur Frage der Westgrenze Polens darzulegen«.[443]

Wie überraschend die Festlegung der polnischen Westgrenze selbst für die deutschen Kommunisten erfolgte, macht eine Notiz Wilhelm Piecks bei einer Begegnung mit Marschall Shukow am 11. Juli 1945 deutlich. »Austreibung der Deutschen aus den Ostgebieten entgegen unserer früheren Parole ›bleibt dort‹, Polen – Sudeten.«[444] Als ich das las, erinnerte ich mich einer Bemerkung Walter Ulbrichts zu Parteiveteranen im Juni 1960 in Schwerin. Am Abend vor der 800-Jahrfeier der Stadt gab es ein zwangloses Treffen in einem Gästehaus am Schweriner See, man sprach über Erlebnisse in der Weimarer Republik und in der illegalen Arbeit. Einer der Veteranen fragte Ulbricht, ob denn die Nachkriegsregelungen, vor allem die Grenzfragen, gut überlegt gewesen seien. Ulbricht zögerte ein wenig, dann meinte er: »Die Frage kann ich nicht beantworten, denn wir sind dazu nicht gefragt worden. Nun aber müssen wir damit leben.«

Jahrzehnte später erinnerte sich Hermann Axen: »Der Führung der KPD in Moskau war klar, daß die polnische Grenze zu Deutschland gesichert werden müsse, daß also Grenzrevisionen stattfinden würden. Doch selbst zu der Zeit, als die Führung nach Deutschland zurückkehrte, war ihr nicht bekannt, wo die Grenze verlaufen sollte. Ich weiß, daß Pieck und Ulbricht darüber diskutiert hatten; doch sie wurden nicht gefragt. Wilhelm Pieck war nicht einverstanden mit der Abtretung der Ostgebiete Deutschlands nach dem Kriege. Einverstanden war er mit dem Verlust Ostpreußens«.[445]

In der Stiftung Archiv der Parteien und Massenorganisationen der DDR im Bundesarchiv (SAPMO) liegt ein Dokument, das die Gefühlslage deutscher Kommunisten gegen Ende Februar 1945 in Moskau reflektiert. Es ist ein Bericht von Elli Schmidt über ein Treffen mit Dimitroff. Dieser berichtete über Details der soeben beendeten Krimkonferenz der Großmächte im Februar 1945. Dort waren auch die Besatzungszonen nach dem Kriege festgelegt worden, was praktisch die Aufteilung des besiegten Deutschlands bedeutete. Der Bericht endet: » Als er uns die Teilung erklärte, saßen wir vor seinem Schreibtisch. Er sagte uns wie die Grenzen der Besatzungszonen verlaufen und wie schwer es sein würde durch die Vierteilung Berlins. Ich ging erschüttert heraus [...] Wir sahen immer das ganze Deutschland.«[446]

Anhand der überlieferten Nachkriegsdokumente ist festzustellen, daß die sowjetische Führung in Moskau und ihre Militäradministration in Berlin in *allen* Grund- wie in den Detailfragen des täglichen Lebens Macht ausübten und die Richtung vorgaben. Unübersehbar ist zugleich, daß Wilhelm Pieck, Walter Ulbricht und Otto Grotewohl den Rahmen ihrer Möglichkeiten ausschöpften, um die nationalen Interessen zu artikulieren und Änderungen bei der repressiven Besatzungspolitik einzufordern. Vorrangige Themen dabei waren die Rückkehr deutscher Kriegsgefangener aus der Sowjetunion, die Reduzierung der Demontagen, die Verbesserung der wirtschaftlichen Situation – besonders der Bevölkerungsversorgung – und die Beendigung von Übergriffen sowjetischer Armeeangehöriger.

Die ersten Beratungen Stalins mit einer deutschen Delegation erfolgten am 4. und 7. Juni 1945. Stalin, Molotow, Shdanow und Dimitroff redeten mit Pieck, Ulbricht, Ackermann und Sobottka. Zum von Ulbricht vorgetragenen Bericht notierte Pieck: »1. Frage – Welche Beschwerden im Lande? 1) Abmontierung der Maschinen in Fabriken 2) Wegnahme des Viehs bei Bauern – Kühe geschieht vielfach auch durch abziehende aus(ländische) Arbeiter«.[447]

Am Abend des 6. Februar 1946 fand bei Stalin eine Besprechung statt, an der Ulbricht und Oelßner teilnahmen. Im Zentrum der fast dreistündigen Zusammenkunft stand die Vorbereitung der Vereinigung von KPD und SPD. Dort wandte sich Ulbricht deutlich gegen die Demontagemaßnahmen. Das Protokoll vermerkt dazu: »Unsere Forderung – ob Demontage, (beenden) bis Ende Febr(uar)«[448]

Auch wenn den Interventionen der führenden deutschen Genossen in der Reparationsfrage nur Teilerfolge beschieden waren, ließ vor allem Walter Ulbricht nicht nach, auf deren Beendigung zu drängen. Der langjährige Dolmetscher der sowjetischen Kontrollkommission, Alexander Bogomolow, hat darüber in seinen Erinnerungen berichtet. »Walter Ulbricht sagte seine Meinung immer. Er behauptete seine Position, solange noch keine Entscheidung gefallen war. Aber nach dem gemeinsamen Beschluß konnte man sicher sein, daß er von Ulbricht bis ins kleinste respektiert und verwirklicht wurde.«[449]

Bogomolow schilderte eine Begegnung Ulbrichts mit Marschall Tschuikow in dieser Sache. Als Ulbricht über Schwierigkeiten bei der Erfüllung des Reparationsplans berichtete, reagierte der Marschall unwirsch.

Bogomolow: »Kaum hatte ich Ulbrichts Worte ins Russische übersetzt, sagte Tschuikow: ›Wenn ich den Dolmetscher richtig verstanden habe, verweigern Sie die Reparationslieferungen an die Sowjetunion‹. Dieser Satz brachte Ulbricht in Wut. Er schlug mit seiner riesigen Faust auf den Tisch.«[450]

Wenn Ulbricht bei der sowjetischen Seite intervenierte, bereitete er sich besonders gründlich vor. Er wollte alle Seiten des Problems kennen, ehe er es ansprach. Im September 1947 schrieb der Wirtschaftsminister des Landes Sachsen, Fritz Selbmann, an Walter Ulbricht. Anlaß war ein rigider Befehl der sowjetischen Militäradministration. »Der Befehl ist außerordentlich einschneidend, und es ist zu erwarten, daß bei seiner strikten Durchführung sich ernste Folgen für die übrige Industrie des Landes Sachsen nicht vermeiden lassen.«[451] Selbmann bat, über diese Sache mit der SMAD in Karlshorst zu verhandeln.

Allein mit dieser kurzen Information fühlte sich Ulbricht offensichtlich nicht genügend gerüstet, um erfolgreich gegen den Befehl vorzugehen. Deshalb notierte er: »Tatsachenmaterial anfordern, damit man konkret Stellung nehmen kann.«[452]

In ihrer Analyse über sowjetische Einflüsse und ostdeutsche Handlungsspielräume stellt Monika Kaiser fest, daß »insbesondere Walter Ulbricht namens der SED bei der SMAD intervenierte«, um gegen »widersprechende Anweisungen sowie ständige Einmischungen der verschiedenen sowjetischen Dienststellen in alle möglichen zivilen Belange« aufzutreten.[453] Obwohl der Osten der traditionell ökonomisch schwächere Teil Deutschlands war, mußte er das Zehnfache an Reparationsverpflichtungen erfüllen.[454]

In der Literatur wird auf tiefgreifende Differenzen zwischen dem Hohen Kommissar und späteren Vorsitzenden der Sowjetischen Kontrollkommission (SKK) Wladimir Semjonow und Walter Ulbricht hingewiesen. In seinen 1995 erschienenen Memoiren beklagte sich Semjonow, daß Ulbricht den Verkehr der DDR-Behörden mit den sowjetischen Organen zielgerichtet eingeschränkt habe. »Unter diesen Umständen erhielt die am 11. November 1949 gebildete SKK nun kaum noch Informationen aus den Ländern und Provinzen. Das konnte den ganzen Apparat lahm legen.«[455] Semjonow denunzierte Ulbrichts Anstrengungen, den Handlungsspielraum der DDR-Führung zu erweitern, als Nationalismus. In einem Gespräch dazu kam es im Beisein von Marschall Tschuikow zu einer heftigen Kontroverse. Ulbricht gab jedoch nicht klein bei. Er parierte wütend. Semjonow begegnete der Renitenz Ulbrichts auf seine Weise. Er schrieb: »Bei mir hatte sich inzwischen eine Menge kritischer Punkte zu Ulbricht angesammelt, die ich in einem streng geheimen persönlichen Brief an Stalin darlegte.«[456]

Nicht allein in wirtschaftlichen und administrativen Angelegenheiten verfolgte die Führung der SED legitime nationale Interessen. Auch in brisanten Sicherheitsfragen trat sie konsequent und mutig auf. Hermann Axen berichtete über die entschlossene Reaktion von Wilhelm Pieck, Walter Ulbricht und Otto Grotewohl, als Wilhelm Zaisser 1951 ihnen die Nachricht überbrachte, daß eine Gruppe sowjetischer Geheimdienstler unter Leitung von Abakumow, die in Prag den Slansky-Prozeß vorbereitet hatte, »nunmehr in die DDR käme, um uns in ähnlicher Weise zu beraten«.[457] Nach Darstellung von Axen verständigten sich die anwesenden Politbüromitglieder ohne Zögern darauf, sofort Stalin anzurufen. Pieck erinnerte in diesem Telefonat Stalin an dessen eigene Worte, daß man in der deutschen Frage sehr behutsam umgehen müsse. Dabei sei von Pieck auch entschlossen geäußert worden: »Wenn diese Gruppe nicht zurückgehalten werden kann, müßten wir sie zurückschicken, sobald sie landet.«[458]

Stalin sagte zu, die Gruppe zurückzuordern.[459]

Nach dem XX. Parteitag hat Walter Ulbricht bei mehreren Gelegenheiten, so auch im Bericht an den VI. Parteitag der SED 1963 angedeutet, daß die Parteiführung der SED in kritischer Situation die Berija-Leute nicht in die DDR gelassen habe. Manchmal wurde angenommen, es handele sich dabei um die mehrmals beschriebene Verhaftung von Berijas Generälen Goglidse, seinem Stellvertreter, und Amjak Kobulow, der für die GULags verantwortlich war, in der letzten Juniwoche 1953 in Berlin.[460]

Es wurde auch unterstellt, Ulbrichts Hinweis »diente eher der Legendenbildung«.[461]

Ulbricht bezog sich bei seiner zurückhaltenden Information über die Zurückweisung der Berija-Leute offensichtlich auf die von Hermann Axen dargestellte Intervention der Politbüromitglieder der

SED. Erinnert man sich an die tragischen Auswirkungen der »Beratungen« der Beauftragten Berijas in Prag und in Budapest, läßt sich erahnen, was der DDR und der deutschen Arbeiterbewegung durch das entschiedene Handeln von Pieck, Ulbricht und Grotewohl erspart worden ist.

Letztlich blieb der Handlungsspielraum der Verantwortungsträger in der DDR in der ersten Hälfte der 50er Jahre sehr begrenzt. Dafür bietet das Vorgehen der sowjetischen und der deutschen Seite im Vorfeld der Juni-Ereignisse 1953 ein signifikantes Beispiel.

Am 1. und am 7. April 1952 fanden die letzten Beratungen der Führung der SED mit Stalin statt. Im Kern ging es um eine Weichenstellung in der deutschen Frage. Wenige Tage zuvor, am 25. März, war in Moskau die Ablehnung der Westmächte zu den Vorschlägen zur Wiederherstellung der Einheit Deutschlands in der Stalin-Note eingegangen. Die Moskauer Strategie zur Herstellung eines neutralen einheitlichen, demokratischen Deutschlands war damit definitiv gescheitert. Unter diesen Umständen war der Kurs für die DDR neu zu bestimmen. Die 1952 bestehenden Verhältnisse zu konservieren war weder gewollt noch möglich. Die forcierte Westintegration Westdeutschlands, insbesondere die Ablehnung der Stalin-Noten, veränderten die internationale Lage grundlegend. Unter diesen Umständen stand in der DDR der Übergang zum Sozialismus auf der Tagesordnung.

Die Entscheidung der 2. Parteikonferenz im Juli 1952, in der DDR die Grundlagen des Sozialismus zu schaffen, entsprang weder – wie mancher Historiker behauptet – einem Alleingang Ulbrichts[462] noch kam sie, wie Schirdewan später erklärte, überraschend.[463]

Zur Zeit der 2. Parteikonferenz war ich Student und keinesfalls so gut informiert wie der damalige Landesvorsitzende der SED in Sachsen Karl Schirdewan. Wie für die meisten meiner Studienfreunde bedeutete die Entscheidung auch für mich einen erwarteten weiteren Schritt nach vorn. Damals blieben allerdings nicht nur uns Studenten, sondern auch den Delegierten der 2. Parteikonferenz, zu denen auch mein Schulkamerad aus Egeln Horst Bauermeister, gehörte, verborgen, daß Stalin die Aprilberatungen 1952 mit Pieck, Ulbricht und Grotewohl über die künftige Strategie nutzte, um der DDR ein forciertes Militärprogramm zu diktieren. Auf die Frage von Wilhelm Pieck, ob es nötig sei, in der Deutschen Demokratischen Republik Schritte zur Schaffung einer deutschen Armee zu unternehmen, lautete Stalins Antwort »Nicht Schritte, sondern die Armee muß man schaffen. Was sind denn Schritte?«[464]

Diese verbindliche und sofort umzusetzende Orientierung führte neben der weiter laufenden Reparationsverpflichtung der DDR zu unerträglichen ökonomischen Belastungen, zur Erhöhung des ohnehin vorhandenen innenpolitischen Konfliktpotentials.

Die spürbare ökonomische Belastung in der zweiten Hälfte des Jahres 1952 war nicht, wie oft unterstellt, primär der SED-Politik beim Übergang zum Sozialismus geschuldet. Sie war in beträchtlichem Maß Folge der von Moskau geforderten zusätzlichen Militärausgaben in Höhe von etwa 500 Millionen Mark.

Die Sowjetische Kontrollkommission versuchte, die wachsenden wirtschaftlichen Defizite dadurch zu eliminieren, daß sie die Repräsentanten der DDR zu stärkerer Sparsamkeit drängte. Am Abend des 9. Januar 1953 bestellte Marschall Schukow Pieck, Grotewohl, Ulbricht und Oelßner zu sich. Die stichwortartigen Notizen von Pieck über diese Begegnung lauteten: »SSK Empfehlungen stoßen auf Widerstand«, »Verstärkung der Sparsamkeit, Möglichkeiten: Löhne und Gehälter«, »Persönl. Verantwortung – Überschreitungen selbst zahlen«, »Aufgaben Selbstkostensenkung – Normen.«[465]

Einen Monat später notierte Wilhelm Pieck während einer neuerlichen Besprechung mit SMAD-General Iwanow in Karlshorst: »Preise von unten erhöhen«, »Kartenpreis erhöhen«. Zu Großbauern: »Gut beschlagnahmen, Kulak soll schriftlich erklären, wie viel Boden abgeben«, »Für Steuerhinterziehungen durch Gerichtsbeschluß Boden entziehen«.[466]

Am 6. Februar 1953 fand schließlich in Karlshorst eine weitere Abendsitzung bei Marschall Tschuikow statt. Teilnehmer waren Pieck, Grotewohl, Ulbricht und Leuschner. Den Notizen von Wilhelm Pieck ist zu entnehmen, daß die Beratung mit der Kritik des Marschalls an Reparationsrückständen und mit neuen Anforderungen an die Wismut, die Uranerz förderte, begann. Schließlich machten Grotewohl und Ulbricht ihrem Herzen Luft. In der Notiz heißt es: »Grotewohl: Unser Plan ist nicht real, stimmt nicht«; »Ulbricht: Planziffern stimmen nicht [...] Wir müssen hochwertige Sachen liefern für Metallurgie, hochwertige Sachen liefern für Armee [...] 280 Mill. mehr, bedeutet Blockierung (unserer) Industrie [...] Kabulow[467] verlangt hochwertigen Stahl [...] nicht zu lösen.« Offensichtlich von diesen massiven Interventionen beeindruckt, erklärte schließlich Tschuikow, die von Ulbricht eingeforderten 280 Millionen müsse man in Moskau klären. Die Notiz hält dazu die Bemerkung fest: »in M(oskau) vorsichtig«.[468]

Wilhelm Pieck, Walter Ulbricht, Otto Grotewohl und die anderen in die Gespräche mit der Sowjetischen Kontrollkommission eingeweihten Genossen ließen nie etwas über den Druck, dem sie dort ausgesetzt waren, verlauten. Sie haben das Unabwendbare durchge-

Lotte und Walter Ulbricht und Otto Grotewohl auf einer Kunstausstellung in Dresden

führt und zugleich die Verantwortung für die angeordneten unerfüllbaren Maßnahmen auf sich genommen. Wenn sie wie bei der Rückkehr der Kriegsgefangenen aktiv wurden, erfolgte das, wie Otto Grotewohl es nannte, »still, selbstlos und erfolgreich«.[469]

Wer jedoch Befehle umzusetzen hatte und diese vertrat, als wären sie Ergebnis eigener Entschlüsse, hatte Mühe, diese überzeugend zu vertreten. Wer jedoch Befehle anderer als eigenen Beschluß durchzusetzen hatte, der konnte kaum überzeugen. Er kam obendrein in Verruf, autoritär zu agieren. Die Erhöhung der Normen, Preise, Steuern und andere kontraproduktive Maßnahmen im ersten Halbjahr 1953 gingen, wie Archivbelege bestätigen, vor allem auf Anordnungen der Chefs der sowjetischen Kontrollkommission zurück.

Ob dieser Kurs der sowjetischen Seite vorrangig aus den überzogenen Rüstungsanstrengungen resultierte oder als flankierende Maßnahmen zur Destabilisierung der DDR im Interesse der Verkaufspolitik Berijas gedacht waren, wird sicher nie geklärt werden können. Vielleicht verband sich das eine zweckmäßig mit dem anderen.

Ein dokumentierter Zeitzeugenbericht läßt die Gefühle Walter Ulbrichts im Frühjahr 1953 erkennen. Darin heißt es: »Auf einer Sitzung im März/April 1953, das genaue Datum ist mir nicht mehr in Erinnerung, hatte Walter Ulbricht entgegen seiner Gewohnheit, ›auf die Minute zu erscheinen‹, seinen Platz an der Stirnseite des Sitzungstisches einige Zeit früher eingenommen. Außer Franz Dahlem, der rechts von mir saß, sind bis dahin höchstens ein/zwei Sekretariatsmitglieder dabei gewesen. Walter Ulbricht, der ansonsten sehr selbstbewußt auftrat, macht an diesem Tag auf mich einen etwas niedergeschlagenen Eindruck. Das war ungewohnt. In seinen Unterlagen blätternd sagte er unvermittelt, wie in einem Selbstgespräch, aber so, daß wir es hören mußten: ›Wenn nur die Generäle aufhören wollten, sich in die Politik zu mischen‹. So wörtlich. Dann sinngemäß: So sollen wir die Preise für bestimmte Lebensmittel (Marmelade) erhöhen, an einige Bevölkerungsgruppen keine bzw. keine vollen Lebensmittelkarten ausgeben und schließlich die Arbeitsnormen erhöhen. Und das nachdem wir die Errichtung der Grundlagen des Sozialismus beschlossen haben.«[470]

In gleicher Weise äußerte sich Lotte Ulbricht 1953. Überliefert hat das Karl Schirdewan. »Während der kritischen Tage des 17. Juni

1953 habe ich Lotte Ulbricht gefragt, ob er gewußt habe, wie es in der DDR aussieht. Sie bejahte und meinte, Walter hätte unter dem Druck sowjetischer Marschälle gestanden. Offensichtlich glaubten die, daß diese rigorose Politik mittels ihrer großen militärischen Macht immer weiterzuführen sei.«[471]

In seiner Streitschrift »Aufstand gegen Ulbricht« deutete Schirdewan schließlich den Druck der sowjetischen Marschälle in ein Versagen Ulbrichts um. »Walter Ulbricht schlug alle warnenden und mahnenden Worte in den Wind. Er verhinderte Aussprachen im Politbüro und im Sekretariat. Er wollte die wirklich gefährliche Lage und die Ursachen für diese kritische Entwicklung nicht wahrhaben. Er trieb geradezu ein Hasardeurspiel.«[473]

Daß tatsächlich der sowjetische Rüstungskurs im besonderen Maße zu der kritischen Situation im ersten Halbjahr 1953 führte und Veränderungen damals nur in Moskau zu erreichen waren, lassen die Dokumente der Verhandlungen einer Delegation der SED mit Grotewohl, Ulbricht und Oelßner vom 2. bis 5. Juni 1953 in Moskau zweifelsfrei erkennen. Die Verhandlungen über die Korrektur der politischen Strategie waren unmittelbar begleitet von Sofortmaßnahmen zur Reduktion der Rüstungslasten der DDR. Die Kasernierte Volkspolizei wurde im Mannschaftsbestand verringert, die Anschaffung von Flugzeugen und Panzern abgesagt. In den archivierten Notizen heißt es: »Mig nicht […] keine Munition […] Milit. Berater: statt 1.000 etwa 250 -300 […] Rügen = U Bootbasis kein Weiterbau, keine Werftbauten. Einstellung.«[474]

Die Reduktion der geforderten Militärausgaben wurde zu einer wesentlichen Grundlage für die wirtschaftlichen Maßnahmen des Neuen Kurses.

Rudolf Herrnstadt schilderte eine signifikante Episode, die die Beziehung Walter Ulbrichts zu dem im Mai 1953 zum Hohen Kommissar aufgestiegenen Semjonow. Am 17. Juni waren Ulbricht, Grotewohl und Herrnstadt von Semjonow nach Karlshorst beordert worden. Am Morgen danach kam es zwischen Semjonow und Ulbricht zu einer harten Auseinandersetzung. Herrnstadt zitierte Semjonow mit den Worten: »Die deutschen Genossen sind wahrscheinlich etwas erschrocken durch die Plötzlichkeit der ganzen Sache.«

»Mit Bezug darauf sagte Ulbricht, als wir weggingen, ›Jetzt sollen sie mir noch einmal kommen mit Vorschriften über mein Verhalten! Jetzt mache ich das, was ich für richtig halte!‹

Wir waren in der Erbitterung mit ihm einig.«[475]

In den Beziehungen zwischen der UdSSR und der DDR gab es sowohl Gleichklang wie Differenzen. Der erfahrene sowjetische Diplomat Kwizinskij bezeichnete das Verhältnis zwischen seinem Land und der DDR in mancher Hinsicht als »schizophren«.[476] Nach seinem Urteil ging es der UdSSR darum, die »so günstigen Ergebnisse des zweiten Weltkrieges, des so teuer erkämpften Sieges endgültig zu konsolidieren«.[477]

»In Ostberlin«, so der Diplomat weiter, »hielt man sich damals an eine ähnliche Linie – nur in einem deutschen Koordinatensystem.«[478]

Unter den Mitarbeitern der sowjetischen Botschaft in Berlin hielt sich, wie Kwizinskij berichtet, »das ›Siegersyndrom‹, die Vorstellung, daß man sich in der DDR vieles erlauben konnte, was in anderen Ländern Osteuropas niemand geduldet hätte«.[479] Kamen Ulbricht allerdings unangebrachte Aktionen sowjetischer Diplomaten zu Ohren, war dieser, wie Kwizinskij darstellte, erbarmungslos. »Der unglückselige Diplomat wurde sofort nach Hause geschickt.«[480]

Um keinen Zweifel aufkommen zu lassen: Walter Ulbricht war ein aufrichtiger Freund der Sowjetunion. Die Oktoberrevolution 1917 war für ihn wie für viele andere ein Wetterleuchten der Weltgeschichte. Mit Sympathie und Interesse verfolgte er den sozialistischen Aufbau und die schrittweise Überwindung der Rückständigkeit des zaristischen Rußland. Den Sieg der UdSSR gegen den deutschen Faschismus begrüßte er reinen Herzens. Und er wollte, möglichst noch zu seinen Lebzeiten, *ein* Deutschland, in dem die Freiheitsideen von Marx und Engels umgesetzt würden. Als das sich als nicht realisierbar erwies, konzentrierte er sich auf die sozialistische Entwicklung der DDR, und das aus tiefer sozialistischer Überzeugung. Es gibt gute Gründe für die Annahme, daß er in einer solchen Entwicklung eine gewisse Garantie dafür sah, daß die DDR nicht mehr wie in den ersten Jahren ihrer Existenz Manövriermasse sowjetischer Politik blieb.

Ulbrichts herzliche Verbundenheit mit der Sowjetunion wurde im Kern weder durch seine bitteren Erlebnisse in der Moskauer Emigration noch durch seine partiellen und grundsätzlichen Differenzen mit der politischen und militärischen Führung der UdSSR beschädigt. Weder mit der sowjetischen Bürokratie, die er mehr als andere erlebt hatte, noch mit den nicht nur im Militärapparat vorherrschenden Kommandomethoden mochte er sich anfreunden. Zweifelsohne hat sein über Jahrzehnte währender Umgang mit sowjetischen Repräsentanten seiner Persönlichkeit aber auch spezielle Züge vermittelt.

In seinem letzten Interview äußerte der im politischen Geschäft erfahrene Markus Wolf: »Strukturell freilich war die DDR für Moskau hauptsächlich eine Figur im politischen Schachspiel mit dem Westen.«[481] Gerade dagegen hat sich Ulbricht gestemmt. Er tat dies mit Charakterstärke, in zahllosen Kompromissen, die unumgänglich waren, und ebenso mit seiner Strategie der Bündnistreue zum Lande Lenins und seinem Streben nach einer aufrichtigen, konstruktiven Zusammenarbeit.

Das Erfolgsgeheimnis

In Veröffentlichungen wurde und wird Walter Ulbricht recht oft das Etikett »Stalinist« und »Bürokrat« verpaßt. Es ist augenscheinlich, daß derart grobschlächtige Urteile kaum taugen, sein Lebenswerk adäquat zu bewerten.

Die Persönlichkeit des Politikers Ulbricht hat sich in den acht Jahrzehnten weitgehend gradlinig herausgebildet. Dennoch sind in den unterschiedlichen Entwicklungsabschnitten sehr verschiedene Eigenschaften besonders ausgeprägt oder im Handeln sichtbar geworden. Ulbrichts Lebensweg, sein Verhältnis zu den Wurzeln der Arbeiterbewegung und deren Ideale, seine nationalen und internationalen Erfahrungen, seine Erfolge wie seine Niederlagen haben ihn zu einer kräftig strukturierten Persönlichkeit werden lassen.

Noch vor Beendigung der Kampfhandlungen nach Deutschland zurückgekehrt, gehörte Ulbricht zu den entscheidenden Organisatoren des Neuaufbaus. Ein unvoreingenommener Zeitzeuge berichtet, wie gelöst und entschlossen Ulbricht war, als er diesen Auftrag übernahm. Er schildert auch, in welcher Weise Ulbricht vom ersten Tage an auf die Gewinnung breiter Bevölkerungskreise orientierte und vor Sektierertum warnte.[482] Zwei Wochen nach der Ankunft der »Gruppe Ulbricht« in Berlin waren in den meisten Bezirken neue Verwaltungen gebildet, fuhren die ersten Omnibusse auf von Trümmern beräumten Straßen, fuhr die U-Bahn auf einigen Streckenabschnitten und fand das erste Konzert in der Oper statt.

Walter Ulbricht im Lehr- und Versuchsgut Groß Lüsewitz, rechts
von ihm Direktor Prof. Schick, links ZK-Landwirtschaftssekretär
Grüneberg. Der Autor Dritter von rechts

Der erfolgreiche Neuanfang in Berlin gehört zu den bleibenden
Zeugnissen der Führungsqualität des Politikers Walter Ulbricht.

Die nachfolgenden Jahrzehnte seines politischen Wirkens machten deutlich, mit welchem Augenmaß er die Ideale der internationalen Arbeiterbewegung unter den Nachkriegsbedingungen auf
deutschem Boden umzusetzen versuchte.

Nachdem in den 50er Jahren deutlich wurde, daß ein einheitli-
ches, demokratisches, neutrales Deutschland unter den Bedingungen der manifestierten Westbindungen der Bundesrepublik nicht
zu erreichen war, wurde der Aufbau einer sozialistischen Gesellschaft
in der DDR zum Hauptanliegen in seinen letzten beiden Lebens-
jahrzehnten. Schon in der zweiten Hälfte der 50er, besonders aber
in den 60er Jahren sah man, wie er dabei nach Lösungen strebte,
die das traditionelle Sozialismusbild der Arbeiterbewegung mit den
Erfordernissen der technischen Revolution vereinte.

Mir fällt, wenn ich heute die kontroversen Urteile über Walter
Ulbricht lese, das Schillerwort zu Wallenstein ein: »Von der Parteien
Gunst und Haß schwankt sein Charakterbild in der Geschichte.«
Ulbricht war ein Politiker mit Herzblut und tiefer Überzeugung.

Beliebigkeit war ihm fremd, Abhängigkeiten ertrug er schwer. Er gehörte nicht zur Zunft der charismatischen Verführer, die allein mit ihrer Ausstrahlung Einfluß auf andere gewinnen. Seine Defizite sind bekannt, ein Rhetoriker war er nicht. Im Gegensatz zur heutigen Generation der »Medienpolitiker« war er keine »Silberzunge«. Lakonische Erklärungen gehörten selten zu seinem Repertoire. Er überzeugte durch sein strategisches Vermögen, durch seine soziale Kompetenz, durch seine emotionale Intelligenz, seine historischen Kenntnisse und die ausgeprägte Fähigkeit, den eigenen Handlungsraum auszuloten. Seine Lust, Neues zu suchen und für den gesellschaftlichen Fortschritt zu verwerten, wurde keinesfalls von der Anmaßung beschädigt, damit den Stein der Weisen gefunden zu haben. Im Urteil über seine eigene Leistung blieb er zurückhaltend, ja bescheiden. Er blieb sich selbst treu, weil er an seiner Absicht festhielt, eine von Ausbeutung befreite, gerechte und solidarische Gesellschaft zu schaffen. In schwieriger Zeit erwies sich Ulbricht als ein Mann der Stürme. Laues war ihm suspekt. Sein ausgeprägtes Selbstvertrauen ließ Selbstzweifeln kaum Entfaltungsraum. Nicht frei von Irrtümern und Fehlentscheidungen war er ein Mensch in seinem Widerspruch.

Sebastian Haffner hatte wohl recht, als er 1966 schrieb: »Man wird noch sehr lange an Ulbrichts Erfolgsgeheimnis herumrätseln, und ganz enträtseln wird man es wahrscheinlich nie.« Haffner verweist auf zwei Faktoren, die zu den Ursachen dieses Erfolges gehören. »Der eine: Ulbrichts beinahe beispiellose Kombination von äußerer Prinzipientreue und äußerster taktischer Schmiegsamkeit und Beweglichkeit. Der andere: seine Fähigkeit warten zu können, sich nie ins Ungewisse festzulegen – und ebenso rigoros wie präzis zu handeln, wenn alles klar ist und nichts mehr fehlgehen kann.«[483]

Anmerkungen

390 Johannes R Becher, Walter Ulbricht, ein deutscher Arbeitersohn; Berlin 1958. L. Thoms, H. Vieillard und W. Berger, Walter Ulbricht. Arbeiter Revolutionär Staatsmann; Berlin 1968.
391 Norbert Podewin, Walter Ulbricht. Eine neue Biographie. Dietz Verlag Berlin 1965; Monika Kaiser, Machtwechsel von Ulbricht zu Honecker, Akademieverlag Berlin, 1997; Mario Frank, Walter Ulbricht. Eine deutsche Biographie. Siedler Verlag, Berlin 2001; sowie eine große Zahl historischer und politischer Publikationen, in denen mehr oder weniger ausführlich und mit mehr oder

weniger Tatsachennähe oder Vorbehalten zum Wirken Ulbrichts Stellung genommen wurde.

392 So in Werner Mittenzwei, Die Intellektuellen …, S. 140-142, 163f.; Siegfried Prokop, 1956 – DDR am Scheideweg, Berlin 2006

393 SAPMO-BArch, DY 30/2119, Bl. 65-98. Brief von Mitgliedern des Politbüros des ZK der SED an L. I. Breschnew vom 21. Januar 1971.

394 Wolfgang Leonhard, Mario Frank, Siegfried Prokop sowie Wurl und Cerny als Verfasser der Erklärung der Historischen Kommission der Linkspartei »Zur Stalinismus-Debatte. 50 Jahre nach dem XX. Parteitag der KPdSU«. In *Neues Deutschland* vom 7. Februar 2006, bezeichnen Ulbricht als Stalinisten bzw. als Stalins Vollstrecker in der DDR.

395 Wolfgang Leonhard und Mario Frank im Fernsehbericht des *MDR* »Historische sächsische Persönlichkeiten«, 26. November 2006.

396 »Zur Stalinismus-Debatte. 50 Jahre nach dem XX. Parteitag der KPdSU«. Erklärung der Historischen Kommission beim Parteivorstand der Linkspartei. PDS. In: *Neues Deutschland* vom 7. Februar 2007.

397 ebenda.

398 ebenda.

399 ebenda.

400 Sigmar Gabriel, Ohne meine Mutter wäre nicht viel aus mir geworden. In: *Stern* 33/2007.

401 Uwe-Jens Heuer, In der Nacht sind alle Katzen grau. In: *Neues Deutschland*, vom 5. Januar 1995.

402 Sebastian Haffner. Ulbricht, ein Essay. 1966, in: Lotte und Walter Die Ulbrichts in Selbstzeugnissen, Briefen und Dokumenten, herausgegeben von Frank Schumann, Berlin 2003, S. 11-15.

403 Werner Eberlein, Geboren am 9. November – Erinnerungen. Verlag Das Neue Berlin, 2000, S. 359.

404 P. A. Thiessen, Begegnungen mit Walter Ulbricht. In: Schriftsteller, Künstler, Architekten, Wissenschaftler und Pädagogen, Berlin-Weimar 1968, S. 331f.

405 Vgl. SAPMO-BArch, DA 5/ 7874, Bl. 0130.

406 Vgl. SAPMO-BArch, SGY 30/1693/2.

407 Vgl. Arno Linke, Ab Morgen bist du Leibarzt. Karl Dietz Verlag Berlin 1999, S. 243-327

408 SAPMO-BArch, DC 20/3798, Bl. 19/20.

409 ebenda.

410 Parteiinternes Material. Protokoll des 29. Plenums des ZK der SED, 12.-14. November 1956.

411 a. a. O., S. 90f.

412 a. a. O., S. 91.

413 ebenda

414 a. a. O., S. 104

415 SAPMO-BArch, DC 20/3869, Bl. 35.

416 August Bebel, Aus meinem Leben. Dietz Verlag Berlin 1964, S. 21.

417 ders., »Die Frau und der Sozialismus«, Dietz Verlag Berlin 1953, S. 452f.

418 a. a. O., S. 453.

419 Sebastian Haffner, Die Pariser Kommune. In: Historische Variationen. Deutscher Taschenbuchverlag Stuttgart-Münchern 2003, S. 83.

420 Vgl. Karl Marx/Friedrich Engels, Der Bürgerkrieg in Frankreich, Werke, Bd. 17, S. 339f.

421 Einleitung von Friedrich Engels zu »Der Bürgerkrieg in Frankreich«. In: Ausgewählte Werke, Verlag für fremdsprachige Literatur, Moskau 1951, Bd. 1, S. 447.

422 Walter Ulbricht, Die neue Verfassung der Deutschen Republik. Rede in den Gloria-Lichtspielen in Magdeburg, 23. November 1946. SAPMO-BArch DA 5/6115, Bl. 1.

423 Michael Brie, Marx und die Utopie vom Lande Kanaan. In: Jean Villain, Die Revolution verstößt ihre Väter, Zytglogge Verlag Bern 1990, S. 189.

424 Der Spiegel vom 30. April 2007, S. 36.

425 Jawaharlal Nehru, Briefe an Indira – Weltgeschichtliche Betrachtungen, Progreß-Verlag J. Fladung, Düsseldorf, 1957, S. 1091.

426 Walter Ulbricht, Rede zum 15. Jahrestag der DDR, 6. Oktober 1964. In: Schriftenreihe des Staatsrates der DDR 7/64, S. 57.

427 Bericht des ZK der SED an den IX. Parteitag, Berichterstatter Erich Honecker. In: Protokoll des IX. Parteitages der SED, Dietz Verlag 1976, S. 125.

428 Vgl. Erinnerungen Willy Langrock. SAPMO-BArch, SGY 30/0545.

429 Befragung durch Carola Stern, veröffentlicht in: Carola Stern, Ulbricht, eine politische Biographie, S. 84, sowie Fn. 22, und G. Regler, in: Das Ohr des Malchus. Köln 1958, S. 232, sowie Mario Frank, Walter Ulbricht, eine deutsche Biographie. Siedler Verlag Berlin 2001, S. 105f. – allesamt keine Freunde Ulbrichts.

430 Vgl. Carola Stern, Ulbricht, eine politische Biographie, a. a. O., S. 84.

431 Herbert Wehner, Zeugnis. Persönliche Notizen 1929-1942. Mitteldeutscher Verlag, 1990, S. 47.

432 Vgl. Peter Erler, Horst Laude, Manfred Wilke, Nach Hitler kommen wir. In: Arbeitsergebnisse des Forschungsverbundes SED-Staat 11/1995, S. 45f.

433 Mario Frank, Walter Ulbricht, eine deutsche Biographie, a. a. O., S. 137.

434 a. a. O., S.147f.

435 Herbert Wehner, Zeugnis. Persönliche Notizen, a. a. O., S. 189.

436 a. a. O., S. 221.

437 a. a. O., S. 214.

438 zitiert in: Der Spiegel 2/1994, Lange Nacht in der Lubjanka, S. 62.

439 Georgi Dimitroff, Tagebücher 1933-1943«. Aufbau Verlag Berlin 2000, S. 249.

440 Markus Wolf, Letzte Gespräche. Verlag das Neue Berlin 2007, S. 215.

441 Anderes Herbst/Hermann Weber, Deutsche Kommunisten. Biographisches Handbuch, Karl Dietz Berlin 2004, sowie Interview in Neues Deutschland, Typisch KPD, typisch DDR?, vom 25. März 2004.

442 Simon Sebag Montefiore. Stalin. Am Hof des roten Zaren, S. Fischer Verlag Frankfurt/M. 2005, S. 590.

443 Die Potsdamer (Berliner) Konferenz der höchsten Repräsentanten der drei alliierten Siegermächte – UdSSR, USA und Großbritannien, Dokumentenband, Moskau/Berlin 1986, Dokument Nr. 68, S. 294.

444 SAPMO-BArch NY 4036/34, Bl. 116f.

445 Hermann Axen, Ich war Diener der Partei – autobiographische Gespräche mit Harald Neubert, edition ost, Berlin 1996, S. 109f.

446 SAPMO-BArch SGY 30/1305.

447 SAPMO-BArch NY 4036/29. Bl. 62-66.

448 SAPMO-BArch NY 4036/63, Bl.33-34, 49.

449 Alexander Bogomolow, Ohne Protokoll. edition ost Berlin, 1999, S. 30.

450 a. a. O., S. 31.

451 SAPMO-BArch NY 4182/1189, Bl. 16.

452 ebenda

453 Monika Kaiser, Wechsel von sowjetischer Besatzungspolitik zu sowjetischer Kontrolle. In: Sowjetisierung und Eigenständigkeit in der SBZ/DDR (1945-1953). Böhlau Verlag Köln, 1999, S. 194.

454 Vgl. u.a. J. Bölsche, P. Hinrichs, Reparationen, Muckefuck und Hundewurst. In: *Der Spiegel* 49/2005, S. 64.

455 W. S. Semjenow, Von Stalin bis Gorbatschow. Nicolaische Verlagsbuchhandlung 1995, S. 273.

455 a. a. O., S. 274.

457 Hermann Axen, Ich war Diener der Partei, a. a. O, S. 153.

458 a. a. O., S. 154.

459 a. a. O., S. 155.

460 W. S. Semjonow, a. a. O., S. 298, sowie Alexander Bogomolow, a. a. O., S. 59f.

461 Vgl. Ronald Friedmann, Ulbrichts Rundfunkmann, edition ost, Berlin 2007, S. 218.

462 Wilfriede Otto, Order aus Moskau ignoriert, Eigeninitiative bewiesen. In: *Neues Deutschland* vom 11./12. Mai 1991, sowie dies., Antwort auf Bonner Ambitionen und Stalins Pokerspiel. In: *Neues Deutschland*, 11./12. Juli 1992

463 Karl Schirdewan, Aufstand gegen Ulbricht, Aufbau Taschenbuch Verlag, Berlin 1994, S. 34. Der Autor gehörte als 1. Sekretär des Landesvorstandes Sachsen der SED zum Kreis jener, denen der Beschluß des Sekretariats des ZK vom 30. Mai 1952 zugestellt worden war, in den es um »Frieden, Einheit und Sozialismus« als künftige Orientierung ging.

464 Russisches Präsidentenarchiv AO RF, f.45 Op.1 D. 303, L168. Zitiert in: W. K. Wolkow, Stalin wollte ein anderes Europa. edition ost Berlin, 2003, S. 193.

465 SAPMO-BArch NY 4036/7366 Bl. 331-334.

466 SAPMO-BArch NY 4036/7366 Bl. 338-341.

467 Richtige Schreibweise: Bogdan Kobulow, sowjetischer Beauftragter für die Wismut, Bruder des 1953 erschossenen KGB-Generals Amjak Kobulow.

468 SAPMO-BArch NY 4036/7366, Bl. 342-348.

469 SAPMO-BArch NY 4090/25

470 SAPMO-BArch SgY 30/6001, Bl. 39

471 Karl Schirdewan, a. a. O., S. 45

472 ebenda.

473 ebenda.

474 Vgl. Notiz Otto Grotewohl, SAPMO-BArch, DY 30/J IV 2/2/ 286; SAPMO-BArch NY 4090/699.

475 Das Herrnstadt-Dokument. Rowohlt Taschenbuchverlag, Reinbek 1990, S. 88

476 Julij Kwizinskij, Vor dem Sturm. Erinnerungen eines Diplomaten. Siedler Verlag Berlin 1993, S. 165.

477 ebenda.

478 ebenda.

479 a. a. O., S. 166.

480 a. a. O., S. 169.

481 Markus Wolf, Letzte Gespräche, a. a. O., S. 207.

482 Vgl.: SAPMO-BArch SgY 30/6611, Erinnerungen Karl Maron.

483 Sebastian Haffner, Ulbricht. Ein Essay,1966. In: Lotte und Walter, a. a. O., S. 11f

Der XX. KPdSU-Parteitag – Strategien, Opponenten und nachträgliche Interpretationen

Der XX. Parteitag der KPdSU, der im Februar 1956 tagte, war ein politisches Ereignis von herausragender historischer Bedeutung. Noch immer ist er Gegenstand kontroverser Debatten. Stelle ich meine Erinnerungen und die gesicherten Archivalien neben Veröffentlichungen von Historikern und Journalisten aus den letzten zwei Jahrzehnten, ergibt sich kein deckungsgleiches Bild. Nachdem ich die Dokumente aus jener Zeit, auch meine Notizen, noch einmal durchgesehen habe, bestätigt sich meine Überzeugung, daß inzwischen eine recht gedrängte, nicht selten verzerrte Darstellung vorherrscht. Behauptungen, die nachweisbaren Tatsachen widersprechen, werden dabei nicht selten zum Ausgangspunkt tendenziöser und erstaunlicher Schlußfolgerungen. Die Zahl der Zeitzeugen nimmt stetig ab. Auch deshalb halte ich es für geboten, meine Erinnerungen an das bewegte Jahr 1956 in die noch immer während Debatte über den XX. Parteitag der KPdSU einzubringen.

Ich habe als 26jähriger den XX. Parteitages wahrgenommen. Während seiner Beratungen und in den ersten Wochen danach war von den Offenbarungen Chruschtschows am Ende des Parteitages nichts in die Öffentlichkeit gedrungen. Wie viele Gleichgesinnte beschäftigte ich mich mit der Problemfülle dessen, was auf dieser Tagung an Neuansätzen für die Entwicklung der Sowjetunion und zu den internationalen Beziehungen vorgetragen worden war. Zwar hatte ich Vorboten einer Abkehr von Stalinschen Dogmen in der Literatur wahrgenommen und leichte Klimaveränderungen verspürt, ohne aber die Wucht dessen zu erahnen, was Wochen später publik werden sollte und bis heute bewegt.

Etwa einen Monat nach dem XX. Parteitag kamen erste Informationen und begann die Debatte über Chruschtschows »Geheimrede«. Was da offenbart wurde erschütterte. Es wäre vorher für mich undenkbar gewesen. Der bis vor kurzem als gerecht, als weise, als unfehlbar gepriesene Stalin entpuppte sich nunmehr als Tyrann. Wie oft war sein theoretisches Werk gelobt, wie intensiv seine Schriften studiert, seine Worte zum Maßstab erhoben worden. Nun plötzlich war der Paulus ein Saulus. Entsetzen, Enttäuschung, auch Verwirrung waren die Folge. Die sozialistischen Ideale waren durch Stalins Verbrechen abgrundtief geschädigt.

Das zu verarbeiten, war nicht einfach.

Wie die Chruschtschow-Rede damals wirkte, ist heute schwer zu vermitteln. Wer erinnert sich noch der politischen Atmosphäre vor einem halben Jahrhundert? Wem ist das Bild, das vorher von Josef Wissarionowitsch Stalin vermittelt wurde, noch gegenwärtig? Damals gehörte es zum Alltäglichen, daß jeder Forschritt bei der Umgestaltung des rückständigen Zarenreiches, die Ergebnisse der Industrialisierung, der Aufschwung in Wissenschaft und Kultur, der Sieg über die faschistischen Eindringlinge vorrangig als Ergebnis von Stalins Genialität dargestellt wurde. Über Jahrzehnte wurde das wirkliche Bild dieses Mannes durch eine Propagandafiktion ersetzt. Er wurde als kinderfreundliche, gütige Vaterfigur dargestellt, die jedwede Frage mit Bedacht und Klugheit zu lösen vermochte. Nicht nur im politischen Bereich, auch in der Wissenschaft und Kultur galt sein Wort als letzte Wahrheit. Nicht nur Widerspruch, schon ein Einwand konnte zum Sakrileg werden. Das alles kam religiöser Heiligenverehrung nahe. »Stalin, auf dich schauen wir voll Vertrauen, dir sei unsere ganze Kraft geweiht«, hieß es in einer Kantate.

Es mag heute erstaunlich wirken, gehört aber zu den historisch nachweisbaren Tatsachen, zu seinen Lebzeiten genoß Josef Stalin in der Welt eine außerordentliche Autorität. Das Persönlichkeitsbild Stalins wies nämlich auch völlig anders geartete Facetten als die eines Tyrannen auf. Der britische Forscher Simon Sebag Montefiore stellt in seiner 2003 veröffentlichten, aufschlußreichen Analyse des Wesens und Wirkens Stalins fest: »Er ›improvisierte nie‹, sondern ›traf seine Entscheidungen nach reiflicher Abwägung‹. Er konnte außergewöhnlich hart arbeiten, oft bis zu 16 Stunden täglich, aber die jüngst geöffneten Archive zeigen, daß sein wahres Genie darin bestand ›Menschen zu betören‹. Er war, was man als ›leutselig‹ bezeichnet. Während ihm einerseits echte Empathie fehlte, beherrschte er meisterhaft die Kunst, Menschen für sich einzunehmen [...] Wer ihn kennen lernte, ›wollte ihn unbedingt wiedersehen‹, weil er ›in einem das Gefühl weckte, fortan unzertrennlich mit ihm verbunden zu sein‹ [...] Frei von jeder Pose bestach Stalin durch Einfachheit. Er sprach ungezwungen, verstand es, einen Gedanken exakt zu formulieren, besaß angeborenen analytischen Geist und ein scharfes Gedächtnis... Stalins fehlende gesellschaftliche Gewandtheit, das Ungekonnte flößte Vertrauen ein. Doch seine Kardinalfehler, die Reizbarkeit, Brutalität und Rachsucht prägten auch die Partei.«[484] Als im März 1953 nicht nur in der Sowjetunion, sondern in allen Erdteilen Menschen um Stalin trauerten, war ihr Mitgefühl auf den durch Propaganda verbreiteten Mythos gerichtet. Der Mensch Josef Stalin war in seinem Wirken, seinem Widerspruch und seiner Schuld ein unbekanntes Wesen geblieben.

Stalins Biographie gehörte in meiner Studienzeit zur Pflichtliteratur. Nach den Enthüllungen Chruschtschows stellte auch ich mir auf der Suche nach Antworten viele Fragen. War etwa auch Stalin von seiner religiösen Erfahrung in den Jugendjahren vorgeprägt? Hatte sich in seiner Person die Wirkung der Heiligenbilder und des christlich orthodoxen Glaubens so verinnerlicht, daß er ein Leben lang danach handelte? Folgte er der Macht eines Mythos? Formte er zielgerichtet diesen Mythos? Schließlich war dieser Mythos im Bewußtsein Vieler derart verwurzelt, daß selbst auf Stalins Befehl Verurteilte und Verbannte weiter an ihn glaubten, vergeblich Gerechtigkeit gerade von ihm erwarteten? Oder waren es etwa die nicht selten Georgiern zugeschriebenen Eigenschaften der Stärke, Intoleranz und Grausamkeit, die verbunden mit einem chronischen Mißtrauen seinen Charakter prägten? Welchen Einfluß hatte die russische Rückständigkeit, hatte russisches Großmachtdenken oder etwa die in späteren Urteilen über den gealterten Stalin angemerkte Paranoia auf sein Wesen? Wie dem auch sei, die Hinterlassenschaft des Josef Stalin ließ auch das Jesuitenwort vom Zweck, der die Mittel heiligt, erneut zur schrecklichen Wirklichkeit werden. Als Stalin starb, wurde er weltweit betrauert. Doch die Trauer galt offensichtlich nicht diesem Mann, sondern der über ihn verbreiteten Fiktion.

Wie jeder, der die Zeit nach dem XX. Parteitag bewußt miterlebte, habe auch ich den Schock über die Erschütterung, die Chruschtschows Rede hervorrief, zu verarbeiten versucht. Noch im

März 1953, als Stalin starb, dominierte weithin die Frage, wie wird es weitergehen ohne diese Führungspersönlichkeit. Die Fragestellung 1956 zielte in eine völlig andere Richtung. Sie lautete nunmehr, wie konnte das geschehen? Warum haben wir nicht früher die Wahrheit erfahren? Waren wir zu gutgläubig? Was ist weiter an Enthüllungen zu erwarten? Wie können solche Entstellungen der sozialistischen Idee künftig verhindert werden? Mancher Zweifel wurde laut. Schließlich waren die Untaten Stalins den sozialistischen Idealen und Zielen, den ethischen Prinzipien der Arbeiterbewegung entgegengesetzt. Sein Handeln widersprach zutiefst dem humanen Anliegen sozialistischer Politik. Dafür gab es keine Begründung, keine Rechtfertigung.

Wer wie auch ich und viele Gleichgesinnte die Vergötterung Stalins erlebte und 1956 zunehmend mit den Enthüllungen konfrontiert wurde, hatte seine Last, den dadurch ausgelösten Schock zu verdauen. Die Wunden heilten langsam. Die Narben bereiten bis in unsere Tage Schmerzen. Jeder hatte auf seine Weise damit umzugehen. Denen, die resignierten oder meinten, man müsse künftig an allem zweifeln, mochte ich mich nicht anschließen. Nunmehr war es – so entwickelte sich damals meine Überzeugung – möglich, die sozialistische Gesellschaft befreit von den tragischen Verwerfungen der Vergangenheit konstruktiver, konfliktfreier im Interesse des werktätigen Volkes zu errichten. Daß diese Haltung durch die politisch erfahrenen Genossen meines Arbeitsumfeldes mit beeinflußt wurde, ist anzunehmen. Entschlossenheit, den eingeschlagenen sozialistischen Weg weiter zu gehen, auftretenden Fehlentwicklungen mit aller Kraft zu begegnen, war und blieb meine Konsequenz in dieser komplizierten Zeit. Der nachfolgenden Spannungen und Probleme bei der Überwindung der Stalinschen Hinterlassenschaft war ich mir im Frühjahr 1956 nicht bewußt. War ich zu jung, zu unerfahren, hatte nicht vorauszusehen vermocht, welchen Kräften die Kritik des XX. Parteitages an Stalin gerade recht kam, um eigene Ziele zu verfolgen?

Die Offenbarungen Nikita Chruschtschows auf der geschlossenen Sitzung am Ende des XX. Parteitages erwiesen sich als ein epochaler, irreversibler Befreiungsschlag. Es war jedoch weder der alleinige, nicht einmal der Hauptgegenstand der Beratungen des XX. Parteitages.

Kernfragen des XX. Parteitags

Der XX. Parteitag tagte vom 14. bis zum 25. Februar 1956. Zwölf Beratungstage waren für eine derartige Zusammenkunft recht ungewöhnlich. Wer sich der Zeit vor dieser Beratung erinnert oder darüber nachträglich unvoreingenommen recherchiert, dem wird kaum entgehen, daß die Monate vor diesem Parteitag eine Periode grundsätzlicher Diskussionen, kontroverser Dispute und der Erwartung auf neue Erkenntnisse über den sozialistischen Aufbau waren. Mir blieben besonders die Debatten über die im Studium so intensiv behandelte Schrift Stalins »Ökonomische Probleme des Sozialismus« in Erinnerung. Bereits 1954 war auf der 21. Tagung des Zentralkomitees der SED das Gerüst der vorher sakrosankten Auffassungen aus Stalins Schrift verlassen worden. Auf dieser Tagung wurden wirklichkeitsnahen Aspekten der ökonomischen Politik, der wirtschaftlichen Rechnungsführung und der wirtschaftlichen Selbständigkeit der Betriebe vorrangige Bedeutung beigemessen. In den ersten Monaten des Jahres 1955 offenbarten Artikel dem aufmerksamen Leser, daß Aussagen Stalins über die ökonomischen Probleme des Sozialismus zur Disposition gestellt wurden.

In Vorbereitung einer theoretischen Konferenz »Zur Ökonomik in der Übergangsperiode« veröffentlichte Prof. Gunter Kohlmey am 3. März 1955 einen Artikel, in dem er unter anderen begründete, warum sich die Wirtschaft in der DDR auf Grund der speziellen Bedingungen »im gewissen Grade von den ökonomischen Prozessen in der Übergangsperiode in den Ländern der Volksdemokratie« unterscheidet.[485] Einen Monat später informierte u.a. ein Beitrag des sowjetischen Ökonomen K. Ostrowitjanow über gegensätzliche Standpunkte sowjetischer Akademiemitglieder zu Stalins ökonomischen Theorien.[486] Schon im Vorfeld des XX. Parteitages gab es Anzeichen dafür, daß von der Auffassung Stalins, mit Fortschreiten des sozialistischen Aufbaus in der Sowjetunion verschärfe sich der Klassenkampf, abgerückt werde. Erste Korrekturen Stalinscher Repressionen wie die Rehabilitierung der 1953 in der Sowjetunion beschuldigten Ärztegruppe, die im Herbst 1954 vorgenommene Rehabilitierung von Verurteilten des Rajk-Prozesses in Ungarn und die Rückkehr verurteilter und verbannter deutscher Kommunisten 1954/55 aus der Sowjetunion erwiesen sich als Vorboten signifikanter Änderungen im politischen System des Sozialismus.

Während des XX. Parteitags und in den Wochen darauf standen die neuen Erkenntnisse und Aufgabenstellungen der KPdSU auch in der DDR im Zentrum der Aufmerksamkeit. Chruschtschow hatte am Beginn des Parteitages in seinem Rechenschaftsbericht es als ein Epochenmerkmal konstatiert, daß der Sozialismus über den Rahmen eines Landes hinausgegangen sei und sich zu einem Weltsystem entwickelt habe. Zwei gegensätzliche Wirtschaftssysteme stünden sich nunmehr gegenüber. Aus der Erkenntnis der ökonomischen Überlegenheit des kapitalistischen Systems formulierte der XX. Parteitag die Aufgabe, die entwickeltsten kapitalistischen Länder in der Produktion pro Kopf der Bevölkerung in geschichtlich kürzester Zeit zu überholen. Auch wenn es sich dabei um eine quantitative Aussage handelte und wenn der genannte zeitliche Maßstab recht ungenau definiert wurde, war damit ein hoher Anspruch begründet worden. Die Rückständigkeit Rußlands zu überwinden, mit den Ländern Westeuropas gleichzuziehen, sie möglichst zu überholen, war eine russische Vision zumindest seit Peter dem Großen. Unter den Bedingungen des 20. Jahrhunderts wurde eine derartige Zielstellung zu einer Schlüsselfrage über Sieg oder Niederlage in der Systemauseinandersetzung zwischen Sozialismus und Kapitalismus. Mit diesem Strategieansatz wurde damit begonnen, der verbreiteten unrealistischen Vorstellung den Boden zu entziehen, daß der Sozialismus a priori, sozusagen kraft seiner Existenz, dem Kapitalismus auf allen Gebieten überlegen sei.

Zum neuen Gedankengut, das auf dem XX. Parteitag erörtert wurde, gehörte auch die Erkenntnis, daß es in einer Reihe von Staaten möglich sei, unter Nutzung der Parlamente auf friedlichem Wege zum Sozialismus zu gelangen. Zu der Zeit waren insbesondere in Italien und Frankreich die linken Kräfte so gewachsen, daß ein solcher Weg nicht nur als theoretischer Ansatz betrachtet wurde, sondern als politische Möglichkeit nicht auszuschließen war. Bereits im Rechenschaftsbericht und in den Diskussionen des XX. Parteitages waren der Personenkult verurteilt, die Kollektivität aller Leitungsorgane eingefordert und dem Dogmatismus und der Buchstabengelehrtheit der Kampf angesagt worden. Ein Parteitag mit solchen Ergebnissen gab den politisch Interessierten vielfältige Anregung zum Nachdenken, zu Diskussionen im kleineren und im größeren Kreis. Die Reden und

Dokumente des XX. Parteitages wurden täglich in der Presse der DDR abgedruckt. Wichtige Dokumente wie der Rechenschaftsbericht Chruschtschows wurden in umfangreichen Faltblättern als Sonderdruck im Wortlaut publiziert.

Behauptungen und Tatsachen

Die Ergebnisse des XX. Parteitags der KPdSU haben mich bewegt wie kaum ein anderes Ereignis meines politischen Lebens vorher. Die Veröffentlichungen wie die kontroversen Debatten dazu habe ich 1956 und in den nachfolgenden Jahren hellwach verfolgt. Nunmehr seit annähernd zwanzig Jahren hat sich der Strom der Publikationen über dieses Ereignis insbesondere im Zusammenhang mit der »Stalinismusdebatte« fast grenzenlos verbreitet. Ob damit der Weg zur Erkenntnis vertieft wird oder lediglich versandet, wird sich erweisen. Dominierend in der neueren Literatur ist die Sicht, 1956 hab die DDR am Scheideweg gestanden. Walter Ulbricht habe die notwendigen und möglichen Veränderungen verhindert. Karl Schirdewan, Wolfgang Harich und dessen Kreis hätten einen Weg zu einem neuen nichtsowjetischen Sozialismuskonzept gefunden.[487] Die in den 90er Jahren publizierten Schriften Schirdewans[488] dienen dabei als Beweis.

Nach eigenem Bekunden machte sich Schirdewan – dies sei hier angemerkt – 1956 auf den Weg an die Parteispitze. Er erklärte später dazu: »Ich will nicht verhehlen, daß ich bereit gewesen wäre ›nach einer Ablösung Ulbrichts‹ als einer der Sekretäre in einer neuen Führung Verantwortung zu übernehmen«.[489] Nach seinem Selbstzeugnis knüpfte er hinter dem Rücken seiner Kollegen im parteiinternen Streit 1956/57 Kontakte nach Moskau. »Ich hatte«, so schrieb er 1994, »eine gewisse moralische Unterstützung bei den Botschaftern der UdSSR wie Tulpanow, Semjonow und vor allem zuletzt Puschkin. Zwischen ihm und mir war eine gute freundliche Beziehung entstanden. Er war ein aktiver Mittler zur sowjetischen Parteiführung über meine Absichten.«[490]

Schenkt man dem, was Karl Schirdewan mitteilte, ungeprüft Glauben, wurde eine Auswertung des XX. Parteitages, »die verbunden war mit eigenen Schlußfolgerungen für die SED, hinausgezögert«.[491]

Nachweislich nahm in der DDR aber niemand früher als Walter Ulbricht zu den Ergebnissen dieses Parteitages öffentlich Stellung.[492] Schon am 4. März, also unmittelbar nach Rückkehr der Delegation der SED aus Moskau, publizierte er seine Stellungnahme im *Neuen Deutschland*. Seine Distanz zu allen in etwa dreißig Jahren unter Stalin abgehaltenen Parteitagen wurde schon in der einleitenden Prämisse des Autors sichtbar: »Dieser XX. Parteitag der KPdSU war der bedeutendste Parteitag der KPdSU seit dem Ableben Lenins.«

Nachdem Ulbricht in diesem Beitrag die Hauptergebnisse dieses Kongresses dargestellt hatte, zog er erste praktische Schlußfolgerungen. An vorderer Stelle stand dabei sein Vorschlag an die Sozialdemokratie zu einer vorbehaltlosen Zusammenarbeit im Interesse der Sicherung des Friedens. Mehrere Vorschläge zu einem Gedankenaustausch mit dem Parteivorstand der SPD und zu einem Delegationsaustausch zwischen SPD und SED wurden nach dem Februar 1956 als eine Konsequenz aus dieser Erkenntnis den leitenden Gremien der SPD übermittelt. So wurden am 15. Februar 1956 Vorschläge zur bevorstehenden Außenministerkonferenz der vier Siegermächte, am 15. März eine Einladung zur Teilnahme einer Delegation der SPD an der 3. Parteikonferenz gesandt.[493] Auch am 3. Mai, am 30. Juni und am 5. Juli 1956 gingen Offerten der SED an die Führung der SPD.[494] Der Parteivorstand der SPD ging auf keine dieser Einladungen und Vorschläge ein.

Bemerkenswert erscheint mir, wie intensiv sich Ulbricht in dem genannten Artikel mit dem Bekenntnis des XX. Parteitages zu unterschiedlichen Formen des Übergangs zum Sozialismus beschäftigte. Damit schien nunmehr Gedanken- und Handlungsfreiheit in einer hochbrisanten Frage der Politik geschaffen. Bekanntlich hatten sich die Führungsgremien der SED 1945/46 dazu bekannt, einen besonderen deutschen Weg zum Sozialismus zu beschreiten, der die Besonderheiten der nationalen Bedingungen berücksichtigt. Schon die Erklärung der KPD vom 11. Oktober 1945 enthielt die Auffassung, »daß die entscheidenden Interessen des deutschen Volkes in der gegenwärtigen Lage für Deutschland einen anderen Weg (als den der Sowjetunion) vorschreiben«. Anton Ackermann hatte dazu im März 1946 einen entsprechenden Artikel unter dem eindeutigen Titel »Gibt es einen besonderen deutschen Weg zum Sozialismus?«[495] veröffentlicht. Bei seiner Argumentation zu dieser Frage stützte sich Ackermann auf ein Lenin-Zitat aus dessen Arbeit »Über eine Karikatur auf den Marxismus«, in der dieser eindeutig gesagt hatte, daß es verschiedene Wege zum Sozialismus geben werde. Im gleichen Sinne hatte sich Walter Ulbricht im März 1946 geäußert. »Sowohl Karl Marx wie später Lenin haben darauf hingewiesen, daß der Weg zur Macht nicht in allen Ländern der gleiche ist.«[496] Der Logik dieser Erklärungen schloß sich das Grundsatzdokument des Vereinigungsparteitages an, in dem erklärt wurde: »Die Sozialistische Einheitspartei Deutschlands erstrebt den demokratischen Weg zum Sozialismus.«[497]

Diese These – sie implizierte die Ablehnung einer Kopie sowjetischer Verhältnisse – wurde in den ersten Nachkriegsjahren zum Gemeingut der politischen Auffassungen der SED. Dieser sinnvollen und strategisch klugen Grundidee wurde allerdings 1948 mit der Verurteilung der jugoslawischen Führung durch Stalin und das Informationsbüro der kommunistischen und Arbeiterparteien ein jähes und abschreckendes Ende gesetzt. Auf alle Parteien des sozialistischen Lagers wurde massiver Druck ausgeübt, nationalen Varianten des Weges zum Sozialismus abzuschwören. In Polen wurde die Theorie eines polnischen Weges zum Sozialismus als Abweichung vom rechten Weg abqualifiziert. Der Generalsekretär der Polnischen Vereinigten Arbeiterpartei, Gomulka, verlor deshalb seine politischen Ämter und wurde inhaftiert. Auch die SED konnte sich dem Druck Moskaus nicht entziehen. Sie tat das unter Vermeidung derart weitreichender persönlicher Konsequenzen wie etwa in Polen.

Auf der Tagung des Parteivorstandes der SED am 16. September 1948 wurde das Thema »Die theoretische und praktische Bedeutung der Entschließung des Informationsbüros der kommunistischen und Arbeiterparteien über die Lage in der KP Jugoslawiens und die Lehren für die SED« behandelt. Anton Ackermann schwor auf dieser Tagung seiner These ab. Er erklärte: »Und nun möchte ich offen und ohne jede Einschränkung erklären: Die These von einem besonderen deutschen Weg zum Sozialismus ist eine falsche, faule und gefährliche These, die wir ausmerzen müssen.«[498] Diese Wendung, die wohl nicht aus eigener Erkenntnis, sondern auf massiven Druck des »großen Bruders« erfolgte, war dem zunehmend begrenzten Bewegungsspielraum der Parteien der sozialistischen Gemeinschaft in diesem Zeitabschnitt geschuldet. Das alles vollzog sich, als ich 18jährig in meiner Heimatstadt in die Partei eingetreten war. Den Kern und die Tragik der Auseinandersetzung habe ich wie andere in meinem Heimatort auch kaum wahrgenommen. Viel später, jedenfalls erst nach dem XX. Parteitag der KPdSU, wurde mir klar, daß die Führungskräfte der SED die 1948 von Moskau eingeforderten Korrekturen vorrangig verbal vorgenommen hatten, daß alle beteiligten Personen aber in ihren Ämtern verblieben waren. Wohl niemand erlitt 1948/49 in diesem Zusammenhang in der DDR das Schicksal Gomulkas oder gar von László Rajk in Ungarn. Der politische Schaden, der aus diesen Ereignissen resultierte, war jedoch auch in der DDR enorm.

Am 16. Februar 1956 umging, wie nachzulesen ist, Walter Ulbricht in seinem Grußwort auf dem XX. Parteitag keinesfalls die über Jahrzehnte umstrittene Frage des Wegs zum Sozialismus. Entsprechend seinem Denkmuster trug er seine Überlegung dazu nicht im Groll und der Polemik gegenüber früheren Dogmen, sondern in der Fassung einer Gegenwartsaufgabe vor. »Wir bemühen uns, gemäß der Lehre des Marxismus-Leninismus die Formen und Methoden des Aufbaus des Sozialismus entsprechend den Entwicklungsbedingungen in Deutschland zu gestalten.«[499]

Wenige Tage danach stützte sich Ulbricht in seinem Artikel vom 4. März zum gleichen Problem wohl nicht ohne Hintergedanken, eher auf Signalwirkung gegenüber Kundigen bedacht, auf das gleiche Zitat Lenins, das Ackermann als Ausgangspunkt seiner Überlegungen über den deutschen Weg zum Sozialismus gewählt hatte: »Alle Nationen werden zum Sozialismus gelangen, das ist unausbleiblich. Aber keine auf genau die gleiche Art und Weise […] Nichts wäre theoretisch jämmerlicher und in der Praxis lächerlicher, als sich ›im Namen des historischen Materialismus‹ in dieser Hinsicht die Zukunft grau in grau vorzustellen.«[500]

Damit war in einer Grundfrage der Strategie des sozialistischen Aufbaus die seit 1948 vorherrschende Verkrustung gebrochen, der Weg für kreatives Vorgehen wurde wieder frei. Daß Anton Ackermann wenige Wochen danach rehabilitiert und seine – im anderen Zusammenhang 1953 ausgesprochene – Parteistrafe gestrichen wurde, war eine logische Folge dieser Entwicklung.

Auch die These Stalins von der permanenten Verschärfung des Klassenkampfes hatte der XX. Parteitag der KPdSU überprüft und verworfen. Danach, und nachdem die schlimmen Folgen dieser falschen These offenbart waren, hätte es wohl kaum einen vernünftigen Menschen gegeben, der sich dieser Auffassung entzogen oder entgegengestellt hätte. Um so verwunderter war ich, als publik wurde, daß Karl Schirdewan, der damals hochrangige Parteifunktionär – nicht selten wurde er als zweiter Mann an der Spitze der SED bezeichnet – vierzig Jahre danach seine Situation in den Märztagen 1956 wie folgt darstellt: »Es war für mich eine schwere Zeit. Ich mußte ständig meine Auffassung gegen althergebrachte Ansichten z. B. über eine ständige Verschärfung des Klassenkampfes verteidigen. So auf der 26. Tagung des ZK (22. März 1956).«[501]

Vielleicht hat dem Autor auch hier die Erinnerung einen Streich gespielt. Wirft man nur einen Blick auf die Dokumente aus jener Zeit, kann man lesen, daß Ulbricht in einem Artikel am 4. März – also drei Wochen vor der von Schirdewan erwähnten 26. Tagung des ZK – zu diesem Thema eindeutig öffentlich Stellung genommen hatte. »Es wurde auch die von Stalin vertretene Auffassung korrigiert, daß sich mit fortschreitenden Erfolgen des sozialistischen Aufbaus in der Sowjetunion der Klassenkampf verschärfe.«[502]

Bislang ist auch kein Beweis dafür bekannt geworden, daß eventuell andere Mitglieder der Führung der SED in dieser Frage eine andere Meinung vertreten und damit Schirdewan – wie er es darstellt – das Leben schwer gemacht hätten. Ulbricht hat jedenfalls keinen Hehl aus seiner Ablehnung der Stalinschen These gemacht. Am 17. März 1956 wurde er auf der Berliner Bezirksdelegiertenkonferenz noch deutlicher als vorher. »Gegen wen mußte sich diese Verschärfung dieses Kampfes von Seiten der staatlichen Sicherheitsorgane richten? [...] Die vorhandenen gegnerischen Kräfte waren keine ernste Gefahr. Der Stoß richtete sich faktisch gegen einen Teil der Kommunisten«.[503]

Das war deutlich, war verständlich und offenbarte zugleich Ulbrichts Empfindungen in dieser tragischen Angelegenheit.

Bekanntlich ist auch in seriöser historischer Forschung »eines Mannes Rede keines Mannes Rede«. Warum stützen sich – so frage ich mich immer wieder – in den gängigen Darstellungen der Ereignisse des Jahres 1956 nicht wenige Autoren vordergründig auf Erklärungen Schirdewans oder anderer Opponenten, und weshalb ignorieren sie Aussagen, Motive und Handlungen jener, die damals die Last der Verantwortung trugen?

Auch über den Umgang der Parteiführung der SED mit der Geheimrede Chruschtschows auf dem XX. Parteitag werden, so stellt es sich mir dar, heute eher auf Vermutungen und Fehlinformationen beruhende als auf Tatsachen gestützte Legenden gewoben. Noch immer wird von Historikern mit Bezug auf Schirdewan unterstellt, daß »Walter Ulbricht die Information der Parteimitglieder über die Geheimrede Chruschtschows hinauszuzögern versuchte. Zunächst sollten Instruktionen aus Moskau abgewartet werden. Im Politbüro herrschte Unsicherheit. Ulbricht begnügte sich mit wenigen Verkürzungen, die er auf die Formel brachte, Stalin sei kein Klassiker mehr.«[504]

Mit einer solchen Konstruktion lassen sich dann ohne weitere Schwierigkeiten mit der Wahrheit Ulbricht in die Hölle der Stalinisten verdammen und seine Kritiker und Opponenten in den Himmel der Reformer erheben. Geht man aber bei der Betrachtung der Ereignisse in dieser komplizierten, ja hochbrisanten Zeit durch das Tor der Tatsachen, gelangt man ohne große Mühe zu beweisbaren anderen Erkenntnissen.

Geheimreden unterscheiden sich bekanntermaßen von öffentlichen Erklärungen. Daß in den unterschiedlichen Gremien dieser Welt interne Angelegenheit deshalb intern behandelt werden, weil dafür gesorgt werden soll, daß – aus welchen Gründen auch immer – der behandelte Gegenstand nicht öffentlich wird, gehört zu den Binsenweisheiten. Chruschtschows Rede wurde bekanntlich am letzten Sitzungstag des XX. Parteitags in einer geschlossenen Beratung vorgetragen. Die politisch Verantwortlichen der KPdSU hatten sich in Anbetracht der außerordentlichen Brisanz dieser Erklärung – wohl auch des teilweise improvisierten Vortrags[505] – dafür entschieden, den Text nicht zu veröffentlichen.[506] Es gab offensichtlich auch Sorge darüber, daß der Text, der den Parteimitgliedern intern übermittelt werden sollte, in der bürgerlichen Presse den antikommunistischen Sensationsjournalismus bedienen würde. Chruschtschow hat im Nachhinein den unternommenen Versuch der Geheimhaltung dieser Rede als Fehlentscheidung charakterisiert.[507]

Alle Gastdelegationen wurden vor ihrer Abreise aus Moskau über den Inhalt und den Geheimhaltungsgrad der Rede Chruschtschows informiert. Jeder dieser Eingeweihten hat sich bis zum 17. März 1956, als in der amerikanischen, englischen und westdeutschen Presse aus der Rede Chruschtschows zitiert wurde, an die Vereinbarung gehalten. Dabei war in den Märztagen 1956 ungewiß, inwieweit es sich bei den im Westen veröffentlichten Zitaten um echtes Material oder Fälschungen handelt. Die Gastdelegationen hatten selbst keinen Redetext erhalten, sondern waren lediglich in der Nacht zum 26. Februar 1956 mündlich informiert worden. Die Aufzeichnungen Schirdewans aus dieser nächtlichen mündlichen Information waren offensichtlich noch weit in den März 1956 hinein die wesentliche verfügbare Unterlage der Führung der SED zum Inhalt des Vorgetragenen. Am Abschluß des XX. Parteitages gab es keine autorisierte Fassung dieser Geheimrede. Das konnte auch kaum anders sein. Einen Hinweis dafür, daß Chruschtschow noch im März 1956 an der endgültigen Fassung dieses Dokumentes gearbeitet hat, findet sich in den Memoiren von Jerzy Putrament. Der polnische Schriftsteller und Politiker berichtete, Chruschtschow habe den in Moskau erkrankten polnischen Parteichef Bierut nach dem XX. Parteitag sprechen wollen, »den Besuch dann aber aufgeschoben, weil er in aller Eile das Stenogramm des ›Berichtes‹ autorisieren mußte.«[508] Bierut verstarb am 12. März 1956. Darüber, wann die Autorisierung der Rede abgeschlossen war, liegen nach meiner Kenntnis keine Informationen vor. Die Debatten über den zögerlichen Umgang mit dieser Rede haben sich inzwischen fast verselbständigt. Der fundamentale Gegenstand dieser Erklärung, die fundamentale Abkehr von der Repressionspolitik Stalins, sollte, so denke ich, dahinter nicht verblassen.

Die Berliner Rede – Mißverständnisse und Wirkungen

Selten habe ich erlebt, daß in meiner Umgebung das Zentralorgan des ZK der SED, die Zeitung *Neues Deutschland*, so intensiv gelesen und der Inhalt eines Beitrags so bewegend diskutiert wurde wie am 18. März 1956. Veröffentlicht war in diesem Blatt die Rede Walter Ulbrichts auf der Berliner Delegiertenkonferenz der SED. Ohne sich auf Chruschtschow oder auf andere Verantwortliche der KPdSU zu beziehen oder Umstände dessen Rede zu erwähnen, war das die erste umfassende Veröffentlichung über den Inhalt der fundamentalen Kritik des XX. Parteitages an Stalin.

Die dreitägige Berliner Bezirksdelegiertenkonferenz der SED war am 14. Februar zum 16. März 1956 einberufen worden. Weder zum Zeitpunkt der Einberufung noch am Beginn der Konferenz war vorherzusehen, daß am 17. März die internationale Presse mit Schlagzeilen und Teilinformationen über die Geheimrede Chruschtschows erscheinen würde. Ulbricht sollte und wollte am gleichen Tag zu den Berliner Delegierten sprechen. Nach diesen Veröffentlichungen war er in keiner beneidenswerten Situation. Sollte er sich hinter die Geheimhaltungsvereinbarung zurückziehen oder war es angesichts der über Nacht neu entstandenen Situation angemessener, sich detaillierter und prinzipieller als am 4. März zu den Fehlern und Verbrechen Stalins zu äußern. Ulbricht war ein erfahrener, entschlossener Parteifunktionär, der oft bewiesen hatte, daß er Risiken nicht scheute. So trat er vor die Delegierten. Offensiv widmete er – weitgehend aus dem Stegreif – mehr als zwei Drittel seiner Rede den Fehlern und Verbrechen Stalins, um daraus Lehren für die Arbeit der SED abzuleiten. Am nächsten Tag wurde dieser Redetext veröffentlicht.[509] Dieses nicht vereinbarte Vorgehen bedurfte einer Erklärung gegenüber dem Präsidium des ZK der KPdSU. Unverzüglich übermittelte Ulbricht ein Telegramm nach Moskau. Ausgehend von den unerwarteten Veröffentlichungen in der westlichen Presse über die geschlossene Sitzung des XX. Parteitages schrieb er: »Aus diesem Grunde vereinbarten die Mitglieder des Politbüros der SED, die an der Berliner Bezirksdelegiertenkonferenz teilnehmen, daß ich in einer Diskussionsrede zu den Fragen, die in der Partei eine große Rolle spielen und die vor allen Dingen J. W. Stalin betreffen Stellung nehme. Es wurde festgelegt, daß diese Diskussionsrede sofort veröffentlicht werden soll.

Es ist uns nicht angenehm, daß wir zu Fragen der KPdSU öffentlich Stellung nehmen, bevor das in der *Prawda* geschehen ist. Es blieb uns jedoch in dieser Situation kein anderer Weg. Ich schlage vor, daß in einem Leitartikel der *Prawda* zu einigen Fragen Stellung genommen wird.«[510] Der Text dieses Telegramms Ulbrichts wurde erstmals 1990 veröffentlicht.[511]

In Anbetracht dieser Sachlage stelle ich mir schon die Frage, weshalb namhafte Historiker an solchen Tatsachen vorbeisehen und noch immer Walter Ulbricht ein Verzögern der Auswertung der Rede Chruschtschows, ein Abwarten auf Instruktionen der KPdSU, Unsicherheit und eine Verkürzung der Kritik an Stalin auf wenige Floskeln unterstellen.[512]

Es ist erstaunlich, daß bei der Brisanz der Erklärungen Ulbrichts in seiner grundsätzlichen und detaillierten Auseinandersetzung mit Stalin am 17. März 1956 in der Partei und in der Öffentlichkeit gerade jene Passage für Wirbel sorgte, in der es um das Verständnis junger Genossen ging. Sie hatte folgenden Wortlaut: »Wir verstehen, daß es eine große Zahl junger Genossen bei uns gibt, die nach 1945 in die Arbeiterbewegung gekommen sind, die nicht wie wir mehr als 45 Jahre Parteikampf und innerparteilichen Kampf mitgemacht haben, sondern im Parteilehrjahr bestimmte Dogmen auswendig gelernt haben und nun erleben, daß einige Dogmen nicht mehr zum Leben passen. Aber jetzt sagen manche nicht etwa, der Dogmatismus ist nicht richtig, sondern da stimmt im Leben etwas nicht. (*Heiterkeit*) Das scheint mir verkehrt zu sein.«[513]

Das war zweifellos eine verunglückte Gedankenkonstruktion. Sie erwies sich im Nachhinein als folgenschwerer Fehler. Junge Genossen und auch Parteilose fühlten sich zu Unrecht kritisiert. Andere stießen sich an der in der Veröffentlichung vermerkten Heiterkeit der Delegierten. Die jedoch entsprach kaum dem Inhalt dessen, was Ulbricht in freier Rede – allerdings recht verklausuliert – zu den bitteren Erfahrungen und Auseinandersetzungen in den vergangenen Jahrzehnten reflektierte. Auch für mich war kein triftiger Grund zu erkennen, warum einige der Delegierten gerade diese Passage mit Heiterkeit quittierten. Zwei Wochen danach nahm Willi Bredel auf der 3. Parteikonferenz zu diesem Zitat und dessen öffentlicher Wirkung Stellung. Er erklärte: »Wenn unsere jungen Genossen Stalin Seite für Seite, Wort für Wort in sich aufgenommen haben, ist das ihre – und zwar ihre alleinige Schuld? Ist das nicht auch und vor allem unsere Schuld, die der älteren Genossen? […] Wir sollten, so meine ich, jetzt weniger die jungen Genossen dafür auslachen, sondern etwas mehr Selbstkritik üben.«[514]

Das war unübersehbar an Ulbricht, aber auch an die zur Heiterkeit veranlaßten Delegierten gerichtet. Der Historiker Siegfried Prokop hält es nunmehr für angemessen, aus diesem zweifellos berechtigten Disput »Ulbrichts Dilemma« abzuleiten, ihn als »Jongleur, der Stalin aus dem Olymp verbannte«, zu bezeichnen und ihm »machiavellistische Art« zu unterstellen.[515] Historische Beweisführung ist etwas anderes als solche Verbaläquilibristik.

Aus eigenem Erleben ist mir bekannt, wie nahe Walter Ulbricht die verunglückte Passage auf der Berliner Konferenz ging. Auf der Jugendkonferenz im Juli 1956 in Rostock gab es, wie zu erwarten, auch Nachfragen zur Rede am 17. März in Berlin. Ulbrichts Reaktion darauf offenbarte, wie sehr ihn dieses Thema bewegte. Seine im Protokoll dieser Beratung festgehaltene Antwort lautete: »Einer der Jugendfreunde sprach davon, daß auf der Berliner Delegiertenkonferenz die Frage stand, daß die Jugend im Sinne des Dogmatismus, der Buchstabengelehrtheit beeinflußt wurde. Ich muß sagen, so, wie das dort in der Presse stand, konnte der Bericht über meine Rede zu Mißverständnissen führen. Und dort ist auch einiges etwas vereinfacht. Dort wird zum Beispiel gesagt, daß Heiterkeit war bei dieser Frage, und jemand hat gesagt, die Jugend wurde ausgelacht. Das stimmt nicht. Selbstverständlich, über diesen Vergleich hat ein Teil der Delegierten gelacht. Aber das bezog sich auf diese Formulierung, die nicht exakt war. Aber ihr habt Recht, diese Frage zu stellen. Wie kann man also richtig das Studium der Jugend fördern und das Verständnis für die großen politischen und wirtschaftlichen Fragen wecken? Ein Jugendfreund stellte die Frage, wie ist das mit dem Dogmatismus? Ich sage euch ganz offen, selbstverständlich sind wir allein die Hauptschuldigen. Warum? Weil der Marxismus-Leninismus in diesen Jahren etwas vereinfacht gelehrt worden ist. Aber die Wissenschaft des Marxismus-Leninismus ist viel reicher, viel vielfältiger, viel interessanter als das, was an Schulen – ob Berufs- oder Fachschulen – im gesellschaftlichen Unterricht gelehrt wird.«[516]

Als drei Wochen danach das Zentralkomitee der SED auf seiner 28. Tagung Schlußfolgerungen aus dem XX. Parteitag behandelte, ging Walter Ulbricht erneut auf diese Angelegenheit ein. Er bekannte: »Wir haben zu Beginn der Berichterstattung über den XX. Parteitag manche Fragen in ihrer Wirkung nicht übersehen können und nicht immer eine befriedigende Antwort gegeben. Auch einige Fragen in meiner Rede auf der Berliner Delegiertenkonferenz über die Jugend konnten zu Mißverständnissen führen.«[517]

Jeder Unvoreingenommene wird aus der Reaktion Walter Ulbrichts auf diesen Fehler erkennen, daß ihm Sensibilität und selbstkritisches Verhalten nicht fremd waren.

Folgt man den Erklärungen Schirdewans von 1994 zu Ulbrichts Rede auf der Berliner Delegiertenkonferenz 1956 und den Hypothesen, die neuerdings dazu veröffentlicht werden, entsteht der Eindruck, Ulbricht hätte darin die Kritik des XX. Parteitages an Stalin mit wenigen Floskeln abgetan. Schirdewan dazu: »Ich entschloß mich, offen gegen Walter Ulbrichts Auffassung aufzutreten, Personenkult könne auf die Erkenntnis reduziert werden, Stalin sei kein Klassiker des Marxismus-Leninismus gewesen. Ich wollte seiner linksradikalen konservativen Haltung und Machtbesessenheit in aller Öffentlichkeit meine Meinung entgegensetzen.«[518]

Vergeblich wird allerdings der Historiker nach der hier dargestellten offenen Meinungsäußerung Schirdewans aus jener Zeit suchen. Inwieweit das Ulbricht-Zitat, Stalin sei kein Klassiker des Marxismus mehr, als Ausdruck von Ulbrichts linksradikaler konservativer Haltung und seiner Machtbesessenheit gedeutet werden kann, bleibt ein Geheimnis Karl Schirdewans. Wendet man sich den Tatsachen zu, also dem heute kaum noch erwähnten Text der Rede Ulbrichts auf der Berliner Beratung am 17. März 1956, ist eher Gegenteiliges festzustellen: Der größte Teil dieses Referates befaßte sich recht eingehend mit der Information und der Stellungnahme zu den Verbrechen und Fehlern Stalins. Darin wird über Willkür und ungesetzliches Vorgehen der Sicherheitsorgane ebenso gesprochen wie über Verletzungen der innerparteilichen Demokratie und Fehlentscheidungen in der Jugoslawienfrage. Es wird der Darstellung Stalins als genialer Feldherr widersprochen und festgestellt, daß Stalin bedeutende Fehler in der Landwirtschaftspolitik zuzurechnen sind. Personenkult und Dogmatismus werden eindeutiger Kritik unterzogen.[519]

Erste dringliche Angelegenheiten

Nach dem XX. Parteitag der KPdSU ging es, so erinnere ich mich, nicht in erster Linie darum, wer was und wann erklärt hat. Vorrang hatte das Erfordernis, wie nunmehr im Ergebnis der neuen Anforderungen und Möglichkeiten zu handeln ist. Am Anfang stand die Tat, die Pflicht zur Änderung des Möglichen. Die Überarbeitung der weiteren Strategie des sozialistischen Aufbaus in der DDR stand an. Vorerst aber war unverzügliches Handeln gefordert. Das galt insbesondere für die außerordentlich dringliche Aufgabe der Vorbereitung von Haftentlassungen und Rehabilitierung von zu Unrecht verhafteten und gemaßregelten Personen. Damit sollten unrechte und fehlerhafte Maßnahmen korrigiert, das politische Klima von den Verkrustungen der Vergangenheit gelöst und, wie Otto Grotewohl erklärte, die »Stärkung unserer Bewegung«[520] angestrebt werden. Die ersten Vorbereitungen dazu wurden in der SED schon Monate vor dem XX. Parteitag der KPdSU getroffen.

Am 21. September 1955 hatte die Zentrale Parteikontrollkommission eine Arbeitsgruppe gebildet »zur Bearbeitung der Angelegenheiten von Genossen, die für lange Zeit in der Sowjetunion waren«.[521]

Unmittelbar nach dem XX. Parteitag berief das Zentralkomitee der SED eine Kommission zur Überprüfung von Angelegenheiten von Parteimitgliedern. Sie stand unter Leitung von Walter Ulbricht. Ihr gehörten ferner Hermann Matern, Friedrich Ebert, Karl Schirdewan, Ernst Wollweber, Helmut Lehmann, Hans Kiefert und Bruno Haid an. Innerhalb von drei Monaten wurden Tausende Parteiverfahren aus den vergangenen Jahren überprüft und frühere Fehlentscheidungen korrigiert. Darunter auch die Parteistrafen gegen Anton Ackermann, Franz Dahlem, Hans Jendretzky und Elli Schmidt.

Die bis dahin geltenden Beschränkungen für Parteimitglieder, die aus westlicher Emigration kamen, wurden aufgehoben.

Die Kommission empfahl – im Grunde über ihren ursprünglichen Auftrag hinaus – mehr als 10.000 Personen aus der Haft zu entlassen. Schon vier Monate nach dem XX. Parteitag konnte diese Kommission am 12. Juni 1956 ihren Abschlußbericht vorlegen. In relativer kurzer Zeit waren viele komplizierte, oft auch tragische Angelegenheiten entschieden worden. »Bei all ihren Maßnahmen«, so wird in diesem Bericht erklärt, »ließ sich die Kommission davon leiten, das Ansehen der sozialistischen Gesetzlichkeit zu erhöhen, sie strenger auch von Seiten der staatlichen Organe einzuhalten und zu festigen.«[522] Die Protokolle und der wesentliche Schriftwechsel dieser Kommission wurden 1991 veröffentlicht.[523] Im Vorwort stellt der Herausgeber fest, daß diese Kommission sich »auf Betreiben und unter Vorsitz von Walter Ulbricht« formierte.[524] Der Verfasser kommt in der Analyse der publizierten Ergebnisse zu dem Urteil: »Das Bestreben jedoch, auf nahezu allen Gebieten politischer Repression zielstrebig reinen Tisch zu machen, ist unübersehbar und bleibt historisch anerkennenswert [...] Unter dieses Kapitel von Gesetzesverletzungen und staatlicher Willkür einen Schlußstrich zu ziehen und für die gesellschaftliche Eingliederung der Betroffenen Sorge zu tragen war allgemeines politisches, staatliches und gesellschaftliches Anliegen. Die Kommission leistete dazu einen unverzichtbaren Beitrag.«[525]

Authentische Quellen bestätigen, daß Grotewohl und Ulbricht unmittelbar nach dem XX. Parteitag intensiv für eine Veränderung der Tätigkeit der Justiz und der Sicherheitsorgane wirkten. Schon auf der 3. Parteikonferenz hatte Grotewohl die Generalstaatsanwaltschaft und das Justizministerium dringend ermahnt, ungerechtfertigte Festnahmen zu vermeiden und die Bürgerrechte auch im Strafverfahren zu gewährleisten.[526] Ulbricht forderte in einem Diskussionsbeitrag auf der Parteiaktivtagung des Ministeriums für Staatssicherheit am 11. Mai 1956 in freier Rede die Veränderung der Arbeit dieses Ministeriums. In Beratungen mit dem erweiterten Senat der Universität Leipzig in der zweiten Aprilwoche 1956 hatte er die Bedenken der Gelehrten über das frühere Vorgehen von Sicherheitsorganen entgegengenommen. Ein Teilnehmer dieser Gelehrtendebatte erinnerte sich seiner Empfindungen bei Ulbrichts Auftreten in dieser Runde zu den vorgetragenen Gesetzesverstößen. Ulbricht fand er dabei »auf ein erstaunliches Gedächtnis gestützt – bestens beschlagen und nicht maulfaul. Wirklich neu in solchen Runden (ich erlebte noch eine zweite) war der Versuch, in der Sache zu überzeugen.«[527]

In der Rede vor den Mitarbeitern der Staatssicherheit übermittelte Ulbricht die Kritik der Leipziger Professoren und zeigte sich besorgt über die »gefährliche Atmosphäre«, die aus fehlerhaftem Handeln entsteht. Er erklärte: »Eine solche Tendenz, auf Staatsanwälte oder Richter einen gewissen Druck auszuüben, darf nicht geduldet werden. Es ist so zu arbeiten, daß die Beweisführung im Untersuchungsprotokoll überzeugt. Anweisungen an die Staatsanwaltschaft oder Richter durch Mitarbeiter der Staatssicherheit verstoßen gegen unsere demokratische Gesetzlichkeit.«[528]

Erste grundlegende Schlußfolgerungen aus der neuen Situation nach dem XX. Parteitag wurden auf der 3. Parteikonferenz gezogen. Sie fand in der letzten Märzwoche 1956, also etwa einen Monat nach Abschluß des XX. Parteitages statt. Grundprobleme der gesellschaftlichen Entwicklung standen im Zentrum dieser Beratung. Es war erstens dringend geboten, den Plan der weiteren wirtschaftlichen Entwicklung der DDR unter den nunmehr gegebenen gesellschaftlichen Bedingungen zu durchdenken. Aus der Erweiterung der Souveränitätsrechte der DDR und der sich nunmehr auf neuer Basis herausbildenden Bündnisbeziehungen der Staaten des Warschauer Vertrages galt es, die ökonomische Zusammenarbeit neu zu justieren, um damit auch den Interessen der DDR stärker, als das vorher möglich war, Geltung zu verschaffen. In den Monaten danach wurde deshalb eine intensive Arbeit zur Vorbereitung von Verhandlungen mit den Repräsentanten der UdSSR geleistet, die am 16. und 17. Juni 1956 in Moskau stattfanden. Nach intensiven Vorbereitungen gelang es, neue finanzielle und wirtschaftliche Vereinbarungen mit der Sowjetunion zu treffen. Umfangreiche Lebensmittelimporte wurden dabei vereinbart. Vor allem gelang es, wesentliche Erleichterungen für die Wirtschafts- und Finanzsituation der DDR auch in derart sensiblen Bereichen wie Aufenthaltskosten sowjetischer Truppen und Preise für Wismuterzeugnisse zu erreichen.[529] Welch komplizierte Position Besatzungskosten lange auch in der BRD darstellten, ließ 2006 Altbundeskanzler Helmut Schmidt erkennen. Dem *Spiegel* sagte er, daß es deshalb über Jahrzehnte Spannungen zwischen der Bundesregierung und den Besatzungsmächten gegeben habe. »Auf dem Felde der Verteidigung beispielsweise war ich derjenige, der Tributzahlungen 1976 beendet hat.«[530]

Der Nutzen der im Juni 1956 mit der UdSSR getroffenen Vereinbarungen für die Wirtschaft der DDR und die Lebensbedingungen der Bevölkerung war unverkennbar.

Nicht weniger wichtig wie die ersten Maßnahmen zur wirtschaftlichen Stabilisierung war die Vorbereitung der nächsten Schritte zur Demokratisierung des Landes. Nach eingehender Diskussion verabschiedeten die Delegierten der 3. Parteikonferenz einen Vorschlag »über Maßnahmen zur breiten Entwicklung der Demokratie in der Deutschen Demokratischen Republik«. Er zielte vor allem auf folgende Maßnahmen: Die Aufsicht über die örtlichen Vertretungskörperschaften (die vorher vom Innenministerium wahrgenommen wurde) sollte der Volkskammer übertragen werden; ein Gesetz über den Aufbau und die Arbeitsweise der örtlichen Organe der Staatsmacht sollte im Interesse einer breiten Demokratie und der sozialistischen Umgestaltung des Dorfes eingebracht werden; mindestens zweimal jährlich sollten örtliche Organe der Staatsmacht den Bürgern Rechenschaft über ihre Tätigkeit geben; Abgeordnete der örtlichen Volksvertretungen sollten künftig den Exekutivorganen eigene Beratungsvorschläge unterbreiten und mit beratender Stimme an der Beratung über ihre Vorschläge teilnehmen. Es wurde angeregt, Mitarbeiter staatlicher Organe, die Anliegen der Bürger mißachten oder säumig bearbeiten, zur Verantwortung zu ziehen. Schließlich wurde darauf orientiert, veraltete gesetzliche Bestimmungen zu prüfen und erforderlichenfalls zu ändern oder aufzuheben. Energisch wurde gefordert, die Aufsicht der Staatsanwaltschaft in Hinblick auf eine strikte Einhaltung der Gesetze zu verbessern.[531] Nach öffentlicher Debatte über diese Vorschläge wurden am 30. August 1956 der Volkskammer die Gesetzentwürfe zur weiteren Entwicklung der Demokratie vorgelegt. Die oberste Volksvertretung der DDR bildete einen ständigen Ausschuß für die örtlichen Volksvertretungen. Zugleich nahm sie Kurs darauf, vorhandene Erscheinungen einer Überzentralisierung abzubauen. Hermann Matern, der die Gesetzentwürfe begründete, erklärte dazu: »Die Zentralisierung bestimmter Aufgaben, die einmal notwendig war, ist überholt«.[532]

Diesen ersten Maßnahmen sollten – so war damals vorgesehen – nach gründlicher Vorbereitung weitere grundlegende Demokratisierungsschritte folgen. Es ist heute kaum bekannt, gehört jedoch zu den Tatsachen, 1956 wurde intern an einer grundlegenden Verfassungsänderung der DDR gearbeitet. Ausgewiesene Wissenschaftler wie die Professoren G. Kohlmey, P. A. Steiniger, K. Polack, Karl Bönninger und Herbert Kröger hatten dazu Expertisen eingebracht.[533] Im Februar 1956 beriet das Politbüro des Zentralkomitees der SED auf der Grundlage eines Entwurfs aus der Feder von Otto Grotewohl über diesen Gegenstand. Vorgesehen war ursprünglich, die Verfassungsproblematik auf der 3. Parteikonferenz zur Debatte zu stellen.[534] Die erhaltenen Fragmente dieses Projektes lassen folgende Tendenzen der Vorbereitungsarbeiten auf verfassungsrechtlichem Gebiet erkennen: »Die Grundlage der Volksmacht beruht auf einem Bündnis der Arbeiterklasse und der werktätigen Bauernschaft.«[536] Die Volkskammer wird als »der höchste Willensträger der Werktätigen in Stadt und Land«[537] charakterisiert. Vorgesehen war damals bereits die Bildung eines Staatsrates unter Leitung des Präsidenten der Republik[538]. Die Zuspitzung der internationalen Situation im Verlaufe des Jahres 1956 war jedoch offensichtlich einer der wesentlichen Gründe, warum die damals begonnenen Verfassungsarbeiten erst Jahre später wieder aufgegriffen wurden. Jedenfalls war die Haltung der Verantwortungsträger in der DDR, besonders auch die Position Walter Ulbrichts, der maßgeblich an der Ausarbeitung der Vorschläge zur Demokratisierung beteiligt war, anders als es in Schirdewans Erinnerungen aus dem Jahr 1994 dargestellt wird.

Darin behauptet dieser, Ulbricht sei 1956 der Auffassung gewesen, man könne »die Volkskammer schon dadurch demokratisieren, daß man die Ausrufe ›Hört, hört!‹ oder ›Pfui, pfui!‹ einführt«.[539] Die Tatsachen sprechen wohl auch hier eine andere Sprache. Die 1956 eingeleiteten Schritte zum Ausbau der Tätigkeit der Volksvertretungen führten zwar nicht immer und überall zu den erwarteten und angestrebten Ergebnissen. Sie aber waren ein Schritt in eine gute Richtung. Neuansätze für die Mitwirkung breiterer Kreise der Bevölkerung bei der Vorbereitung und bei der Durchführung kommunaler und überörtlicher Aufgaben waren zu erkennen. Die damals verbreitete Losung »Plane mit, arbeite mit, regiere mit« war ernst gemeint. Wie jede derartige Losung hat auch diese allerdings Anlaß zu gut- oder böswilligen Anekdoten gegeben.

Bedingungen und Strategien

Das Jahr 1956 gehört zweifellos zu den Zeitabschnitten, in denen die Ereignisse die Politik jagten. Es verging kaum eine Woche, in der nicht neue wichtige Meldungen aus der nationalen wie der internationalen Sphäre die verantwortlichen Politiker in der DDR zu Stellungnahmen, zum Neudurchdenken der eigenen Position zwangen. Die nach dem XX. Parteitag sich vollziehenden Klärungs- und Gärungsprozesse forderten obendrein die Teilnahme der Spitzenpolitiker an Versammlungen, an öffentlichen und vertraulichen Gesprächsrunden in Betrieben, Universitäten, Institutionen und Einrichtungen. Unter diesen Bedingungen war die Erarbeitung einer durchdachten Strategie für die weitere Entwicklung des Landes eine anspruchsvolle Aufgabe. Die führenden Gremien der DDR konzentrierten sich bei der Fülle angestauter oder neu entstandener Detailprobleme und der Vorbereitung neuer Strategien insbesondere auf solche Spannungsfelder, deren Klärung von entscheidender Bedeutung schien.

Neue Grundlagen – neue Gefahren

Der im September 1955 abgeschlossene Souveränitätsvertrag mit der UdSSR schuf der DDR neue Verhandlungsspielräume. Der im April 1956 abgeschlossene Warschauer Vertrag bezog die DDR in das Bündnissystem der sozialistischen Staaten ein. In diesem Rahmen ließ es sich zwar nicht unbeschränkt, aber besser verhandeln und handeln als früher unter den Bedingungen einer sowjetischen Militäradministration oder einer sowjetischen Kontrollkommission. Reparationsleistungen belasteten nun nicht mehr die Volkswirtschaft der DDR. Langfristige Außenwirtschaftsbeziehungen und neue Wege und Konditionen der wissenschaftlich-technischen Zusammenarbeit waren vereinbart worden. Damit wurde der Import wichtiger Rohstoffe und Halbfabrikate stabilisiert. Neue Projekte, so die Abschaffung der Lebensmittelrationierung, konnten vorbereitet und in Angriff genommen werden.

Für jeden Neuansatz der weiteren Gesellschaftsgestaltung war natürlich auch 1956 die aktuelle und langfristige Bedrohungslage der DDR zu berücksichtigen. Im Kalten Krieg hatte die Polarisierung der politischen und militärischen Kräfte an der Westgrenze der DDR unverkennbar zugenommen. Für mich waren für die Probleme und Gefahren jener Zeit nicht allein Politikereinschätzungen, sondern auch die Empfindungen kennzeichnend, die Thomas Mann in seinen Ansprachen im Schillerjahr 1955 in Stuttgart und in Weimar zum Ausdruck brachte. Er erklärte damals: »Zwei Weltkriege haben Rohheit und Raffgier züchtend, das intellektuelle und moralische Niveau (die beiden gehören zusammen) tief gesenkt und eine Zerrüttung gefördert, die schlechte Gewähr bietet gegen einen dritten, der alles beenden würde. Wut und Angst und abergläubischer Haß, panischer Schrecken und wilde Verfolgungssucht beherrschen eine Menschheit, welcher der kosmische Raum gerade recht ist, strategische Basen darin anzulegen und die die Sonnenkraft äfft, um Vernichtungswaffen frevlerisch daraus herzustellen.«[540]

Die Planung des Aufbaus der Bundeswehr geht, folgt man Darstellungen von Franz Josef Strauß, auf den Juni 1950 zurück.[541] Angestrebt wurde, innerhalb von drei Jahren eine Mannschaftsstärke von 500.000 Mann zu erreichen.[542] Die militärische Konfrontation auf beiden Seiten der deutschen Grenze gewann immer bedrohlichere Dimensionen. Wie brisant die Situation in der Mitte der 50er Jahre tatsächlich war, offenbart eine Veröffentlichung aus dem Jahr 2003. Darin heißt es: »Die Überlegungen für eine atomare Bewaffnung der Bundeswehr gingen bereites auf den Spätherbst 1956 zurück.«[543] Ferner wurde in dieser Publikation der Verlauf der Übung »Carte blanche« bewertet, die im Juni 1955 mit einem gespielten Einsatz von 335 Nuklearsprengköpfen und fünf Millionen kalkulierten Opfern auf deutschem Boden durchgeführt wurde.[544] Zur gleichen Zeit lagen in Bonn mehrere Studien zur Einverleibung der DDR nach unterschiedlichen Mustern vor.

Ein Dokument unter dem Titel DECO II vom 2. März 1955 befaßt sich mit der Besetzung des Territoriums der DDR bis an die Oder-Neiße-Linie. »Stoßrichtungen der Heeresgruppen, Armeekorps und Divisionen (waren) genau definiert und beschrieben.«[545] Die DDR veröffentlichte 1959 dies in ihren Besitz gelangte Dokument. Es erfolgte kein Dementi aus Bonn.[546] Einzelheiten der eben dargestellten Planungen der Bundesrepublik gegen die DDR wurden damals nicht zu Markte getragen. Ein Ereignis aber machte die aggressive Strategie der westlichen Seite publik. Das war im April 1956 die Entdeckung des hochtechnisierten Spionagetunnels in der Nähe des Flughafens Schönefeld. Wie Tausende andere Bürger besichtigte ich diese in ihrer Art wohl einmalige Anlage, die vom CIA unter Bruch des internationalen Völkerrechts geschaffen und betrieben wurde. Ihre Aufdeckung eröffnete vielen Besuchern den Blick für die Zuspitzung der Situation im Kalten Krieg und nahm so manchem die Illusion von der Friedfertigkeit der westlichen Politik.

In der Logik dieser Ereignisse lag auch, daß im Juli 1956 in der Bundesrepublik die Wehrpflicht eingeführt wurde. Bertolt Brecht hatte sich am 2. Juli mit einem Appell an den Deutschen Bundestag gewandt. In seiner letzten öffentlichen politischen Erklärung schrieb er: »Wollt ihr wirklich den ersten Schritt tun, den ersten Schritt in den Krieg? Den letzten Schritt, den in das Nichts, werden wir alle tun. Und wir wissen doch alle, daß es friedliche Möglichkeiten der Wiedervereinigung gibt, freilich nur friedliche. Uns trennt ein Graben, soll er befestigt werden? Krieg hat uns getrennt, nicht Krieg kann uns vereinigen.«[547] Parallel zu den militärischen Exerzitien hatte der 1952 in Bonn gegründete Forschungsbeirat für Fragen der Wiedervereinigung Deutschlands eine intensive Arbeit weniger im Sinne einer Vereinigung als der Einvernahme der DDR in die Bundesrepublik geleistet. Zwischen 1954 und 1956 hatten die Gremien dieses Beirates in 298 Tagungen mit Hochdruck Projekte der Rückführung der in der DDR geschaffenen politischen, ökonomischen und sozialen Verhältnisse auf das Niveau vor dem Zweiten Weltkrieg erarbeitet.[548] In den Jahren 1952 und 1953 hatten demgegenüber lediglich 82 Tagungen der Organe dieses Beirates stattgefunden.[549] So war es kein

Zufall, sondern folgte der Logik der Ereignisse, daß im Laufe des Jahres 1956 die Ostwerte an den westdeutschen Börsen wieder Interesse fanden, und daß Abgesandte ehemaliger Großgrundbesitzer und Industrieller in die DDR kamen und Ausschau nach dem Zustand ihrer früheren Besitzungen hielten.

In lebendiger Erinnerung blieben mir aus dieser Zeit auch Berichte über die Recherchen der Familie Pferdmenges in Brandenburg. In einem Fall wurde ich mit derartigen Aktivitäten konfrontiert. Bei einem Besuch in einem Kreis im Bezirk Halle im Sommer 1956 wäre ich fast dem Sohn eines ehemaligen Gutsherrn in die Arme gelaufen, der vor Ort das frühere Anwesen seiner Familie inspizierte. Er hatte sich beim ehemaligen Kutscher seines Vaters, einem Ungarndeutschen namens Stanislaw J., heimlich einquartiert, um sich kundig zu machen, wie es mit dem durch die Bodenreform enteigneten Großgrundbesitz stehe. Der Habitus des »gastgebenden« Kutschers ähnelte dem eines Zigeunerbarons. Er war zum Parteisekretär des inzwischen volkseigenen Gutes avanciert. Am Abend vor meiner Ankunft hatte er – wie Landarbeiter berichteten – seinen »Quartiergast« mit dem Motorrad in Grenznähe gebracht. Die Bindung zur alten Herrschaft war in ihm noch stärker als die Verbundenheit mit dem Neuen.

Wollte sich die gerade an Souveränität gewonnene junge Republik nicht selbst aufgeben, war unter den eben dargestellten Bedingungen der Schutz des Entstandenen eine legitime Aufgabe, die der Strategie des weiteren Fortschrittes spürbare Konturen vermittelte. Diese Position gewann in den Oktober- und Novemberwochen des Jahres 1956 zunehmend an Bedeutung.

In Polen verdichteten sich die politischen Differenzen zu einer dramatischen Situation. Truppenbewegungen beunruhigten das Land. Das Politbüro des ZK der Polnischen Vereinigten Arbeiterpartei (PVAP) hatte am 18. Oktober seinen Rücktritt angekündigt. Am Morgen kam eine sowjetische Delegation mit Chruschtschow, Mikojan, Kaganowitsch, Molotow und Marschall Konjew nach Warschau. In einer stürmischen Sitzung der Spitzen der KPdSU und der PVAP wurde eine Eskalation verhindert. Der polnische Schriftsteller Jerzy Putrament, der damals dem ZK der polnischen Partei als Kandidat angehörte, ging davon aus, »daß wir in der Nacht zuvor dicht vor einer Art Militärputsch gestanden« haben.[550] Tags darauf wurde Wladyslaw Gomulka an die Spitze der polnischen Partei berufen. Wenige Tage danach eskalierten die politischen Differenzen in Ungarn zu einem opferreichen und tragischen Konflikt. In Polen wie in Ungarn hatten Flügelkämpfe die innere Kraft der Parteiführungen zur Bewältigung der Krise gelähmt. Die Ereignisse in Ungarn wurden von der Führung der SED sehr ernst genommen. Schon am 26. Oktober – also vor dem Eingreifen der sowjetischen Armee in Ungarn – forderte Ulbricht in Gesprächen mit Beschäftigten des Berliner Werkes für Fernsehelektronik, Lehren aus den ungarischen Ereignissen zu ziehen und jedwede Zersetzungsarbeit zu unterbinden.[551]

Tags darauf debattierten in einer vom Fernsehen und Rundfunk übertragenen Gesprächsrunde mit Berliner Arbeitern Grotewohl und Ulbricht über die aktuelle Situation. Wie ernst die Lage damals eingeschätzt wurde, läßt die Bemerkung Grotewohls erkennen, der dabei erklärte »alle diese Leute, die auf die Deutsche Demokratische Republik hetzen und sich mit ihr beschäftigen, die [...] wollen mit Gewalt die Verhältnisse bei uns zu ändern versuchen«.[552]

Daß eine solche Bedrohungslage real war, wird dadurch bestätigt, daß der wohl nicht unkompetente Herbert Wehner die DDR damals mahnte, »dringend zu verhindern, daß es an der deutsch-deutschen Grenze bei Magdeburg zu Ungarn ähnlichen Unruhen in der DDR komme. Das wäre eine Gefahr für den Weltfrieden.«[553]

Walter Ulbricht im Kreis von Soldaten

In dieser Situation erwiesen sich Führungskraft und Wachsamkeit als ein Gebot der Vernunft.

Die hochgespannte Situation der Spätherbsttage des Jahres 1956 wurde durch die Aggression Großbritanniens, Frankreichs und Israels gegen Ägypten dramatisch zugespitzt.

Am 29. Oktober landeten israelische Truppen auf der ägyptischen Sinai-Halbinsel. Tags darauf griffen britische und französische Kampfflugzeuge in das Kriegsgeschehen ein. Am 1. November wurde Kairo bombardiert. Nachdem am 5. November die Führung der Sowjetunion mit militärischen Gegenmaßnahmen gedroht hatte, stellten am 6. November um Mitternacht alle beteiligten Seiten entsprechend einer Forderung der UNO die Kampfhandlungen ein. Die internationale Situation war in diesen stürmischen Herbsttagen über die Grenzen des Erträglichen erhitzt. Friedenssicherung erhielt unter diesen Bedingungen erste Priorität.

Interessen, Neuansätze und Kontroversen

Es gehörte auch 1956 zur Normalität, daß in der DDR bei der Vorbereitung neuer Politikansätze die unterschiedliche Interessenlage der Bevölkerungsschichten analysiert und einbezogen wurde. Offensichtlich lag damals das Hauptinteresse der Bürger in den Städten und Dörfern in der Verbesserung der Lebensverhältnisse, in der Überwindung der in der Vergangenheit erlebten Überspitzungen und der damit nicht selten verbundenen Engherzigkeit. Auch die bedrückenden Zahlen derer, die damals die DDR verlassen haben, schmälert kaum die Tatsache, daß der größte Teil der Bevölkerung den Veränderungen, die nach dem XX. Parteitag vorgenommen wurden, loyal, viele auch mit bewußter Zustimmung begegneten. Annähernd zwei Millionen Bürger hatten sich zu einer Mitgliedschaft in der SED entschlossen, die den Aufbau einer sozialistischen Gesellschaft anstrebte. Beträchtlich mehr waren, aus welchen Gründen auch immer, Mitglieder gesellschaftlicher Organisationen. Bei etwa zwölf Millionen Volljährigen in der DDR war das kein geringer Anteil. Es wäre folglich weder sachlich noch gerecht, die Mitgliedschaft in diesen Organisationen – wie das heute nicht selten zu lesen ist – vordergründig als Ergebnis von Anpassungsvorgängen oder als Folge opportunistischen Verhaltens zu denunzieren.

Wer die Situation 1956 weitgehend unvoreingenommen zu beurteilen suchte, konnte wohl erkennen, daß bei unüberhörbaren kritischen Stimmen ein Grundkonsens zwischen der Regierung und der Mehrheit der Regierten erhalten blieb. Ursachen aufkeimender Konflikte wurden vielerorts mit Sorgfalt untersucht und nach Kräften beseitigt. Im Oktober 1956 wurde eine Arbeitsniederlegung in der Gießerei des Schwermaschinenbaubetriebes in Magdeburg bekannt. Die westdeutsche Presse berichtete darüber. Erich Pasold aus dem Ministerium für Maschinenbau und ich erhielten den Auftrag, den Dingen auf den Grund zu gehen. Ort des Geschehens war eine Abteilung des Gießereibetriebes, die Gußputzerei. Dort war eine körperlich außerordentlich schwere und sehr schmutzige Arbeit zu verrichten. Es war die unangenehmste Arbeitsstelle des riesigen Betriebes. Freiwillig erklärte sich nur selten jemand bereit, unter den dort herrschenden Bedingungen zu arbeiten. Folglich wurden mehr als in andere Bereiche Haftentlassene in diesen Betriebsteil vermittelt. Die daraus resultierende Instabilität des Arbeitsklimas verdichtete sich durch eine unverkennbare Dünkelhaftigkeit anderer Beschäftigter des Werkes gegenüber den Haftentlassenen und durch einige bornierte Vorgesetzte zu einer kritischen Situation. Hier war viel zu ändern, in den Arbeitsabläufen, in der Vergütung, besonders auch im atmosphärischen Bereich. Nur wenig konnte jedoch von Heute auf Morgen geschehen. Das Ergebnis unserer Gespräche und Recherchen war: Die Ereignisse in der Magdeburger Gußputzerei waren nicht das Resultat einer antisozialistischen Aktion, sondern die Folge der persönlichen Probleme vieler dort Beschäftigter und des Fehlverhaltens der Arbeitsumgebung. Anderen damals aufgetretenen Konflikten im Lande mögen andere Ursachen und Motive zu Grunde liegen. Meine Magdeburger Erfahrung erscheint mir jedoch eher symptomatisch als außergewöhnlich.

Nach meinen Erinnerungen vollzog sich das Geschehen in den Betrieben und auf dem Lande 1956 zwar nicht problemlos, doch ohne besondere Aufgeregtheiten. Erhaltene Notizen über meine Begegnungen im Sommer und Herbst bestätigen dies. Mehrmals war ich derzeit in dem kleinen Ort Hohen Luckow bei Bad Doberan. Mit dem Direktor des Volkseigenen Gutes Werner Pfennigschmidt und seinen Mitarbeitern redeten wir uns damals die Köpfe heiß. Es ging um Veränderungen beim ländlichen Bauen und neue Wege zur Vereinfachung der Betriebsabrechnung. Im Juni 1956 folgte ich im Bezirkstag Leipzig den Beratungen der Abgeordneten über die Leistungserhöhung der Baubetriebe und die Entwicklung der Baustoffproduktion. In Güstrow war ich dabei, als es um Wasserversorgung in den mecklenburgischen Dörfern ging. Im Oktober saßen wir mit Professor Ule Lammert von der Bauakademie, Professor Rosenkranz von der Landwirtschaftsakademie und erfahrenen Landwirten zusammen. Es ging um die Entwicklung und Anwendung von Leichtbaustoffen und um verbesserte Typenbauten für die Landwirtschaft.

Im November war ich dabei, als es im Energieprojektierungsbetrieb um Anpassungsprojektierung an sowjetische Kraftwerkstechnik ging. Das Vorhandensein der zufällig erhaltenen Notizen[554] aus jener Zeit soll hier nicht überbewertet werden. Im Kontext mit Tausenden archivierten Briefen, die Bürger an die Regierung und an Repräsentanten der DDR schrieben, lassen sie erkennen, daß das tägliche Leben 1956 Aufmerksamkeit, Antworten und Entscheidungen zu Angelegenheiten forderte, die fernab der in der heutigen Zeit überdimensional in den Vorgrund gerückten Dogmatismus- und Stalinismusdebatten standen.

Die Mitte der 50er Jahre war nach meiner Erinnerung in der DDR eine Periode, in der neue Wege sozialistischer Gesellschaftsgestaltung gesucht und erprobt wurden. Zur besseren Einbeziehung der privaten Handwerks- und Industriebetriebe in den sozialistischen Aufbau wurden erste Produktionsgenossenschaften des Handwerks gebildet und die staatliche Beteiligung an Privatbetrieben 1956 erprobt. Der Anteil dieses Sektors der Volkswirtschaft war nicht zuletzt auf Grund der besonnenen Politik der DDR-Regierung wesentlich höher als in anderen Ländern der Volksdemokratie. Es gab damals in der DDR 248.315 Handwerks- und Kleinindustriebetriebe, 98.248 private Handelsbetriebe und Gaststätten und 15.390 private Industriebetriebe. Für Veränderungen in diesem Bereich wurde das Prinzip der Freiwilligkeit zugrunde gelegt.[555] Auch diese Entwicklungstendenz wurde in der Sowjetunion kritisch wahrgenommen. Kwizinskij schildert, daß hochrangige Vertreter der UdSSR mit Ulbricht über den relativ großen Umfang dieses volkswirtschaftlichen Sektors stritten. »Aber Ulbricht blieb gewöhnlich fest. Nein, sagte er, der Privateigentümer sei besonders im Dienstleistungsbereich außerordentlich wichtig für ein normales Funktionieren der sozialistischen Wirtschaft.«[556]

Zehn Jahre nach dem Beginn dieser Entwicklung hatten sich 6.876 Privatbetriebe zur Aufnahme einer staatlichen Beteiligung entschlossen. Der Staatsrat der DDR würdigte diese Forschritte mit einem Empfang. Günter Mittag unterbreitete Walter Ulbricht dazu Vorschläge. In einem Brief vom 14. Dezember 1965 schätzte Mittag ein: »Mit der Aufnahme einer staatlichen Beteiligung für diese Unternehmer wurde ein historisch neuer Weg ihrer Teilnahme am sozialistischen Aufbau gefunden, der für die Lösung der Aufgaben beim umfassenden Aufbau des Sozialismus unter den Bedingungen der technischen Revolution und des neuen ökonomischen Systems der Planung und Leitung von Wichtigkeit ist.«[557] Wenige Jahre später allerdings – Ulbricht war entmachtet, das Neue Ökonomische System verdammt – stand Mittag an vorderer Stelle, als binnen weniger Wochen der noch Jahre davor gepriesene »historische neue Weg« beseitigt wurde.

Ein weiterer Pfeiler vorheriger Bündnispolitik der SED wurde damit weggesprengt. Das Resultat der Überführung der halbstaatlichen Betriebe in Volkseigentum im Frühjahr 1972 waren Vertrauensverlust, menschliche Tragödien und beträchtlicher Schaden für die Volkswirtschaft.

Neue Anstrengungen zur Verbesserung der Situation in der Landwirtschaft erwiesen sich sowohl im Interesse der Bevölkerungsversorgung als auch für die Verbesserung der sozialen Bedingungen in den Dörfern als dringend erforderlich. Auch hier waren neue Wege zu beschreiten. Im Streit darüber polarisierten sich zwei Standpunkte. Der eine lief auf einen zumindest einstweiligen Stopp der Genossenschaftsentwicklung bei längerfristiger Stabilisierung des einzelbäuerlichen Sektors hinaus. Er ist mit dem Namen Kurt Vieweg verbunden. Der sowjetische Berater Tscherjomuschkin hatte ihm dabei Unterstützung erwiesen.[558] Die dieser Konzeption entgegengesetzte Alternative lautete im Kern, die Genossenschaften, vor allem die noch schwachen, jetzt nicht allein lassen. Die begonnene sozialistische Umgestaltung der Landwirtschaft dürfe nicht zur sozialen Investitionsruine verkommen. Deshalb orientierte man darauf, die Überzeugungsarbeit besonders bei erfahrenen Mittelbauern zu verstärken, auch Großbauern mit einzubeziehen und die Industrie zu einem verläßlichen Partner der Landwirtschaft zu machen. Dieser Standpunkt fand in den Gremien mehrheitlich Unterstützung. Zehn Jahre danach war der Umgestaltungsprozeß längst abgeschlossen. Die Landwirtschaft der DDR erwies sich als leistungsfähigste aller sozialistischen Länder. Sozial hatte sich auf den Dörfern Enormes geändert. Schwere Arbeit war zunehmend mechanisiert. Die Arbeitszeit der Bäuerinnen und Bauern war nicht mehr wie früher endlos, sondern weitgehend geregelt. Urlaub, früher für Bauern ein Fremdwort, wurde möglich. In den Genossenschaften dominierte kein autokratischer Boss, es entwickelte sich eine vitale spezifische Form der genossenschaftlichen Demokratie.

Gegenüber dem allgemeinen Stimmungsbild vollzogen sich jedoch die Debatten über den XX. Parteitag und seine Folgen an Hochschulen und in Künstlerkreisen wesentlich zugespitzter und kontroverser. In diesen Bereichen waren in den Jahren zuvor öfter Kröten des Dogmatismus und der Intoleranz zu schlucken gewesen. Die mit dem XX. Parteitag verbundene öffentliche Debatte darüber brachte manche alte Ungerechtigkeit erneut und nicht selten zugespitzt zur Sprache. Unter dem Vorwand des Kampfes gegen den Dogmatismus wurde damals auch manch Beitrag veröffentlicht, in dem nach altem Muster seriöse Beweisführung durch öffentliche Anschuldigung oder Herabwürdigung von Kollegen zu ersetzen versucht wurde.

Der inzwischen zu einer antistalinistischen Ikone erhobene Prof. Robert Havemann beschuldigte in einem Beitrag im *Neuen Deutschland* beispielsweise seinen Akademiekollegen Prof. Dr. Victor Stern im Streit um philosophische Aspekte der Relativitätstheorie in folgender Weise: »Äußerst bemerkenswert ist die Tatsache, daß Stern bei dieser Gelegenheit nicht nur allgemein dem Fehler des Dogmatismus verfällt, sondern im unlösbaren Zusammenhang hiermit die Positionen des dialektischen Materialismus auch philosophisch verläßt. Dogmatismus ist nicht einfach Starrheit.«[559] Der Artikel Havemanns löste nicht nur wegen seiner Polemik gegen Stern einen lebhaften öffentlichen Disput unter führenden Wissenschaftlern der DDR aus. Den Argumenten der Professoren Georg Klaus, Alfred Kosing und Victor Stern, die in dieser Angelegenheit ihre kontroversen Positionen prononciert dargestellt hatten, entgegnete Havemann öffentlich mit solchen fatalen Wortspielereien wie: »Vielleicht spricht hier Stern, aber von einem neuen Stern und nicht von einem gewesenen Stern, den es gar nicht mehr gibt, was mich freuen sollte.«[560] Zweifellos haben andere gesellschaftswissenschaftliche Debatten Nützlicheres hervorgebracht, als der von Have mann initiierte Philosophendisput. Es wurde aber in jener Zeit auch so mancher alte Hut aus dem Bestand der bürgerlichen Lehre als Heilmittel präsentiert, manche Eitelkeit befriedigt oder auch versucht, manche alte Rechnung zu begleichen. Ratlosigkeit und Verwirrungen waren nicht selten die Folge.

Im Kern ging es in diesen Diskussionen nicht nur um Folgen aus dem XX. Parteitag der KPdSU. Da vollzogen sich auch Zusammenstöße von Anhängern bürgerlicher Theorien mit denen derzeit vorherrschender Sozialismusvorstellungen. Informationen aus Jugoslawien, aus Polen, über die Kibbuze in Israel, auch über schwedische Sozialsysteme fanden Aufmerksamkeit. Die Suche nach Alternativen im Interesse des gesellschaftlichen Forschritts folgte natürlicherweise unterschiedlichen Denkansätzen und führte zwangsläufig zu unterschiedlichen Ergebnissen. Die Verantwortungsträger aber mußten handeln.

Wohlbegründet forderten die energischsten und weitsichtigsten Wissenschaftler größere Mitwirkungsmöglichkeiten, mehr Demokratie, mehr Transparenz bei wichtigen Entscheidungen und eine faire Diskussionen über Forschungsergebnisse ein. Das fand Resonanz. In der Debatte auf der 28. Tagung des ZK hatte Prof. Wolfgang Steinitz den Umgang mit Arbeiten der Professoren Kuczynski, Kahn und Behrens heftig kritisiert.[561] Im endgültigen Beschluß dieser Tagung erfolgte dazu eine öffentliche Korrektur. Die zur Sprache gekommenen Arbeiten dieser Professoren wurden als schöpferische Leistungen und Beispiele der Überwindung des Dogmatismus gewürdigt.[562]

Wie der Fortgang der Ereignisse erkennen läßt, blieb auch danach beträchtliches Konfliktpotential erhalten. Nicht immer war in den Debatten genügend gegenseitiges Verständnis zu spüren. Die Beteiligten nutzten die Mittel, die ihnen geläufig waren. Das waren nicht immer begründete Argumente. Nicht selten wurde dabei auch aneinander vorbeigeredet. Für Walter Markov wurden dabei unvermeidliche Richtungskämpfe »nicht selten mit harten Bandagen durchgefochten. Einige schossen dabei über das Ziel hinaus oder an ihm vorbei. Nicht jedermanns Nerven hielten á la longue durch«.[563] Mißverständnisse mutierten zu Gegensätzen. Vor allem literarische Intellektuelle – Dichter, Publizisten, Literaturwissenschaftler – empfanden, so reflektiert das Werner Mittenzwei, die Enthüllungen des XX. Parteitages »als einen so schmerzlichen Vorgang, daß er nicht durch eine Partei- tagslinie aufgearbeitet werden konnte«.[564] In wohl keiner anderen sozialen Schicht der DDR entwickelte sich ein derart vitales Kon- fliktpotential wie in dieser. Zuspitzungen, die vor allem im gei- steswissenschaftlichen Bereich zu nicht zu rechtfertigenden Perso- nalentscheidungen führten und auch wertvolles Porzellan zer- schlugen, gehörten zu den bedauerlichen Folgen. Zu den umstrit- tenen Entscheidungen jener Zeit gehörte die 1957 erfolgte Eme- ritierung des bekannten Philosophen Ernst Bloch. Prof. Bloch gehörte zu den angesehensten Wissenschaftlern der DDR. 1955 war er mit dem Nationalpreis geehrt worden. An den Beratungen des IV. Parteitages 1954 und der 3. Parteikonferenz der SED 1956 hatte der parteilose Philosoph als Gast teilgenommen. Als er 1957 emeritiert wurde, hatte er das 70. Lebensjahr – und damit das Emeritierungsalter – überschritten. Die Beteiligten an den Leip- ziger Debatten beurteilten Ursachen und Abläufe der Emeritie- rung Blochs sehr unterschiedlich.

Der dem Freundeskreis Blochs zugehörende Walter Markov hin- terließ, daß Bloch »Ende 1956 vorübergehend in eine etwas prekäre Lage geraten war, hatte weder mit seinem persönlichen Verhalten noch mit seinen Philosophievorlesungen an der Karl-Marx-Univer- sität unmittelbar zu tun. Er wurde – zu seinem größten Unwillen – von einigen aufgeregten Studenten á la Zwerenz als Kronzeuge beschworen und ›auf den Schild gehoben‹: Bloch möge die ideolo- gische Führung des Landes übernehmen!«[565]

Markov schildert weiter, daß Bloch auch nach seiner Emeritie- rung aktiv an den Sitzungen des Fakultätsrates teilnahm, daß er Dis- sertationen betreute. »Lebhaft diskutierte er in der zuständigen Klasse der Berliner Akademie der Wissenschaften.«[566] Die differen- zierte Betrachtung des damals beteiligten Gelehrten Markov wird in den aktuellen Veröffentlichungen über Bloch gern übergangen. Wird über die Emeritierung Blochs geschrieben, erscheint der Vor- gang als stalinistische Maßregelung.[567]

Vor allem in den naturwissenschaftlich-technischen Disziplinen vollzog sich die Bewältigung der vom XX. Parteitag geprägten Situa- tion in einem anderen Fahrwasser. Die nunmehr entstandenen Möglichkeiten und sich herausbildenden Anforderungen auf wis- senschaftlich-technischem Gebiet wurden als Herausforderung angenommen. Konstruktive Formen der Kooperation der Wissenschaftler mit der Regierung bildeten sich heraus. Im fruchtbaren Wirken des 1957 gebildeten Forschungsrates der DDR wurde das besonders deutlich. Angesehene Wissenschaftler wie der Nobelpreisträger Gustav Hertz, die Professoren Max Vollmer, Manfred von Ardenne, Peter Adolf Thiessen, Robert Rompe und Max Steenbeck setzten mit ihrem Potential, mit ihrer Leidenschaft und ihren Ergebnissen neue Leistungsmaßstäbe. Sie prägten eine ergebnisorientierte, schöpferische Atmosphäre auch hinsichtlich der Zusammenarbeit von Wissenschaft und Praxis, der Beziehung von Geist und Macht.

Die Parteiführung der SED, vor allem Walter Ulbricht und Otto Grotewohl, trafen sich 1956 oftmals mit Wissenschaftlern und Studenten in kleinem Kreis und in größeren Veranstaltungen. Sie reagierten auf Fragen, warben um Verständnis für die ersten eingeleiteten Maßnahmen. »Wir wünschen«, erklärte Ulbricht auf einer Konferenz der Humboldt-Universität zu Berlin im Juni 1956, »daß an den Universitäten und Hochschulen eine Atmosphäre schöpferischer wissenschaftlicher Aktivität, des wissenschaftlichen Meinungsstreites herrscht. Wir möchten, daß die Studenten zu selbständig denkenden Wissenschaftlern entwickelt werden«.[568]

Der Verwirklichung dieser Wünsche stellten sich allerdings in der Praxis mehr Hindernisse entgegen, als im Sommer 1956 zu erwarten waren. Alte Gewohnheiten wohl aller Beteiligten erwiesen sich als zählebig.

Weder in den teils heftigen Debatten mit Wissenschaftlern und Studenten noch anderen Ortes machten Grotewohl, Ulbricht oder andere Verantwortliche auch nur die leiseste Andeutung darüber, daß wesentlichste Streitgegenstände ihren Ursprung nicht in Berlin, sondern in Moskau hatten.

Nach dem Tod Stalins und dem XX. Parteitag hatten sich neue Horizonte für die Gestaltung des Sozialismus eröffnet. Ulbricht und die anderen Mitglieder der Parteiführung, die diese Hintergründe kannten, haben auch in den heftigsten Diskussionen 1956 die Angriffe ertragen, haben nicht auf andere verwiesen. Damit nahmen sie mannhaft mehr Last auf sich, als sie persönlich zu verantworten hatten. Sie hatten dafür sicher gute Gründe.

Das Jahr 1956 hatte wahrhaft einen heißen Herbst. Schon im August hatte das Verbot der KPD in der Bundesrepublik die politischen Verhältnisse in Deutschland weiter zugespitzt. Die Militäraktion Englands und Frankreichs gegen Ägypten und die tragischen Ereignisse in Polen und Ungarn erhöhten das Spannungsfeld der internationalen Öffentlichkeit. Die Art der Intervention der sowjetischen Führung in kritischer Situation gegenüber den ungarischen und den polnischen Ereignissen hatte nicht nur in diesen Ländern mehrdeutige Spuren hinterlassen. Die eruptiven Ereignisse in beiden Ländern hatten zweifellos beträchtlichen Einfluß auf die öffentliche Meinung in der DDR. Sie führten zu Besorgnissen und begründeten das Erfordernis, rechtzeitig jedweden Exzessen in der DDR zu begegnen. Das sowohl im Interesse der Sicherheit der Bürger als auch, um eine friedliche, kontinuierliche Weiterentwicklung nicht zu gefährden. Schließlich befand sich die DDR mit ihrer damals noch offenen Grenze zum NATO-Mitglied BRD in einer unvergleichlich sensibleren Situation als andere Länder der Volksdemokratie.

Opponenten und nachträgliche Interpretationen

Die Herbsttage 1956 erlebte ich als eine Zeit der Erschütterung, aber auch als eine Periode lebhafter Debatten über geeignete Wege zum weiteren gesellschaftlichen Fortschritt. Die Überwindung von politischer Gläubigkeit ließ erkennbar vielerorts Selbstbewußtsein wachsen, stärkte demokratisches Potential. Öfter als vorher kamen wir damals in der Parteiorganisation des Ministerrates zusammen, um uns auszutauschen. Meine erhaltenen Aufzeichnungen aus den Parteileitungssitzungen von 1956[569] lassen erkennen, daß dabei anfangs kameradschaftliche Aussprachen mit den Mitarbeitern über das Spektrum der neuen politischen Situation sowie die Befähigung der Mitarbeiter zur Lösung wissenschaftlicher Probleme ihres Fachgebietes und die Festigung ihrer Beziehung mit den Werktätigen im Zentrum der Parteiarbeit standen.

Ende Oktober/Anfang November 1956 weckten zwei Mitarbeiter des Büros des Ministerrates im Zusammenhang mit der Kritik am Personenkult in einer Versammlung Aufmerksamkeit, auch heftige Debatten mit der Nachfrage, womit Walter Ulbricht in seinem Regierungssekretariat Mitarbeiter beschäftigt. Könne er, so meinten diese, seine Arbeit beispielsweise zur Geschichte der deutschen Arbeiterbewegung nicht selbst bewältigen? Warum beschäftigt sich damit auch einer seiner Mitarbeiter? Daß eine solche Anfrage nicht vordergründig aus Sorge um den Personalbestand erfolgte, war mehr als zu vermuten. Kritisch fragten andere Mitarbeiter nach, ob die DDR in den Außenhandelsbeziehungen zur Sowjetunion nicht preislich übervorteilt werde. Derartige Diskussionen waren zumeist lebhaft, nicht immer bequem. Sie bestimmten jedoch keinesfalls den Prozeß der täglichen Arbeit. Ein Bericht über die politische Situation im Zentralen Staatsapparat vom Dezember 1956 verzeichnet neben der Debatte im Büro des Ministerrates noch drei Fälle ähnlicher Diskussionen in der Vielzahl der damals existierenden Ministerien.[570] Das war nichts Sensationelles. Es gehörte zu den Normalitäten des Lebens, daß Probleme, die in der Gesellschaft diskutiert wurden, um das Haus und die Mitarbeiter des Ministerrates keinen Bogen machen. Das führte zu Gesprächen, Verständigungen und – wie konnte es anders sein – auch Auseinandersetzungen. Letztere wurden je nach der persönlichen Anlage der Teilnehmer sachlich und kultiviert oder auch beckmesserisch und borniert geführt. Solche Debatten dieser Zeit im Nachhinein oppositionellen Strömungen zuzurechnen, erscheint mir bis heute zweifelhaft.

Ein halbes Jahrhundert danach standen die bewegenden Ereignisse des Jahres 1956 im Mittelpunkt mancher historischer Reminiszenzen. Der Tenor der meisten Veröffentlichungen aus dem Jahr 2006 über jene Zeit folgte dem simplen Muster, die damaligen Ereignisse vorrangig aus dem Blickwinkel der relativ kleinen Zahl der damals oppositionellen Kräfte zu betrachten. Die Sicht- und Handlungsweise, Motive und Argumente der Mehrheit der damals Handelnden – sowohl der Mehrheit des arbeitenden Volkes als auch die Konzeptionen und tatsächlichen Entscheidungen der Verantwortungsträger – blieben dabei weitgehend ausgeblendet oder wurden recht eigenwillig interpretiert. Wird das auf diese Weise gewonnene partielle Bild als eine Widerspiegelung der Gesamtsituation gedeutet, ist nicht auszuschließen, daß Erkenntniskrümel wie Wahrheiten gehandelt werden. Das kann dem Zeitgeist entsprechen. Aufklärung aber beginnt mit der Bildung der Urteilskraft, also weder mit dem Vorurteil, noch mit dem Generalverdacht. Sachkunde hat noch immer der Urteilsfindung gedient, ihr wohl nie geschadet.

Aus dieser meiner Haltung heraus habe ich die Erklärung der Historischen Kommission der Linkspartei/PDS vom Februar 2006 »50 Jahre nach dem XX. Parteitag« mit erheblicher Skepsis aufgenommen. Darin wurde apodiktisch festgestellt: »Die einzige Gruppierung, die unter dem Einfluß des XX. Parteitages zu einem systemtranszendenten politischen Konzept fand, sammelte sich um den Leiter des Aufbau-Verlages Walter Janka und den Philosophen Wolfgang Harich, der dieses Konzept zu Papier brachte. Ausgangspunkt seiner Überlegungen war die Orientierung auf die zukünftige sozialistische Umgestaltung Gesamtdeutschlands.«[571]

Das Harich-Dokument war in bewegter Zeit in Eile und offensichtlich bei innerer Zerrissenheit des Verfassers entstanden. Der Umfang der Veröffentlichungen zu diesem Konzept Harichs befindet sich in einem reziprok proportionalen Verhältnis zu dessen Werthaltigkeit. Harich selbst hat dieses Dokument später kritisch, als »nicht von A bis Z richtig und genial«, auch als »unfertig«[572] bezeichnet. Mittenzwei bemerkte zu diesem Dokument: »Aus der Sicht der 90er Jahre ist das Memorandum eine Mischung von sozialistischen Glaubenssätzen, scharfsichtigen Einsichten in die Schwächen des damaligen Entwicklungsstandes und den möglichen Wegen zur Einheit Deutschlands von ebenso kühn wie naiv anmutenden Forderungen an die Sowjetunion.«[573]

Pauschalen Urteilen mag ich mich nicht anschließen. Bis heute hege ich Zweifel am Realitätsbezug des Sozialismuskonzepts Wolfgang Harichs, das 1956 neben dem Osten Deutschlands ebenso Gültigkeit für das Ruhrgebiet, für Bayern und alle anderen Gebiete der Bundesrepublik beanspruchte. War das in der rauhen Zeit der 50er Jahre nicht eher euphorisch, weltfremd, eine mit der heißen Nadel genähte Vision? Hatte die heute immer wieder kolportierte Vorstellung, eine Auswechslung einzelner Personen an der Spitze der DDR, vor allem Ulbrichts, hätten in Anbetracht der Realitäten in Europa alle Tore für Harich, seine Gefährten und Berater geöffnet, auch nur den Hauch einer Chance?

Im vorgenannten Historikerpapier von 2006 wie in anderen Arbeiten zur Plattform Harichs wird Ulbricht als Bösewicht, als »Stalins Vollstrecker in der DDR«[574] bezeichnet und die Legitimität der Führung der SED in Zweifel gezogen. Wer aber hat je die Legitimation des Anliegens und des Konzepts der kleinen Zahl der Gefährten Harichs, ihrer Konsultanten, ihrer zivilen und geheimdienstlichen Berater auf beiden Seiten des eisernen Vorhangs hinterfragt? Axiome der modernen antistalinistischen Geschichtsinterpretation bedürfen offensichtlich keiner Begründung. Oft habe ich mich auch gefragt, warum bei der aktuellen Bewertung des Harich-Papiers recht oft ausgeblendet wird, daß in der BRD 1956 die KPD verboten wurde und der Antikommunismus teilweise zur Hysterie gesteigert war. Warum wird bei den derzeitigen generalisierenden Bewertungen der Gedanken Harichs aus jener Zeit die zweifelsfreie Tatsache ignoriert, daß auch in der Bundesrepublik damals – und bis heute – keine ernsthafte gesellschaftliche Kraft bereit war und ist, das Harich-Konzept auch nur annähernd als Ansatz für einen Strategiewechsel zu akzeptieren oder auch nur zu erörtern? Wann wurde von den Historikern, die heute das Harich-Dokument feiern, je untersucht, inwieweit dieses Konzept damals in der DDR die Zustimmung einer Mehrheit gefunden hätte?

War es eigentlich Zufall oder Absicht, daß 2006 bei den umfangreichen Würdigungen der DDR-Opposition des Jahres 1956 viel über Wolfgang Harich und seine Gefährten, doch nur bruchstückhaft auf die verbrieften Dokumente dieser Gruppe zurückgegriffen wurde? Die legendäre Plattform Harichs fand bekanntermaßen weder eine Neuauflage noch eine umfassende substantielle Wertung. Offensichtlich paßt so manches Element dieses Dokumentes nicht in das derzeitige Deutungskonzept der Antistalinismusexperten. Zumeist wird heute der Inhalt des Harich-Dokumentes recht reduziert dargestellt. Dabei wird vordergründig auf Harichs Forderung nach Parteiausschluß und strafrechtliche Ahndung von Funktionären, »die sich in der Stalinschen Periode an Verbrechen beteiligt hatten« und auf die Reduzierung des Parteiapparates eingegangen.[575] In seiner Harich-Biographie hat Prokop der Harich-Plattform einige kommentierende Seiten gewidmet. Welche Gründe, fragt sich der aufmerksame Leser, gab es aber dafür, dieses wichtige – möglicherweise wichtigste – Dokument aus Harichs Feder nicht in den ansonsten sehr umfangreichen Anlageteil dieser Schrift aufzunehmen?[576]

Möglicherweise erscheint es heute nicht mehr ratsam, daran zu erinnern, daß Harich 1956 in seinem Papier auch folgendes niedergelegt hatte: »Die Partei muß streng an den Prinzipien des demokratischen Zentralismus festhalten, was voraussetzt und einschließt, daß die Leninschen Normen des Parteilebens vollständig wieder hergestellt werden, daß die Unterordnung der Minderheit unter die Mehrheit gewährleistet wird und die einmal gefaßten Beschlüsse der gewählten Parteiorgane mit eiserner Disziplin durchgeführt werden.«[577]

»Bei Aufrechterhaltung der führenden Rolle der Partei als der höchsten Klassenorganisation der Arbeiterklasse, im gesamten gesellschaftlichen Leben der DDR müssen die Kompetenzen des Parteiapparates und des Staatsapparates, die besonderen Aufgaben der Partei und die der Massenorganisationen, die besonderen Aufgaben der Partei und die der Betriebsleitungen klar voneinander abgegrenzt werden.«[578]

»In der ideologischen Beziehung steht die Partei fest auf dem Boden des Marxismus-Leninismus. Der dialektische und historische Materialismus ist ihre Weltanschauung.«[579]

»Bei der Wiedervereinigung müssen folgende sozialistischen Errungenschaften der DDR erhalten bleiben:

– aa – die demokratische Bodenreform;

– bb – das Volkseigentum in der Industrie unter Beibehaltung der selbstständigen Leitung der Betriebe durch Arbeiterräte;

– cc – das Recht der Werktätigen auf Arbeit und unentgeltliche Bildung;

– dd – die sozialen Rechte und Freiheiten der Werktätigen, die in der Verfassung verankert sind […]

In Westdeutschland muß die Wehrpflicht abgeschafft und müssen führende Faschisten, SS-Führer u. dgl. aus dem Staatsapparat entfernt werden.«[580]

Vor allem in den ökonomischen Passagen dieser Plattform sind die Nähe des Autors und seiner Berater zum jugoslawischen Sozialismusmodell und seine Hoffnung auf Erfolg der Gesellschaftskonzepte ungarischer und polnischer Intellektueller zu erkennen. Eine ernsthafte Analyse polnischer oder ungarischer Konzepte konnte Harich 1956 objektiv nicht vornehmen. Schließlich lagen zwischen den Veränderungen in Polen und in Ungarn und der Fertigstellung der Plattform nur Tage. Eher Absichten als Erfahrungen aus diesen Ländern konnten dafür nur Pate stehen. Besonders im Oktober 1956 hat Harich seine Plattform eingehend mit sowjetischen Bekannten erörtert, am 25. Oktober auch mit Botschafter Puschkin. Dieser trat, wie Prokop berichtet, den Ansichten Harichs allerdings entgegen. Fünf Tage später stellt Harich seine Konzeption dem zweiten Vorsitzenden des Landesverbandes der SPD in Westberlin vor.[581] Zwei Tage danach wurde ihm dort der erste Kontakt mit einem Geheimdienstvertreter vermittelt.[582] Wie aus den minutiösen Notizen Prokops über die Entstehung des Harich-Dokumentes hervorgeht[583], war an der Entstehung ein sehr kleiner Kreis von Personen beteiligt. Die Genesis des Papiers vollzog sich in ständiger Konsultation mit polnischen und ungarischen Intellektuellen. Allen war eine tiefe Abneigung gegenüber dem Stalinschen System eigen. Die Auffassung, wesentliche Probleme auf diesem Weg könnten gelöst werden, wenn man Ulbricht aus der Führung der SED und der Regierung der DDR beseitigt, wurde offensichtlich zum magnetischen Nordpol, ihrer Orientierungen und Forderungen.

Als Harich im November 1956 sein Konzept dem Herausgeber des *Spiegel,* Rudolf Augstein, vorstellte, nahm laut Prokop das Gespräch folgenden Verlauf: »Dann lenkt Augstein das Gespräch auf Walter Ulbricht. Er habe Harichs Ausführungen entnommen, daß wohl auch er einer Psychose gegen Walter Ulbricht anheim gefallen sei. Er halte dies für eine Dummheit. Ulbricht sei ein sehr energischer und geschickter Mann und den meisten anderen Politikern im Ostblock überlegen. Es komme nicht auf den Führungswechsel in der SED an, sondern auf die Linie der Moskauer Politik [...] Ulbricht würde Harichs Ideen noch viel besser vertreten als Harich, wenn diese sich erst einmal in Moskau durchgesetzt hätten. Harich und seine Mitstreiter sollten doch froh darüber sein, daß sie diesen alten Fuchs zum Parteiführer hätten.«[584]

Am Vormittag des 7. November 1956 wurde Harich von Ulbricht zu einem Gespräch eingeladen. In der Nacht davor hatte Harich nach eigenem Bekunden in einer Villa im Grunewald mit westdeutschen Geheimdienstmitarbeitern seine Konzeption »stundenlang« diskutiert.[585] Im Gespräch mit Ulbricht verlor er jedoch über diese Konzeption kein Wort.[586] Wie ernst er die von ihm überlieferte Warnung Ulbrichts (»Wenn sich hier so etwas bilden sollte, wie ein Petöfi-Club, das würde bei uns im Keim erstickt werden«[587]) nahm, ist nicht überliefert. Harich hat Jahrzehnte danach mitgeteilt, er hätte Ulbrichts Warnung nicht ernst genommen, weil ihm ein Gefährte seiner Gruppe suggerierte, »der Ulbricht, der schwebt doch in der Luft, der hängt nur noch am seidenen Faden, den müssen wir nur noch durchschneiden«.[588] Es kann als gesichert gelten, daß Walter Ulbricht zwar am gleichen Tag, jedoch erst nach dem Gespräch mit Harich, über dessen Verbindungen zu Diensten in Westberlin informiert wurde.[589] Harich konnte oder wollte den Rat Augsteins nicht beherzigen. Andere

Gesprächspartner hatten ihm abgeraten. Roman Karst und Marcel Reich-Ranicki hatten im Ergebnis des Vorgehens in Polen angeregt: »Es gehe wohl zunächst darum, die extremen Stalinisten zu isolieren. Dies sei wohl nur möglich, wenn zunächst einmal die Zentristen für ein vorsichtiges Reformprogramm gewonnen würden. Es wäre also zwischen einem Minimal- und einem Maximalprogramm zu unterscheiden. Breiteren Parteikreisen gegenüber müßten die wahren letzten Absichten verborgen werden.«[590]

Als ich diesen Ratschlag der Polen an Harich unlängst las, erinnerte ich mich daran, daß Alexander Jakowlew, engster Ratgeber Gorbatschows in den Jahren von Glasnost und Perestroika, sich in seiner Autobiographie im gleichen Sinne zur Lüge als Instrument politischen Handelns bekannte. »Paradoxerweise mußte man um Glasnost (*deutsch: Transparenz* – H. G.) mitunter im Geheimen kämpfen, zu unterschiedlichen Tricks, gar zur primitiven Lüge Zuflucht nehmen.«[591] Der Zweck heiligte offensichtlich auch diesen Kämpfern gegen den Stalinismus die Mittel!

Besonders die Verbindungen, die Harich zu westlichen Geheimdienstler aufgenommen hatte, brachten ihn und Mitglieder seiner Gruppe in das Visier der Sicherheitsorgane der DDR. Die Folgen sind bekannt und in der Literatur eingehend dargestellt. Zweifellos gehört es zu den Fehlentscheidungen des Herbstes 1956, daß die inhaltliche Auseinandersetzung mit Harich weniger öffentlich politisch, sondern mit den Instrumentarien des Strafrechts zu bewältigen versucht wurde. Warum, so aber fragte man sich damals und fragt man noch heute? Waren bei den Befürwortern der strafrechtlichen Variante noch alte nicht abgelegte Reflexe im Spiel oder lag dem Ganzen eine Fehleinschätzung der tatsächlichen Gefährdungslage des Staates zu Grunde?

Schon der Objektivität halber sei hier angemerkt, daß 1956 in der Bundesrepublik nach dem KPD-Verbot durch das Bundesverfassungsgericht mit dem Mitteln des Strafrechts und zahlreicher Berufsverbote gegen Andersdenkende vorgegangen wurde. Der Hamburger Historiker Prof. Axel Schildt berichtete 2005 darüber, daß im Zusammenhang mit dem KPD-Verbot über 100.000 Ermittlungsverfahren in der Bundesrepublik eingeleitet und Tausende Urteile gefällt worden sind.[592] So hat wahrscheinlich in beiden deutschen Staaten 1956 die – als ein Reflex des Kalten Krieges entstandene – Atmosphäre den Boden auch für strafrechtliche Konsequenzen gegen politisch Andersdenkende bereitet. Was immer der Grund war: Er vermittelt den Betroffenen keine Genugtuung, und er beseitigt nicht die politischen und menschlichen Folgen.

Wenn heute über die Opposition 1956 in der DDR gesprochen und geschrieben wird, entsteht nicht selten der Eindruck, daß es sich dabei um eine gewichtige politische Gruppierung gehandelt hätte. Prokop meint: »Auch in der DDR hatten sich oppositionelle Strömungen herausgebildet. Sowohl in der SED als auch in der Nationalen Volksarmee und unter Intellektuellen waren – allerdings isoliert voneinander – Reformkräfte tätig geworden, die bestrebt waren, Walter Ulbricht durch einen »deutschen Gomulka« zu ersetzen«.[593] Abgesehen von der von ihm beschriebenen kleinen Intellektuellengruppe in Berlin und Leipzig bleibt der Autor jedoch einen schlüssigen Beweis für die anderen Strömungen im Grunde schuldig. Seine Bezugnahme auf einen nicht geprüften und nicht mehr nachvollziehbaren Satz aus der Schrift Schirdewans: »Es war zu erkennen, daß die Reformidee im Zentralkomitee Fuß gefasst hatte«[594] ist für eine seriöse Beweisführung wohl kaum geeignet. Die außerordentliche Übereinstimmung der Mitglieder des Zentralkomitees bei den 1956 zu treffenden Entscheidungen gehört wohl auch zu den in diesem Zusammenhang zu berücksichtigenden nachweisbaren Tatsachen. Zwerenz, der 1956 zum Umkreis der Gefährten Harichs gehörte, bekannte 2006: »Wir sind zu langsam gewesen und es waren zu wenige«.[595]

Die politische Führung der DDR konnte im schwierigen Jahr 1956 offensichtlich auf den Vertrauensbonus breiter Bevölkerungskreise bauen, der vor allem auf sozialer Herkunft, auf der Bereitschaft zur Überwindung des Bürgerlichen und der Hoffnung auf Verwirklichung sozialistischer Ideale beruhte.

Jahresausklang 1956

1956 war ein Jahr politischen Hochdrucks, der Reinigung von Verzerrungen und Verwerfungen der sozialistischen Ideale. Es war ein Jahr des Suchens nach geeigneten Wegen für den gesellschaftlichen Fortschritt. Es war auch ein Jahr mit Irrungen und Wirrungen wohl aller aktiv Beteiligter. Neue Gefährten wurden gewonnen. Neue Widersprüche, neue Probleme bildeten sich heraus. Otto Grotewohl faßte im November 1956 sein Resümee der Debatten in folgende Erklärung: »Unsere Schlußfolgerung aus dem XX. Parteitag, woran wir lange gearbeitet haben, liegt ganz klar vor uns. Das ist nicht die nach hinten gewandte Schuldfrage, wo jemand ist, den wir noch zu verfolgen haben. Unsere Schluß-folgerung ist, den Blick nach vorn zu wenden und die Punkte genau festzulegen, die uns aus der Fehlerhaftigkeit dieser stalinistischen Periode herausführen.«[596] Auf vielen Gebieten der politischen und staatlichen Tätigkeit war Neues begonnen worden. Das Alte aber war nicht auf einen Schlag zu überwinden. Dazu waren die angestauten und neu erwachsenen Probleme zu kompliziert. Die schwer überwindliche Macht der Gewohnheit tat ein Übriges. Walter Ulbricht zog am Ende des Jahres 1956 eine nüchterne Bilanz. Er schrieb: »Auch wir sind der Meinung, daß die Beseitigung von Fehlern zu langsam geht.«[597]

In Erinnerung blieb mir, daß Otto Gotsche am Nachmittag eines der letzten Dezembertage 1956 uns zu einer Beratung rief. Er war wenige Stunden vorher vom Chef beauftragt worden, mit Mitarbeitern des Sekretariats zu gewährleisten, daß noch am letzten Tag des Jahres Rehabilitierungsschreiben an Betroffene übergeben werden. Hans Vieillard und ich erhielten die Unterlagen für einen Genossen, der in einem kleinen Dorf bei Strasburg in der Uckermark lebte. In Neustrelitz – dort waren viele Dienststellen des Bezirks Neubrandenburg ansässig – regelten wir die notwendigen verwaltungsmäßigen Angelegenheiten, auch die finanzielle Unterstützung des Betroffenen.

Gegen Mittag am Silvestertag standen wir dem Rehabilitierten in seinem kleinen Häuschen gegenüber. Er hatte auf diesen Tag gewartet, ein wenig auch schon die Hoffnung verloren, daß ihm noch 1956 Gerechtigkeit widerfährt. Es war kein sehr gesprächiger Partner. Belastete ihm das Erlittene zu sehr? Wir hielten es auch nicht für angemessen, danach zu fragen. Trotzdem blieben wir bis zum Dunkelwerden zusammen, sprachen über regionale Probleme, über die Weltlage und über seine Möglichkeiten unter den neuen Bedingungen. Ein Anfang zur Überwindung seiner inneren Emigration wurde erkennbar. Als wir uns verabschiedeten, meinte er, ›sagt dem Walter Dank, es ist gut, daß der alte Spuk endlich vorbei ist‹. Aufgewühlt vom Schicksal und der Stärke dieses Mannes fuhren wir zurück. Wir waren froh. Zum Feiern war uns aber nicht zumute. Als wir Berlin erreicht hatten, entschlossen wir uns, Otto Gotsche aufzusuchen und zu berichten. Er war am gleichen Tag in gleicher Angelegenheit im Bezirk Halle, hatte ähnliche Eindrücke mitgebracht. Gegen Mitternacht kam ich zu Hause an. Schlafen konnte ich in dieser Nacht kaum.

Dem Strasburger Genossen bin ich noch einmal begegnet. Es war Mitte Juli 1958 in der Berliner Werner-Seelenbinder-Halle. Er nahm dort als Delegierter mit beschließender Stimme am V. Parteitag der SED teil.

Anmerkungen

484 S.S. Montefiore, Stalin, »The Court of the red Tsar«, London 2003, Deutsch. S. Fischer Verlag Frankfurt a.M. 2005, »Am Hof des Roten Zaren«. S. 60/61

485 G. Kohlmey, »Die Wirtschaft der DDR im Übergang zum Sozialismus«. In: *Neues Deutschland* vom 4. März 1955, S. 4

486 K . Ostrowitjanow, »Gegen die vulgarisierende Auslegung des ökonomischen Grundgesetzes des Sozialismus«, in: *Neues Deutschland* vom 3. April 1955.

487 So u. a. Siegfried Prokop, »1956 – DDR am Scheideweg«, Kai Homilius Verlag. 2006, ebenso »Zur Stalinismusdebatte. 50 Jahre nach dem XX. Parteitag der KPdSU« Erklärung der historischen Kommission der Linkspartei/PDS, in: *Neues Deutschland* vom 7. Februar 2006, ebenso W. Jacobsen, W. Aurich, »Der Sonnensucher Konrad Wolf«, Aufbau Berlin, 2005. S. 270 ff. und andere

488 Karl Schirdewan, »Aufstand gegen Ulbricht«, Aufbau Taschenbuch Verlag, Berlin 1994, sowie Karl Schirdewan, »Ein Jahrhundert Leben«. edition ost, Berlin 1998.

489 Karl Schirdewan, Aufstand gegen Ulbricht, a. a. O., S. 106f.

490 a. a. O., S. 122f.

491 a. a. O., S. 81.

492 Walter Ulbricht, »Über den XX. Parteitag der Kommunistischen Partei der Sowjetunion«, in: *Neues Deutschland* vom 4. März 1956

493 Vgl. SAPMO-BArch DY 30/3542

494 Vgl. SAPMO-BArch DY 30/3542, u. a. Bl. 19f., 22f., 69-72.

495 Anton Ackermann, Gibt es einen besonderen deutschen Weg zum Sozialismus?, in: *Einheit*, Heft 1, Berlin 1946, S. 31f.

496 W. Ulbricht, »Die Gegenwartsforderungen der Sozialistischen Einheitspartei Deutschlands«. In: *Einheit*, Heft 2, März 1946, S. 18.f

497 Protokoll des Vereinigungsparteitages 21. und 22. April 1946, »Grundsätze und Ziele der Sozialistischen Einheitspartei Deutschlands«, Dietz Verlag Berlin 1946, S. 179

498 SAPMO-BArch, DY 30/IV 2/1/52. Vgl. Frank Schumann: Anton Ackermann: Der deutsche Weg zum Sozialismus. Verlag Neues Berlin 2005, S. 206-210.

499 Walter Ulbricht Grußansprache an den XX. Parteitag, in: *Neues Deutschland* vom 17. Februar 1956, S. f.

500 W. I. Lenin, »Über eine Karikatur auf den Marxismus« In: W.I. Lenin, Werke Bd. 23, S. 64.

501 Karl Schirdewan, »Aufstand gegen Ulbricht«, a. a. O., S. 83.

502 Walter Ulbricht, Über den XX. Parteitag der Kommunistischen Partei der Sowjetunion, a. a. O.

503 Walter Ulbricht, »Antwort auf Fragen auf der Berliner Bezirksdelegiertenkonferenz der SED«. In: *Neues Deutschland* vom 18. März 1956, S. 3.

504 Siegfried Prokop, »1956 – DDR am Scheideweg«, a. a. O., S. 26f. mit Bezug auf Karl Schirdewan, »Aufstand gegen Ulbricht«, a. a. O., S. 83ff.

505 Vgl. »Chruschtschow erinnert sich«, Rowohlt 1992, S. 324f., S. 328, FN 22.

506 a. a. O., S. 331.

507 ebenda.

508 Vgl. Jerzy Putrament, »Ein halbes Jahrhundert«, Band 3, Verlag Volk und Welt, 1984, Berlin, S. 15f.

509 Walter Ulbricht, »Antwort auf Fragen auf der Bezirksdelegierten Konferenz der SED«. In: *Neues Deutschland* vom 18. März 1956, S. 3.

510 Telegramm Walter Ulbrichts an das Präsidium des Zentralkomitees der KPdSU vom 19. März 1956 , SAPMO-BArch DY 30J IV2 /202 /315

511 Telegramm Walter Ulbrichts an das Präsidium des Zentralkomitees der KPdSU vom 19. März 1956. Veröffentlicht in: SED und Stalinismus. Dokumente aus dem Jahre 1956. Dietz Verlag Berlin 1990, S. 91.

512 Siegfried Prokop, 1956 – DDR am Scheideweg… , a. a. O., S 26f.

513 Walter Ulbricht »Antwort auf Fragen auf der Berliner Bezirksdelegiertenkonferenz«, a. a. O.

514 Protokoll der 3. Parteikonferenz der SED, 24. bis 30. März 1956, Berlin 1956, S. 296.

515 Vgl. Siegfried Prokop, 1956 – DDR am Scheideweg …, a. a. O., S. 30f.

516 SAPMO-BArch DC 20/3798, Bl. 34.

517 Walter Ulbricht, »Über die Arbeit der SED nach dem XX. Parteitag der KPdSU und die bisherige Durchführung der Beschlüsse der 3. Parteikonferenz«, Bericht des Politbüros an die 28. Tagung des ZK der SED. In: *Neues Deutschland* vom 1. August 1956, S. 4.

518 Karl Schirdewan, Aufstand gegen Ulbricht, a. a. O., S. 91.

519 Vgl. Walter Ulbricht, Antwort auf Fragen auf der Berliner Bezirksdelegiertenkonferenz, a. a. O.

520 Otto Grotewohl, Diskussionsbeitrag auf dem 29. Plenum des ZK der SED. In: Parteiinternes Material, o. J., S. 122.

521 Vgl. SAPMO-BArch DY 30/ IV 2/ 4/455.

522 SAPMO-BArch 30/I IV 2/209.

523 In: »Zur Entlassung werden vorgeschlagen«, Dietz Verlag Berlin 1991.

524 In: »Zur Entlassung werden vorgeschlagen« …, a. a. O., S. 5.

525 In: »Zur Entlassung werden vorgeschlagen« …, a. a. O., S. 5f.

526 Vgl. Otto Grotewohl, Die Rolle der Arbeiter- und Bauernmacht in der DDR. In: Protokoll der 3. Parteikonferenz der SED, Berlin 1956, S. 674.

527 Walter Markov, »Zwiesprache mit dem Jahrhundert«, a. a. O., S. 208.

528 SAPMO-BArch DY 30/3693 (Der Beitrag wurde in 350 Exemplaren an die Diensteinheiten des Ministeriums verteilt).

529 Vgl. SAPMO-BArch DY 30/IV 2 /1/ 161, Bl. 46-48

530 H. Schmidt, »Die Amerikaner haben uns ungeheuer geholfen«. In: *Der Spiegel* 1/2006, S. 50.

531 Vgl. »Vorschlag der 3. Parteikonferenz der SED über Maßnahmen zur Entfaltung der breiten Demokratie«. In: SAPMO-BArch NY 4090/285, veröffentlicht in: *Neues Deutschland* vom 3. April 1956, S. 1.

532 Hermann Matern, Begründung der Gesetzentwürfe zur weiteren Demokratisierung. In: *Neues Deutschland* vom 31. August 1956, S. 3.

533 SAPMO-BArch DY 30/ IV 2 /13/632.

534 Vgl. SAPMO-BArch DY30/ J IV 2/2a/ 472.

535 SAPMO-BArch DY 30/ IV 2/13 /633.

536 SAPMO-BArch DY 30/ IV 2/13 /633, Bl. 177.

537 SAPMO-BArch DY 30/ IV 2/13 /633, Bl. 179.

538 SAPMO-BArch DY 30/ IV 2/13 /633, Bl. 180.

539 Karl Schirdewan, Aufstand gegen Ulbricht, a. a. O., S. 89.

540 Thomas Mann, Ansprache im Schiller-Jahr 1955. In: *Neues Deutschland*, vom 15. Mai 1955, S. 3.

541 Franz Josef Strauß, »Die Erinnerungen«, Siedler Verlag GmbH, Berlin 1998, 1998, S. 267f.

542 a. a. O., S. 299.

543 K. J. Bremm, »Adenauer und die Bombe«. In: *ära. Magazin für Geschichte*, DWJ Verlag, Blaufelden 2003, S. 26.

544 K. J. Bremm, »Adenauer und die Bombe«, a.a.O., S. 27.

545 Markus Wolf »Spionagechef im geheimen kalten Krieg«. List Verlag, Düsseldorf und München 1997, S. 118.

546 ebenda.

547 Bertolt Brecht, An den Präsidenten des deutschen Bundestages. Brief vom 2. Juli 1956. In: *Neues Deutschland* vom 4. Juli 1956.

548 Vgl. Zweiter Tätigkeitsbericht des Forschungsbeirates für Fragen der Wiedervereinigung. Hrgb. Bundesministerium für gesamtdeutsche Fragen. Bonn 1957 (258 Seiten).

549 Vgl. Erster Tätigkeitsbericht des Forschungsbeirates … Als Auszug veröffentlicht, Bonn 1954 (31 Seiten).

550 Jerzy Putrament, »Ein halbes Jahrhundert«. Bd. 3, a. a. O., S. 79.

551 Bericht über die Veranstaltung. In: *Neues Deutschland* vom 27. Oktober 1956

552 Vgl. Abdruck aus dem Fernsehgespräch. In: *Neues Deutschland* vom 28. Oktober 1956, S. 2.

553 Zitat veröffentlicht in: »Ich bin ohne Nachsicht« .*Der Spiegel* 4/1994, S.26. Vgl. auch SAPMO-BArch DY 30/ 3542, Bl. 73-81.

554 Archiv des Autors

555 Vgl. Walter Ulbricht »Über einige Besonderheiten des Weges zum Sozialismus in der DDR«. In: *Neues Deutschland* vom 3. November 1956, S. 4f.

556 Julij Kwizinskij, »Vor dem Sturm. Erinnerungen eines Diplomaten«. Siedler Verlag GmbH, Berlin 1993, S. 174.

557 SAPMO-BArch DA 5/5470, Bl. 30.

558 Vgl. Siegfried Prokop, DDR am Scheideweg, a.a.O., S. 81.

559 Robert Havemann, »Meinungsstreit fordert die Wissenschaften – Ideologische Wurzeln des Dogmatismus«. In: *Neues Deutschland* vom 8. Juli 1956.

560 Robert Havemann, »Philosophie und Dogmatismus«. In: *Neues Deutschland* vom 20. Oktober 1956.

561 W. Steinitz , Beitrag auf der 28. Tagung des ZK der SED.

562 Vgl. Beschluß der 28. Tagung des Zentralkomitees der SED »Die nächsten ideologischen Aufgaben der Partei.« In: *Neues Deutschland* vom 31. August 1956, S. 3.

563 Walter Markov, »Zwiesprache mit dem Jahrhundert«, a. a. O., S. 218.

564 Werner Mittenzwei, »Die Intellektuellen. Literatur und Politik in Ostdeutschland 1945-2000«, Aufbau Taschenbuchverlag, Berlin 2003.

565 Walter Markov, »Zwiesprache mit dem Jahrhundert«, a. a. O., S. 215.

566 Walter Markov, »Zwiesprache mit dem Jahrhundert«, a. a. O., S. 218.

567 u. a.: »Ernst Bloch Exkommuniziert«. In: *Der Spiegel* vom 17. August 1960, S. 54 f. sowie » Zur Stalinismusdebatte. 50 Jahre nach dem XX. Parteitag der KPdSU. Erklärung der Historischen Kommission der PDS«.In: *Neues Deutschland* vom 7. Februar 2006. Im gleichen Sinne: Gerhard Zwerenz, »Alte Post und neue Botschaften«. In: *Neues Deutschland* vom 13./14. Januar 2007, S. 21.

568 Walter Ulbricht, »Zur wissenschaftlichen Diskussion an den Universitäten.«. In: *Neues Deutschland* vom 21. Juni 1956, S. 3.

569 Archiv des Autors.

570 SAPMO-BArch DY 30/IV 2/13/274.

571 »Zur Stalinismusdebatte. 50 Jahre nach dem XX. Parteitag der KPdSU«, Erklärung der Historischen Kommission Linkspartei/PDS. In: *Neues Deutschland* vom 7. Februar 2006

572 Zitiert nach Tonbandprotokoll in Siegfried Prokop, »Ich bin zu früh geboren. Auf den Spuren Wolfgang Harichs«, a. a. O., S. 110.

573 Werner Mittenzwei, Die Intellektuellen…, a. a. O., S. 132.

574 Vgl. Zur Stalinismusdebatte …, a. a. O.

575 Vgl. u. a. Siegfried Prokop:»1956 – DDR am Scheideweg Opposition und neue Konzepte der Intelligenz«. Kai Homilius Verlag 2006, S. 74f.

576 S Prokop, »Ich bin zu früh geboren. Auf den Spuren Wolfgang Harichs«. Dietz Verlag Berlin 1997

577 ders., »Keine Schwierigkeiten mit der Wahrheit. Zur nationalkommunistischen Opposition 1956 in der DDR«, Dietz Verlag, Berlin 1993, (Plattform für einen besonderen deutschen Weg zum Sozialismus), S. 113.

578 a. a. O., S. 119.

579 a. a. O., S. 122.

580 a. a. O., S. 155.

581 des., 1956 – DDR am Scheideweg …, a. a. O., S. 153f.

582 a. a. O., S.160f.

583 a. a. O., S. 115-219.

584 a. a. O., S. 200.

585 Wolfgang Harich, «Keine Schwierigkeiten…», a. a. O., S. 75.

586 a. a. O., S. 45.

587 ebenda.

588 Interview mit Siegfried Prokop, in: Siegfried Prokop, Ich bin zu früh geboren…, a. a. O., S. 111.

589 So die Darstellung von Ernst Wollweber. In: *Beiträge zur Geschichte der Arbeiterbewegung*, Heft 3/1990, Aus »Erinnerungen, ein Porträt Walter Ulbrichts«, S. 365.

590 zitiert in: Siegfried Prokop, 1956 – DDR am Scheideweg…, a. a. O., S. 189.

591 A. Jakowlew. »Die Abgründe meines Jahrhunderts«. Faber & Faber, Leipzig 2003, S. 475.

592 A. Schildt, »Eine enorme Modernisierung.«. In: *Der Spiegel* 48/2005, S. 60.

593 Siegfried Prokop, 1956 – DDR am Scheideweg …, a. a. O., S. 17.

594 Karl Schirdewan, »Aufstand gegen Ulbricht«, a. a. O., S. 112.

595 Gerhard Zwerenz, Dissidenten, Dienste – ein Dilemma, in: *Neues Deutschland* vom 17./18. Juli 2006, S. 21.

596 Otto Grotewohl, Diskussionsbeitrag auf dem 29. Plenum des ZK der SED , 12.-14. 11. 1956, Protokoll, parteiinternes Material, S. 123.

597 Walter Ulbricht, Über Besonderheiten des Weges zum Sozialismus in der DDR, in: *Neues Deutschland* vom 3. November 1956.

Denken und Vorwärtsschreiten

Die mediale Aufmerksamkeit, der sich die Intellektuellendebatte in der DDR in der zweiten Hälfte der 50er Jahre[598] noch heute sicher sein kann, steht nach meiner Erinnerung in keinem adäquaten Verhältnis zu ihrer tatsächlichen akademischen und sozialen Substanz. Zweifellos wurden damals elementare Probleme der Beziehung von Partei, Staat und Bürgern erörtert. Berechtigt und begründet wurde Kritik am Führungsstil und den politischen Umgangsformen im Lande geübt. Die Führungsrolle der Partei, der Arbeitsstil ihres Ersten Sekretärs Walter Ulbricht und der demokratische Zentralismus blieben Kulminationspunkte von Diskussionen innerhalb und außerhalb der Partei. Anregungen aus Jugoslawien, Ungarn und Polen verdichteten sich in relativ kurzer Zeit zur Erwartung eines anderen, eines dritten Weges zum Sozialismus.

Ein dritter Weg?

Über den »Dritten Weg« geht der Streit bis in unsere Tage. Nicht selten werden dabei im Sinne der »reinen Lehre« Modellvorstellungen eines solchen Weges, abstrahiert von den Realitäten und den tiefgreifenden Widersprüchen dieser Welt, in den Raum gestellt. Auch in Zukunft aber erschöpft sich, so meine ich, der Sozialismus, wenn man ihn ernst nimmt, nicht in unverbindlichen Dimensionen des Denkens, auch nicht allein in einer unverbindlichen Erklärung für eine gerechte Welt. Die Welt – so wie sie heute wahrzunehmen ist – im Interesse der arbeitenden und existenzbedrohten Menschen, der noch immer ausgebeuteten und hungernden Völker, grundlegend und dauerhaft zu verändern, dazu bedarf es größerer theoretischer Reife und strategischer Konsequenz, als nicht wenige Verfechter eines Dritten Weges erkennen lassen. Meine Lebenserfahrung korrespondiert mit der Überlegung, die der kundige westdeutsche Ökonom Wolfram Engels im November 1989 veröffentlichte: »Die idealistische Linke reagiert auf das, was sich vor ihren Augen abspielt, auf zweierlei Weise: Mit der Suche nach einem Dritten Weg und der Behauptung, der real existierende Sozialismus sei gar kein Sozialismus. Der Dritte Weg wurde jahrzehntelang durch das jugoslawische Modell verkörpert, aber auch durch das Genossenschaftswesen Israels. Jugoslawien ist kläglich gescheitert und die Kibuzzim verlieren, wie auch andere Genossenschaftsformen in Israel an Attraktivität und Bedeutung [...] Eine arbeitsteilige Gesellschaft braucht irgendein Koordinationsinstrument und das kann entweder der Markt oder ein Zentralplan sein. Etwas Drittes gibt es nicht [...] Wenn man entweder den Markt oder den Plan braucht, dann ist der real existierende auch der einzig mögliche Sozialismus.«[599] Erwartungsgemäß präferiert Engels auch in diesem kurzen Kommentar aus seiner Überzeugung die kapitalistische Marktwirtschaft.

Es ist weder mein Anliegen noch meine Überzeugung, die politischen Verhältnissen in der DDR im Nachhinein zu idealisieren. Es gab, das wird der unvoreingenommene Betrachter ohne Schwierigkeiten feststellen können – allerdings kaum ein Gebiet des gesellschaftlichen Lebens, in dem nicht Neues versucht, nicht selten Lehrgeld bezahlt und oftmals interessante Ergebnisse erzielt wurden. Die DDR hatte jedoch in der historisch kurzen Zeit ihrer Existenz und unter den gegebenen internationalen Bedingungen keine Chance, die humane Idee von einer sozialistischen Gesellschaft in Vollkommenheit auszuprägen, in der Ausbeutung des Menschen überwunden und jeder nach seiner Leistung vergütet wird, in der alle bei der Entscheidung und Verwirklichung öffentlicher Angelegenheiten mitwirken können, in der Freiheit und Demokratie auf einer stabilen sozialen Basis sich entfalten. Auch die bürgerliche Gesellschaft und ihre kapitalistische Marktwirtschaft hatten ein halbes Jahrhundert nach der Französischen Revolution von 1789 – bei wesentlich geringerer Gegnerschaft durch die gestürzte Feudalkaste – bekanntlich nicht den Grad der Vollkommenheit, mit der sie sich nunmehr repräsentieren. Wenn man heute und künftig über sozialistische Alternativen nachdenkt, wird man kaum zu erfolgreichen Ergebnissen kommen, wenn man den Sozialismus des 20. Jahrhunderts als Nichtsozialismus abstempelt und dessen erkennbare kreative Elemente ignoriert.

Wer sich ernsthaft mit Alternativen zum Kapitalismus unserer Zeit beschäftigt, wird immer zu kurz greifen, wenn er sich und anderen Glauben macht, das könne allein über eine Veränderung von Parlamentsmehrheiten geschehen. Die Macht des Kapitals ist ökonomisch und rechtlich weitaus besser gesichert, als daß sie Parlamentsentscheidungen weichen würde. Das kapitalistische System genießt als eine Konstante der Gesellschaftsverfassung den Schutz auch des Grundgesetzes der Bundesrepublik Deutschland, auch des Vertragswerkes und der Institutionen der Europäischen Gemeinschaft. Schon 1967 hat der Richter am Bundesverfassungsgericht Gerhard Leipholz keinen Zweifel daran gelassen, das aus bürgerlich-rechtlicher Sicht auch kein Wahlergebnis zu akzeptieren ist, das zu Systemveränderungen führen könne. Begründet wird dies mit der schlichten Formel, daß es in der bürgerlichen Gesellschaft »Grenzen gibt, die kein menschlicher Gesetzgeber – auch nicht die Mehrheit des Volkes – verletzen oder überschreiten mag.«[600]

Noch immer gilt dieser Grundsatz. Ist es da nicht verwegen, wenn Gysi dem Gedanken folgt, man könne durch Erreichung demokratischer Mehrheiten den Kapitalismus überwinden, allerdings »mit dem Risiko, auf demokratischem Weg auch wieder abgewählt zu werden. Dann waren die Vorschläge der Sozialistinnen und Sozialisten eben nicht gut genug.«[601]

Die Vorstellung von einer Legislaturperiode Sozialismus und die nächste wieder Kapitalismus gehört aus meiner Sicht zum Absurdesten, was zum Thema »Dritter Weg« bisher vorgestellt wurde. Es gehört wohl zu den gesicherten Erfahrungen des 20. Jahrhunderts: Sozialistische Umwandlungen vollziehen sich – das scheint inzwischen erwiesen – weder im Zeitmaß von Legislaturperioden noch im Zeitrahmen einer Generation, sondern in erheblich längeren historischen Perioden.

Anzumerken wäre dazu auch: Bisher liegen keine ernstzunehmenden Erkenntnisse darüber vor, daß je das bürgerlich-kapitalistische System sich im Ergebnis allgemeiner Wahlen zur Disposition stellen würde. Nachweise für das Gegenteil sind in der philosophischen, juristischen und soziologischen Literatur immer wieder zu finden. Wenn wie in den 30er Jahren in Spanien oder in den 70er Jahren in Chile eine Änderung auf parlamentarischem Wege eingeleitet wurde, hat die Konterrevolution mit militärischer Macht und Terror dem bald ein Ende gesetzt.

Defizite

Es war wohl eine der Schwächen der oppositionellen Debatten 1956/57, daß ihr Interesse im besonderen Maße den Formen, dem Stil, den Umgangsformen in der Partei und der Gesellschaft galt. Dagegen wurden damals die ökonomischen, wissenschaftlich-technischen, sozialen und kulturellen Herausforderungen der 50er Jahre kaum zum Gegenstand der Erörterungen der oppositionellen Kräfte. Der in der Opposition jener Tage aktive Gustav Just vertraute seinem Tagebuch am 13. Februar 1957 als Lagebild an: »Die Opposition in der Partei hat keine Führung, kein Programm, aber sie ist da.«[602]

Dagegen entwickelten die Parteiführung der SED und die Regierung der DDR in dieser bewegten Zeit eine Strategie, die einer nachvollziehbaren Logik folgte. Auf wirtschaftlichem Gebiet ging es darum, unser relativ kleines, rohstoffarmes Land auf die Anforderungen der wissenschaftlich-technischen Revolution einzustellen. In der Landwirtschaft stand die Aufgabe, als erstes sozialistisches Land die Gewinnung der Bauern für genossenschaftliche Gemeinschaftsarbeit bei gleichzeitiger Erhöhung der Produktion von Nahrungsmitteln zu erreichen. Im Bereich des Handwerks und der Privatbetriebe sollten Produktion und Dienstleistungen für die Bevölkerung bei Ausbau der Vorzüge genossenschaftlichen Zusammenwirkens und des staatlichen Anteils an Privatbetrieben erreicht werden. Das wurde als Möglichkeit angesehen, sozialistische Produktions- und Lebensweisen in diesen Bereichen im Konsens der Beteiligten zu ereichen. Der Intensivierung der Beziehungen von Staat und Bürgern sollten die Ausweitung der Rechte der gewählten Volksvertretungen und die Verbesserung der Arbeit des Staatsapparates dienen. Schließlich wurde daran gearbeitet, der Wertedebatte neue Impulse zu geben. Sozialistische Ethik und Moral standen auf der Agenda der Führungsgremien. Diese umfassenden Zukunftsvorhaben und die anstehenden außen- und deutschlandpolitischen Aktivitäten forderten die Konzentration aller gesellschaftlichen Kräfte auf das Wesentliche heraus.

Mir scheint es recht gut beobachtet zu sein, wenn der Historiker Dietrich Staritz 1996 in seiner Darstellung der Geschichte der DDR hervorhebt, daß die Parteiführung der SED damals »ihren entschlossenen Machtwillen, die Unumkehrbarkeit der Eigenentwicklung der DDR, aber auch ihre Bereitschaft, in diesem Rahmen weiterhin an der Modernisierung der DDR zu arbeiten, also die Bereitschaft zu systemadäquaten Reformen«[603] zu signalisieren suchte.

Nach den Turbulenzen des Jahres 1956 erwies sich auch die nachfolgende Zeit als eine Periode komplizierter Auseinandersetzungen bei der Suche nach dem optimalen Ansatz für den weiteren Weg zum Sozialismus. Zwischen dem Januar 1957 und dem Februar 1958 wurden auf sechs Plenartagungen des Zentralkomitees der SED Vorschläge für die Bewältigung der nächsten Aufgaben beraten, leidenschaftlich über Dogmatismus und Revisionismus gestritten, Visionen entwickelt und Ambitionen zum Ausdruck gebracht. Ministerpräsident Grotewohl und sein Stellvertreter Oelßner waren Mitglieder der Parteiorganisation des Ministerrates. Keiner von beiden hat die Streitpunkte und Differenzen in der Parteiführung in unseren Kreis getragen.

Auch für die Mitarbeiter im Sekretariat Ulbricht gab es in dieser Zeit keine anderen als die öffentlichen Informationen. Wenn wir, was ausgiebig geschah, zu aktuellen Problemen Stellung nahmen oder in Beratungen unseren Standpunkt vortrugen, erfolgte dies aus eigener Überzeugung, ohne daß dafür Weisungen oder Hinweise des Chefs erforderlich waren. Natürlich bildeten wir uns eine Meinung – und vertraten diese.

Wir spürten bei unseren Recherchen in Betrieben und Institutionen, daß so manche Debatte in Berlin dort wenig Verständnis fand. Auch viele Parteimitglieder meinten besorgt, was sollen und wem nützen die Auseinandersetzungen? Die Erwartungen auf klare Verhältnisse über Weg und Ziel der DDR waren unverkennbar.

Im Spätherbst 1957 hielt Otto Gotsche es für geboten, mit Walter Ulbricht über Karl Schirdewan zu sprechen. »Wäre es nicht gut«, versuchte er dem Chef zu vermitteln, »wenn du dein Verhältnis zu Karl Schirdewan verbessertest?«

Ulbricht hätte, so berichtete Gotsche danach, eine Weile geschwiegen. Dann habe er Gotsche gebeten, sich nicht um Dinge zu kümmern, die er zu wenig kenne, es brauche eben alles seine Zeit.

Als auf dem 35. Plenum des ZK der SED der Ausschluß von Karl Schirdewan und Ernst Wollweber aus dem Zentralkomitee und Fred Oelßner aus dem Politbüro beschlossen wurde, waren auch wir überrascht. Erst viele Jahre später begann ich darüber nachzudenken, warum mit Wilhelm Zaisser, Rudolf Herrnstadt und Ernst

Wollweber Genossen aus der Parteiführung ausgeschlossen wurden, die über Jahrzehnte mit dem sowjetischen Sicherheitsapparat verbunden waren. Nach der Öffnung der internen Archive offenbarte sich zum Teil durch Selbstzeugnisse, daß auch Karl Schirdewan in den Auseinandersetzungen 1956-1958 sowjetischen Rückhalt gesucht und gefunden hatte. Ging es in den strittigen Situationen 1953 bis 1958 um die Durchsetzung eigener Überzeugungen der Kontrahenten Ulbrichts oder folgten sie auch Ratschlägen – zumindest Ermunterung – von alten Freunden aus der Ferne? In einer Analyse deutscher Geheimdienstchefs im Kalten Krieg vertreten die Verfasser die Meinung, daß von Wilhelm Pieck und Walter Ulbricht mit gewissem Mißtrauen die kleine Gruppe deutscher Kommunisten »beäugt wurde, schienen sie doch Moskau mehr verpflichtet als Berlin-Pankow«.[604]

»Jedoch mißtraute Walter Ulbricht mit wenigen Ausnahmen solchen Funktionären zutiefst, die exklusivere Kontakte zum sowjetischen Apparat besaßen als er selbst«[605], kann man weiter aus dieser Veröffentlichung entnehmen. Ob damit die wesentlichen Hintergründe der parteiinternen Kämpfe in der Mitte der 50er Jahre erhellt werden, wird wohl nie mit Sicherheit zu beantworten sein. Moskauer Einfluß bleibt, in jeweils unterschiedlicher Intensität, unübersehbar. Für Walter Ulbricht war aber auch das ein Thema, worüber er nie ein Wort fallen ließ.

Erwähnenswert ist in diesem Zusammenhang auch die sehr unterschiedliche Interpretation der geheimen Mission des Bonner Vizekanzlers Fritz Schäffer, der im Juni 1955 und im Oktober 1956 mit Wissen Adenauers versuchte, in Ostberlin Kontakte zum sowjetischen Botschafter Puschkin (mit dem er am 20. Oktober 1956 verhandelte) zu knüpfen. Markus Wolf, der zu den Gesprächspartnern Schäffers in Berlin gehörte, charakterisiert dessen Anliegen als Bemühen um »Vereinbarungen zwischen beiden Staaten auf wirtschaftlichem und kulturellem Gebiet« und der Überlegung, »Voraussetzung für die Vereinigung sei, daß die beiden deutschen Staaten keinem Machtblock angehören«.[606]

Anders schildert der enge Vertraute Schäffers, Franz Josef Strauß, den gleichen Vorgang. Nach dessen Interpretation ist die Schäffer-Mission im Ergebnis einer Offerte Botschafter Puschkins zustande gekommen. Schäffers Kontaktmann hätte diesem die Andeutung von einem Putsch gegen Ulbricht und der Absetzung der Regierung der DDR gemacht. »Man wünsche mit der Bundesregierung deswegen Kontakt. Initiatoren dieser Politik seien sowjetische Kreise, die die großen Fehler Stalins einzusehen begonnen hätten. Man denke an einen Österreich-Status für die DDR.«[607]

Ob der historischen Forschung je Einblick in diesen dubiosen Vorgang gewährt wird, ist ungewiß. Welche Unterlagen dazu sind noch erhalten, was wurde vernichtet oder nie zu Papier gebracht? Nicht auszuschließen ist, daß die undurchsichtige Schäffer-Mission 1955/56 zu den Zuspitzungen der politischen Diskussionen, zur Härte der Auseinandersetzungen im Zentralkomitee der SED beigetragen hat.

Fred Oelßner verlor 1958 seine Funktion im Politbüro der SED und auch seine Mitgliedschaft im Ministerrat. In einer unserer Versammlungen zur Auswertung dieser Entscheidung des Zentralkomitees hielt es ein Genosse für erforderlich, die vier Mitarbeiter Fred Oelßners im Ministerrat nicht parteigemäßen Handelns zu beschuldigen. Sofort meldete sich Otto Gotsche, der sich sonst auf derartigen Veranstaltungen zurückhielt, zu Wort. Bewegt stellte er sich vor die Mitarbeiter Oelßners. Seinen Vorredner schonte er allerdings nicht. Dessen Haltung war für Gotsche ein Beispiel charakterlosen Verhaltens. Es war wohl auch Gotsches Haltung und seinem Einfluß zu verdanken, daß nach der Auflösung des Sekretariats Oelßner die Mitarbeiter eine ihren Erfahrungen entsprechende Einsatzmöglichkeit erhielten.

Die Debatten jener Jahre blieben mir in Erinnerung. Nie vorher hatte ich mich mit derart unterschiedlichen Fragen der Gesellschaftstheorie und der Geschichte der Arbeiterbewegung beschäftigen müssen. Nie vorher hatte ich mich im Feld so verschiedenartiger Positionen zu entscheiden, Standpunkt zu beziehen und diesen im Streit zu begründen. Nunmehr fernab der damaligen Situation und der damaligen Handlungserfordernisse betrachte ich die Kontroversen dieser Zeit aus folgender Sicht: In Auswertung der Beschlüsse des XX. Parteitages der KPdSU wurde von der Parteiführung der SED zwar aufgefordert, »ohne Scheu« auch über die Parteigeschichte zu diskutieren.[608] Die Bekundung, es dürfe »keine Einschränkung der freien Meinungsäußerung in den Parteiorganisationen geben«, vermittelte Zuversicht. Die zugefügte Einschränkung, »daß Verleumdungen gegen die Partei oder Diskussionen, die der Gegner lenkt« nicht »geduldet werden können«[609], gab allerdings zu oft Gelegenheit für subjektive, kontraproduktive Auslegungen. Manchen Akteuren fehlte es zu oft an geistiger Kraft, nicht selten auch an Gelassenheit. Erkennbar war die Sorge, das werdende Neue sollte keinesfalls, auch nicht von Zweifeln, beschädigt werden. Unsicherheit überforderter Amtsträger, vor allem, wenn sie diese mit Autoritätsgehabe zu kompensieren suchten, ebenso mangelnde Fähigkeit zu einer kulturvollen Kommunikation, blieben zu lange Begleiterscheinungen, die der Sache nicht dienlich waren.

Solche Zuspitzungen offenbaren letztlich, daß die geschaffenen gesellschaftlichen und staatlichen Verhältnisse der DDR über kein ausreichendes Konfliktausgleichpotential verfügten. Auch unter Gleichgesinnten, die dem Sozialismus zugetan waren, verwandelten sich unterschiedliche Bewertungen der gleichen Situation zu oft ohne Umschweife zum Pro oder Kontra gegenüber den Beschlüssen der Zentrale. Die gesellschaftliche Ordnung der DDR war damals noch ein fragiles Wesen. Schon leichte Beschädigungen konnten das Ganze gefährden. Schutz des Erreichten, Ausbau des mühsam Errungenen hatten einen hohen Stellenwert. Das bestärkte Haltungen, führte aber unverkennbar auch zu einer Selbstdisziplinierung. Trotz mancher späterer Fortschritte bei der Einbeziehung der Werktätigen und auch hinsichtlich der innerparteilichen Beziehungen innerhalb der SED blieben die Defizite beim Konfliktausgleich ein Konstruktionsfehler des gesellschaftlichen Systems.

Es wäre allerdings ein fataler Irrtum anzunehmen, das hier für die DDR festgestellte Defizit an Konfliktausgleichspotential sei nur dem sozialistischen Staat eigen. Auch bürgerlich-parlamentarische Ordnungen wie die der Bundesrepublik Deutschland haben dafür bisher keine überzeugenden Lösungen gefunden. In der Mitte der 50er Jahre machte der Philosoph Karl Popper mit seiner Theorie einer offenen Gesellschaft Furore. Sie wirkt bei nicht wenigen gebildeten Bundesbürgern als Ideenkonstrukt bis in unsere Tage. Popper entwickelte seine Lehre über die offene Gesellschaft aus seiner Kritik an Marx, der – nach Poppers Auffassung – die Bedeutung der ökonomischen Gewalt übertrieben habe.[610] Popper setzte in den 50er Jahren des 20. Jahrhunderts seine Hoffnungen auf einen gebändigten Kapitalismus. Im Rahmen einer offenen Gesellschaft strebte er die Planung eines sozialen Wandels an. Er räumte dabei allerdings ein: »In einem schrankenlosen kapitalistischen System trifft Marxens Argument jedoch in gewissem Maße zu: denn eine

Regierung, die Institutionen zur Kontrolle von Waffen und von Gangstern entwickelt hat, die aber keine Institutionen zur Überwachung der Macht des Geldes besitzt, eine solche Regierung hat die Neigung, dem Einfluß dieser Macht zu verfallen. In einem solchen Staate kann sehr wohl ein uneingeschränktes Gangstertum des Geldes die Herrschaft ausüben.«[611] Zu den Grundüberzeugungen Poppers gehörte: »Wissenschaftliche Theorien lassen sich an ihren praktischen Folgen überprüfen.«[612] Angesichts des tatsächlichen Wandels in der Bundesrepublik, der Dominanz des internationalen Kapitals und des sozialen Wandels zugunsten der Wohlhabenden entfernt sich die soziale Realität auch in Deutschland zunehmend von Poppers Hoffnung auf eine offene Gesellschaft. Die Einschränkung der Bürgerrechte, die in den 50er Jahren mit der Verfolgung der Kommunisten ihren Anfang nahm und in den 60er Jahren mit der Notstandsgesetzgebung fortgesetzt wurde, erhält nunmehr unter dem Vorwand der Terrorismusbekämpfung eine neue Dimension.

Hat in Anbetracht dessen nicht eher Marx den wissenschaftlich solideren Ansatz bei der Beurteilung der Macht und der Entwicklungstendenzen des Kapitals? Eine ideale Verbindung von Machtausübung und Freiheitsgestaltung sowie einer adäquaten Streitkultur ist bisher offensichtlich in noch keiner Gesellschaft hergestellt worden. Sigmar Gabriel reflektierte seinen Eindruck über die Gesellschaft in der gegenwärtigen Bundesrepublik in einer Veröffentlichung derart: »Eliten und Basis, Regierende und Regierte haben sich längst auseinanderentwickelt und voneinander entfremdet.«[613]

Widersprüche werden unübersehbar. Eher eine zunehmend geschlossene als eine offene Gesellschaft ist das Ergebnis. Die Suche nach neuen Lösungsansätzen bleibt künftigen Generationen überlassen. Erwartungen, daß eine bürgerlich-kapitalistische Gesellschaft dafür Anlass zu weiteren Hoffnungen bieten könnte, sind und bleiben offensichtlich unbegründet.

Wie und wo »Überholen ohne Einzuholen« entstand

Die wirtschaftliche Konsolidierung der DDR zeigte 1957/58 erste Früchte. Schon 1956 hatten Lohn- und Rentenerhöhungen sowie Preissenkungen für Industriewaren zu Verbesserungen der sozialen Situation der Bevölkerung geführt. Am Beginn des Jahres 1957 wurden erste Schritte zur Einführung der 45 Stunden-Woche eingeleitet. Walter Ulbricht gehörte zu den Politikern jener Zeit, die sich mit Erreichtem nicht zufrieden geben wollten. Nur ein »weiter so« akzeptierte er selten. Es geht nur weiter, wenn wir es besser machen, wenn wir uns dem Neuen erschließen, kennzeichnete sein Bestreben. Die Festigung des jungen Staates und die Verbesserung der Lebenslage des Volkes konnten nur bei intensiver Entwicklung der Produktivkräfte auf Dauer gewährleistet werden. Denken und Vorwärtsschreiten war ihm Handlungsmaxime. Dafür bemühte er sich um sachkundige Gefährten, um guten Rat.

Am Nachmittag des 27. Februar 1958 traf sich Walter Ulbricht in seinem Arbeitszimmer im Haus des Ministerrates in der Berliner Klosterstraße mit einer Gruppe hochkarätiger Wissenschaftler. Der alte, leicht lädierte eichene Beratungstisch, der schon im früheren Büro Ulbrichts in der Leipziger Straße genutzt wurde, mußte an diesem Tag einem größeren Tisch weichen, der genügend Platz für die große Zahl der Gäste bot. Die Gästeliste war unter Mitarbeit von Erich Apel und Hermann Grosse entstanden. Die Männer, die an diesem Nachmittag zusammenkamen, gehörten zur Elite der deutschen Naturwissenschaft. Der älteste von ihnen war der Präsident der Akademie der Wissenschaften der DDR, der Physiker Prof. Max Vollmer. Neben ihm hatte der Pionier der Quantenmechanik, Nobelpreisträger Prof. Gustav Herz Platz genommen. Ihnen gegenüber saßen der Professor für Physikalische Chemie und Elektrochemie Peter Adolf Thiessen und der Atomwissenschaftler Professor Heinz Barwich. Die vier Akademiker waren in den vergangen Monaten aus der Sowjetunion, wo sie seit Kriegsende auf ihren Fachgebieten geforscht hatten, in die DDR übergesiedelt. Ihre Arbeit in sowjetischen Laboratorien hatte u. a. durch hohe staatliche Auszeichnungen eine Würdigung gefunden. Die Runde wurde komplettiert durch den Chemiker Prof. Nelles, den Direktor des Institutes für Fördertechnik an der TH Dresden Prof. Kienast, durch Prof. Frühauf und einige andere Wissenschaftler, deren Namen mir entfallen sind.

In heutigen Berichten über die damals aus der Sowjetunion zurückgekehrten Wissenschaftler wird nicht selten vordergründig oder unterschwellig der Eindruck erweckt, ihre Tätigkeit und ihr Aufenthalt seien nicht freiwillig erfolgt, sondern erzwungen worden. Die Betroffenen sind inzwischen verstorben, sie können derartigen Legenden nicht mehr selbst entgegentreten. Deshalb kann ich hier lediglich auf unverdächtige Sachkenntnis anderer verweisen. Der amerikanische Historiker Naimark, der sich eingehend mit dem Schicksal dieser Wissenschaftler beschäftigt hat, stellte 1997 fest: »Doch ließen sich sämtliche wissenschaftlichen Mitarbeiter von den Sowjets überzeugen, mit ihren Laboratorien nach Moskau zu gehen wo, wie ein Informant des US-Militärgeheimdienstes später notierte, ›sie alle Vorzüge genießen [...] und ihre wissenschaftliche Forschungsarbeit aktiv weiter betreiben.«[614]

Prof. Barwich, der an der Runde im Februar 1958 bei Walter Ulbricht teilnahm, hat sich 1964 in Westdeutschland niedergelassen. In seiner postum veröffentlichten Autobiographie bestätigt auch er die Freiwilligkeit seiner Entscheidung. Er schrieb: »Am 10. Juni 1945 entschloß ich mich nämlich, in die Sowjetunion zu gehen. Ich war 33 Jahre alt, verheiratet, hatte drei Kinder, das vierte wurde erwartet. Auch ich war arbeitslos. So fiel mir der Entschluß nicht schwer.«[615]

Auch Prof. Max Steenbeck, der als Kriegsgefangener erst im Herbst 1945 von Professor Lew A. Arzimowitsch zu einer Mitarbeit geworben wurde, dokumentiert die Freiwilligkeit seiner Entscheidung.[616] Die Rückkehr dieser Spezialisten vollzog sich in einem über Jahre währenden Vorbereitungsprozeß.

Seit 1951 war das Sekretariat Ulbricht in der Regierung in die Vorbereitung der Rückkehr von Prof. Manfred von Ardenne involviert. Die Unterlagen dazu sind zugänglich.[617]

Vor der Zusammenkunft mit den Wissenschaftlern hatte ich Walter Ulbricht in anderen Gesprächen mit Experten erlebt. Immer ging es dabei weitgehend ungezwungener und weitaus lockerer zu als bei offiziellen Anlässen. An diesem Donnerstagnachmittag war ich jedoch erstaunt, wie unkompliziert sich im Kreis dieser Persönlichkeiten eine angenehme, respektvolle Atmosphäre entwickelte. Es war zu spüren, man vertraute einander. Es gab Übereinstimmung hinsichtlich der Förderung wichtiger Forschungsrichtungen. Lange wurde über die Vorrangigkeit der Grundlagenforschung, auch über Möglichkeiten und Grenzen der Ressourcen unseres kleinen Landes nachgedacht. Es ging aber nicht allein um theoretische Forschung. Neue Wege zur effektiveren Überführung von Forschungsergebnissen in die wirtschaftliche Praxis sollten eröffnet werden. Gegenstand des Gespräches war auch, wie vorhandene Rückstände gegenüber entwickelten kapitalistischen Ländern auf wissenschaftlich-technischen Gebieten überwunden werden können. Der Nachvollzug bekannter Entwicklungsrichtungen – nicht selten als »abkupfern« von Erzeugnissen bezeichnet – hatte, so war in diesem Kreis die vorherrschende Meinung, nicht nur moralische und rechtliche Grenzen. Es bedeutete in den meisten Fällen, daß ein Rückstand blieb, denn das marktfähige Produkt von heute war das Resultat der Entwicklungsarbeit von gestern oder vorgestern.

Aus dem Ansatz, daß in wohl allen Lebensbereichen – vor allem aber in der Forschung – kaum etwas alternativlos ist, verdichtete sich in der Debatte die Erkenntnis: um zum Erfolg zu gelangen, soll man nicht nur bekannte, sondern neue Wege beschreiten. Professor Thiessen hat in dieser Runde wohl öfter als andere das Wort ergriffen. Interessant war die Art, in der er seine Überlegungen vorbrachte. In kurzen Worten umriß er das Problemfeld, formulierte gewissermaßen den Ansatz der Gleichung. »Das Stichwort ist gefallen« war dann die folgende einleitende Floskel, mit der er danach seinen Lösungsansatz beschrieb. Oft habe auch ich später erleben können, wie er nach diesem Darstellungsmuster seine Gedanken vorgetragen hat. An diesem 27. Februar 1958 gehörte zu den Ansätzen der von Thiessen entwickelten Gleichung der Nachweis, wie bisher auf Gebieten der Hochtechnologie Entwicklungsrückstände gerade dadurch kompensiert wurden, daß andere Wege zum Ziel gesucht und beschritten wurden, als solche, die zum vorher bekannten Ergebnis geführt haben. Das Stichwort war gefallen. Die Antwort des Gelehrten lautete: »Wir dürfen nicht nur Bekanntem hinterherlaufen. Wir müssen auch überholen ohne einzuholen.«

Das fand auch in Abwägung von Risiken, die gerade auf neuen Wegen zu erwarten sind, allseitig Akzeptanz. Walter Ulbricht hat die Aufforderung zum Überholen ohne einzuholen später zu einer politischen Losung gemacht. Das hat nicht immer zum Verständnis der kreativen Bedeutung dieses Satzes geführt. Verballhornte Interpretationen machten bald die Runde. Vor allem machten wohl jene über dieses Zitat abfällige Bemerkungen, denen ausgetretene Pfade angenehmer und neue Wege suspekt waren. Ulbrichts Denkweise war dem Neuen zugetan. Veränderungen empfand er – im Gegensatz zu manchem seiner Kontrahenten – nicht als etwas Bedrohliches. Nicht selten zeigte er Bereitschaft zum Experiment, auch wenn er sich dessen Ausgang nicht sicher sein konnte.

Flugzeugbau – Versuch und Fehlschlag

Ein klassisches Beispiel für die These vom Überholen ohne Einzuholen hätte damals der Flugzeugbau in der DDR liefern können.
Im Dresdener Gebiet wurde nach 1954 mit dem Aufbau einer Flugzeugindustrie begonnen. Industriewerke für Herstellung, Erprobung
und Wartung von Triebwerken und anderen Flugzeugteilen wurden
in relativ kurzer Zeit in Ludwigsfelde bei Potsdam und im Süden
von Karl-Marx-Stadt sowie im VEB Entwicklungsbau in Pirna
errichtet. Der Flugzeugbau sollte – so war das strategische Konzept
– ein Katalysator der Industrieentwicklung werden. Ab 1956 gingen die ersten zweimotorigen Propellermaschinen – eine Lizenz-
produktion eines sowjetischen kleinen Passagierflugzeuges – in Serie.
In der gleichen Zeit lag der Beginn eines kühnen Projekts. Es wurde
von Prof. Brunolf Baade geleitet. Der Bau eines Düsenpassagier-
flugzeugs für 72 Passagiere wurde vorbereitet.

Am Vortag des 1. Mai 1958 rollte die erste Maschine des Typs
152/I aus der Halle 222 des Flugzeugwerkes Dresden-Klotzsche. In
erstaunlich kurzer Entwicklungszeit konnte damit nicht nur das
erste Düsenpassagierflugzeug in Deutschland, sondern die erste vier-
strahlige Passagiermaschine der Welt vorgestellt werden. Sieben
Monate danach startete Flugkapitän Willi Lehmann zum ersten
Testflug. Wenn heute über diese Maschine geschrieben oder berichtet wird, steht zumeist das Unglück des Absturzes dieses Prototyps
am vierten März 1959, wenige Minuten vor einer Landung in Dresden, im Vordergrund der Mitteilungen und Spekulationen.[618]

Tragische Unglücke von Prototypen – das sollte nicht übersehen
werden – bleiben leider bis heute in der Flugzeugindustrie kein singuläres Ereignis. Wenig Aufmerksamkeit wird heute der Tatsache
entgegengebracht, daß kaum 18 Monate nach dem Absturz eine
zweite verbesserte Version, die 152 II ihre Testflüge erfolgreich absolvierte. Eine dritte und vierte Version der 152 waren in Produktion
gegangen. Die Serienproduktion für über zwanzig Maschinen wurde
vorbereitet. Am Rande sei hier darauf verwiesen, daß Verzögerungen
bei der Entwicklung und Produktion neuartiger Flugzeuge bis heute
auch bei den weltgrößten Flugzeugherstellern fast zum Normalen
gehören. Die verspätete Auslieferung des Airbus 380 und die über
Jahre während Verzögerung des Erstfluges des Boeing »Dreamli-
ners«[787] gehören zu den aktuellen Beispielen dafür. Innerhalb eines

Jahres führten in den 50er Jahren drei Abstürze voll besetzter Maschinen des ersten Düsenpassagiersflugzeugs der Welt, der englischen »Comet 1« zu den großen Tragödien der Luftfahrt. In der medialen Reaktion auf derartige Ereignisse sind Unterschiede kaum übersehbar. Geschah derartiges in der DDR, werden bis heute die Ursachen für Verzögerungen, Rückschläge und Unglücke zumeist dem sozialistischen System zugeschrieben.[619] Bei den Rückständen und Lieferverzögerungen bei Airbus und Boeing liest man heute in Zeitungskommentaren, daß das bei einem Hersteller an Schwierigkeiten bei der Verkabelung des Flugzeuges und beim anderen an fehlenden Nieten und mangelhaften Zulieferungen läge.[620]

Auch technische Fragen werden weiterhin mit unterschiedlicher Elle gemessen. Für Gegenstände des eigenen Systems die Elle sachlicher Kritik. Dagegen für alles, was dem Sozialismus eigen ist oder nur nahe scheint, die Keule der Systemverdammung!

Die Entscheidung des Ministerrates der DDR vom Juli 1961 über die Produktionseinstellung der 152 und die Auflösung der Luftfahrtindustrie hat seitdem eine sehr unterschiedliche Wertung erfahren. Mit Wahrscheinlichkeit hat eine Summe von Faktoren zu diesem Entschluß geführt. Zweifellos mußte der unerwartete Zeitverzug zu einer Neubewertung der Absatzchancen führen. In der Sowjetunion waren mit der TU 104 und der Il 18 Passagierflugzeuge ähnlicher Kapazität gegen Ende der 50er Jahre in Dienst gestellt. Frankreich konnte zur gleichen Zeit nach einem Entwicklungsvorlauf von etwa zehn Jahren die Caravelle in Dienst stellen. Auch diese drei genannten Maschinen bewegten sich bei einer Kapazität von etwa 75 Passagieren. Die enormen Vorleistungen, die in der DDR in den Aufbau der Flugzeugindustrie geflossen waren, korrespondierten ohne gesicherten Rückfluß aus dem Verkauf offensichtlich nicht mehr mit der begrenzten Wirtschaftskraft unseres kleinen Landes.

Bei allen aktuellen Publikationen über den Flugzeugbau der DDR wird ein nicht unwesentlicher Faktor seiner Probleme meist übergangen, manchmal vage erwähnt, nie aber recht aufgehellt: der Schaden, der diesem strategischen Zweig der DDR-Industrie durch Industriespionage und gezielte Sabotage der Produktionsabläufe entstanden ist. Auch in der bundesdeutschen Presse war später darüber zu lesen, wie Produktionsabläufe durch Sabotage gestört und die Fertigstellung der 152 aufgehalten wurde. »In der Tat« – so hieß es 1960 in der Hamburger Wochenzeitung *Die Zeit* – »war der Gummitank eines Flächentreibstoffbehälters durchschnitten worden und in den Versteifungsflächen fanden sich Eisenstücke verstemmt. Hydraulikleitungen waren mit Kolophonium verstopft und angebohrt. Drei Belegschaftsmitglieder wurden verhaftet.«[621]

Die Akten in Pullach dazu bleiben unter Verschluß. Bekannt wurde jedoch später, daß Manfred Gerlach, der Technische Direktor des Entwicklungsbau Pirna, dem Hersteller der Triebwerke für die 152, geheime Dokumente auch über den Flugzeugbau der DDR »an seine Auftraggeber nach Pullach geliefert und in deren Auftrag umfangreiche Sabotage im Fachbereich Triebwerksbau durchgeführt«[622] hat. Als der 54jährige enttarnt und dingfest gemacht wurde, offenbarte sich, daß er durch Sabotage Zeitverzug bei der Entwicklung und Produktion erzwingen und Forschungsunterlagen auf die andere Seite bringen sollte.[623] *Die Zeit* machte 1960 publik, daß die Verbindung Gerlachs nach Pullach über die Gattin eines befreundeten westdeutschen Akademikers, die zum Personal des BND gehörte, zustande kam und aufrechterhalten wurde.[624] Die in der *Zeit* genannten Namen des Ehepaares sollen hier nicht wiedergeben werden, sie sind heute weder von Belang noch nachprüfbar.

Wer mag heute noch nachvollziehen, wie groß der zeitliche Verzug, der materielle und ideelle Schaden war, der durch die Aktionen Pullachs verursacht worden ist. Mit der Entwicklung der Düsenpassagiermaschine 152 hatte die DDR einen zwar riskanten aber nicht aussichtslosen Versuch des »Überholens ohne Einzuholen« unternommen. Daß er nicht zum erwarteten Erfolg führte, lag wohl weder am ursprünglichen Ansatz der Aufgabe noch an der Fähigkeit und Einsatzbereitschaft der Beteiligten. Prof. Brunolf Baade und seine Mitarbeiter haben Großes versucht. Es gab Umstände und Interessen, die ihrem Werk entgegenstanden.

Umgestaltung der Landwirtschaft – warum und wie?

Die Umgestaltung der Landwirtschaft in der DDR hat Walter Ulbricht oftmals als die komplizierteste Aufgabe beim Aufbau des Sozialismus genannt. Es widerspricht den Tatsachen, wenn auch heute noch immer behauptet wird, bei der Gestaltung der Landwirtschaftspolitik sei in der DDR dem sowjetischen Modell gefolgt worden. Das Gegenteil ist der Fall. Bekanntlich war in der russischen Oktoberrevolution die Nationalisierung des Bodens die Hauptforderung der bäuerlichen Bevölkerung. Das Dekret über den Boden war folgerichtig eines der ersten Gesetze der jungen Sowjetmacht. Es wurde zum Ausgangspunkt des sowjetischen Agrarmodells. Trotz des hohen Stellenwerts der Bodennationalisierung in der sowjetischen Gesellschaftstheorie wurde ein derartiges Herangehen in der Führung der DDR nie zur Debatte gestellt. Die Interessenlage der deutschen Bauern und Landarbeiter war völlig anderer Natur als die in Russland. Folglich wurde der Boden 1945 in der sowjetischen Besatzungszone nicht nationalisiert. Mit der demokratischen Bodenreform erhielten Neubauern, Kleinbauern, Umsiedler und Landarbeiter den Boden der enteigneten Großgrundbesitzer als Eigentum.

Es entstanden 210.000 Neubauernstellen. Annähernd 200.000 Arbeiter und Angestellte, Handwerker und Gewerbetreibende erhielten Kleinflächen, um durch bäuerliche Nebenwirtschaft zur Verbesserung der Ernährung beizutragen.[625] Die Bodenreform im Osten Deutschlands war – wie auch der Historiker Graf Kielmansegg feststellt – »durchaus populär und ist es, wie sich nach 1990 zeigen sollte, geblieben.«[626] Die Popularität dieser seit einem Jahrhundert überfälligen Maßnahme resultierte im besonderen Maße aus folgenden Quellen: Die Bodenreform erwies sich in der schweren Nachkriegszeit als das wohl größte Existenzgründerprogramm der deutschen Geschichte. Vor allem politisch Interessierte begrüßten es, daß auf diesem Wege die Macht der Junker gebrochen und damit eine Brutstätte des deutschen Militarismus, ein Hort der ultrakonservativen Unterstützer der Nazidiktatur beseitigt war.

Wie es mit den Genossenschaften begann

Der Genossenschaftsgedanke hat in der deutschen Bauernschaft eine lange und gute Tradition. So nimmt es nicht Wunder, daß im Osten Deutschlands die Vereinigung der gegenseitigen Bauernhilfe (VdgB) entstand und sich bei der Wahrnehmung von Gemeinschaftsaufgaben als Interessenvertreter der Bauern bewährte. Die in den Nachbarländern Polen und der Tschechoslowakei und in anderen volksdemokratischen Staaten gegen Ende der vierziger Jahre durchgeführten Maßnahmen zur Genossenschaftsentwicklung[627] waren für die Verantwortlichen der DDR kein Anlass, diesem Beispiel zu folgen. Ich war Zeuge mehrerer Gespräche, in denen Walter Ulbricht den Zeitpunkt und die Methoden der Genossenschaftsentwicklung in den Nachbarländern außerordentlich kritisch bewertet hat. Als in einigen Dörfern Südthüringens und in Brandenburg am Beginn der 50er Jahre Übereifrige mit der Bildung landwirtschaftlicher Produktionsgenossenschaften vorprellten, wurde dem Einhalt geboten. Noch auf der Februartagung des Zentralkomitees der SED 1952 wurde die Bildung derartiger Agrargenossenschaften als nicht zeitgemäß abgelehnt.

Es gab Gründe, warum zwei Monate danach die Entwicklung von landwirtschaftlichen Produktionsgenossenschaften einer Neubewertung unterzogen wurde. Nach der Ablehnung der Stalinnoten vom März 1952 durch die Westmächte eröffnete Stalin im April 1952 Pieck, Grotewohl und Ulbricht, »daß die Einheitsperspektive hinfällig sei, da man nicht mit Kompromißbereitschaft der Westmächte in der deutschen Frage rechne, welche Vorschläge man auch selber mache. Die DDR solle ihren eigenen Staat aufbauen und die Demarkationslinie zu Westdeutschland als ›gefährliche‹ stark zu sichernde Grenze betrachten.«[628] In zwei Beratungen am 1. und am 8. April 1952, die Stalin mit der deutschen Delegation führte, ging es neben vielen anderen Fragen auch um die Landwirtschaft der DDR. Unter Verweis auf die Kolchosentwicklung in der UdSSR, aber auch in Ungarn drängte Stalin, im gleichen Sinne vorzugehen. Er hielt seinen Gästen vor: »Man braucht nicht anzunehmen, die Ungarn seien fähiger als die Deutschen. Sie müssen das ebenfalls machen.«[629] Wilhelm Pieck wandte nach dieser Philippika Stalins zwar noch ein: »Die Bauern hatten ein starkes Vorurteil gegen Kolchosen […] Möglicherweise ist es jetzt zweckmäßig, die Frage auf breiterer Grundlage aufzuwerfen.«[630] Folgt man dem weiteren Wortlaut des Protokolls, ist unschwer zu erkennen, daß Stalin es bei der bedächtigen Haltung Piecks nicht belassen wollte. Er drängte unverkennbar in der Genossenschaftsfrage. Ulbricht versuchte, in dieser komplizierten Angelegenheit Zeit zu gewinnen. Er warf ein: »Vielleicht wäre es zweckmäßiger, den Aufbau von Produktionsgenossenschaften nach der Einbringung der Ernte im Herbst zu beginnen.«[631] Aber auch dafür konnte er Stalin nicht gewinnen. Dann wechselte das Thema.

Das Protokoll der April-Beratung 1952 in Moskau läßt erkennen, daß Stalin einen energischen Anstoß zur Bildung von Landwirtschaftlichen Produktionsgenossenschaften gegeben hat. Daß er drängte. Nach meiner Kenntnis der Dinge wurde damit der frühe Beginn der Genossenschaftsentwicklung zu keinem idealen Zeitpunkt festgelegt. Für die Schaffung von Agrargenossenschaften in der DDR gab es eine Summe triftiger Gründe. Im Ergebnis der Nachkriegsentwicklung bildete sich bei Bauern wie in der Agrarwissenschaft und in der Politik die Überlegung heraus: Der nunmehr in der DDR dominierende Kleinbetrieb stelle bei dem erkennbaren Trend zur Mechanisierung der Arbeit auf den Feldern, in den Ställen und in der Lagerwirtschaft auf Dauer kaum eine geeignete Basis für eine moderne, leistungsanhebende und kostensenkende Produktion dar. Das galt auch hinsichtlich anstehender sozialer Lösungen wie der Begrenzung der täglichen Arbeitzeit, der Entlastung der Bäuerinnen und der Perspektive für die Landjugend. Vor allem Neubauern und auch Kleinbauern hatten zunehmend Interesse an einer Zusammenarbeit bekundet. Sie erhofften in einer Genossenschaft Anleitung und Hilfe.

Die hier geschilderte Problemlage war kein Sonderproblem des Ostens Deutschlands, es betraf den Westen in ähnlicher Weise. Auch dort hatte sich die Überlegenheit des Großbetriebes gegenüber dem Kleinbetrieb offenbart. Auch dort steuerte man staatlicherseits auf eine Änderung der Betriebstrukturen hin. Die Programme in der BRD hießen damals »Grüner Plan« und »Strukturanpassungsprogramm.« Die Kleinbauern blieben dabei auf der Strecke. In der Zeit von 1949 bis 1957 verloren 160.000 Bauernfamilien in der Bundesrepublik Haus, Hof und Bodeneigentum. Das Wort vom Bauernlegen ging damals um.

Der in der DDR eingeschlagene Weg der Einbeziehung aller, auch existenzschwacher Bauern in Genossenschaften beließ diesen – im Gegensatz zur westdeutschen Entwicklung – Haus, Hof und Bodeneigentum. Er schuf ihnen die Möglichkeit, im Heimatort, im Beruf zu bleiben und in der Genossenschaft demokratisch mitzuwirken. Das erschien auch mir der humanere Weg zu einer modernen Landwirtschaft. Als 1952 mit der Entwicklung der Genossenschaften begonnen wurde, geschah das in den meisten Fällen recht behutsam. Im Unterschied zum sowjetischen Kolchosmodell wurden drei unterschiedliche Typen der Landwirtschaftlichen Produktionsgenossenschaften (LPG) entwickelt. Am Ende des Jahres 1952 hatten sich in der DDR 1906 LPG vorrangig des Typs I (Gemeinsame Bodenbearbeitung bei individueller Viehwirtschaft) gebildet. Es waren kleine überschaubare Betriebe mit einer Durchschnittsfläche von 114 Hektar.[632] Die Betriebsfläche dieser LPG umfaßte 3,3 Prozent der landwirtschaftlichen Nutzfläche der DDR. In der Agrarstruktur des Landes war das noch keine erhebliche Größe. Vieles, was begonnen wurde, bedurfte erst der Läuterung und der Festigung. Es war jedoch ein Anfang mit mehr als einem Experimentalcharakter. Schwierigkeiten waren zu erwarten und traten auch ein.

Vor allem aber dort, wo starke Persönlichkeiten als Vorsitzende von LPG gewählt waren, wie beispielsweise in der LPG Worin im Kreis Seelow, mit dem Pionier der Genossenschaftsentwicklung Bernhard Grünert, entwickelten sich von Anbeginn der Betrieb und das Dorf vorbildlich. Der vor allem im ersten Halbjahr 1953 auf Anweisung der sowjetischen Kontrollkommission verstärkte Druck auf Mittel- und Großbauern[633] führte zu Konflikten in vielen Dörfern, auch dazu, daß die Zahl der Bauern, die die DDR verließen, sich vergrößerte. Das verlassene Land bedurfte der Bearbeitung, das zurückgebliebene Vieh der Betreuung. Das wurde in den meisten Fällen den noch schwachen LPG übertragen. Die weitere Gewinnung von Einzelbauern für die Genossenschaft wurde dadurch ebenso belastet wie durch die politischen Turbulenzen der Jahre 1952/53. Nur langsam ging es zunächst weiter voran.

Das Freiwilligkeitsprinzip

Nachdem 1957 weitgehende Klarheit über den weiteren Weg auch der Genossenschaftsbewegung geschaffen war, wurden leistungsstarke Mittelbauern für die LPG geworben und auch Großbauern der Eintritt in die Genossenschaften ermöglicht. Im Juli 1957 besuchte Walter Ulbricht das Bauerndorf Dersenow zwischen Schwerin und dem mecklenburgischen Boitzenburg. Der Genossenschaftsgedanke hatte hier erst zaghaft Fuß gefaßt. Karl Gutjahr und ich hatten uns vorher in der Gegend umgesehen. Der Chef hatte uns aufgetragen, nirgends den Eindruck zu hinterlassen, daß er dort ein Gespräch mit den Bauern sucht. Freitagabends trafen sich viele Bauern im Dorfgasthof zum Dämmerschoppen. Für alle im Gastraum war es eine unerwartete Überraschung, als plötzlich Walter Ulbricht eintrat, die Anwesenden grüßte und Platz nahm. Das Erstaunen der Bauern und die damit verbundene Zurückhaltung lösten sich bald.

Ulbricht hatte in seinen ersten Bemerkungen betont, er möchte aus dieser Runde keinesfalls eine Versammlung machen. Ihm gehe es darum, die Meinung der Bauern offen und ungefiltert zu erfahren. Der Restaurantbetrieb solle dabei normal weiterlaufen.

»Und was trinken Sie mit uns?«, wurde von hinten gerufen.

»Korn«, antwortete Ulbricht, »und einen Tee«.

Das Gespräch dauerte Stunden.

Natürlich ging es auch um die Genossenschaft. Das Für und Wider einer solchen Betriebsform wurde beraten. Manche der Anwesenden meinten, wir würden schon eintreten, aber erst, wenn die LPG aus den Kinderschuhen gewachsen ist. Andere waren der Auffassung, wir halten noch ein paar Jahre durch. Es gab auch einen älteren Bauern, der seine Sorge dazu zum Ausdruck brachte, daß die Frauen in der LPG gleichberechtigte Mitglieder werden und vielleicht auch gegebenenfalls die Männer überstimmen können. Wie aber, so argumentiert Ulbricht, soll die bestehende LPG erstarken, wenn noch viele Fachleute im Dorf zuschauen, statt dabei mitzuwirken, daß die LPG über den Berg kommt? Ist das Bauernart, wenn man erst wartet, daß andere das Bett für den Zögernden angemessen gerichtet haben? Und was die Bäuerinnen betrifft, da wird sich wirklich etwas ändern. Wir wollen, daß alle Bürger – Männer wie Frauen – einen gleichen geachteten Platz in der Gemeinde, in der Gesellschaft und in der Produktion einnehmen. Das gehört zum Humanismus unserer Zeit oder anders gesagt, zur sozialistischen Lebensweise, die wir anstreben.

Als sich der Abend dem Ende neigte, stand ein Bauer auf. »Was ist nun? *Müssen* wir oder bleibt es bei der Freiwilligkeit?«

»Es bleibt bei der Freiwilligkeit des Eintritts«, antwortete Ulbricht. »Aber wartet nicht zu lange. Fast jeder von euch ist dafür, weiß genau, daß er auf Dauer allein nicht weiterkommt. Entscheidet euch bald im Interesse der Zukunft, für eine bessere Versorgung des Volkes, für eure Frauen, die es leichter in der LPG haben werden. Auch für eure Kinder, die nur im modernen Betrieb in einem schönen Dorf, wo Sport getrieben werden kann und ein interessantes Kulturleben möglich ist, eine Perspektive erkennen werden.«

»Darauf trinken wir noch einen«, erklärte einer der Bauern.

Als wir durch die Nacht nach Berlin zurückfuhren, meinte der Chef, das Klima ändert sich zum Guten. »Wir müssen unseren Weg klug weitergehen und Fehler möglichst vermeiden.«

Walter Ulbricht beschäftigte sich mit den Veränderungen auf dem Lande nicht als Teilaspekt der Politik, sondern als eine Grundfrage der gesellschaftlichen Entwicklung des Landes. Es gehört zu den symptomatischen Beispielen »moderner« Geschichtsdarstellung, wenn in Publikationen Ulbricht lediglich ein Interesse an den LPG des Typs III unterstellt und behauptet wird, daß Karl Gutjahr sich

Produktionsgenossenschaften, als das Zentrum der Arbeiter-und-Bauern-Macht auf dem Lande und als die industrielle materiell technische Basis des modernen Aufbaus der genossenschaftlichen Produktion behandelt wurde.

Es zeigte sich, daß es zur Änderung dieser Lage unbedingt erforderlich ist, einige Grundfragen der sozialistischen Ökonomik in kurzer Frist auszuarbeiten, da vor allen Dingen die führenden Mitglieder der MTS genauso wie die örtlichen Partei- und Staatsorgane neuer konkreter Kenntnisse zur Verbesserung der Führung des sozialistischen Aufbaus auf dem Lande bedürfen. Es kam ebenfalls zum Ausdruck, daß im Zusammenhang damit in nächster Zeit einige Probleme der weiteren Mechanisierung der Landwirtschaft und der regionalen Verteilung der Produktionsmittel für die Landwirtschaft nochmals ernsthaft geprüft werden müssen.

Die Konferenz gab für die schwachen LPG, in denen Probleme bestehen, die nicht allein durch die Kraft der Genossenschaftsbauern und der MTS gelöst werden können, nicht die notwendige Orientierung für die weitere Arbeit. Besonders zeigte sich das bei der Behandlung solcher Fragen, wie die Überwindung von Arbeitskräfteschwierigkeiten in einer Reihe LPG und der richtigen Anwendung der Produktionshilfe durch den Staat.

Obwohl im ländlichen Bauwesen die von der IV. LPG Konferenz und vom Ministerrat festgelegte Baukostensenkung und Inangriffnahme von Leichtbauweisen nicht erfolgte, gab das Auftreten des Ministers für Aufbau keine konkrete Einschätzung der Ergebnisse des Jahres 1956. Es wurde nicht entwickelt, wie die Hauptprobleme im ländlichen Bauwesen weiter gelöst werden sollen.

– 5 –

Anmerkungen Ulbrichts in einem Bericht Karl Gutjahrs, 1957

allein mit Aspekten der Volkseigenen Güter beschäftigt habe. So aber stellt sich nunmehr Geschichte für Autoren dar, die über die Landwirtschaftspolitik der DDR in München promovierten und – wie aus den angeführten »Beweismitteln« hervorgeht – diese ihre Darstellungen allein aus der Einsicht in zwei dünne Akten des über eintausend Akteneinheiten umfassenden Nachlasses von Walter Ulbricht aus dem SAPMO-Bundesarchiv ableiten.[634] Wohl zufällig hat die Autorin bei ihrer Recherche eine Information Gutjahrs vom 29. März 1957[635] eingesehen, um darauf ihr Theoriegebäude zu errichten. Entgangen ist ihr bei der Durchsicht der Märzakten des Jahres 1957 offensichtlich, daß Gutjahr nicht nur am 29., sondern auch am 15. und am 16. März 1957 den Chef über recht vielfältige Aspekte der Agrarentwicklung informierte[636] und wie aufmerksam Ulbricht das zur Kenntnis nahm. (*siehe Faksimile*)

In seiner Haltung zur schrittweisen Entwicklung der Genossenschaften bei Wahrung des Prinzips der Freiwilligkeit ließ sich Ulbricht nicht beirren. Die sozialistische Entwicklung der Landwirtschaft sollte nach seinen Intentionen mit der Erhöhung der Produktion und der Produktivität, mit der Verbesserung der Lebenslage und der Arbeitserleichterung der Landbevölkerung, besonders der Frauen, und mit dem Ausbau schöner Dörfer verbunden sein. Julij Kwizinkij[637] berichtet in seinen Erinnerungen über Kontroversen Ulbrichts mit Führungsmitgliedern der KPdSU hinsichtlich der Genossenschaftsentwicklung in der DDR. »Manchem in der Führung der KPdSU ließ die Frage jedoch keine Ruhe. Unsere Besucher kamen wieder und wieder darauf zurück, bis eines Tages ein offenes Gespräch zwischen Walter Ulbricht mit dem Mitglied des Politbüros des ZK der KPdSU, Frol Koslow, stattfand. Der führende Mann der DDR erklärte offen, er habe nicht die Absicht, unserem Beispiel zu folgen. Er habe in den dreißiger Jahren die Kollektivierung in der Sowjetunion und den damit verbundenen Rückgang der Produktion erlebt. Er könne nicht zulassen, daß sich das unter den Bedingungen der DDR wiederhole. Oder sei die Sowjetunion etwa bereit, ihre Lebensmittellieferungen in die DDR noch weiter zu erhöhen. Wenn nicht, dann sollten die sowjetischen Genossen ihn in Ruhe lassen […] Drängen Sie mich nicht dazu«, faßte Ulbricht laut Kwizinskij zusammen, »unsere landwirtschaftliche Produktion zu ruinieren. Schauen Sie sich lieber an, wie sie bei uns funktioniert. Und was Ihre Kolchose betrifft, so ist in der Mehr zahl die Produktivität wesentlich niedriger und die Ordnung schlechter.«[638]

Kaum 13 Monate nach dem abendlichen Gespräch in Dersenow besuchte Walter Ulbricht, nunmehr angemeldet, am 4. Oktober 1958 die Bauern in der LPG «Bundschuh« in Biere bei Schönebeck. Zu der Zeit war die von LPG bearbeitete Nutzfläche in der DDR auf 34 Prozent gewachsen. Die Genossenschaften hatten die Fährnisse der ersten Entwicklungsperiode in vielen Fällen hinter sich gelassen. In Biere hatten sich annähernd 400 Bäuerinnen und Bauern sowie einige der früheren Landarbeiter der Genossenschaft angeschlossen. 72 Prozent der Nutzfläche des Dorfes waren Eigentum der Genossenschaftsbauern. Der Boden in diesem Dorf gehörte mit einer Wertzahl gegen 100 zu den besten und ertragreichsten des Landes.

Ich freute mich, als mir ein Teil der Vorbereitung dieses Besuches in der Nähe meines Heimatortes übertragen wurde. Hier kannte ich mich mit den örtlichen Gegebenheiten und auch in den Denkstrukturen der Menschen besser aus als anderswo. In Biere waren erste Zeichen der angestrebten Wandlungen im Dorf deutlich zu erkennen. Die Arbeitsproduktivität in der LPG erwies sich schon höher als in einzelbäuerlichen Wirtschaften unter gleichen Bodenbedingungen. Neue Ställe, Gewächshäuser, soziale Einrichtungen – darunter ein Kindergarten und eine Wäscherei – waren gebaut. In Mitgliederversammlungen und Produktionsbrigaden wurde demokratisch über Arbeit und Kosten der Genossenschaft, über Leistung und Vergütung der Mitglieder und über den Beitrag zur Dorfgestaltung beraten. In den Leitungsorganen der Genossenschaft waren gut ausgebildete und erfahrene Bauern tätig.

Mit Walter Ulbricht kam für die Einwohner von Biere »hoher Besuch« aus Berlin. Der Ort war geschmückt, viele Frauen hatten »Sonntagskleider« angelegt. Freudig wurde Walter Ulbricht erwartet und fröhlich mit dem Gesang eines Chors begrüßt. Dann ging es an die Arbeit. Felder wurden besichtigt, über Saatgut, Düngemittel und Anbaustrategien diskutiert. Danach ging es in die Ställe. Ulbricht erschien der Viehbesatz im Verhältnis zum Ertragsvermögen des Bodens etwas untermassig. Der LPG-Vorsitzende trug dagegen vor, daß diese Proportion von Feld- und Viehwirtschaft in der Magdeburger Börde Tradition habe. Das konnte ich nur bestätigen. Der Chef sah das anders. Er entgegnete, darüber müsse man noch einmal gründlich nachdenken. Gute Traditionen solle man achten und wahren. Die Bevölkerung aber habe zunehmenden Bedarf an Fleisch, Milch, Butter und anderen Molkereierzeugnissen. Das hätte Priorität.

Am Nachmittag versammelten sich die Genossenschaftsbauern im großen Saal des Dorfes. Walter Ulbricht vermittelte seine Eindrücke aus dem Betriebsrundgang und seine Überlegungen für das weitere Vorgehen. Er erinnerte an die Diskussionen des Jahres 1956, bei denen darüber gestritten worden war, ob die Entwicklung der LPG in Frage gestellt oder besser gefördert werde solle. Er konstatierte, daß Wachstum der Genossenschaften und ihrer Marktproduktion habe inzwischen die Zweifler am weiteren Fortschritt der Genossenschaftsbewegung widerlegt. Dann hob er hervor: »Unsere Aufgabe ist es, allen Bauern den Weg zum besseren Leben zu öffnen. Deshalb geben wir uns Mühe, durch das gute Beispiel zu wirken: Die Produktionsgenossenschaften müssen so gut wirtschaften, daß sich auch der wohlhabende Mittelbauer sagt, es sei doch besser für ihn, wenn er jetzt in die Genossenschaft eintritt [...] Wir sind überzeugt, daß in schnellem Tempo immer mehr Bauern unsere Auffassung über die sozialistische Entwicklung der Landwirtschaft verstehen werden und sich für die LPG entscheiden, wenn die LPG weiter vorwärts schreiten und jeder Bauer sieht, wie die Fragen in seinem Dorf gelöst werden. Aber bei der großen Arbeit der Gewinnung der Einzelbauern muß in jedem Fall gesichert werden, daß sich jeder Bauer freiwillig für die genossenschaftliche Produktion entscheidet.«[639] Als ich Tage später Ulbricht das Manuskript einer kleinen Broschüre über seinen Besuch in Biere vorlegte, meinte er, der Satz über das Prinzip der Freiwilligkeit solle unterstrichen oder fett gedruckt werden. Das war sein Credo. So geschah es.

Desaster Offenställe

Um die landwirtschaftliche Entwicklung in der zweiten Hälfte der 50er Jahre zu fördern, wurden umgangreiche Maßnahmen zur Erhöhung der Landmaschinenproduktion, zur Düngemittelbereitstellung und zum Landwirtschaftsbau durchgeführt. Als ein besonderer Schwerpunkt erwies sich das Bauprogramm für Rinderställe. Die von den Bauern in die Genossenschaft eingebrachten Ställe erwiesen sich in den meisten Fällen als zu klein, zu dunkel und zu niedrig, um darin größere Herden zu versorgen und die Arbeit im Stall zu mechanisieren. Es wurde dringend erforderlich, moderne Stallbauten in großer Zahl zu errichten.

Die Kapazitäten des ländlichen Bauwesen waren an ihre Grenzen gestoßen. Die Investitionskosten für einen Kuhplatz im Neubau bewegten sich in dieser Zeit um etwa 3.500 Mark. Aus volkswirtschaftlicher Sicht waren künftig erhebliche Summen für ein Stallbauprogramm bereitzustellen. Veränderungen in der Tierhaltung, vom traditionellen Anbindsystem zu Offenställen erschienen in dieser Zeit als eine Möglichkeit, das volkswirtschaftlich Notwendige zu finanzieren und materiell zu bilanzieren.

Wie aber kam es zu dieser Variante des Stallbaus? In einer der Studien des angesehenen Max-Planck-Instituts für europäische Rechtsgeschichte verbreitete der Rechtswissenschaftler Professor Karl August Mollnau die hanebüchene Behauptung, die Offenstallhaltung gehe »auf die dubiose Konzeption Trofim Lyssenkos zurück.«[640] Sachkunde erleichtert auch Juristen die Urteilsfindung. Lyssenko sind so manche Irrtümer und schwere Fehler anzulasten. Mit Offenställen hat er sich meines Wissens nicht beschäftigt. Unter den klimatischen Bedingungen Rußlands war das auch kaum zu erwarten.

Wie war es tatsächlich mit den Offenställen? Im Sommer 1957 gehörte ein Offenstallmodell zu den zahlreichen Exponaten der Landwirtschaftsausstellung in Leipzig-Markkleeberg. Das einfache Gebäude wurde auf dem Freigelände gemeinsam mit einem damals kaum bekannten Fischgrätenmelkstand präsentiert. Beides waren Exponate der Forschungsstelle für Landarbeit in Gundorf bei Leipzig. Deren Leiter, der angesehene Prof. Dr. Otto Rosenkranz, stellte den Stall und das Melksystem als eine Variante der Kostenminimierung in der Milchviehproduktion vor. Walter Ulbricht ließ sich die Sache erklären. In der nachfolgenden Beratung mit Professor Rosenkranz und anderen Fachleuten bat Ulbricht um die Meinung zu zwei Fragen. Ist eine solche Viehhaltung unter unseren klimatischen Bedingungen machbar? Wie hoch sind die Kosten anzusetzen? Die klimatische Machbarkeit wurde bestätigt. Die Kosten für den Platz je Kuh wurden mit 400 Mark angegeben.

Dieses Ergebnis fand vor allem angesichts der Kostensituation schnell offene Ohren. Einwände von Gewicht wurden nicht vorgebracht. Unverzüglich wurde eine Aktion in Gang gesetzt, im ganzen

Land Offenställe zu bauen und die Kühe auf entsprechende Weise zu halten. Schon im Winter 1957/58 offenbarten sich ernsthafte Probleme der übereilten Umstellung der gewohnten Haltungsart von Rindern. Die Analyse der Mängel führte zu der Schlußfolgerung: Nachbessern und Erfahrungen sammeln. Niemand wollte sich angesichts der prognostizierten Erwartungen davon trennen. Die Bauprojekte wurden verbessert, neue Wege der betriebswirtschaftlichen Organisation wurden erprobt. Manches besserte sich, aber auch die Kosten pro Stallplatz stiegen. Gegen Ende des Jahres 1959 wurde es höchste Zeit in dieser Sache klare Verhältnisse zu schaffen. Die Baukosten je Platz im Offenstall hatten die von konventionellen Ställen in einigen Kreisen schon erreicht, in anderen überschritten.

Eine Konferenz der Akademie für Landwirtschaftswissenschaften und der Bauakademie in Leipzig unter dem Titel »Offenstallkonferenz« sollte neue Vorschläge diskutieren. Eine Woche vor dieser Konferenz beauftragte Walter Ulbricht Karl Gutjahr und mich, ihm ein unverblümtes Bild von der Situation zu erarbeiten. Wir zogen alle erreichbaren Unterlagen zu Rate. Ehe wir uns zum Risiko äußerten, fuhren wir in den Bezirk Rostock, in dem es damals besondere Schwierigkeiten mit den Offenställen gab. In kurzer Zeit besuchten wir zahlreiche derartige Anlagen. Nichts Hoffnungsvolles war da festzustellen. Der Chef nahm unseren Bericht mit der Bemerkung entgegen, er werde dazu etwas veranlassen. Wir mögen an der Konferenz teilnehmen und ihm darüber berichten. Ohne daß wir erfahren hatten, was veranlasst wurde, reisten wir nach Leipzig. Akademiepräsident Prof. Hans Stubbe eröffnete die Tagung auf eine ungewöhnliche Weise. Er erinnerte daran, daß er ein leidenschaftlicher Jäger sei. Deshalb wolle er einleitend zum Thema der Konferenz Bemerkungen über das Verhalten des Wildes im Wald unterbreiten. Das Wild brauche, um gut zu gedeihen, Schutz und Wärme. Dazu sei bekannt, wenn der Wind jagt, solle der Jäger nicht jagen. Im waidmännischen Sprachgebrauch stellte er das Konzept und die Organisationsform der Offenställe derart in Frage, daß das verblüffte Auditorium spürte, so wie bisher geht es mit dem Stallbau und der Rinderhaltung nicht weiter. Auch andere Verantwortliche der Landwirtschaftspolitik hatten im letzten Moment von dieser Wendung Kenntnis erhalten. Bruno Kiesler, damals Leiter der Abteilung Landwirtschaft des ZK der SED, publizierte 2005, daß er von Ulbricht 1960 nach Leipzig geschickt wurde, »um den versammelten Bauleuten aus der Landwirtschaft ›gefühlvoll‹ beizubringen, daß die Rinderoffenstallperiode vorbei sei«.[641]

Den »gefühlvollsten Beitrag« auf dieser Konferenz hat nach meiner Erinnerung jedoch Professor Stubbe gehalten. Schon lange vorher kannte ich den Spruch »Kennt man des Ziel, ergeben sich Begründungen von selbst«. Nun mußte ich erfahren, kommt man nicht ans Ziel, werden auch dafür wohlfeile Begründungen gefunden. Angemerkt sei allerdings, daß die Offenstallkonzeption inzwischen in verschiedenen Ländern Europas neue Freunde gefunden und offensichtlich auch vom Standpunkt gesunder Tierhaltung und der Ökonomie zu vertretbaren Lösungen geführt hat. Selbst im schottischen Hochland habe ich jüngst geeignete Offenställe für Rinder und auch für Schweine ansehen können.

Finale

Für die Genossenschaftsbewegung in der Landwirtschaft der DDR erwies sich das Jahr 1959 als eine Stabilisierungsperiode. Immer mehr Genossenschaften offenbarten die Vorzüge dieser Wirtschaftsform. Die materielle Ausstattung der Landwirtschaft konnte spürbar verbessert werden. So manche Kümmernisse der Anfangsjahre waren überwunden. Vorzüge des genossenschaftlichen Arbeitens und die damit verbundene Verbesserung der Lebensverhältnisse in den bäuerlichen Familien und in den Dörfern wurden deutlicher erkennbar. Die Bewegung nahm Schwung auf. In den meisten Gebieten der DDR entschlossen sich mehr Bauern als in den Jahren zuvor zum Eintritt in die LPG. Intensive Werbung und auch eine Veränderung der öffentlichen Meinung zugunsten der Genossenschaftsentwicklung taten ein Übriges.

In allen Orten wurde für die Genossenschaften geworben. In nicht wenigen Fällen geduldig, überzeugend, in anderen auch mit ungehobelten Argumenten, die manchen gestandenen Bauern von einem Eintritt in die LPG eher abstießen als gewannen. Wie auch sonst im Leben gab es bei den »Werbern« für die Genossenschaften auch schwarze Schafe. Es wäre zu kurz gegriffen, denen das Ergebnis des unverkennbaren Zuwachses der Genossenschaftsbewegung 1959/1960 zuzuschreiben. Nach meinen Erinnerungen drängten in vielen bäuerlichen Familien die Frauen und die Heranwachsenden

Zu Besuch bei Bauern in Jesewitz, Bezirk Leipzig, Januar 1960

auf eine Entscheidung zugunsten der LPG. Für sie erschlossen sich die Vorzüge der neuen Größenordnung der Betriebe, des Gemeinsamen in der Arbeit und in der Entscheidungsfindung, des umfassenderen Technikeinsatzes und der arbeitsteiligen Organisation oft eher, als für die »Altbauern«. Die mit der Genossenschaftsarbeit verbundenen Regelungen von Arbeitszeit, Urlaub und im Krankheitsfall verfehlten ebenso wie die neuen Möglichkeiten der fachlichen Weiterbildung nicht ihre Wirkung.

Sechs Jahre nach der Gründung der ersten LPG in der DDR hatten im Kreis Eilenburg bei Leipzig gegen Ende des Jahres 1959 alle Bauern den Weg zur Genossenschaft gefunden. In den Zeitungen erschien das Wortgebilde vom »ersten vollgenossenschaftlichen Kreis der Deutschen Demokratischen Republik«. Dieses Ergebnis gab Anlaß zur eingehenden Analyse des Erreichten und zu Überlegungen für das weitere Vorgehen. Am 14. Januar 1960 machte sich Walter Ulbricht vor Ort mit den Ergebnissen vertraut. Er besuchte die Gemeinde Jesewitz. Das war ein Dorf wie viele andere auch. Dort lebten etwa tausend Einwohner. Zwei Genossenschaften waren im Ort tätig. Die ältere und etwas größere war vom TYP III (gemeinsame Bodenbearbeitung und Viehwirtschaft). Die jüngere vom Typ I (gemeinsame Bodenbearbeitung bei individueller Viehwirtschaft) war im Sommer 1959 von erfahrenen Mittelbauern gebildet worden und hatte erste Erfahrungen gesammelt. Ein abendliches Forum gab Möglichkeit zum Gedankenaustausch. Die einleitenden Bemerkungen Ulbrichts ließen erkennen, daß er das hier Erreichte nicht als regionales Ereignis, sondern als gesamtgesellschaftliches Signal wertete. Er erklärte:

»Als wir heute früh die Genossenschaftsbauern besuchten und mit einigen Bauern sprachen, die noch vor wenigen Monaten als Einzelbauern wirtschafteten, kamen wir gemeinsam zu der Schlußfolgerung, daß der Zeitpunkt gekommen ist, wo nur die Arbeit im genossenschaftlichen Großbetrieb den Bauern ein besseres Leben ermöglicht […] Die Bauern haben immer stärker das Bestreben, die Rückständigkeit des Dorfes zu überwinden. Dieser Schritt ist nur möglich, wenn die Bauern genossenschaftlich zusammenarbeiten, bei Anwendung der modernen Technik und der Erkenntnisse der fortgeschrittenen Wissenschaft den Boden bestellen, Viehzucht betreiben und sich auf dieser Grundlage ein neues kulturelles Leben im Dorf entwickelt.«[642] Man mag aus heutiger Sicht einwenden, daß in dieser Erklärung Ulbrichts das Potential einzelbäuerlicher Wirtschaftsweise ignoriert beziehungsweise unterschätzt wurde. Der Spiegel interpretierte diesen Vorgang in folgender Weise: »Ulbricht geht es ums Prinzip. Die Kollektivierung ist ein Teil des ›verschärften Klassenkampfes‹ in dessen Namen die letzten Bastionen des Nonkonformismus geschleift werden sollen.«[643] Derartiges riecht wohl doch sehr nach billiger Propaganda. Eines bleibt gewiß und beweisbar, die Denkungsweise und die Sprache Ulbrichts waren anderer Natur als ihm unterstellt wird.

Als dem ersten vollgenossenschaftlichen Kreis Eilenburg im Februar 1960 der vollgenossenschaftliche Bezirk Rostock folgte, hielt ich mich zu einem Kuraufenthalt im sächsischen Berggießhübel auf. Am 8. März 1960 schrieb mir Otto Gotsche in einem Brief: »Die Entwicklung im Bezirk Rostock ist sehr progressiv einzuschätzen. Der Chef ist mit großem Elan zurückgekehrt […] Gegenwärtig wird es allerdings so sein, das hat er auch in Bitterfeld zum Ausdruck gebracht, daß alles das, was bis zur Frühjahrsbestellung nicht durchgeführt werden konnte, nun bis zum Herbst warten muß.«[644]

Es kam allerdings anders. Bis Mitte April waren alle Bauern in Genossenschaften vereinigt. Am 25. April 1960 tagte die Volkskammer der DDR. Die oberste Vertretungskörperschaft wertete den Eintritt aller Bauern in Genossenschaften als Vollendung des vierhundertjährigen Kampfes um die Bauernbefreiung, als einen Volksentscheid für eine neue Agrarordnung.

Die Dynamik der jüngsten Phase der Genossenschaftsentwicklung hatte natürlicherweise nicht nur Ausgewogenes, sondern auch manche Zuspitzung hervorgebracht. Nunmehr kam es – so die Einschätzung der Verantwortlichen – auf Konsolidierung an. Jeder weiteren Tempoverschärfung sollte entgegengewirkt werden. Heißsporne waren zu zügeln. In einem Brief des Zentralkomitees der SED an die Parteiorganisationen und Mitarbeiter der staatlichen Organe vom siebenten Juli 1960 legte Walter Ulbricht Wert auf die Feststellung: »Die eigenen Erfahrungen jedes Genossenschaftsbauern sind von großer Wichtigkeit für die sozialistische Entwicklung der Landwirtschaft. Entscheidend sind also die Überzeugungsarbeit und der Erfahrungsaustausch mit jedem einzelnen Genossenschaftsbauern. Wir dürfen nie vergessen, daß der Übergang zur genossenschaftlichen Arbeit in den LPG Typ I für den Bauern ein großer Schritt nach vorwärts ist. Es wäre falsch, durch administrative Maßnahmen, wie den schnellen Übergang zu Typ III oder ähnliche Maßnahmen, einen Sprung zu vollziehen.«[645]

Das hier Dargestellte ist inzwischen Geschichte. Hat die Genossenschaftsentwicklung der DDR die Zeit überdauert? Sie hat tiefe Spuren hinterlassen! Kein anderer Bestandteil der Wirtschafts- und Sozialstruktur der DDR hat nach der »Wende« 1989/90 – wenn auch in dem Marktsystem angepaßten Formen – sich als derart nachhaltig erwiesen wie die Vereinigung von Bauern in Agrargenossenschaften. Schon mitten im Vereinigungsprozeß im Juli 1990 war – wie auch Ministerpräsident Lothar de Maizière feststellen konnte – die Meinung der Bauern in der Noch-DDR: »Wir wollen in Genossenschaften […] die Landwirtschaft weiter betreiben.«[646] Ein sehr großer Teil der Bauern war 1990 und danach nicht bereit, den seit Jahrzehnten im Sozialismus beschrittenen Genossenschaftsweg zu verlassen. Auf keinem anderen Gebiet unterscheiden sich die wirtschaftlichen Strukturen der alten und der neuen Bundesländer derart wie im Agrarsektor.[647]

Betrachtet man die derzeitigen europäischen Förderungs- und Preisregelungen, kann man keinesfalls den Eindruck gewinnen, daß diese Agrargenossenschaften Protektion erhielten. Das Gegenteil ist eher anzunehmen. Werden auch auf diesem Gebiet noch weiter alte Rechnungen beglichen?

Parteitagsreflexionen

Parteitage der SED wurden zumeist in Frühjahrsmonaten abgehalten. Die Einberufung des V. Parteitages für den 10. bis 16. Juni 1958 fiel terminlich aus diesem Rahmen. Brütente Hitze lag über Berlin. Die mehr als 2.000 Delegierten und über 1500 Gäste dieses Kongresses verfolgten die einwöchigen Verhandlungen mit anerkennenswerter Aufmerksamkeit.

Dieser Parteitag erwies sich für mich als ein interessantes Generationstreffen der Sozialisten. In den Verhandlungsräumen begegneten sich die Abgesandten der Generation, die aus den Kämpfen für Arbeiterrechte in den ersten Jahrzehnten des 20. Jahrhunderts hervorgegangen sind, die faschistische Verfolgung, Konzentrationslager und Emigration überlebt hatten und seit 1945 Verantwortung in Staat, Wirtschaft und in sozialen Bereichen trugen, mit der jungen, in den dreizehn Nachkriegsjahren herangewachsenen Garde. Ich empfand es als etwas Besonderes, als Gast an diesem Treffen teilnehmen zu können. Keinesfalls hätte ich mir in diesen Julitagen 1958 vorstellen können, daß ich bei der Vorbereitung von Dokumenten der nächsten Parteitage der SED selbst mitwirken werde.

Moral und Ethik

Wie auf jeder derartigen Veranstaltung wurde auf dem V. Parteitag Bilanz gezogen, wurden Erfahrungen und Standpunkte vorgetragen, Aufgaben für die nächste Entwicklungsperiode erörtert, zu Entscheidungen verdichtet. Von den Verhandlungsgegenständen ist mir über längere Zeit vor allem die Erörterung neuer Fragestellungen zur Ethik und Moral in Erinnerung geblieben. Es gehört zu den Binsenwahrheiten, daß moralische Gebote, ethische Normen – oft sehr unterschiedliche Aussagen – als mehr oder weniger verbindliche Gemeinschaftsregeln die Entwicklung menschlicher Gemeinschaften auf allen Kontinenten begleitet haben. Das vollzog sich bekanntlich nicht allein in Wirkungskreisen der Christen, sondern sowohl in vorchristlicher Zeit als auch neben christlichen Wirkungsbereichen.

Von Kindheit an habe ich in unserer atheistischen Familie erlebt und übernommen, daß man sich korrekt gegenüber Anderen verhält, daß man sich nicht an Sachen Anderer vergreift, daß man die Eltern und das Alter achtet, daß man aufrichtig, pünktlich, fleißig, und verläßlich ist. Im Religionsunterricht in der Schule wurden mir auch die zehn christlichen Gebote vermittelt. Damit hatte und habe ich keine Probleme. Danach ließ und läßt es sich – sieht man von der märchenhaft vermittelten Übergabe der beiden Steintafeln am Berg Sinai ab – leben. Erst viel später ist mir in den Sinn gekommen, darüber nachzudenken, ob es ein ewiges Gebot sei, daß Gutsbesitzer auf Kosten ihrer Landarbeiter leben, daß die Besitzer der Zuckerfabrik in meinem Heimatort ihren zu Markte getragenen Wohlstand nicht vorrangig aus eigener Leistung, sondern aus niedrigen Löhnen für die Fabrikarbeiter und aus niedrigen Preisen für die Lieferanten der Rüben, die Bauern, erworben hatten.

Derartige Erkenntnisansätze reiften beim Studium der Theorie von Karl Marx über Ausbeutung und über den Mehrwert. Gelten, so war meine Schlußfolgerung, für die Beziehung zwischen den Eigentümern von Produktionsmitteln zu den Arbeitern und Angestellten ihrer Unternehmen andere Maßstäbe als sonst in der Gesellschaft? Kann es moralisch sein, wenn die Besitzenden auf Kosten eines Teils der Arbeitsergebnisse anderer leben und das zumeist um ein Vielfaches besser? Entzieht sich die Aneignung der Ergebnisse Anderer dem Maßstab moralischer Kategorien? Der Vers aus Heines Wintermärchen »Verschlemmen soll nicht der faule Bauch, was fleißige Hände erwarben« kam mir immer wieder in den Sinn, auch wenn inzwischen die Verteilung und Verwendung des Mehrwertes zunehmend differenzierter, vor allem anonymer erfolgt als zu Heines Lebzeiten. Damals und auch noch während meiner Jugendzeit kannten sich in sehr vielen Fällen der Ausgebeutete und sein ausbeutender »Arbeitgeber« von Angesicht. Inzwischen weiß in der Regel der eine kaum noch von der Existenz des Anderen. Die »Entnahmevorgänge« aus den wirtschaftlichen und finanziellen Kreisläufen sind inzwischen derart diffus vernetzt, daß sie weitgehend undurchschaubar geworden sind. Wie das Geld ist die Ausbeutung zu einem abstrakten anonymen Verhältnis geworden.

Bei dieser Einstellung fiel es mir nicht schwer, dem Teil der Rede Ulbrichts auf dem V. Parteitag zu den Grundsätzen von Moral und Ethik zu folgen. Er entwickelte, wie unter den neuen Machtbedingungen die in der Arbeiterklasse vorherrschende menschliche Gesinnung und neue Sittlichkeit sich zur herrschenden Moral der Gesellschaft entwickeln kann. »Der Eckstein der alten, bürgerlichen Gesellschaft«, so Ulbricht, »war von jeher die Ausbeutung des Menschen durch den Menschen. An ihm scheiden sich die Geister und die Welten. Wer in irgendeiner Form die Ausbeutung betreibt, sie fördert oder rechtfertigt, sei es mit noch so ausgetüftelten hochkulturellen und anderen Begründungen, der kann nicht wahrhaft sittlich, nicht wirklich menschlich sein.«[648]

Aus dieser Position entwickelte Ulbricht folgende wesentliche Konturen neuer moralischer Ansprüche: Solidarisches Verhalten; Vaterlandsliebe; zur Beseitigung der Ausbeutung beitragen; gute Taten im Interesse des Volkes vollbringen; Handeln im Geiste der gegenseitigen Hilfe und kameradschaftlichen Zusammenarbeit; Leistungstreben; Schutz und Mehrung des Eigentums des Volkes; Kindererziehung im Geist des Friedens zu allseitig gebildeten, charakterfesten und körperlich gestählten Menschen; Achtung der Familie. Das entsprach auch meiner Überzeugung. Als Ulbricht allerdings die neuen Moralgesetze in der Form der bekannten zehn Gebote jeweils mit der Eingangsformel »Du sollst« vorstellte, bremsten meine atheistischen Vorbehalte die innere Zustimmung zu dieser apodiktischen sakralen Ausdrucksform.

Am fünften Verhandlungstag sprach der 80jährige Otto Buchwitz – er gehörte seit 1898 der SPD an und gehörte 1946 zu den Aktivisten des Vereinigungsprozesses von KPD und SPD – zu den neuen Moralgesetzen. Er klärte die Delegierten und auch mich darüber auf, daß schon sehr früh in der deutschen Arbeiterbewegung moralische Grundsätze in der Form von zehn Geboten »ein wichtiger Bestandteil unseres Arsenals im Befreiungskampf waren«.[649] Dann schilderte der greise Arbeiterfunktionär die damalige Wirkung dieser 10 Gebote im Kampf gegen Polizei und Obrigkeitsstaat. »Die zehn Gebote der damaligen Zeit«, erklärte Buchwitz, »waren der Rhythmus, möchte ich sagen, des Erfurter Programms der deutschen, damals einigen Sozialdemokratischen Partei angepaßt und begeisterten uns Junge in der damaligen Zeit in unserem Kampf.«[650] Damit war erklärt, daß Ulbricht bei der Artikulierung der Moralgesetze auch hinsichtlich Diktion einer früher bewährten Tradition der deutschen Arbeiterbewegung gefolgt war.

Nunmehr aber unter den neuen Bedingungen der sozialen Kommunikation, des gewachsenen Selbstbewußtseins, der ausgeprägten Bildung kam dieses »Du sollst« wie von oben herab. In und für die Gemeinschaft Gleichgesinnter zu leben, eröffnet zweifellos humane Dimensionen der Persönlichkeits- und Gesellschaftsentwicklung.

Verantwortung nicht nur für sich selbst, sondern auch gegenüber dem Kollektiv zu tragen, förderte humanes Verhalten. Gemeinschaftsleistungen und Gemeinschaftserlebnisse vermitteln auch dem Einzelnen Glück und Zufriedenheit, stärken Solidarität. Im Kollektiv belehrt und kritisiert zu werden ruft allerdings nicht selten Aversionen hervor, führt zu Konflikten. Es blieb zu oft ein schmaler Grad, auf dem eine Balance zwischen Gemeinschafts- und Individualinteressen möglich wurde. Wer läßt sich schon gern drängen – auch nicht zum rechten Verhalten – und dann nach dem Motto »Du sollst«. Die auf dem V. Parteitag formulierten Moralgesetze haben in der vorgetragenen Form nicht die erwartete Wirkung erzielt. So paßten sie offensichtlich nicht mehr in die Zeit. Der Grundgedanke sozialistischer Moralkriterien, alles für die Gemeinschaft zu tun, dem anderen zugewandt zu sein, das Eigeninteresse den Erfordernissen des Gemeinwesens nicht entgegen zu stellen, blieb erhalten.

Aus heutiger Sicht bleibt mir die Erkenntnis, daß die sozialen Gegebenheiten starken Einfluß auf das menschliche Verhalten haben. Die bürgerlich- kapitalistische Gesellschaft mit der ihr eigenen Tendenz der Spaltung der Gesellschaft in Arm und Reich, mit der Dominanz des Geldes als Regulator nicht nur wirtschaftlicher, sondern auch sozialer und kultureller Bereiche bildet kein erfolgversprechendes Fundament für die Ausprägung von Humanität und Gerechtigkeit. Jeder Versuch eines Konzepts, es zum Guten zu wenden, hat auch die Hürde zu bewältigen, die sich aus den unterschiedlichen Charakteren und Interessen der Individuen, aus der Macht ihrer Gewohnheiten ergeben.

Abschied von Wilhelm Pieck

Als am Donnerstag, dem 10. Juli 1958, der Parteitag eröffnet werden sollte, herrschte im Saal erwartungsvolle Stille. Wird er kommen können, war die bange Frage, die bewegte. Im Präsidium blieben vorerst alle Stühle leer. Es war bekannt, daß der allseits verehrte Parteivorsitzende Wilhelm Pieck seit langem schwer krank war. Seit seinem Besuch im September 1956 in Dresden gab es nur noch Informationen über einzelne Amtshandlungen in seinem Amtssitz Schloß Niederschönhausen. Wird er am Parteitag teilnehmen, wird er gar sprechen? Wohl alle Blicke waren auf die Präsidiumstribüne gerichtet. Dann – ohne eine Ankündigung zuvor – betrat Wilhelm Pieck gestützt von Walter Ulbricht und Otto Grotewohl den Saal. In sehr, sehr langsamen Schritten erreichen die drei Arbeiterfunktionäre die Mitte der ersten Präsidiumsreihe. Der Beifall der Delegierten mochte kein Ende nehmen. Wilhelm Pieck nahm ihn stehend entgegen. Es fiel ihm erkennbar schwer, den Arm zu heben, um den Applaudierenden zuzuwinken. Auch seine Augen hatten nicht mehr den alten Glanz. Sehr langsam ließ er sich auf seinem Platz nieder. Walter Ulbricht eröffnete den Parteitag, begrüßte die Gäste und unterbreitete in ziemlicher Eile Vorschläge für das Präsidium und die Organe des Parteitages. Die Blicke im Auditorium blieben auf Wilhelm Pieck gerichtet.

Es wirkte als ein erlösendes Wort, als Ulbricht erklärte: »Wir bitten die Delegierten zu verstehen, daß unser hochverehrter Präsident aus gesundheitlichen Gründen nur an der Eröffnung des Parteitages teilnehmen kann. Wir wünschen unserem Wilhelm von ganzem Herzen Gesundheit und ein langes Leben.«[654] Dann geleiteten Grotewohl und Ulbricht den greisen Präsidenten aus dem Saal.

Der starke Beifall, die Hoch- und Hurrarufe auf den Arbeiterpräsidenten Wilhelm Pieck mischten sich mit Nachdenklichkeit, mit der Sorge um den bedenklichen Gesundheitszustand des beliebten Staatsoberhauptes. Zweifellos lag der Beteiligung Wilhelm Piecks an der Parteitagseröffnung eine nicht leicht zu treffende Entscheidung zu Grunde. Abzuwägen war sein Wunsch, noch einmal an einem derartigen Ereignis seiner Partei teilzunehmen. Erwartungen und Hoffnungen der Delegierten waren unverkennbar. Aber auch das gesundheitliche Risiko eines solchen Vorhabens hatte für jedwede Teilnahmeentscheidung einen hohen Stellenwert. Meine Freude, Wilhelm Pieck noch einmal gesehen zu haben, wurde von der Besorgnis überschattet, ob es für ihn nicht besser gewesen wäre, sich dieser Strapaze nicht auszusetzen. Sehr wahrscheinlich ist allerdings, daß der starke Wille des Präsidenten den Ausschlag für seine Parteitagsteilnahme gegeben hat. Schon einmal, im Februar 1953, hatten ihn seine Tochter Elly Winter und Walter Ulbricht dringend gebeten, sein anstrengendes Programm anläßlich der Winterfestspiele in Oberhof zu reduzieren. Sie hatten damit keinen Erfolg. Der Präsident erkrankte danach schwer.[655]

Zwei Jahre waren Wilhelm Pieck noch vergönnt. In der Nacht zum 4. September 1960 verschlechterte sich sein Zustand dramatisch. Am Mittag des gleichen Tages gab es die letzte Begegnung mit seinem Freund und Weggenossen Walter Ulbricht. Am 7. September 1960 vollendete sich das Leben Wilhelm Piecks, des populären Präsidenten der Republik, des legenden Arbeiterführers, des angesehensten Tischlers. Trauer lag über dem Land. Eine starke Persönlichkeit, der Mitgestalter eines anderen Deutschland, hatte für immer die Augen geschlossen. Wilhelm Pieck war – wie Max Opitz in einem Kommentar hervorhob – kein Freund langer Reden, die wenig aussagen. Fair begegnete er kritischen Aussagen. Lautstärke war ihm nie Ersatz für Argumente. Pieck war ein Feind jeder Form von Selbstgefälligkeit. In seiner Nähe gab es keine Kälte und Steifheit. Gespräche entwickelte er locker, heiter, aber nützlich. In seiner Person verkörperte sich staatsmännische und menschliche Größe.[656]

Am 8. September 1960 informierte mich Otto Gotsche, daß für uns Änderungen ins Haus stehen. Vorerst aber sei ich für die nächsten Tage der Kommission zugeteilt, die im Haus des Zentralkomitees für die Trauerfeierlichkeiten für den verstorbenen Staatspräsidenten verantwortlich ist. Noch am selben Tage wechselte ich meinen Standort. Mir wurden Aufgaben bei der Betreuung der internationalen Gäste, die an den Trauerfeierlichkeiten teilnahmen, übertragen. Oft stand ich mit Delegationen am offenen Sarg. Es war ein langes und schmerzliches Abschiednehmen von dem Mann, der nicht nur unser Land, sondern gerade auch die junge Generation als Vorbild so nachhaltig geprägt hat.

Die Septemberereignisse des Jahres 1960 sind in meinem Gedächtnis erhalten. Der Staatsrat der DDR wurde gebildet. Das Sekretariat Ulbricht wurde binnen weniger Tage aufgelöst.[657] Unsere künftige Dienstadresse lautete nunmehr: Kanzlei des Staatsrates, Berlin, Schloß Niederschönhausen.

Anmerkungen

598 Vgl. u. a. Werner Mittenzwei, »Die Intellektuellen…«, a. a. O., Siegfried Prokop, »1956 – DDR am Scheideweg …«, »Der Stalinismus in der KPD und SED – Wurzeln, Wirkungen und Folgen.« Materialien der Historischen Kommission beim Parteivorstand der PDS, 17./18.November 1990, Berlin 1991.

599 Wolfram Engels, »Der Dritte Weg.« In: »Akzente 1984-1995«. *Wirtschaftswoche*, Verlagsgruppe Handelsblatt GmbH, Düsseldorf, 1995. S 358.

600 Gerhard Leipholz, »Strukturprobleme moderner Demokratie«. Karlsruhe 1967, S. 153.

601 Gregor Gysi, »Ein moderner Sozialismus«. In: *Neues Deutschland* vom 3./4. Februar 2007.

602 Zitiert in Gustav Just, Zeuge in eigener Sache. Die 50er Jahre, Berlin 1990, S. 18.

603 Dietrich Staritz, Geschichte der DDR. Erweiterte Neuausgabe, Frankfurt am Main 1996, S. 169, 173.

604 Dieter Krüger/Armin Wagner »Konspiration als Beruf. Deutsche Geheimdienste im Kalten Krieg«. Ch. Links Verlag, Berlin 2003. S. 133.

605 a. a. O., S. 145.

606 Markus Wolf, Spionagechef im geheimen kalten Krieg. Erinnerungen«, List Verlag, Düsseldorf und München, 1997, S. 168.

607 Franz Josef Strauß, »Die Erinnerungen«, Siedler Verlag GmbH, Berlin 1998, S. 208.

608 »Über die Überwindung des Personenkults und seiner Folgen. Beschluß des Zentralkomitees der KPdSU vom 30. Juni 1956; Zur Diskussion über den XX. Parteitag der KPdSU und die 3. Parteikonferenz der SED. Stellungnahme des Politbüros des Zentralkomitees der SED vom 8. Juli 1956«, Berlin 1956, S. 39.

609 a .a. O., S. 42.

610 Vgl. Karl Popper: »Falsche Propheten. Hegel, Marx und die Folgen. Die Offene Gesellschaft und ihre Feinde«, Bd. II, A. Franke Verlag Bern 1958, S. 157.

611 ebenda.

612 a. a. O., S. 300.

613 Sigmar Gabriel, »Sagen was Sache ist!« In: *Der Spiegel*, 14/ 2008, S. 37.

614 Norman M. Naimark: »Die Russen in Deutschland«, Propyläen Verlag, 1977, S. 264.

615 Heinz Barwich/Elfi Barwich: »Das rote Atom«. Fischer Verlag, Frankfurt am Main, 1970.

616 Vgl. Max Steenbeck: »Impulse und Wirkungen«, Verlag der Nation Berlin, 1977, S. 178 f.

617 Vgl. SAPMO-BArch DC 20/3822.

618 So u. a. in der Sendung des *MDR* am 12. März 2001, »Der Todesflug der 152 – Ulbrichts Traum vom Fliegen«.

619 ebenda.

620 Vgl. u. a. »Weitere Verzögerungen bei Dreamliner und A 380«. In: *Berliner Zeitung* vom 6. Mai 2008

621 In: »Die Opfer der 152«. In: *Die Zeit* vom 2. September 1960

622 Robert Allertz, Im Visier die DDR, edition ost, Berlin 2002, S. 96.

623 a. a. O., S. 97.

624 s. Fn. 621.

625 Zur Bodenreform, ihrer historischen Hintergründe, ihrer Durchführung,

Wirkung und dem Umgang nach 1990, Vgl. Hans Modrow, Hans Watzek (Hrsg.) »Junkerland in Bauernhand. Die deutsche Bodenreform und ihre Folgen«, edition ost, Berlin 2005.

626 Peter Graf Kielmansegg, »Das geteilte Land. Deutschland 1945-1990«, S. 123.

627 Bernd Bonwetsch/Sergei Kudrjacov, »Stalin und die 2. Parteikonferenz der SED. Ein Besuch der SED-Führung in Moskau, 31. März-8. April 1952 und seine Folgen«. In: Jürgen Zarusky (Hrsg.) »Stalin und die Deutschen«. S. 177.

628 ebenda.

629 Aufzeichnung des Gesprächs des Genossen Stalin J. W. mit den Führern der SED W. Pieck, W. Ulbricht, O. Grotewohl, 7. April 1952. (Anwesend: die Gen. Molotow, Malenkow, Bulganin, Semjonow (SKK). Archiv für Außenpolitik der russischen Förderation (AP RF.) f. 45, op. 1, d.303. II. 179 187. Veröffentlicht in: Bernd Bonwetsch, Sergei Kudrjacov, »Stalin und die 2. Parteikonferenz der SED…«, S. 202.

630 ebenda.

631 ebenda.

632 Vgl. Hans Watzek, »Der Streit um die Reform«. In: Vgl. H. Modrow, Hans Watzek (Hrsg.) »Junkerland in Bauernhand….«, S. 27.

633 Vgl. Kapitel »Im Nationalen Interesse«.

634 Verwiesen sei hier auf Theresia Bauer »Blockpartei und Agrarrevolution von oben«, Oldenburg, Wissenschaftsverlag, 2003, 660 Seiten

635 Theresia Bauer: »Blockpartei und Agrarrevolution von oben«. Oldenburg Wissenschaftsverlag, 2003, S. 232. Fußnote 90 (Verweis auf SAPMO-BArch NY 4182/1056, Bl. 162).

636 Vgl.: SAPMO-BArch DY 30/3727.

637 Kwizinzkij war lange in verschiedenen Funktionen in der Botschaft der UdSSR in der DDR tätig. Später war er auch Botschafter der UdSSR in der Bundesrepublik Deutschland.

638 Julij Kwizinskij, »Vor dem Sturm. Erinnerungen eines Diplomaten«. Siedler Verlag, Berlin 1993, S. 175f.

639 Walter Ulbricht, »Im Frieden sollen unsere Felder blühen«. Berlin, Oktober1958, (Hrg. ZK der SED, Abteilung Agitation und Propaganda,) S. 14f.

640 Karl A, Mollnau: »Recht und Juristen im Spiegel der Beschlüsse des Politbüros und des Sekretariats des Zentralkomitees der SED«. In: Einführung in die Rechtsentwicklung mit Quellendokumentation. Band 5 Deutsche Demokratische Republik (1958-1989) Vittorio Klostermann Verlag Frankfurt am Main, 2003, S. 68.

641 Vgl. Bruno Kiesler, »Ein solides Konzept«. In: Modrow / Hans Watzek (Hrsg.) »Junkerland in Bauernhand …«, S. 57.

642 Walter Ulbricht, »Der vollgenossenschaftliche Kreis. Vom Besuch im Kreise Eilenburg«. Berlin 1960, S. 7.

643 »Vorwärts im Rückwärtsgang«. In: *Der Spiegel* 1/2006, S. 46.

644 Brief Otto Gotsche an Herbert Graf vom 8. März 1960, Archiv des Autors.

645 SAPMO-BArch DY 30/3746. »Brief des Zentralkomitees der SED an alle Genossinnen und Genossen in den örtlichen Organen der Staatsmacht« vom 7. Juli 1960, Bl. 3.

646 Lothar de Maiziére, »Wer Geschichte restaurieren will, wird wahrscheinlich eine Bauchlandung erleben«. Interview mit Martin Irion, ausgestrahlt im RIAS am 28. Februar 1993. Veröffentlicht in: »Junkerland in Bauernhand...«, a. a. O , S. 51.

647 Vgl.: Hans Watzek, »Der Streit um die Reform«. In: Vgl. H. Modrow, Hans Watzeck (Hrsg.) »Junkerland in Bauernhand...«, S. 45, Fn. 12.

648 Walter Ulbricht, »Der Kampf um den Frieden, für den Sieg des Sozialismus, für nationale Wiedergeburt Deutschlands als friedliebender demokratischer Staat«. In: Protokoll der Verhandlungen des V. Parteitages der SED, Dietz Verlag Berlin 1959, S. 160.

649 Otto Buchwitz, Diskussionsbeitrag auf dem V. Parteitag der SED. In: Protokoll der Verhandlungen des V. Parteitages..., a. a. O., S. 826.

650 ebenda

651 a. a. O., S. 670.

652 a. a. O., S. 671.

653 Bertolt Brecht, »Das Leben des Galilei«. Aufbau Verlag Berlin 195, S. 187.

654 Protokoll des V. Parteitages der SED. a. a. O., S. 21.

655 SAPMO-BArch SgY 30/ 0001/3. Max Opitz. Aufzeichnungen über seine Tätigkeit als Chef der Präsidialkanzlei vom 7. Juni 1951 bis 29. September 1960. Bl. 804.

656 a. a. O., Bl. 810-811.

657 Vgl. SAPMO-BArch DC 20/4060, Bl. 41.

Staatsratsjahre

Mir war bewußt, daß nach dem Tod Präsident Piecks staatsorganisatorische Änderungen erfolgen würden. Daß allerdings auch meine Arbeit davon berührt sein würde, vermutete ich nicht. Die Änderung meines Tätigkeitsgebietes kündigte sich für mich recht unprosaisch an. In der zweiten Septemberwoche 1960 teilte mir Otto Gotsche in seiner lakonischen Art mit, daß in den nächsten Tagen ein Staatsrat gebildet werde. »Wir ziehen um nach Niederschönhausen.« Alle Mitarbeiter des Sekretariats gingen mit, dazu käme noch Anton (»Toni«) Fischbach, der bisherige Schriftführer des Ministerrates.

Ich bekam die Organisation des Umzuges mit allen Unterlagen übertragen. Innerhalb einer Woche sollte der Vorgang abgeschlossen und alle und alles im Schloß Niederschönhausen untergebracht sein.

Das Schloß Niederschönhausen gehört zu den bedeutenden Geschichts- und Kulturdenkmälern unseres Landes. Der Bau wurde im 17. Jahrhundert begonnen und danach immer wieder erweitert. Die heute noch dominierenden Konturen erhielt das Gebäude nach langem Leerstand, als 1763 König Friedrich II., nach Beendigung des Siebenjährigen Krieges, den Auftrag zum Ausbau des Schlosses und zur Wiederherstellung des Parks, dem sich der Landschaftsgestalter Josef Peter Lenné widmete, erteilte. Das Schloß diente als Quartier seiner ungeliebten Gattin Elisabeth Christine von Braunschweig-Bevern. Nach deren Tod 1797 verfiel das Anwesen. Erst mehr als 130 Jahre später legte man wieder Hand an das Bauwerk. Das war 1936/37 und diente einem infamen Zweck: Die Nazis richteten dort ihr »Zentraldepot für entartete Kunst« ein. Berühmte Gemälde von Beckmann, van Gogh, Dix, Feininger, Klee, Kollwitz wurden achtlos gestapelt. Die wertvollsten wurden 1939 in die Schweiz gegen Devisen verhökert.[658]

Den Zweiten Weltkrieg überstand das Schloß ohne Zerstörungen. Ehe es 1949 Amtssitz des Präsidenten der DDR wurde, diente es als Schule für Kinder sowjetischer Militärangehöriger. Im September 1961 wurde Schloß Niederschönhausen einige Jahre Sitz des

Staatsrates. Nach seinem Umbau diente es ab 1965 als Gästehaus der Regierung der DDR.

Bildung und Aufgaben des Staatsrats

Nachdem Gotsche meine Aufmerksamkeit auf den Begriff »Staatsrat« gelenkt hatte, bemühte ich mich um Literatur. Die älteste Quelle, die ich dazu fand, stammte aus der Mitte des 19. Jahrhunderts. Dort las ich: »Der Staatsrat ist, wie schon sein Name sagt, der Rat, der in höchster Instanz das Wohl und die Interessen des Staates beraten und für dessen Wohl sorgen und deshalb keinem Staat fehlen soll und der Tat nach fehlen kann; mag sein Name, seine Wahl und übrige Organisation sein, welche sie will.«[659] Der Staatsrat also war demnach eine honorige, nützliche und notwendige Institution.

Bei der Vorbereitung der Staatsratsbildung im September 1960 wurden die Entwürfe für eine Verfassungsänderung aus dem Jahr 1956 zu Rate gezogen. Schon damals war die Bildung eines Staatsrates vorgesehen. Im Unterschied zu der 1960 gewählten Konstruktion sollte damals allerdings der Staatsrat vom Präsidenten der Republik geleitet werden.[660]

Das Nachrichtenmagazin *Der Spiegel* fällte am 21. September 1960, also noch ehe der Staatsrat der DDR ins Leben trat, bereits seit Urteil: Der Staatsrat habe die Aufgabe, des Anschein einer demokratischen Regierungsform »zugunsten der offenen Diktatur« zu vermitteln.[661]

Das Gesetz über die Bildung des Staatsrates passierte komplikationslos die Gremien, es wurde am 12. September in der Volkskammer beschlossen. Kontrovers wurde allerdings in der Parteiführung die geplante personelle Zusammensetzung beraten. Die ursprünglich vorgesehenen 1. Sekretäre der SED-Bezirksleitungen Leipzig und Magdeburg, Paul Fröhlich und Alois Bräutigam, sowie Hans Albrecht, Ratsvorsitzender des Bezirkes Frankfurt/Oder, fanden keine Zustimmung.[662] An ihrer Stelle traten ein Thüringer Liberaldemokrat, ein Vertreter der Brandenburger CDU und eine mecklenburger Bäuerin.[663]

Am 12. September 1960 bildete die Volkskammer auf ihrer Plenartagung den Staatsrat, der als ein kleines für sie arbeitendes

Gremium wirken sollte und ihr rechenschaftspflichtig war. Diese Verpflichtung wurde in der Zeit, als Walter Ulbricht diesem Gremium vorstand, sehr ernst genommen. Vor Ablauf der Legislaturperiode legte der Staatsrat 1963 und 1967 den Abgeordneten einen detaillierten Bericht über seine Tätigkeit vor.[664] Dieser wurde im Plenum erörtert und durch Beschluß der Volkskammer bestätigt. Die damit vorgelegten Bilanzen der Weiterentwicklung der Staatsordnung – insbesondere der Verbesserung der Beziehungen zwischen Staat und Bürgern – sind noch heute lesenswert.

Dem Gesetz über die Bildung des Staatsrates[665] trug dem Staatsrat auf, zwischen den Tagungen der Volkskammer deren Verpflichtungen wahrzunehmen. Es ging dabei um bessere Wirksamkeit der Volksvertretung, um Ausweitung ihres Wirkungskreises und damit um eine Intensivierung der Tätigkeit der gewählten Organe. Der Staatsrat sollte gleichsam ein dynamischer Kern bei der Demokratisierung der Gesellschaft sein. Erfüllte bislang der Präsident der Republik vornehmlich repräsentative Aufgaben, waren dem Staatsrat auch gestalterische Aufgaben übertragen worden. Er sollte die Arbeit der Staatsorgane qualifizieren, die Rechtspflege weiterentwickeln und die Beziehungen zwischen Staat und Bürgern aktiv fördern. Der Staatsrat besaß Vollmacht, zwischen den Tagungen der Volkskammer Beschlüsse mit Gesetzeskraft zu erlassen.

Wichtig war auch seine Zusammensetzung. Ihm gehörten alle Parteivorsitzenden sowie Vertreter der bedeutenden sozialen Schichten der Bevölkerung an.

Die Programmatische Erklärung

In jener konstituierenden Sitzung am 12. September 1960 erging an den Staatsratsvorsitzenden Walter Ulbricht der Auftrag, eine Erklärung vorzubereiten. Darin sollten der Volkskammer und der Bevölkerung die programmatischen Positionen und die mit der Wahl des Staatsrates verbundenen neuen Ansätze bei der weiteren Gestaltung des politischen Systems der DDR sichtbar gemacht werden. Gemeinsam mit Gerhard Kegel und Wolfgang Berger an den vorbereitenden Arbeiten zu diesem Dokument mitzuwirken war mein erster Auftrag in der neuen Dienststelle. Viel Zeit blieb nicht. In den letzten Septembertagen sollte den Mitgliedern des Staatsrates ein Entwurf übergeben werden. Die Vorgaben, die der Vorsitzende uns übermittelte, waren anspruchsvoll, sie verließen in mehrfacher Hinsicht die Pfade der Gedankenwelt früherer politischer Erklärungen und stießen in gesellschaftliches und staatsorganisatorisches Neuland vor.

An wesentliche Akzente, die Ulbricht dabei setzte, erinnerte ich mich, als ich drei Jahrzehnte später Kwizinskijs Erinnerungen las. Dieser berichtete, daß Ulbricht einen hochrangigen Gesprächspartner in der sowjetischen Botschaft gefragt habe, »ob das Politbüro des ZK der KPdSU sich nicht Gedanken darüber mache, daß man auf diese Weise den Staat nicht weiter führen könne. Die Partei werde so allmählich an Macht einbüßen. Wir glaubten offensichtlich«, so hielt Walter Ulbricht seinem Gesprächspartner vor, »daß wir der Gesellschaft die Entwicklungsgesetze diktieren könnten, und handelten nach dem Schema: Das Politbüro beschließt, daß etwas aufgebaut, abgeschafft oder verboten werden muß, der Rest ist eine Frage der organisatorischen Arbeit der Partei.

Wenn der Beschluß nicht erfüllt wird, war seine Durchsetzung schlecht organisiert, das heißt, man muß jemanden bei den Ohren nehmen und bestrafen. Aber wir zweifeln keinen Augenblick daran, daß unsere Beschlüsse richtig und notwendig, gleichsam von ›Gott‹ sind.«[666]

Ob Kwizinskij Ulbricht korrekt wiedergegeben hat, läßt sich nicht mehr feststellen. Die Tendenz läßt jedoch an Klarheit nichts missen. Öffentlich hat Ulbricht Derartiges nicht geäußert. Das sicher nicht ohne Grund.

Als Walter Ulbricht seine strategische Linie zur Weiterentwicklung der DDR in Angriff nahm, hatte er die zweite Hälfte des siebten Lebensjahrzehnts bereits erreicht. Viel Lebenszeit war ihm nicht mehr vergönnt. Er wagte es trotzdem. Er verließ den scheinbar gefahr- und problemlosen Weg der Übereinstimmung mit dem sowjetischen Führungs- und Leitungssystem. In der Konzentration aller wesentlichen Entscheidungen in den Führungsgremien der Partei sah er, wie aus dem Bericht Kwizinskijs hervorgeht, eine potentielle Gefahr für die Entwicklung der sozialistischen Gesellschaft. Mit Energie suchte er deshalb nach neuen, besseren Lösungen. Die Gewinnung aller Schichten des Volkes und die Verbesserung der Effizienz der Leitung der Politik wie der ökonomischen Prozesse waren ihm dabei wichtig.

Die Ergebnisse der Arbeit des Staatsrates vor allem in der ersten Hälfte der 60er Jahre beweisen, wie Ulbricht gleichermaßen behutsam und konsequent Entscheidungen, die bislang in der SED-Spitze getroffen wurden, in die staatliche Ebene verlagert. Es hatte also Gründe, als im Januar 1971 Ulbrichts Kontrahenten im Politbüro in einem Brief an Generalsekretär Leonid Breshnew eine Rückabwicklung forderten: »Die Tätigkeit des Staatsrates, die heute oft dazu benutzt wird, um ohne das Politbüro Entscheidungen zu treffen, wäre der Kontrolle des Politbüros zu unterstellen.«[667]

Mit Gerhard Kegel und Wolfgang Berger zusammenzuarbeiten, war für mich, dem jüngsten im Trio, immer sehr anregend. Kegel sprühte vor Ideen. Er brachte eine reiche Lebenserfahrung und profunde journalistische Praxis ein. Obwohl recht selbstbewußt, war er gegenüber Einwänden und Anregungen anderer aufgeschlossen. Wolfgang Berger überzeugte durch präzise Gedankenführung und die Weitsicht seiner theoretischen Überlegungen.

Nach wenigen Tagen lag ein erster Entwurf vor. In Gesprächen mit Experten wurden dessen wesentliche Passagen einer Prüfung unterzogen. Walter Ulbricht beschäftigte sich eingehend mit dem Entwurf, vertiefte Aussagen und gab dem Ganzen seine spezifische Handschrift. Am Freitag, dem 30. September, lag der Entwurf dem Politbüro zur Beratung vor.[668] Kegel, Berger und ich nahmen an dieser Beratung teil.

Soweit ich mich erinnere gab es lediglich Bemerkungen zu wenigen Formulierungen, jedoch keine grundsätzlichen Einwendungen. Es bestand im Herbst 1960 zweifellos Zustimmung im Politbüro zum Kurs, den Ulbricht mit dieser Erklärung einschlug. Inwieweit dazu vorher Verständigungen stattgefunden hatten, entzieht sich meiner Kenntnis.

Den Mitgliedern des Staatsrates war der Entwurf der Programmatischen Erklärung in der letzten Septemberwoche zugegangen. Er stand in der zweiten Sitzung des Staatsrates am 1. Oktober 1960 zur Debatte. Danach wurden alle Einwände und Vorschläge der Mitglieder des Staatsrates in den Entwurf eingearbeitet. Das war 1960 ein recht komplizierter und arbeitsaufwendiger Vorgang. Damals gab es noch keine Personalcomputer und Kopiergeräte. Der gesamte Text war parallel einmal auf Papier und daneben – um ihn vervielfältigen zu können – auf eine Spezialplatte zu schreiben. Das Büro des Ministerrates half mit seiner Technik. Es dauerte vom

Abend des dritten bis zum Morgen des vierten Oktober, bis die erforderliche Zahl der Exemplare für die Presse, das Diplomatische Korps und andere Interessierte zur Verfügung standen.

Walter Ulbricht hatte entschieden, daß Gerhard Kegel und ich an der Staatsratssitzung teilnahmen, um die Vorschläge des Gremiums sofort einzuarbeiten. Vor dieser Staatsratssitzung kam es zu einem peinlichen protokollarischen Zusammenstoß zwischen Otto Gotsche und Gerhard Kegel. Die Mitglieder des Staatsrates hatten im Sitzungsraum in der ersten Etage des Schlosses Niederschönhausen einen festen Platz am Beratungstisch. Für Kegel und mich war an der Seite ein Tisch aufgestellt worden, von dem aus wir den Beratungen folgen und unsere Aufgaben wahrnehmen sollten. Mir war das recht. Gerhard Kegel jedoch, der mit Gotsche in vielerlei Hinsicht über Kreuz lag, erklärte diesem, daß er sich nicht an einen solchen Katzentisch setzen würde. Gotsche beharrte darauf. Daraufhin wandte sich Kegel an den Vorsitzenden. Der entschied, daß Kegel am Tisch neben Gotsche Platz nehmen sollte. Gotsche kochte vor Wut.

Kegel war in diesem recht nebensächlichen Disput mit Gotsche offensichtlich von seinen Erfahrungen im Parteiapparat ausgegangen. Dort kannte man in den Sitzungen des Politbüro und des Sekretariats des Zentralkomitees solche Etikette nicht.

Die Beratungen der Programmatischen Erklärung in der Staatsratssitzung verliefen ernsthaft und gehaltvoll. Mit dieser Erklärung präsentierte der Staatsrat sein Konzept der weiteren Gesellschafts- und Staatsentwicklung unter den spezifischen Bedingungen der DDR. Zunächst wurde darin die internationale Situation analysiert. Im Zentrum stand dabei die Forderung nach allgemeiner und vollständiger Abrüstung und der Vorschlag, in beiden deutschen Staaten dazu eine Volksbefragung durchzuführen.[669]

Die Bildung eines Staatsrates wurde sodann aus den »tiefgreifenden Veränderungen auf allen Gebieten des politischen, wirtschaftlichen und kulturellen Lebens, die sich bei uns seit der Gründung der Deutschen Demokratischen Republik vollzogen haben«, begründet.[670] Damit wurde deutlich gemacht, daß es kein »Weiter so!« geben werde, sondern grundlegende Veränderungen im politischen System der DDR angestrebt würden. Auch gesamtdeutsche Überlegungen wurden dabei einbezogen. Ulbricht merkte dazu an, es werde »im Verlauf der Wiedervereinigung nur möglich sein, einen

Staatsrat oder ein ähnlich demokratisches Organ zu schaffen, an dessen Spitze zwei Vorsitzende mit gleichen Rechten stehen«.[671]

Das war keineswegs eine rhetorische Floskel, sondern entsprach seiner Denkungsart. Vergleicht man diesen Vorschlag Ulbrichts mit der 1990 vollzogenen Überstülpung der politischen, wirtschaftlichen und rechtlichen Verhältnisse der Bundesrepublik über die DDR, ist unschwer zu erkennen, welche Seite ein gleichberechtigtes demokratisches Vorgehen anstrebte und wer autokratisch beim Vollzug der Einheit Deutschlands vorging.

Als Prämisse der künftigen Staatspolitik der DDR wurde in der Programmatischen Erklärung definiert: Unsere Politik beruht auf wissenschaftlicher Grundlage. Es gehört zu ihren Prinzipien, stets von einer realen Einschätzung des internationalen Kräfteverhältnisses und der Entwicklung der Lage in Deutschland auszugehen, rechtzeitig das Neue, Fortschrittliche zu erkennen, die bei der Entwicklung des Sozialismus und der Gesellschaft neu auftauchenden Probleme rechtzeitig zu durchdenken, zu beraten und zu entscheiden. Das Wichtigste sind: Klarheit und Wahrheit.

Der Vorsitzende erklärte es deshalb zur Aufgabe des Staatsrates wie aller staatlichen Organe, »sich eng mit dem Volk zu verbinden, aus den Erfahrungen der Arbeiter, der Bauern, der Intelligenz und anderer Werktätiger zu lernen [...] und die weitere Entwicklung vorausschauend zu gestalten«.[672] Wie schon im Gesetz über die Bildung des Staatsrates geregelt, verstand sich der Staatsrat nicht als ein allen übergeordnetes Staatsorgan, sondern als eine *Institution im System der obersten Volksvertretung*. In der Programmatischen Erklärung wurde deshalb hervorgehoben: » Die Volkskammer ist das höchste Organ unseres Staates, dem auch der Staatsrat rechenschaftspflichtig ist.«[673] Obwohl sich die Programmatische Erklärung gemäß ihrem Anliegen in grundsätzlichen Bereichen bewegte, ließ sie es in ihren Aussagen über das, von dem man sich trennen wollte, nicht an Deutlichkeit fehlen. Es wurde festgestellt, daß eine Reihe von Staats- und Wirtschaftsorganen mit den wachsenden Anforderungen nicht mehr Schritt hielten. »Mangelnde Wissenschaftlichkeit in der Leitungstätigkeit, Ressortwirtschaft, formales Administrieren und mangelndes Vertrauen in die Kraft der Werktätigen erweisen sich in manchen Organen des Staates als ernstes Hemmnis bei der Durchführung der staatlichen und wirtschaftlichen Aufgaben.«[674]

Ulbricht sprach Klartext, als er erklärte: »Unter unseren Bedingungen ist die staatliche Leitung nicht die Ausübung von Kommandogewalt, sondern die Führung der Menschen auf dem Weg des bewußten Kampfes für den Sieg des Sozialismus.«[675] Kritisch stellte er fest: Nicht selten begegne man den Bürgern »mit seelenlosem bürokratischem Verhalten. Es wird noch zu sehr kommandiert, abgewiesen, anderen über den Mund gefahren, rechthaberisch aufgetreten, bevormundet. Wieviel Sympathien, gute Vorschläge und ehrliche Bereitwilligkeit gehen dabei verloren, wenn man die Menschen so behandelt, wenn man ihre Gefühle verletzt, sie kränkt.«[676]

Diesen Abschnitt schloß Walter Ulbricht mit seinem Credo: »Nicht die Lautstärke ist ausschlaggebend, sondern das bessere Argument. Wer das Leben kennt und wer selbst zutiefst von der Gerechtigkeit und der hohen Moral des Sozialismus erfüllt ist, wem die Wünsche und Sorgen der Werktätigen nicht fremd sind, der wird immer das richtige Wort und den richtigen Ton finden. Der wird nie Menschen abstoßen, sondern wird überzeugen.

Menschen zu überzeugen ist eine schwierige aber schöne und dankbare Aufgabe. Sie erfordert viel Zeit und Mühe, viel Takt und Fingerspitzengefühl und menschliche Größe.«[677]

Zehn Vertreter der Fraktionen der Volkskammer nahmen an der nachfolgenden Aussprache über diese Erklärung des Staatsratsvorsitzenden teil. Als Vertreter der stärksten Fraktion eröffnete Willi Stoph die Aussprache.

Ihm folgte der noch heute umstrittene Prof. Robert Havemann mit der Aussage: »Werte Abgeordnete! Wie Sie wohl auch befinde ich mich unter dem starken Eindruck, den die Programmatische Erklärung des Vorsitzenden des Staatsrates auf mich gemacht hat. Diese Erklärung hat mir zum Bewußtsein gebracht, wie weit wir auf dem Wege zum Sozialismus schon wieder vorangeschritten sind, und ich bin über den Fortschritt, den wir erzielt haben, glücklich.«[678]

Demokratie – eine zarte Blume

Die Programmatische Erklärung setzte einen spürbaren Impuls für die Weiterentwicklung der DDR, für die Ausgestaltung der sozialistischen Demokratie. Heute ist dieser Begriff in der Regel negativ besetzt. Er ist gleichsam ein Synonym für den inneren Zustand der

DDR in der Phase ihres Niedergangs. Nach aktueller Lesart für Diktatur. Gern vergessen bleibt inzwischen die Feststellung Roman Herzogs aus dem Jahre 1987 im damals erschienenen evangelischen Staatslexikon: »Die verschiedenen politischen Systeme der demokratischen Staatenwelt sind aufzufassen als verschiedene Versuche, den normativen Inhalt der Demokratie zu verwirklichen oder ihn auch zu begrenzen. Die Eigenart der Gegebenheiten in jedem demokratischen Staat verbietet es, ein System als das einzig demokratische anzupreisen.«[679]

Wohl kaum ein Begriff wird heute so oft und so mißbräuchlich benutzt wie dieser. Zu oft dient der Begriff als Floskel für christliche Werte, parlamentarische Regierungssysteme, westliche Lebensweisen. Zu den poetischen Interpretationen gehört die von Nelson Mandela gern verwandte Formel von der Demokratie als zarter Blume. Einer Blume, die des Schutzes und starker Wurzeln bedarf.

Zum Allgemeinwissen gehört, daß Demokratie im Sinne des Wortes Herrschaft des Volkes bedeutet. Dieser weitgehend unumstrittene Ausgangspunkt ermöglicht für sich stehend weder eine Antwort dazu, über wen sich diese Herrschaft erstrecken soll, noch auf welche Weise sie ausgeübt, verwirklicht werden kann. Vergleichsweise leicht realisiert sich dieser ursprüngliche Demokratiegedanke in überschaubaren Gemeinden, etwa den antiken Stadtstaaten Griechenlands, wo diese Form gesellschaftlicher Organisation auch ihren Ursprung hatte. Noch immer finden wir eine ähnliche Praxis in Dorfgemeinschaften nicht weniger Entwicklungsländer, in denen öffentliche Angelegenheiten auf Versammlungen erörtert werden, bis ein Konsens gefunden ist. Daß eine solche Praxis auf große Gemeinschaften, etwa auf moderne Staaten nicht übertragbar ist, bedarf kaum einer Erklärung. Die in der Schweiz geübte Praxis der Volksabstimmungen zu unterschiedlichen Entscheidungsfeldern belebt noch heute die Debatte auch in anderen europäischen Staaten über den Nutzen von Volksbegehren und Volksabstimmungen. Inwieweit solche plebiszitären Elemente demokratisch ausgestaltet werden und zur Wirkung kommen können, hängt heute mehr denn je von den Bedingungen der Willensbildungsprozesse, von einer realen Beurteilung der Grenzen und der modernen Möglichkeiten der Massenmanipulierung vor allem über die weitgehend monopolisierten Medien ab. Auch dem Bonapartismus sind plebiszitäre Elemente bekanntlich nicht fremd. Die repräsentative parlamentarische Demokratie ist heute in den Staaten des Westens sehr verschiedenartig ausgestaltet – vor allem hinsichtlich des präsidialen Einflusses und der Wirksamkeit rechtstaatlicher Institutionen. Dennoch wird im politischen Denken und im Sprachgebrauch allein das westliche Demokratiemodell in seiner Kombination von Wählerentscheidung über die Repräsentanten und dem normierten Rechtswegesystem als universeller Maßstab für die Beurteilung anderer politischer Systeme betrachtet und anderen aufzudrängen versucht. Die mit enormen Geldmitteln aus Regierung und Wirtschaft ausgestattete *Freedom House-Stiftung* in New York und Washington beurteilt in ihren jährlichen Berichten den Charakter der Staaten der Erde. Die Stiftung steht, wie es heißt, der CIA nahe.

Ihren maßlosen Anspruch auf Weltbekehrung brachte die Programmdirektorin dieser Institution 2005 in der schlichten Aussage zum Ausdruck: »Wir bringen der Welt nur bei, wie Demokratie funktioniert.«[680] Erklärtes Anliegen der Stiftung ist also die globale Verbreitung westlicher Demokratievorstellungen auf einem »Zweiten Weg«. Dieser besteht nach eigenem Bekunden darin, »Staaten nicht anzugreifen oder durch Sanktionen zu lenken, sondern lieber Regimewechsel von innen zu bewirken: durch Ausbildung junger Intellektueller, durch Infrastruktur, Kontakte, Geld.«[681]

Der Einfluß dieser Stiftung und einer mit ihr verbundenen des Milliardärs George Soros, die Dependancen in etwa fünfzig Staaten unterhält, auf die innere Entwicklung der sozialistischen Staaten in den 80er Jahren und danach in Jugoslawien, der Ukraine, in Georgien, in Aserbaidshan und anderen Ländern waren so offensichtlich, daß er publik wurde.[682] Ende 2005 hieß es im *Spiegel*: »Eine Friedensarmee im Schatten ist da entstanden, deren Divisionen und Pläne keiner kennen soll. Geheimnisvoll schlagkräftig, kaum zu fassen – ein wichtiges, bis heute kaum wahrgenommenes Phänomen der internationalen Politik.«[683]

Es ging und geht also nicht um Nachhilfeunterricht in Sachen Demokratie, sondern um psychologische Unterwanderung von Staaten, in einem geheimen Krieg um Territorien und Einflußsphären, um Märkte und Rohstoffe. Das aber nennt man in der deutschen Sprache nicht Demokratie, sondern Intervention. Das ist keineswegs Verbreitung, sondern Mißbrauch der demokratischen Idee. Der belgische Gelehrte Colin Crouch ist der Auffassung, daß die politischen Inhalte bei den Wahlen in den Staaten des Westens nicht von den Bürgern, sondern von den PR-Agenturen bestimmt werden.[684]

Die repräsentative parlamentarische Demokratie hat sich in der bürgerlich-kapitalistischen Gesellschaft als systemstabilisierend erwiesen. Im Unterschied zu autoritärer kapitalistischer Herrschaft sichert es den Bürgern weitgehende Meinungsfreiheit, die politischen Grundrechte sind abgesichert. Untersucht man jedoch wesentliche Elemente dieses Systems unter dem Aspekt demokratischer Substanz – also Teilhabe an der Herrschaft –, sind drei kontraproduktive Tendenzen festzustellen:

Erstens vollzieht sich die Wahlentscheidung des Bürgers, die dem parlamentarischen Regime die demokratische Legitimation geben soll, in einem Akt, der sich ausschließlich in der kurzen Zeit des Ankreuzens des Stimmzettels vollzieht. Der Gewählte ist nach den gesetzlichen Regeln auch der Bundesrepublik für sein Handeln im Parlament dem Wähler gegenüber nicht rechenschaftspflichtig. Während einer Legislaturperiode ist er durch Wählerwillen nicht abrufbar.

Der Wähler ist unter diesen Bedingungen nicht einmal König für einen Tag, er ist es nur im Moment der Stimmabgabe. Diese Ohmacht wird zunehmend empfunden und ist eine der wesentlichen Ursachen für den wachsenden Unwillen und die Politikerverdrossenheit, die sich in erster Linie in sinkender Wahlbeteiligung artikuliert.

Die Übertragung von Rechten des Bundestages auf europäische und andere transnationale Organe führt ebenso wie die fortschreitende Privatisierung von Bundesvermögen zur Einschränkung der Einflußmöglichkeiten der parlamentarischen Gremien und zum Bedeutungsverlust der Wählerentscheidung über die Zusammensetzung des Parlamentes. Der parlamentarische Lobbyismus beeinflußt nicht selten Parlamentsentscheidungen stärker als der Wählerwille. Während den Bürgern und ihren Vereinigungen ein Recht der Gesetzesinitiative entzogen bleibt, sind Konzernvertreter an der unmittelbaren Vorbereitung von Regierungs- und Bundestagsvorlagen beteiligt. Die bürgerlich-parlamentarische Demokratie erweist sich im Vorbereitungsprozeß der Gesetze als eine Zweiklassen-Demokratie, in der zwar der Wirtschaftslobbyist seinen Platz hat, aber der angeblich mündige Wähler ausgeschlossen bleibt.

Zweitens ist, wenn es um die Substanz demokratischer Prozesse geht, darauf zu verweisen, daß im bürgerlich-parlamentarischen System der bestimmende Lebensbereich, die Wirtschaft – als ein Reflex auf Eigentümerrechte an Produktionsmitteln – aus dem Feld demokratischer Wirkungen ausgenommen wurde. Die wirtschaftlich Mächtigen entscheiden ohne demokratisches Korrektiv über Arbeitsplätze, über Arbeitsbedingungen, über Menschen und ihre Schicksale. Mit diesem Selbstverständnis ist es zulässig, daß beispielsweise der süddeutsche Konzernchef Würth im Januar 2008 seinen Angestellten per Brief in Gutsherrenmanier auffordern kann: »Nachdem Würth weder ein zweites Arbeitsamt noch ein Sozialinstitut ist, bitte ich um Verständnis, daß wir die Zusammenarbeit nur fortsetzen können, wenn sie ganz kurz und zackig die Zahl der selbst getätigten Aufträge per Arbeitstag erhöhen.«[686]

Die Implementierung demokratischer Grundsätze in den ökonomischen Strukturen erscheint den Vertretern des Neoliberalismus als unerfüllbare illusionäre kommunistische Forderung. Es lohnt sich noch immer, den politischen Aufsätzen des bürgerlichen Humanisten Thomas Mann Aufmerksamkeit zu widmen. Er hob hervor, daß die Demokratie, um ihre unzweifelhafte Überlegenheit historisch wirksam zu machen, »im Ökonomischen ebenso wie im Geistigen von sozialistischer Moral das zeitlich Gebotene und das Unentbehrliche in sich aufnehmen« müsse.[687] Die unübersehbare soziale Determination seiner Demokratievision beschrieb er so: »Wir haben nicht die Pflicht, eine unmenschliche soziale Ordnung zu konservieren, sondern müssen im Gegenteil alle darauf hinarbeiten, daß eine humanere Ordnung an ihre Stelle tritt, die die wahre Hierarchie der Werte aufbaut, das Geld in den Dienst der Produktion stellt, die Produktion in den Dienst der Menschen und den Menschen selbst in den Dienst eines Ideals, das dem Leben einen Sinn gibt.«[688]

Drittens schließlich steht dem Verweis auf die Institutionen des Rechtsstaates als eines Garanten der parlamentarischen Demokratie entgegen: Der damit verbundene Rechtsweg steht zwar theoretisch jedem offen, tatsächlich aber bleibt er durch hohe finanzielle und sachliche Hürden vielen versperrt. Demokratie erweist sich in der Bundesrepublik Deutschland wie in jedem anderen Land nicht als stabile Größe, sondern, wie es in Roman Herzogs 1987 edierten evangelischen Staatslexikon hieß, als ein variabler Prozeß, »der nicht von sich selbst im Gange bleibt«, in dem auch fragile Zustände nicht auszuschließen sind.[689]

Seit Gründung der Bundesrepublik Deutschland gehört die »Mitwirkung der Parteien bei der Willensbildung des Volkes« zu den fundamentalen Verfassungsgrundsätzen. Mit dem unübersehbaren Zerfall der großen Parteien verliert dieses Grundgesetzgebot (Art. 21) an Substanz. In den letzten zwei Jahrzehnten verloren CDU und SPD mehr als ein Drittel ihrer Mitglieder. Es ist abzusehen, daß sich deren Zahl in wenigen Jahren gegenüber 1990 halbiert hat.[690] Parallel dazu nimmt die Bereitschaft ab, an Wahlen teilzunehmen. Inzwischen werden Oberbürgermeister von Großstädten bei einer Wahlbeteiligung von weniger als 40 Prozent mit einer knappen Mehrheit der abgegebenen Stimmen gewählt, also von etwa 20 Prozent der Bürger ihrer Stadt. Und derartige Minderheitsvoten interpretieren die Gewinner als Sieg der Demokratie. Vor allem bei Kommunalwahlen ist der Anteil der Nichtwähler oft größer als der der Wähler. Bei Bundes- und Landtagswahlen geht die Tendenz in die gleiche Richtung. Die Ursachen sind mit denen im kommunalen Bereich weitgehend identisch.

Die sozialistische Demokratie, um die es in der Programmatischen Erklärung vom Oktober 1960 ging, wurzelt in ihren sozialen Ursprüngen in der Arbeiterbewegung und war ein bewußter Gegenentwurf zur bürgerlichen Demokratie. Die Pariser Kommune von 1871 brachte – wenn auch im engen Zeitrahmen und unter schwersten Existenzbedingungen – erste Konturen einer sozialistisch geprägten Demokratie hervor. Auch Arbeiter- und Soldatenräte knüpften am Beginn des 20. Jahrhunderts mit unterschiedlicher Konsequenz an deren Lehren an. Schließlich gehörte der Kampf um demokratische Verhältnisse in Deutschland, für ein allgemeines Wahlrecht, für Veränderung der Eigentumsverhältnisse – um auch auf dem Feld der Wirtschaft demokratische Verhältnisse zu schaffen –, zu den elementaren Forderungen und Werten der deutschen Sozialdemokratie zu Beginn des 20. Jahrhunderts. Auch die in Rußland entstandenen und über sieben Jahrzehnte existierenden Sowjets auf allen Ebenen der staatlichen Organisation bereicherten das internationale Erfahrungspotential. Sie machten aber auch deutlich, daß dieser Entwicklungsrichtung der demokratischen Idee durchaus ein Gefahrenpotential enthielt. Die erforderliche Balance der gewählten Sowjets gegenüber Institutionen und Amtspersonen war nicht immer gegeben. So fristeten sie oft im Dunstkreis der Apparate ein Schattendasein. Der Schriftsteller Ilja Ehrenburg, selbst Deputierter des Obersten Sowjets, verdichtet seine Parlamentariererfahrung in dem Satz: »Glückliche suchen weder den Arzt auf noch einen Deputierten.«[691]

Sozialistische Demokratie in der DDR war der Versuch eines Neubeginns. Es sollte sowohl die soziale und formale Enge der bürgerlich-parlamentarischen Demokratie überwunden als auch Voraussetzungen für die bewußte Mitarbeit aller Bürger an der Leitung von Staat und Wirtschaft und der gesellschaftlichen Bereiche geschaffen werden. Dies aber war kein Selbstzweck, sondern auf die allseitige Entwicklung des Menschen gerichtet. Ganz im Sinne von Marx, daß die freie Entwicklung jedes Einzelnen die Voraussetzung für die freie Entwicklung aller ist.

Zu Wesenselementen der sozialistischen Demokratie gehörte insbesondere eine intensive Beziehung zwischen Wählern und Gewählten. Schon vor dem Wahlakt sollten die Wähler über die Wahlvorschläge mitentscheiden. Kandidaten mußten sich in Wohngebieten und an den Arbeitsstätten vorstellen. In jedem Wahlkreis wurde schließlich auf Wählervertreterkonferenzen endgültig über Aufnahme oder Ablehnung der Bewerber entschieden.

Im bürgerlichen System entscheiden ausschließlich Parteigremien über die Aufstellung der Kandidatenlisten. Der gewählte Abgeordnete ist nicht seinen Wählern, sondern seinem – guten oder schlechten – Gewissen verpflichtet. Der Abgeordnete einer sozialistischen Volksvertretung muß dagegen seinen Wählern Rechenschaft über seine Tätigkeit in der Volksvertretung legen. Abgeordnete, die das Vertrauen der Wähler verloren oder mißbraucht hatten, konnten nach einem geregelten Verfahren abgewählt werden. Sowohl die Repräsentanten der exekutiven Staatsorgane wie auch die Richter wurden auf Zeit durch die Volksvertretungen gewählt und hatten ihnen Rechenschaft zu legen.

Die sozialistische Demokratie erstreckte sich – im Gegensatz zum bürgerlichen Staat – nicht allein auf den staatlich-politischen Bereich. Sie erfaßte auch die Sphäre der Wirtschaft sowie das soziale und kulturelle Leben.

In diesen Ansätzen steckte ein enormes Entwicklungspotential. Das aber erschloß sich nicht im Selbstlauf. Um es zu erschließen, mußten gewohnte Denkmuster überwunden werden. Nicht wenige

Menschen in der DDR hatten die parlamentarischen Spielregeln von Weimar verinnerlicht. Sie erschlossen sich – zumeist im Prozeß aktiver Mitwirkung – erst nach und nach das Neue. Es mußten Mißverständnisse und Vorbehalte ausgeräumt und eine nachhaltige Aufklärungsarbeit geleistet werden. Theoretiker und Praktiker diskutierten jahrelang darüber, ob das neue Herangehen an die Gestaltung demokratischer Verhältnisse sich der Formen des bürgerlichen Parlamentarismus bedienen könne oder solle oder besser selbst originäre Formen hervorbringen müßte. Uwe-Jens Heuer bereicherte 1967 die Debatte mit dem Gedanken: »Die Tatsache, daß wir es mit Recht ablehnen, unsere sozialistische Demokratie an Formen zu messen, die in der bürgerlichen Gesellschaftsordnung entwickelt wurden, berechtigen uns nicht, die Herausbildung eigener Formen abzulehnen.«[692]

Walter Ulbrichts Grundvorstellung der demokratischen Erneuerung war und blieb unverändert: Bei allem, was zur Überwindung der Strukturen der alten und bei der Gestaltung einer sozialistischen Gesellschaft zu unternehmen war, mußten die Menschen zur Mitwirkung gewonnen werden. Ulbrichts Demokratieansatz korrespondierte mit dem Gedanken Thomas Manns. Nach Überzeugung des Literaturnobelpreisträgers sollte Demokratie die Menschen »denken lehren und befreien […] Mit einem Wort: Sie ist auf Erziehung aus. Erziehung ist ein optimistisch-menschenfreundlicher Begriff – die Achtung vor dem Menschen ist untrennbar von ihm.«[693]

Während Ulbricht in einigen anderen Fragen seine Positionen hin und wieder wechselte – zur Mitwirkung des Volkes bei der Lösung gesellschaftlicher Aufgaben blieb seine Haltung bis in seine letzten Tage unveränderlich.

Geht es um das Verhältnis von Ulbricht zur Demokratie, dann dominiert inzwischen in der Literatur wie im journalistischen Behauptung die Losung Wolfgang Leonhards, der Ulbricht den Satz zuschrieb: »Es muß demokratisch aussehen, aber wir müssen alles in der Hand haben.« Wolfgang Leonhard bekannte inzwischen, daß er diesen Satz schon bald nach dessen erster Veröffentlichung vor einem halben Jahrhundert bereut habe.[694] Das hinderte ihn allerdings nicht daran, diese Behauptung bis heute auf Konferenzen und Talkshows zu wiederholen. Leonhards wesentlicher Zusatz in dieser Sache hat jedoch keine solche Verbreitung gefunden: »Aber das war keine Direktive, die für alle Zeiten zu gelten hatte, und schon gar nicht die Urformel für den späteren Staatsaufbau der DDR.«[695]

Die sozialistische Demokratie zeigte sich in der gesellschaftlichen Praxis keineswegs als starre Kategorie. Wesen und Wirkung wurden von den obwaltenden sozialen Bedingungen, nicht zuletzt von der Schärfe gesellschaftlicher Auseinandersetzungen beeinflußt.

Ein permanentes Spannungsfeld bestand in allen sozialistischen Ländern, auch in der DDR, zwischen der Wahrnehmung der Führungsrolle der Partei und den Gestaltungsmöglichkeiten sozialistischer Demokratie. Im Sinne der programmatischen Ziele, Ideale und Werte der sozialistischen Partei hätte ein ständiger realer Ausbau der Mitwirkungsmöglichkeiten der Bevölkerung stattfinden müssen. Das aber wäre nur gelungen, wenn die Partei sich weitgehend auf ihre strategischen Aufgaben bei der Gestaltung der sozialistischen Gesellschaft und die Angelegenheiten zur Organisation ihrer Mitglieder konzentriert hätte.

Zur Wahrnehmung der Führungsrolle der Partei und den Gestaltungsmöglichkeiten sozialistischer Demokratie fanden kontroverse Diskussionen auch in den 60er Jahren statt. Die Führungsrolle der Partei wurde dabei nie in Zweifel gezogen. Sie ergab sich aus dem Charakter der Partei als Organisation der Arbeiterklasse und aus ihrer wissenschaftlichen Weltanschauung. Es entsprach der Überzeugung der Beteiligten, daß der Weg in eine bessere, gerechtere Welt sich nicht als Folge spontaner Ideen und Handlungsabläufe öffnet. Um eine humane, von Ausbeutung befreite Gesellschaft zu errichten, bedurfte es einer politischen Führung – mit der Kraft der sozialen Befreiungsidee und ihrer Organisation, mit der Fähigkeit, Demokratie in den eigenen Reihen zu wahren und sich in ihren Entscheidungen auf Wesentliches zu konzentrieren.

Dabei setzte Ulbricht Parteiführung und Stärkung der sozialistischen Staatsmacht und der sozialistischen Demokratie nicht gegeneinander. Ihm ging es um ein Sowohl-als-auch.

Das war in der außerordentlichen Konsequenz zu erkennen, mit der Ulbricht als Erster Sekretär des ZK der SED sich darum bemühte, die soziale Basis der Partei zu verbreitern und der Arbeit der Parteiorgane neue Impulse zu geben. Unwiderlegbar ist die Tatsache, daß er besonders in den 60er Jahren dafür Sorge trug, daß auf Tagungen der gewählten Organe der Partei ein lebendiger Gedankenaustausch über Grundfragen der gesellschaftlichen Entwicklung gepflegt wurde. Es wurde damals zur Gewohnheit, daß zu ZK-Tagungen auch Parteilose und Mitglieder anderer Blockparteien als Gäste eingeladen und ihnen ein Rederecht eingeräumt wurde. So weist beispielsweise das Protokoll des 12. Plenums des Zentralkomitees der SED, das vom 16. bis 19. März 1961 tagte, Beiträge aus von zwei Vorsitzenden von Gewerkschaften sowie der Professoren Manfred von Ardenne und P. A. Thießen, von Betriebsdirektoren und anderen Fachleuten.[696] Diese Praxis wurde auch von Bezirks- und Kreisleitungen der SED übernommen.

Die konstruktiven Auseinandersetzungen über die gesellschaftliche Stellung der SED im politischen System der DDR konzentrierte sich auf die Frage, *wie* diese Führungsrolle wahrzunehmen sei, und nicht darauf, *ob* ihr eine solche überhaupt zustehe.

Uwe-Jens Heuer schrieb, ihm wäre gegen Ende der DDR klargeworden, »daß die übermächtige Rolle der Partei in vielem die Entwicklung belastete, daß ihre gegenwärtige Ohmacht aber auch gefährlich war. Jede Gesellschaft braucht Kräfte, die destruktiven Tendenzen entgegen treten kann.«[697]

Wie viele meiner Zeitgenossen stand ich in meiner Tätigkeit im Staatsapparat der DDR immer wieder vor der Frage: Ist die Partei Initiator der gesellschaftlichen Entwicklung, die mit Ideen, ihrer Organisation und über ihre Mitglieder wirkt, *oder* ist sie – von der Zentrale bis in ihre untersten Leitungen – eine Art Oberregierung mit finaler Entscheidungsvollmacht?

Insbesondere blieben die Entwicklungen, die sich 1967/68 in der benachbarten Tschechoslowakei vollzogen – oft als »Prager Frühling« bezeichnet –, nicht ohne Einfluß auf die Demokratieentwicklung in der DDR. Das weniger wegen der einen oder anderen Korrektur in der Innenpolitik der ČSSR, sondern aufgrund der gefährlichen Führungsschwäche in Prag und des Drucks antisozialistischer Kräfte des In- und Auslandes. Es gab gute Gründe, aus diesen dramatischen Vorgängen eigene Lehren zu ziehen. Eingeleitete Entwicklungen waren unter den veränderten internationalen Bedingungen zu überprüfen. Das gab Ulbrichts Kontrahenten auch Gelegenheit, gegen seinen auf Veränderung bei der Leitung des Staates und der Wirtschaft zielenden Kurs vorzugehen.

In den letzten zwei Jahrzehnten der Existenz der DDR dominierte schließlich die Tendenz des Ausbaus der Machtfülle der Leitungsorgane der Partei im Sinne einer Oberregierung, einer letzten Instanz. Es wäre allerdings blauäugig, würde man die Instanz, die das letzte Wort spricht, nur im System der DDR in Gestalt des Politbüros des ZK der SED erkennen. Dem politischen und dem Rechtssystem der Bundesrepublik Deutschland sind – wie anderen Staaten auch – letztinstanzliche Entscheidungsgremien eigen. Das gilt für den Bundestag wie für das Bundesverfassungsgericht. Sie haben das letzte Wort. Sie können über jeden Gegenstand, vom Mundraub bis zur Einschränkung verbriefter Bürgerrechte, auch bis zu Beteiligung an Bombardierung anderer Staaten, unabänderlich beschließen.

Der im Herbst 1960 begonnene Versuch, mit Bildung des Staatsrates auch eine Neuverteilung der zentralen Kompetenzen und damit eine Stärkung der staatlichen Organe vorzunehmen, war zweifellos ein Schritt in eine gute Richtung. Eine demokratische Gesellschaftsstruktur und Führungsorganisation, wie sie von Walter Ulbricht angestrebt wurde, erschien der Moskauer Führung unter Chruschtschow noch tolerabel. Nach dessen Sturz im Oktober 1964 waren seinem Nachfolger Breshnew und dessen Mannschaft die in der DDR eingeschlagene Richtung für die UdSSR nicht mehr kompatibel und deshalb suspekt. Der anfänglichen Reserviertheit folgte bald ein Bremsen und schließlich ein aktives Wirken gegen die Ulbrichtsche Konzeption der Gesellschaftsgestaltung und das damit verbundene Leitungssystem. Breshnew diktierte im August 1970 Honecker ins Notizbuch: »Wichtig ist, daß die DDR eine Struktur haben muß wie die Sowjetunion und die anderen sozialistischen Länder. Sonst bekommen wir Schwierigkeiten«[698]

Das war die definitive Aufforderung an Berlin, die Entwicklung zurückzudrehen und die in den 60er Jahren vorgenommenen Veränderungen zur Stärkung des Sozialismus auf politischem und ökonomischem Gebiet, insbesondere zum Ausbau der sozialistischen Demokratie in der DDR, zu eliminieren.

Sozialistische Demokratie – neue Impulse

Nach der Volkskammersitzung wollte der Staatsratsvorsitzende Ulbricht das FDJ-Jugendobjekt Altmärkische Wische besuchen. Seit 1958 wurde dort melioriert. Der Stellvertretende Vorsitzende Hans Rietz (DBD) sowie die Mitglieder des Staatsrates Irmgard Neumann, eine Genossenschaftsbäuerin aus Niendorf im mecklenburgischen Kreis Teterow, und Horst Schumann, der 1. Sekretär des FDJ-Zentralrats, begleiteten Ulbricht. War es der mangelnden Erfahrung im protokollarischen Umgang mit Mitgliedern des Politbüros geschuldet oder Ausdruck des gewachsenen Selbstbewußtsein? Der Sekretär des Staatsrates teilte dem ZK-Sekretär für Landwirtschaft Gerhard Grüneberg am 12. Oktober per Brief mit, daß dieser in zwei Tagen an den Veranstaltungen in der Wische teilnehmen möchte. Für ihn sei ein Zimmer reserviert, Programm und Ablauf bekäme er noch zugestellt.[699]

In der ersten Oktoberwoche fuhren Karl Gutjahr und ich in das Wischegebiet, um uns mit der Situation vor Ort vertraut zu machen. Wir übergaben dem Vorsitzenden und den Mitgliedern des Staatsrates, die ihn begleiteten, ein Informationsmaterial. Darin berichteten wir über erreichte Fortschritte, aber auch darüber, daß wir im Kreis Seehausen oft festgestellt hatten, daß statt zu überzeugen oft kalt administriert wurde.

Unterwegs in der Wische. Neben Walter Ulbricht Bruno Kiesler, Herbert Graf und Karl Gutjahr, 1960

Die gesetzlichen Regelungen über die Aufgaben des Staatsrates und erste Arbeiten, die mir als Mitarbeiter des Staatsrates übertragen wurden, ließen erkennen, daß hier meine volkswirtschaftlichen Kenntnisse und Erfahrungen nur bedingt gefordert wurden. Ich trug Gotsche meine Bedenken vor. Er entgegnete: »Das wird der Chef klären.« Es verging keine Woche, als Ulbricht mich erstaunt fragte, warum ich meinen Weggang aus dem Staatsrat plane. Als ich meine Gründe vortrug, hatte ich nicht das Gefühl, ihn damit überzeugt zu haben. Ulbricht machte es kurz. Er meinte ich hätte in den sechs Jahren im Regierungsapparat Erfahrungen gesammelt. In den nächsten Wochen solle ich bilanzieren und alles, was mir aus der Bearbeitung von Eingaben und bei Untersuchungen im Land veränderungswürdig erscheine, in einer Analyse zusammenfassen.

Da käme eine Menge zusammen, entgegnete ich.

»Schreib es auf, auch wenn es länger als gewöhnlich wird«, antwortete der Staatsratsvorsitzende.

Drei Wochen später lagen durchweg kritische 106 Seiten vor. Gotsche, dem ich den Entwurf gab, war einverstanden, es so und ungekürzt dem Chef vorzulegen. Seinem Vorschlag, dem Ganzen eine kurze Zusammenfassung voranzustellen, folgte ich gern.

Ich übergab Ulbricht mein Manuskript. Darin hatte ich u. a. darauf verwiesen: »Die Tatsache, daß Detailfragen zentral entschieden, täglich Berichte verlangt und für ›Schwerpunktaufgaben‹ neben oder als Ersatz für die verantwortlichen Organe Stäbe und Bevollmächtigte eingesetzt werden, oder auch daß Parteiorgane Einzelfragen der staatlichen Arbeit an sich ziehen und entscheiden, drückt ungenügende Berücksichtigung der Realitäten, unbegründete Ungeduld und mangelndes Vertrauen in die Bereitschaft und die Fähigkeit der verantwortlichen staatlichen Organe, ihrer Mitarbeiter und der Werktätigen für die Lösung der Aufgaben aus […]

Unreale Pläne, Maßnahmen und Termine hemmen die Mitwirkung der Massen bei der Planung und Leitung des politischen, wirtschaftlichen und kulturellen Aufbaus.«[700]

Der letzte Abschnitt beschäftigte sich mit dem Verhältnis der SED zu den staatlichen Organen. Ich informierte über selbstherrliche Entscheidungen einzelner Parteifunktionäre. »Auf Grund der Lage, daß die Büros der Kreisleitungen zu allen wichtigen politischen und organisatorischen Fragen Beschlüsse fassen, stellten die Genossen der staatlichen Organe die Frage, ob die Volksvertretungen und Räte im wesentlichen nur noch für die Beschlußfassung nebensächlicher Fragen und in der Hauptsache für die organisatorische Durchführung der Beschlüsse der Kreisleitungen und ihrer Büros verantwortlich sind.«[701]

Als ich diesen Bericht schrieb, war ich 30 Jahre alt. 45 Jahre später las ich ihn im Bundesarchiv wieder, mit nun gereiften Erfahrungen. Zu vieles, was ich damals in der Hoffnung notierte, es könnte geändert und korrigiert werden, und zwar bald, begleitete uns über Jahrzehnte. So gesehen beschrieb meine Analyse Symptome von Fehlentwicklungen. Damals fehlten mir Erfahrung und Urteilskraft, um zu erkennen, daß mehr systemimmanente Verwerfungen als subjektives Fehlverhalten Ursache der Mängel waren.

Schon nach wenigen Tagen ließ mich Walter Ulbricht rufen. Otto Gotsche nahm am Gespräch teil. Ulbricht eröffnete mit der Bemerkung, es habe sich gelohnt, daß er mir diesen Auftrag erteilt habe. »Welche Schlußfolgerungen sind daraus zu ziehen?«

»Man sollte die Verantwortung der einzelnen Staatsorgane eindeutig definieren und eine Ordnung schaffen, an die sich jeder zu halten hat«, reagierte ich spontan.

»Na, dann ist wohl auch klar, womit du dich im Apparat des Staatsrates beschäftigen wirst«, sagte Ulbricht. »Wir werden eine Hauptabteilung ›Staatsorgane‹ schaffen. Du wirst sie aufbauen und leiten.«

Ulbricht und Gotsche schauten sich dabei an und ließen erkennen, daß dieser Vorschlag alles andere denn eine Augenblicksentscheidung war. Man hatte sich bereits darüber verständigt.

Das hatte ich nicht erwartet. Ich brachte als Einwand vor, daß ich kein Volljurist sei, meine Rechtsausbildung an der Hochschule habe sich auf wirtschaftsrechtliche Themen konzentriert.

Ulbricht hielt dagegen. »Ich will bewußt keinen Juristen mit dieser Aufgabe betrauen. Die Denkungsart zu vieler Juristen verharrt im Formalen. Wir benötigen in deinem Bereich Fachleute, die in der Lage sind, Probleme zu analysieren und Lösungen vorzuschlagen. Ich habe allerdings nichts dagegen, wenn du im Fernstudium oder als Externer deine juristischen Kenntnisse vervollständigst.«

Die erstmals erkennbare Aversion Ulbrichts gegenüber Juristen begegnete mir später wiederholt. Sie bezog sich nicht auf den juristischen Berufsstand, sondern galt vorrangig den Verwaltungsjuristen. In einer Beratung des strategischen Arbeitskreises im September 1968 offenbarte Ulbricht Gründe für seine nicht immer gerechte, wahrscheinlich auch nicht immer kluge Einstellung. Damals ging es um eine Studie zur Führungstätigkeit des Ministerrates. Das Protokoll der Beratung zitiert Ulbricht mit der Bemerkung: »Mit dem Material der Arbeitsgruppe staatliche Führungstätigkeit bin ich nicht ganz zurecht gekommen, und zwar aus dem Grunde, weil in diesem Material zwar die Fragen der komplexen Systemregelung und der wissenschaftlichen Führungstätigkeit, auch die Fragen der strukturellen Veränderungen behandelt sind.« Der Mangel bestünde vor allem darin, daß die Menschen eine ungenügende Rolle spielten. Und er benannte dafür als Grund: »Ich nehme an, in dieser Arbeitsgruppe sitzen zu viel Juristen.«[702]

Als ein Mann des entschlossenen Handelns waren Ulbrichts Überlegungen auf Erkenntnis und unmittelbare Problemlösung gerichtet. In der Programmatischen Erklärung des Staatrates waren die Wirkungsfelder und Wirkungsprinzipien dieses Staatsorgans definiert. Im Kern ging es darum, der Entwicklung einer sozialistischen Demokratie neue Impulse zu vermitteln. Die Wahrnehmung dieser Aufgabe vollzog sich in verschiedenen gesellschaftlichen und staatlichen Sphären. Schon im Februar 1961 regelte der Staatsrat das Eingaberecht bürgerfreundlicher.

Starke Initiativen entwickelte der Staatsrat zur Vervollkommnung der Rechtspflege. Ein diesem Themenkomplex gewidmeter Erlaß des Staatsrates wurde über zwei Jahre gründlich vorbereitet. Er wurde in Fachgremien erörtert und über Monate zur öffentlichen Diskussion gestellt. Das große Interesse der Öffentlichkeit an der vorgeschlagen Neuordnung auf diesem Gebiet ließ schon die Anzahl der annähernd 6.000 Vorschläge zum unterbreiteten Entwurf erkennen. Im April 1963 konnten die Arbeiten – die auch die Vorbereitung von Volkskammerentscheidungen über das Gerichtsverfassungsgesetz und das Staatsanwaltschaftsgesetz einschlossen – abgeschlossen werden.

Im Prozeß der Vorbereitung dieses wichtigen Vorhabens bestand die von dem erfahrenen Juristen Dr. Hans-Joachim Semler geleitete Rechtsabteilung der Kanzlei des Staatsrates – ihr gehörte auch Dr. Julius Leymann an – ihre erste Bewährungsprobe. Achim Semler brachte damals in einer Publikation den Grundgedanken dieser Entscheidung des Staatsrates in folgender Weise zum Ausdruck: »Die gründliche und schnelle Aufdeckung und Verfolgung von Strafta- ten, die Überführung und Bestrafung der Schuldigen, die Ergrei- fung von Maßnahmen zur Verhinderung weiterer oder ähnlicher Straftaten ist ein wichtiger Teil staatlicher Tätigkeit, die sehr ver- antwortungsvoll und kompliziert ist, weil sie besonders tief in das Leben der Menschen, ihrer Familien und Angehörigen eingreift. Das erfordert von den Organen, die mit der Verfolgung von Strafta- ten betraut sind, genaue Einhaltung der Gesetzlichkeit, Exaktheit in der Feststellung der Tatsachen, große Beharrlichkeit, Prinzipien- festigkeit und Kompromißlosigkeit bei der Verfolgung der Täter, aber ebenso Einfühlungsvermögen und Feingefühl gegenüber den Menschen. Unversöhnlichkeit gegenüber Verbrechern, unbestech- liche und unvoreingenommene Erforschung der Wahrheit gehören ebenso zu den Eigenschaften der Kriminalisten, Staatsanwälte und Richter, wie die Achtung der Menschenwürde und Wahrung der Rechte der Bürger. Eine kaltherzige, gefühllose oder gar zynische Einstellung – wie der Zweck heiligt die Mittel – ist mit den Prinzi- pien des Strafverfahrens im sozialistischen Staat unvereinbar.«[42]

Im ersten Jahr des Wirkens des Staatsrates der DDR wurden die internationalen Entscheidungen zur Sicherung der Staatsgrenze am 13. August 1961 wirksam. Diese einschneidende Maßnahme fiel den Verantwortlichen nicht leicht. Sie rief erwartungsgemäß unter- schiedliche Reaktionen hervor. Die damit verbundene Belastung der Beziehungen nicht weniger Familien mußte in Kauf genommen werden, damit an der sensibelsten Nahtstelle der beiden Weltsys- teme unkalkulierbare politische oder gar militärische Konflikte ver- hindert würden. Dabei ging es nicht – wie heute immer wieder unterstellt wird – allein und vordergründig um ein deutsches oder ein DDR-Problem. Bekanntlich wurden die Staaten der NATO zu den Staaten des Warschauer Vertrages von der Ostsee bis weit in den Balkan militärisch gesichert. Das war auch Gegenstand des Gipfel- treffens von Chruschtschow und Kennedy am 3./4. Mai 1961 in Wien. In der Deutschlandfrage ging es der sowjetischen Seite primär um den Abschluß eines Friedensvertrages, wobei die UdSSR im Falle der Ablehnung des Westens einen separaten Friedensvertrag mit der DDR immer wieder in das Gespräch brachte.[704]

Die *Frankfurter Allgemeine Sonntagszeitung* bemerkte im Mai 2007 in einer allgemeinen Betrachtung über Sperranlagen von der chinesischen Mauer bis zu den Trennwänden zwischen Katholiken und Protestanten in Nordirland oder zwischen Türken und Griechen auf Zypern: »Mitunter ist der Bau eines Schutzwalls ein zivilisatorischer Fortschritt.«[705]

So sah damals nach meinem Eindruck ein großer Teil der DDR-Bürger den Mauerbau. Wenn auch mit manch neuen Problem belastet, konnte nunmehr ungestört der Aufbau der sozialistischen Gesellschaft fortgesetzt werden. Schon in der ersten Phase seiner Tätigkeit konnte sich der Staatsrat auf wachsende Zustimmung großer Kreise der Bevölkerung und zunehmend auf ihre Mitarbeit stützen. In seiner ersten Wahlperiode wandte sich der Staatsrat grundlegenden Fragen der Gesellschafts- und Staatsordnung zu. Er beschäftigte sich eingehend mit der Jugendpolitik und traf Vorbereitungen für ein neues Jugendgesetz. Im Juli 1963 behandelte er die Richtlinie für das neue ökonomische System der Planung und Leitung der Volkswirtschaft. Die nachfolgenden Abschnitte des Buches konzentrieren sich auf solche Aktivitäten des Staatsrates, in die die Hauptabteilung Staatsorgane besonders involviert war. Das waren vor allem die Förderung der Volksvertretungen in den Bezirken, Kreisen, Städten und Gemeinden, die Wahlen und schließlich die Unterstützung der Arbeit der Volkskammer der DDR und deren Ausschüsse.

Die »Ordnungen«

Im Material, das ich im November 1960 Ulbricht vorgelegt hatte, nahm ich auch Bezug auf Analysen aus dem Kreis Forst im Bezirk Cottbus. Wir sollten, so meinte Ulbricht im Gespräch, uns mit dem Kreis Forst näher beschäftigen. Wenn wir ausreichend informiert sind und die erforderlichen Vorraussetzungen vorliegen, könnte man dort beginnen, die Verantwortung der Gemeindevertretungen und Kreistage auf neue Weise herauszuarbeiten.

Otto Gotsche warf an dieser Stelle ein, vielleicht sollte man dabei an die *Gemeindeordnungen* aus dem Jahre 1946 anknüpfen. Damit bekam das neue Projekt seinen Namen: *Ordnungen*. Tatsächlich sollte eine klare Ordnung geschaffen werden.

Allerdings erwiesen sich die '46er Gemeindeordnungen weder von ihrem Inhalt noch von ihrer formalen Struktur her als geeignet. Der Namen aber blieb.

Der Dezember 1960 stand im Zeichen intensiver Recherchen im Kreis Forst. Zugleich wurden erste Vorschläge zur Neuordnung der Verantwortung der örtlichen Staatsorgane erarbeitet. Im Januar 1961 lagen erste Zwischenergebnisse vor. Der Vorsitzende bestätigte die Grundrichtung der Vorbereitungsarbeiten. »Wir müssen«, so meinte er, »bei unserem Herangehen das Projekt Ordnungen nicht als eine lokale Angelegenheit im Bezirk Cottbus, sondern als eine gesamtstaatliche Angelegenheit betrachten. Von unten nach oben sind klare Verhältnisse zu schaffen.« Ulbricht entschied, das vorliegende Material mit dem Vorsitzenden der Wirtschaftskommission des Politbüros Erich Apel, mit Vertretern der Staatlichen Plankommission und der Abteilung Staats- und Rechtsfragen des ZK zu beraten.

Vor diesem Kreis drängte Ulbricht darauf, überlegte Schritte festzulegen, um zu erreichen, daß die Verantwortlichkeit auf allen Ebenen gestärkt werde und dabei die Regeln notwendigen Zusammenwirkens klargestellt würden. Wir müßten alte Gleise verlassen, forderte er. Es gibt viele neue Fragen, die auf traditionelle Weise nicht mehr zu lösen wären. Wie bei solchen Beratungen üblich, wurden jedem Teilnehmer neue Aufträge mit auf den Weg gegeben.

Der Vorsitzende des Staatsrates, Walter Ulbricht, und seine Gattin, Lotte Ulbricht, begeben sich mit ihrer Begleitung zur Sitzung des Rates der Gemeinde Eichwege. Hier unterhalten sie sich mit Jungen Pionieren, die ebenso wie die Einwohner der Gemeinde den Genossen Walter Ulbricht begeistert willkommen hießen, war doch der Besuch ein besonderer Höhepunkt in ihrem Leben. Die vielen Gespräche und die unzählbaren guten Ratschläge Walter Ulbrichts für die Arbeit in den LPG und für die Entfaltung des kulturellen Lebens sind für sie und ihre Volksvertreter eine große Hilfe für die weitere Entwicklung der Gemeinde Eichwege.

FOTO: Kissling

Inzwischen gediehen die Vorbereitungen von Entwürfen für die Ordnungen über die Aufgaben und Arbeitsweise der Volksvertretungen und ihrer Organe in der Gemeinde Eichwege und für den Kreistag Forst. Am 24. und 25. Februar 1961, so hatte der Vorsitzende geplant, wollte er sich über den Stand der Arbeiten vor Ort informieren. Als wir den Ablauf dieser Tage besprachen, stellte mir Ulbricht die Frage, wo es in Eichwege möglich sei, sein Mittagessen einzunehmen. Ich verwies auf den Dorfgasthof.

»Wie wäre es«, meinte er, »wenn ich bei einem der Bauern zu Gast sein könnte?«

Das werde nicht einfach sein, antwortete ich. Das sind einfache Leute. Jeder werde gewiß Hemmungen haben, den ersten Mann im Staate zu Tisch zu bitten.

»Versuch es«, war Ulbrichts Antwort. »Aber wir machen es nur dann, wenn ich wirklich willkommen bin.«

Tags darauf zog ich den Bürgermeister des Ortes, Emil Krauzig ins Vertrauen. Der meinte, ein solcher Besuch wäre für jede Familie eine Überraschung. Wir könnten aber, so schlug er vor, mit der Familie Röhr sprechen. Diese war, wen wundert's, natürlich auch überrascht, reagierte aber keineswegs ablehnend. In ihrem kleinen Bauernhäuschen gäbe es aber keine »gute Stube«, man könne nur die Wohnküche anbieten. Frau Röhr bewegte, was sie den Gästen kochen sollte, und ihr Mann und die erwachsene Tochter wollten die Küche noch schnell renovieren und die Würste, die vom letzten Schlachtfest in der Küche zum Trocknen hingen, an einen anderen Platz bringen. Wir überzeugten die drei, daß alles so bleiben möge wie es war.

Der Besuch in Eichwege verlief wie geplant. Mit dem Vorsitzenden des Staatsrates und seiner Frau Lotte waren Gerhart Eisler, Alfred Neumann und Albert Stief am Vormittag von den Einwohnern herzlich begrüßt worden. Dann gab es einen Gang durchs Dorf. Jugendliche und Kinder begleiteten uns wie gute Bekannte. Als dann bei Röhrs Mittagspause war, versammelten sich einige aus der Nachbarschaft. Erstaunen und Freundlichkeit war ihnen anzumerken. Manche meinten, wenn er mal wieder komme, könnte Ulbricht gern auch bei ihnen einkehren.

Am Nachmittag beriet die Gemeindevertretung mit ihren Gästen den Entwurf der Ordnung, in der ihre Erfahrungen und Vorschläge für die Arbeit der Gemeindevertretung und des Gemeinderates verdichtet sind. Die lebendige Debatte der Abgeordneten dazu erfolgte nicht selten unter Verweis auf offene Probleme.

Walter Ulbricht sprach zum Abschluß. Ihm ging es dabei wie so oft ums Erkennen der Probleme und Wege zur Konfliktlösung. »Hier wurden«, so stellte er fest, »kritische Bemerkungen gemacht. Einer der Abgeordneten sagte, die Gemeindevertreter würden oft nur als ausführende Organe behandelt. Das stimmt! Es gibt viele Anweisungen vom Rat des Kreises und Bezirkes, die den Eindruck erwecken, daß die Gemeindevertretungen nur als ausführende Organe behandelt werden [...] Wir sind daran interessiert, daß die demokratisch gewählten Organe auf Grund ihrer eigenen Erfahrungen und der konkreten Verhältnisse in jeder Gemeinde und Stadt ihre Aufgaben selbst richtig lösen.«[706]

Am Abend waren die interessanten Eindrücke aus der kleinen Lausitzer Gemeinde Gegenstand der Gespräche am Tisch des Staatsratsvorsitzenden und dessen Begleitung, zu der auch Staatstheoretiker Prof. Karl Polak gehörte. Polak war vor allem von den Ergebnissen der Tätigkeit der ständigen Kommissionen dieser kleinen Gemeinde fasziniert. Er sprudelte von Ideen, welche anderen Kommissionen noch gebildet werden könnten.

Gerhart Eisler unterbrach den Professor. »Karl, achte bitte darauf, daß die Zahl deiner Kommissionen nicht die der erwachsenen Einwohner übersteigt. Auch hier gilt: Allzuviel ist ungesund.«

Dann wandte er sich an den Vorsitzenden, mit dem er seit Jahrzehnten freundschaftlich verbunden war. »Walter, wir sollten mit dem, was du mit den Ordnungen vorhast, nicht alten Unsinn durch neuen ersetzen. Was wir brauchen ist Leitungsqualität, ist wirkliche Nähe zu den Menschen. Vielerorts brauchen wir nur ein Gremium, nämlich eine Kommission für gesunden Menschenverstand.«

Einer der neuralgischen Punkte der Debatte um die sozialistische Demokratie war damit offenbart.

Am folgenden Tag, es war der 25. Februar 1961, wurde die Diskussion über die Entwürfe der Ordnungen im Kreistag Forst fortgesetzt. Ulbricht fand die Zustimmung der Abgeordneten, als er unmißverständlich erklärte: »Eines der wesentlichen Probleme der weiteren Qualifizierung der staatlichen Leitungstätigkeit ist die Festlegung und Einhaltung einer klaren Verantwortlichkeit für die einzelnen staatlichen Organe und ihrer Mitarbeiter. In der Praxis wird heute die Verantwortung der staatlichen Organe dadurch gemindert,

daß für die gleiche Sache mehrere Organe bzw. Mitarbeiter verantwortlich gemacht werden, ohne klarzustellen, wer für was verantwortlich ist […] Das öffnet denen, die sich vor der Verantwortung
drücken wollen und verantwortungslosen Schwätzern Tür und
Tor.«[707] Dann sprach Ulbricht das wohl heißeste Eisen im Projekt
Ordnungen an. »Die Tatsache, daß Detailfragen zentral entschieden
wurden, daß Parteiorgane Einzelprobleme der staatlichen Leitungstätigkeit an sich zogen und entschieden, drückte ungenügende
Berücksichtigung der Realitäten, unbegründete Ungeduld und
mangelndes Vertrauen in die Bereitschaft und die Fähigkeit der verantwortlichen staatlichen Organe, ihrer Mitarbeiter und der Werktätigen für die Lösung dieser Aufgaben aus.«[708]

Fünf Tage später nahm der Staatsrat der DDR auf seiner 6. Sitzung Stellung zu Eichwege und Forst sowie zu den Entwürfen für
Ordnungen über die Aufgaben und Arbeitsweise der Volksvertretungen und ihrer Organe. Er beschloß die Einsetzung einer Kommission zum Studium der Anregungen und zur Bearbeitung der
Entwürfe und entschied, daß deren Ergebnisse zur öffentlichen Diskussion gestellt werden. Vorsitzender der Kommission wurde Prof.
Karl Polak, ich deren Sekretär. Für die weitere Arbeit an diesem Projekt war ein permanentes Zusammenwirken mit örtlichen Organen,
aber auch mit Vertretern des Ministerrates und im Grunde aller
Ministerien und Regierungseinrichtungen erforderlich. In Schloß
Niederschönhausen war kein Platz dafür. Volkskammerpräsident
Dr. Johannes Dieckmann stellte der Kommission Räume im Hause
der Volkskammer in der Luisenstraße zur Verfügung.

Die Abstimmung der Auffassungen, Interessen und Gewohnheiten der einzelnen Ministerien erwies sich zunächst schwieriger
als erwartet. Alle Beteiligten waren jedoch von der Notwendigkeit
überzeugt, klare Zuständigkeiten und Regeln der Zusammenarbeit
zu fixieren. Der Zeitplan wurde eingehalten.

Ehe der Kommission Zwischenergebnisse vorgelegt wurden,
beschäftigte sich der Kommissionsvorsitzende Karl Polak eingehend
mit dem erreichten Arbeitstand. Zu meinem Erstaunen war er recht
unzufrieden. In Begleitung einiger Mitarbeiter der Abteilung Staats-
und Rechtsfragen des Zentralkomitees der SED setzte er sich außerordentlich kritisch mit dem Material auseinander. Man müsse in
allen Teilen die Idee von der Volkssouveränität vertiefen, das wäre
wichtiger als detaillierte Regelungen in Einzelfragen.

Unserem Zwischenergebnis ersparte er, assistiert von seinen Begleitern, auch nicht den Vorwurf des Rechtspositivismus. Ich war von dieser Attacke überrascht, fand die Vorwürfe ungerechtfertigt. Wir stritten bis in die Nacht. Dann reichte es mir. Ich schlug Prof. Polak vor, sich einen geeigneteren Sekretär für diese Arbeit zu suchen und dem Vorsitzenden des Staatsrates zu ersuchen, mich abzulösen.

Am nächsten Nachmittag erreichte mich die Aufforderung, am Abend in Ulbrichts Wohnung zu einem Gespräch zu kommen. Ich wurde freundlich empfangen und aufgefordert, meine Position im Streit mit Prof. Polak zu begründen. Das fiel mir nicht schwer. Im Kern ging es darum: Soll dem Staatsrat mit den Ordnungen ein Instrument für die praktische Arbeit der Abgeordneten und Mitarbeiter oder ein Schulungsmaterial zur Staatstheorie vorgelegt werden? Ulbricht stellte dazu noch einige Fragen. Dann erkundigte er sich, ob ich Polak gegenüber sachlich argumentiert habe. »Es war ein von beiden Seiten erhitzt geführter Disput«, sagte ich.

»Du mußt mit den Theoretikern noch umzugehen lernen«, meinte Ulbricht. »Die haben gute und auch schlechte Tage.« Morgen wolle er mit Polak sprechen und ihn begründen, warum die Arbeit an den Ordnungen so wie bisher weitergeführt werde. Ich solle mir jedoch abgewöhnen, gab er mir mit auf den Weg, bei jedem Streit, der nicht zu meinem Gunsten ausgehe, meine Funktion zur Verfügung zu stellen.

Leichten Herzens fuhr ich nach Hause. Karl Polak kam nie wieder auf unseren Zusammenstoß zu sprechen. Bis zu seinem Tode 1963 haben wir recht gut zusammengearbeitet.

Vom 18. April bis zum 30. Juni 1961 wurden die Entwürfe der Ordnungen zur öffentlichen Diskussion gestellt. Aus allen Teilen der Republik wurden der Kommission mehr als zehntausend Vorschläge übermittelt. Wir prüften sie und empfahlen deren Berücksichtigung oder auch Ablehnung. Vier Monate nach dem Start in Eichwege und Forst beschloß der Staatsrat der DDR am 28. Juli 1961 die »Ordnungen über die Aufgaben und Arbeitsweise der Bezirkstage, der Kreistage, der Stadtverordnetenversammlungen und der Gemeindevertretungen und derer Organe«. Der Vorsitzende des Staatsrates würdigte die Erarbeitung dieser Dokumente als Ergebnis eines demokratischen Erfahrungsaustausches und einer konstruktiven Gemeinschaftsarbeit. Er wies darauf hin, daß die Verbesserung

der Arbeit des Staatsapparates nur verwirklicht werde, »wenn gleichzeitig die demokratische Kontrolle weiterentwickelt wird«.[709]

Im Prozeß der Arbeit an den Ordnungen war es gelungen, erste
Mitarbeiter für die Hauptabteilung Staatsorgane zu gewinnen.
Berthold Lehmann, ein erfahrener Wirtschaftsfachmann, und Willi
Legler aus der Staatlichen Plankommission waren die ersten. Beide
waren älter als ich. Sie erwiesen sich als leistungsfähige kluge Mitarbeiter, die selbständig zu arbeiten und taktvoll mit ihren Kollegen
und Partnern umzugehen vermochten. Zu ihnen stießen bald junge
Hochschulabsolventen, die sich ebenfalls durchweg bewährten. Die
beiden Sekretärinnen Karin Grabowski und Brigitte Schiffler gehörten wie der Kraftfahrer Manfred Paetzel, der sich schon im Sekretariat Ulbricht im Ministerrat bewährt hatte, zu den wichtigen Säulen
der Hauptabteilung.

Nach der Entscheidung des Staatsrates über die Ordnungen
erschien es logisch, daß der 1957 gebildete Ständige Ausschuß der
Volkskammer für die örtlichen Volksvertretungen seine Tätigkeit
einstellte. Die Volkskammer entschied darüber am 20. September
1961. In der Praxis hatte das kaum Auswirkungen. Dieser Ausschuß
war – aus welchen Gründen auch immer – in den Jahren zuvor
nicht besonders wirksam. Der kleine Apparat dieses Ausschusses verlor sich oft in akademischen und formalen Debatten. Von den sechs
Mitarbeitern bot sich allein Elfriede Busch für eine Übernahme in
die Hauptabteilung Staatsorgane an. Sie hatte guten Kontakt zu den
Volksvertretungen der Bezirke, archivierte die Protokolle deren
Tagungen und leistete Solides bei der Auswertung dieser Materialien. Sie wurde von allen gemocht. Sie verrichtete ihre Arbeit unauffällig, aber effektiv und mit Akkuratesse bis zum Ende des Staatsrates 1990. Friedel überzeugte durch ihre verbindliche Art und ihr
ausgeprägtes organisatorisches Vermögen. Sie war eine der leisen
Mitarbeiterinnen, die ihre Verantwortung mit großem Ernst wahrnahmen.

Als außerordentlich nützlich besonders für die Abgeordneten der
Volksvertretungen, aber auch für die Mitarbeiter der Staatsorgane
erwies sich die Herausgabe der *Sozialistischen Demokratie*. Die
Wochenschrift erschien als Organ des Staatsrates und des Ministerrates. Zuvor war es als Organ des Ständigen Ausschusses der Volkskammer für die örtlichen Volksvertretungen in einer Auflage von
etwa 35.000 Exemplaren verbreitet worden. Binnen kurzem stieg

nun die Auflage auf etwa 130.000. Sie wurde offenkundig gebraucht. Über zehn Jahre gehörte ich dem Redaktionsausschuß an. Daß diese Zeitschrift nach dem VIII. Parteitag ersatzlos eingestellt wurde, entsprach der Logik des Abbaus demokratischer Elemente.

Die Ordnungen wurden im Lande verstanden und vielerorts mit Initiative umgesetzt. Die Arbeit der gewählten Volksvertretungen belebte sich spürbar, Erscheinungen staatlichen Fehlverhaltens konnten zurückgedrängt werden. Besonders wichtig war, daß auch in der Partei das Projekt »Ordnung« anfangs Zustimmung fand. Im Rechenschaftsbericht an den VI. Parteitag der SED im Januar 1963 hieß es: »Mit den Ordnungen über die Aufgaben und die Arbeitsweise der örtlichen Volksvertretungen und ihrer Organe wurde die Verantwortung der örtlichen Organe erhöht, wurden ihre Rechte und Pflichten erweitert und die Aufgaben auf allen Gebieten des politischen, wirtschaftlichen, sozialen und kulturellen Lebens genauer bestimmt.«[710] Damit war dieser Entwicklungsweg der sozialistischen Demokratie vom höchsten Gremium der SED nicht nur gebilligt, sondern auch begrüßt worden.

Auch wenn ich mit einer gewissen Skepsis meine neue Tätigkeit in der Kanzlei des Staatsrates begonnen hatte, fand ich zunehmend Freude und Erfüllung in dieser Arbeit. Mir eröffnete sich die Chance, gestalterisch zu wirken. Hatte ich in den Jahren vorher recherchiert und Vorschläge vorbereitet, trug ich jetzt eine andere Art Verantwortung. Sie fiel mir leicht wegen des Rückhalts beim Vorsitzenden des Staatsrates und der unkomplizierten Kommunikation mit ihm.

In den ersten Januartagen 1962 hatte ich mit Hans-Joachim Semler ein Manuskript über die Arbeit des Staatsrates fertiggestellt. Obgleich die Sache eilte, konnten wir das Manuskript nicht am Chef vorbei in die Welt setzen. Ich bat Ulbricht kurzfristig um seine Zustimmung und seine Hinweise. Am übernächsten Tag hatte ich seine Korrekturen in der Hand. Walter Ulbricht hatte alle euphorischen, schmückenden Formulierungen ersatzlos gestrichen.

Unser Artikel erschien in der Zeitschrift *Staat und Recht*.[711]

In der zweiten Hälfte des Jahres 1962 begannen die intensiven Vorbereitungen des VI. Parteitages der SED, auf dem ein neues Parteiprogramm beschlossen werden sollte. Ich wurde in die Vorbereitungen einbezogen und arbeitete am Entwurf von Dokumenten mit. Daß diese Arbeiten nicht starren Vorgaben folgten, machte das untenstehende Schreiben deutlich, das ich dem Vorsitzenden am 3. Dezember übermittelte.

Das schließlich beschlossene Programm entsprach dem Willen und Wollen der Partei der Arbeiterklasse und dem der anderen politischen Kräfte, mit denen in der DDR ein weitgehender politischer Konsens bestand.

Vermerk

Werter Genosse Ulbricht!

In der Anlage übergebe ich die Ausarbeitung über Staats- und Rechtsfragen zum Entwurf des Referates für den VI. Parteitag.

Das Kapitel "Zur Entwicklung der sozialistischen Demokratie und zu Fragen der staatlichen Leitung" (S.4) ist vom Standpunkt der mir zur Zeit bekannten Erfahrungen formuliert. Wenn im Verlauf der nächsten Wochen durch die Tätigkeit der Arbeitsgruppen im Bezirk Potsdam neue Erkenntnisse vorliegen, wird es zweckmäßig sein, dieses Kapitel noch einmal zu prüfen.

Material über die Auswirkung der Militarisierung auf die westdeutschen Rechtsverhältnisse wurde in einer Anlage beigefügt. Die Genossen vom Ministerium der Justiz haben erklärt, daß exakte Unterlagen, die Vergleiche der Entwicklung der Kriminalität in Westdeutschland mit anderen Ländern seit dem Jahre 1950 zulassen, nicht vorliegen. So ist die Beweisführung in dieser Anlage sehr allgemein gehalten. Unter den gegebenen Umständen wäre es zweckmäßig zu prüfen, diese Fragen nicht als eigenen Abschnitt im Referat aufzunehmen.

(Graf)

Berlin, d.3.12.1962

Schreiben an Walter Ulbricht im Vorfeld des VI. Parteitages

Nach dem VI. Parteitag der SED rief Walter Ulbricht seine Mitarbeiter aus dem Büro im ZK und der Kanzlei des Staatrates zu einer gemeinsamen Arbeitsberatung. Ulbricht entwickelte vor diesem Kreis seine Strategie des weiteren Vorgehens. Zum Arbeitsgebiet jedes der Anwesenden unterbreitete er seine Gedanken. An mich gewandt erklärte er: »Auf dich kommen neue Aufgaben zu. Wir müssen bei den Wahlen zu anderen Lösungen kommen. Das kann aber nur schrittweise gehen. Als erstes werden wir die Leitung der Wahlen aus dem Innenministerium herauslösen und in die Hände demokratischer Organe legen. Beschäftige dich gründlich mit allem, was damit zusammenhängt.«

Es entsprach der Rechtsordnung der DDR, daß grundlegende Fragen der Wahlen zu den Volksvertretungen von der Volkskammer erörtert und beschlossen wurden. Die Vorbereitung der 1963 anstehenden Wahlen zur Volkskammer und zu den Bezirkstagen führte zu der Entscheidung, daß demokratisch gewählte Wahlkommissionen fortan die Wahlen leiten sollten. Deren Mitglieder hatten sich in öffentlichen Versammlungen vorzustellen. Erstmals in einem deutschen Wahlgesetz wurden Anforderungen an Kandidaten formuliert. Sie sollten sich durch »ihre Verbundenheit mit dem werktätigen Volk« auszeichnen. Im Interesse der Arbeitsfähigkeit der Volkskammer und ihrer Ausschüsse wurde die Anzahl der zu wählenden Abgeordneten erhöht.

Schließlich wurden die wahlrechtlichen Regelungen zusammengefaßt und im Interesse der Verständlichkeit vereinfacht.[713]

Die dazu erforderlichen gesetzlichen Bestimmungen erarbeiteten Volkskammerabgeordnete, Staatsratsmitglieder, Staatsrechtler der Universität Halle, darunter Eberhard Poppe, und Staatspraktikern. Am 15. Juli 1963 überwies der Staatsrat den Wahlgesetzentwurf an die Volkskammer, die nach Prüfung in deren Fraktionen und im Rechtsausschuss am 31. Juli endgültig über dieses Gesetz entschied.

Am 12. August berief der Staatsrat die vorher in öffentlichen Versammlungen vorgeschlagenen und vorgestellten 37 Mitglieder der Wahlkommission der Republik.

Vorsitzender der Kommission wurde das Mitglied des Staatsrates Bernard Koenen. Ich wurde zum Sekretär dieses Gremiums berufen. Mit dieser Funktion war zugleich die Leitung des Wahlbüros – des technischen Apparates zur Unterstützung der Kommission – verbunden.

Alles, was nun vor mir lag, war für mich Neuland.

Die erste wichtige Aufgabe bestand darin, Wege zu finden, wie dieses neuartige Gremium die Arbeit so demokratisch und zugleich so effektiv wie möglich erfüllen könnte. Das Interesse der meisten Mitglieder der Kommission, aktiv mitzuwirken, war groß. Drei wesentliche Aufgaben waren nach der Konstituierung der Kommission zu lösen. Den ebenfalls erstmals gewählten Wahlkommissionen der Bezirke war Unterstützung zu erweisen. Außerdem waren für die nächste Beratung der Kommission Direktiven für den ordnungsgemäßen Ablauf der ersten Phase des Wahlprozesses – der öffentlichen Vorstellung und Prüfung der Kandidaten – zu erarbeiten. Ferner waren Sonderregelungen für die Wahldurchführung in Auslandsvertretungen sowie im Bereich der Hochsee- und Binnenschiffahrt zu erarbeiten.

Dem Wahlbüro oblag die Vorbereitung notwendiger Formulare für den Wahlprozeß – von Zustimmungserklärung der Kandidaten für ihre Kandidatur über Wählerlisten und Wahlbenachrichtigungen bis hin zu den Stimmzetteln. Das alles mußte erarbeitet, gestaltet und gedruckt werden. Vieles war dabei zu beachten. So wurden beispielsweise die Wahlscheine, die schon 14 Tage vor dem Wahltag zur Wahl in einem Sonderwahllokal berechtigten, auf fälschungssicherem Spezialpapier nach dem Muster alter Aktienbriefe hergestellt, um jedweden Mißbrauch zu verhindern. Schließlich ging es um den Aufbau stabiler Nachrichtenverbindungen zwischen den wahlleitenden Organen sowie um die technische Vorbereitung einer korrekten Ergebnisermittlung. 1963 war an einen Computereinsatz nicht zu denken. Dafür wurde eine große Zahl mechanischer Buchungsmaschinen eingesetzt, die von Büromaschinenwerken in Karl-Marx-Stadt und Gotha zur Verfügung gestellt wurden. Da niemand damit besser umgehen konnte als die Fachleute aus dem Betrieb, stellten diese auch die Bedienungsmannschaft und Wartungstechniker, insgesamt etwa 25 Personen. Deren Aufgabe war es, nach der Schließung der Wahllokale die über Telefon eingehenden Ergebnisse aus den Wahlkreisen auf rechnerische Richtigkeit zu überprüfen und das Tabellenwerk des Gesamtergebnisses für die letzte Kontrolle durch die Mitglie-

der der Wahlkommission der Republik maschinell zusammenzu-
fassen und auszudrucken.

Im Rahmen der gegenseitigen Hilfe stellten staatliche Dienststellen und wissenschaftliche Institutionen der Wahlkommission
ebenfalls befristet Fachpersonal zur Verfügung. Einige von ihnen,
so Herbert Kelle, der vorher als Sekretär des Rates des Bezirkes Halle
tätig war, der Wahlrechtsspezialist Günter Seiler oder auch Dieter
Lehmann – mit dem ich 1954 in die Regierungskanzlei überge-
wechselt war – blieben schließlich als ständige Mitarbeiter in unserem Hause.

Für die Zentrale Wahlkommission bot das Schloßgebäude in
Niederschönhausen allerdings nicht genug Platz. Im dortigen Ver-
waltungstrakt fanden die Hauptabteilung Staatsorgane und das
Wahlbüro über Jahre eine Bleibe. Es entsprach den damals allgemeinen Regeln, daß Besucher einen Passierschein brauchten, wenn
sie das Gelände betreten wollten. Das fand mancher lästig. Heute
beherbergt das Gebäude eine Wissenschaftseinrichtung der Bundesregierung. »Militärischer Sicherheitsbereich. Unbefugtes Betreten verboten! Vorsicht Schußwaffengebrauch!«, steht dort nun auf
weißen Schildern. So streng sind eben in der »offenen Gesellschaft«
der Bundesrepublik Deutschland die Bräuche.

Die Wahlen fanden am 20. Oktober 1963 statt. In den Monaten zuvor hatte sich im Wahlbüro ein Kollektiv zusammengefun-
den, dessen Kern über viele Jahre unter wechselnden Umständen
der Wahlkommission der DDR dienen sollte.

Zu den Besonderheiten der Volkskammer-Wahl 1963 gehörte
die Tatsache, daß einige Zehntausende Bürger der DDR mit Wohnsitz in der Bundesrepublik Deutschland an der Wahl zur Volkskammer der DDR teilnehmen konnten. Erstmals war ihnen diese
Möglichkeit eingeräumt worden. Von der Regierung der Bundesrepublik wurde das als feindseliger Akt wahrgenommen. Dabei tat
sich besonders der Staatssekretär im Ministerium für innerdeutsche
Beziehungen Franz Thedieck hervor. Er tat das mit Überzeugung.
Schließlich gehörte er sein Leben lang zum reaktionären deutschen
Klüngel. Im September 1900 geboren, avancierte er schon als junger Mann zum stellvertretenden Leiter der preußischen Abwehrstelle
für die besetzten Gebiete im Rheinland. 1941 bis 1943 diente der
inzwischen zum Oberkriegsverwaltungsrat Ernannte in der Zeit der
Judenverfolgung als Generalreferent des Militärbefehlshabers in Bel-

gien. Seine Geheimdiensterfahrungen dienten offensichtlich als Referenz, daß Thedieck – bei der Gründung der Bundesrepublik in den Rang eines Staatssekretärs erhoben – sich fortan mit der Eliminierung der DDR beschäftigte. Erstaunlich erschien uns, daß Thedieck in seinen Reaktionen gegen die Wahlbeteiligung von DDR-Bürgern aus der Bundesrepublik wie selten vorher in der Öffentlichkeit agierte. Mehrmals trat er im Fernsehen auf, um Bürger, die an der Wahl der Volkskammer der DDR in ihrem Heimatort interessiert waren, mit fadenscheinigen Begründungen davon abzuhalten. Wir wußten ihm mit sachlichen Argumenten zu begegnen. Bernard Koenen und ich traten – was vorher nicht üblich war – mehrmals im Fernsehen der DDR auf, um den Fehl- und Falschinformationen aus Bonn zu begegnen.[714]

Die Aktionen der Bundesregierung schlugen fehl. Im Abschlußbericht über die Tätigkeit der Wahlkommission der DDR hieß es: »Es haben 28.119 Bürger der Deutschen Demokratischen Republik, die gegenwärtig in Westdeutschland wohnen, an der Wahl zur Volkskammer der Deutschen Demokratischen Republik teilgenommen«.[715] Ihr Votum wurde verständlicherweise nie bekannt, es unterlag dem Wahlgeheimnis. Wenige Monate nach der Oktoberwahl 1963 in der DDR mußte Staatssekretär Thedieck seinen Hut nehmen.

Bei allem, was wir 1963 im Wahlbüro unternahmen, stützten wir uns im technischen Bereich auf bisher Bewährtes. Zugleich studierten wir im Verlauf des Wahlprozesses, wo künftig Änderungen notwendig und möglich waren. Die letzte Direktive der Wahlkommission vor dem Wahltag am 20. Oktober 1963 diente der Orientierung der Arbeit der Wahlvorstände im Wahllokal.

Daß um diese Orientierung, vor allem um die Grundsätze der Stimmenbewertung, in der DDR oft ein Geheimnis gemacht wurde, blieb und bleibt mir unverständlich. Man folgte damit einem eingeschliffenem Ritual, für das es keine plausible Begründung gab. Nachdem auch die Grundsätze der Stimmenauszählung nach der Wende mehrfach veröffentlicht wurden[716], fand ich selbst in den bissigen Kommentierung zum Wahlrecht der DDR bei *Spiegel*-Autor Hans Michael Kloth nichts Kritikwürdiges an der rechtlichen Substanz dieser Grundsätze.

Am Wahltag tagte die Wahlkommission der Republik mehrmals, um den ordnungsgemäßen Ablauf der Wahlen zu verfolgen.

140.000 Mitglieder der Wahlvorstände und annähernd 70.000 Personen in Wahl- und Wahlkreiskommissionen, ausnahmslos ehrenamtlich tätig, erfüllten ihre Aufgaben ordnungsgemäß. Einsprüche wurden nicht vorgebracht. Die Bildung der Wahlkommissionen erwies sich als ein demokratischer, als ein richtiger Schritt. Von der Kandidatenaufstellung bis zur Ergebnisermittlung war alles transparent geworden.

Das Gesamtergebnis unterschied sich kaum von dem vorheriger Wahlen. Die Wahlbeteiligung, die Anzahl der gültigen Stimmen und das Votum für den Wahlvorschlag lagen jenseits der 99 Prozent. Naturgemäß sind Ergebnisse einer Listenwahl in der Regel höher als jene einer Personenwahl. Dennoch sahen wir Anlaß, über dieses Ergebnis nachzudenken.

Bernard Koenen, der Vorsitzende der Wahlkommission, regte an, vor der nächsten Wahl dazu Untersuchungen anzustellen. Leider verstarb Koenen am 30. April 1964. In Würdigung dieses verdienstvollen Mannes erklärte Walter Ulbricht in der Mai-Sitzung des Staatsrates: »Sein umfassendes Wissen und großes Können und seine ausgezeichneten menschlichen Eigenschaften ließen ihn zum verehrten Freund und Vorbild all derer werden, die das Glück hatten, mit diesem bedeutenden Menschen gemeinsam zu arbeiten und zu kämpfen.«[717]

Die Anregung, die Bernard Koenen gegeben hatte, geriet nicht in Vergessenheit.

Im Oktober 1965 sollten die Vertretungskörperschaften in den Städten, Stadtbezirken, Gemeinden und Kreisen gewählten werden. Im Herbst 1964 schlug Walter Ulbricht die nächsten Schritte für den Ausbau des Wahlsystems der DDR vor. Dem Wähler sollte künftig eine individuelle Auswahl von Bewerbern auf einer gemeinsamen Liste ermöglicht werden. Ulbricht schlug vor: »Bei der Aufstellung von Kandidaten für die Wahlen können in den Wahlkreisen bis zur doppelten Anzahl mehr Kandidaten auf die Liste gesetzt werden, als Abgeordnete in diesem Wahlkreis zu wählen sind. Der Wähler entscheidet in allgemeinen, gleichen, unmittelbaren und geheimen Wahlen durch Stimmenmehrheit über seine Abgeordneten.«[718] Ferner schlug er vor, die Wahlkreise weiter zu verkleinern, »um eine noch engere Beziehung zwischen Abgeordneten und Wählern zu schaffen« und das System der Rechenschaftslegung der Abgeordneten auszubauen.[719]

Am 2. Juli 1965 beschäftigte sich der Staatsrat der DDR eingehend mit der Vorbereitung der für den 10. Oktober angesetzten
Kommunalwahlen. In der Neufassung der Wahlordnung war der
Vorschlag Ulbrichts aufgenommen worden, daß mehr Kandidaten
auf dem Wahlvorschlag enthalten sein können als Mandate zu ver-
geben waren.[720]

Diese Regelung war für alle an der Ausarbeitung dieser Bestimmung Beteiligten ebenso unstrittig wie das Prinzip »Gewählt sind
diejenigen Kandidaten, die die Mehrheit der gültigen Stimmen auf
sich vereinigen«.[721] Jedoch wurde intensiv darüber debattiert, wie
vorzugehen sei, wenn auch die »zusätzlichen« Kandidaten mehr als
die Hälfte der abgegebenen gültigen Stimmen bekämen. Sollte dann
die Stimmenanzahl für jeden einzelnen Kandidaten über die Besetzung der Mandate entscheiden?

Es wäre wohl ein richtiger Weg gewesen. Mit dem Verweis darauf, das könne ein möglicher nächster Schritt sein, wurde der
ursprüngliche Vorschlag nach kontroversen Beratungen zurückgestellt. Man entschied sich nach langer Debatte für die Lösung:
»Erhält eine größere Zahl der Kandidaten mehr als 50 Prozent der
gültigen Stimmen als Mandate im jeweiligen Wahlkreis vorhanden
sind, entscheidet die Reihenfolge der Kandidaten auf dem Wahlvorschlag über die Besetzung der Abgeordnetenmandate und über
die Nachfolgekandidaten.«[722]

Diese Regelung blieb bis an das Ende der DDR. Alternativen
dazu wurden nach meiner Kenntnis nie wieder ernsthaft erwogen.

Neben diesen wahlrechtlichen Regelungen vermittelte der Staatsrat der DDR den Debatten zur Wahlvorbereitung einen essentiellen
Impuls mit einem Erlaß über Aufgaben und Arbeitsweise der Volksvertretungen unter den Bedingungen des neuen ökonomischen
Systems. Die Verantwortung der örtlichen Organe der Staatsmacht
im volkswirtschaftlichen Reproduktionsprozeß sollte danach schrittweise entwickelt werden.[723]

Zum Vorsitzenden der Wahlkommission für die Oktoberwah-
len 1965 wurde Friedrich Ebert berufen. Mir war wieder das
Sekretärsamt übertragen worden. Ich sollte es bei allen Wahlen bis
1974 ausüben. Als ich mit Ebert über die Anregung von Bernard
Koenen sprach, daß wir nähere Kenntnisse über die Wahlergebni-
sermittlung in den Wahllokalen gewinnen sollten, gab er grünes
Licht.

Um den Ursachen für mögliche Differenzen näherzukommen, führten wir mit Bürgern, die 1963 in Wahlvorständen gearbeitet hatten, Probeauszählungen durch. Der Wahlvorstand A hatte 1.821 Stimmzettel zu bewerten. Das entsprach der durchschnittlichen Zahl in einem Großstadtwahlbezirk. Der Wahlvorstand B wertete 480 Stimmzettel aus. Das entsprach den Bedingungen eines Gemeindewahlbezirkes. Die eingesetzten Stimmzettel waren so vorbereitet, daß allein uns das rechtlich exakte Ergebnis bekannt war. Obwohl unbeeinflußt und in absoluter Ruhe gezählt wurde, gab es in beiden »Probewahlvorständen« Differenzen. Bei den ungültigen Stimmen bewerteten sowohl der Vorstand A wie der Vorstand B jeweils zehn Stimmen zu viel als »ungültig«.

Die Gegenstimmen zählte Vorstand A korrekt aus, während Vorstand B zwei Gegenstimmen falsch wertete. Andere Recherchen führten zu ähnlichen Ergebnissen.[724] Wurden in Wahllokalen Prozentrechnungen durchgeführt, vergrößerte sich die Fehlerquote. Dazu offenbarten sich auch in unerwarteten Bereichen Fehlerquellen. In der Gemeinde Muldenberg war beispielsweise ein technischer Übertragungsfehler bei der – damals noch auf einer Schreibmaschine getippten – Wählerliste aufgetreten. Nach der Seite, die mit der Eintragung 1099 endete, wurde das nächste Blatt irrtümlich mit der Eintragungsnummer 2.000 (statt 1.100) begonnen. Wäre der Fehler nicht erkannt worden, hätte es eine Differenz bei der Zahl der Wahlberechtigten von 900 Personen gegeben. Eine Größe, die in diesem kleinen Ort schnell erkannt und korrigiert werden konnte. In einer Großstadt wäre das allerdings weitaus schwieriger zu verifizieren gewesen.[725]

Zählfehler kamen und kommen überall vor, auch im abstimmungserprobten Bundestag. So wurden, wie Franz Josef Strauß berichtete, bei einer grundlegenden Abstimmung am 21. Dezember 1972 im Bundestag versehentlich 18 Ja-Stimmen als Nein-Stimmen gewertet und damit – bis zur Tage später erfolgten Nachzählung – die Mehrheitsverhältnisse zu ungunsten der Opposition verändert.[726]

Aus unseren Untersuchungen zogen wir vor allem diese Schlüsse. Erstens: In einem abendlichen Zählprozeß, an dem in etwa 21.000 Wahllokalen etwa 150.000 ehrenamtliche Wahlhelfer beteiligt sind, ist – unabhängig vom Willen der Beteiligten – eine minimale Fehlerquote nicht auszuschließen. Zweitens: Um subjektive Aussagen

Mit Friedrich Ebert in der Zentralen Wahlkommission, 1967

bei der Stimmenbewertung weitgehend zu vermeiden, hat eine exakte, unmißverständliche Instruktion an die Wahlvorstände über die Bewertung der einzelnen Stimmen zu erfolgen.[727] Drittens: Politische Aufforderungen oder Orientierungen, die auf eine Erhöhung der Ergebnisse der Wahlbeteiligung und der Stimmen für den Wahlvorschlag gegenüber früheren Wahlen zielen, sind zu unterlassen.[728]

Dem Ersuchen des Vorsitzenden der Wahlkommission Friedrich Ebert, dieses Material im Sekretariat des Zentralkomitees der SED zur Debatte zu stellen, wurde stattgegeben. Am 15. September beschloß dieses Gremium dazu: »Die Vorschläge des Genossen Ebert werden bestätigt.«[729]

Kernaussagen des Vermerkes wurden als Anlage 1 dem Protokoll dieser Beratung angefügt. Solche Recherchen wie im Herbst 1965 erfolgten später auch zu anderen Fragen des Wahlverhaltens. So wurden in 13 Wahllokalen in mehreren Bezirken der DDR die Wähler von den Wahlvorständen ausdrücklich gebeten, die Wahlkabinen zu benutzen. Trotzdem sah der größte Teil der Wähler dafür keinen Grund. Die Ergebnisse der Wahl in diesen Wahllokalen unterschieden sich kaum von anderen.

In der obligatorischen Auswertung der Kommunalwahlen 1965 wurden die neuen wahlgesetzlichen Regelungen zur Aufstellung von mehr Kandidaten als ein erster Erfolg gewertet. Zugleich wurde eine Änderung der Entscheidungskriterien darüber, wer als Abgeordneter oder als Nachfolgekandidat gewählt ist, angeregt.[730] Kritisch wurde darauf verwiesen, daß etwa in Berlin versucht worden war, »die Beteiligung an der Wahl dadurch zu erhöhen, daß die Wahlkreisbeauftragten der Kreisleitung der SED darauf drängten, alle Wahlberechtigten, die noch nicht gewählt hatten, mit der ›fliegenden Urne‹ aufzusuchen. In zwei Stimmbezirken lehnten die Wahlvorstände es ab, diese den Wahlbestimmungen widersprechende Weisung durchzuführen.«[731]

Der Leiter der Abteilung Staats- und Rechtsfragen im ZK der SED, Klaus Sorgenicht, ergänzte dieses Material handschriftlich mit der Bemerkung: »Ehrlichkeit bei der Feststellung von Wahlergebnissen.«[732] Es gab damals unter den Verantwortlichen im Partei- und Staatsapparat Übereinstimmung, daß subjektives Fehlverhalten bei der Wahldurchführung der sozialistischen Demokratie schade, und, wenn es erkannt wird, zu ahnden ist.

Wenn heute von Wahlen in der DDR die Rede ist, wird fast ausnahmslos das Desaster der Kommunalwahlen am 7. Mai 1989 reflektiert. Bekanntlich wurden in einigen Gebieten Manipulationen bei der Aufstellung der Wählerlisten und Fehler bei der Stimmenauszählung in einigen Großstädten festgestellt. Diese Verfehlungen in einer kritischen Situation des Landes fügten dem Ansehen der DDR außerordentlichen Schaden zu, egal, wie umfangreich oder gering diese Eingriffe waren. Der bereits zitierte *Spiegel*-Autor Hans Michael Kloth hat, unterstützt von der Stiftung zur Aufarbeitung der SED-Diktatur und der Universität Lüneburg, den Kommunalwahlen vom Mai 1989 200 Seiten gewidmet.[733] Daß er vor allem Erklärungen Oppositioneller zitierte, lag in der politischen Tendenz dieser Untersuchung. Daß deren Aussagen und Feststellungen jedoch ungeprüft als Beweise gewertet wurden, sollte mindestens verwundern, wenn Maßstäbe für Wissenschaftlichkeit und Seriosität gelten sollten. Erstaunt war ich jedoch über die Erhabenheit des Autors gegenüber den technischen Hintergründen bei der Sicherung des Wahlablaufs und der rechnerischen Grundlage der Wahlergebnismitteilung.

Entscheidend für jede Ergebnisermittlung ist die Herstellung einer absolut exakten Wählerliste. Deshalb bestimmt § 16 der bundesdeutschen Wahlordnung: »Von Amts wegen sind in das Wählerverzeichnis alle Wahlberechtigten einzutragen, die am 35. Tage vor der Wahl (Stichtag) bei der Meldebehörde gemeldet sind.«[734]

Im Juli 2008 machte in der deutschen Presse eine scheinbar zweitrangige Mitteilung die Runde: Nach dem Urteil des Präsidenten des Statistischen Landesamtes von Hessen sind in den Melderegistern der bundesdeutschen Behörden an die vier Millionen Personen mehr eingetragen als tatsächlich existieren. Das ist eine Größe, die bei Berechnungen ins Gewicht fällt.

In der Springer-Presse wird zwar in diesem Kontext besorgt nach der Exaktheit der Angaben über das Pro-Kopf-Einkommen oder den Pro-Kopf-Energieverbrauch, selbst nach der Genauigkeit der bisher berechneten Koitusfrequenz[735], gefragt. Wie aber, so fragt sich der nachdenkliche Bürger, sieht es bei diesem desolaten Zustand des Melderegisters mit der Genauigkeit des Wählerregisters aus? Sind für den Bundeswahlleiter vier Millionen Einwohner eine zu vernachlässigende Größe? Daß am 3. Juli 2008 das Bundesverfassungsgericht den seit Jahrzehnten geltenden Berechnungsmodus zur Bestimmung der Überhangmandate als verfassungswidrig erklärte, weil es die »Grundsätze der Gleichheit und der Unmittelbarkeit der Wahl« verletzt[736], offenbart strukturelle Defizite im deutschen Wahlrecht.

Kläger in diesem Verfahren war allerdings keine Bundesbehörde, keine der im Bundestag vertretenen Parteien, keiner der gelehrten Verfassungsrechtler der Bundesrepublik, sondern ein 32jähriger Bremer Mobilfunktechniker. Die permanente Selbstbeweihräucherung des eigenen Systems hat offensichtlich zu vielen Verantwortungsträgern in der Bundesrepublik auch in der Wahlrechtsfrage recht lange die Sicht getrübt. Eine Reaktion der medialen Menschenrechtsexperten, die sich immer wieder über Wahlrechtsverletzungen in anderen Ländern öffentlich erregen, war ebenfalls nicht zu vernehmen.

Bei den Wahlen zur Volkskammer der DDR im Juli 1967 wurde erstmals Computertechnik eingesetzt. Unter Leitung von Dr. Achim Kelsch hatten Techniker aus Berlin, Suhl und Zella-Mehlis auf der Basis der ersten in der DDR hergestellten Kleincomputer – sie trugen die Bezeichnung »D 4 A« – ein fast abenteuerliches Projekt erarbeitet. Die Eingabe in diese Computer erfolgte über achtkanalige Lochstreifen. Geräte zur Datenfernübertragung standen noch nicht zur Verfügung. Die modernsten Fernschreiber gaben damals fünfkanalige Lochstreifen aus. Ein Umsetzer von fünf- auf achtkanalige Lochstreifen wurde entwickelt.

Zugleich mußte geklärt werden, ob die Übertragung von Wahlergebnissen per Fernschreiber technisch so sicher war, daß keine Fehler auftraten. Das wurde per Test geklärt. An mehreren Wochenenden wurden endlose Zahlenkolonnen von den Bezirken in unser »Rechenzentrum« gesendet. Alle Versuche verliefen erfolgreich. Um aber absolute Sicherheit zu gewährleisten, ließen wir die zwar bewährten, aber langsamen Buchungsmaschinen parallel zu diesem Programm laufen. Sie waren künftig nicht mehr erforderlich. Die Computer hatten sich als zuverlässig erwiesen. Im April 1968 erfolgte die Volksabstimmung über die Verfassung der DDR. Dabei setzten wir die 1967 erprobte Technik ein. Die Abstimmungsergebnisse konnten noch am Wahlabend veröffentlicht werden.

Das Gesetz über die Volksabstimmung zum Verfassungsentwurf bereicherte das Wahlrecht der DDR durch die bedeutsame Regelung, daß jeder Wähler seine Entscheidung alternativ vornehmen konnte. Die entsprechende gesetzliche Bestimmung lautete: »Die Abstimmung erfolgt auf dem amtlich vorgedruckten Stimmzettel durch Ankreuzen eines der für ›Ja‹ oder für ›Nein‹ vorgesehenen Felder.«[737]

Wie nie zuvor und wohl auch nie wieder wurde von den Repräsentanten der Partei und des Staates bei dieser Abstimmung auf strikte Einhaltung der gesetzlichen Bestimmungen in den Wahllokalen und bei der Ergebnisübermittlung geachtet. Für den Verfassungsentwurf stimmten 94,6 Prozent der wahlberechtigten Bürger. Endlich war die »99%-Marke« nach unten durchbrochen. Als dieses Ergebnis bekannt wurde, sah ich bei allen, denen ich damals begegnete – auch bei Erich Honecker – ein Aufatmen. Das weckte Hoffnung, daß es künftig keine Prozenthascherei mehr geben würde. So möge es weiter gehen, war die erkennbare Reaktion aller Verantwortlichen.

Die Hoffnung erwies sich als trügerisch. Als 1971 die nächste Volkskammerwahl vorbereitet wurde, hieß es: Nach dem VIII. Parteitag, auf dem Honecker die Parteiführung übernommen hatte, sollte das Wahlergebnis nicht schlechter sein als das vorherige. Nie wieder wurde der Bevölkerung der DDR wie beim Volksentscheid ein eindeutiges JA oder NEIN erlaubt.

Im September 1971 sendete der *Deutschlandfunk* einen Kommentar von Wolfgang Baumann. »Was einst an Vertrauen zwischen Wählern und Abgeordneten gewesen sein mag, soll nun durch Ergebenheit zur Partei aufgehoben werden. Denn in diesem Punkte vor allem korrigierte der Parteichef Erich Honecker seinen Wahlideologen, Dr. Herbert Graf, der kürzlich wiederum zum Sekretär der DDR-Wahlkommission unter ihrem Vorsitzenden Friedrich Ebert gewählt wurde.«[738]

Den persönlichen Ärger, den mir dieser Kommentar aus Köln einbrachte, konnte ich verschmerzen. Als 1976 das seit 1963 geltende Wahlgesetz außer Kraft gesetzt und durch ein neues ersetzt wurde, machte ich mir mehr Gedanken. Der erste Satz des Wahlgesetzes von 1963 lautete: »Die Volksvertretungen sind die wichtigsten Organe der Staatsmacht in der Deutschen Demokratischen Republik. Sie leiten bewußt und planmäßig den umfassenden Aufbau des Sozialismus.«[739] In der Fassung von 1976 wurde dieser Gedanke durch folgende Formulierung ersetzt: »Der IX. Parteitag der Sozialistischen Einheitspartei Deutschlands stellte die Aufgabe, in der Deutschen Demokratischen Republik weiterhin die entwickelte sozialistische Gesellschaft zu gestalten und so grundlegende Voraussetzungen für den allmählichen Übergang zum Kommunismus zu schaffen.«[740]

Die Korrektur der politischen Position war unverkennbar. Unverständlich blieb auch, warum die traditionellen Wahlkreiskommissionen, die das Wahlergebnis im Wahlkreis festzustellen hatten, 1976 ersatzlos abgeschafft wurden.

Als ich davon erfuhr, arbeitete ich an der südostafrikanischen Küste. Die Wahlrechtsentwicklung in der Heimat vollzog sich nicht nur in geographischer Ferne.

»Werner Lamberz , Friedrich Ebert und Herbert Graf

Mit der fortschreitenden Einschränkung des Einflusses Walter Ulbrichts auf die Gestaltung der gesellschaftlichen Verhältnisse hatte gegen Ende der 60er Jahre auch die Entwicklung des Wahlrechts in der DDR ihren Höhepunkt überschritten. Was sich noch verbesserte, war die Technik zur Ermittlung der Wahlergebnisse. Seit 1970 wurden die Resultate aus den Bezirken per Datenfernübertragung in die neue Rechnergeneration vom Typ R 300 übertragen. Das ermöglichte die frühzeitige Veröffentlichung eines vorläufigen Wahlergebnisses.

Im Herbst 1969 fand in Moskau eine große internationale Ausstellung von Rechen- und Bürotechnik unter dem Titel »Interorgtechnika« statt. Mit Dr. Achim Kelsch, Günter Seiler und anderen Mitarbeitern besuchte ich die Exposition, um Anregungen zu sammeln. Wir wurden dabei vom Leiter des Sekretariats des Präsidiums des Obersten Sowjets Wladimir Iwanowitsch Wassiljew, von Anatoli Lukjanow und weitere Experten begleitet. Am Ende des zweiten Tages informierte uns Wassiljew, daß der Sekretär des Präsidiums des Obersten Sowjets mit uns über die Ergebnisse unserer Recherchen auf der Ausstellung sprechen wolle. Wir wurden in einem der eindrucksvollen historischen Kabinette des Kreml von M. P. Georgadse empfangen. Er hörte unseren Berichten freundlich zu. An Wassiljew gewandt, fragte er nach Rechnern aus sowjetischer Produktion. Der verwies auf neueste Geräte aus einem Kombinat in Minsk. Dann nahm die Diskus-

Bei Georgadse im Kreml; links der Gastgeber, rechts außen Graf, 1969

sion eine unerwartete Wendung. Georgadse fragte: Wozu diese komplizierte Technik? Er gewinne ein ziemlich genaues Bild über das wahrscheinliche Wahlergebnis, wenn er am Wahlabend einen beliebigen Moskauer Straßenfeger frage. Er werde mit einer Abweichung von nur wenigen Zehntelprozent Wahlbeteiligung und Zustimmung nennen.

Ob Georgadse bemerkte, daß seine Bemerkung weder mit den Erwartungen seiner Mitarbeiter noch mit unserem Verständnis korrespondierte, ist mir nicht in Erinnerung geblieben. Nur daß der Georgier der einzige war, der über seinen »Witz« lachte.

Im Oktober 1969 verteidigte ich gemeinsam mit Günter Seiler erfolgreich vor der Juristischen Fakultät der Martin-Luther-Universität Halle-Wittenberg unsere Dissertation zum Thema »Zur Entwicklung der gesellschaftlichen Funktion der Wahlen und des Wahlrechts«. Zwei Jahre später veröffentlichten wir die Hauptergebnisse dieser Arbeit als Buch.[741] Der letzte Absatz dieser Schrift beginnt mit der Erwartung: »Die Bedeutung der Wahlen und des Wahlrechts in der sozialistischen Gesellschaftsordnung wachsen korrespondierend mit der Entfaltung der Tätigkeit der Volksvertretungen – die allein staatliche Macht ausüben.«

Der Umkehrschluß, daß die Bedeutung der Wahlen mit der Entmachtung von Vertretungskörperschaften verloren gehen würde, lag zwar auch in der Logik dieses Satzes. Wir konnten uns das 1969 nicht vorstellen, hielten diese Option für unmöglich. Wir wurden eines anderen belehrt.

Volkskammer und Staatsrat

In der Programmatischen Erklärung vom 4. Oktober 1961 hieß es: »Der Staatsrat erfüllt zwischen den Tagungen der Volkskammer die grundsätzlichen Aufgaben, die sich aus den Beschlüssen der Volkskammer ergeben.« Damit erschloß sich dem Staatsrat ein weites Tätigkeitsfeld auch innerhalb des Systems der Organe der Volkskammer. Nachdem die Arbeit an den Ordnungen über die Aufgaben und Arbeitsweise der örtlichen Organe abgeschlossen war, schien es in der Mitte des Jahres 1961 angezeigt, sich der Tätigkeit dieser Ausschüsse zuzuwenden.[742] Die Hauptabteilung Staatsorgane des Staatsrates sollte die Volkskammerausschüsse unterstützen. Mein Arbeitsgebiet und meine Verantwortung wuchsen in jener Zeit schneller, als ich mir das vorher hätte träumen lassen.

Während die Ausschüsse früher nur in Berlin zusammenkamen, um zu Anträgen oder Vorlagen Stellung zu nehmen, untersuchten nunmehr die Ausschüsse die Situation in den staatlichen Organen und in volkseigenen Betrieben des Landes. Der Haushalts- und Finanzausschuß beschäftigte sich im Mai 1962 im Bezirk Erfurt mit der Situation auf seinem Fachgebiet. Das Protokoll der Abschlußberatung läßt den Anstoß für die Belebung der Ausschußarbeit erkennen. Dessen Vorsitzender, Prof. Max Seydewitz, stellte im Mai 1962 fest: »Bis zum Erlaß der neuen Ordnungen war man nämlich der Meinung, Volkskammerausschüsse dürften nicht in Befugnisse und Aufgaben der örtlichen Volksvertretungen eingreifen. Nach den neuen Ordnungen sollen die Volkskammerausschüsse eine echte operative Arbeit machen […] Es hängt mit den neuen Ordnungen und mit den Anregungen des Staatsrates zusammen, daß wir als Abgeordnete der Volksvertretung jetzt ein umfassenderes Betätigungsfeld haben.«[743]

Als sich im Juli 1962 der Staatsrat mit der Verbesserung der Tätigkeit des Staatsapparates beschäftigte, wurden die Vorsitzenden der Fachausschüsse der Volkskammer eingeladen, an der Debatte darüber teilzunehmen. Ulbricht erklärte dabei: »Die Kunst besteht darin, daß die Ausschüsse der Volkskammer es fertig bringen, auf ihrem speziellen Tätigkeitsgebiet konstruktiv zu arbeiten und gleichzeitig bei der Kontrolle mitzuhelfen.«[744]

In den nachfolgenden Monaten zeigte sich, daß der vom Staatsrat verfolgte Kurs einer engeren Zusammenarbeit mit den Ausschüssen von Nutzen war. Die Ausschüsse und ihre Abgeordneten weiteten ihr Tätigkeitsfeld aus, sie gewannen neue Einblicke und unmittelbaren Kontakt zu Wählern und zu Organen der staatlichen Leitung. Ihre vertieften Erkenntnisse über die Verwirklichung der Staatspolitik konnten sie nunmehr in die Beratung von Gesetzentwürfen, aber auch in die Arbeit des Staatsrates selbst einbringen. Im Verlaufe des Jahres 1963 wurden diese Erfahrungen verdichtet und weitere neue Erkenntnisse gewonnen. Damit entstanden Voraussetzungen, die Geschäftsordnung der Volkskammer zu korrigieren und den veränderten Bedingungen anzupassen. Auf Antrag des Geschäftsordnungsausschusses regelte die Volkskammer in ihrer Plenarsitzung am 14. November die Beziehungen ihrer Organe.

»Der Staatsrat sichert die Gemeinsamkeit des Wirkens der Organe der Volkskammer, insbesondere ihrer Ausschüsse. (§ 24) […]

Der Staatsrat

– behandelt Vorlagen an die Volkskammer und veranlaßt die Beratung von Vorlagen in den Ausschüssen der Volkskammer;

– nimmt auf der Grundlage der Gesetze und Beschlüsse der Volkskammer ihre Aufgaben gegenüber dem Obersten Gericht und der Generalstaatsanwaltschaft wahr;

– erfüllt die Aufgaben der Volkskammer gegenüber den örtlichen Volksvertretungen;

– gewährleistet die Bearbeitung der an die Volkskammer gerichteten Eingaben der Bürger;

– vertritt die Volkskammer nach außen und unterstützt den interparlamentarischen Verkehr der Volkskammer,

– gewährleistet die Führung der Verwaltungsgeschäfte […] (§ 25 Abs. 2)

Die Ausschüsse der Volkskammer arbeiten auf der Grundlage der Festlegungen der Volkskammer und des Staatsrates. Sie werden in ihrer Tätigkeit durch den Staatsrat unterstützt. (§27)«[745]

Mit dieser Entscheidung über die Geschäftsordnung der Volkskammer war das spezifische Gewicht der obersten Volksvertretung im politischen System der DDR erkennbar gewachsen. Es keimte Hoffnung, daß die oberste Volksvertretung damit einen ersten Schritt auf dem Weg zu ihrem sozialistischen Ideal gegangen war – eine arbeitende, verfügende und vollziehende Körperschaft zu werden.

Es gab 1963 allerdings auch andere Interpretationen dieser Entscheidung. Es wurde unterstellt, Walter Ulbricht würde sich auf diese Weise auch der Volkskammer bemächtigen. Die neu geregelten Kompetenzen des Staatsrates wurden von manchem als bedrohlich für das bisher existierende Machtgefüge betrachtet.

Diese Zusammenarbeit des Staatsrates mit den Ausschüssen der Volkskammer hatte beträchtliche Auswirkungen für die Hauptabteilung Staatsorgane. Nach der Beschlußfassung über die neue Geschäftsordnung wurde es erforderlich, in unserer Struktureinheit eine Abteilung »Volkskammer« zu schaffen. Die Leitung übernahm Herbert Kelle.

Im Dezember 1963 berieten der Vorsitzende des Staatsrates und der Präsident der Volkskammer mit den Vorsitzenden der Ausschüsse das weitere Vorgehen. Johannes Dieckmann zeigte sich unzufrieden über die Inaktivität von Volkskammerausschüssen in früheren Legislaturperioden. Darum begrüßte er es, daß »entsprechend der Vorschläge des Vorsitzenden des Staatsrates sich jetzt die Arbeit der Ausschüsse qualifizierter entwickelt«. Die Zusammenarbeit des Staatsrates mit den Ausschüssen wertete er als »von großer Bedeutung für die einheitliche auf Hauptfragen gerichtete Arbeit«.[746]

Walter Ulbricht entwickelte seine Vorschläge über das weitere Vorgehen. » Im Mittelpunkt der Tätigkeit der Ausschüsse steht die Festigung und Weiterentwicklung der sozialistischen Demokratie. Durch die Konzentrierung ihrer Arbeit auf die Lösung der wichtigsten ökonomischen Aufgaben und durch eine vielgestaltige lebendige Arbeit mit den Menschen fördern sie die aktive Mitwirkung der Werktätigen bei der Durchführung der Beschlüsse der Volkskammer, des Staatsrates und des Ministerrates.«[747] Ulbricht ermunterte die Vorsitzenden der Ausschüsse, von ihrem Recht Gebrauch zu machen, Minister zu befragen, und machte den Vorschlag, daß künftig an den Sitzungen des Staatsrates Vertreter der jeweiligen Ausschüsse teilnehmen sollten.[748] In der anschließenden Beratung wurde Konsens über die Hauptthemen der Zusammenarbeit für den nächsten Zeitabschnitt erzielt.

Im Unterschied zu den 50er Jahren und besonders zur Periode zwischen 1970 und 1989 wurden in den 60er Jahren die Plenartagungen der Volkskammer zu einem Forum politischer und gesellschaftlicher Probleme. Auch in kritischen Analysen, die nach 1990 verbreitet wurden, hieß es: In den 60er Jahren »nahm die Arbeit der Ausschüsse der Volkskammer eine neue Qualität an. Diese behandelten nicht nur Gesetzesvorlagen, sondern begannen, mit operativer Tätigkeit, mit Untersuchungen vor Ort. In Sach- und Fachgruppen bereiteten sie dort neue Regelungen vor und kontrollierten die Durchführung der Gesetze.«[749] Hans Modrow, der in seinen Erinnerungen »Von Schwerin nach Strasbourg« seine partielle Distanz zur Praxis der Arbeit von Volksvertretungen in der DDR deutlich machte, schrieb dort: »Die Tätigkeit in den Ausschüssen und Gremien der Volkskammer gehören für mich zu den angenehmsten Erinnerungen, weil hier der Gedankenaustausch mit anderen Parlamentariern am intensivsten war [...] Wie auch in anderen Parlamenten erfolgte in den Ausschüssen die Meinungsbildung und die Sacharbeit.«[750]

Im Staatsrat, links außen der Autor. Den runden Tisch gibt es noch

Wer in der Mitte der 60er Jahre die Veränderungen in der Arbeit der Volkskammer wachen Auges beobachtete, konnte erkennen, daß die Sacharbeit in den Vordergrund trat und die bislang vorherrschenden Standpunkterklärungen verdrängte. Eine nicht nur theoretische, sondern in Anfängen praktizierte Alternative zum bürgerlichen Parlamentarismus begann sich herauszubilden.

Damals gehörte ich zu jenen, die der Auffassung waren, die Impulse, die aus dem Kraftgewinn des Staatsrates im System der Volkskammer für die sozialistische Demokratie zu erwarten waren, würden künftig die Kritiker dieser Entscheidung überzeugen.

Es sollten kaum mehr als fünf Jahre ins Land gehen, bis ich eines anderen belehrt wurde.

Schon in der zweiten Hälfte der 60er Jahre wurde die Unterstützung der Ausschüsse der Volkskammer durch den Staatsrat zunehmend durch Parteiorgane reglementiert. Im November 1967 hatte Walter Ulbricht noch erklärt: »Wenn das Prinzip klar ist, dann, denke ich, wird auch die Arbeit der Volkskammerausschüsse qualitativ weiter verbessert. Das wird sich dann auch auf die Debatte im Plenum der Volkskammer auswirken, auch auf die Aussprache, die erfolgt, wenn von Ministern über bestimmte Probleme berichtet wird. Ich rede nicht von Gesetzesbegründungen, sondern von Problemdiskussionen.«[751] Danach verstärkte sich von Quartal zu Quartal die Tendenz, daß Informationen für die Ausschüsse erst mit den Abteilungen des Zentralkomitees abgestimmt werden mußten. Im August 1969 beschloß das Sekretariat des ZK der SED gar die Limitierung von Informationen für Abgeordnete und Nachfolgekandidaten der Volkskammer.[752]

Herbert Kelle, der fast drei Jahrzehnte im Dienst der Volkskammer verantwortlich tätig war, berichtete mir, wie in den 70er Jahren die öffentlichen Erklärungen zur Rolle der Volkskammer und das reale Leben immer weiter auseinander liefen. »In der täglichen Praxis verstärkten sich die Widersprüche zwischen Anspruch und Wirklichkeit. Die Verhärtung dieses für die sozialistische Demokratie schädlichen Prozesses wurde wesentlich durch eine zunehmende Konzentration aller Entscheidungen im Politbüro, bei einzelnen Mitgliedern der Parteiführung und beim Parteiapparat bewirkt. Die führende Rolle der Partei wurde mehr und mehr durch Bevormundung ersetzt.«[753]

Das Verhältnis der ersten Repräsentanten der SED zur Volkskammer wird allein durch die Tatsache deutlich, daß Walter Ulbricht viele seiner Grundsatzreden im Plenum der Volkskammer hielt und dort zur Diskussion stellte. Erich Honecker hat dagegen in den etwa 20 Jahren seiner Amtszeit als Erster bzw. Generalsekretär des ZK der SED außer einer kurzen Erklärung zur Verfassungsänderung am 27. September 1974 – in der er die vorgenommene grundsätzliche Änderung der Position zur nationalen Frage nicht einmal erwähnte – vor der Volkskammer nichts anderes als seine Eidesformel bei der Wahl zum Vorsitzenden des Staatsrates gesprochen.[754]

Umkehr auf Raten

Vier Jahre war der Staatsrat tätig, als Walter Ulbricht in seiner Erklärung zum 15. Jahrestag der DDR seine Vision der Entwicklung des Landes und seiner Bürger vorstellte. Sein Ausgangspunkt war dabei: »In der Deutschen Demokratischen Republik war es möglich, die Hauptaufgabe der Diktatur des Proletariats – die sozialistische Umgestaltung der Gesellschaft – auf friedlichem Wege zu lösen. Es ist uns gelungen, den schmerzlosesten Weg des Übergangs zum Sozialismus zu gehen. Es haben sich inzwischen die Wesensmerkmale des sozialistischen Volksstaates herausgebildet.«[755]

»Die Konsolidierung unseres Arbeiter-und-Bauerstaates führt logisch auch zur Weiterentwicklung der Gleichberechtigung der Frau, des Rechtes auf Unantastbarkeit der Person und der Wohnung«, führte er weiter aus. »Die herangereiften gesellschaftlichen Bedingungen machen es erforderlich, der theoretischen Durchdringung und staatsrechtlichen Ausgestaltung der Rechte und Pflichten der Bürger noch größere Aufmerksamkeit als bisher zu widmen.«[756]

Zu den Vorschlägen, die Ulbricht für die Stärkung der Rechte der Städte und Gemeinden unterbreitete, gehörte das Projekt einer neuen Haushaltsordnung, um den bisherigen »komplizierten administrativen Umweg über den Haushalt der Republik« abzukürzen.[757]

Als Ulbricht nach dieser Erklärung auf seinen Platz im Präsidium zurückkehrte, gratulierte ihm auch der neben ihm sitzende Leonid Breshnew mit den üblichen protokollarisch-freundlichen Gesten. Auch Breshnew hielt eine kurze Rede auf dieser Veranstaltung. Sie enthielt neben der übliche Erklärung »Wir stehen an eurer Seite« kaum wesentliche Aussagen. Erst viel später fiel mir auf, daß er entgegen sonstigen Gepflogenheiten den Namen Chruschtschow nicht erwähnte. Ebenso ging er in keiner Weise auf den Inhalt der Rede Ulbrichts ein. Es schien als hätte er keinen guten Tag erwischt. Tatsächlich war er zweifellos mit anderem beschäftigt. Breshnew war schon Tage vor seiner offiziellen Begrüßung in die DDR gekommen, hatte sich in Objekten der sowjetischen Streitkräfte aufgehalten. Die Vorbereitungen zum Sturz Nikita Chruschtschows hatten in den ersten Oktobertagen 1964 ihre letzte Phase erreicht.

Breshnew blieb nach dem 7. Oktober für einige Tage in der DDR. Sein Ehrenbegleiter war Erich Honecker. Am 11. Oktober waren offenkundig in Moskau die Vorbereitungen für die Änderung der Partei- und Staatsspitze und der Politik der KPdSU abgeschlossen. Als Breshnew, so schreibt der sowjetische Diplomat Kwizinskij, das »Signal bekam, daß alles bereit sei, begab er sich eilig zum Flugplatz Schönefeld, um nach Moskau abzufliegen. Ulbricht gelang es jedoch, noch rechtzeitig auf dem Flugplatz zu erscheinen, um Breshnew zu verabschieden.«[758]

Mit Karl Neelsen fuhr ich ebenfalls nach Schönefeld, um der Verabschiedung des sowjetischen Gastes beizuwohnen. Der Zeremonie war ungewöhnliche Eile anzumerken. Ahnungslos fuhren Karl und ich zurück.

Der Staatsratsvorsitzende auf der Landwirtschaftsausstellung agra in Leipzig-Markkleeberg, 1964. Der Autor hinter Lotte Ulbricht

An jenem schönen Herbsttag haben wir uns keinesfalls vorstellen können, daß schon in wenigen Tagen die Uhren in der Sowjetunion und in den Ländern der sozialistischen Gemeinschaft nicht nur langsamer, sondern in einer anderen Richtung laufen würden. Am 15. Oktober 1964 um 12.55 Uhr MEZ rief Leonid Breshnew Erich Honecker an. Er teilte ihm mit: »Das Präsidium des Zentralkomitees der KPdSU betrachtet es für notwendig, Sie zu informieren, daß Genosse N. S. Chruschtschow sich an das ZK der KPdSU mit der Bitte gewandt hat, ihn freizustellen von seinen Funktionen als Erster Sekretär des ZK der KPdSU, Mitglied des Präsidiums des ZK der KPdSU und des Vorsitzenden des Ministerrates der UdSSR. Seine Bitte hat Genosse Chruschtschow mit seinem Alter und der Verschlechterung seines Gesundheitszustandes begründet.«[759]

Zu der nachfolgenden Sitzung des Politbüros am 17. Oktober waren eine Reihe Gäste eingeladen. Auch ich gehörte dazu. Aus meinen Notizen geht hervor, daß Gerhart Eisler die Frage stellte, warum das Politbüro nicht vorher über die Probleme in der sowjetischen Parteiführung informiert habe. Ulbrichts Antwort kam prompt: »Weil wir davon auch nichts gewußt haben.«

Walter Ulbricht war in jener Zeit offensichtlich noch überzeugt, daß der Wechsel in Moskau den weiteren Weg der DDR nicht nachhaltig beeinflussen werde. Im Entwurf einer Vorlage für die Beratung der Parteiführung am 26. Oktober 1964 fügte er an vorderer Stelle handschriftlich ein: »Wir gehen davon aus, daß die vom Plenum des Zentralkomitees unserer Partei bestätigte Festrede des Genossen Walter Ulbricht anläßlich des 15. Jahrestages der DDR […] die Richtlinien für die weitere Parteiarbeit enthalten.«[760]

Das Politbüro nahm diese Konzeption zustimmend zur Kenntnis. Es sollte nicht viel Zeit vergehen, ehe sich niemand mehr der Aussagen Ulbrichts in seiner Festrede zum 15. Jahrestag der Gründung der DDR erinnern wollte.

Anfangs fast unmerklich, zunehmend aber offensichtlicher vollzogen sich in der SED und in der DDR seit dem Machtwechsel in Moskau in essentiellen und auch in scheinbar nebensächlichen protokollarischen Fragen Veränderungen. War Walter Ulbricht in den Jahren zuvor bei seinen Reisen in Städte, Gemeinden und Betriebe des Landes lediglich von einem kleinen Kreis von Mitarbeitern begleitet worden, wuchs seit Ende 1964 der Troß um eine Reihe von Politbüromitgliedern und anderer Offiziellen an. Wo Ulbricht früher seine Wege spontan gegangen war, wurde nunmehr jede Station »protokollarisch vorbereitet«. Als sich der Staatsratsvorsitzende Ulbricht am 24. November 1964 in Leipzig mit Kommunalpolitikern über Probleme der örtlichen Organe verständigen wollte, folgten ihm ungebeten sieben Mitglieder des Politbüros und 18 weitere Offizielle.[761] Das »Sekretariat« des ZK der SED hatte es so beschlossen.

Zwei Wochen nach einem Besuch Breshnews in den letzten Novembertagen 1965 in der DDR wurde auf dem 11. Plenum des ZK der SED nicht nur ein härterer Kurs in der Kulturpolitik angeschlagen, sondern auch dem sich herausbildenden Neuen Ökonomischen System ein erster Stoß versetzt. Helmut Müller, der zu den Insidern im Parteiapparat der SED gehört, bezeichnete die Aktionen gegen die Politik Ulbrichts in dieser Zeit als »Intrigantentum«, als ein »Spiel um die Macht«. Er schrieb: »Genau das war die Vorgehensweise von Erich Honecker und anderen Opponenten gegen das Neue Ökonomische System und das Produktionsprinzip. Die wahren Absichten wurden durch einen Redeschwall der Zustimmung zur beschlossenen Politik vernebelt. Mehr und mehr wurden die

Angriffe gegen sie institutionalisiert, in dem Erich Honecker für seine Zwecke das Sekretariat des ZK nutzte. Die Wiederherstellung der Rolle des Sekretariats bedeutete für ihn, wieder mehr Einfluß und Macht zu erlangen. Seine Version von der Ausübung der führenden Rolle der Partei schließlich durchzusetzen, gelang Dank der Schützenhilfe, die er durch den Sturz des sowjetischen Reformators Nikita Chruschtschow im Oktober 1964 erhielt.«[762]

Selbstverständlich blieb die Tätigkeit des Staatsrates von dieser Entwicklung nicht unberührt. War doch gerade Ulbrichts Wirken im und mit dem Staatsrat seinen Kontrahenten schon lange ein Dorn im Auge. In Hinblick auf die Wahrnehmung der Verantwortung des Staatsrates gegenüber den örtlichen Volksvertretungen und ihrer Organe begann in der Mitte der 60er Jahre die Auseinandersetzung zur Aufweichung und Beseitigung der »Ordnungen«. Sachliche Erwägungen wie die Veränderungen in der Leitungsstruktur der Volkswirtschaft lieferten den Vorwand, Teile der »Ordnungen« auszuhebeln oder außer Kraft zu setzen. Im Juni 1965 war in einem im Politbüro und im Ministerrat behandelten Beschluß festgelegt worden, einen wesentlichen Teil der »Ordnungen« außer Kraft zu setzen. In der Entscheidung des Ministerrates wurde dies in der salomonischen Formel für den Entwurf eines Erlasses des Staatsrates zusammengefaßt: »Die Ordnungen über die Aufgaben und die Arbeitsweise der örtlichen Volksvertretungen und ihrer Organe vom

Ulbricht im Gespräch in der Ausstellung. Links der Autor, 1969

464

28. Juni 1961 finden insoweit keine Anwendung mehr, als sie den Bestimmungen dieses Erlasses entgegenstehen.«

In einem Brief an Walter Ulbricht schrieb ich dazu: » Eine derartige Festlegung hilft in den örtlichen Staatsorganen wenig in der praktischen Arbeit, weil unklar bleibt, welche gesetzlichen Bestimmungen noch in Kraft sind und welche nicht.«[763]

Einen gesonderten Vermerk dazu leitete ich mit der Bemerkung ein: » Die gesamte Vorlage (des Ministerrates) rechtfertigt in der derzeitigen Fassung keine Behandlung, die zur Bestätigung führt«.[764]

Auch mit dieser Intervention konnte ich nur noch partielle Änderungen erwirken.

Der Schwung, die Initiative und die Autorität, die dem Staatsrat noch in der ersten Hälfte der 60er Jahre eigen waren, schwanden unter den neuen – teils noch undurchsichtigen – Umständen. Der Staatsrat verlor sukzessive seine Fähigkeit, Herr des Verfahrens in eigenen Angelegenheiten zu sein. Das wirkte sich auch auf die Wahrnehmung der Angelegenheiten aus, für die mein Arbeitsbereich verantwortlich war. Auch wenn wir weiter und sicher nicht ohne Erfolg es vermochten, die Zusammenarbeit mit den örtlichen Vertretungsorganen zu pflegen, wurde die Kooperation zunehmend schwieriger. Der Wind, den wir anfangs im Rücken hatten, wehte zunehmend von der Seite und immer öfter nun auch von vorn. Von Jahr zu Jahr spürten wir dabei, daß auch für unsere Partner in den Bezirken, Kreisen, Städten und Gemeinden die Beschlüsse der örtlichen Parteileitungen und Entscheidungen des Ministerrates gegenüber Erklärungen des Staatsrates mehr und mehr spezifisches Gewicht erhielten.

Im Juni 1969 beschäftigte sich der Staatsrat der DDR mit Problemen der Haushalts- und Finanzwirtschaft der Städte und Gemeinden. Wir hatten dazu unter Mithilfe vieler Kommunen eine Ausstellung unter dem Motto »Gute Erfahrungen und neue Probleme in der Tätigkeit der örtlichen Staatsorgane« vorbereitet. In früheren Jahren hätte es dazu kaum einer Abstimmung bedurft. Nun aber waren die Verhältnisse anders. Deshalb fragte ich schriftlich beim Vorsitzenden des Staatsrates an, ob die Konzeption in der Parteiführung beschlossen werden müsse.[765] Sie mußte.

Es wurde zudem eine Kommission unter Leitung von ZK-Sekretär Günter Mittag eingesetzt, die die Ausstellung abnehmen sollte. Der Wirtschaftssekretär erschien eines Tages ohne Kommission und schritt majestätisch den Saal mit den Ausstellungstafeln ab. Dann wandte er sich an mich. Ich habe wohl immer noch nicht begriffen, um was es gehe, giftete er. »Was soll der Unsinn, den manche noch immer über Menschengemeinschaft, selbstregulierende Systeme und Volksstaat verbreiten? Das muß alles raus hier.«

Dazu gäbe es noch immer verbindliche Beschlüsse, entgegnete ich.

Mittag machte eine wegwerfende Bemerkung und meinte, Papier sei geduldig. In drei Tagen wolle er die geänderte Ausstellung noch einmal sehen. Es war offensichtlich: Entweder änderten wir entsprechend seinen »Hinweisen«, oder die Ausstellung würde ausfallen. Besser so als gar nicht, dachten wir, und nahmen, wenn auch mit zwiespältigen Gefühlen, die gewünschten Korrekturen vor.

Dem Wirken des Staatsrates gegenüber den örtlichen Volksvertretungen und dessen Initiativen zur Entwicklung der sozialistischen Demokratie sollte offenkundig ein Ende gesetzt werden. 1970 gab der Vorsitzende des Staatsrates es auf, die Auseinandersetzung auf diesem Gebiet weiter zu führen. Er beauftragte mich, einen Vorschlag zu erarbeiten, der auf die Regelungen des Jahres 1957 zurückging. Ein Ausschuß der Volkskammer für Kommunalpolitik sollte nach seiner Vorstellung die Aufgaben übernehmen, die dem Staatsrat 1961 zur Unterstützung der örtlichen Volksvertretungen übertragen worden waren. Alles wurde entsprechend ausgearbeitet.[766]

Aber selbst dieser Vorschlag Ulbrichts wurde in der Parteiführung nicht mehr zur Beratung gestellt.

Walter Ulbricht im Staatsrat, 1968

466

Nicht anders als auf dem Gebiet der örtlichen Volksvertretungen reduzierte sich gegen Ende der 60er Jahr die politische und rechtliche Potenz des Staatsrates hinsichtlich der ihm übertragenen Zusammenarbeit mit den Ausschüssen der Volkskammer. Die Absicht, die Volkskammeraktivitäten aus dem Wirkungsbereich des Staatsrates auszukoppeln und das bis 1963 existierende Sekretariat der Volkskammer zu revitalisieren, wurden zunehmend erkennbar. Im Oktober 1974 erfolgte der Vollzug.

Mitte 1970 registrierte ich deutlicher als je zuvor, daß sich die Machtverhältnisse im Politbüro der SED völlig geändert hatten. Die Einflußmöglichkeiten des Ersten Sekretärs des ZK der SED und Vorsitzenden des Staatsrates bewegten sich gegen Null.

Walter Ulbricht hatte bei einer medizinischen Behandlung von einem Krankenpfleger Nachricht darüber erhalten, daß die Brennstoffversorgung im Berliner Stadtbezirk Prenzlauer Berg besorgniserregend schlecht sei. Ulbricht übermittelte mir diese Information und erteilte Auftrag, diese an Ort und Stelle zu untersuchen. Gemeinsam mit Dieter Lehmann ging ich der Sache nach. Die Lage war noch unangenehmer, als sie Ulbricht übermittelt worden war. Unseren Bericht darüber ergänzten wir mit einer Analyse der Ursachen für diesen Zustand.[767]

Ulbricht schrieb daraufhin »an die Mitglieder und Kandidaten des Politbüros«. Er ersuchte sie um Entscheidung zur generellen Veränderung der Situation. Offensichtlich setzte er darauf jedoch wenig Hoffnung. Im letzten Absatz dieses Schreibens bat er deshalb das Politbüro, »daß dem Staatsrat der DDR aus der Staatsreserve 75 Tonnen Braunkohlenbrikett zugewiesen werden, die zweckgebunden für die unverzügliche Belieferung der Rentner in diesem Gebiet verwendet werden«.[768]

Der formal erste Mann im Staate kämpfte um 75 Tonnen Brikett für Berliner Rentner. Es war unverkennbar : Walter Ulbricht hatte inzwischen Energie, Macht, fast jeden Einfluß verloren .

Am 14. Januar 1971 – Ulbricht war noch offiziell in all seinen Ämtern – übermittelte ihm der Sekretär des Staatsrates folgende lapidare Nachricht: »Nach Mitteilung durch Genossen Stoph wurde im Politbüro festgelegt, den für die Sitzung des Staatrates am 4.2.1971 vorgesehenen Tagesordnungspunkt ›Die komplexe sozialistische Rationalisierung, Teilautomatisierung und Systemautomatisierung in Industrie und Bauwesen der DDR‹ abzusetzen«.[769]

Treffen mit Pionieren im Schloß Niederschönhausen, 1960

Die Führung der SED informierte ihren Ersten Sekretär über Dritte, was er als Vorsitzender des Staatsrates zu lassen habe!

Die Würfel waren gefallen.

Der Arbeiterführer Walter Ulbricht, dem im Leben so viel gelungen war, erfuhr bei der Änderung des politischen und ökonomischen Systems in der DDR seine größte Niederlage. Der kundige Kwizinskij, der wie kaum ein anderer die Entwicklung in Deutschland aus Moskauer Sicht verfolgte, sah im 1970/71 vollzogenen Kurswechsel der SED-Führung den Anfang der Entwicklung, die zum bitteren Ende der Deutschen Demokratischen Republik führte.[770] Auch wenn zweifellos viele andere Faktoren zum Untergang beigetragen haben – ein Korn Wahrheit liegt zweifellos in dieser Aussage des sowjetischen Diplomaten.

Nach dem VIII. Parteitag der SED waren auch meine Tage in der Dienststelle des Staatsrates gezählt. Am 15. März 1972 beschloß das Sekretariat des ZK der SED meine Abberufung. In einer Veröffentlichung des Max-Planck-Institutes für europäische Rechtsgeschichte hieß es zu dieser Entscheidung: »Der bisherige Leiter der Abt. Staatsorgane im Staatsrat, Herbert Graf, wird von seiner Funktion entbunden.[771]

Der Vorschlag von Klaus Sorgenicht, Graf als Sekretär einer zentralen Arbeitsgruppe des Ministerrates einzusetzen, wird aufgrund von Einwänden Honeckers nicht akzeptiert. Graf gehörte zum enge-

468

ren Mitarbeiterkreis Ulbrichts, er war bereits einer der Sekretäre Ulbrichts, als dieser einer der Stellvertreter des Ministerpräsidenten war.«[772]

Damit war ich meiner Verantwortung entbunden. Gemäß nachfolgender zentralen Festlegungen verblieb ich jedoch noch annähernd drei Jahre als Mitarbeiter in der Dienststelle des Staatsrats, wurde mit unterschiedlichen Aufgaben beschäftigt. Zu den angenehmsten Erinnerungen an jene Zeit gehört, daß ich in diesen Jahren Gelegenheit erhielt, an der Juristischen Sektion der Humboldt-Universität Berlin nebenamtlich eine Lehrtätigkeit auszuüben.

Am 27. Oktober 1974 änderte sich meine Situation. Während der Volkskammersitzung, die die einschneidende Verfassungsänderung verabschiedete, wurde ich in das Büro der SED-Fraktion gerufen. Klaus Sorgenicht teilte mir mit, daß diese Verfassungsentscheidung auch Veränderungen in der Dienststelle des Staatsrates nach sich zöge. Künftig sei dort für mich kein Platz mehr. Da noch immer Unklarheit über meinen künftigen Einsatz bestehe, habe sich der Vizepräsident der Volkskammer Friedrich Ebert bereiterklärt, daß ich bis auf weiteres als sein persönlicher Mitarbeiter tätig sein solle.

Noch am gleichen Tage verließ ich mein Büro im Staatsratsgebäude am Marx-Engels-Platz. Als ich mich mit meinen neuen Arbeitsplatz in der Berliner Luisenstraße vertraut machte, war mir klar, daß auch das eine Übergangslösung sein würde.

Anmerkungen

658 Vgl. Fritz Arnold, Bilder und Plastiken am Pranger. In: *Nordkurier*, 21./22. Juni 2007.

659 In: Staats-Lexikon oder Enzyklopädie der Staatswissenschaften, Fünfzehnter Band. Verlag von Johann Friedrich Hammerlich, Altona 1843.

660 Vgl. SAPMO-BArch, DY 30 / IV J 2/ 13 / 633, Bl. 177-180. Vgl. auch Kap. »Der XX. Parteitag der KPdSU«.

661 »Staatsrat. Der Würdigste«. In: *Der Spiegel* vom 21. September 1960, S. 33.

662 Vgl. SAPMO-BArch, DY 30/ IV / 3744, Bl. 7.

663 Vgl. SAPMO-BArch, DY 30/ J IV/2/2A/ 773, Bl. 9, Gesetz über die Bildung des Staatsrates.

664 Bericht über die Tätigkeit des Staatsrates der DDR an die Volkskammer der DDR. Drucksache Nr. 199 der 3. Wahlperiode der Volkskammer der DDR; Protokoll der 27. Sitzung der Volkskammer der DDR, 31. Juli 1963, S. 982-1038; Bericht des Staatsrates der DDR an die Volkskammer über

seine Tätigkeit in der Wahlperiode 1963/1967; Protokoll der 26. Sitzung der Volkskammer, 4. Wahlperiode, 2. Mai 1967, S. 840-868.

665 Gesetz über die Bildung des Staatsrates der Deutschen Demokratischen Republik vom 12. September 1960, Gesetzblatt der Deutschen Demokratischen Republik, Teil I (GBL I) S. 505.

666 Julij A. Kwizinskij, Vor dem Sturm. Erinnerung eines Diplomaten, Siedler Verlag, Berlin 1993, S. 176.

667 Brief des SED Politbüros an Breshnew vom 21. Januar 1971. SAPMO-BArch, DY 30/2119, Bl. 65-98.

668 Vgl. SAPMO-BArch, DY 30 /J IV 2/2/ 728, Protokoll der außerordentlichen Sitzung des Politbüros des ZK der SED vom 30. September 1960.

669 Vgl. Programmatische Erklärung des Vorsitzenden des Staatsrates der DDR. Walter Ulbricht vor der Volkskammer am 4. Oktober 1960. In: Schriftenreihe des Staatsrates der DDR, Nr. 2 /1960 S. 22-23.

670 a. a. O., S. 32.

671 a. a. O., S. 33.

672 a. a. O., S. 33f.

673 a. a. O., S. 34f.

674 a. a. O., S. 38.

675 ebenda.

676 a. a. O., S. 57.

677 a. a. O., S. 58

678 Sitzungsprotokolle der Volkskammer der DDR, Teil I, 15. Sitzung der Volkskammer, 3. Wahlperiode, S. 496.

679 Roman Herzog (Hrsg.), Evangelisches Staatslexikon. Kreuz Verlag, Stuttgart, 1987, S. 464.

680 Paula Schriefer, Programmdirektorin der *Stiftung Freedom House*. Zitiert in: *Der Spiegel* Nr. 46/2005, S. 182.

681 Klaus Brinkbäumer, Die Firma Freiheit. In: *Der Spiegel* 26/2008.

682 Vgl. Die Revolutions-GmbH. In: *Der Spiegel* 46 und 47/2005.

683 Renate Flottau u. a., Die Revolutions- GmbH. In: *Der Spiegel*, 46/2005, S. 179

684 Colin Crouch, Die Macht verschiebt sich, in: *Der Spiegel* 32/2008, S. 134.

685 Vgl. Sascha Adamek/Kim Otto, Der gekaufte Staat. Verlag Kiepenheuer & Witsch, Köln 2008.

686 Wenn Milliardär Würth die Daumenschrauben anzieht. In: *Focus* 9/2008 S. 156.

687 Thomas Mann, Kultur und Politik. In: Zeit und Werk. Aufbau Verlag Berlin und Weimar 1965. S. 824f.

687 a. a. O., S. 826.

689 Vgl. Evangelisches Staatslexikon, a. a. O., S. 466.

690 Vgl. Volksparteien ohne Volk. In: *Der Spiegel*, 28/2008, S 40f.

691 Ilja Ehrenburg, Menschen, Jahre, Leben. Memoiren. Verlag Volk und Welt, Berlin 1978, S. 469.

692 Uwe-Jens Heuer, Gesellschaft und Demokratie. In: *Staat und Recht*, 1967, H. 6, S. 916.

693 Thomas Mann, Kultur und Politik, a. a. O., S. 806.

694 Wolfgang Leonhard, Meine Geschichte der DDR, Rowohlt, Berlin 2007, S. 59.

695 ebenda.

696 Vgl. 12. Tagung des ZK der SED, 16. bis 19. März 1961, Die Aufgaben zur weiteren ökonomischen Stärkung der DDR und zur Festigung der sozialistischen Demokratie, Dietz Verlag, Berlin 1961.

697 Uwe-Jens Heuer, Im Streit. Ein Jurist in zwei deutschen Staaten. Nomos, Baden-Baden 2002, S. 158.

698 SAPMO-BArch DY 30/ J IV 2/2A /3196.

699 SAPMO-BArch DA 5 / 7874.

700 Bericht für den Vorsitzenden des Staatsrates der DDR, Walter Ulbricht. November 1960. In SAPMO-BArch DA 5/10556, S IV- V.

701 a. a. O., Bl. 101.

702 Stenographische Niederschrift der Beratung des Arbeitskreises zur Planung der Strategie der Partei auf dem Gebiet der Politik, der Wirtschaft und der Kultur (unkorrigiert), vom 13. September 1968. In: SAPMO-BArch DY 30/3306, Bl. 222.

703 Hans-Joachim Semler: Rechtspflege – Sache des ganzen Volkes. Leitfaden zum Rechtspflegeerlaß. Staatsverlag der DDR, Berlin 1963, S. 1.

704 Vgl. Siegfried Prokop, Aber keinen Millimeter weiter. In: *Neues Deutschland*, 12. August 2006. S. 22.

705 »Ein Konflikt in Stein gegossen«. In: *Frankfurter Allgemeine Sonntagszeitung*, 6. Mai 2007, S. 10.

706 Walter Ulbricht: Schlußwort in der Beratung der Gemeindevertretung Eichwege. In: Das Neue im Leben studieren und durchsetzen. Schriftenreihe des Staatsrates der DDR, Nr. 6/61, S. 38.

707 Walter Ulbricht, Erklärung vor dem Kreistag Forst am 25. Februar 1961. In: SAPMO-BArch, DA 5/ 7871, Bl. 8.

708 ebenda.

709 Vgl. Kommuniqué der 10. Sitzung des Staatsrates der DDR am 28. Juni 1961. In: Der Staatsrat der DDR 1960-1970. Dokumentation. Staatsverlag der DDR, Berlin 1970, S. 105.

710 Aus dem Bericht des ZK an den VI. Parteitag der SED. 15.-21. Januar 1963.

711 Herbert Graf und Hans-Joachim Semler, Die Arbeitsweise des Staatsrates – Vorbild in der Entwicklung des sozialistischen Arbeitsstils. In: *Staat und Recht*, Heft 3, März 1962, S. 409-424.

712 Programm der Sozialistischen Einheitspartei Deutschlands, beschlossen auf dem VI. Parteitag der SED am 18. Januar 1963. Abschnitt: Die weitere Entwicklung der sozialistischen Demokratie. (Nachdruck in: Der Staatsrat der DDR 1960-1970, Dokumentation. Staatsverlag der DDR, Berlin 1970, S. 161).

713 Vgl. Gesetz über die Wahlen zu den Volksvertretungen der DDR (Wahlgesetz) vom 31. Juli 1963; Erlaß des Staatsrates der DDR über die Wahlen zur Volkskammer und zu den örtlichen Volksvertretungen der DDR (Wahlord-

nung), GBl I, 1963, S. 97f.; Protokoll der 27. Sitzung der Volkammer der DDR, 3. Wahlperiode, S. 1038ff.

714 Vgl. Bild- und Tonaufzeichnung der Studiotechnik Fernsehen der DDR vom 29. August 1963 Arbeitsnummer 21/20 (Fragmente) im Archiv des Autors.

715 Vgl. Bericht über die Tätigkeit der Wahlkommission der DDR an den Staatsrat der DDR über die Durchführung der Wahlen am 20. Oktober 1963. Abschnitt 1, Ziffer 1.

716 Vgl. u. a. Hans Michael Kloth: Vom Zettelfalten zu freien Wahlen. Ch. Links Verlag, Berlin 2000, S. 104; Karl A. Mollnau, Deutsche Demokratische Republik. Einführung in die Rechtsentwicklung mit Quellendokumentation. 2. Halbband Dokumente. Dokument 16, S. 229, Klostermann Verlag, Frankfurt am Main 2004; Karl A. Mollnau, Deutsche Demokratische Republik 1959-1989 – Recht und Juristen im Spiegel der Beschlüsse des Politbüros und des Sekretariats des ZK der SED, Klostermann Verlag, Frankfurt am Main 2003, S. 84 und S. 268 .

717 Kommuniqué der 7. Staatsratssitzung am 21. Mai 1964. In: Der Staatsrat der DDR 1960-1970, Staatsverlag der DDR, Berlin, 1970, S. 256.

718 Walter Ulbricht, Der Weg zur Vollendung sozialistischen Aufbaus in der DDR, Rede auf der Festveranstaltung am 6. Oktober 1964 zum 15. Jahrestag der DDR. In: Schriftenreihe des Staatrates der DDR 7/1964, S. 61f.

719 a. a. O., S. 62.

720 Vgl. Erlaß des Staatsrates der DDR über die Wahlen zur Volkskammer und zu den örtlichen Volksvertretungen der DDR in der Fassung vom 2. Juli 1965, § 24.

721 a. a. O., § 39, Abs. 1.

722 a. a. O., § 39, Abs. 2.

723 Vgl. Erlaß des Staatrates der DDR über Aufgaben und Arbeitsweise der örtlichen Volksvertretungen und ihrer Organe unter den Bedingungen des neuen ökonomischen Systems. vom 2.Juli 1965. In: Protokolle der Volkskammer der DDR, 4. Wahlperiode, 1965, Drucksache 43.

724 Arbeitsprotokoll der Sitzung des Sekretariats des ZK der SED vom 15. September 1965, in: SAPMO-BArch DY 30/J IV 2/3A/1223, Ziffer 5.

725 Bericht im Besitz des Autors.

726 Franz Josef Strauß, Die Erinnerungen. Siedler Verlag 1998, S. 495f.

727 Arbeitsprotokoll der Sitzung des Sekretariats des ZK der SED vom 15. September 1965, Anlage Nr. 1 zum Protokoll Nr. 70/65. In: SAPMO-BArch DY/ 30 J IV 2/3A/1223, Ziffer 5.

728 a. a. O., Ziffer 6.

729 Protokoll der Sitzung des Sekretariats des ZK der SED vom 15. September 1965. SAPMO-BArch DY 30/J IV 2/3/110.

730 Wie hat sich der weitere Ausbau unseres Wahlsystems bewährt? SAPMO-BArch DY 30 / IV A2/ 13/ 246, Bl 101f.

731 a. a. O., Bl. 108.

732 a. a. O., Bl. 107.

733 Hans Michael Kloth, »Vom ›Zettelfalten‹ zum freien Wählen. Ch. Links Verlag, Berlin 2000, S. 115f.

734 Bundeswahlordnung (BWO) vom 28. August1985, § 16, (BGBl. III 111 1-5)

735 In: *Die Welt*, 12. Juli 2008.

736 Urteil des BVG vom 3. Juli 2008, 2 BvC 1/07, 2 BvC 7/O7.

737 Gesetz zur Durchführung eines Volksentscheides über die Verfassung der Deutschen Demokratischen Republik vom 26. März 1968. § 5, Volkskammer der DDR, 5. Wahlperiode, Drucksache 31.

738 Mitschnitt des Kommentars des *Deutschlandfunks* von Wolfgang Baumann am 29. September 1971, 16.56 Uhr.

739 Gesetz über die Wahlen zu den Volksvertretungen der Deutschen Demokratischen Republik vom 31. Juli 1963. Präambel (GBl I. 1963, S. 97f.)

740 Gesetz über die Wahlen zu den Volksvertretungen der Deutschen Demokratischen Republik vom 24. Juli 1976. Präambel (GBl I. 1976, S.301f.)

741 Herbert Graf/Günter Seiler: Wahl und Wahlrecht im Klassenkampf, Staatsverlag der DDR, Berlin 1971, ebenfalls in: *Marxistische Blätter*, Frankfurt am Main sowie 1974 im Progress Verlag Moskau in russisch.

742 Vgl. SAPMO-BArch DA 5 / 5390, Protokoll der Beratung des Sekretärs des Staatsrates vom 28. November 1961.

743 Auszug aus der Niederschrift: Auswertung des Haushalts- und Finanzausschusses der Volkskammer im Bezirk Erfurt am 26. Mai 1962. In: SAPMO-BArch DY 30 / IV 2/ 13/ 254, Bl. 60.

744 Protokollnotiz der 21. Sitzung des Staatsrates der DDR am 2. Juli 1962. In: SAPMO-BArch DY 30 /IV 2 / 13/ 254, Bl. 50.

745 Geschäftsordnung der Volkskammer der Deutschen Demokratischen Republik. GBl I vom 14. November 1963, S. 170f.

746 Aus: Beratungsprotokoll über die Aussprache mit den Vorsitzenden der Ausschüsse der Volkskammer am 9. Dezember 1963. In SAPMO-BArch DA 5/ 5362 Bl. 5.

747 a. a. O., Bl. 3.

748 a. a. O., Bl. 4.

749 Herbert Kelle, Zeuge der Arbeit der Volkskammer über fast drei Jahrzehnte. In: Die Volkskammer der DDR, Werner J. Patzelt/ Roland Schirmer (Hrsg.), Westdeutscher Verlag, Wiesbaden 2002, S. 197.

750 Hans Modrow, Von Schwerin nach Strasbourg, edition ost, Berlin 2001, S 65.

751 Protokoll der Beratung des Vorsitzenden des Staatsrates der DDR, Walter Ulbricht, vom 16. November 1967, SAPMO-BArch DA 5/11912, Bl. 31.

752 Vgl. Protokoll Nr. 51 (durch Umlauf bestätigt) des Sekretariats des ZK der SED vom 29. Juli 1969, Anlage 3, SAPMO-BArch, DY 30/ J IV2/3/1538 Bl. 117f.

753 Herbert Kelle, a. a. O., S. 198.

754 Vgl. Gregor Schirmer, Die Volkskammer und die politische Führung der SED. . In: Die Volkskammer der DDR, Werner J. Patzelt/Roland Schirmer (Hrsg.), Westdeutscher Verlag, Wiesbaden 2002, S. 191.

755 Walter Ulbricht, Der Weg zur Vollendung des sozialistischen Aufbaus in der DDR. Rede auf der Festveranstaltung zum 15. Jahrestag der Gründung der DDR vom 6. Oktober 1964. In: Schriftenreihe des Staatsrates der DDR, 7/1964, S. 57.

756 a. a. O., S. 60.

757 a. a. O., S. 63.

758 Julij Kwizinskij, a. a. O., S. 172.

759 Aktennotiz über das Telefongespräch zwischen L. I. Breshnew und Erich Honecker am 15. Oktober 1964. In: SAPMO-BArch, DY 30/ 3514.

760 Arbeitsprotokoll der Sitzung des Politbüros des ZK der SED vom 26. Oktober 1964. In: SAPMO-BArch DY 30/J IV 2 /2A/ 1061, Bl. 1.

761 Vgl. Konzeption für die Beratung des Genossen Walter Ulbricht am 20. und 21. November 1964 in Leipzig. In: SAPMO-BArch DA 5/ 5499, Bl. 3f.

762 Helmut Müller, Wendejahre 1949-1989, Verlag Neues Leben, Berlin 1999, S. 17.

763 Brief Herbert Graf vom 1. Juli 1965 an den Vorsitzenden des Staatsrates Walter Ulbricht. In: SAPMO-BArch, DA 5/ 5544, Bl. 3.

764 Bemerkungen zum 1. Entwurf über die Aufgaben und Arbeitsweise der örtlichen Organe der Staatsmacht entsprechend dem Erlaß des Staatsrates vom 2. Juli 1965. In: SAPMO-BArch DA 5/6938.

765 Vermerk an Genossen Walter Ulbricht zur Vorbereitung der Staatsratssitzung am 27. Juni 1969. In: SAPMO-BArch DA 5 / 6942, Bl. 4.

766 Vermerk Herbert Graf an den Vorsitzenden des Staatsrates der DDR vom 26. Oktober 1970. In: SAPMO-BArch DA 5/6659; sowie Brief Herbert Graf an Walter Ulbricht, ohne Datum, zur gleichen Angelegenheit mit handschriftlichen Anweisungen Walter Ulbrichts, im Archiv des Autors.

767 Bericht Herbert Graf/Dieter Lehmann an den Vorsitzenden des Staatsrates Walter Ulbricht, Probleme der Kohlenversorgung der Rentner im Stadtbezirk Berlin-Prenzlauer Berg. In: SAPMO-BArch DA 5/6659.

768 Walter Ulbricht, Brief an die Mitglieder und Kandidaten des Politbüros vom 10. Juli 1970. In: SAPMO-BArch DA 5/11869.

769 Hausmitteilung von Otto Gotsche an Walter Ulbricht vom 14. Januar 1971. SAPMO-BArch DA 5/7343.

770 Vgl. Julij Kwizinskij, Vor dem Sturm; a. a. O., S. 266.

771 Vgl. Protokoll Nr. 26 der Sitzung des Sekretariats des ZK vom 15. März 1972, Ziffer 10; SAPMO-BArch, DY 30/ J IV 2 /3A/ 2146.

772 Recht und Juristen im Spiegel der Beschlüsse des Politbüros und des Sekretariats des Zentralkomitees der SED. In: Studien zur europäischen Rechtsgeschichte. Veröffentlichungen des Max-Planck-Institutes für europäische Rechtsgeschichte, Frankfurt am Main, 2003, Band 159, S. 402f.

Auftrag Mosambik

Meine Interimszeit im Büro des Vizepräsidenten der Volkskammer der DDR sollte nicht lange währen. Ohne eigenes Zutun wurde ich am Beginn des Jahres 1975 vor völlig neue Aufgaben gestellt.

Ich wurde Zeuge, wie aus einem portugiesischen Kolonialgebiet ein souveräner Staat, die Republik Mosambik, wurde. Natürlich war dies kein einmaliger Vorgang. Etwa 100 Staaten gingen in der zweiten Hälfte des 20. Jahrhunderts aus dem weltweiten Zerfall des antihumanen Kolonialregimes hervor. Nur wenige von ihnen, darunter Mosambik, gestalteten jedoch die Grundsätze und Strukturen der neuen Ordnung von Anbeginn vorwiegend aus eigenem Ideen- und Erfahrungspotenzial, ohne dabei Anleihen aus dem Rechtssystem der früheren Kolonialmacht aufzunehmen.

Jeder historische Prozeß hat sein spezifisches Erscheinungsbild und ebenso seine elementaren Ursachen, seine originären Wurzeln. Der mosambikanische Staat trat am 25. Juni 1975 mit der Unabhängigkeitserklärung und der Inkraftsetzung einer Verfassung in die Weltarena. Die kausalen Grundlagen dieses historischen Vorgangs lagen länger zurück. Die Aprilereignisse 1974 in Portugal hatten daran ebenso Anteil wie der bewaffnete Kampf des mosambikanischen Volkes unter Führung der FRELIMO (*Frente de Libertação de Moçambique*).

Die Vorgeschichte

Die FRELIMO formierte sich am 25. Juni 1962 als eine Vereinigung verschiedener Widerstandsorganisationen. Seit sie auf internationaler Ebene aktiv wurde, suchte sie intensive Beziehungen zur Deutschen Demokratischen Republik. Schon 1963 wurde in Berlin die erste Vereinbarung zwischen dem Solidaritätskomitee der DDR und einer Delegation der FRELIMO, die unter der Leitung von Marcelino dos Santos stand, geschlossen. Schon in den ersten Jahren der Existenz der mosambikanischen Befreiungsbewegung stabilisierten sich die Beziehungen zur DDR und nahmen freundschaft-

lichen Charakter an. Immer mehr Bürger der DDR nahmen solidarisch Anteil am antikolonialen Befreiungskampf. Wiederholt gingen Hilfsgüter nach Afrika. Von Jahr zu Jahr weitete sich diese
Zusammenarbeit aus. Man wurde miteinander vertraut. Die afrikanischen Freunde suchten Rat in Berlin – vor allem nachdem die
ersten Gebiete im Norden des Landes befreit und dort neue Aufgaben zu bewältigen waren. In der zweiten Hälfte der 60er Jahre waren
Lehrer aus der DDR im Mosambik-Institut der FRELIMO in Tansania tätig. Es wuchs eine natürliche Allianz von Verbündeten im
Kampf gegen Rassismus und koloniale Unterdrückung und zunehmend auch bei der Suche nach neuen Lösungen beim Gesell-
schaftsaufbau.

Der Erinnerung halber sei hier angemerkt, daß das Verhältnis
der beiden deutschen Staaten gegenüber der FRELIMO und dem
portugiesischen Kolonialsystem nicht nur verschieden, sondern dia-
metral entgegensetzt war. Die Bundesrepublik Deutschland befand
sich in einem Bündnissystem mit dem NATO-Partner Portugal. Die
Gedankenstruktur vieler Politiker und Medienexperten offenbarte
ein Kommentar des damals bekannten Publizisten Adelbert Wein-
stein. Am 3. September 1973 schrieb er in der *FAZ*: »Einen Trumpf
hält Portugal als Bündnispartner auch in den überseeischen Provinzen. Seit der Schließung des Suezkanals führt die große Verbindung
vom europäischen Westen und von der amerikanischen Ostküste
nach Asien um das Kap [...] In politischen Spannungszeiten schon
wird die Sicherung einer solchen Lebensader zur strategischen Aufgabe der Allianz. Sie ist nur zu lösen, wenn die Seeversorgung von
Luftverbänden abgesichert werden kann, welche von Stützpunkten
in Afrika aufzusteigen vermögen. Angola und Moçambique zusammen mit Südafrika sind dafür die idealen Basen [...] Portugals Mitgliedschaft in der Allianz erleichtert den Bundesgenossen die Einbeziehung der überseeischen Provinzen in dieses Stützpunktnetz.«[773]

Am 7. September 1974 wurde im Ergebnis der Niederlage des
portugiesischen Kolonialismus im Abkommen von Lusaka zwischen
Portugal und der FRELIMO verbindlich vereinbart: »Der unabhängige mosambikanische Staat wird die vollständige und kom-
plette Souveränität im Inneren und Äußeren ausüben, indem er
seine Institutionen bildet und frei das politische und soziale System
wählt, das er als den Interessen seines Volkes am meisten adäquat
ansieht.«[774]

476

Im Dezember 1974 besuchte der Präsident der FRELIMO, Samora Machel, mit einer hochrangigen Delegation die DDR. Eingehend wurde mit den Repräsentanten der DDR die wahrhaft neue Situation erörtert und beraten, wie den mosambikanischen Freunden unverzüglich geholfen werden könne.

In den letzten Dezemberwochen des Jahres 1974 wurde in Berlin ein konzentriertes Programm zur Unterstützung der FRELIMO vorbereitet und in Gang gesetzt. Auch ich geriet in den Strudel dieser Ereignisse.

Ein unerwarteter Auftrag

Zum Jahreswechsel 1974/75 wollte ich in den Urlaub fahren. Am Telefon wurde jedoch die wunderliche Frage gestellt, ob ich gegen Gelbfieber geimpft sei. Ich verneinte. Eine Stunde später wurde mir angetragen, in den ersten Februartagen 1975 nach Lourenço Marques zu reisen. Es gehe um die Realisierung der vor wenigen Tagen getroffenen Vereinbarungen mit Samora Moisés Machel, hieß es.

Vorsorglich hatte man in einer Poliklinik im Zentrum Berlins für mich bereits einen Impftermin reserviert. Pocken, Gelbfieber, Malaria, Typhus … gegen alles waren Kräuter gewachsen, Chemikalien gemixt, auf Ampullen gezogen, in Tabletten gepreßt.

Noch am gleichen Tag suchte ich den Direktor der Berliner Stadtbibliothek auf. Nur er konnte die Ausleihe eines importierten Linguaphon-Koffers gestatten, in dem sich zehn Schallplatten und ein Lehrbuch für die portugiesische Sprache sowie ein kleiner Plattenspieler befanden. Tag für Tag versuchte ich nun portugiesische Vokabeln zu lernen, einfache Sätze zu bilden, ein erstes Gefühl für die Sprache, für ihre Melodie, für ihren Duktus zu finden. Das Linguaphon-Material war dafür ohne Zweifel hilfreich. Der im Lehrmaterial angebotene Wortschatz bezog sich allerdings eher auf die Lebensverhältnisse portugiesischer Aristokraten und war für meine Mission nur bedingt tauglich.

Noch nie hatte ich bisher den afrikanischen Kontinent betreten. Mit der Geschichte und den Problemen dieses Erdteils hatte ich mich allenfalls im Rahmen allgemeinen wissenschaftlichen und sozialen Interesses beschäftigt. Aus Begegnungen und Berichten wußte ich, daß Experten der DDR bereits in Ägypten, Guinea,

Syrien, Tansania und im Jemen tätig waren. Allgemein hieß es, es gehe darum, die jungen Staaten mit unseren Erfahrungen besonders aus der Zeit der antifaschistisch-demokratischen Ordnung vertraut zu machen.

Die Verfassung Südjemens von 1970, deren geistige Verwandtschaft mit der ersten Verfassung der DDR von 1949 kaum zu übersehen war, erschien im Herbst 1971 in der Zeitschrift *Staat und Recht*.[775] Kontrovers wurde damals nicht nur unter Verfassungsrechtlern diskutiert, ob dieses Grundgesetz die erhoffte Wirkung hervorbringen könnte. Auch ich hatte meine Zweifel. Nicht nur Marx war der Überzeugung, daß sich historische Prozesse nicht wiederholten, und wenn, dann einmal als Tragödie und das andere Mal als Farce.

Mein Kollege Dr. Oswald Unger hatte in Aden gelehrt und war dort auch beratend tätig. Wir erörterten 1971, auf welche Weise bei der Beratung junger Staaten gerade auf unserem recht sensiblen Gebiet der Staats- und Rechtsentwicklung den Besonderheiten aus der Geschichte und Gegenwart des Landes, den Traditionen, den ethischen Werten und ethnischen Spezifika der Völker Rechnung getragen werden könne. Welche Voraussetzungen benötigt ein Europäer, so fragten wir uns, um die erforderliche Sensibilität aufzubringen, die ihn zu kreativer Mitwirkung bei der Rechtsgestaltung in arabischen oder afrikanischen Staaten befähigte? Bleibt Mitwirkung in solchen Fällen nicht vorrangig auf Vermittlung weitgehend gesicherter theoretischer, methodischer und gesetzestechnischer Grundsätze begrenzt? Wie waren Lösungen zu erreichen, die mit den Erfordernissen von Entwicklungsländern weitgehend korrespondierten? Was in diesem Disput Jahre zuvor noch weitgehend unverbindliches akademisches Diskussionsthema war, forderte mich nunmehr in den Januartagen 1975 als aktuelles Problem heraus.

Im April 2008 wurde ich an meinen Gedankenaustausch mit Oswald Unger vor mehr als 30 Jahren erinnert. Ein leitender Mitarbeiter des Bundesministeriums für wirtschaftliche Zusammenarbeit und Entwicklung referierte auf einer der regelmäßigen Zusammenkünfte der »Freunde Mosambiks« recht interessant über künftige Projekte. Ihm schien es allerdings wichtig, daß in Mosambik ein Justizwesen nach deutschem Modell entwickelt und dabei besonders den bundesdeutschen Prinzipien der Verwaltungsgerichtsbarkeit gefolgt werde. Hat denn – so ging es mir durch den Kopf – dieser sendungsbewußte deutsche Beamte nicht zur Kenntnis genommen, wie kläglich der über hundert Jahre während Versuch der Portugiesen gescheitert war, diesem Land das europäische Rechtssystem aufzuzwingen? Hat das schlimme Kaiserwort, daß am deutschen Wesen die Welt genesen solle, noch immer nicht ausgedient? So dachte ich und entgegnete so dem Redner und fand damit die Zustimmung der inzwischen meist grauköpfigen Teilnehmer.

Natürlich versuchte ich, in den ersten Wochen des Jahres 1975 so viel wie möglich über Mosambik zu lesen. In meinem Buchbestand fand ich die Schrift »Kampf um Moçambique« aus der Feder des ersten Präsidenten der FRELIMO, Dr. Eduardo Mondlane. Vor Jahren hatte ich darin mit Interesse gelesen. Nun sollte es zum unentbehrlichen Wegbegleiter für eine lange Zeit in Mosambik werden. Mein besonderes Interesse fand auch eine Analyse über die Zusammenarbeit zwischen unserem Land und Mosambik. Sie war im November 1974 im Außenministerium erarbeitet worden. Auch eine landeskundliche Veröffentlichung eines Bonner Verlages aus dem Jahr 1958 gehörte zu meiner Lektüre. Der Autor dieser Publikation, Ralph von Gersdorff, ein weitgereister Staatswissenschaftler, leitete seine Schrift mit der Bemerkung ein, Konflikte »können in Portugiesisch-Ostafrika nicht entstehen, da der schwarzen Bevölkerung genügend fruchtbares Land zur Verfügung steht«.[776] Hier irrte der ansonsten recht sachkundige Autor. Wenige Jahre nach Veröffentlichung seiner Schrift hatte der bewaffnete Kampf »der schwarzen Bevölkerung« gegen seine kolonialen Unterdrücker begonnen.

Die Spezialistengruppe

Fachleute verschiedener Bereiche sollten sich in einer Expertengruppe zusammenfinden und bei einem mehrwöchigen Aufenthalt in Mosambik recherchieren, *wie* die DDR auf dem Wege zur Unabhängigkeit helfen könne. Zugleich wollten wir Kenntnisse über ein uns bislang weitgehend unbekanntes Land sammeln.

Meine Anspannung in den Tagen der Vorbereitung dieser Reise ist mir noch nach Jahrzehnten in lebhafter Erinnerung. Mein Selbstbewußtsein geriet nicht wenig ins Schlingern, als mir aufgetragen wurde, diese Spezialistengruppe zu leiten. Diese Last schien mir anfangs fast größer als der Reiz der neuen Aufgabe.

Wir trafen uns erstmals in der dritten Januarwoche 1975. Da war Ernst Höfner, der Finanzfachmann. In Chile hatte er die Unidad Popular solidarisch unterstützt. In den 80er Jahren sollte er die Leitung des DDR-Finanzministeriums übernehmen. Neben ihm saß Julian Hollender, ein Außenpolitiker, der sich in Ostafrika bereits auskannte. Schon während seines Studiums hatte er sich mit Mosambik beschäftigt.

Der Journalist Peter Spacek hatte bereits geraume Zeit in Dar Es Salaam als Korrespondent gearbeitet. Aus seiner Feder stammten die aufschlußreichen Nachbemerkungen zu Mondlanes Buch »Kampf um Moçambique«. Während des Befreiungskampfes berichtete Spacek aus den befreiten Gebieten im Norden Mosambiks.

Achim Kindler war in den 60er Jahren im Auftrag des Solidaritätskomitees der DDR für die FRELIMO in Tansania im Einsatz und hatte dort viele junge Mosambikaner ausgebildet. Von ihm stammten zwei portugiesischsprachige Mathematikbücher für junge Afrikaner. In Zehntausenden Exemplaren wurden sie von den Befreiungsbewegungen in Mosambik, Angola und Guinea-Bissau bei der Alphabetisierung eingesetzt. Sein engagierter Einsatz im Ausbildungszentrum der Befreiungsbewegung im tansanischen Bagamoyo hatten ihn bekannt und berühmt gemacht.

Als Landwirtschaftsexperte saß Bernhard Profee mit am Tisch. Der Mitarbeiter der Akademie für Landwirtschaftswissenschaften verfügte über reiche Erfahrungen auch beim subtropischen Pflanzenbau.

Der Pädagoge Siegfried Bollmann hatte schon in mehreren Ländern Afrikas auf dem Gebiet der Volksbildung gearbeitet, er vertrat sein Ministerium mit Kompetenz. Das Gesundheitswesen war durch den Tropenarzt Dr. Hansjörg Kupferschmidt vertreten, der über gute Verbindungen zu internationalen Gesundheitsorganisationen verfügte. Komplettiert wurde die Mannschaft durch zwei erfahrene Dolmetscher. Irina Matschke hatte bereits die Gespräche mit Samora Machel und anderen FRELIMO-Repräsentanten in Berlin gedolmetscht. Wolfgang Leuschner, ein junger Wissenschaftler, war der zweite Dolmetscher.

Schon die erste Beratung ließ erkennen, wie groß und wie unterschiedlich der Erfahrungs- und Kenntnishorizont der einzelnen Fachleute und wie verschiedenartig die Persönlichkeitsstruktur und das Temperament waren. Das waren »gestandene Leute«. Niemand benötigte Anleitung, jeder war zum selbständigen Handeln fähig und bereit.

Mosambik befand sich in einer brisanten Übergangsphase. Seit vier Monaten war eine Regierung unter Joaquim Alberto Chissano tätig. Noch immer aber amtierte der portugiesische Hohe Kommissar. Die Kolonialarmee stand im Land, es galt noch immer das portugiesische Recht. Weder die DDR noch ihre Verbündeten unterhielten eine Repräsentanz in Mosambik, wir reisten also ohne konsularischen Schutz. Mosambik gehörte wie andere Konfliktgebiete in Asien, Afrika und Lateinamerika zur Interessensphäre der rivalisierenden Großmächte. Uns erwartete keine tropische Idylle, eher ein zwar gelöschter, doch noch immer schwelender internationaler Brandherd.

Das Solidaritätskomitee der DDR charterte eine IL 62 der Interflug. Mit 160 Tonnen Ladegewicht war sie unser größtes Fluggerät. Ihre Reichweite lag bei etwa 9.200 Kilometern. Die Maschine war beladen mit Solidaritätsgütern, Medikamenten, Textilien, Trockennahrung und anderen dringend benötigten Materialien. Nicht nur die Fracträume waren gefüllt, auch der größte Teil des Passagierraumes war beladen, alles solide mit Netzen und Gurten verzurrt. Am Abend des 3. Februar 1975 bestiegen wir in Schönefeld die von Flugkapitän Querner gesteuerte Maschine. Mit uns flog eine etwas kleinere Gruppe von Mitarbeitern der Ministerien für Nationale Verteidigung, der Staatssicherheit und des Innern. Ein Zusammenwirken beider Gruppen war in unserer Direktive nicht vorgesehen. Zivile und nichtzivile Angelegenheiten waren strikt getrennt. Auch unsere mosambikanischen Partner gingen von dieser Arbeitsteilung aus. Natürlich gingen wir uns nicht aus dem Weg, wir sprachen gelegentlich miteinander, tauschten Eindrücke aus. Dabei erwiesen sich unsere Mitreisenden als kundige Fachleute, die mit der Geschichte wie mit aktuellen Problemen des afrikanischen Kontinents sehr gut vertraut waren.

Ein Zwischenstopp war in Dar Es Salaam notwendig. Dort befanden sich das Zentrum der FRELIMO und Dependancen anderer afrikanischer Befreiungsbewegungen. In einer Beratung mit den Verantwortlichen der FRELIMO sollte, so bestimmte es unsere Direktive, entschieden werden, welchen Problemen wir uns zuwenden sollten. Im Licht der Morgensonne kreiste unser Flugzeug über der Stadt. Wir schauten auf die wechselnden Bilder der Savannenlandschaft mit ihren Schirmakazien und auf die Hütten und Häuser der Stadt. Als nach der Landung die Türen geöffnet wurden, schlug uns schon in dieser frühen Stunde ein Schwall afrikanischer Hitze entgegen. Vertreter der Botschaft der DDR und der FRELIMO hießen uns willkommen, sie erledigten auch die Einreiseformalitäten. Fahrzeuge standen bereit. In schneller Fahrt erreichten wir bald das Gebäude der Botschaft der DDR. Kaum blieb Zeit, das bunte Treiben in der Stadt aufzunehmen. Hütten, Eselkarren, klapprige Autos, Bäume und Parks huschten an uns vorbei.

Begegnung mit dem Präsidenten

Botschafter Prof. Dr. Helmut Matthes, ein Mann von stattlicher Gestalt mit leichtem sächsischem Akzent, bat uns in sein klimatisiertes Arbeitszimmer. Seine Herzlichkeit paarte sich mit profunder Kenntnis sowohl der tansanischen Verhältnisse als auch der Fortschritte und Probleme der mosambikanischen Partner auf dem Weg zur Unabhängigkeit des Landes. Plastisch schilderte er die Ergebnisse seiner jüngsten Gespräche mit Mitgliedern der Führung der FRELIMO. Auf Fragen reagierte er mit überzeugenden Antworten. Prof. Matthes war kein Berufsdiplomat. Sein Vortrag ließ den investigativen Denkansatz und die Methodik des erfahrenen Hochschullehrers erkennen.

Schon das erste Gespräch mit ihm erwies sich als eine solide Grundlage für das Treffen mit Präsident Machel um 13 Uhr. Je näher der Termin heranrückte, umso mehr wuchs die Spannung. Pünktlich fuhr der Präsident vor. Nun stand der legendäre Held des Befreiungskampfes vor uns. Sein Gestus war der eines Militärs, in seinen Augen war ein kaum beschreibbarer Glanz. An seiner Seite ein dunkelhäutiger, schmaler bärtiger Mann und indischen Gesichtszügen. Es war Jorge Rebelo, Sekretär des ZK der FRELIMO. Der Präsident begrüßte Botschafter Helmut Matthes wie einen guten Bekannten. Dann wandte er sich Achim Kindler zu. Ihn kannte er schon fast ein Jahrzehnt.

Bei der Vorstellung der Experten durch den Botschafter schüttelte Machel jedem kräftig die Hand und musterte ihn mit offensichtlich geübtem Blick. Samora Machel erinnerte eingangs an seinen Besuch vor sechs Wochen in Berlin. Es bewegte ihn noch immer sichtlich, daß er in der DDR mit allen staatlichen Ehren empfangen und aufgenommen worden war, obwohl Mosambik noch kein souveräner Staat war. Er betrachtete dies als eine Wertschätzung der von ihm repräsentierten Befreiungsbewegung, die von den Mächtigen der westlichen Welt und ihren Apologeten lange Zeit als Rebellenorganisation diffamiert worden war. Den Präsidenten bewegte natürlich die Frage, was die DDR seit seinem Besuch zur Unterstützung der FRELIMO unternommen habe. Ich informierte kurz über die Entscheidungen, die nach der Dezemberberatung getroffen worden waren und über die mitgeführten Solidaritätsgüter in der IL 62. Machel dankte mit der Bemerkung, auf die DDR sei eben immer Verlaß.

Dann wandte er sich den Aufgaben unserer Gruppe zu. Machel skizzierte Probleme des Übergangs nach dem Abkommen von Lusaka, die der FRELIMO-Führung Sorgen bereiteten. Seine Ausführungen waren akzentuiert und eindringlich, Machels Gedanken schienen ohne Schnörkel, aber erkennbar visionär.

Die FRELIMO verfüge, so informierte der Präsident, in den befreiten Gebieten des Landes über recht stabile Strukturen und gute Erfahrungen. Das beträfe jedoch lediglich ein Drittel des Landes und ausschließlich ländliche Gebiete. Nun aber gehe es um das

Samora Machel (M.), Joaquim Chissano (r.), Marcelino dos Santos (l.)

ganze Land. In weniger als sechs Monaten soll es unabhängig werden. Der erste mosambikanische Staat der Geschichte sollte entstehen.

Die wichtigste Frage, an deren Lösung zu arbeiten sei, laute: Wie soll die Volksrepublik Mosambik gebildet, wie die neue gesellschaftliche Ordnung gestaltet werden? Die DDR habe doch, bemerkte Machel, nach dem Zweiten Weltkrieg auch vor einem Neuanfang gestanden. Folglich könnten unsere Erfahrungen für sie nützlich und anregend sein. Offensichtlich war eben dieser Aspekt Gegenstand seiner politischen Gespräche in Berlin gewesen.

Der Gedanke liege nahe, entgegnete ich. Aber eben nur nahe. Man solle sich nicht der Annahme hingeben, daß man alle Erfahrungen übertragen könne. Was bei uns funktioniert habe, muß es nicht auch andernorts. Ich verwies auf Marx, der geschrieben hatte: »Die Menschen machen ihre eigene Geschichte, aber sie machen sie nicht aus freien Stücken, nicht unter selbst gewählten, sondern unter unmittelbar vorgefundenen, gegebenen und überlieferten Umständen. Die Tradition aller toten Geschlechter lastet wie ein Alp auf dem Gehirne der Lebenden.«[477] Das gelte für unser Land wie auch für das seine.

Präsident Machel quittierte das mit der Bemerkung, Marx habe sicher Recht. Darum müßten wir uns ja erst mit der Lage in Mosambik vertraut machen. Es wäre gut, wenn unsere Gruppe in Lourenço Marques mit der Übergangsregierung zusammenarbeite und nach unserer Analyse Vorschläge für die nächsten Schritte bei der Vorbereitung und Ausgestaltung der Unabhängigkeit unterbreiteten. Und natürlich auch Vorschläge für die weitere Unterstützung durch die DDR.

Das Gespräch mit Samora Machel war ein guter Anfang unserer Mission, in gelöster Stimmung fuhren wir zum Flugplatz.

Wir flogen an der ostafrikanischen Küste südwärts. Die Sicht war klar, Lichter waren am Boden erst in Beira, der zweitgrößten Stadt Mosambiks, auszumachen. Wir überflogen die Delagoa Bay und das Lichtermeer von Lourenço Marques. Als die Maschine ausrollte, war zu erkennen: Der Flugplatz war voller Menschen.

Kein Platz auf, in und neben dem Flughafengebäude war frei. Als die Tür des Flugzeuges zur Gangway geöffnet wurde, stieg unbeschreiblicher Jubel in den Nachthimmel. Nie hätten wir uns vorstellen können, mit welchem Enthusiasmus wir erwartet und emp-

484

fangen wurden. Trommeln dröhnten über den Platz, es wurde gesungen, gerufen. Ich verstand kein Wort, war nur ergriffen. Unsere Verantwortung erhielt eine tiefe emotionale Dimension.

Kaum hatten wir das Flugzeug verlassen, marschierte ein Trupp schwer bewaffneter portugiesischer Soldaten auf uns zu und bildeten für uns eine enge Gasse. Auch vor den Ein- und Ausgängen des Gebäudes standen Soldaten, die unseren erwartungsvollen Blicken mit kalten starren Augen begegneten. Man gewann den Eindruck, als sei den jungen Burschen ein Freund-Feind-Erkennungsgerät implantiert worden. Wir wurden aufgefordert, unsere Pässe abzugeben. Dann folgte eine lange Zeit des Wartens. Plötzlich verschwanden die Soldaten. Ein Afrikaner betrat den Raum, in den Händen hielt er unsere Pässe. Er sei Manuel dos Santos. Er begrüße uns herzlich im Namen der Übergangsregierung. Er werde mit uns in die Unterkunft fahren.

Der erste Eindruck, den ich während dieser gut halbstündigen Fahrt von Lourenço Marques gewann, widersprach gänzlich meinen Erwartungen. Dar Es Salaam war mit seinen Hütten und kleinen, weitgehend ein- und zweistöckigen Häusern dem Klischee einer afrikanischen Stadt nahegekommen. Nun aber begegnete ich im Zentrum von Lourenço Marques durchgehend sieben- und achtstöckigen Gebäuden, es gab sechs- und achtspurige belebte Straßen.

Schließlich bog unsere kleine Fahrzeugkolonne in eine kleine Seitenstraße. Vor uns lag das Hotel »Cardoso«.

Eine sozial geteilte Stadt

Alle waren müde, von den Anstrengungen des langen Fluges wie den Ereignissen in Dar Es Salaam gezeichnet. Manuel, unser Begleiter, lud uns jedoch zu einem Essen ein. Er zeigte uns den Weg zu dem elegant eingerichteten Restaurant, das trotz vorgerückter Stunde gefüllt war, ausnahmslos von Weißen. Ein indischer Oberkellner führte uns zum reservierten Tisch. Manuel blieb jedoch an der Tür stehen, er wolle in der Lounge auf uns warten. Erst nach unserer energischen Intervention nahm er Platz. Es war bisher nicht üblich, daß Afrikaner dieses Viersternehotel betraten, es sei denn als Dienstpersonal. Die lauten Gespräche an den Nachbartischen verstummten. Was uns eine Selbstverständlichkeit war, erschien in den

Augen der anderen Gäste als eine Provokation. Sie steckten die Köpfe zusammen und tuschelten. Einige standen auf und verließen das Lokal.

Schon sechs Monate später war Manuel dos Santos Außenhandelsminister seines Landes. Nicht selten empfing er im »Cardoso« seine Gäste. Der portugiesische Manager des Hotels, der ihn anfangs keines Blickes würdigte, begrüßte ihn dann in serviler Haltung.

Am nächsten Vormittag teilte uns Manuel mit, daß ein erstes Treffen mit der Regierung in den nächsten Tagen stattfinden könne.

Wir nutzten die Zeit, um unsere Fragen für die Recherchen zu präzisieren und ein Konzept zu entwickeln, welche DDR-Erfahrungen mehr oder weniger nützlich sein könnten. Einig waren wir uns darin, daß bei jeder Information über die DDR auf die Besonderheit hinzuweisen war, unter welchen Bedingungen in unserem Land die eine oder andere Lösung gewählt oder auch verworfen worden war. Maxime unseres Handelns sollte sein: keine schematische Übernahme, keine Illusionen wecken. Wir wollten uns erst einmal umzusehen und mit den Menschen reden, ohne sie und uns zu überfordern.

Natürlich sahen wir uns auch in der Umgebung um. Gegenüber dem Hotel betrieb ein älterer Portugiese einen Kiosk mit internationalen Zeitungen. Nur wenige Schritte weiter befand sich das Museum der Stadt mit einer bemerkenswerten zoologischen Sammlung und einer interessanten kulturhistorischen Exposition. Vis-á-vis stand ein großer gepflegter Schulkomplex, das Gymnasium. In entgegengesetzter Richtung ging es vorbei an modernen Hochhäusern mit prachtvollen Marmoreingängen, an kleinen Läden und Restaurants und einem Areal hübscher Villen. Plötzlich stoppte uns eine Schranke. Wir hatten die Residenz des portugiesischen Hohen Kommissars, Senhor Victor Crespo, erreicht. Portugiesische Soldaten in martialischer Ausrüstung hielten Wache. Noch immer zeigte die Kolonialmacht militärische Präsenz. Bei diesem Anblick konnte man kaum vergessen, daß diese Soldaten noch vor wenigen Monaten Dörfer niedergebrannt und Landstriche, in denen sie Widerstand vermuteten, vermint hatten.

Manuel dos Santos hatte uns einen kräftig gewachsenen, freundlichen Afrikaner als Fahrer zur Verfügung gestellt. Jeremão sprach ein wenig Englisch. Seinen klapprigen schwarzen Mercedes lenkte er mit sicherer Hand. Fürsorglich kümmerte er sich um unser Wohl wie um unsere Sicherheit und vermittelte uns ein erstes Bild der durch soziale Barrieren rassistisch geteilten Stadt. Wir wohnten in unserem Hotel in der *cidade de cimento*, der Zementstadt. Das war die Stadt der Weißen, in der etwa 200.000 Menschen lebten. Sie erstreckte sich vom Ufer der Delagoa Bay westwärts. Wohnbauten, Geschäfte, Kinos, Hotels, Krankenhäuser, Apotheken, Restaurants reihten sich aneinander, die Boulevards machten einen einladenden Eindruck. Strom, Wasser und Kanalisation waren vorhanden. Der Stein gewordene Reichtum der Kolonialherrschaft war zu besichtigen. Um die weiße Trutzburg zog sich wie ein breiter Gürtel die schier unübersehbare *cidade de caniço*, die Schilfstadt, in der etwa 500.000 Afrikaner, auch unser Begleiter Jeremão, in einfachen, nicht selten erbärmlichen Hütten lebten. Dort gab es keine festen Straßen. Wasser holte man aus entfernten Brunnen. Die meisten Bewohner dieser Schilf- und Blechhütten wußten am Abend nicht, wovon sie am nächsten Tag leben würden.

Zwischen beiden einander so fremden Teilen der Stadt zog sich ein mehr oder weniger ausufernder Streifen aus Buden und kleinen Läden hin. Dort lebten viele Inder und Afrikaner, denen es gelungen war, den mißlichen Verhältnissen in der Schilfstadt zu entrinnen. Aber auch Weiße der untersten sozialen Schicht der portugiesischen Gesellschaft, oftmals Analphabeten, lebten in dieser »Zwischenzone«. Konsequent hatte die portugiesische Verwaltung die Teilung rechtlich und administrativ ausgestaltet und weiter vertieft.

Das portugiesische Staatsbürgerrecht war in seinem Wesen rassistisch. Streng unterschied es zwischen zivilisierten Bürgern Portugals (cidadãos), nichtzivilisierten Eingeborenen (*indigenas*) und Assimilierten (*assimilados*). Assimilados waren Afrikaner, die weitgehend die portugiesische Lebensart angenommen hatten.

Dem rassistischen Staatsbürgerrecht folgend gab es in der Hauptstadt getrennte Verwaltungskörperschaften für die Zementstadt (*Freguesias*) und die Schilfstadt (*Circumscrições*).

Lourenço Marques war auch im Februar 1975 eine Stadt schreiender Widersprüche, in der sich jeder nur im eigenen Viertel zu Hause fühlte, während er im anderen Teil fremd und nicht akzeptiert war. Die Spaltung der Gesellschaft nach Hautfarbe und sozialem Status war nicht zu übersehen.

Wo, so fragten wir uns, war da ein Ansatz für einen Neubeginn?

Übergangsregierung – Übergangsprobleme

Drei Fahrzeuge holten uns am nächsten Vormittag ab. Zügig ging es über einen breiten Boulevard. Dann passierten wir die Einfahrt eines mehrstöckigen Gebäudes. Zügig ging es auf einer schneckenartigen Fahrbahn aufwärts. Auf einer Plattform in der dritten Etage endete die Fahrt. Wieder standen Bewaffnete vor uns, diesmal ausschließlich Afrikaner. Sie waren anders uniformiert und bewaffnet als die Portugiesen auf dem Flugplatz. Jeremão, der Fahrern, begrüßte sie wie alte Bekannte. Es waren Angehörige der FPLM, der Volksbefreiungsstreitkräfte Mosambiks.

Manuel dos Santos führte uns durch lange Gänge. Schließlich betraten wir ein recht geräumiges Zimmer. Auf einem riesigen Tisch in der Mitte des Raumes türmten sich Aktenberge. Es schien, als unterbreche man unseretwegen die Sitzung. Joaquim Alberto Chissano, der Ministerpräsident, begrüßte uns herzlich. Er stellte uns die Teilnehmer der Beratung vor. Armando Emilio Guebuza, Minister für innere Verwaltung, ein jugendlich wirkender Afrikaner mit lebendigen, lustigen Augen, Teilnehmer des bewaffneten Kampfes, der in befreiten Gebieten und an der Sambesifront die Bildungsarbeit geleitet hatte; Mário da Graça Machungo, Minister für wirtschaftliche Koordinierung, ein junger großgewachsener Mann, der während seines Studiums in Portugal mit der FRELIMO Kontakt aufnahm; Rui Baltazar dos Santos Alves, Justizminister, ein portugiesischer Demokrat; Guido Ndobe, Minister für Erziehung und Kultur, ein bärtiger Afrikaner, der bereits während des Befreiungskampfes Bildungsarbeit leistete; Mariano de Araujo Matsinhe, Minister für Arbeit, ein Afrikaner von gedrungner Gestalt, ein erfahrener Kämpfer und Politiker der FRELIMO; João Ferreira, ein Mosambikaner portugiesischer Herkunft, der als Gegner kolonialer Repression die portugiesische Armee vor Jahren verlassen und sich der FRELIMO zur Verfügung gestellt hatte; Joaquim Ribero de Carvalho, ein Mann mit arabisch gezeichneten Gesichtzügen und sehr selbstbewußtem Auftreten. Er gehörte seit Jahren zum Kern der FRELIMO-Kader, galt als Wirtschaftsfachmann und stand der Kommission für die Beziehungen mit Portugal vor. Neben ihm saß Jorge Tempe, Staatssekretär für Landwirtschaft. Schließlich die einzige Frau in dieser Runde: Graça Simbine, eine schlanke schöne Afrikanerin mit einer auffallenden dunklen Stimme, Staatssekretärin für Erziehung. Auch sie hatte aktiv am Befreiungskampf teilgenommen. Als Volksbildungsminister sollte sie später in der Regierung der Volksrepublik eine fruchtbringende Arbeit leisten. Sie wurde die Ehefrau von Samora Machel. In den 90er Jahren schloß sie mit Nelson Mandela den Ehebund und steht ihm seither zur Seite.

Das war eine Runde beeindruckender Persönlichkeiten. Schon die Zusammensetzung zeigte die ethnische Vielfalt der mosambikanischen Gesellschaft und der FRELIMO. Die meisten von ihnen waren vielleicht Anfang dreißig. Doch die Last der Verantwortung und auch der Mangel an Schlaf hatte alle sichtlich gezeichnet. In den vier Monaten seit Bildung der Übergangsregierung hatte es zwei bewaffnete Putschversuche portugiesischer Siedler und Militärs gegeben, die zu bewaffneten Auseinandersetzungen bis in das Zentrum von Lourenço Marques geführt hatten. Joaquim Chissano beschrieb die aktuelle Situation in der Hauptstadt und im Lande in einer Offenheit, die manchen von uns überraschte. Er sprach mit leiser Stimme. Als wären wir alte Bekannte, zog er uns ins Vertrauen.

Eine erste Bestandsaufnahme der Übergangsregierung hatte ergeben, daß die portugiesische Kolonialverwaltung kein eigenständiger, lebensfähiger Organismus war, sondern der Appendix der Lissabonner Bürokratie. Den in Mosambik vorhandenen Strukturen auf administrativem, wirtschaftlichem und sozialem Gebiet fehlte eine wirkliche Entscheidungsebene. Je mehr man sich der Unabhängigkeit näherte, desto stärker wuchs die Erkenntnis, daß es nicht vorrangig darum gehen könne, Vorhandenes umzugestalten und den neuen Verhältnissen anzupassen. Es ging um einen völligen Neubeginn.

Dies umso mehr, als portugiesische Beamte und Fachleute zunehmend das Land verließen. Nicht nur die Repräsentanten der Kolonialmacht, sondern auch Ingenieure, Handwerker, Angestellte und anderes Verwaltungspersonal reisten aus. Die Profiteure des Kolonialregimes hatten ihre Perspektive verloren, Beamte hofften durch Rückkehr nach Portugal die Pension zu erhalten. Nicht wenige betrieben ihre Ausreise auch, weil sie sich gegenüber der afrikanischen Bevölkerung schuldig gemacht hatten und nun mit juristischer Verfolgung rechneten. Die sich anbahnende Veränderung der gesellschaftlichen Strukturen erzeugte Unsicherheit und Ängste, die natürlich auch künstlich von den Gegnern geschürt wurden.

Das nahm hysterische Züge an, die zum Massenexodus der Weißen führte. So waren binnen weniger Monate nicht nur viele Schreibtische in den Verwaltungen, sondern auch Arbeitsplätze in Betrieben, Krankenhäusern, Farmen verwaist. Selbst Schalter in Postämtern blieben unbesetzt. Was an Rudimenten der Verwaltung blieb, erwies sich als sozial kaum akzeptabel und funktional kaum nutzbar.

Große Hoffnungen setze Chissano auf die Dynamisatorengruppen. Sie waren nach dem Abkommen von Lusaka nach dem Vorbild der Komitees in den befreiten Gebieten landesweit gebildet worden. In diesen in Dörfern, Stadtteilen, Betrieben, Verwaltungen und Einrichtungen tätigen Gruppen wirkten Menschen unterschiedlicher Herkunft, Bildung und Hautfarbe. Sie sollten auftretende Probleme analysieren und lösen, Wirtschaftssabotage verhindern, das gesellschaftliche Leben und die Produktion organisieren. Neues sei hier unübersehbar, sagte Chissano, aber man stehe erst am Anfang, täglich wüchsen die Probleme.

Der Regierungschef forderte uns auf, unsere Überlegungen vorzutragen. Doch angesichts der sichtlich übermüdeten Zuhörer schien es uns angeraten, lediglich über einige Grundfragen der Organisation einer demokratischen Staatsmacht zu informieren. Wir berichteten dabei auch über Erfahrungen beim Aufbau einer demokratischen Verwaltung und Justiz, über die Ausbildung von Staatsangestellten, die Organisation der Wirtschaft, die Gestaltung des Finanz- und Währungssystems, über den Neuanfang im Bereich der Bildung, besonders auch über Bündniserfahrungen und die Zusammenarbeit mit Spezialisten in der Wirtschaft und Wissenschaft.

Bald waren wir uns mit unseren Gastgebern darüber einig, daß unsere vordringlichste Aufgabe darin bestehen müsse, in der Hauptstadt und in den Provinzen zu recherchieren. In vier Wochen wollten wir uns im gleichen Kreis wieder treffen, um unsere Analysen und Vorschläge zur Beratung zu stellen.

Kollabierende Kolonialwirtschaft

Das Büro des Ministers für wirtschaftliche Koordinierung befand sich in einem mehrstöckigen Gebäude, in dem auch mehrere nationale Direktionen und andere Einrichtungen untergekommen waren. Es lag nicht weit vom Hotel »Cordosa«. Ich ging zu Fuß mit

Ernst Höfner, Bernhard Profee und der Dolmetscherin Irina Matschke dorthin. Das Ministerium bestand nur dem Namen nach, es war noch keine funktionsfähige Verwaltungskörperschaft. Der Minister Mário Machungo begrüßte uns in einem relativ kleinen, schmucklosen Arbeitszimmer, das ziemlich dunkel wirkte. Der Tisch und Regale waren überladen mit Papieren. Im unteren Teil des Fensters brummte die Klimaanlage. An Machungos Seite standen Joaquim Carvallo und João Ferreira.

Der Minister gab uns einen Überblick über die aktuelle wirtschaftliche Situation. Der Zusammenbruch des faschistischen Caetano-Regimes in Portugal und seiner Kolonialherrschaft hatten in Mosambik die wirtschaftlichen Kreisläufe in Mosambik erschüttert. Die zumeist noch junge Industrie des Landes war in kurzer Zeit von dringend erforderlichen Zulieferungen weitgehend abgeschnitten. Investitionsvorhaben wurden eingestellt. Die nach Portugal zurückströmenden Militärs und Kolonialbeamten versuchten, ihr Geld in Waren anzulegen, um diese Sachwerte ins Mutterland zu transferieren. Portugiesische Gewerbetreibende brachten über den Seeweg ihre Maschinen, Produktionsanlagen und angehäufte Reichtümer außer Landes. Das spitzte die ohnehin schon angespannte wirtschaftliche Situation weiter zu. Es häuften sich die Meldungen, daß nichttransportable Produktionsanlagen zerstört würden.

Die Verknappung der Güter führte zur fortgesetzten Steigerung der Preise. Die Inflation wurde durch den internationalen Wertverlust des portugiesischen Escudo forciert. Das führte zu allgemeiner Unzufriedenheit und Lohnforderungen der Beschäftigten. Die Preis-Lohn-Spirale sei, so Minister Machungo, kaum noch zu beherrschen. Das Währungssystem in Mosambik wurde unverändert von der Lissaboner *Banco Nacional Ultramarino* gesteuert. Machungo machte keinen Hehl daraus, wie sehr ihn die gegenwärtige Situation bedrückte.

Dann wandte er sich der Landwirtschaft zu. Er berichtete über die weit verbreitete Subsistenzwirtschaft der afrikanischen Bevölkerung, über den von der Kolonialverwaltung verfügten Zwangsanbau vor allem von Baumwolle, über die Plantagenwirtschaft der weißen Farmer sowie die Zwangsumsiedlung afrikanischer Bauern.

Das vorwiegend von portugiesischen Zwischenhändlern betriebene landwirtschaftliche Vermarktungssystem – es gründete sich vorwiegend auf den Naturalaustausch ländlicher Erzeugnisse gegen

Petroleum, Salz, Streichhölzer usw. – kannte kaum Ware-Geld-Beziehungen. Wegen der Rückkehr der Händler nach Portugal und wegen fehlender Waren war das System am Zusammenbrechen.

Die Produktion von Baumwolle, bis zum Vorjahr noch Grundlage der Textilindustrie und wichtiges Exportgut, war in weiten Teilen des Landes zum Erliegen gekommen. Über Jahrzehnte hatte die Kolonialverwaltung die afrikanischen Familien gezwungen, Baumwolle anzubauen. Wer dieser Pflicht nicht im vollen Umfang nachkam, wurde hart bestraft.

Die Baumwolle bereitete den Bauern von der Pflanzung über die Pflege bis zur Ernte unsägliche Mühe. In den Dörfern sprach man von der blutigen Geschichte der Baumwolle. Als die Kolonialmacht zerfiel, stellten viele den Baumwollanbau gleichsam als Akt der Selbstbefreiung ein, zumal für den Bauern selbst die Pflanze kaum zu verwerten war.

Am Abend im Hotel tauschten wir unsere Eindrücke und Beobachtungen aus. Dr. Kupferschmidt, unser Tropenarzt, hatte in der Gesundheitsdirektion erfahren, daß für etwa 12 Millionen Mosambikaner nie mehr als etwa 350 Ärzte tätig waren. Und von diesen waren inzwischen etwa 280 nach Portugal, Südafrika oder Brasilien gegangen. Für die medizinische Versorgung der 540.000 Menschen in der Provinz Cabo Delgado stand lediglich noch ein Arzt zur Verfügung.

An den folgenden Tagen waren wir wiederholt bei Mário Machungo. Wir sprachen über das weitgehend von Südafrika abhängige Transportsystem des Landes, über die Kontraktarbeit mosambikanischer Arbeiter im südafrikanischen Bergbau und über die Rohstoffversorgung der importabhängigen Textilindustrie.

Unterkühlte Banker

Das Währungssystem in Mosambik war unverändert mit den finanziellen Kreisläufen Portugals verbunden. Die Summe des umlaufenden Geldes hatte sich allein 1974 vervielfacht. Die Inflation trieb die Preise hoch. Nicht nur die Chefetagen und der gesamte Mittelbau, auch die meisten Stellen auf unterster Ebene der Finanzverwaltungen und in den Schalterräumen der Überseebank waren von Weißen besetzt. Sie zeigten kaum Bereitschaft, mit Vertretern der

Übergangsregierung zu kooperieren. Wir wurden gebeten, gemeinsam mit einem Regierungsvertreter die *Banco Nacional Ultramarino* zu besuchen, um einen Einblick in diese Schaltzentrale kolonialer Ausbeutung zu gewinnen. Wir erhielten einen Termin beim Board, dem Leitungsgremium der Überseebank. Gemeinsam mit Mário Machungo fuhren wir in die *Baixa*, die untere Stadt, in der sich die Dependancen von Handelshäusern, Banken und Versicherungen konzentrierten. Das nobelste Gebäude an der Hauptstraße gegenüber der Postzentrale gehörte der Banco Nacional Ultramarino.

Wir wurden mit zurückhaltender, ein wenig gönnerhaften Freundlichkeit in der Halle in Empfang genommen. In der Chefetage stand ein elegant gekleideter Zerberus. Er zeigte Erstaunen, als er Mário Machungo erblickte. Vermutlich war er der erste Afrikaner, der diese heiligen Hallen betrat.

Nach geraumer Zeit wurden wir in einen Beratungsraum geführt, wo uns vier portugiesische Herren mit ausnehmender Zurückhaltung begrüßten. Kein Händedruck, kein Wort der Entschuldigung, daß man uns länger als eine Stunden hatte warten lassen, obwohl der Termin vereinbart war.

Der Sprecher des Vorstandes schilderte die Rolle seiner Bank als der eines Heilsbringers für den afrikanischen Kontinent. Die anderen Herren schauten gelangweilt an die Decke.

Unsere Fragen nach der Währungssituation, möglichen Reserven und der Bilanz des letzten Jahres wurden mit kühlem Verweis auf die alleinige Kompetenz der Lissabonner Zentrale abgeblockt. Das Limit selbständiger Kreditvergabe war für die mosambikanische Zentrale der Ultramarinbank offenbar geringer als das einer Kreissparkasse. Alle ernsthaften Vorhaben bedurften der Zustimmung aus Lissabon. Die Banker, denen wir gegenüber saßen, gebärdeten sich zwar als allwissende Herren des Geldes und der Wirtschaft. Nach eigener Darstellung trugen sie kaum eigene Verantwortung. Sie waren nichts als hochbezahlte Gehilfen der heimatlichen Bürokratie. Die vier Bankdirektoren und alle leitenden Angestellten des Hauses bereiteten ihre Rückkehr nach Portugal vor.

Als wir die gekühlten Räume des Bankdirektoriums verließen, holten wir tief Luft. Diese Begegnung war beklemmend und ernüchternd zugleich gewesen. Mário Machungo wandte sich an uns. »Das schaffen wir nicht allein. Wir brauchen so schnell wie möglich Hilfe im Bankwesen!« Berlin reagierte unverzüglich.

Wenige Wochen später nahmen zwei international erfahrene Fachleute der Staatsbank der DDR, Prof. Wolfried Stoll und Helmut Schubert, ihre Arbeit in Lourenço Marques auf. Sie standen dem ersten mosambikanischen Präsidenten der Bank, Alberto Cassimo, einem recht jungen FRELIMO-Kader, der in Kiew ein Ökonomiestudium absolviert hatte, mit Rat und Tat zur Seite. Leider verstarb der begabte Cassimo nach kurzer Amtszeit.

Aber auch seinem Nachfolger waren die Fachleute aus der DDR über viele Jahre unentbehrliche Helfer.

Feldstudien

Nach den ersten Beratungen in der Hauptstadt absolvierten wir in den folgenden Wochen ein konzentriertes Arbeitsprogramm. Julian Holender und Achim Kindler bereiteten die Ankunft der nächsten Solidaritätsmaschine der Interflug vor, sie war für die zweite Februarwoche avisiert. Siegfried Bollmann ging auf eine pädagogische Erkundungsreise durch die südlichen Provinzen, Peter Spacek verschaffte sich einen Überblick von der Medienlandschaft. Unser Tropenarzt beschäftigte sich eingehend mit dem Gesundheitswesen.

Ernst Höfner, Bernhard Profee und ich reisten durch alle Provinzen, um uns vor Ort ein Bild von den Problemen zu machen. João Ferreira und George Tempe begleiteten uns. Sie erwiesen sich als kundige und hilfsbereite Betreuer.

Erwartungen und Tristesse

Die erste Station war Moamba, eine Kleinstadt an der wichtigen grenzüberschreitenden Eisenbahnstrecke nach Südafrika. In wenigen Stunden trafen wir mit dem PKW dort ein, die Straße in Richtung Nordwest war in einem guten Zustand. Von Moamba waren es keine 30 Kilometer bis zur südafrikanischen Grenze. Das Gebiet um Moamba wie der Süden der Provinz Gaza überhaupt war geprägt von intensiv arbeitenden Landwirtschaftsbetrieben und guten Viehbeständen.

Im Rathaus, dem Sitz des früheren Administrators, trafen wir Mitglieder der Dynamisatorengruppe, die Verantwortung für den Ort und die Umgebung übernommen hatten. Sie bewegten sich zögerlich in diesen Amtsräumen, als wären sie noch immer ungebetene Gäste. Das Büro des geflohenen Administrators schien unverändert.

Wir wurden als erste ausländische Delegation willkommen geheißen. In dieser Dynamisatorengruppe gab es einen Vorsitzenden, eine Verantwortliche für Alphabetisierung und Frauenfragen, einen Beauftragten für Information und den Chef der Volksmiliz. Diese Funktionen hatten sich in den befreiten Gebieten herausgebildet. Erziehung, Information und Sicherung des Erreichten standen im Zentrum der politischen Bemühungen. Den wirtschaftlichen, infrastrukturellen und finanziellen Angelegenheiten wurde gegenwärtig wenig – nicht selten auch zu wenig – Aufmerksamkeit gewidmet.

Der Vorsitzende informierte uns über die Lage im Ort. Man spürte dabei eine eigentümliche Mischung aus Kenntnis- und Erfahrungsmangel und Verlegenheit. Alles wurde recht umständlich vorgetragen.

Diese Haltung sollte mir auch später begegnen. Sie resultierte aus einer merkwürdigen Mischung aus Gewohnheit, Fatalismus und Genügsamkeit. Fehlte etwas, ersetzte man es durch Vorhandenes. War dies aufgebraucht, hatte es sich eben erledigt. Auch früher herrschte Mangel, und es war, so die Denkungsart, irgendwie immer weitergegangen.

War Diesel vorhanden, lief der Generator, der Strom für öffentliche Gebäude lieferte. Kam kein Diesel, gab es keinen Strom. Lebten nicht auch andere ohne Strom? Dramatisch wurde es, wenn sich diese Lethargie mit Unwissenheit paarte, wie wir es wenig später in einem Dorf erleben mußten. Dort war im Rahmen einer internationalen Hilfsaktion eine kleine Rinderherde von zehn Färsen und zwei Jungbullen übergeben worden. Aus Freude darüber schlachteten die Dorfbewohner die beiden kräftigsten Tiere, die Bullen.

Was man sich nicht erklären konnte, schrieb man bösen Geistern zu.

Im Rathaus von Moamba begegneten wir den Anfängen des tatsächlichen Befreiungsprozesses auch vom Analphabetentum. Dennoch: Die Menschen dort wurden von den Problemen des Tages derart bedrückt, daß der Blick nach vorn schwerfiel.

Als wir vorschlugen, einige Landwirtschaftsbetriebe zu besuchen, zögerten sie. Der Grund war nicht ersichtlich, Fahrzeuge standen zur Verfügung. Wir durchfuhren die Siedlung Movene. Links und rechts der Straße waren saftige Weiden. Malerisch darauf verteilt waren Störche, Flamingos und viele andere Vögel, jedoch keine Vierbeiner. Wenige Kilometer weiter hielt die Kolonne in Chanculo. Unweit des Inkomati-Flusses fanden wir eine Ansiedlung portugiesischer Bauern. Die Häuser waren im europäischen Stil, die Dächer ziegelgedeckt. Auf dem Dorfplatz kamen einige Einwohner zusammen, vorwiegend weiße Frauen, Männer und etliche kräftige dunkelhäutige Burschen. Es waren, wie sich später herausstellte, Landarbeiter aus Madagaskar.

Wir wurden sehr reserviert begrüßt. Wir hatten ein afrikanisches Dorf erwartet, keine portugiesische Siedlung. Um ins Gespräch zu kommen, erklärten wir unsere Absicht, das Land kennenlernen zu wollen und unseren Freunden so gut wie möglich zu helfen. Da seien wir falsch hier, wurde uns entgegnet, hier sei niemandem mehr zu helfen.

Nach und nach kam heraus: Den Bauern ging es schlecht. Ihre Rinder wurden nachts von Viehdieben gestohlen und vermutlich nach Südafrika getrieben.

Die meisten der weißen Siedler waren vor Jahren aus Portugal gekommen, wo sie oft lange Zeit arbeitslos waren. Sie folgten seinerzeit dem Vorschlag der Regierung in Lissabon, in Mosambik eine Bauernstelle zu übernehmen, um sich eine Existenz aufzubauen. Das erfolgte in der Absicht, einen »weißen Gürtel« zu schaffen, der von Südrhodesien über Süd-Mosambik bis Südafrika reichen sollte. In dieser Region gab es reichlich Wasser, der Boden war fruchtbar, das Klima für Europäer erträglich. In der Regel erhielten sie etwa 60 Hektar Land zugeteilt.

Diese Siedler der ersten Generation hatten sich im Paradies niedergelassen und nie gefragt, wer vorher auf diesen Ländereien gelebt hat. Die Nachrichten über die Befreiungskämpfe in Mosambik hatten sie zwar verfolgt, aber verdrängt. Das alles fand etliche hundert Kilometer weiter nördlich statt.

João versuchte, ihnen Hoffnung zu vermitteln, auch im künftigen Mosambik gäbe es einen Platz für sie. Sie aber wollten weg. Sie bewegte nur noch, wie der Transport organisiert und finanziert werden könne, ob das verbliebene Eigentum versilbert oder besser mitgenommen werden sollte. Niemand von ihnen hatte eine Vorstellung darüber, wie es danach weitergehen könne. Es waren einfache

Leute, die früh die Hoffnung verloren hatten und nun vom Ausreisesog erfaßt worden waren. Über Alternativen im freien Mosambik mochten sie nicht nachdenken.

Abgebrochene Projekte

Am nächsten Tag flogen wir mit einer Cessna, dem Limpopo-Fluß folgend, nach Nordwest. Unser Ziel war Massingir, eine kleine Distrikthauptstadt nahe der Grenze zu Südafrika. Problemlos landete die Maschine auf der Graspiste. Vertreter der FRELIMO, der Chef der Volksmiliz und einige portugiesische Ingenieure begrüßten uns. Man brachte uns in die Distriktverwaltung.

Der von der Übergangsregierung eingesetzte Administrator war ein selbstbewußter, kaum 30jähriger Afrikaner. Das ihm übertragene Amt übte er sichtlich couragiert aus. Er gehörte zu den Befreiungskämpfern, die im Norden des Landes an den opferreichen Kämpfen gegen die portugiesische Kolonialarmee beteiligt waren. In Schulen der FRELIMO im tansanischen Nachingwea und Bagamoyo hatte er sich weitergebildet und danach erste Aufgaben bei der Verwaltung der befreiten Gebiete wahrgenommen. Nun stand er einem wichtigen Grenzdistrikt vor. Mitstreiter hatte er in allen Teilen der Bevölkerung gefunden. Unkompliziert auch sein Verhältnis zu den anwesenden portugiesischen Ingenieuren.

Er berichtete anschaulich über die Dörfer seines Distriktes und Fortschritte bei der Bildung von Dynamisatorengruppen. Sorgen bereiteten dem Administrator vor allen der Rückgang des Warenaustausches wegen fehlender Gebrauchsgütern. Große Erwartungen richtete man auf die Fertigstellung der Stauanlagen am Elefantenfluß und der damit verbundenen Gewinnung Tausender Hektar bewässerter Fläche.

Dieses Projekt war vor Jahren von der portugiesischen Regierung im Rahmen des *Plano Fomento*, des Förderungsplanes, in Angriff genommen worden. Dort sollten Tausende landlose und arbeitslose Portugiesen angesiedelt werden. Auf diese Weise wollte Lissabon die wachsenden sozialen Spannungen in Portugal mindern und in der Kolonie den Export von devisenbringenden Agrarprodukten fördern. Nun aber hatte Lissabon die Mittel zur Fertigstellung der Anlagen eingefroren. Der portugiesische Chefingenieur informierte uns über technische Aspekte des Projektes und äußerte sich auch zum Finanzbedarf. Er und seine Mitarbeiter seien bereit, an der Fertigstellung »ihrer« Bewässerungsanlage mitzuwirken.

Jorge Tempe, der Staatssekretär für Landwirtschaft, notierte alle wesentlichen Informationen. Auch er konnte nicht sagen, wie das Objekt genutzt und weiter ausgebaut werden könnte. Zuwanderung aus Portugal war wohl auszuschließen. Die einheimischen Bauern pflegten die traditionellen Anbaumethoden: Wanderhackbau und Brandrodung. Man bearbeitete das Land rings um die Hütte mit der Hacke. Wurde der Boden müde und die Hütte brüchig, suchte man einen neuen Platz. Eigentum an Boden, wie es etwa in Europa üblich war, kannte man nicht. Ob die bäuerliche Bevölkerung bereit war, wie in den befreiten Gebieten sich zu Kooperativen oder Präkooperativen zusammenzuschließen, war nicht absehbar. Der Staudamm von Massingir bot perspektivisch große Möglichkeiten. Doch ob und wie diese genutzt würden, stand in den Sternen.

Wir schauten uns die Bewässerungsbauten an. Über eine riesige Fläche zog sich ein Hauptdamm, hinter dem sich die zu einem See angestauten Wassermassen bis an den Horizont erstreckten. Schleusen, Hauptflutkanäle und Zuleitungen zu den künftigen Feldern waren noch im Bau. Die Kräne aber standen still. Die Investitionsmittel waren gesperrt, Kredite nicht ohne Bürgschaften zu bekommen, Bürgschaften aber wollte und konnte niemand übernehmen. Sollten die Tausenden Tonnen Beton und Stahl in den Sand gesetzt sein? Niemand mochte daran denken, aber keiner hatte eine Idee, wie man das Vorhaben zu Ende bringen konnte.

Wir verließen Massingir und flogen weiter. Gegen Abend landeten wir auf einem Feldflugplatz nahe Guija. Dort übernachteten wir. Beim Abendessen meinte Jorge Tempe. »Ich muß mit Joaquim Chissano unbedingt über Massingir sprechen. Hoffentlich hat er die Zeit, die Kraft, sich auch noch mit diesem Problem zu beschäftigen.« Von unserer Seite wurde angemerkt, daß es doch sicher auch ratsam wäre, kooperationsbereiten Portugiesen möglichst bald ein Signal zu vermitteln, daß sie im neuen Mosambik ihren Platz finden werden. »Wahrscheinlich habt ihr Recht«, antwortete Jorge, das aber sei auch keine einfache Angelegenheit. Inzwischen gibt es Nachrichten darüber, daß das Gebiet um Massingir wieder das Interesse von Investoren findet. Von Naturparks und Tourismus ist dabei vorrangig die Rede. Die Hoffnung, daß das enorme landwirtschaftliche Potential dieses Gebietes im Interesse der Schließung der Nah-

Unterwegs im Norden Mosambiks

rungsgüterlücke des Landes künftig erschlossen werden kann, scheint zu welken …

Am nächste Morgen erreichten wir nach kurzer Fahrt im Landrover den Agrarkomplex von Trigo Morais, der heute Chokwe heißt. Vor uns lagen riesige planierte Flächen. Ausgebaute Fahrstraßen für schwere landwirtschaftliche Maschinen und Bewässerungsgräben unterschiedlicher Breite durchschnitten das Terrain. Reis, Weizen, Mais und Tomaten wuchsen auf üppigen Feldern. Im Zentrum des Gebietes befanden sich neben der relativ modernen Verwaltung eine Käserei und ein kleiner Schlachthof für Rinder und Schweine. Alles war interessant und überraschend zugleich. Es erschien fast wie ein Garten Eden.

Nirgendwo wurde mit der Hacke, überall mit Maschinen gearbeitet. Wir begegneten gebildeten Fachleuten, Europäern und Afrikanern, die ihr Handwerk verstanden, souverän die komplizierte Technik und die Regeln einer modernen Agrarwirtschaft beherrschten. Nicht wenige der Afrikaner hatten den Umgang mit Pumpen, Verbrennungsmotoren und Schweißtechnik in den Goldminen Südafrikas kennen gelernt.

Trigo Morais gehörte mit zu jenem »weißen Gürtel«, der zugleich ein Schutzwall gegen die nationale Befreiungsbewegung sein sollte. 1974 geriet das noch unvollendete Projekt von Trigo Morais ebenfalls in die Krise. Die Kassen der Gesellschaft waren seit Monaten leer. Die Leiter waren e abgereist. Geblieben waren einige portugiesische Techniker und die meisten der afrikanischen Arbeiter. Sie hatten es nicht über das Herz bringen können, das fruchtbare Land sich selbst zu überlassen. Es mangelte an Treibstoff und vielem anderen. Sie blieben trotzdem.

Es lag auf der Hand, daß wir denen den Rücken stärken halfen, die eine Fortsetzung und Förderung dieses Zukunftsprojektes befürworteten. Zusagen zu machen lag nicht in unserer Vollmacht. Wir waren uns allerdings gewiß, daß die DDR helfen würde. Jahre später besuchte ich erneut den Betrieb, der nun Agro-industrieller Komplex Chokwe hieß. Mähdrescher vom VEB Fortschritt Neustadt, Lastwagen aus Ludwigsfelde und Krananlagen von TAKRAF Leipzig dominierten den Maschinenpark des Betriebes. Ein ermutigender Anfang. Er allein reichte aber nicht aus, um alle Entwicklungsprobleme dieses Projektes zu bewältigen.

Die blutige Geschichte der Baumwolle

In jedem Ort, den wir besuchten, spürten wir die unbeschreibliche Freude der afrikanischen Bevölkerung über das Ende der barbarischen Kolonialzeit. Nicht minder unübersehbar waren die Probleme, die aus dem Zerfall der alten Strukturen und der wirtschaftlichen Kreisläufe rührten.

Ministerpräsident Joaquim Chissano hatte uns eingeladen, mit ihm nach Beira zu fliegen. Er war von Gesprächen mit dem Präsidenten der FRELIMO, Samora Machel, in Dar Es Salaam zurückgekehrt und wollte die Ergebnisse mit den Gouverneuren der FRELIMO in Beira und Nampula auswerten. Das gab uns Gelegenheit zum Gedankenaustausch. Wir teilten erste Eindrücke und Erfahrungen unserer Exkursion mit.

Mit Armando Panguene und Canguela de Mendonça lernten wir zwei Freiheitskämpfer kennen. Nunmehr waren sie Repräsentanten zweier wichtiger Provinzen. Ihre sachlichen Berichte über die Situation und ihre Lösungsvorschläge erweiterten unseren Kenntnishorizont. Chissano drängte auf eine realistische Analyse der Lage, forderte die Korrektur von Irrtümern und weitere energische Schritte auf dem Weg der Entkolonialisierung. Wir verließen die

Beratung mit dem guten Gefühl, daß solche Männer Berge versetzen würden.

Am nächsten Tag fuhr ich mit Bernhard Profee und Wolfgang Leuschner in die Siedlung Villa Fonte. Wir wollten vor Ort uns kundig machen über den Anbau von Baumwolle und ihre Verarbeitung. Bald verließ unser vom Distriktadministrator gesteuerter Jeep die ausgebaute Straße. Mehr als fünfzig Kilometer ging es über tief zerfurchte Wege. Rechts und links des Weges waren Baumwollplantagen zu sehen. Die Pflanzen waren verdorrt. Immer wieder hielten wir an, um mit Bewohnern kleiner Siedlungen am Rande der Pflanzungen zu sprechen. Meist waren sie über unsere Anwesenheit verwundert. Fragten wir nach den Ursachen für den Zustand der Felder, erhielten wir immer die gleiche Antwort: »Nie wieder wollen wir uns auf diesen Feldern schinden!«

Leidenschaftlich wurde vorgetragen, wie die Männer und besonders die Frauen unter Androhung und Vollstreckung drakonischer Strafen gezwungen worden waren, auf den Feldern der Baumwoll-Company zu schuften. Man zeigte uns Narben von Stockhieben und Peitschenschlägen, berichtete von Verhaftungen und Deportationen. Die Befreiung vom Zwangsanbau der Baumwolle wurde als Sieg über das Kolonialregime betrachtet. Es war ein Aufschrei der ausgebeuteten und gequälten Bauern. Einige der Bauern wußten bereits, was aus den Baumwollplantagen werden sollte. Sie wollten dort Mais, Maniok und andere Früchte anbauen. Obwohl es uns schwer von den Lippen ging, fragten wir dennoch: Und wo sollen die Fasern für eure Bekleidung herkommen?

»Von wem auch immer – von uns jedenfalls nicht«, lautete die Antwort. Obendrein wurde uns geraten umzukehren. Den beschwerlichen Weg nach Villa Fonte könnten wir uns ruhig sparen. Dort fehle es an Baumwolle, und vieles sei kaputt.

Trotz dieser Warnungen fuhren wir weiter. Im Zentrum des Anbaugebietes befand sich eine Baumwollreinigungsanlage. Bis 1974 wurden dort jährlich rund 30.000 Tonnen Baumwolle verarbeitet. Inzwischen hätten sich jedoch die Herren der Company aus Villa Fonte und viele ihrer portugiesischen Mitarbeiter und Zwischenhändler abgesetzt. Es fehlte an Rohbaumwolle, an Saatgut und Ersatzteilen für die Maschinen.

Nach diesem Tag fragten wir uns wieder besorgt, welcher Kräfte es bedürfe, um diese Probleme zu lösen.

Mit der FELIMO war vereinbart, daß wir bei unseren Studien in den Provinzen auch Gespräche mit verbliebenen portugiesischen Beamten führten. In fünf der damaligen elf Provinzen – Villa Pery, Tete, Niassa, Gaza und Insel Moçambique – waren, wie in Lusaka geregelt, die früheren Kolonialgouverneure nunmehr im Dienst der Übergangsregierung tätig.

Von Beira aus führte eine gut ausgebaute Asphaltstraße nach Villa Pery (heute Chimoio), der Hauptstadt der Provinz Manica. Am Abend trafen wir die Repräsentanten des FRELIMO-Komitees der Provinz. Sie fragten besorgt, ob unser Gespräch mit dem Gouverneur gut überlegt sei. Sie hatten nur schlechte Erfahrungen mit diesem Mann und der von ihm geführten Verwaltung gemacht. Während der Kolonialzeit hatten sie sich als willige Vollstrecker Lissabons einen berüchtigten Namen gemacht. Einige unserer Partner hatten an bewaffneten Aktionen der FRELIMO in der Provinz Manica teilgenommen. Für sie waren unsere künftigen Gesprächspartner Feinde. Der Gouverneur Caniça sei einer der Protagonisten der kolonialfaschistischen Kräfte Portugals in Mosambik. Zwischen dem Gouverneur und dem FRELIMO-Komitee gäbe es so gut wie keine Beziehungen. Jeder ignoriere den anderen.

Das alles wurde mit Leidenschaft vorgetragen. Ein Veteran des Befreiungskampfes, er wurde Tiger genannt, schlug vor, unsere Beratungen abzusagen und uns besser in anderen Provinzen umzusehen.

João Ferreira, der uns als Vertreter der Übergangsregierung begleitete, meinte, wir befänden uns wohl in einer schwierigen Situation. War aber Rückzug eine akzeptable Alternative?

In vier Monaten werde die Übergangszeit zu Ende sein. Dann liege alle Verantwortung in den Händen der FRELIMO, erklärten wir. »Ist es da nicht ratsam, sich vorher mit dem Vorhandenem zu beschäftigen? Auch, um weitere wirtschaftliche Sabotage abwenden zu können?« Schließlich war die Überwindung kolonialer Machtausübung zum Gegenwartsproblem geworden. Da könne man, so meinten wir, nicht aus der Deckung heraus operieren. Da müsse man Flagge zeigen.

Wir saßen lange zusammen. Schließlich vereinbarten wir, daß der Vorsitzende des FRELIMO-Komitees uns am nächsten Tag begleiten werde. Gemeinsam wollten wir versuchen, ein Treffen des gesamten Komitees mit der portugiesischen Provinzregierung zu vereinbaren.

Nicht ohne innere Spannung fuhren wir am nächsten Vormittag in den Gouverneurspalast. Gouverneur Caniça, ein grauhaariger Mann mittlerer Gestalt, begrüßte uns mit der verbindlichen Nachfrage, ob wir auch eine gute Reise gehabt hätten. Der Umgangston klang jovial, nicht auf Konfrontation gerichtet.

In seinem Amtszimmer ging es formvollendet zu. Kaffee wurde gereicht, Früchte zierten den Tisch. Für uns ein wenig überraschend begrüßte er besonders die Teilnahme des Vorsitzenden des örtlichen FRELIMO-Komitees an diesem Gespräch. Wollte er damit einen guten Eindruck machen, oder verfügte er über die Fähigkeit, sich mit Unabwendbaren schnell abzufinden?

Um uns einen Überblick zu vermitteln, habe er, so teilte Caniça mit, eine Zusammenkunft der Repräsentanten seiner Provinzverwaltung und der Wirtschaftsverbände einberufen. Wenig später saßen wir in einem gefüllten Saal. Außer unseren mosambikanischen Freunden sah man nur weiße Gesichter. Herr Caniça leitete die Beratung mit einem Vortrag über die wirtschaftlichen Möglichkeiten der Provinz ein. Die landwirtschaftlichen Großbetriebe verfügten über einen beträchtlichen Rinderbestand, sagte er. Chancen gäbe es, die Produktion von Baumwolle, Tabak, Zitrusfrüchten und Mais beträchtlich zu erhöhen. Textil- und Chemieindustrie hätten hier gute Entwicklungsmöglichkeiten.

Das war nur das Vorspiel. Bald kam er zur Sache. Die FRELIMO, so erklärte er, müsse etwas für die Zukunft des Landes tun. Die ihm bekannten Äußerungen der Übergangsregierung – »in den allgemeinen Worten, die dieser Regierung eigen seien« – genügten ihm und seinen Freunden nicht. Er erwarte von der künftigen mosambikanischen Regierung Kredite und direkte Finanzierungshilfen für die Wirtschaft der Provinz. Kapital sei erforderlich, um den Reichtum der Provinz zu erschließen.

Offensichtlich spürte der Gouverneur, daß es mich nach einer Antwort drängte. Er erteilte jedoch erst einmal dem Vertreter der Gutsbesitzervereinigung und seinem Provinzökonomen das Wort. Dieser hatte angenommen, wir besuchen die Provinz Villa Pery, um Geschäfte anzubahnen. Nach seiner Vorstellung sollte die DDR ihre wirtschaftlichen Beziehungen vorrangig nicht über die künftige mosambikanische Regierung, sondern direkt mit dem Unternehmen zu gestalten. Er hatte schon Listen vorbereitet, was die DDR in diese Provinz liefern sollte.

Auf den groben Klotz gehörte ein nicht zu kleiner Keil, dachte ich. Mein Beitrag konnte sich nicht auf Höflichkeiten beschränkte. Nachdem ich das Anliegen unserer Gruppe dargestellt hatte, bat ich meine Vorredner, sich der tatsächlichen Situation des Landes bewußt zu werden. Wenn hier gefordert würde, daß die FRELIMO etwas für die Zukunft des Landes unternehme, übersähe man offensichtlich, daß der von der FRELIMO geführte Befreiungskampf bereits einen unschätzbaren Beitrag für die Zukunft des Landes geleistet habe. Die bevorstehende Unabhängigkeit sei keine Frucht kolonialer Gnade, sondern Ergebnis aufopferungsvoller Kämpfe. Jeder möge sich prüfen, auf welcher Seite der Front er gestanden habe.

An die wirtschaftliche Sachkenntnis der Teilnehmer appellierend, bat ich sie nachzudenken, aus welchen Ressourcen die künftige Regierung die eingeforderten Finanzmittel für eine der reichsten Provinzen des Landes nehmen sollte. Schließlich sei wohl kaum jemandem zu vermitteln, daß Vertretern der gleichen Kreise, die dem Land in den vergangenen Monaten nachweislich Kapital und materielle Werte entzogen hatten, Kapitalhilfen gewährt werden sollen.

Als ich mich setzte, war ich mir der Wirkung meines Beitrages nicht sicher. Ein älterer Latifundista ergriff nach mir das Wort. Niemand der Teilnehmer aus Manica, so bemerkte er eingangs, hätte sich vorstellen können, wes Geistes Kind die Abgesandten aus der DDR sein würden. Viel wisse er noch immer nicht. Nach meinem Beitrag aber habe er das Gefühl, das seien gestandene Männer. Mit denen könne man Klartext reden. Deshalb lade er unsere Gruppe zu einem Besuch auf sein Gut ein.

Der Gouverneur bot uns sein Flugzeug an, um die nicht geringe Entfernung schnell zu überwinden.

Am nächsten Morgen flogen wir auf die Latifundie von Marino Moreira. Er führte uns durch sein prächtiges Gutshaus, als seien wir alte Bekannte. Eingehend schilderte der Hausherr seine Familiengeschichte. Dann präsentierte er uns seine Staubecken, seine Terrassenwirtschaft, seinen Rosengarten und schließlich seine Frau. Er sei, so betonte er, immer sozial eingestellt gewesen. Mit Stolz verwies er auf die Schule, in der Landarbeiterkinder außerhalb der Saison von einem Missionar in den drei Fächern, Religion, Singen und

Portugiesisch unterrichtet werden. Im Gegensatz zu manchen Nachbarn habe er seine Mitarbeiter stets gut behandelt. Auch freundliche Bemerkungen über die FRELIMO flocht er ein. Er begrüßte unsere Visite und meinte, das Wichtigste, was Mosambik benötige, wären deutsche Gehirne.

Nach längeren Gesprächen traten wir vor das Gutshaus, um uns ein wenig umzusehen. Am Rande des Parkgeländes war ein Afrikaner zu erkennen, der mit nichts anderem bekleidet war als einem Jutesack, in den Öffnungen für Kopf und Arme geschnitten waren. »Pedro«, rief Moreira laut. Schnellen Schrittes kam der. Es war ein alter Mann. Sein Rücken war krumm, die Hände waren verkrüppelt. Er verbeugte sich tief vor seinem Herrn. In Erwartung weiterer Kommandos legte er die Hände an die Seitennähte des Jutesacks wie ein Soldat und senkte den Blick. Voller Stolz erklärte Moreira, Pedro hätte vor 50 Jahren die Bäume in diesem Park gepflanzt.

Der Anblick des alten Afrikaners und dessen Präsentation durch seinen Herrn ließ die Tiefe des Grabens erkennen, der sich durch dieses Land zog. Wie viel Prügel, wie viele Demütigungen, so fragte ich mich, hatte dieser Mann ertragen müssen?

Moreira bemerkte unsere Verstimmung. Seine Erklärungsversuche prallten ab. Unsere Erwartung, einen geeigneten Gesprächspartner zu finden, hatte sich zerschlagen.

Bedrückt und nachdenklich flogen wir zurück. In Villa Pery und seiner näheren Umgebung besuchten wir landwirtschaftliche Vereinigungen und Betriebe, lernten Probleme der europäischen und afrikanischen Bauern kennen.

Vor dem abschließenden Gespräch mit dem Gouverneur verständigten wir uns mit dem FRELIMO-Komitee. Es war unser gemeinsames Anliegen, das gespannte Verhältnis nicht weiter zu verschärfen. Das vor allem, um bessere Bedingungen für das Wirken der FRELIMO-Organe zu schaffen.

Frohen Mutes betraten wir erneut die prachtvolle Residenz des Gouverneurs. Das Gespräch verlief weitgehend problemlos. Jeder kannte die Grundpositionen des anderen. Der Gouverneur erklärte seine Bereitschaft, mit dem Komitee künftig zu kooperieren. Auf dem anschließenden Empfang, an dem auch die Damen der portugiesischen Repräsentanten zugegen waren, ging es recht vornehm zu. Nach etwa einer Stunde kündigte der Gouverneur mit seinem Dank an die Gäste das Ende der Veranstaltung an. Ich dankte für die Einladung und die Gastlichkeit des Hauses. Kaum hatte ich geendet, trat unangekündigt »Tiger«, ein Veteran der Befreiungskämpfe, in die Mitte des Raumes. Mit heftigen Worten wandte er sich an die Portugiesen. Er schrie ihnen seine Empörung über die Verbrechen der Kolonialmacht ins Gesicht. Beispiel um Beispiel listete er auf. Die Vertreibung der Afrikaner durch die portugiesischen Siedler, die von der Kolonialverwaltung verordnete Zwangsarbeit, die Ausbeutung der Männer, Frauen und Kindern auf Farmen und Plantagen, das unmenschliche Strafsystem der Kolonialbehörden, die Zerstörung ganzer Dörfer durch die Kolonialarmee ...

Sein Herz war voller Zorn. Er konnte sich nicht beruhigen und sprach annähernd eine Stunde. Keiner verließ den Raum. Wie würde das ausgehen, fragte ich mich.

Als »Tiger« endete, geschah etwas Unerwartetes. Der Gouverneur begann zu klatschen und alle Portugiesen folgten seinem Beispiel. Dieser Applaus schmerzte. Mir lief es bei dieser Demonstration bourgeoiser Arroganz eiskalt den Rücken herunter. Man spürte, die Reaktion war weder Zustimmung noch Einsicht, sondern Heuchelei, Gefühlskälte und Ablehnung.

Ehe wir weiterflogen, trafen wir uns noch einmal mit den Freunden vom FRELIMO-Komitee. Natürlich bewegte sie noch die Abendveranstaltung. Am Ende meinte der Komiteevorsitzende, der neue Staat erscheine wie ein *elefante branco*. Ich fragte, was er mit einem weißen Elefanten meine. Man steht vor ihm und fragt staunend »Woher, wohin?« und weiß nicht genau, was man mit ihm anfangen kann. Allein Appelle an das Bewußtsein würden künftig

Die Residenz des portugiesischen Gouverneurs Armando Amaral

506

nicht mehr genügen, sagte er ahnungsvoll. »Wir müssen lernen, um all das, was auf uns zukommt, bewältigen zu können. Wir werden es schaffen.«

Mit einem *A luta continua!*, der Kampf geht weiter, bekräftigte er die Entschlossenheit aller.

Wenige Tage später empfing uns in Tete, der Hauptstadt der gleichnamigen Provinz, der dortige portugiesische Gouverneur. Senhor Amaral bat uns in seine Residenz zum Essen. Es war Februar 1975. Doch wir fühlten uns ins 19. Jahrhundert versetzt. Phantasie-uniformen umgaben uns. Unter dem Platz des Gouverneurs an der Tafel waren Pedale angebracht. Es dauerte einige Zeit, ehe wir den Sinn dieser Installation begriffen. Damit übermittelte Amaral sei-nen Dienern seine Order zum Auftragen bzw. Abräumen der Gedecke. Auch später war zu bemerken, daß der Gouverneur kaum mit seinen Diener sprach. Er dirigierte sie mit Blicken, manchmal mit einem schneidenden Pfiff. Er hielt zu Afrikanern erkennbar kühle Distanz. Wir gingen höflich miteinander um. Unsere Ge-spräche waren wenig konstruktiv.

Zehn Wochen später traf ich Senhor Amaral wieder. Der Innen-minister der Übergangsregierung, Armando Emilio Guebuza, führte in Inhambane eine mehrtägige Beratung mit den Gouverneuren und Administratoren des Landes und Nachwuchskadern der FRELIMO durch. Amaral gab sich in diesem Kreis völlig anders als in Tete. Er beteiligte sich an Aussprachen. Das für mich Erstaun-lichste war: Er sprach ausnahmslos alle mit dem in der FRELIMO üblichen portugiesischen »Camarada«, also mit Genosse, an. War da ein Saulus zum Paulus geworden? Ich glaubte nicht, er hatte sich, wie manch anderer angepaßt.

In den befreiten Gebieten

In den Provinzen Nampula und Quelimane sammelten wir viele wichtige Informationen in Gesprächen mit den Gouverneuren Armando Panguene und Bonfacius Gruvetta, zwei erfahrene Befrei-ungskämpfer der FRELIMO. Wir besuchten Plantagen, Betriebe und Institutionen. Abends saßen wir in afrikanischen Dörfern mit den Bewohnern am Feuer, bestaunten ihre Tänze, lernten einige ihrer Lieder und gewannen einzigartige Eindrücke vom Zusam-menleben dieser Menschen.

Die letzte Etappe unserer Reise führte uns in die befreiten Gebiete in der nördlichsten Provinz des Landes, Cabo Delgado. Die Provinzstadt hieß Porto Amelia (heute Pemba). Der Provinzgouverneur Raimundo Pachinuapa war ein Mann der ersten Stunde im Befreiungskampf der FRELIMO. Er stammte aus dieser Provinz, ging als junger Widerstandskämpfer 1963 zur FRELIMO und nahm von Beginn an den bewaffneten Kämpfen teil. Lange Zeit war er einer der verantwortlichen Organisatoren des Gemeinschaftslebens in dieser Region. Anschaulich berichtete er, wie sich nach den ersten Erfolgen im bewaffneten Befreiungskampf im Norden Mosambiks das Erfordernis herausbildete, nach Lösungen für die Organisation des Gemeinschaftslebens in den Dörfern zu suchen, aus denen portugiesische Truppen und Beamte vertrieben worden waren.

Die unterschiedlichen Erfahrungen, die in den vier Jahren seit Beginn des Befreiungskampfes gesammelt wurden, analysierte man auf dem II. FRELIMO-Kongreß im Juli 1968. Er fand inmitten der befreiten Gebiete in der Ortschaft Machedje (Provinz Niassa) statt. 170 Delegierte der FRELIMO berieten dort, in Anwesenheit internationaler Gäste, die Grundlinien des weiteren Vorgehens. Von den fünf Resolutionen, die auf diesem Kongreß beschlossen wurden, befaßten sich drei unmittelbar mit der Gestaltung einer neuen Ordnung in den befreiten Gebieten. [778]

Was sich auf diesen Gebieten in den Anfangsjahren der FRELIMO herausgebildet hatte, war nun, so bekräftigte Raimundo Pachinuapa, in den sieben Jahren seit den Entscheidungen des II. Kongresses zu einem soliden Erfahrungspotenzial gewachsen.[779] Nach seinem interessanten Erfahrungsbericht schlug der *Camarada Gouverneur* vor, uns in den befreiten Gebieten umzuschauen.

Für die Fahrt nach Norden standen Geländefahrzeuge und eine Begleitung aus erfahrenen Befreiungskämpfern bereit. Deren Chef war eine junge sympathische Afrikanerin. Rosaria erwies sich nicht nur als umsichtiger und resoluter Kommandeur, sondern auch als kluge Gesprächspartnerin. Über ausgefahrene Wege führte unser Weg in verschiedene Dörfer. Wir begegneten freundlichen Menschen. Ihr Leben vollzog sich in den einfachen Bahnen des afrikanischen Dorfes. Nirgendwo gab es elektrischen Strom, in seltenen Fällen Brunnen. Überall aber spürte man, daß hier stabile soziale Gemeinschaften existierten, denen spezifische Werte und Organisationsprinzipien eigen waren. Entscheidungen wurden auf Zusam-

menkünften der Dorfgemeinschaften bzw. von gewählten Dorf-
komitees getroffen. In den meisten Fällen wurde nach altem Brauch
eine Angelegenheit so lange erörtert, bis Konsens erreicht war. Das
verlängerte zwar manche Beratung, verlieh aber den getroffenen
Entscheidungen Akzeptanz. Selbstbewußt beteiligten sich die Frau-
en am öffentlichen Leben.

Wohin wir in den befreiten Gebieten kamen, überall waren die
Felder in der Umgebung der Dörfer in einem guten Zustand. Ein
Teil des Landes wurde in präkooperativer Weise gemeinschaftlich
bearbeitet. Noch war überall die Hacke das wichtigste Bodenbear-
beitungsgerät. Schon aber wurden gewisse Überschüsse erzeugt.

Jede der besuchten Siedlungen verfügte über eine Schule, in der
Kinder systematisch ausgebildet wurden und Erwachsene sich um
Alphabetisierung mühten. Schulgebäude waren wie die Hütten im
Dorf mit einfachen Mitteln errichtet, nicht selten wurde auch im
Schatten großer Bäume unterrichtet. Großes Augenmerk galt der
Dorfhygiene. In größeren Orten trafen wir Sanitätsposten, die meist
mit einfachen Mitteln segensreich wirkten. Viehställe und Latrinen
standen in beträchtlichem Abstand zu den Wasserquellen.

Mueda, die nördlichste Distriktstadt des Landes, war die letzte
Station unserer langen Reise durch das Land, ein kleiner, wenig idy-
llischer, aber geschichtsträchtiger Ort. Im Juni 1960 hatten portugiesische Beamte die unzufriedene Bevölkerung des Gebietes aufgefordert, an einer Kundgebung vor dem Verwaltungssitz dem Administrator ihre Petitionen zu übergeben. Die Versammelten wurden
von Soldaten umzingelt. Im Feuer ihrer Gewehre starben etwa 600
unschuldige, arglistig getäuschte Afrikaner. Jede Erwartung einer
möglichen Wandlungsfähigkeit des Kolonialregimes war damit im
Blute erstickt. Dieses Massaker wurde zu einem Wendepunkt des
antikolonialen Widerstandes. Es zeigte, wie Eduardo Mondlane feststellte, »daß friedlicher Widerstand sinnlos war«.[780] Der damals
22jährige Alberto Joaquim Chipande überlebte das Massaker. Er
wurde 1975 der erste Verteidigungsminister Mosambiks.

In Mueda begann am 25. September 1964 der bewaffnete
Kampf gegen die portugiesische Kolonialherrschaft. Die Ergebnisse
dieses opferreichen Kampfes öffneten letztendlich den Weg zu
einem souveränen mosambikanischen Staat. Das 1964 angegriffene
Verwaltungsgebäude der Stadt Mueda stand bei unserer Visite unge-
nutzt. Die Räume waren leer, Fenster und Türen fehlten. Etwa 100

Meter vor diesem Gebäude hatte ein mehr als mannshoher weißgetünchter Gedenkstein überlebt. Auf diesem ging es zu unserer Überraschung um eine Episode aus deutscher Geschichte. Seine Inschrift erinnerte an die Gefallenen eines Gefechts vom 27. September 1917. Der Kriegsgegner damals war die deutsche Kolonialtruppe unter Lettow-Vorbeck. Der hatte gegen Ende des Ersten Weltkrieges, mit seinen Kriegern und Askaris vor den britischen Verbänden flüchtend, den Rovuma überschritten, um nach Süden zu entkommen. Zu den historischen Zufällen gehört es sicher, daß Lettow-Vorbeck 1964 verstarb, also in jenem Jahr, als in Mueda der bewaffnete Befreiungskampf um Mosambik begann.

Mit der unerwarteten Begegnung mit deutschen Kolonialbestrebungen flogen wir zurück nach Lourenço Marques. Uns war bekannt, daß in Städten der Bundesrepublik Deutschland so manche Straße und auch eine Bundeswehrkaserne nach Paul von Lettow-Vorbeck, dem Vollstrecker deutscher Kolonialherrschaft in Ostafrika, benannt war. Wir fühlten uns wohl, aus einem anderen Deutschland zu kommen.

Bilanz

Länger als einen Monat hatten die neun Experten aus der DDR sich in Mosambik umgesehen. Die FRELIMO und die Übergangsregierung hatten es ermöglicht, daß alle Provinzen besucht und viele gute Gespräche geführt werden konnten. Siedlungen, Dörfer und Städte, Landwirtschafts- und Industriebetriebe hatten wir besucht. Wir erlebten ein Land im Aufbruch. Vor unseren Augen vollzog sich die Erosion der alten Herrschaftsstrukturen. Wir wurden Zeugen des Entstehens neuer gesellschaftlicher Verhältnisse, einer souveränen Staatsmacht. In vielen Gesprächen begegneten uns erfahrene Befreiungskämpfer und überzeugte Patrioten des neuen Mosambik. Wir trafen auf Suchende, Abwartende, Interessenlose, Unentschlossene, aber natürlich auch auf überzeugte Anhänger der alten Kolonialordnung.

Wem immer wir begegneten: niemand blieb unberührt von dem sich vollziehenden Wandel. Unübersehbar war, daß eine neue Zeit begann. Die Hoffnungen waren in dieser Aufbruchssituation stärker als die Zweifel. Der Schmelztiegel des Übergangs von der alten zur neuen Ordnung setzte auch in Mosambik große Energien frei.

Innerhalb weniger Monate wurden im ganzen Lande enorme Kräfte mobilisiert. Frei von den Fesseln des kolonialen Repressionsregimes trafen sich Menschen, um in Versammlungen und Beratungen ihre Gedanken zu Gehör zu bringen. Dort, wo Besitzer oder Manager von Betrieben oder Verantwortliche von Institutionen sich weggestohlen hatten, übernahmen Dynamisatorengruppen Verantwortung, sicherten das Verbliebene und versuchten, die Dinge irgend-

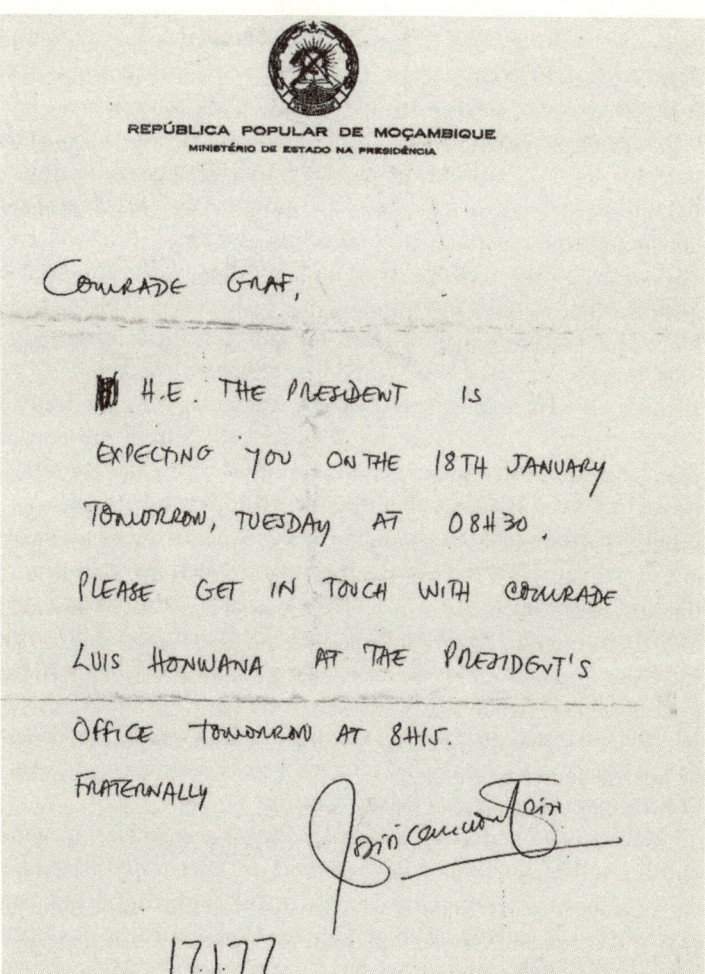

Unbürokratische Aufforderung zu einem Treffen mit dem Präsidenten Machel, 1977

wie in Gang zu halten oder zu bringen. Nirgendwo aber gab es Plünderungen oder Übergriffe, weder auf Banken noch auf Geschäfte, auch nicht auf Vertreter der alten Kolonialmacht.

Wo wir auch waren, überall war zu erkennen, welche gewaltige Arbeit zur Dekolonialisierung des Landes in den vergangenen Monaten geleistet wurde. Erfahrungen und Selbstbewußtsein hatten sich herausgebildet. Wir erlebten ein Land im Umbruch. .

Mit dem Innenminister der Übergangsregierung, Armando Guebuza – seit Februar 2005 Präsident der Republik Mosambik –, und den Provinzgouverneuren der FRELIMO besprachen wir unsere Analyseergebnisse sowie erste Vorschläge. Guebuza leitete die lebhafte Zusammenkunft in freundlicher Weise mit einem ausgeprägten Sinn für das Wesentliche. Bereichert durch die Ergebnisse dieser Begegnung stellten wir im März 1975 unsere Arbeitsergebnisse der Übergangsregierung und dem Präsidenten der FRELIMO vor.

Bei der nachfolgenden Beratung in Dar Es Salaam meinte Samora Machel, uns sei es gelungen, die Situation im Lande exemplarisch zu erfassen. Damit seien Grundlagen für künftige Entscheidungen der FRELIMO erkennbar erweitert worden.

Eingehend wurde erörtert, welche Vorschläge für die weitere Zusammenarbeit der DDR mit der FRELIMO und mit dem in wenigen Monaten entstehenden mosambikanischen Staat zu unterbreiten wären. Mit Dank wurde unsere Gruppe verabschiedet.

In den Stunden des Aufbruchs in die Heimat bewegte uns weniger die Zufriedenheit über das Erreichte. Noch standen unsere mosambikanischen Freunde vor vielen aktuellen, jedoch ungelösten Problemen. Unsere Gruppe sah sich in der Pflicht, die vielfältigen Eindrücke und zahlreichen Vorschläge und Hilfersuchen kurzfristig und überzeugend aufzuarbeiten und zu Entscheidungsvorschlägen zu gestalten. Der Verantwortung, daß unsere Vorschläge darauf zielen, den Umfang der solidarischen Unterstützung Mosambiks zu vergrößern, waren wir uns bewußt.

Neben manchen langfristigen Überlegungen ging es um eine Summe von Maßnahmen, die angesichts der kurzen Zeitspanne bis zum 25. Juni 1975, dem Unabhängigkeitstag, unverzüglich in Gang gesetzt werden mußten. Wenige Tage nach unserer Rückkehr lagen detaillierte Berichte und Vorschläge für unverzügliche Maßnahmen und für die langfristige Zusammenarbeit vor. Das gesamte Material hatte einen Umfang von weit mehr als hundert Seiten. Das Erfreuliche: In allen Gremien der DDR wurde unverzüglich entschieden, nichts wurde auf die lange Bank geschoben. Neue Maßstäbe für die Unterstützung des befreiten Mosambik wurden begründet. Die in der Bevölkerung und in den Institutionen der DDR ausgeprägte Solidarität mit nationalen Befreiungsbewegungen ließ auch manche Hürde des Planungssystems überwinden.

In nicht wenigen Fällen wurde trotz wirtschaftlicher Engpässe im Lande Hilfe für das junge Mosambik geleistet. Allein das Solidaritätskomitee der DDR erhöhte 1975 die Summe seiner Lieferungen an die FRELIMO gegenüber 1973 um etwa das Zehnfache. Institutionen und Ministerien stellten darüberhinaus erbetenes Material bereit, gewannen Fachleute für einen Einsatz in Mosambik. Eine neue Etappe solidarischer Zusammenarbeit wurde eingeleitet.

Schon im April 1975 flog ich für eine längere Zeit zurück nach Mosambik. Bald begegneten mir dort auch andere Mitglieder unseres ersten Gruppe wieder.

Genesis der Unabhängigkeitsverfassung

Die Erarbeitung dieser ersten Verfassung des Landes gehört zu den herausragenden Leistungen der FRELIMO bei der Vorbereitung der Unabhängigkeit des Landes.

Bekanntlich waren die Unabhängigkeitsverfassungen der aus britischen Kolonien hervorgegangen Staaten nicht in diesen Ländern, sondern auf der Basis des Westminster-Modells in London entstanden und durch Kronrats-Erlaß (*order-in-council*) in Kraft gesetzt worden. Zumeist blieb der betreffende Staat im Status eines Dominions im Commonwealth. Die englische Königin blieb formelles Staatsoberhaupt.

In den ehemaligen französischen Kolonien wurde – sieht man von den Unterschieden in den nationalen Rechtssystemen der »Mutterländer« England und Frankreich ab – analog vorgegangen. Die Verfassungen der IV. (1946) und V. Republik (1958) bildeten die Grundlage der Unabhängigkeitsverfassungen der nun selbständigen Staaten, die im Rahmen einer französischen Gemeinschaft (*Communauté Française*) an Paris gebunden bleiben sollten.

Auf diese Weise wurde den befreiten Staaten mit der Unabhängigkeitsverfassung entweder das britische oder das französische

Rechtssystem übergestülpt. Nirgendwo korrespondierten diese aus dem europäischen Kulturkreis hervorgegangenen Grundgesetze mit den realen Bedingungen, den Traditionen, den geistigen Vorstellungen und den Erfahrungshorizonten der Bevölkerung in den betroffenen Ländern. Das daraus resultierende Akzeptanzdefizit hatte unübersehbare negative Folgen.

Die Bedingungen für die Vorbereitung der Unabhängigkeitsverfassung Mosambiks unterschieden sich von denen der meisten anderen afrikanischen Staaten grundlegend. Im Gegensatz zu den Kolonialmächten England und Frankreich war in Portugal 1974/75, zum Zeitpunkt, als die ehemaligen Kolonien unabhängig wurden, niemand bereit und in der Lage, sich mit künftigen Regelungen für die Kolonialgebiete zu befassen. Man hatte mit sich zu tun.

Die Befreiungsorganisationen in Mosambik, in Angola und Guinea-Bissau, die mehr als ein Jahrzehnt gegen den portugiesischen Kolonialstaat und dessen politisches System gekämpft hatten, waren an einem erneuten Transfer portugiesischen Rechtsgutes keinesfalls interessiert. Das portugiesische Rechtssystem hatte der afrikanischen Bevölkerung nur bittere Erinnerungen und Erfahrungen hinterlassen. In jedem dieser Länder mußten und wollten die Verantwortlichen nach eigener originären Lösung auch der Verfassungsfrage suchen.

Die Verfassung der Volksrepublik Mosambik wurde weder von der alten Macht »übergeben« noch wurde sie mit ihr ausgehandelt. Sie wurde von den Kräften hervorgebracht, die den Kampf für die Unabhängigkeit geführt hatten. Wer anders als sie hätte unter den Bedingungen des Jahres 1975 dafür die politische, moralische Legitimation besessen?

Gegenüber den oktroyierten Unabhängigkeitsverfassungen vieler anderer früherer Kolonien stellte die erste Verfassung Mosambiks auch in ihrem Entstehungsprozeß eine neue Qualität dar.

Die Grundideen waren von den Zielen und Idealen des Unabhängigkeitskampfes, von den Erfahrungen, die über annähernd ein Jahrzehnt bei der Gestaltung des Lebens in den befreiten Gebieten gesammelt werden konnten, determiniert.

Wesentliche Grundaussagen der Unabhängigkeitsverfassung haben ihren Ursprung in dem Ideenpotential, das sich über mehr als ein Jahrzehnt in der Befreiungsbewegung herausgebildet hatte. Dazu gehören u. a. die Orientierung künftiger staatlicher Tätigkeit auf »die Überwindung der Strukturen kolonialer und traditioneller Unterdrückung und Ausbeutung und der daraus erwachsenen Mentalität« sowie »der Aufbau einer unabhängigen Wirtschaft und die Förderung des kulturellen und sozialen Fortschritts« (Art. 4); die Stellung und Verantwortung der Volksbefreiungsstreitkräfte im System der Staatsmacht (Art. 5), und schließlich die humanistische, antirassistische Grundrechtsregelung: »Alle Bürger der Volksrepublik Mosambik haben unabhängig von ihrer Hautfarbe, Rasse, ihrem Geschlecht, ihrer ethnischen Herkunft, ihrem Geburtsort, ihrer sozialen Stellung oder ihrem Beruf die gleichen Rechte und Pflichten« (Art. 26).[781]

Neuerdings wird in deutschen Publikationen auch die Frage aufgeworfen, inwieweit die Väter der mosambikanischen Verfassung bei ihrem Entwurf auf Strukturen, Programmatik und Rhetorik sozialistischer Verfassungen zurückgegriffen hätten.[782] Es wäre zweifellos verwunderlich, wenn Verfassungstheorie und Verfassungspraxis ihrer natürlichen Verbündeten den Verantwortlichen in der FRELIMO weniger bekannt waren als die der Staaten, die ihnen feindlich gegenüberstanden.

Die Unabhängigkeitsverfassung von Mosambik entstand im Schoße der Befreiungsbewegung. Daß Teilaspekte eines solchen Dokumentes mit externen Experten erörtert wurden, war und ist international gängige Praxis. Das fällt folglich bei ernsthafter Bewertung dieses Grundgesetzes kaum ins Gewicht. Die Beratungen zu Verfassungsfragen, die ich vor der Unabhängigkeit Mosambiks nicht nur als Zuhörer erlebt habe, offenbaren die Souveränität und den Willen der Verantwortlichen der FRELIMO-Führung, im Rahmen der damals gegebenen Möglichkeiten die von ihnen erarbeiteten Entwurfsmaterialien auf den Prüfstand demokratischer Beratung zu stellen. Ich erlebte das in den Februar- und Märztagen 1975 in Dar Es Salaam wie auch in Lourenço Marques.

Zwischen dem 12. bis zum 27. Mai des gleichen Jahres wurde ich Zeuge, wie in Inhambane, einer Provinzstadt an der Küste Mosambiks, im Rahmen eines nationalen Seminars auch die Grundzüge der künftigen Verfassung erörtert wurden. Nach meiner Erinnerung nahmen daran mehr als 200 Personen teil. Jeder der Teilnehmer erhielt für die demokratische Beratung des Verfassungsentwurfes von der Übergangsregierung eine elfseitige Zusammenfassung des Dokumentes. Mehrere Tage wurde rege darüber diskutiert. Viele Fragen wurden an Rui Baltazar, den Justizminister der Übergangsregierung, der das Material begründete, gestellt. Sie bezogen sich auf Grundlagen wie auf Detailregelungen des Dokumentes.

Darüberhinaus gab es verständlicherweise auch Fragen zur Funktion und zum praktischen Nutzen einer Verfassung. Schließlich kamen alle Teilnehmer dieser Beratung aus einem Land, in dem es nie vorher eine eigene Verfassung gegeben hatte, in welchem das Recht bislang aus der fernen Kolonialmetropole kam und lediglich einer Minderheit diente.

Als das Zentralkomitee der Befreiungsfront am 20. Juni 1975 dem Verfassungsentwurf zustimmte, waren die Ergebnisse auch solcher Beratungen, wie ich sie u. a. in Inhambane erlebt habe, berücksichtigt worden. Die Unabhängigkeitsverfassung Mosambiks war ein wichtiges Dokument der Befreiungsbewegung. Damit wurde die von dieser Bewegung erstrebte, erkämpfte und erreichte Unabhängigkeit des Landes manifestiert und die konstitutionelle Grundlage der Republik geschaffen.

Als die Unabhängigkeit verkündet wurde

Die Junitage 1975 waren in Lourenço Marques wie auch in anderen Teilen des Landes Tage freudigen Aufbruchs. Die Bürger der Stadt fieberten der Unabhängigkeit entgegen. Am Nachmittag des 23. Juni traf Samora Machel auf dem Flugplatz der Hauptstadt ein. Wochenlang hatte er, von Dar-es-Salaam aus, vom Norden zum Süden die Provinzen Mosambiks besucht. Freude, unbeschreiblicher Jubel begleitete die Fahrt des Präsident der FRELIMO im offenen Wagen durch die belebten Straßen der Stadt.

Nie zuvor hatte ich eine derartige Hitze erlebt wie am Dienstag, dem 24. Juni 1975. Die Luft schien über Lourenço Marques zu stehen. Die Mitternachtsstunde zum nächsten Tag war der Zeitpunkt der ersehnten, der erkämpften Unabhängigkeit des Landes. Für den 25. Juni, 0.00 Uhr, war im Machava-Stadion die Proklamation der Unabhängigkeitserklärung angesetzt. Schon einige Stunden zuvor war ich mit mosambikanischen Gefährten aufgebrochen, um rechtzeitig den Ort des historischen Ereignisses zu erreichen. Es war nicht einfach voranzukommen. Die Straßen waren voller Menschen. Die Dunkelheit war längst hereingebrochen, als wir das Stadion erreichten. Eine unbeschreibliche Stimmung lag über dem Platz. Auf der Ehrentribüne hatten Vertreter von 50 Staaten, die zu diesem feierlichen Akt angereist waren, Platz genommen. Kein Abgesandter aus den Vereinigten Staaten von Amerika, aus Frankreich, der Bundesrepublik Deutschland, Südafrika und Rhodesien war zu sehen. Diese Länder waren wegen ihrer Unterstützung der Kolonialmacht nicht eingeladen worden.

Es ging auf 24 Uhr zu. Noch wehte die portugiesische Flagge im Stadion. Trommelwirbel ertönte, ein kleines Kommando der portugiesischen Streitkräfte holte die Flagge ihres Landes ein. Stille begleitete ihren Ausmarsch. Unter den Klängen einer Militärkapelle zog nunmehr eine Gruppe FRELIMO-Kämpfer in die Arena. Alberto Joaquim Chipande, der Überlebende des Massakers von Mueda, hißte die Nationalflagge der Volksrepublik.

Samora Machel proklamierte die Unabhängigkeit des Landes. Akzentuiert erklärte er: »Die Republik, die nun geboren wird, ist

Die Republik Mosambik wird geboren

Marcelino dos Santos, Mitbegründer der FRELIMO und Mitglied des mosambikanischen Staatsrates, und der Autor, Berlin 2007

die Verwirklichung der Hoffnungen aller Mosambikaner, die Ausdehnung der in einigen Teilen unseres Landes bereits während des bewaffneten Befreiungskampfes gewonnenen Freiheit auf das ganze Land, ist das Ergebnis der Opfer der national gesinnten Kämpfer des ganzen mosambikanischen Volkes, ist die Konkretisierung unseres Sieges.« In gleicher Stunde setzte der Präsident die erste Verfassung des Landes in Kraft. Erstmals ertönte die Nationalhymne des unabhängigen Mosambik. Jubel und Ergriffenheit erfaßte in dieser unvergeßlichen Nacht alle Anwesenden.

Kaum war der Staatsakt zur Unabhängigkeitsproklamation beendet, kippte das schwüle Wetter in Lourenço Marques um. Ein sintflutartiger Regen ging nieder. Kaum jemand aber verließ das Stadion. Es war, als wollten die Anwesenden auch unter diesen widrigen Umständen die Stunde des Triumphes genießen. Zwei kräftig gebaute Männer standen ungeschützt auf dem Rasen. Der international bekannte Journalist Ulli Makosch und sein Kameramann Hans Anderson, beide Mitarbeiter des Fernsehens der DDR. Sie berichteten nicht nur für ihre Sendestation, sondern bereiteten auch Filmmaterial für die Dokumentationsstellen der gerade gegründeten Republik vor. Ein neuer Staat war geboren. Er bedurfte auch der Dokumentation über seine erste Stunde. Am darauf folgenden Vormittag erfolgte die feierliche Investitur des Präsidenten der Republik. Tage danach wurden die Minister des Landes berufen. Ohne Verzug begannen die Verfassungsorgane des jungen Nationalstaates ihre Tätigkeit aufzunehmen. Unmittelbar nach den Unabhängigkeitsfeierlichkeiten beriet der neu berufene Ministerrat in einer etwa zwei Wochen andauernden Sitzung die ersten Maßnahmen zum Aufbau der Organe des jungen Nationalstaates. Schon im Juli 1975 wurde das Dekret Nr. 1/1975 über die Funktionen und Aufgaben der Ministerien des gerade gebildeten Staates verabschiedet.[783]

Der 25. Juni 1975 war ein Tag des Sieges über das Kolonialregime. Neue Kämpfe waren aber zu bestehen. Vor harte Prüfungen wurde das mosambikanische Volk und sein junger Nationalstaat gestellt. Noch sind die Wunden der kolonialen Vergangenheit nicht geheilt. Meine Erinnerung an den Tag der Unabhängigkeit verbindet sich mit der Bereitschaft zu weiterer Solidarität, mit der Erwartung künftiger Fortschritte.

Anmerkungen

773 *Frankfurter Allgemeine Zeitung* vom 3. September 1973.

774 Vgl. Europa-Archiv 18/1974, S. D 429ff sowie Datas e documentos da historia da FRELIMO, Lourenço Marques 1975, S. 192f.

775 *Staat und Recht* Nr. 8/9, 1971, S. 1387f.

776 Ralph von Gersdorf, Mosambik, Bonn 1958, S. 7

777 Karl Marx, Der Achtzehnte Brumaire des Louis Bonaparte.

778 Eduardo Mondlane, Kampf um Mosambik, Dietz Verlag Berlin 1973, S.235-245.

779 Auszüge eines Berichts von Raimundo Pachinapa über die Organisation der Macht in den befreiten Gebieten Mosambiks, veröffentlicht in: *Abhandlungen der Akademie der Wissenschaften der DDR*, Nr. 4/1981, S. 24f.

780 Eduardo Mondlane, a. a. O., S. 143.

781 Constituição da Republica de Mocambique, in: Boletim da Republica, Publicação Official Serie I no. 1, 25. junho de 1975

782 A. Rosenfeld, Die Verfassungsentwicklung von Mosambik, Europäischer Verlag der Wissenschaften, Frankfurt am Main 1974, S. 150

783 Vgl. Boletim ..., I no 15/1975, S. 55f.

Nichts ist beständiger als die Veränderung

Im Herbst 1975 endete meine erste Afrika-Mission. Präsident Samora Machel empfing mich in seiner Residenz – sie diente lange dem Generalstabschef der portugiesischen Kolonialstreitkräfte als Quartier. Die Einladungen zu solchen Treffen mit dem obersten Repräsentanten des ostafrikanischen Landes kamen meist kurzfristig und nie auf protokollarischem Weg. Ein handschriftlicher Zettel genügte.

Wie einen guten Bekannten führte der Präsident mich durch die auch für ihn noch fremden Säle und Salons. Wir sprachen über die gelösten und die vielen noch ungelösten Probleme des Landes. Ich solle bald wieder nach Mosambik kommen, schlug er vor.

Das, entgegnete ich pflichtgemäß, unterläge nicht nur meinem Willen, sondern werde in der DDR durch Gremienentscheidung geregelt.

Es wurde entschieden. Nach Jahresfrist war ich wieder für längere Zeit in Mosambik tätig. Bis zum tragischen Tod des Präsidenten 1986 erhielt ich wiederholt die Gelegenheit, mit meinen mosambikanischen Freunden zusammenzuarbeiten. Im Sommer 1977 fanden auch meine Frau und unser damals siebenjähriger Sohn im inzwischen in Maputo umbenannten Lorenco Marques ein Zuhause.

Unerwartetes

Zunächst jedoch kehrte ich nach Berlin zurück. Dort erwarteten mich drei Überraschungen. Mein Arbeitsverhältnis in der Volkskammer der DDR war beendet worden. Ab dem 1. Dezember 1975 leitete ich die Berliner Außenstelle der Akademie für Staats- und Rechtswissenschaft der DDR, eine im Haus der Ministerien untergebrachte Aus- und Weiterbildungsstätte. Zugleich wurde mir die

Mitarbeit im Lehrstuhl »Staatsrecht der DDR« an dieser Akademie angetragen. Der Beginn dieser Zusammenarbeit war, obwohl ich die meisten Wissenschaftler dieses Lehrstuhls kannte, recht holprig. Mein Kainsmal als ehemaliger Mitarbeiter des zur Unperson gewordenen Walter Ulbricht übte auf diese Kollegen noch immer seine Wirkung aus. Anfangs wußten manche nicht, wie sie mit mir umgehen sollen.

Zum Forschungs- und Lehrgegenstand dieses Lehrstuhls gehörte der Komplex Theorie und Praxis der Wahlen. Diese Thematik gehörte zu meinen Spezialgebieten. Gern übernahm ich es, dazu ein Vorlesungsmanuskript und Lehrmaterial zu erarbeiten. Meine Entwürfe wurden akzeptiert.

Mir wurde allerdings verweigert, die Vorlesung zu halten.

Da platzte mir die Hutschnur. Beschwichtigungen der Art »Das mußt du doch verstehen« oder »Laß doch erst mal etwas mehr Gras über die alten Sachen wachsen« bewirkten das Gegenteil. Sie brachten mich auf. Ich intervenierte beim Rektor und teilte ihm mit, daß ich – bei allem Respekt vor den »gestandenen Kollegen« – so nicht mit mir umgehen lasse.

Der Rektor versprach nicht nur Klärung, er bemühte sich auch darum. Die Vorbehalte blieben. Die Situation änderte sich erst, als Prof. Michael Benjamin die Leitung der Sektion »Staatsrecht« übernahm und für ein sachliches Arbeitsklima sorgte.

Für die zweite Überraschung sorgte der Leiter des Sekretariats des Präsidiums des Obersten Sowjets, mein Freund Wladimir Iwanowitsch Wassiljew. Er lud mich im November 1975 zu einem Besuch in den Kreml ein. Nachdem ich aus der Staatspraxis in die Wissenschaft gewechselt war, wollte er unsere gute Zusammenarbeit in mehr als einem Jahrzehnt würdigen. Gerade in Anbetracht der Reaktionen mancher Zeitgenossen in Berlin zu meinem Ausscheiden aus dem Staatsdienst ging mir diese Geste sehr nahe. Die Einladung, die auch meiner Frau galt, nahmen wir dankbar an.

Wir blieben auch danach im Kontakt. Nicht selten führte später mein Weg nach Afrika über den internationalen Moskauer Flughafen. Solange Wladimir sein Amt ausübte, nutzte er, wenn es ging, meine Transitaufenthalte zu einer freundschaftlichen Begegnung.

Die dritte überraschende Veränderung hatte eine Vorgeschichte. Der Vorsitzende der Zentralen Revisionskommission der SED, Kurt Seibt, ersuchte mich, bei der Vorbereitung der Materialien dieser

Kommission für den IX. Parteitag der SED 1976 mitzuwirken. Kurt Seibt, den verdienstvollen Antifaschisten, kannte ich seit geraumer Zeit. In der Mitte der 60er Jahre, als er Minister für die Anleitung der örtlichen Räte war, haben wir eng und vertrauensvoll zusammengearbeitet. Als ich eine Einladung erhielt, als Gast an den Beratungen dieses Parteitages teilzunehmen, betrachtete ich das als Anerkennung für meine Mitarbeit. Verwundert war ich allerdings, als ich am ersten Verhandlungstag eine formlose Einladung des Parteitagsbüros zu einem Gespräch erhielt.

Dort teilte man mir mit, daß vorgesehen sei, mich als Kandidat für die Zentrale Revisionskommission (ZRK) auf dem Parteitag zur Wahl zu stellen. Ich stimmte zu. Man fragte aber vorsichtshalber, ob es mit meiner Vita Probleme gäbe, die einer Klärung bedürften. Ich verneinte.

Nach meiner Wahl erklärten einige, die mich vorher als Ulbricht-Mann geschnitten oder auf Distanz zu mir gegangen waren, daß ihnen dies unverständlich wäre.

Damit konnte ich leben.

In den folgenden drei Jahren hatte weder die Akademie noch die ZRK viel von mir. Zwei Jahre Tätigkeit in Mosambik und annähernd ein Jahr in Äthiopien verlangten nach neuen Regelungen. Für die Außenstelle der Akademie fand man mit Dr. Kurt Gold einen geeigneten Nachfolger.

Gespräche in Äthiopien, 1978

Die Aufgaben, die ich in Äthiopien zu erfüllen hatte, erforderten eine vertrauensvolle Zusammenarbeit mit dem kubanischen Wissenschaftler und Revolutionär Valdes Vivo, dem sowjetischen Afrikanisten Konstantin Ewgenwitsch Denissow und dem Amharisten Wolodja Schirajew. Wir begegneten uns auch später auf Kongressen und im kleineren Kreis. In den 80er Jahren übernahm K. E. Denissow die Leitung des Afrika-Sektors in der Internationalen Abteilung im ZK der KPdSU.

Als der Nowosibirsker Kybernetiker Professor Oserow einen sehr phantasievollen, aber von den Realität weit entfernten »Prospektiven Indikativen Perspektivplan« (PPI) für Mosambik vorstellte, entzündete sich darüber ein Streit. Auch Prof. Peter Stier und ich polemisierten heftig dagegen. Der PPI sei als Werk eines sowjetischen Akademikers nicht antastbar, warnten einige, es sei sakrosankt. Der Disput erreichte auch die Moskauer Institutionen. Konstantin Denissow gehörte zu jenen, die dafür sorgten, daß dieses Projekt schließlich gestoppt wurde.

Staatsrecht junger Nationalstaaten

Die in den 70er Jahren intensiv wachsende Zusammenarbeit der DDR mit Entwicklungsländern hatte auch zur Folge, daß Forschungen zu Problemen der Entwicklungsländer und die Ausbildung von Studenten aus diesen Staaten zu vordringlichen Aufgaben wurden. An der Akademie für Staats- und Rechtswissenschaft der DDR wurde ein Lehrstuhl für das Staatsrecht junger Nationalstaaten geschaffen. Mir wurde als Ordentlicher Professor im Dezember 1978 die Bildung und Leitung dieser Wissenschaftseinrichtung übertragen. Nun galt es, die Erfahrungen der vergangenen Jahre wissenschaftlich aufzuarbeiten, geeignete Mitarbeiter zu gewinnen, die Zusammenarbeit mit anderen Wissenschaftseinrichtungen – vor allem mit der Sektion Afrikawissenschaften der Leipziger Karl-Marx-Universität – auszubauen und Vorsorge für die Entwicklung des wissenschaftlichen Nachwuchses auf unserem relativ neuen Arbeitsgebiet zu treffen. Fünfzehn Monate später erschien die erste Publikation des Lehrstuhls: »Verfassungsfragen junger Nationalstaaten«.[784]

Von großem Nutzen nicht nur in der Anfangsphase der Tätigkeit des Lehrstuhls erwies sich die Zusammenarbeit mit dem Institut für das Staatsrecht der Entwicklungsländer an der Akademie der Wissenschaften der UdSSR. Wir trafen uns regelmäßig zu Arbeitsberatungen, stimmten Forschungsvorhaben ab und veröffentlichten unsere Arbeitsergebnisse in gemeinsamen Publikationen.

Die Hauptforschungsrichtungen der wissenschaftlichen Einrichtungen der DDR wurden alle fünf Jahre in einem Zentralen Forschungsplan fixiert. Im Plan 1981-1985 wurde als Aufgabe aufgenommen, ein Hochschullehrbuch für das Verfassungsrecht junger Nationalstaaten zu erarbeiten. Es sollte als Gemeinschaftswerk der Akademie für Staats- und Rechtswissenschaft, des Instituts für Staats- und Rechtstheorie der Akademie der Wissenschaften und der Sektion für Afrika- und Asienwissenschaft der Universität Leipzig erarbeitet werden. Mir wurde die Leitung des Gesamtprojektes übertragen. Dazu war die Kooperation von zwanzig gestandenen Wissenschaftlern über ein halbes Jahrzehnt zu organisieren.

Teepause in Jemen

Verpflichtungen, die ich in den 80er Jahren vor allem in Mosambik, aber auch im Jemen, in Angola und in der Republik Kongo (Brazzaville) zu erfüllen hatte, dienten auch diesem Projekt, kosteten aber auch Zeit. Der kollegialen Unterstützung der anderen Mitglieder des Redaktionskollektives war es zu verdanken, daß trotzdem alle Arbeiten planmäßig abgeschlossen werden konnten. Am Ende des Jahres 1985 wurde das Ergebnis vor einer Wissenschaftlerkommission unter Leitung von Prof. Dr. Gerhard Riege, vor Entwicklungsländerspezialisten anderer Wissenschaftsgebiete und Praktikern verteidigt. Im Prozeß der Arbeit an diesem Projekt hatte sich der im Dezember 1978 gebildete Lehrstuhl stabil entwickelt. Eine beträchtliche Zahl ausländischer Studenten waren inzwischen ausgebildet und Doktoranden aus dem eigenen wissenschaftlichen Nachwuchs und aus Entwicklungsländern zur Promotion geführt worden.

Im Oktober 1986 kehrte ich von meiner letzten Mission aus Mosambik zurück. Der Tod von Präsidenten Samora Machel hatte mich sehr mitgenommen. In jener Zeit bat mich Kurt Seibt um ein Gespräch. Er sei fast 80 Jahre alt und benötige dringend einer fachkundigen Unterstützung. Er war sehr daran interessiert, daß ich ihn in beiden Funktionen – neben dem Vorsitz der ZRK hatte er auch die Präsidentschaft des Solidaritätskomitees wahrzunehmen – unterstützte. Es gab gute Gründe dem zuzustimmen. Das auch, weil mir die Mitarbeit in den wissenschaftlichen Gremien meines Fachgebietes und auch eine zeitlich limitierte Lehrtätigkeit ermöglicht wurde. Diese Zusammenarbeit mit Kurt Seibt führte mich in verschiedene Entwicklungsländer Asiens, Afrikas und nach Lateinamerika.

Wendeerinnerungen

Als 1989 in der DDR die Staatskrise brodelte, hielt ich mich als Leiter einer Spezialistengruppe in Kuba auf. Am 10. Oktober starteten wir mit dem gerade in Dienst gestellten Airbus der Interflug zum Nonstopflug nach Havanna. Ein Mitglied unserer Gruppe bat mich während des Fluges um ein Gespräch unter vier Augen. Vorsichtig deutete er mir an, daß in den nächsten Tagen ein Wechsel an der Spitze der SED anstehe.

Daß es so wie in der letzten Zeit nicht weitergehen konnte, war auch meine Überzeugung. Warum aber wurde mir jetzt und hier, am Himmel über dem Atlantik, diese Nachricht übermittelt? War es für den mir seit Jahren vertrauten Genossen einfach ein Bedürfnis, sein Wissen mit einem zuverlässigen Gefährten zu teilen?

Es vergingen nur Tage, bis uns die Nachricht von der Ablösung Erich Honeckers und der Wahl von Egon Krenz erreichte. Die

Überraschung war nicht groß. Wie aber sollte es weitergehen? Aufmerksam und besorgt verfolgte ich die Nachrichten über die weiteren Ereignisse in der Heimat. Mehrmals traf ich mich mit Valdes Vivo, dem Gefährten aus Äthiopien, nunmehr Rektor einer Hochschule in Havanna. Die gemeinsamen Erinnerungen an Äthiopien wurden jedoch durch das Geschehen in Berlin, Leipzig und in anderen Großstädten der DDR verdrängt. Besorgten Fragen der kubanischen Freunde, ob die angestauten Probleme in der DDR lösbar seien, begegnete ich in der trügerischen Erwartung, es *müsse* gelingen, einen Weg aus der Krise und zur Korrektur der Fehlentwicklungen in den vergangenen Jahren zu finden.

Am 6. November 1989 landete ich in Berlin-Schönefeld. Ich kam in ein verändertes Land. Die Ereignisse überschlugen sich. Das Zentralkomitee und das Politbüro der SED traten zurück. Ein Vorgang, der im Statut der Partei nie vorgesehen war. Was aber bedeuteten in diesen turbulenten Tagen Statuten oder auch Gesetze? Beschuldigungen – berechtigte, aufgebauschte und nicht selten auch schlicht unseriöse – beherrschten die öffentliche Meinung und auch die Diskussionen in der Partei.

Gegen die Zentrale Revisionskommission der SED wurde allerdings in dieser Zeit kaum etwas vorgebracht. Undenkbar, daß wir in der Vergangenheit alles richtig gemacht haben sollten. Möglicherweise hatten die Kräfte, die innerhalb der Partei gegen deren zentrale Organe vorgingen, die Revisionskommission auch nicht besonders ernstgenommen.

Wie dem auch sei, die Revisionskommission hat auch in der Endzeit der SED versucht, ihrer Verantwortung gerecht zu werden. Sie suchte nach Erklärungen für die Ursachen der politischen Krise, versuchte in der Hitze jener Tage Erkenntnisse darüber zu gewinnen, inwieweit dieses Kontrollorgan seiner Verantwortung in der Vergangenheit gerecht geworden war – oder eben nicht. Erörtert wurde auch, ob die ZRK dem Beispiel des Zentralkomitees folgen und sich des Mandats des Parteitages durch Rücktritt entledigen sollte. Es gab weder einen Grund noch ein statuarisches Recht dafür. Die Kommission war vom Parteitag gewählt worden.

Der außerordentliche Parteitag der SED im Dezember 1989, auf dem Gregor Gysi zum Parteivorsitzenden gewählt wurde, nahm allerdings den schriftlichen Rechenschaftsbericht der ZRK kaum zur Kenntnis. Die Stimmung der Delegierten und die Regie des

Kongresses waren auf anderes als die Prüfung unseres Berichtes gerichtet. Der Parteitag beschloß ein neues Statut und bildete eine Schiedskommission. Deren Vorsitzender, der angesehene Jurist Günther Wieland, bat mich, ihm als Mitarbeiter – und sei es nur für einige Monate – zur Verfügung zu stehen. Ich fühlte mich in der Pflicht.

Gegen Jahresende 1989 erreichte mich eine Einladung der von dem renommierten Staatsrechtler Prof. Dr. Siegfried Mampel geleiteten Gesellschaft für Deutschlandforschung in der BRD. Mir wurde vorgeschlagen, in der letzten Aprilwoche 1990 zu einer Zusammenkunft von Entwicklungsländerforschern aus beiden deutschen Staaten an der Albert-Ludwigs-Universität Freiburg teilzunehmen. Thema der Veranstaltung sollte sein: »Das Verhältnis beider deutscher Staaten zur Dritten Welt vor dem Hintergrund der neuesten Entwicklungen«. Mir wurde angetragen, ein Referat über mögliche Forschungskooperation zwischen Ost und West zu halten. Auch anderen DDR-Forschern waren Referate angeboten wurden.

An der Tagung nahmen rund fünfzig Fachleute teil, davon waren weniger als zehn aus der DDR. Die Professoren aus den alten Bundesländern konzentrierten sich darauf, uns als Exoten aus dem anderen deutschen Staat, der in jenen Tagen noch nicht das Kainsmal des »Unrechtsstaats« trug, zu besichtigen. Die Referenten aus der DDR hingegen hatten sich intensiv auf die Darstellung substantieller und konzeptioneller Fragen vorbereitet. Das machte erkennbar Eindruck. Die Verantwortlichen werteten die Tagung als erfolgreich, versprachen die Veröffentlichung des Protokolls und weitere Begegnungen mit uns. Professor Hans F. Illy von der Universität Freiburg schrieb mir: »Lieber Herr Kollege Graf, ich möchte Ihnen herzlich danken für Ihr Referat, das viel zur Bereicherung der Tagung beigetragen hat. Die Reaktionen aus dem Zuhörerkreis zur Tagung insgesamt, die mich erreichten, waren durchweg sehr positiv.«[786]

Mitte Mai 1990 aber wurden auch die auf der Apriltagung in Freiburg vereinbarten Maßnahmen gegenstandslos. Der am 18. Mai 1990 geschlossene Staatsvertrag zwischen der BRD und der DDR gab eine andere Marschrichtung an. Kooperation war weder gefragt noch erwünscht. Es ging um Anschluß der DDR und in Hinblick auf die Wissenschaft nicht um Zusammenarbeit, sondern um Abwicklung von Wissenschaftseinrichtungen und Entlassung der

Hochschullehrer und vieler ihrer Mitarbeiter. So blieb auch die Apriltagung der Entwicklungsländerforscher solitärer Natur – ohne das versprochene publizierte Protokoll und die vereinbarte Fortsetzung.

Das letzte Tätigkeitsfeld

Im April 1990 war ich 60 Jahre alt geworden. Nun hätte ich in den inzwischen gesetzlich geregelten Vorruhestand gehen können. Die Zeit war nicht so, und mir widerstrebte es auch, mich auf das Altenteil zu setzen und aus dieser Position die Welt zu beschauen. Mein Lehrstuhl war abgewickelt. An der Akademie und den Universitäten herrschte Unsicherheit. Dort einen Platz zu finden, war nicht möglich. 1990 sah es auf dem gerade entstandenen und sofort schrumpfenden Arbeitsmarkt sehr trübe für einen 60jährigen Professor aus. Trotzdem war ich entschlossen, neu zu beginnen, und sei es »ganz unten«. Selbst für einen Wachdienst hatte ich mich beworben.

Als ich die Aufforderung zum Dienstantritt als Pförtner des Werkes für Fernsehelektronik erhielt, hatte sich für mich inzwischen eine andere Möglichkeit ergeben. Das Adlershofer Kabelwerk suchte einen Justitiar. Monate später wurden die Stellen der leitenden Mitarbeiter des Unternehmens ausgeschrieben. Der inzwischen gewählte Betriebsrat unterstützte meine Kandidatur. Bald hatte ich im neuen Metier Fuß gefaßt. Meine vor Jahrzehnten erworbenen Kenntnisse des BGB und des alten deutschen Handelsrechts erwiesen sich als geeignet bei der Umwandlung des volkseigenen Betriebes in eine Kapitalgesellschaft. Dieser nunmehr unumgängliche Prozeß ging nicht nur mir, sondern den meisten Beschäftigten gegen den Strich. Es gab jedoch keine Kraft, diesen Prozeß umzukehren oder aufzuhalten. Jetzt galt es Arbeitsplätze zu sichern und den Betrieb auf die neuen harten Bedingungen umzustellen.

Bald waren mein Rat auch bei der Bildung der Berliner Kabel-Aktiengesellschaft und meine Erfahrungen bei der juristischen Weiterbildung der Vorstandsmitglieder und leitenden Mitarbeiter der Unternehmen gefragt. Die Umwandlungsprozesse der Nachwendezeit, vor allem die Regelung der offenen Vermögensfragen, erwiesen sich als ein kompliziertes Feld mit mehr offenen als lösbaren Fragen.

Im März 1991 erhielt ich Gelegenheit, an einer Fachtagung für Rechtsfragen der Wirtschaft in Frankfurt am Main teilzunehmen. Das erste Referat hielt der Vorsitzende des Bundesverfassungsgerichtes, Prof. Roman Herzog, zum Thema: »Die Rechtsprechung des Bundesverfassungsgerichtes zur Konkretisierung der Sozialpflichtigkeit des Eigentums an Produktionsmitteln«.[787] Unter den mehr als hundert Teilnehmern der Tagung waren fünf Juristen aus der untergegangenen DDR. Wir erwarteten Impulse, Anregungen für die Lösung der uns bewegenden aktuellen juristischen Fragen. Erst später bemerkten wir, daß wir in dieser Hinsicht in der verkehrten Veranstaltung waren.

Herzogs Referat war zweifellos juristisch geschliffen. Es befaßte sich allerdings ausschließlich mit der Interpretation der Eigentumsbestimmungen des BGB und der Interpretation früherer Entscheidungen des Bundesverfassungsgerichtes. Jedoch: Kein Wort zu den Eigentumsproblemen, die sich innerhalb kurzer Zeit in den neuen Bundesländern aufgetürmt hatten.

Höflich fragte man anschließend die kleine ostdeutsche Gruppe nach ihrer Meinung zu diesem Referat. Entgeistert reagierten unsere Gesprächspartner auf unsere Erwartungen hinsichtlich der brennenden Eigentumsfragen. Noch seien landgerichtliche Entscheidungen dazu nicht anhängig, wehrten sie ab. Folglich würde es noch vieler Jahre zur ersten Äußerung des Bundesverfassungsgerichtes dazu bedürfen. Verfahren benötigen eben ihre Zeit.

Das stimmte zwar, entsprach jedoch einer Denkungsart, an die sich zu gewöhnen uns nicht leicht fiel. Waren doch unsere Lebens- und Berufserfahrung davon geprägt, Lösungen im sachlichen und zeitlichen Zusammenhang mit der Herausbildung des Problems zu suchen.

Im Frühjahr 1992 verkaufte die Treuhandanstalt in einem »asset deal« den Kern der Berliner Kabelindustrie an einen britischen Konzern. Die Erwartungen des britischen Konzerns an den deutschen Kabelmarkt waren allerdings größer als die realen Möglichkeiten der zunehmend schwächelnden Kabelbranche in Europa. Die von den Briten nicht erworbenen Reste der Kabelgesellschaften gingen in Liquidation. Als alleinzeichnender Liquidator wurde ein Kaufmann aus Niedersachsen eingesetzt. Mir wurde angetragen, das gemeinsame Abwicklungsteam dieser Gesellschaften zu leiten. Die notwendigen Verwaltungsaufgaben der Liquidationsprozesse verban-

Im März 2008, bei der Arbeit am Buch

den wir mit Aktivitäten, um – im Rahmen der damals geltenden Regelungen des Arbeitsförderungsgesetzes der Bundesrepublik – einer beträchtlichen Anzahl von Arbeitslosen Beschäftigung und berufliche Umschulung zu ermöglichen.

Normalerweise hätte mein Arbeitsleben mit Abschluß des 65. Lebensjahres sein Ende gefunden. Man drängte mich zu bleiben, ich gab nach. Als ich mit 70 Jahren endgültig meinen Hut nahm, konnte ich auf ein vielgestaltiges, interessantes, erfülltes Arbeitsleben zurückblicken. Es war ein weiter Weg, den ich von meiner Heimatstadt Egeln in der Magdeburger Börde über Berlin und weiteren Stationen auf drei Kontinenten zurückgelegt hatte. Manches von dem, was ich unternahm, hat überdauert. Ich stehe zu dem, wo ich »ja« gesagt und Verantwortung übernommen hatte.

Wenn ich zurückblicke, muß ich allerdings auch einräumen, nicht oft genug »nein« gesagt zu haben. Wichtig ist mir, daß ich allen, mit denen ich in den 55 Jahren meines Arbeitslebens zu tun hatte, wenn ich ihnen heute begegne oder begegnen würde, mit gutem Gewissen in die Augen sehen kann.

Wenn auch Altersnachsicht und -milde bei mir Einzug halten, beunruhigt und empört es mich, wenn ich etwa im Nachrichtenmagazin *Focus* 28/2008 lesen muß: »Armut ist eine anthropologische Konstante. Eine gerechte Gesellschaft braucht keine Ergebnisgleichheit, sondern Aufstiegsoptionen. Zu viel soziale Sicherheit – Arbeitsplätze, Status, soziale Stellung – läßt eine Gesellschaft erstarren [...] Deshalb bewegen wir uns in unserer freiheitlichen Kultur von der normativen zur Verhandlungsmoral – auf der Basis eines kooperativen Egoismus.«[788]

Soll aus diesem barbarischen Denkmodell keine Apokalypse erwachsen, dann muß wieder ein »Gespenst« umgehen – nicht nur in Europa –, das der Macht des Kapitals Einhalt gebietet und einer humanen Zukunft Hoffnung vermitteln kann. Immer wieder kommt mir die erste Zeile des vernünftigsten, weltweit verbreiteten Arbeiterliedes in den Sinn: »Wacht auf, Verdammte dieser Erde!«

Anmerkungen

784 »Verfassungsfragen junger Nationalstaaten«, Aktuelle Beiträge der Staats- und Rechtswissenschaft Potsdam-Babelsberg, Heft 229.

785 »Staatsrecht junger Nationalstaaten. Grundriß«, Staatsverlag der DDR, Berlin 1988.

786 Brief der Albert-Ludwig-Universität an den Autor vom 18. Mai 1990.

787 Roland Herzog, Referat auf der 4. Fachtagung für Rechtsfragen der Wirtschaft am 19. März 1991 in Neu-Isenburg: »Die Rechtsprechung des Bundesverfassungsgerichtes zur Konkretisierung der Sozialpflichtigkeit des Eigentums an Produktionsmitteln«.

788 »Apokalypse No!«, in: *Focus* 28/2008, S. 83

Personenregister

A

Abakumow, Viktor *309*
Abel, Derek F. *152*
Abendroth, Hermann *162*
Ackermann, Anton *134, 307, 330ff.,*
340, 366
Adenauer, Konrad *172, 185, 188,*
195, 198, 202, 225, 230f., 256,
266, 275, 278ff., 285, 368, 376
Aggomoglanow, W. S. *13*
Albrecht, Hans *411*
Amaral, Armando *506f.*
Ambrée, Kurt *203*
Anderson, Hans *518*
Andropow, Juri *406*
Apel, Erich *380, 434*
Ardenne, Manfred v. *356, 381, 426*
Arzimowitsch, Lew A. *381*
Attlee, Clement *91f.*
Auerbach, Theodor *290f.*
Augstein, Rudolf *362f.*
Axen, Hermann *47, 49, 306, 309,*
321

B

Baade, Brunolf *383, 385*
Baring, Arnulf *184, 196*
Baltazar, Rui *488, 516*
Barczatis, Elli *226f., 231, 233*
Barckhausen, Joachim *75, 99*
Barwich, Elfi *407*
Barwich, Heinz 3*80f., 407*
Bauermeister, Horst *310*
Behnke, Wilhelm 222
Bekemaier, Heinz *116*
Benedikt XVI. *28f., 32, 72, 85, 147,*
194
Benjamin, Michael *521*

Berija, L. P. *176, 178, 186f., 197,*
309f., 313
Berger, Wolfgang *13, 50, 192, 197,*
205, 213f., 318, 412, 414
Bergener, Karl *253*
Berman, Jakup *305*
Bevin, Ernest *129*
Biehler, Norbert *115f.*
Bierut, Boleslaw *305*
Birnbaum, Walter *205, 215, 248*
Birthler, Marianne *24*
Bloch, Ernst *355, 369*
Bölling, Klaus *23, 31*
Bönninger, Karl *343*
Böthling, Günter *217*
Bogomolow, Alexander *307f., 321*
Bollmann, Siegfried *480, 494*
Bornkamp, Alfred *104, 118*
Bräutigam, Alois *411*
Brecht, Bertolt *80, 103, 117, 122,*
149, 175, 194f., 266, 346, 368,
409
Breetzmann, Martin *162f., 169*
Brehme, Gerhard *13*
Breshnew, L. I. *46ff., 231, 274, 414,*
427, 461ff., 470, 472
Brie, Michael *299, 320*
Brown, Gordon *89*
Brüning, Elfriede *75, 85, 104*
Brzezinski, Zbigniew *148, 194*
Buck, Hansjörg *16, 30*
Büchner, Robert *206*
Bulganin, N. A. *280, 282, 408*
Busch, Elfriede *439*

C

Cardoso, Carlos *35, 50*
Carvallo, Joaquim *491*
Cassimo, Alberto *494*
Chissano, Joaquim Alberto *481, 483,*
488ff., 498, 500
Chipande, Alberto Joaquim *509, 517*
Churchill, Winston S. *90ff., 187,*
196

Inhalt

ISBN 978-3-360-01097-1

© 2008 edition ost im Verlag Das Neue Berlin, Berlin

Umschlaggestaltung: www.buchgestalter.net
Satz: edition ost, Berlin
Illustrationen: Archiv Herbert Graf

Druck und Bindung: CPI Moravia Books GmbH

Ein Verlagsverzeichnis schicken wir Ihnen gern:
Das Neue Berlin Verlagsgesellschaft mbH
Neue Grünstr. 18, 10179 Berlin
Tel. 01805/30 99 99
(0,14 Euro/Min. aus dem deutschen Festnetz,
abweichende Preise für Mobilfunkteilnehmer)

Die Bücher des Verlags Das Neue Berlin und der edition ost
erscheinen in der Eulenspiegel Verlagsgruppe.

www.edition-ost.de